질 들뢰즈의
시간기계

GILLES DELEUZE'S TIME MACHINE by David Norman Rodowick

Copyright © 1998 Duke University Press
All rights reserved
Korean Translation Copyright © Greenbee Publishing Company 2005
This translation of *Gilles Deleuze's Time Machine* is published
by arrangement with Duke University Press.

질 들뢰즈의 시간기계

초판 1쇄 인쇄 _ 2005년 5월 20일
초판 1쇄 발행 _ 2005년 5월 27일

지은이 • 데이비드 노먼 로도윅 | 옮긴이 • 김지훈

펴낸이 • 유재건 | 주간 • 김현경 | 편집장 • 이재원 | 편집 • 주승일, 박순기 |
마케팅 • 노수준 | 제작 • 유재영

펴낸곳 • 도서출판 그린비 | 등록번호 • 제10-425호 | 주소 • 서울시 마포구 신수동 115-10 |
전화 • (대표) 702-2717 | 팩스 • 703-0272 | E-mail • editor@greenbee.co.kr

질 들뢰즈의
시간기계

데이비드 노먼 로도윅 지음 | 김지훈 옮김

gB
그린비

그 어린아이가 어린아이였을 적엔

이런 궁금증을 갖고 있었지

왜 나는 나일까

네가 아니라

왜 나는 여기 있을까

저기가 아니라

시간은 언제 시작됐고

공간은 어디에서 끝날까

―빔 벤더스·페터 한트케, 「베를린 천사의 시」(1987)

나의 어머니께 이 책을 바칩니다.

>> 차 례

| 일러두기 |

1 인명·지명·작품명은 '외래어 표기법'(1986년 1월 문교부 고시)과 이에 근거한 『편수자료』(1987년 국어연구소 편)를 참조했으나, 주로 원어발음에 가깝게 표기하는 것을 원칙으로 삼았다.

2 단행본·전집·정기간행물·팸플릿 등에는 겹낫표(『 』)를, 논문·논설·기고문·단편·미술·건축· 영화 등에는 낫표(「 」)를 사용했다.

3 본문의 인용문 중 지은이가 첨가한 사항과 본문에서 옮긴이가 첨가한 사항은 대괄호([ ])로 표시 했다. 또한 지은이가 언급한 내용 중 좀더 상세한 부연설명이 필요하나 분량상 각주로 처리하기 힘든 부분은 각 부 끝에 후주로 따로 정리했다.

4 각주에는 '지은이 주'와 '옮긴이 주'가 있는데, '옮긴이 주'에는 '(옮긴이)'라고 표시했다.

5 본문에서 인용된 각종 문헌의 자세한 서지사항은 '참고문헌'에 일괄적으로 정리했다. 본문에는 해 당 인용 부분의 뒤에 '(지은이 또는 옮긴이, 발행년도: 쪽수)'만 적어뒀고, 인용된 문헌이 연속으 로 이어질 경우에는 '(쪽수)'만 명기했다.

6 지은이가 인용한 들뢰즈와 베르그송의 저작은 모두 영역본으로서 다음과 같은 약어를 사용했다. 본문에는 인용문 뒤에 '(약어, 쪽수)'로 표시했고, 일부 필요한 부분에 한에서 불어본 쪽수를 '/쪽 수'로 덧붙였다.

- 들뢰즈의 저작 **D** *Dialogues* **DR** *Difference and Repetition*
  ES *Expressionism in Philosophy : Spinoza* **F** *Foucault* **FLB** *The Fold : Leibniz and the Baroque*
  K *Kafka : Toward a Minor Literature* **KCP** *Kant's Critical Philosophy* **LS** *The Logic of Sense*
  MI *Cinema 1 : The Movement–Image* **N** *Negotiation : 1972~1990*
  NP *Nietzsche and Philosophy* **NT** "Nomad Thought," in *The New Nietzsche*
  OCR "On the 'Crystalline Regime'," in *Art and Text* 34 **TI** *Cinema 2 : The Time–Image*
  WP *What Is Philosophy?*

- 베르그송의 저작 **CE** *Creative Evolution* **CM** *The Creative Mind : An Introduction to Metaphysics*
  ME *Mind–Energy : Lectures and Essays* **MM** *Matter and Memory*

한국어판 서문 시간은 무엇을 표현하는가?

들뢰즈에 따르면 시간은, 새로운 것의 창조를 위해 항상 회귀하는 가능성으로 정의되는 사건이다. 1895년 당시 영화가 예술로, 심지어 철학적 기계로 발전할 거라고 상상한 이는 아무도 없었다. 그런 점에서 영화는 확실히 시간 속에서 탄생했다. 우리는 새로운 것의 출현을 오직 회고적으로만 인식할 뿐이다. 들뢰즈가 영화의 기원에 대해 말하듯, "한 사물의 본질은 그 초기에는 결코 출현하지 않고 오직 도중에, 그것의 역량이 긍정되는 발전 과정 속에서 출현한다"(MI, 3/11).

영화와 철학에 대한 들뢰즈의 연구결과인 『시네마 1 : 운동-이미지』와 『시네마 2 : 시간-이미지』에 대해서도 이와 같이 말할 수 있다. 재빠르게 영어로 번역되긴 했어도 이 책들은 출간 이후 10년 동안은 영미권의 영화연구에 거의 영향을 미치지 않았다. 나는 걸프전이 한창이던 1990년에 이 두 책에 대한 서평을 착수하기 시작했다. 그때만 해도 '작은' 프로젝트로 여겨졌던 이 일은 이후 5년 동안이나 시간을 필요로 하게 되었다. 그럼에도 그 기간 동안 이 책들에 흥미를 갖거나 그 중요성을 발견한 영미권 영화학자들은 극소수 만났을 뿐이었고, 심지어 많은 영화학자들로부터 잘해야 주변적이고 못하면 파악 불가능하다고 알려진 두 권의 책에 많은 시간을 할애하고 있다는 경고마저 들었다. 하지만 『운동-이미지』와 『시간-이미지』는 두 가지 중요한 점을 보여줄 것이다. 하나는 이 책이 영화에 대한 일관적·

독창적인 철학적 탐구를 제시한다는 것이고, 다른 하나는 영화에 대한 들뢰즈의 접근을 통해 그의 철학적 작업 중 가장 창발적인 개념과 논증들의 거대한 이력을 발견할 수 있다는 것이다. 무엇보다 중요한 것은 『운동-이미지』와 『시간-이미지』가 『푸코』, 『의미의 논리』, 『철학이란 무엇인가』 같은 주요 저작들 간의 주요 테마와 접점을 드러냄으로써, 1980년대 들뢰즈 저작의 연결고리로 읽힐 수 있다는 것이다.

그러나 『운동-이미지』와 『시간-이미지』에 분명히 드러나는 또 다른 심층적 테마가 있다. 들뢰즈에게 영화는 스탠리 카벨의 경우와 마찬가지로 일상생활의 철학으로서 철학과 삶을 만나게 하며, 바로 그렇기 때문에 20세기의 시청각 문화를 규정한다. 아울러 들뢰즈는 철학이 예술과 친밀한 관계를 맺는다고 강조한다. 그런데 철학이 일상생활 및 예술과 맺는 복잡한 접점들은 종종 반시대적이다. 전문적 영화 연구, 미디어 연구 및 문화 연구는 들뢰즈의 사유를 어떻게 통합할 수 있는가를 이해하기 위해 애쓰고 있다. 오늘날 국제적 영화 연구에서 들뢰즈가 존재한다면, 이는 작게나마 『질 들뢰즈의 시간기계』를 수용한 덕택이라고 생각한다. 그렇지만 이 책이 여러 나라와 학과에서 널리 읽히고 있음에도, 들뢰즈는 여전히 영미권의 영화 연구에서 주변적인 것처럼 보인다. 이런 점에서 나는 예술학교와 영화제작 프로그램의 가장 열정적이고 창조적인 독자들이 영화 연구 공동체보다 먼저 들뢰즈의 저작과 이 책을 발견했다는 점에 여전히 매혹을 느낀다. 들뢰즈의 개념이 시각 예술가와 음악가에게 깊은 영향을 미치는 데는 몇 가지 이유가 있다고 본다. 1987년 들뢰즈는 프랑스국립영화/텔레비전 학교인 페미스(FEMIS)에서 중요한 강의를 열었는데, 이 강의의 발췌본은 「영화에서 이념을 갖는다는 것」이라는 제목으로 출간되었다.[1] 예술에서 이

---

1) 이 발췌본은 강의의 일부이며 완전한 녹취록은 이 책 부록에 실린 「창조 행위란 무엇인가?」이다.

넘을 갖는다는 것은 무엇이며 이념은 개념과 어떻게 다른가? 이념은 하나의 영역, 환경 또는 질료에 특정한 것이다. 따라서 들뢰즈는 "이념은 이러저러한 표현의 양태에 이미 참여하고 있는, 그 양태와 불가분에 있는 포텐셜들로 여겨져야 합니다. 그렇기 때문에 나는 이념 일반을 가졌다고 말할 수 없습니다. 내가 아는 기예(技藝)에 따라 나는 영화에서의 이념, 더 정확히 말하면 철학에서의 이념 등 주어진 영역 내에서 이념을 가질 수 있습니다"라고 말한다. 이때 철학에서의 이념은 들뢰즈가 말하는 이른바 '사유의 이미지'에 해당하는 어떤 종류의 개념적 이미지를 향한다. 하나의 접속이나 관계는 이러한 이미지를 따라 이념들을 연결해야 한다. 실제로 예술가들 또한 사유한다. 그러나 그들은 자신들의 이념이 스스로 작업하는 질료에 내재적이라고 생각하기 때문에 시간과 공간의 구축을 통해 사유한다. 일부가 추상적이고 난해하기는 해도 들뢰즈의 영화적 개념은 영화의 표현에 민감한 눈과 귀를 가진 이들에게 직접적·직관적으로 파악될 수 있다. 더구나 들뢰즈는 철학과 예술과의 위대한 협력 —— 예술이 철학자로 하여금 개념의 창조를 불러일으킨 것처럼 철학은 예술 내의 이념을 고취할 수 있다 —— 을 20세기의 다른 철학자들보다 더욱 존중했다.

지금까지 나는 철학의 반시대성을 강조했다. 철학은 항상 너무 빠르거나 너무 늦은 것으로, 사유를 뒤에서 밀어붙이거나 후류(後流) 속에서 사유를 앞으로 끌어당긴다. 그럼에도 불구하고 지금 시대는 아마도 들뢰즈의 영화 철학을 다시 검토하기에 알맞을 것이다. 역자의 노고에 힘입은 이 한국어판이 이 점을 새로운 맥락 속에서 환기시키기를 바란다. 2005년은 들뢰즈가 철학 극장에서 떠난 10주기이면서 『시간-이미지』의 발간 20주년이기도 하다. 디지털 이미지화와 디지털 예술이 아날로그 예술에 더욱 더 이식됨에 따라 필름 영화 자체는 사라지고 있는지도 모르지만, 그렇기 때문에 들뢰즈는 우리가 새로운 질문들과 대면하는 데 도움이 될 것이다. 어떻게 영화가 21세기에도 미학적·철학적으로 계속 적절할 수 있는가? 시간-이미지는 들뢰즈가 '통제사회'라 일컫는 사회에 대한 경쟁력으로 존속할 것인가, 혹은 좋든 나쁘든 실리콘-이미지(silicon-image)로 대치될 것인가? 디지털 이미지화와 디지털 영화는 필름 영화와 동일한 질적 역량들로 시간과 지속을 표현할 수 있는가?

이러한 질문이나 이에 대한 대답은 시간-이미지에 역사적 의미가 있음을 암시한다. 『운동-이미지』와 『시간-이미지』가 영화의 역사를 보여주는 것이 아니라고 들뢰즈가 주장하는 데는 합당한 이유가 있다. 가장 최근 저서인 『형상적인 것 읽기』에서 나는 운동-이미지와 시간-이미지가 역사적 개념이 아니며, 후자가 전자를 연대기적 시간상 뒤따르는 것으로 이해하는 것은 오해임을 제안했다. 그런데 두 개념은 그것들이 전체와 맺는 상이한 관계, 그리고 이미지와 기호의 내재적 논리로 인해 서로 다른 역사철학을 시사한다. 운동-이미지는 역사에 대한 헤겔적이고 변증법적인 개념에 따라 전개되는 반면, 시간-이미지는 니체적이며 계보학적이다. 운동-이미지는 변증법적으로 전개되는 목적론의 역사를 갖는다. 그것은 들뢰즈가 히치콕의 관계-이미지라 부르는 기호적 선택을 논리적으로 완성하는 지점까지 나아간다. 물론 이로 인해 운동-이미지가 영화의 체제로서 보편적으로 지속하지 않는 것도 아니고, 포스트모던 형식을 채택하지 못하게 되는 것도 아니다. 그러나 시간-이미지는 이와 함께 또 다른 논리를 추구한다. 직접적 시간-이미지는 사전에 예측할 수 없는 것이다. 그것은 영원회귀, 즉 새롭고 뜻하지 않은 것이 출현하는 각각의 순간이 되풀이되는 가능성으로 표현된다. 영화가 가능하게 되자마자 직접적 시간-이미지가 영원회귀의 형식 속에서 떠오르거나 되풀이된다면, 그것은 영화의 논리 안에서 순수 잠재성으로 존속할 것이다. 이 잠재성은 경험적 또는 연대기적인 시간 형식에 제약되지 않는다는 점에서 역사적이지 않다.

이로부터 몇몇 결론을 끌어낼 수 있다. 운동-이미지에서 시간-이미지로의 변천은 완전한 것도 변별적인 것도 아니다. 또한 '원시적' 시간-이미지조차 영화의 시초부터 존속하고 내속(insist)한다. 그렇지만 운동-이미지는 전체를 변증법적 총체성으로 제시하기 때문에 제2차 세계대전 이전의 영화 전부와 그 이후의 영화들 중 대부분을 규정한다. 반면 시간-이미지는 드물다. 전체와 열린 관계를 맺는 가운데 시간-이미지는 잠재성을 표현한다. 이 잠재성은 영화의 시작부터 존재했으나 그것이 그대로 나타나기 위한 역사적 조건은 드물었고, '순수한' 사례로는 잘 나타나지 않는다. 더구나 운동-이미지와 시간-이미지는 부정이나 비판으로 대립되지 않는다. 부정과 대립은 운동-이미지의 논리 안에서만 중요할 따름이기 때문이다. 오히려 운동-이미지와 시간-이미지는 논리, 기호체계, 가치, 그리고 사유 및 시간과 관련된 '내재성의 평면'이 서로 다르다는 점에서 구별된다. 계보학적 힘으로서의 시간-이미지는 일반적 의미에서 어떤 역사도 갖지 않는다. 비연대기적 힘으로 나타나는 가운데 시간-이미지가 표현하는 것은 사건이다. 지나가는 현재는 바로 이 사건 속에서 뜻하지 않은 것, 예측할 수 없는 것, 새로운 것의 출현을 낳는다.

운동-이미지가 1950년대에 논리적으로 소진되었지만 포스트모던의 형식 속에서 존속하듯, 시간-이미지는 존재를 위한 새로운 조건과 맥락을 계속 찾아낸다. 전후 유럽의 재건이 시간-이미지의 만개를 위한 조건을 마련했듯, 환태평양 지역에서 출현하는 현대성은 오늘날 가장 호기심을 자아내면서 사유를 자극하는 세계 영화를 산출해왔다. 출간 이후 20년 동안 계속 그러했지만 『운동-이미지』와 『시간-이미지』는 영화의 미래를 평가하는 데, 그리고 왕가위, 차이밍량, 김기덕의 작품에 나타나는 창조적 사유와 영화적 사유의 미래를 평가하는 데 여전히 도움이 될 수 있을 것이다. 뉴 코리안 시네마(New Korean Cinema)는 사실 오늘날의 시간-이미지를 위한 가장 생산적 맥락들 중 하나일지도 모른다. 오늘날의 한국은 언젠가 퍼스가 말했던 '시간의 탄생 중 하나'일 것인가?

이 책이 교육적으로 쓰인다면 더할 나위 없이 고마울 것임을 밝히면서, 무엇보다도 이 책이 철학서로서 쓰였다는 점을 마지막으로 언급하고자 한다. 즉 이 책은 자기-창안의 여행, 또는 푸코의 멋진 문구인 "나 이외의 타자(他者)가 되기 위한 사유"[2]의 여행을 위한 책이다. 지금 이 책을 고른 독자는, 읽는 것이 아니라 철학을 만들 것을 기억하는 것이 중요하다. 철학은 실용주의 ─ 개념의 창조를 창안하는 것 ─ 이다. 우리는 타자의 사유를 발견하거나 통합하기 위해서가 아니라 창조 행위를 통해 스스로 사유하기 위해 철학서를 고른다.

2005년 2월 서머빌에서

데이비드 노먼 로도윅

---

2) (옮긴이) 로도윅이 쓴 원어는 'thinking to become other than I am'이다. 로도윅은 이 말을 푸코와 폴 라비노우의 1984년 인터뷰인 'Polemics, politics and problematisations : An interview with Michel Foucault' 중 "(thinking) to become other than one is"라는 구절에서 빌려 썼다. 사유를 강요하는 바깥의 잠재성과 이를 통한 '바깥의 사유'의 중요성을 강조하고 있는 이 인용구의 본래 맥락은 다음과 같다. "(사유는) 사유의 틀을 치환하고 변형하는 것, 수용된 가치들을 변화시키는 것, 그리고 다르게 사유하기 위해, 다른 그 무엇을 하기 위해, 나 이외의 타자가 되기 위해 행해지는 모든 작업이다. 그것은 '우리 자신을 심문하는 방법'이다."(Rabinow, 1984 : 329)

들어가는 글

"그리고 이 책은 내가 집필할 만한 상황이 되면 금세 완성될 텐데, 완성되고 나면 시간의 탄생들 중 하나가 될 것이다."
— 찰스 샌더스 퍼스, 「수수께끼에 대한 추측」(1898)

질 들뢰즈의 영화이론서 『시네마 1 : 운동-이미지』(1983)와 『시네마 2 : 시간-이미지』(1985)는 프랑스 출판계에서 상당한 반향을 일으켰다. 『시간-이미지』는 서점에 풀린 첫날 초판 1쇄가 매진됐다는 소문이 돌 정도였다. 얼마 지나지 않아 이 책들은 영어로도 번역됐지만, 10년이 지난 오늘날까지도 그의 영화 연구가 영미권의 현대 영화이론에 미친 영향은 상대적으로 미진하다. 확실히 그의 저서는 읽기 어렵다. 대중예술을 다뤘다고 해서 그 특유의 철학적 문체가 더 쉬워지는 것은 아니다. 그러나 이런 난해함에도 불구하고 영미권의 이론계에서는 들뢰즈 연구가 풍성히 이뤄졌고, 대학출판부도 부지런히 그의 저서들을 번역해 소개했다. 1995년 미국에서 『차이와 반복』이 출판될 무렵에는 그의 주요 철학 저서, 아니 그의 저서 대부분이 영어로 번역됐다.

　이상하게도, 철학자들과 영화학자들은 서로 이유야 다를지언정 『운동-이미지』와 『시간-이미지』를 별종 같은 책으로 받아들였다. 그들은 이 두 책을 프랑스 영화광의 영화비평쯤으로 이해했다. 그러나 철학자들이 이 두 책에는 별 내용이 없다고 의심한데 반해, 영화학자들은 이 두 책이 이제는 잊혀진 영화학의 특정 시기로 역행했다고 여겼다. 현대 영화학의 관점에서 보면, 들뢰즈의 발상은 영미권 영화이론의 지배적 경향을 따르지 않는다. 심지어 정면으로 배치되기까지 한다.

『운동-이미지』와 『시간-이미지』는 이들 두 집단의 변방에 놓여 있다. 양쪽의 독자들은 이 책의 출간을 놀라워했다. 역설적이지만, 이들 중 어느쪽도 들뢰즈의 개념이나 논점을 판단할 만한 준거를 갖추지 못했던 것이다. 나는 이 두 책이 철학계에 영향을 끼치지 못한 이유는, 철학자들이 영화언어와 관객성 연구에서 시각문화에 광범위한 질문을 던진 문제제기들을 충분히 이해하지 못할 뿐더러 영화사 자체도 잘 모르기 때문이라고 생각한다. 들뢰즈가 아마추어 영화이론가였다 해도 그만큼 영화에 박학한 비전문가도 없었다(나는 알프레드 스티글리츠를 비롯한 『카메라워크』의 사진작가들이 스스로를 아마추어라 불렀던 이유를 염두에 두고 이런 표현을 썼다. 그들은 창조적·혁신적 작업에 방해가 된다는 이유로 사진의 전문가적 규범을 거부했다. 철학에서든 영화학에서든, 나는 아마추어라는 단어를 긍정적인 뜻으로 쓴다).『운동-이미지』와 『시간-이미지』를 보건대, 들뢰즈는 전 세계 영화이론의 역사를 폭넓고 깊이 있게 알고 있다. 반면 그의 영화사적 지식은 일반적인 영화사의 영역에서 크게 벗어나지 않는다. 지난 20여 년간 기존의 영화사가 전면적으로 도전 받고 수정되어 새로운 영화사가 씌어졌는데도 말이다. 그러나 그가 그토록 다양한 영화들을 관람했고 영화사의 정전(正典)을 자유자재로 다룬다는 것은 여전히 놀랍다. 그렇기 때문에 그는 가장 긍정적인 의미에서의 아마추어인 것이다.

이와 비슷하게, 동시대의 미국 영화학계는 들뢰즈의 철학적 주장을 깊이 있게 이해하거나 비판할 수 있을 만큼 그를 잘 알지 못한다. 일반적으로 들뢰즈의 사유는 영미권의 영화학보다는 문화이론에 더 큰 영향을 미쳤다.

그가 시각예술에 관한 글을 자주 쓴 것도 아니다. 게다가 마이클 하트가 『질 들뢰즈: 철학의 도제수업』의 서문에서 지적했듯이, 들뢰즈의 책을 읽는 것은 특별히 어렵다. 들뢰즈는 자신의 독자들이 자신의 이전 저서에 익숙하다는 전제 아래 새 책을 쓰기 때문이다. 특히 『운동-이미지』와 『시간-이미지』가 가장 적절한 예일 것이다. 그의 논법이나 문체가 본래 이해하기 어려운 것은 아니다. 사실 나는 그가 현대 철학에 중점적으로 기여한 부분, 즉 시간에 대한 심층적이고도 복잡한 성찰이 『운동-이미지』와 『시간-이미지』에서도 그대로 이어지고 있다고 본다. 그러나 그는 베르그송, 니체, 칸트, 스피노자, 푸코를 다룬 자신의 저서들은 물론이고 『차이와 반복』, 『의미의 논리』, 가타리와의 공동 작업 등을 통해서 자신이 지난 30여 년간 전개한 주장에 독자들이 이미 익숙할 것이라고 여긴다. 요컨대 들뢰즈의 철학적 해박함을 모두 따라갈 만한(그도 아니라면 그렇게 하고 싶어하는) 미디어 연구자는 거의 없다고 할 수 있다.[1]

   그러나 들뢰즈를 이해하는 데 필요한 지적 맥락의 문제는 영화학에서 더욱 복잡하게 얽혀 있다. 영미권의 영화학자들이 그의 영화이론을 별종 보듯 하는 데는 두 가지 이유가 있다. 첫째, 『안티-오이디푸스』와 『천 개의 고원』 이후 들뢰즈와 가타리가 소쉬르나 라캉을 비판한다는 것이 명백해졌는데, 우연찮게도 현대의 영화이론과 문화이론은 바로 이들을 기반으로 삼

---

1) 들뢰즈의 철학을 잘 알지 못하지만 그의 영화이론을 진지하게 독해하려는 이들에게는 이런 조언을 하고 싶다. 우선 『운동-이미지』와 『시간-이미지』를 체계적으로 읽기 전에 들뢰즈의 논점을 개괄적으로 이해하는 것이 좋다. 『운동-이미지』와 『시간-이미지』의 서문을 먼저 읽은 뒤 『시간-이미지』의 2장, 그리고 10장의 처음 두 단락을 읽는 것이 한 가지 방법이다. 『대담: 1972~1990』에서 영화에 관련된 글을 미리 읽어보는 것도 좋다. 여기에 수록된 에세이와 대담을 읽으면 운동, 이미지, 시간에 대한 그의 이론을 기본적으로나마 이해할 수 있을 것이다. 『시간-이미지』를 통해서 이런 부분을 이해하려면 상당히 심층적으로 읽어야만 한다. 나는 들뢰즈의 저술에 익숙하지 않은 독자라면 『운동-이미지』보다는 『시간-이미지』를 먼저 읽으라고 권하고 싶다. 『대담』을 숙독하고 나면 『운동-이미지』와 『시간-이미지』에 깔린 철학적 기획의 배경을 알 수 있을 것이다. 『푸코』 혹은 클레르 파르네와 들뢰즈가 공동 집필한 『대화』도 논의의 맥락을 파악하는 데 유용하다.

고 있다. 영미권의 현대 영화이론도 기호학적·정신분석학적·반(反)자본주의적이긴 하지만, 철학적으로 문화를 다룬 들뢰즈와 가타리의 접근법과는 거의 무관하다. 들뢰즈는 영화적 모더니즘론을 펼치면서도 내가 '정치적 모더니즘 담론'이라고 부른 것을 적대시한다. 현대 영미 영화이론의 맥락에서 『운동-이미지』와 『시간-이미지』를 보려고 애쓰던 비평가들이 아연실색한 것은 바로 이런 이유들 때문이다. 사실 들뢰즈는 영화이론이 『텔켈』에게서 물려받았던 이항대립 ─ 리얼리즘 대 모더니즘, 환영주의 대 유물론, 연속성 대 불연속성, 동일시 대 거리두기 등 ─ 을 부지불식간에 근본적으로 재분할했다. 따라서 영미권의 영화이론이 밟아온 역사를 재단하는 도식에 들뢰즈를 통합하기보다는 『운동-이미지』와 『시간-이미지』가 그런 도식에 도전한다고 읽는 편이 더 생산적이다(이런 점에서 영화이론을 호의적으로 비판한 『정치적 모더니즘의 위기』와 『차이의 난점』 같은 내 이전 저서들의 연장선상에서 이 책을 읽어줬으면 한다).

들뢰즈는 영미권의 영화이론에서 이미 잦아든 몇몇 질문들에 대해 새로운 관점을 제시했다. 그렇지만 이 새로운 관점을 만끽하려고 그의 논점을 부분적으로 또는 전적으로 받아들일 필요는 없다. 들뢰즈를 읽는 이유 중 하나는, 흔히 막다른 길에 봉착하곤 하는 질문들을 소생시키기 위해서다. 의도적이든 아니든, 그는 현대 영화이론이 스스로의 맹점이나 궁지와 맞닥뜨리도록 만든다. 게다가 이미지·의미·관객성에 대한 또 다른 철학적 관점을 거부하는 태도에도 의문을 제기한다. 들뢰즈와 영화를 다룬 최근의 영미권 저서 대다수가 영화학계 바깥에서 영화이론에 접근하고 있는 연구자들의 성과라는 점은 영화학의 관성을 보여주는 징후이다. 프랑스가 들뢰즈에게 가장 큰 관심을 보이는 것은 당연하지만 독일, 일본, 이탈리아의 학자들이 영국, 미국, 캐나다의 학자들보다 발빠르게 들뢰즈를 깊이 연구해왔다는 점도 지적해둘 필요가 있다.

최근까지 프랑스의 영화이론과 문화이론이 영미권의 영화학과 문화이론에 크나큰 영향을 끼쳐왔다는 것은 의문의 여지가 없다. 그러나 영미권의 학계가 프랑스 영화이론의 역사와 복잡성을 너무 협소하게 보고 있다는 점은 곧잘 간과된다. 들뢰즈의 저서가 영미권 독자들에게 별종 같은 작품으로 다가오는 두번째 이유가 바로 이것이다. 1970년대에 영국 영화잡지 『스크린』이 선보인 훌륭한 영화이론과 번역물은 오늘날의 영화이론, 특히 미국의 영화이론에 지속적인 영향을 미쳤다. 그러나 1960~70년대 프랑스 문화이론에 대한 『스크린』 편집진의 관점이 유별날 뿐만 아니라 그 자체가 『텔켈』의 편집 방향(문학기호학, 라캉의 정신분석학, 알튀세르의 맑스주의로 구성된 삼각구도)에 따라 철저하게 여과됐다는 사실은 거의 알려져 있지 않다. 이들의 특정한 관점이 가치 있는 건 분명하지만, 그에 따라 크리스티앙 메츠의 저서와 『카이에 뒤 시네마』의 상이한 편집 입장이 다소 일차원적으로 독해된 것도 사실이다. 그 여파는 아직까지 영미권의 영화학에 남아 있다. 예컨대 앙드레 바쟁이나 장 미트리를 메츠와 대조하는 영미권의 방식은 1960년대 이들의 논쟁에서 가장 흥미로웠던 부분들을 조망해주기보다는 불투명하게 만들었다. 이 세 인물은 영화학의 역사 또는 프랑스 현상학의 역사와 뒤얽힌 복잡한 계통 관계를 염두에 둬야만 더 생산적으로 독해될 수 있을 것이다.

　　프랑스 영화이론의 맥락에서 읽게 되면, 『운동-이미지』와 『시간-이미지』는 덜 복잡하게 보이진 않을지언정 한결 덜 이상해 보일 것이다. 물론 『운동-이미지』와 『시간-이미지』는 1960년대 거대 영화이론과 유사하다는 점(이를테면 미트리의 『영화의 미학과 심리학』)에서 다소 시대착오적으로 보일 수 있다. 그러나 메츠는 그 눈부신 성과와 영향력에도 불구하고 프랑스 영화이론 및 비평의 한 차원만을 대표한다. 지난 45년간 프랑스에서 영화에 대한 사유가 열어 보였던 광범위함과 다양함에 익숙하다면(『카이에 뒤 시네마』, 『포지티프』, 『영화연구』, 『시네막시옹』, 『트라피크』), 들뢰즈는 여러 면에서 주류적으로 보일 것이다. 아직 영미권에 소개되지 않은 보니체르, 다네, 쉐페르 등의 주요 저술가들의 작업과 비교하면서 지난 20년간의 프랑스 영화연구를 반추해보면 『운동-이미지』와 『시간-이미지』는 한층 더 친숙하게 다가올 것이다. 이들은 최근 프랑스 영화이론상의 복잡한 논쟁에서 상당히 큰 부분을 차지한다. 또한 이들의 저서는 바쟁과 메츠, 에코와 파졸리니에서 현대에 이르기까지 유럽 영화이론의 역사를 규정해온 일련의 질문들에 밀접하게 연루되어 있다. 이러한 관점에서 들뢰즈가 베르그송의 입장——비록 근본적으로 새로운 방식을 취하지만——에서 미트리의 관심사에 응답하고 있다는 점이 한층 명백해지고, 또한 들뢰즈가 메츠를 비판하고 파졸리니의 논점을 채택하는 이유도 또렷해진다. 들뢰즈는 오늘날 미국에서 여전히 잘못 이해되고 있는 1960년대 말~1970년대 초의 초창기 영화기호학 논쟁들을 재활성화한다.

들뢰즈는 이 논쟁들에 대한 관점을 독창적으로 혁신한다. 나는 이 책이 들뢰즈의 영화이론에 대한 유용한 입문서로 활용되어 그에 따라 들뢰즈의 공로가 한층 뚜렷해지기를 바라지만, 이는 근본적 목적이 아니다. 무엇보다도 나는 『운동-이미지』와 『시간-이미지』를 들뢰즈의 일반적 관심사가 영화를 경유해서 논리적으로 발전한 철학적 결과로 이해하고자 했다. 들뢰즈는 심층적이고 복합적인 방식으로 시간의 철학을 구성한다. 나는 『운동-이미지』와 『시간-이미지』를 이러한 철학적 기획의 일부로, 즉 1960~70년대 들뢰즈의 주요 저서에서부터 전개되었던 것으로 독해하고자 했다.

나는 『운동-이미지』와 『시간-이미지』가 거대한 이중적 질문을 던진다고 본다. 왜 들뢰즈는 이전의 여러 저서에서 제기한 이미지, 운동, 시간에 관한 질문들에 답하기 위해 영화로 선회하는가? (이와 관련해서 『운동-이미지』와 『시간-이미지』는 들뢰즈가 지난 25년간 발표한 철학적 저서의 요약으로, 거기서 정의된 개념 및 질문들의 새로운 영역을 재사유하는 것으로 독해될 수 있다.) 다른 한편, 들뢰즈는 현대 문화가 근본적으로 시청각 문화(audio-visual culture)가 되어가는 양상에 매우 민감하게 반응한다. 들뢰즈에게 있어 영화기호학의 역사는, 영화에서 기초가 되는 시공간적 분절을 통해 우리가 우리 자신을 사회적으로 이해하고 재현해온 지난 1세기 동안의 변모 양상에 부합한다. 이 변화는 이제 전자 미디어 및 디지털 미디어에서 명백하게 실현되고 있다. 최근의 철학은 영화이론과 영화사가 사회이론 및 기호학이론에서 차지해온 중요한 입지를 묵과해왔으나, 들뢰즈는 『운동-이미지』와 『시간-이미지』를 통해 철학이 영화와 영화이론에 빚을 지고 있음을 인정하려 한다. 따라서 다음과 같은 질문을 던질 수 있다. 『운동-이미지』와 『시간-이미지』는 어떤 방식으로 새로운 관점에서 영화이론의 역사를 독해하도록 보조하는가? 어떤 새로운 개념들이 현대 시각문화에 대한 새로운 관점을 제시하는가?

나는 들뢰즈를 철저히 비판하는 책을 쓸 수도 있었다. 『운동-이미지』와 『시간-이미지』에는 명백한 오점이 있다. 작가성에 대한 들뢰즈의 문제적 태도는 파리 시네필주의의 가장 나쁜 면모를 드러내며, 그의 몇몇 영화분석은 다른 저자의 저서에서 파생된 것이다. 더구나 그의 글쓰기에 나타나는 수사적 전환은 불안정하다. 『운동-이미지』와 『시간-이미지』를 통틀어, 종종 같은 장이나 섹션 내에서도 지속적으로 분열이 나타난다. 복잡하고 난해한 철학적 주장과, 그에 대한 논증에 해당하는 실패한 영화 분석은 명쾌하게 통합되지 않는다(그러나 그의 영화 분석이 흔히 비판되듯이 언제나 낭만화된 미장센 비평인 것만은 아님을 밝혀둔다). 그의 문화적 엘리트주의 역시 문제적이다. 가치의 위계에 대한 포스트모더니즘적 비판이 일반화된 시점에서, 모더니즘에 대한 들뢰즈의 이론은 종종 일차원적 대중문화의 공격에 대항해 영화예술을 보호하고 있는 실험 및 사유의 마지막 화신을 연상시킨다.[2] 끝으로, 들뢰즈는 20세기의 가장 정교한 차이의 철학자임에도 불구하고 관객성에서 차이의 문제에 대해 거의 논하지 않는다. 탈식민주의 영화에 대한 몇몇 인상적 구절들이 있긴 하지만, 들뢰즈가 성적·인종적·계급적 차이의 문제를 특별히 언급하지 않은 것은 사실이다.

어떤 맥락에서는 이 모든 비판들을 지지하지만, 나는 들뢰즈의 많은 문제적 태도가 사실상 거의 대부분 옹호될 수 있다고 본다. 우선 들뢰즈가 작가성을 다룰 때, 그는 기묘하게도 철학적 작가들에 접근하는 방식 그대로 영화적 작가들에 접근한다. 베르그송, 니체, 칸트를 어떤 식으로 다룰 수 있다면 웰스, 레네, 뒤라스를 마찬가지로 다뤄서는 안될 이유가 있는가? 이는 모두 방법론과 접근법에 달린 것이다. 들뢰즈는 어떻게 철학적 관념이 예술 및 과학의 작업과 공명하고 이것이 다시 철학과 공명하는지를 논증하는 데 심혈을 기울인다.[3] 그리고 들뢰즈의 영화 분석이 허술하다고 해서 그의 철학적 주장들이 반드시 무효화될 이유도 없지만, 사실 그의 영화 독해는 때때로 매우 신빙성 있다. 나는 이 책에서 들뢰즈의 개념 및 관념이 현대 시각문화 일반, 특히 영화를 사유하는 강력한 방식을 제공한다는 점을 논증하려 한다. 또한 모더니즘에 대한 들뢰즈의 이론이 가치의 이론을 제시할 때, 그 미학적·문화적 함의를 성급하게 재단하면 안 된다는 것을 지적하고 싶다. 마지막 장에서 상세하게 다루겠지만, 들뢰즈는 니체적 입장에서 예술에 접근하면서 위계의 문제와 미학적 무관심성의 문제를 모두 심층

---

2) 이런 면에서 『운동-이미지』와 『시간-이미지』는 흥미로운 시대착오다. 영화적 모더니즘을 비범하게 설명할 때, 이 책은 내가 이미 고갈됐다고 믿는 어떤 시대를 기술하고 있다. 사실 『시간-이미지』에서 가장 흥미로운 것은 기호의 체계에서 이미 또 다른 변이로서 출현하고 있는 어떤 시기에 대한 암시다. 들뢰즈는 「통제사회」에서 이 시기를 실리콘 시기(silicon era)라 부른다. 나는 기호의 질서에서의 발생적 변이를 기술하는 이러한 들뢰즈의 어법을 무엇보다 흥미롭게 여긴다. 이에 대해서는 『푸코』와 『대담』에 수록된 「중재자들」, 「상상적인 것에 대한 의혹」, 「통제사회」를 참조하라.

3) 예술·과학·철학의 관계에 대해서는 「중재자들」과 『철학이란 무엇인가』의 제2부를 참조하라.

적으로 비판한다. 이는 근본적으로 정치적이다. 관객성에 대한 그의 이론에 대해서도 비슷하게 말할 수 있다. 영화를 철학적 관객의 입장에서 고려하지 않을 이유가 있는가?『운동-이미지』와『시간-이미지』에 주체의 이론에 대한 성찰이 부재하다면 그것은 아마도 이 저서가 정체성 및 주체성의 개념에 근본적인 의문을 제기하기 때문일 것이다. 실제로 들뢰즈가 발전시킨 차이의 철학은 현대 문화연구를 지배해온 정체성의 정치학에 대한 가장 흥미로운 공격적 도전일 수 있다. 들뢰즈의 논점들은 철학적으로 추상화된 것이지만, 나는 그 논점들이 궁극적으로 현대 문화정치학에 많은 시사점을 주는 혁신적 개입으로 독해될 수 있다고 본다.

내가 다소 특수하게(어쩌면 다소 기이하게) 들뢰즈에 접근하고 있다는 점 또한 미리 언급해야 할 듯하다. 나는 들뢰즈의 영화이론에 대한 개요나 체계적 설명을 의도하지 않았다. 물론 내 접근 방식만이 능사는 아니며 다른 많은 접근 및 비평도 가능할 것이다. 나는 다른 학자들이 그런 것을 시도해주기를 진심으로 바란다. 들뢰즈의 저서는 매우 풍부하고, 분개를 자아내는 만큼이나 매혹적이다.『운동-이미지』와『시간-이미지』를 관통하는 다른 많은 경로가 있을 수 있다. 이 책의 경우, 나는 몇몇 논점과 개념들의 연속성을 들뢰즈 자신의 저서에 표현된 것보다 더 강조했다. 그 논점들이 들뢰즈보다 나 자신의 관심사에 더 많이 부합하는지는 분명치 않으나, 많은 국면에서 나는 들뢰즈의 개념들을 독창적 맥락 위에 놓으려 했다. 어쩔 수 없이 나는 들뢰즈를 설명하기보다 오히려 내가『운동-이미지』와『시간-이미지』에 매혹된 이유를 설명하는 데 더 매료됐다. 들뢰즈의 사유가 어떤 의미를 지닐 수 있건 간에 나는 그에 충실하려고 노력하지 않았으며, 정확하고 적절한 들뢰즈 독해가 어떤 것인지에 대해 논쟁할 생각도 없다. 실제로 내 논점은 종종 들뢰즈의 독특한 독해 스타일과 우연치 않게 유사하면서도 사뭇 도착적이었다. 언젠가 들뢰즈는 개별 철학자들에 대한 자신의 연구가 언제나 괴물을 창조했다고 말했다. 철학 읽기는 거장들의 뜻을 이해하고 해석하는 것보다 오히려 에로스와 공격성의 유도에 따라 그들과의 마주침에서 새로운 무언가를 생산하는 것이다. 지적인 욕망을 발견하고 거기서 어떤 새로운 것을 창조할 수 있다는 점은 철학 읽기의 가장 큰 이유다. 이런 점에서 내가 들뢰즈 독해를 통해 영화와 시간, 현대 시청각 문화의 출현에 대한 나름의 철학적 강박을 생성하려 하는 것을 이해해줬으면 하는 바람이다. 그 과정에서 나는 내 논점들의 요체를 다양한 마주침에 열어둠으로써 가장 직접적으로 들뢰즈를 따르고자 한다. 물론 그 다양한 마주침은 독자들의 몫이다.

이 책의 주요 목적은 들뢰즈의 철학적 개념들이 지닌 독창성 및 일관성을 논증하는 것이다. 현대 시각문화 연구가 여기에 고무되어 후속 작업을 이어주기 바란다. 제1부를 구성하는 네 개의 장은 들뢰즈의 표현을 빌리면 '차이에 대한 형식적 표현'의 입장에서 서술됐다. 여기서 나는 철학사와 영화이론사의 맥락에서 들뢰즈의 이미지와 기호 이론에 대한 지도를 그리는 동시에, 영화와 관련해서 그 논리의 개념적 일관성을 개괄한다. 1장은 이 책의 구성에서 출발점 역할을 한다. 이 장의 목적은 『운동-이미지』와 『시간-이미지』를 가로질러 전개되는 전반적 논리와 근본적 개념들을 가능한 명확하게 제시하는 것이다. 특히 들뢰즈에 대한 사전 지식이 거의 없는 독자들에게 영화 및 영화 이론에서 들뢰즈의 관심사 및 논점이 기본적으로 어떤 구조를 이루고 있는지, 그리고 그의 철학적 언어와 논리가 대략 어떤 것인지 방향을 제시하려는 것이 이 장의 의도다. 다음 세 장은 들뢰즈의 광범위한 철학적 관심사 내에서 이 개념들을 발전·심화하여 그 위치를 확장하는 한편, 그와 관련된 나의 관점과 논점을 소개한다. 2장은 베르그송의 『물질과 기억』에 대한 들뢰즈의 매혹적인 독해와 그와 관련된 들뢰즈의 이미지 이론 및 이미지의 운동에 대한 이론을 탐구한다. 3장은 영화기호론에 대한 들뢰즈의 비판과 퍼스의 작업을 독해하여 내놓은 들뢰즈의 대안적 기호이론을 설명한다. 들뢰즈의 관점에서는 사실상 두 가지 순수 기호체계가 존재하며 이는 각각 영화의 운동-이미지와 시간-이미지에 대응한다. 제1부의 마지막인 4장은 들뢰즈가 시간의 세 가지 직접 이미지라 부르는 기호들의 형식적 측면을 설명하는 한편, 그 기호들이 지닌 거짓 만들기의 역량(power of falsification)을 소개한다.

제2부의 각 장은 시간-이미지를 차이 그 자체의 표현으로서 고찰한다. 여기서 가장 중요한 것은 시간-이미지가 지닌 거짓을 만들 수 있는 역량(power of the false)이 시청각 문화나 운동-이미지의 영화와 관련해서 어떻게 '진리를 향한 의지'에 대한 니체적 비판을 개시하느냐 하는 점이다. 들뢰즈는 시간-이미지에서, 새로운 가치와 새로운 존재 양태들을 창조할 수 있는 포텐셜(potential)을 가진 긍정적 권력의지를 본다. 여기서 가장 중요한 것은 『운동-이미지』와 『시간-이미지』가 칸트, 니체, 스피노자에 접근하면서 들뢰즈의 다른 저서들에서 제시된 광범위한 철학적 문제들과 연관된다는 것이다. 제2부는 시간-이미지를 철학적으로 설명하지 않는다. 오히려 모던 영화가 비판적 예술 및 철학과 공유하는 지점, 그리고 영화의 개념들이 들뢰즈의 광범위한 철학적·정치적 관심사와 동조하는 지점을 주로 다룬다. 5장은 운동과 시간의 개념이 운동-이미지에서 시간-이미지로 이행하면서 변형되는 과정과 들뢰즈의 니체적 미학이 제기하는 일차적 문제를 소개한다. 6장은 이야기 꾸미기(fabulation)의 개념 및 계열로서의 시간 속에서 전개된 정치 영화에 대한 들뢰즈의 이론을 살펴본다. 7장은 영화의 개념들이 사유함(thinking)을 바깥의 사유(thought from the outside)로 변용하는 과정, 그리고 이미지와 사유가 맺는 철학적 관계를 살핀다. 결론인 8장은 들뢰즈의 영화이론이 함축하는 정치적 비판 및 정치이론으로 되돌아간다. 특히 나는 들뢰즈가 푸코의 후기 권력이론과 연관해서 저항의 힘을

독해하는 방식, 그리고 들뢰즈와 가타리가 철학의 비판적·유토피아적인 힘 ——시간의 직접적 이미지를 경유해 직관되고 사유될 수 있는 잠재성 (virtuality)으로서의 힘 ——을 제시하는 방식에 대해 언급하고자 한다.

나는 이 책을 완성하면서 여러가지 아이러니를 절감했으며, 그 아이러 니들은 내 글에 뚜렷하게 각인되어 있다. 나는 이 책의 집필을 끝내고 초고 를 보낸 그날 들뢰즈의 죽음을 전해 들었다. 내 글쓰기의 대부분은 내 인생 에서 소중한 인물들의 죽음과 나란히 갔다. 여기에는 메츠, 그리고 무엇보 다도 들뢰즈와 유사한 병을 앓았으며 들뢰즈가 목숨을 끊기 한 달 전에 돌 아가신 나의 어머니가 포함된다. 7장에서 나는 철학과 죽음의 관계에 대해 상세히 언급했다. 이는 들뢰즈의 저서에서 어느 정도 일관성 있게 나타나 는 주제다. 이런 맥락에서 나는 들뢰즈가 죽음을 철학적 형상으로 다루는 것이 두 가지 점에서 중요하다고 믿는다. 그것은 한편으로는 항상 삶에 복 무하는 것 ——새로운 것의 창조로서 삶에 대한 긍정——이며, 다른 한편으 로는 삶 속에서 새롭고도 예측 불가능한 것의 출현을 가로막는 힘에 대한 저항이다.

『카이에 뒤 시네마』의 '들뢰즈에 대한 오마주'에서 「나비의 날개」를 쓴 장 나르보니는 이와 관련해서 매혹적인 일화를 끌어들인다. 그는 분류 와 창안에 대한 들뢰즈의 열정을 언급하면서, 영화감독들이 영화에서의 이 미지나 기호, 개념을 창안하기도 전에 들뢰즈 사유의 운동 및 논리가 그것 들을 예고한다는 느낌을 받았다고 전한다. "내가 어느날 이 얘기를 그에게 했더니, 그가 웃었다."(Narboni, 1995 : 25)

이 멋진 이야기는 들뢰즈의 철학적 관점이 가진 긍정적 역량과 그 익 살스러움을 표현한다. 『차이와 반복』의 영역판 서문에서 들뢰즈는 철학의 비판적·예기적 역량에 대해 언급한다. 그는 철학에 대한 책을 탐정소설과 과학소설에 비교한다. 일단 개념들은 국지적 상황을 해결하기 위해 그에 개입하며, 이어 제기된 문제들에 따라 변화한다. 이때 모든 개념은 나름의 영향력과 드라마를 시사하며 바로 그 영향권과 드라마 속에서 스스로를 실행한다. 그러나 무엇보다도, 철학은 시간과 심층적으로 관련된 유토피아적 면모를 지닌다. 이것은 개념의 또는 개념에 의한 조사나 수사의 드라마가 아니다. 오히려 새뮤얼 버틀러의 에레혼[4]처럼 철학은 우리를 다른 세계, 이 세계이기도 한 다가올 세계로 향하게 한다. 그 세계는 곧 내재성의 평면이다. 그곳에서 "나는 나의 개념들을 만들고, 다시 만들고, 파괴한다. 움직이고 있는 지평에서, 항상 중심을 벗어나는 중심에서, 항상 변위되는 주변에서, 개념들을 반복하고 분화시키면서 그렇게 한다"(DR, xxi). 따라서 철학은 니체적인 의미에서 항상 반시대적이다. 철학은 역사의 철학도 불멸하는 것의 철학도 아니다. 그것은 이 시대를 거스르고, 소망하건대 다가오는 시간을 위한 철학이다. 소외와 물화, 원한과 같은 죽음의 힘들에 저항하는 것보다 더 위대한 전략은 없다. 들뢰즈가 시간의 철학자라는 말은 그가 삶의 철학자임을 뜻한다. 삶의 철학자란 삶, 그리고 삶의 반시대적 창조력을 긍정하는 개념의 발명자다.

나는 1990~91년 예일대학의 특별연구장학금을 받아서 들뢰즈 연구를 시작할 수 있었다. 최종 작업과 편집은 코넬대학 인문학회의 지원금을 받아서 끝냈다. 이 책을 쓸 당시 내가 재직 중이었던 로체스터대학은 이 작업을 마무리하는 데 필요한 시간을 기꺼이 만들어줬다. 나는 수많은 사람들, 그러니까 자신들의 관대함에 걸맞은 날카로운 안목을 갖춘 사람들과의

---

4) (옮긴이) 이 책에서 들뢰즈는 에레혼(Erewhon)의 모태가 된 철자인 'no where'(어디에도 없는 장소, 즉 상상적 유토피아)를 'now-here'의 변형으로 다시 읽는다. "그것(에레혼)은 원초적인 '부재의 장소'를 의미한다. 그리고 그것은 위치를 바꾸고 위장하며 양상을 달리하고 언제나 새롭게 재창조되는 '여기-지금'(ici-maintenant)을 동시에 의미한다."(DR, xx/3)

토론을 통해서 서문을 썼다. 벤 브루스터와 레이 제이콥스는 들뢰즈에 대한 판단을 유보하고 있었지만, 나를 켄트대학과 위스콘신-매디슨대학 두 곳에 초대해 내가 몇몇 아이디어를 펼쳐볼 수 있도록 도와줬다. 나는 이스트앵글리아대학, 아이오와대학, 로체스터대학, 토론토대학, 듀크대학, 코넬대학의 학생들, 그리고 컬럼비아대학 주최로 뉴욕 현대미술관에서 열린 영화관련 통합학문 세미나와 비엔나에 있는 프랑스협회에서 만난 청중들과도 허심탄회하게 토론할 수 있었다. 이들과의 토론 역시 내게 많은 도움이 됐다. 수많은 친구들과 동료들, 특히 다나 폴란, 레다 벤스메이야, 마이클 웨스트레이크, 더들리 앤드류는 일부러 시간을 내서 초고를 읽고 논평해줬다. 마크 베츠는 최종 교정작업 내내 자신의 귀중한 전문지식으로 나를 도와줬다. 인내심을 갖고 나를 기다려준 듀크대학출판부의 편집자 켄 위소우커에게도 감사의 마음을 표하고 싶다. 그밖에 또 다른 친구들, 학생들, 동료들도 내가 이 책을 구성하는 데 큰 도움을 줬다. 리처드 앨런, 마크 앤더슨, 레이몽 벨루르, 데이비드 보드웰, 도널드 크래프턴, 토머스 엘자이저, 로렌츠 엔겔, 제인 게인스, 마이클 하트, 아만다 하우웰, 비어던 이긴라, 프랭크 케슬러, 웨인 쾨스텐바움, 안드라스 코바치, 장-루이 뢰트라, 톰 레빈, 로라 U. 마크스, 브라이언 마수미, 알랭 메닐, 토릴 모이, 마리온 픽커, 줄리아 핌슬러, 로렌 레이비노위츠, 샐리 로스, 셜리 사무엘스, 크리스틴 톰슨, N. 프랭크 우카디케, 제프 웨이트, 제니퍼 위크, 자넷 울프, 낸시 우드, 팀 머레이, 톰 라마르, 사카이 나오키, 그리고 코넬대학 들뢰즈 세미나팀의 여러 회원들, 이 모두에게 진심에서 우러나오는 감사의 말을 드린다.

1부

운동, 이미지, 기호

1. 영화의 짧은 역사

1924년, 고전 영화의 형식 기하학, 시공간적 설명 논리, 몽타주를 통한 행동 연결 법칙이 완성됐다. 「셜록 2세」(*Sherlock, Jr.*)에서 버스터 키튼이 연기한 젊은 영사기사는 랩 디졸브 기법을 통해 자기 자신과 분리되어 자신이 꾸는 꿈의 공간인 사각형 화면 속으로 진입한다. 뒤이은 그의 행동은 무성 시기 고전 할리우드 영화를 특징짓는 (역설적) 의미의 논리를 예시한다. 이 일련의 쇼트에서 배경이 점점 더 개연성 없고 위험한 장소(정원, 번화가, 절벽, 사자가 우글거리는 정글, 사막을 종단하는 기차 행렬)로 이동하는데 반해 키튼의 형상은 상대적으로 안정적인 전경을 제공한다. 그는 해변가의 바위 위에 있다는 것을 깨닫고 물 속으로 뛰어들지만 눈더미 속에 고꾸라질 뿐이다. 한 쇼트에서 다른 쇼트로 움직이는 키튼의 운동은 현대 수학 용어인 유리수적(rational) 분할로는 공약 불가능한 두 공간을 연결한다. 공간적 구획을 분할하는 간격[1]은 첫번째 쇼트의 끝인 동시에 두번째 쇼트의 시

---

1) (옮긴이) 들뢰즈는 '간격'에 해당하는 말로 'intervalle'을 주로 쓰면서 한편으로 'écart'를 혼용한다. 후자의 경우에는 베르그송이 제시한 '뇌의 간격'을 영화 이미지와 결부시켜 사유할 때로 한정된다. "베르그송은 변형의 심오한 요소를 소개했다. 뇌는 이제 간격(écart)또는 공백(vide), 단지 자극과 반응 사이의 공백일 뿐이다. 그러나 그 발견의 중요성이 어떻든 간에 이런 간격은 그것 안에 체현된 통합하는 전체와 그것을 가로지르는 연합들에 종속된 채로 남았다." (TI, 211/274) 영역판에서는 이 둘을 모두 'interval'로 번역하고 있다. 이와 더불어 『시간-이미지』의 일부에서는 불어의 'intervalle'을 'gap'으로 번역한 부분이 있어 혼란을 초래한다. 따라서 'gap'의 경우에는 간격(interval)과 구분하는 의미에서 간극, 균열 등으로 옮겼다. 이 책의 '용어 해설'을 참조하라.

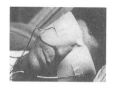

작이다. 키튼의 영화에서 아무리 개연성 없고 부조리한 분할이라도 모든 분할은 유리수성(합리성)의 형상, 운동과 행위가 동일시되는 키튼이라는 형상에 지배되며, 이는 곧 인접한 공간이 이전 공간과 연속된 것임을 보증한다. 그에 따라 시간이 운동에 종속된다. 즉, 시간은 매치 커트(match-cut)를 통해 연속된 공간을 가로질러 반향하는 작용-반작용[2] 과정으로서 오직 운동역학적으로 측정된다.

이 경우, 행위와 운동의 기하학적 구조는 선형적·단계적으로 확장된다. 영화가 운동하는 전체임을 보증하는 것은 한 쇼트에서 다른 쇼트로의 연속적 연결이다. 포토그램이 쇼트로, 쇼트가 시퀀스로, 시퀀스가 부분들로, 부분들이 운동하는 전체, 즉 한 편의 영화로 결합하는 과정은 영화를 거대한 시계 태엽장치처럼 규정한다. 운동역학이 지배하는 고전 영화는 운동법칙이 시간에 대해 독립적인 뉴턴 물리학의 우주와 같다. 이처럼 시간이 운동에 종속되는 것은 그간의 철학이 내려온 결론과 일치한다.

1962년, 뉴 아메리칸 시네마와 모던 유럽 영화의 출현은 고전 시기를 특징지었던 뉴턴적 공간 개념을 바꾼다. 크리스 마르케의 「방파제」(*La jetée*)는 한 전쟁 포로가 일련의 고통스러운 실험에 동원되어 시간 속을 여행하게 되는 근미래를 다룬다. 그의 여정이 물리적인 것인지 정신적인 것인지는 모호하다. 운동은 이미지 및 행동의 재현과 절연된 채, 시간의 측정 기준이라는 자신의 역할을 포기한다. 「방파제」에서 시간의 이미지는 더 이상 현재·과거·미래가 연속체로서 상호 제휴하는 연대기로 환원되지 않는다. 시간의 이미지화가 물리적 행동과 연결된 운동에 더 이상 종속되지 않듯, 주체의 고통스러운 구속——그는 이미지 속에서 움직임이 동결당한 것마냥 물리적으로 정지해 있다——은 역설적으로 주체를 시간 속에서 해방시킨다.[3] 일단 연대기가 분쇄되고 나면, 시간은 유리 파편처럼 산산이 쪼개진다. 연대기적 연속체가 느슨해질 때, 과거-현재-미래는 변별적 계열들, 불연속적이고 공약 불가능한 계열들로 절단된다. 영화의 내러티브적 단면들은 불연속적 공간, 개연적으로 연결된 시간의 블록들——오를리 지방의 공원·박물관·부두——로 나뉜다. 관객이 다음 장면을 예측하는 것은 주사위 던지기에 다름 아니다. 시간은 더 이상 운동에서 비롯되지 않는다. 오히려 이탈적 운동(aberrant movement), 기이한 운동이 시간에서 비롯된다.

그 이미지로 포착되지 않는 행동과 운동은 오직 무리수적(irrational) 분할을 통한 연결만이 존재한다. 수학적 정의에 따르면, 공간을 무리수적으로 절편화하는 간격은 자율적이며, 자신이 나누는 공간의 일부로 환원되지 않는다. 즉 간격은 절편화된 한 공간의 종지부 또는 시작점을 구성하는 공간적 단면과 별개다. 이미지와 사운드트랙 또한 상호 자율적이다. 이 둘은 서로를 지시하지만, 하나의 유기적 전체로 조화롭게 봉합되지 않는다.

---

2) (옮긴이) 'action'은 행동, 행위와 작용이란 뜻을 동시에 갖는다(behavior는 행위로 통일). 특히 유기체의 자극-반응에 대한 베르그송의 설명과 이미지의 감각-운동적인 연속체에 대한 부분에서는 'reaction'과 짝을 이뤄 작용-반작용으로 쓰인다. 본문에서는 이 둘을 문맥에 따라 달리해 옮겼다.

3) 여기 제시된 일곱 개의 쇼트는 주인공의 성공적인 첫번째 시간 여행을 재현한다. 각각의 이미지는 느린 블랙 페이드인-아웃으로 시작하고 끝난다. 전체 시퀀스는 다음과 같은 독백을 동반한다. "열번째 날, 이미지는 고백처럼 스며 나오기 시작했다. 평화로운 어느 날 아침. 침실에서의 평화로운 시간, 실제 침실, 실제 아이들, 실제 새, 실제 고양이, 실제 무덤……." 들뢰즈의 맥락에서 「방파제」를 매혹적으로 분석한 것으로, 레다 벤스메이아의 「포토그램과 픽토그램에 대해」를 참조하라.

그 결과 공간은 전체를 구성하는 유기적 이미지 내에서 총체화되지 않고, 시간은 운동에 종속되지 않는다. 안과 밖, 정신과 몸체, 정신적인 것과 물리적인 것, 상상적인 것과 실재적인 것은 결정적 특질일 수 없다. 이전의 모델과 단절함으로써 새로운 정신 이론, 또 하나의 의미의 논리가 정의된다.

　　앞서의 두 사례는, 들뢰즈가 『운동-이미지』와 『시간-이미지』에서 영화 기호들의 역사를 파악하는 방식에 대한 예시다. 들뢰즈 자신은 그 저서들을 역사적 연구로 규정하는 데에 반발할 것이다. 그러나 그 저서들에는 독일의 예술사가 하인리히 뵐플린에게서 차용한 역사관이 스며들어 있다. 뵐플린은 『예술사의 원리』에서 상상적 관찰(imaginative beholding)[4]의 역사적 양식을 기준으로 스타일 분류를 논한다. 그는 미학 형식에 대한 역사 서술의 임무가 무엇보다도 상이한 시대 및 문화권에서 역사적으로 통용될 수 있었던 일군의 특수한 형식적 가능성 —— 예컨대 구상과 재현의 양식, 보기와 말하기의 양식 —— 을 이해하는 것이라고 여겼다.

　　들뢰즈에게 있어 뵐플린만큼 중요한 것은 일리야 프리고진과 이사벨 스텐저스의 과학사 및 과학철학 연구다. 이들은 『혼돈으로부터의 질서』[5]에

---

4) '상상적 관찰'의 원어는 'anschaulichen Vorstellens' 또는 'Vorstelleungsformen'이다(원서의 7판 서문 p.5 참조). 들뢰즈는 『운동-이미지』와 『시간-이미지』에서 자주 뵐플린을 참조한다.

5) (옮긴이) 이 책은 근대 이후 수학과 열역학, 생물학의 주요 국면들을 엔트로피 법칙으로 집약하면서, 자연과학의 개념을 결정론적인 접근에서 확률적이고 비가역적인 접근으로 전환시키고 있다. 이 책에서 카오스와 물리학적·생물학적 계(系)의 관계 분석은 들뢰즈의 저서에서 간헐적으로 언급된다. 『대담』에서 들뢰즈는 이 책의 4장에서 살펴보게 될 알랭 레네의 「사랑해, 사랑해」(Je t'aime, je t'aime, 1968)를 『혼돈으로부터의 질서』에서 분석된 빵장수의 변형과 비교한다. 빵장수의 변형이란 두 개의 점이 표시된 정사각형을 직사각형으로 늘이고 그것을 절반으로 접어 다시 정사각형으로 만드는 변형작업(일종의 반죽 작업)이다. 이 과정은 무한히 계속될 수 있는데 이를 반복하다 보면 처음에 어떤 위치에 있었던 두 개의 점이 다른 정사각형에서는 앞서와 상이한 위치에 있게 된다. 이를 시간에 비유하면 다음과 같다. 인생의 과거와 현재를 각각 두 점이라 하면 두 점의 관계가 새로운 정사각형의 형성에 따라 달라지듯 과거와 현재의 관계도 지속적으로 변형한다. 따라서 현재와 과거 사이의 관계는 불확정적이고 불가해한 다양체들의 집합을 이루게 된다(신국조 옮김, 1993 : 357~358). 이 책에서 다룬 확률물리학적 비결정성, 카오스 속의 자기-조직화에 대한 설명은 『철학이란 무엇인가』의 제2부 「철학, 과학, 논리, 그리고 예술」에서 폭넓게 논의된다.

서 과학 및 철학의 진화가 특징적으로 열린 체계의 변화 양상과 같다고 지적한다. 열린 체계는 그 문화적 환경과 끊임없이 정보를 교환하면서 스스로 변화하는 동시에 문화적 환경 자체를 변성한다. 관찰과 재현, 자연을 모델로 하는 개념화 전략은 뵐플린의 상상적 관찰 양식에 못지않게 역사적이다. 『예술사의 원리』와 『혼돈으로부터의 질서』는 들뢰즈 독해에 있어 중요한 참조 대상이다. 왜냐하면 들뢰즈의 궁극적 목표는 새로운 영화 이론의 수립이 아니기 때문이다. 오히려 그는 미학적·철학적·과학적인 이해의 양식들이 어떻게 수렴해서 이미지화, 특히 세계를 이미지화하기 위한 문화적 전략이 산출되는지를 파악하려 한다.

들뢰즈의 『운동-이미지』와 『시간-이미지』를 이끄는 질문은 다음과 같이 요약된다. 어떻게 영화 및 영화이론에 대한 지속적 성찰이 이미지와 사유의 관계를 해명하는가? 들뢰즈는 최근의 역사에 비추어볼 때 영화가 의미작용 및 이해의 전략, 그리고 미학적·과학적·철학적 사유에 있어서 신념의 결정적 변동을 파악하기에 적합한 특권적 장소를 제공한다고 주장한다. 이 변동은 시간의 문제와 연관되어 있다. 이를테면 프리고진과 스텐저스는 19세기에 발달한 열역학 체계와 확률 물리학 연구를 통해 과학이 구상한 물리적 세계의 이미지에 시간이 재도입된다고 지적한다. 이는 뉴턴이 주창한 운동 법칙의 정적이고 영속적인 **존재**(Being)의 이미지와 대조되는 비가역적 **생성**(Becoming)의 이미지다. 또한 베르그송은 사유의 이미지를 내적 운동으로, 기억을 복잡한 지속(durée)으로 설명했다. 들뢰즈는 영화가 사유의 이미지에 대응하는 것을 구체적으로 산출하는, 즉 시간과 운동에 대한 사유를 시청각적으로 표현하는 미학적 실천이라고 말한다. 『운동-이미지』와 『시간-이미지』의 초점은 그 발단에서부터 시간이다.

시각화 또는 이미지화에서 운동 및 시간성(temporality)의 범주를 강조하는 것은 현대철학과 영화이론의 의미작용 이론에 대한 비판을 함축한다. 사유가 (관념적으로) 불변하는 정체성을 지닌다고 간주될 때, 그리고 논리적 표상이 그 불변의 정체성과 점점 더 정확하게 대응할 수 있다고 간주될 때, 철학의 역사는 바로 그 논리의 목적론적·진보적 정제 과정으로 인식된다. 그러나 들뢰즈의 경우, 무엇을 통한 사유(Thinking-through) 이외의 다른 어떤 사유도 없다고 말할 수 있다——여기서 무엇이란 이미지, 기호, 그리고 개념이다. 이런 점에서 들뢰즈는 볼로시노프가 『마르크시즘과 언어철학』에서 제기한 다음의 주장을 따르고 있다. **"의식 자체는 기호의 물질적 구체성을 통해서만 나타난다. 또한 의식은 오직 이런 구체성 속에서 생생한 사실이 된다. …… 기호 속에서 개별 의식이 발육된다. 즉 의식이 기호에서 성장한다. 의식은 기호의 논리와 법칙을 반영한다."**(Vološinov, 1973 : ch. 2, 13)[6] 이와 유사하게, 들뢰즈는 베르그송을 전유해서 사유가 본질적으로 시간적이며 운동과 변화의 소산임을 주장한다. 또한 그는 퍼스의 재독해를 통해 이미지가 통일되거나 닫힌 전체가 아니라 연속적 변형 상태에 놓인 논리적 관계들의 집합이라고 논증한다. 「셜록 2세」와 「방파제」에서 쇼트 '안에' 존재하는 의미보다도 쇼트들의 연결과 배합 및 상호 연결 방식에 대한 이해가 더 중요한 까닭이 여기에 있다. 그 연결들은 의미 이론에 대해 중대한 함의를 지닌다. 운동-이미지 혹은 시간-이미지를 언급하는 것은 재현의 요소가 유동적으로 배열되는 방식을 언급하는 것이다. 각각의 배열 방식은 나눔과 재결합에 기초해서 서로 다른 유형의 기호를 생산한다.

들뢰즈가 소쉬르에 연원하는 영화기호론에 반대해 퍼스의 기호학을 선호하는 것도 같은 맥락에서다. 메츠의 경우, 영화적 언표(énoncé)에 대한 개념, 거대 통합체[7]에서 파생된 내러티브 이론을 제시하여 이미지의 가

---

6) 볼로시노프가 바흐친의 필명인지는 확실하지 않다. 그러나 들뢰즈는 이들을 동일인으로 취급하고 있다. 바흐친의 '자유 간접 화법'(free indirect discourse)에 관한 독해는 『운동-이미지』에서 가장 중요한 부분 중 하나다. 이에 관해서는 『운동-이미지』의 pp.72~76/105~109를 참조하라.

장 가시적 속성인 운동을 제거하면서 이미지의 의미를 언어적인 것으로 제한한다. 그러나 들뢰즈의 경우, 영화의 이미지 구성성분이 움직이는 "기호적 질료(matière signalétique)로 이루어져 있다. 이것은 모든 종류의 변조 가능한 특징들, 즉 감각적인 것(시각과 청각), 운동적인 것, 강도를 띠는 것, 정서적인 것, 리듬적인 것, 음조적인 것, 심지어 언어적인 것(구어와 문어) 등을 포함한다. 에이젠슈테인은 처음에 이를 이데올로기소(ideogram)에, 다음에는 좀더 심오하게도 전-언어 또는 원시 언어체계에 해당하는 내적 독백(internal monologue)에 비유한다.[8] 이는 그 언어적 요소에도 불구하고 랑그나 랑가주가 아니라 가소성의 덩어리, 탈-기표적이며 탈-통사적인 질료, 곧 언어적으로 형성되지 않는 질료다"(TI, 29/ 43~44). 퍼스의 이론은 언어학이 아니라 논리학이며, 따라서 기호작용을 일련의 과정으로 이해한다. 들뢰즈가 퍼스의 이론이 운동 과정에서 나타나는 기호의 발생 및 결합을 이해하기에 더 적합하다고 보는 것은 이 때문이다. 기호론이 언어적 모델을 영화 바깥에서 부과함으로써 영화적 기호를 정의하려 하는 반

---

7) (옮긴이) 거대 통합체(grande syntagmatique)는 메츠가 내러티브 영화의 통합체적 특성을 설명하기 위해 제시한 개념이다. 영화에서 쇼트는 언어학적 기호에서의 단어와 다른 쇼트들 사이의 연결고리에서 의미가 발생한다는 측면에서 계열체적인 특성보다는 통합체적인 특성을 갖는다. 메츠는 이 개념을 유지하기 위해 두 가지 개념을 빌려오는데, 하나는 내러티브 안에 내포되는 허구적인 시공간과 관객에게 수용되는 이야기의 차원을 포괄하는 상상적 구성물인 디제시스(diegesis)이며 다른 하나는 야콥슨이 제시한 이항 대립(binary opposition)이다. 이항 대립은 쇼트의 연대기적-선형적/비연대기적-비선형적 연결을 기표의 차원에서 결정한다. 즉 기표의 차원에서 어떤 것을 다른 것으로 대체하면 기의의 차원도 달라진다. 영화기호학에서 이러한 분석은 특정 내러티브 영화나 장르 영화의 시공간적 결합 또는 특정 감독의 작품들에 나타나는 스타일의 특성을 규정하는 데 유용한 모델로 인정되었지만, 내러티브 영화에 나타나는 다원적인 시공간적 기호들을 간과한다는 점, 아방가르드/실험영화에 적용하기 어렵다는 점에서 비판되었다. 그러나 가장 심원한 비판의 근거는 거대 통합체가 영화의 본성을 이야기와 등장인물, 행위 제시에 국한시킴으로써 영화를 언어적 서사체로 환원했다는 점, 그리고 이미지의 시공간적 국면들을 은유와 환유의 논리로 단순화함으로써 그것들을 동결시켰다는 점이다. 이 두 가지 비판 지점은 들뢰즈가 『운동-이미지』와 『시간-이미지』는 물론 『의미의 논리』, 『천 개의 고원』에서 비판하는 기표/기의의 전제들과 밀접하게 연결된다.

8) (옮긴이) 이 용어들에 대한 들뢰즈의 설명은 『시간-이미지』의 7장 「사유와 영화」에 상세히 소개되어 있고 이 책의 7장에서도 바로 이를 상술하고 있다. 또한 이 책의 '용어 해설'을 참조하라.

면, 들뢰즈는 영화 자체가 역사적으로 생산해온 질료에서 기호이론을 연역하기 위해 퍼스의 논리학을 적용한다.

또한 『운동-이미지』와 『시간-이미지』에서 이미지의 이념은 서로 구분되는 영화의 논리 및 실천의 경계를 표시하는 시대 구분의 징표다(사실상 들뢰즈는 두 개의 '순수 기호체계', 즉 운동의 기호체계와 시간의 기호체계를 정의한다). 이런 식으로 들뢰즈는 영화적 기호작용의 역사에서 어떤 변이가 현대 시청각 문화를 형성했는지 탐구한다. 들뢰즈는 제2차 세계대전 이후의 영화가 그 이전과 질적으로 상이하며, 이는 곧 운동-이미지 체제에서 시간-이미지 체제로 점진적이지만 현저한 이전을 보이는 것이라고 주장한다. 이러한 변화와 그에 따른 차이는 기호 및 이미지의 본성상 변화, 그리고 사유의 문화적 이미지상에서 나타난 이전을 표시한다.

들뢰즈는 이미지 실천(image practices)이 사회적·테크놀로지적 자동기계라고 주장한다. 이 자동기계에서 각 시대가 특정한 사유의 이미지를 생산함으로써 스스로를 사유하는 것이다. 그에 따라 철학은 정신기호[9]로 주어지는 좌표들을 이용해 그 이미지의 지도를 그릴 수 있게 된다. 이 지도 제작은 정신적이다. 그리고 이 지도는 내적 분절, 접속,[10] 연합 및 기능작용으로 구성된 뇌의 이미지를 함축한다. 따라서 사유의 이미지는 넓은 의미에서 역사상의 특정한 영화적 실천을 정신적 자동기계 또는 사유기계로 나타낸다. 이런 점에서 한 시대의 사유 이미지는 곧 사유의 본질, 사유의 쓰임

---

9) (옮긴이) 자동기계(automata), 정신기호(noosigne)에 대한 설명은 이 책의 7장을 참조하라.

10) (옮긴이) 통상 연결이라고 해야겠지만 'link'의 기본 번역어를 연결로 설정했기 때문에 구분을 위해 '접속'이라고 썼다. 참고로 이 단어의 불어는 'connexion'인데 이 말은 들뢰즈와 가타리의 의미에서 연결접속이기도 하지만 『운동-이미지』, 『시간-이미지』와 이 책에서는 이보다 훨씬 광범위한 의미로 사용했다. 다만 'conjunction'(conjonction)은 『천 개의 고원』과 『안티-오이디푸스』의 연장선상에서 쓰였다는 점에서 『천 개의 고원』의 번역어를 따라 접합접속 또는 접속사(접속사로서의 문맥이 분명한 경우)로 옮겼다.

및 사유하고 있는 주체의 위치를 스스로 사유하는 이미지다(WP, 37).『철학이란 무엇인가』에서 들뢰즈와 가타리는 영화를 일종의 인공지능, 데카르트의 잠수인형, 개념의 직조를 위한 기계로 간주한다.[11] 이는 들뢰즈가 영화적 철학의 역사를 기술할 때 가장 강력한 실마리로 작용한다. 즉, 이제 필요한 것은 이미지와 기호의 본성 속에서 미학적으로 재현되는 각 시대의 사유(thinking-through) 전략을 포착하는 것, 그리고 그것을 철학적 기호의 형태로 표현하는 것이다. 이 작업은 미학적 실천에서 사유의 가능성이 어떻게 갱신될 수 있는지를 밝힌다는 면에서 철학적 의의도 지닌다.

철학자로서 들뢰즈가 영화에 관심을 표명했던 것은 영화가 지속에 대한 복합적 활동사진을 제공한다고 봤기 때문이다. 운동-이미지와 시간-이미지를 구분하는 것은 시간을 공간적으로 그려내는 방식의 차이다. 들뢰즈는 영화 이미지가 그 자체에 관해서건 그 관찰자에 관해서건 언제나 현재 내에 있다는 관념을 부정하면서, 오히려 이미지가 시간적 관계들의 묶음이라고 주장한다. "이미지 자체는 그 구성요소들이 맺고 있는 관계들의 체계다. 그것은 시간적 관계들의 집합이며 가변적 현재는 단지 그 관계에서 흘러나온다. 이미지의 특이한 점은, 재현된 대상 속에서 볼 수 없으며 현재로 환원되는 것을 용납치 않는 시간적 관계를 가시적인 것, 지각 가능한 것으로 만드는 그 힘이다."(TI, xii)[12] 시간적 관계는 일상의 평범한 지각 과정에서는 좀처럼 명료하게 드러나지 않으며, 오히려 기호를 창조하는 이미지들에서 가시적으로 알기 쉽게 표현된다. 영화의 이미지는 운동과 시간을 이루는 구성인자를 포함하고 있기 때문에 단일체로 환원될 수 없다. 사유와 이미지의 관계 또한 단순명료한 현재시제로 환원될 수 없다.

---

11) 들뢰즈는 장-루이 쉐페르가『영화의 평범한 인간』에서 제안한 논점들을 따른다. 이에 대해서는 『철학이란 무엇인가』의 2장, 그리고 이 책의 7장을 참조하라.
12) (옮긴이) 영역판 서문에만 있는 내용이다.

운동-이미지와 시간-이미지는 이 관계를 각기 다르게 설정한다. 전자는 시간에 대한 간접적 이미지를 제공하고, 후자는 직접적 시간 이미지를 제공한다. 들뢰즈는 간격, 즉 포토그램·쇼트·시퀀스 사이의 공간이나 경계를 재고찰하는 한편, 영화가 시간을 공간적으로 표상하기 위해 이 간격들을 어떻게 조직하는지를 살피면서 이 비범한 발상을 이끌어낸다. 들뢰즈는 간격이라는 개념을 지가 베르토프에게서 차용하지만 이를 더 광범위한 의미로 활용한다. 간격의 조직이 시간을 공간적으로 이미지화하는 데 기여하는 방식을 이해하면, 영화의 기하학적 연쇄 논리를 공식화하려는 들뢰즈의 시도가 한결 뚜렷하게 다가올 것이다.

발터 벤야민은 「사진의 작은 역사」에서 시간의 문제가 어떻게 초기 사진의 진화를 특징짓는지 살핀다. 그는 사진의 지표적 특질이나 도상적 특질이 아닌 노출을 통해 시간적 간격이 기록된다는 사실 자체에 흥미를 가졌다. 벤야민에 따르면, 사진술의 기술적 진보로 노출 시간이 몇 시간에서 몇 초 단위로 급격히 단축될 때, 그에 비례해 이미지의 아우라가 증발한다. 여기서 아우라라는 관념은 명백하게 베르그송의 **지속** 개념을 상기시킨다. 벤야민은 노출의 간격이 길수록 환경의 아우라(재현된 형상을 통해 얽히는 복잡한 시간적 관계들)가 감광판에 각인되어 이미지에 스며들 기회가 많아진다고 봤다. 구체적으로 말해서, 간격의 시간적 가치는 사진에서 시간과 공간의 질적 비율을 결정한다. 저속 노출에서 고속 노출 시대로 도약함에 따라 시간의 절편들은 공간 내에서 질적 변화를 겪었다. 빛에 대한 감도가 향상되고, 한층 또렷하게 초점을 맞출 수 있게 됐으며, 심도가 더욱 확장됐다. 무엇보다도 운동을 고정할 수 있게 됐다. 이에 대해 벤야민은 다음과 같은 역설적 입장을 취한다. 노출 시간의 감소로 사진의 도상적·공간적 성격이 정확해짐에 따라, 이미지가 매혹적인 아우라의 모호성뿐만 아니라 지속의 경험을 일시적으로 고정하는 본래의 능력까지 상실했다는 것이다.

벤야민은 장시간 노출 사진을 원시적 시간-이미지, 지속을 축적하는 일종의 열린 창으로 묘사한다. 반면 즉석 사진에서 시간적 간격의 감소는 이미지의 새로운 가능성, 즉 운동의 재현을 개시한다. 그 단적인 예로 젊은 시절의 자크-앙리 라르티크가 촬영한 이상(異常) 사진에서 볼 수 있는 운동의 동결, 그리고 더 나아가 에티엔 쥘 마레와 이드위어드 머이브리지의 운동 연구용 사진을 들 수 있다. 시간을 간접적으로 재현하는 운동-이미지의 맹아는 이미 여기서 싹을 틔운다. 이때 테크놀로지적 발전은 특정한 목표를 향해 나아간다. 테크놀로지는 운동을 물리적 행위와 등치하고, 이를 유리수적 절편으로 나눔으로써 운동을 분해한다. 마레와 머이브리지의 사진에서, 손을 땅에 짚고 물구나무를 섰다가 일어서는 한 남자의 행위는 연속적인 12개의 이미지로 포착된다. 운동에 대한 초창기 연구에서조차 소위 과학적 지각 및 운동 분석에 있어 시간 관리는 핵심적인 문제였다. 노출 간격을 몇 분의 일 초 단위로 줄이지 않고서는 행위를 분명하게 재현할 수 없다. 뿐만 아니라 운동이 연속적인 절편으로 기록되기 위해서는 카메라의 중계 과정과 관련해서 행위 자체가 주의 깊게 시간적으로 조절되어야 한다. 따라서 시간이 운동에 종속될 때, 즉 운동이라는 대리물을 통해 간접 재현될 때 두 가지 측면에서 규제가 뒤따른다. 첫째, 시간은 일종의 상수(머이브리지의 경우 1/100초 단위)로 환원되며, 등거리의 공간적 간격으로서 반복된다. 둘째, 시간은 동선(動線)의 엄격한 제한 하에서 오로지 합리적(유리수적)으로 나누어진 절편들을 통해 연속적 운동을 타고 흐른다. 여기서 시간은 공간과 운동의 **척도**로 사용되는데, 왜냐하면 시간이 오직 공간과 운동이라는 매개체들을 통해서만 보일 수 있기 때문이다.

물론 이 두 원칙은 완벽한 영화촬영 기술을 위해 필요하다. 그러나 영화는 여기에 마레와 머이브리지 같은 선구자들이 상상조차 못했던, 사실 원하지도 않았던 차원을 덧붙인다. 즉 영화는 고정된 비율로 이들 이미지를 영사함으로써 자동적으로 운동을 제조했던 것이다. 들뢰즈는 이 단계에서 운동–이미지가 정신적 자동기계가 됐다고 말한다. 이 기계는 기호적 질료를 통해 기억과 사유의 이미지, 베르그송이 당대의 철학과 심리학을 통해 기술했던 바에 아주 가까운 어떤 이미지를 산출한다. 시간이 운동에 종속되는 방식을 새롭게 연장(extension)[13]함으로써, 내러티브 영화는 베르그송이 '운동 중인 열린 총체성'으로 형상화했던 논리를 복제한다. 베르그송이 사유의 본질적인 시간적 속성을 설명하기 위해 사용했던 이 형상을 통해, 들뢰즈는 고전 영화의 내러티브 조직을 기술한다.

베르그송의 관점에서 사유는 항상 동시에 두 방향으로 움직인다. 즉, 사유는 수평축을 따라 전개되는 동시에 수직축을 가로질러 연장된다. 전자는 연합(association)의 축이다. 그것은 유사성과 인접성, 대조와 대립의 원

---

13) (옮긴이) 'extension'은 연장을 기본으로 하되 경우에 따라 확장, 외연으로 옮겼다. 이 말의 형용사형인 'extensive'의 경우에는 문맥에 따라 외연적인, 연장적인이란 말로 옮겼다. 그런데 영어에서는 이 두 말이 'extensive'로 표기되지만 불어의 경우 공간의 연장 잠재력에 해당하는 '연장적인'의 경우에는 'étendu'(반대말은 inétendu)를 쓰고 '외연적인'일 경우에는 'extensif'(반대말은 intensif)를 쓴다는 점을 유의할 필요가 있다.

리를 바탕으로 이미지들을 연결한다. 동시에 통합-분화(l'intégration-différenciation)[14]의 과정이 있다. 다시 말해, 연합된 이미지는 서로 구분되고 개념적으로 다시 묶이면서 지속적으로 성장하는 집합들이 된다. 서로 연관된 이미지들은 통합을 통해 개념적 전체의 일부가 된다. 전체로의 운동은 질적 변화를 포함하며, 따라서 전체는 부분들의 총합과 같지 않다. 그러나 이 전체는 곧 그와 연계된 집합들 속에서 다시 총체화하면서 스스로를 연장한다.

이 모든 단계에서 연합을 통한 선형적·연속적 운동, 그리고 분화와 통합을 통한 부피의 팽창이 동시에 일어난다. 들뢰즈는 고전 영화가 운동-이미지의 영화로서 이 과정을 구체적 이미지로 드러낸다고 주장한다. 그에 따르면 철학은 고전 영화를 통해서 부분에 해당하는 집합들(ensembles)과 전체 집합들(touts)[15]의 구별, 그리고 시간, 전체, 열림(the open)의 상호관계에 대한 베르그송의 정의를 한층 명확하게 한다. 집합은 다양한 요소들을 조직하지만 상대적으로, 그리고 인위적으로 폐쇄되어 있다. 집합들은 언제나 다른 집합 또는 연장된 집합과 연결되어 있으며 그 연결의 끈은 무한하다. 이와 대조적으로 전체는 시간에 속하며, 모든 집합들을 횡단하면서 이 집합들이 닫힘을 향한 경향을 실현하는 것을 가로막는다. 따라서, 베

---

14) (옮긴이) 분화(différenciation)는 특수화와, 통합-분화는 연합과 쌍을 이루는 개념이다.

15) (옮긴이) 2장에서 상술되겠지만 전체는 '열린 성격을 갖는 체계'이며 집합은 '상대적으로 닫힌 체계'를 가리킨다. 여기서 열림과 닫힘은 집합론과 위상수학 모두에 적용되는데, 집합론의 경우에는 "어떤 집합 X의 임의의 원소 a, b를 특정 연산 C로 연산했을 경우 어떤 경우이건 그 결과가 X에 속하는 원소라면 'X는 C에 대해 닫혀 있다'라고 한다"(가령 자연수는 덧셈에 대해 닫혀 있지만 뺄셈에 대해서는 열려 있다)에 해당한다. 위상수학에서는 훨씬 복잡한데 "X를 위상공간이라 할 경우 X의 부분집합 F에 대해 그 여집합 X-F가 열린 집합일 때 F를 '닫힌 집합'이라 한다"에 해당된다. 영역본에서는 각각 'set'와 'whole'을 썼는데, 'ensemble'을 세트로 번역할 경우 무대장치, 배경 세트 등으로 사용되는 'décor'와 혼동할 우려가 있다. 『운동-이미지』와 『시간-이미지』의 원문에서는 'ensemble'을 전체, 총화라고 번역해야 적합한 경우가 등장하지만 여기에서는 대부분 집합으로 번역했다.

르그송의 정의에 따르면 시간은 **열림**(the Open)이다. 그것은 매 순간마다 변화하는 가운데 결코 그 본성의 변화를 멈추지 않는 것이다.

들뢰즈가 『운동-이미지』에서 지적하듯, 운동을 열린 총체성으로 설명하는 이런 관점은 에이젠슈테인의 이론 및 실천과 매우 유사하다. 또한 이는 고전 할리우드 영화의 텍스트 조직에 대한 레이몽 벨루르의 설명과 논리적으로 가깝다. 이 유사성은 놀라운 일이 아니다. 들뢰즈는 소비에트 학파와 할리우드 영화의 실천(특히 무성 영화 시대)을 결코 대립하지 않는다. 그는 소비에트 학파와 할리우드 영화가 본성상 서로 다르지 않은 운동-이미지의 두 가지 변별적 표명이라고 본다. 그들은 모두 쇼트를 정적인 형상이 아닌 움직이는 집합으로 조직한다. "쇼트(plan)[16]가 운동을 변화하는 전체와 관련짓는 한, 그것은 지속의 움직이는 단면(coupe mobile)이다."(MI, 22/36) 쇼트는 상대적으로 개방된 가변적 공간을 정의하며, 여기서 프레임화(cadrage) 과정이 잠정적·인위적으로 닫힌 공간을 결정한다. 에이젠슈테인의 몽타주-세포 개념[17]이 그 좋은 예다. 프레임화는 영화화 이전의 공간에서 대상들을 분리한 다음 유도된 집합 내에서 그 대상들을 행동, 몸짓, 몸체, 무대장치 등으로 분류하는 것이다. 이와 동시에 프레임은 영화의 움직이는 전체를 향해 쇼트를 개방한다. 쇼트는 포토그램의 단계에서부터 행동-운동의 상호 연결을 집적하기 시작한다.

이 같은 도식은 몽타주를 통해 단계별로 스스로를 복제하고 연장하면서 운동들을 결정한다. 이 운동들은 매 단계마다 각 요소들을 더 큰 집합으로 배분하는 기준이 된다. 연속편집 체계는 유리수적 나눔, 즉 합리적 커트

---

16) (옮긴이) 불어의 플랑을 그대로 쓰는 것이 좋으나 친숙한 용어를 따른다는 취지에서 영역본의 쇼트를 역어로 채택했다.

17) (옮긴이) 몽타주-세포 개념은 에이젠슈테인이 그리피스가 제시한 유기적 통일성으로서의 몽타주(평행과 수렴으로서의 몽타주)를 비판하는 과정에서, 몽타주에 발생과 발전의 개념을 요구하면서 제기한다. 이에 대해서는 『운동-이미지』의 4장을 참조하라.

를 통한 쇼트들의 연결[18]에 필요한 일련의 규범을 수립한다. 그러나 들뢰즈에게 화면 밖 공간(offscreen space)이라는 확장된 개념은 몽타주 못지않게 중요하다. 왜냐하면 이 공간은 집합이 본질적으로 열려 있음을 시사하기 때문이다. 영사 슬라이드[19]의 연속 운동이 쇼트로, 쇼트가 시퀀스로, 시퀀스가 부분들로 통합되듯, 모든 집합은 또 다른 집합, 더욱 연장된 집합들의 일부가 된다. 여기서 간격은 차이의 기호다. 차이는 유리수적인 나눔들을 통해 팽창하는 유기적 전체의 이미지 속에서 지속적으로 재총체화된다.

> 운동-이미지는 한편에서 대상들과, 다른 한편에서 전체와 관계 맺는다. 운동-이미지는 대상들의 상대적 위치를 변화시키는 동시에, 전체의 절대적 변화를 표현한다. 대상들의 위치는 공간 속에 있지만 변화하는 전체는 시간 속에 있다. 운동-이미지가 쇼트에 동화될 때, 프레임화가 대상으로 향하는 쇼트의 한 면이라면 몽타주는 전체로 향하는 쇼트의 다른 한 면이다. …… 전체를 구성하는 것, 우리에게 시간의 이미지를 던져주는 것은 몽타주 자체다. …… 시간은 반드시 간접적으로 재현된다. 왜냐하면 시간은 한 운동-이미지를 다른 운동-이미지와 연결하는 몽타주에서 나오기 때문이다(TI, 34~35/50~51).

운동-이미지에서 시간은 간격들로 환원되며, 이 간격은 운동 및 (몽타주를 통한) 운동의 연결로 정의된다. 그런 점에서 운동-이미지는 시간의 간

---

18) (옮긴이) 영역판에서의 'link/linkage'는 불어 원본에서 끈, 이음(lien)이나 연쇄(enchaînement)를 번역한 말이다. 이 책은 영역판을 텍스트로 삼고 있는 관계로 각각이 가진 뉘앙스의 차이가 드러나지 않는다. 그래서 『운동-이미지』와 『시간-이미지』를 직접 인용한 부분에서는 'link/linkage'를 끈/이음으로 번역한 반면 저자의 서술 부분에서는 연결을 번역어로 채택했다.
19) (옮긴이) 영사 슬라이드(film strip)는 일련의 정지화면 효과를 위해 사용되는 단편 필름이나 일정한 길이의 프레임으로서, 움직임의 환영이 아닌 음의 동조화를 통한 정사진으로 화면에 비쳐진다.

접적 이미지만을 제공한다. 들뢰즈가 아방가르드 영화와 내러티브 영화를 구분하지 않은 것도 이 맥락에서다. 그는 운동-이미지의 원리를 기준으로 미국 무성영화, 소비에트 몽타주 학파, 프랑스 인상주의 영화를 하나의 계열로 묶는다. 이 세 경향은 질적으로 상이한 몽타주 전략——베르토프의 분석적 고속·저속 촬영, 에이젠슈테인의 추상적 또는 지적 운동, 엡스타인과 뒬락의 율동적이고 측량적인 변주——을 산출하지만, 시간이라는 단위에 따라 운동의 유리수적 절편들을 수량적으로 관리하면서 몽타주의 이념을 창시한다는 점에 있어서는 모두 같다. 이런 맥락에서 1920년대 아방가르드 영화는 시간보다는 공간 및 운동에 대한 매혹을 천명한다. 시간의 조직화는 몽타주를 통한 운동의 재현에 귀속된다. 내러티브 영화와 아방가르드 영화는 모두 운동의 문제에 강박적으로 집착했고, 바로 그 지점에서 기억과 지각에 대한 나름의 이론을 도출했다.

운동-이미지의 산물인 정신기호도 마찬가지다. 한편으로는 연합을 통한 연결이 있고, 다른 한편으로는 통합-분화를 통해 표현되는 팽창하는 전체가 있다. 간격들과 전체의 관계는 본질적으로 행동주의적이다. 이 관계를 분절하는 것은 갈등·대립·해결로 조직되는 '작용→반작용' 도식이다. 작용과 반작용의 운동은 미국적인 의지의 이데올로기, 즉 환경에 대한 지배와 이를 방해하는 장애물의 연결이 필연적이며 무한히 연장될 수 있다는 믿음에서 비롯된다. 에이젠슈테인은 엥겔스의 『자연변증법』에서 힌트를 얻어 다른 경로로 이 도식을 완성했지만, 그의 모델이 표현하는 이념적 사유의 이미지에 비추어볼 때 도식 자체의 근본적 차이는 없다.[20] 양편 모두 유기적 구성 모델을 상정하며, 여기에는 '운동 중인 열린 총체성'인 변화하는

---

20) 여기서 들뢰즈는 에이젠슈테인의 '황금' 비율에 따른 구성 이론을 참조하고 있다. 이에 대해서는 에이젠슈테인의 『무관심하지 않은 자연』, pp.10~37을 참조하라. 또한 이 설명은 『운동-이미지』 pp.32~40/50~58과 『시간-이미지』 pp.210~213/273~276에도 나와 있다.

전체가 무한한 확장 과정을 재현할 수 있다는 믿음이 함축되어 있다. 부분들에서 집합들로의 통합, 그리고 집합들에서 전체들로의 통합은, 이미지와 세계와 관객이 **진리**(Truth)를 재현하는 거대한 이미지 속에서 하나가 될 때 절정에 달한다. 들뢰즈는 이 이미지를 다음과 같이 정의한다. "[그것은] 조화로운 총체성이라는 지식의 이념이며, 바로 이것이 고전적 재현을 지탱한다. 에이젠슈테인은 자신이 시네마토그래프의 헤겔인 양 이 개념의 거대한 종합(synthése)을 표현했다. 그것은 공약 가능성과 어트랙션(attraction)들을 통해 펼쳐지는 열린 나선이다. 에이젠슈테인은 전체로의 종합을 추동하는 뇌의(cérébral) 모델, 즉 일종의 지성적인 모델을 숨기지 않았는데, 여기서 영화는 **본질적으로** 뇌의 예술, 뇌-세계(cerveau-monde)의 내적 독백이 된다. '몽타주 형식은 사유 과정을 지배하는 법칙들의 복원이며 그 전개 과정에서 움직이는 실재가 복원된다.'"(TI, 210~211/273~274)

들뢰즈가 유기적 운동-이미지를 '고전 시기'에, 그리고 시간-이미지를 '모던 시기'에 대응시킬 때, 이는 전자가 자연적으로 진전해서 후자가 도출됐다는 말도 아니고, 모던 형식이 고전 시기 영화에 대한 비판으로서 반드시 그에 대항한다는 것도 아니다. 다만 이 전이는 사유의 가능성 및 믿음의 본성에서 일어나는 점진적 변형을 뚜렷이 재현한다. 운동-이미지가 유지하는 유기적 체제는 유리수적인 나눔들을 연결함으로써 진행되며, 궁극적으로 총체성과의 연관 속에서 **진리**의 모델을 투사한다. 운동-이미지의 정신기호는 행동의 가능성과 진리의 고정성에 대한 믿음을 바탕으로 한다. 그런데 제2차 세계대전의 여파가 유럽 영화계에 몰아치면서 이에 변화가 생겨났고, 그 결과 이전과는 다른 '상상적 관찰' 형식이 나타났다. 들뢰즈에 따르면, 네오리얼리즘의 출현은 행동과 운동의 영화에 닥친 위기의 재현이다. 특히 로셀리니의 「독일 영년」(*Germania Anno Zero*, 1947)과 「이탈리아 여행」(*Viaggio in Italia*, 1953)은 모든 것이 뿔뿔이 흩어진 공허한 현실을 재현한다. 선형적 행위는 우연을 따르는 산책 속에 용해된다. 더이상 작용하거나 반작용할 수 없는 사건들이 발생한다. 고통 혹은 아름다움의 상황은 용납 불가능하거나 지탱되지 못한다. 그것들은 파악할 수 없거나 결정 불가능하다. 그 결과 운동-이미지의 작용→반작용 도식이 붕괴되기 시작하고, 지각과 정서(affect)[21]의 본성에 근본적 변화가 일어난다. 행동이 더 이상 이미지의 연결을 유도하지 않기 때문에, 공간은 근본적으로 변화해서 단절되고 텅 비워진다. 보기와 듣기의 행위가 운동 작용을 통한 이미지의 연결을 대체한다. 즉 순수 묘사[22]가 지시적 고정을 대체한다. 혹자는 즉각 안토니오니의 「정사」(L'Avventura, 1960)와 같은 영화를 떠올릴 수 있을 것이다. 이 영화의 반어적 제목은 어떤 결정 가능한 행동이나 해석도 증발된 공간을 지칭한다. 여기에는 무언가를 기다리지만 결국 지속으로서의 시간이 경과하는 것만을 목격하는 인물들이 남는다.

따라서 들뢰즈가 시간-이미지의 비유기적 체제 또는 결정체적 체제라 일컫는 것은 전후 재건이라는 사회적·역사적·문화적 맥락 속에서 출현한다.[23] 그러나 모던 영화가 시간의 직접적 현시라 할 때, 시간-이미지의 출현이 반드시 운동-이미지의 진화에 따른 결과인 것은 아니다. 들뢰즈에게 있어 영화사는 더 완전한 시간의 재현을 향한 진보의 과정이 아니다. 오히

---

21) (옮긴이) affect/affection에 대해서는 이 책의 '용어 해설'을 참조하라.

22) (옮긴이) 들뢰즈는 순수 묘사(pure description)라는 개념을 누보로망으로부터 차용하고 있다. 이에 대한 해설은 이 책의 4장을 참조하라.

23) 들뢰즈는 유기적 체제와 결정체적 체제라는 개념을 독일의 예술사가 빌헬름 보링거에게서 차용한다. 보링거는 구성의 전략이라는 면에서 이 두 체제를 대조한다. 각각은 세계에 대한 문화의 관계를 표현하는 형식의 선험적 의지다. 유기적 형식은 인간이 세계와 더불어 교감하는 조화로운 통일성을 표현한다. 여기서 재현은 자연의 형식에 기초하며, 자연 법칙이 그 형식에 진리를 부여하고 뒷받침한다는 신념으로 지탱된다. 반면 결정체적 체제는 추상을 향한 의지를 재현한다. 문화가 세계와 대립 상태에 있으며 혼돈스럽고 적대적인 사건들이 일어난다고 느낄 때, 문화는 그 혼돈을 유형화하고 초월하려는 시도로서 순수 기하학적 형식을 산출하려는 경향을 보인다. 이에 대해서는 그의 중요한 연구인 『추상과 감정이입』과 『고딕 형식』을 참조하라. ('시간-이미지의 비유기적 체제 또는 결정체적 체제'에 대한 좀더 자세한 설명은 이 책 220쪽의 옮긴이 후주를 참조.)

려 시간-이미지의 출현이 시사하는 것은, 사람들이 시간과 사유의 관계를 이전과 다른 방식으로 상상하기 시작했으며 이것이 새로운 기호로 재현되고 있다는 점이다. 이 새로운 기호는 확률물리학의 도입에 따라 시간 이미지에 발생한 변화와 생명과학의 발전을 통해 사유의 이미지에 발생한 변화의 결과다. 알랭 레네의 영화가 들뢰즈의 기획에서 중요한 까닭이 여기에 있다. 에이젠슈테인이 유기적 운동-이미지를 대표했듯이 레네는 결정체적 시간-이미지를 대표한다. 레네는「세계의 모든 기억」(*Toute Mémoire du monde*, 1956)에서「내 미국인 아저씨」(*Mon oncle d'amérique*, 1978)에 이르기까지 사유의 이미지를 복제하는 데 대한 끊임없는 매혹을 표명한다. 이 사유의 이미지는 운동이 아닌 시간과의 관계 속에서 발생한다. 시간-이미지는 무리수적(비합리적) 나눔들이라는 개념으로 특징지어지는 간격의 새로운 기하학적 구조를 조직한다. 이는 모던 영화의 시간-이미지뿐만 아니라 확률 물리학의 계산법이 모형화한 시간의 흐름에 대한 감수성의 고양에 기인한다.

앞서 설명했듯, 무리수적인 것의 정확한 의미는 수학에서 차용된 것이다. 무리수적 나눔에서 간격은 더 이상 한 이미지의 종결이나 다른 이미지의 시작으로서 그 이미지나 시퀀스의 일부를 형성하지 않는다. 다른 나눔들, 이를테면 이미지와 음향 역시 서로 연속된 것 또는 이편에서 저편으로 연장 가능한 것으로 간주되지 않는다. 간격은 자율적 가치를 지닌다. 즉 그 간격이 재현하는 나눔은 다른 어떤 것으로 환원되지 않는다. 이상적인 경우, 이 나눔은 한 이미지에서 다른 이미지로의 이행을 전혀 결정하지 못한다. 이러한 토대 위에서 간격이 환원 불가능한 한계로 기능하기 때문에, 이미지 및 시퀀스의 흐름은 연속선을 이루거나 전체로 통합되는 것이 아니라 오히려 분기하면서 계열적으로 발전한다. 시간-이미지는 유기적 구성 형식이 아니라 일종의 계열체(serial)를 산출한다. 통합과 분화 대신, 무리수적 나눔에 의한 재연쇄만이 존재한다. 이 재연쇄는 무리수적 나눔들로 세분화된 이미지들이 모이는 특수한 형식을 설명한다.

따라서 은유나 환유를 통한 연합은 더 이상 존재하지 않으며, 문자 그대로 이미지의 재연쇄만이 존재한다. 더 이상 이미지의 연합적 연쇄는 없다. 오직 독립적 이미지들의 재연쇄만이 있을 뿐이다. 한 이미지에 다른 이미지가 뒤따르는 대신, '한 이미지 더하기 다른 이미지'의 관계가 존재한다. 각각의 쇼트는 다음 쇼트의 프레임화와 관계 맺으면서 탈프레임화(décadrage)한다. …… 영화의 이미지는 공약 불가능한 관계와 무리수적 절단에 의거해서 시간을 직접 제시한다. …… [이] 시간-이미지는 사유를 사유되지 않은 것, 소환할 수 없는 것, 불가해한 것, 결정 불가능한 것, 공약 불가능한 것과 접촉케 한다. 틈새 또는 커트가 연합을 대체하는 한편, 이미지의 바깥 또는 이면이 전체를 대신한다(TI, 214·279/276·364).

이 난해한 구절을 해명하기 위해, 들뢰즈가 시간-이미지의 예로서 탁월하다고 평가한 마르그리트 뒤라스의 「인디아 송」(India Song, 1975)[24]을 참조할 수 있다. 이 영화의 도입 쇼트는 신록의 삼각주 위에 드리워진 구름 속으로 붉은 석양이 지는 광경을 포착한 프레임이다. 이는 시간의 직접적

---

24) (옮긴이) 「인디아 송」을 비롯한 뒤라스의 영화들에 대한 분석은 『시간-이미지』의 pp.256~259/334~338에 실려 있다. 이 부분은 이미지와 음향의 상이한 자율성과 상호 불일치에 할애되어 있다. "「인디아 송」은 우리에게 모든 목소리들을 들려주는 음향 이미지와, 우리에게 침묵하는 지층도(stratigraphie)를 읽도록 하는 시각적 이미지가 이루는 준안정적 평형상태다."(TI, 256/334) 이 영화는 1930년대 인도 캘커타를 배경으로 프랑스 대사의 아내인 안느 마리 스트레테르(델핀 세리그 분)의 단조롭고 권태로운 삶을 그리고 있다. 그녀는 자신이 원하는 남자 모두를 애인으로 삼으며 일탈을 꿈꾼다. 남편은 아내의 외도를 모른 척하고, 심지어 애인들을 섬에 초대하고 자신은 다른 나라로 사냥 여행을 떠난다. 이런 엇갈림 속에서 안느는 프랑스의 부영사와 사랑에 빠지고 비극적인 결말을 향해 치닫는다. 뒤라스 자신이 감독과 각본은 물론 내레이션도 맡았다.

이미지를 단순하게 명시한다. 즉 이는 순수 지속으로서의 단일 사건을 묘사하는 자율적 쇼트다. 그런데 이 쇼트는 그에 이어지는 쇼트, 즉 어두운 방에 놓인 피아노를 비추는 쇼트에 어떤 동기부여도 하지 않는다. 또한 이후에 범람하는 이미지의 흐름 속에는 어떤 명확한 구분이나 시공간적 연결도 존재하지 않는다. 커트가 그 어떤 것도 이어붙일 수 없는 간격을 지정함으로써, 각각의 쇼트는 시간의 자율적 절편이 된다. 이와 유사하게, 이미지는 하나에서 다른 하나로 연결되는 대신 계열들로 나뉜다. 화면 내 공간과 화면 밖 공간의 차이를 어지럽히는 거울과 피아노가 있는 대사관 실내, 그리고 빌라 바깥의 폐허, 테니스 코트, 공원, 강 각각이 계열을 형성한다. 사운드트랙도 마찬가지다. 도입부에서 거지의 흐느낌을, 그 이후에는 두 개의 '탈속적 목소리'를 들을 수 있다. 이 목소리들이 서로에게 던지는 질문을 통해 「인디아 송」의 모호한 서사(narration)가 시작된다. 이미지와 마찬가지로 음향 역시 변별적 계열들로 나뉜다. 거지의 외침, '탈속적 목소리', 피아노 테마, 파티장에서의 대화 소리와 음악, 부(副)영사의 울부짖음 등이 그 예다. 이 소리들이 동시에 발생하는지 아닌지는 결코 확실치 않다.

이미지와 음향의 관계에서도 그 사이와 내부의 간격은 끊임없이 나뉘고 다시 모이지만 이는 결코 결정 가능하거나 공약 가능한 것이 아니다. 더구나 이 기하학적 구조는 진리의 이미지로 총체화될 수 없다. 「인디아 송」이 무작위적으로 조직된 영화라는 말은 아니다. 오히려 이 영화는 엄밀하게 구성되어 있다. 그러나 상대적으로 규정(determination)[25]되어 있고 예측 가능한 관계를 형성하는 유기적 운동-이미지와 달리, 이 영화의 시간-이미지는 개연적이다. 시간-이미지가 산출하는 간격의 자율성은 모든 쇼

---

25) (옮긴이) 'determination'은 물질적 층위를 설명할 때는 결정으로, 의식적 층위를 설명할 때는 규정으로 옮겼다. 또한 'indetermination'은 비결정으로, 'indeterminable'은 규정 불가능한으로, 'undecidability'는 결정 불가능성으로 옮겼다. 이에 관해서는 이 책의 '용어 해설'을 참조하라.

트를 자율적인 것으로 그려낸다. 이 지속의 절편에서는 운동이 시간에 종속된다. 그리고 간격이 공약 불가능한 관계만을 지정하기 때문에 이미지와 사운드트랙 간의 분할 및 그 내부의 분할은 계열들로 쪼개지며 이 계열들의 진행은 개연적인 방식으로만 해석된다. 들뢰즈가 단언하듯이, 결정체적 체제가 시간에 대한 감수성을 고양한다면 이는 간격으로 인해 관객이 불확실성의 상태를 떠돌게 된다는 의미에서 그런 것이다. 모든 간격은 확률 물리학에서 말하는 분기점, 즉 어디로 선회할지 예측할 수 없는 지점이 된다. 운동-이미지의 연대기적 시간은 불확실한 생성의 이미지로 파편화된다.

　미학적 형식은 질서의 감각을 우주에 투사한다. 만약 그렇지 않으면 이 우주는 확률론적 우주에 불과할 것이다. 이런 점에서 시간-이미지 체제는 운동-이미지 체제 못지않게 관습적·양식적이다. 그러나 의미의 질서에 발생한 변화는 믿음의 본성이 변화했음을 함축한다. 유기적 체제는 동일성·통일성·총체성을 신뢰하고, 사건이 연대기적 연속체 속에서 연결되는 결정론적 우주를 묘사한다. 우리는 필연적으로 현재에 이르는 과거를 소급적으로 믿으며, 현재로부터 예측 가능하게 출현하는 미래를 믿어야 한다. 반면 시간-이미지 체제는 결정론적 우주를 개연적 우주로 대체한다. 「셜록 2세」에서 행동이 반복과 연장을 거쳐 종국에는 갱신에 이르는 반면, 「방파제」의 결말은 주인공의 죽음으로 이어지는 비가역적 시퀀스로서만 도입부에 호응한다. 공약 불가능하며 결정 불가능한 쇼트들 간의 관계는 엔트로피의 내러티브를 낳는다. 그러나 이 내러티브는 유한성·탈진·죽음을 거쳐 유토피아에 해당하는 역사의 재탄생으로 귀결된다. 주인공의 죽음은 미래로부터 에너지의 원천을 전해주며, 파괴된 사회는 이를 통해——영화의 불확실한 결말에도 불구하고——연명해 나간다. 나는 '엔트로피'라는 용어를 가볍게 들먹이고 있는 것이 아니다. 프리고진과 스텐저스는 카오스의 과학이 재현하는 사유의 이미지가 오늘날 정보사회에서 스스로 번식하고 있다고 논한다. 불확실한 사회적 변화와 일시성의 가속화로 특징지어지는 이 사유의 이미지는 무질서·불안정성·다양성의 이미지다. 이는 미소한 원인들이 광대하고 예기치 않은 결과를 촉발시키는 비선형적 관계다. 과거는 점차 구체적이지 않은 기원, 현재와 공약될 수 없는 것인 양 감지되고, 미래는 현재에 의해 결정될 수도, 예측될 수도 없는 것으로 간주된다.

모던 영화에서 만들어진 시간의 이미지가 무질서와 예측 불가능성에 대한 문화적 감각에서 피어났다는 점은 의심의 여지가 없다. 그러나 동시에, 이 이미지는 다양한 것(the multiple), 여러 가지의 것(the diverse), 비동일자(the nonidentical)를 수용함으로써 시간에 대한 우리의 지각을 충전시킨다. 모호성의 전도유망함을 설파한 기록을 통해 이 장을 마무리하자. 프리고진은 물리적 체계의 진화 과정에서 두 가지의 동등한 기회를 지정하는 분기점의 존재를 증명한 공로로 노벨상을 수상했다. 그에 따르면 한 체계는 혼돈으로 용해될 수도, 또는 좀더 복잡하게 분화된 새로운 체계로 갑작스레 도약할 수도 있다. 들뢰즈가 시간-이미지에서의 간격을 무리수적인 나눔이자 공약 불가능한 관계로 정의했을 때, 그는 프리고진의 '분기점'과 맞먹는 주사위를 이미지와 사유의 관계에 던진 셈이다. 이러한 맥락에서 들뢰즈는 비결정성에서 비롯되는 시간-이미지의 자율적인 간격이 '거짓 만들기의 역량'을 배태한다고 천명한다. 들뢰즈는 우리가 시간-이미지에서 볼 수 있는 것에 대해 다음과 같이 말한다. "[그것은] 거짓(the false), 차라리 거짓을 만들 수 있는 역량이다. 이 역량은 생생한 시간이다. 시간의 내용이 가변적이어서가 아니라, 생성으로서의 시간 형식이 진리의 모든 형식적 모델에 의문을 제기하기 때문이다."(OCR, 21)[26] 여기서 거짓은 진리

---

26) 이 구절에 대해서는 『대담』의 pp.62~67과 이 책의 5장을 참조하라. [이 부분은 국역본 『대담』 71~79쪽의 「상상적인 것에 대한 의혹」에 해당된다. 이 부분에 대한 좀더 자세한 논의는 이 책 222쪽의 옮긴이 후주를 참조.]

의 대립물 또는 부정으로서 그와 상충하는 것이 아니다. 오히려 거짓을 만들 수 있는 역량은 진리의 일시적 모습, 취약하게 노출된 채로 한창 교전 중인 진리의 척도다. 진리는 복구되기를 기다리는 어떤 동일성이 아니다.

진리가 발견되어야 할 것으로서 미리 존재하는 것이 아니라, 오히려 모든 영역에서 창조되어야만 하는 것이라는 관념은 과학에서 가장 흔하게 발견된다. 심지어 물리학에서조차 모든 진리는 상징 체계를 전제로 하며, 이는 기껏해야 진리와 대등한 어떤 것이 될 수 있을 뿐이다. 모든 진리는 사전에 세워진 관념을 거짓으로 만든다. 진리를 창조라고 말하는 것은 진리가 그 소재를 구체화하는 일련의 작업, 문자 그대로 일련의 거짓 만들기(falsification)를 통해 산출됨을 의미한다. 가타리와의 작업에서 우리는 서로의 위조자(falsifier)였다. 이는 우리 서로가 상대방이 제안하는 바를 자기 식대로 이해했다는 것을 뜻한다. 그 결과 두 관계가 반영된 계열들이 생겨났다. 그 어떤 것도 다양한 관계들의 계열, 즉 분기점들로 이루어진 복잡한 계열들의 생성을 막지 못한다. 진리를 생산하는 것은 거짓을 만들 수 있는 역량이다. 이것이 곧 중재자(intercessor)다(N, 126 · 172).

진리의 한계를 정하는 일은 반영적이기보다 창조적인 과정이며, 그 출발점이나 종착점은 결코 미리 결정되지 않는다. 이는 한층 높은 통일성을 산출하는 부정이라는 의미의 (총체화의 과정 속에서 비동일성으로부터 동일성을 꾸며내는) 변증법이 아니다. 오히려 이는 대화와 물음으로 이루어진 두 가지 관계의 계열이다. 이들 각각은 사유의 일시성(temporalization)을 확인하는 과정 속에서 서로에게 질문하고 심문하며 때로는 서로를 거짓으로 만든다. 「인디아 송」에서는 탈속적 목소리가 이런 기능을 수행한다. 여기서 이미지와 음향 사이, 그리고 그 내부에서의 무리수적인 나눔은 총체화할 수 없는 계열 못지않게 중요하다. 자율적 간격은 열림이 되며, 여기서 뜻하지 않은 관계가 발생한다.

들뢰즈에게 있어 시간의 영화는 두 가지를 생산한다. 하나는 총체화할 수 없는 과정인 사유의 이미지이며, 다른 하나는 예측 불가능한 변화인 역사에 대한 감각이다. 자율적 간격은 기호가 아니다. 그것은 사유가 자기 자신과 동일시할 수 있는 장소를 잠시도 지정하지 않는다. 자율적 간격은 시간-이미지의 정신기호를 무리수적 나눔과 공약 불가능한 관계로 특징짓지만, 이는 이미지와 사유를 연결하는 교량이 아니다. 오히려 시간-이미지에서 간격의 조직은 이미지의 흐름과 사유의 운동이 이접적인(disjunctive) 동시에 불연속적임을 보증한다. 운동-이미지가 사유와 이미지의 관계를 동일성과 총체성(항상-팽창하는 존재론)의 형태로 파악하는 지점에서 시간-이미지는 이 관계를 비동일성의 형태로 상상한다. 시간-이미지에서 사유는 탈영토화된 유목적 생성이다. 들뢰즈는 모리스 블랑쇼의 말을 빌려 이런 비동일성을 '바깥의 사유'라 부른다. 시간-이미지에 머무르고 그것을 포용하려 할 때, 사유하기는 사유 **내부의** 간격과 대면한다. 그것은 사유의 힘, 곧 잠재성이다. 이 간격 속에서 사유하기는 이미지와 관계 맺는 동시에 그 자체로 나뉜다. 사유는 시간-이미지가 한정짓는 공약 불가능한 관계를 따라 이리저리 떠도는 와중에서 분기점에 한층 가깝게 던져진다. 그럴수록 사유는 선동적이며 불온한 그 무엇이 된다. 간격은 운동과 행위의 접선 속으로 사라지는 것이 아니라, 오히려 시간을 향한 끊임없는 열림이 된다. 이 간격은 생성의 공간이며, 여기서는 예측 불가능한 사건들이 얼마든지 발생할 수 있다. 들뢰즈는 이를 '희소식'이라 부른다. "의미는 결코 원리나 기원이 아니다. 그것은 생산된다. 의미는 발견되거나, 되찾거나, 재도입할 수 있는 그 무엇이 아니다. 의미를 생산하는 것은 새로운 기계들이다."(LS, 72·89~90) 바로 그것이 '들뢰즈의 시간기계'다.

2. 운동과 이미지

"시간은 창안이다. 그렇지 않다면 그것은 아무 것도 아니다."
—앙리 베르그송, 『창조적 진화』(1907)

1916년, 신(新)칸트주의 철학자이자 게슈탈트 심리학자인 후고 뮌스터버그는 영화가 주관성의 예술로 정의되어야 한다고 제안했다.[1] 예술의 목적을 모방(imitation)에 두는 기존 관념에 도전하여, 예술이 사유의 법칙에 따라 실재를 능동적·창조적으로 조작하고 재구성해야 한다고 주장한 것이다. 영화는 정신적 활동(지각, 주의, 기억, 상상력, 감동 등)을 조절하는 시공간적 범주를 미학적으로 재생산한다는 점에서 뮌스터버그를 매혹했다. 영화가 사유의 이미지를 제시할 수 있다는 관념 ——내면적이고 구체적이지 않은 과정의 미학적 외연화—— 은 영화와 조우한 철학자들이 빠져든 초기의 매혹 중 하나였다.

들뢰즈 역시 이와 유사한 매혹에 사로잡혔으며, 『운동-이미지』와 『시간-이미지』에서 제시된 사유의 이미지는 바로 그것의 산물이다. 그러나 들

---

1) 『영화: 심리학적 연구』에서 뮌스터버그는 영화의 미학적 정서에 대해 다음과 같이 기술한다. "거대한 외부 세계는 그 무게를 잃고, 시간과 공간과 인과성에서 해방되어 우리 자신의 의식 형태로 표현된다. 정신은 물질에서 해방되고 그림은 음악이 흐르듯 스르르 풀려나간다. 그 새로운 여신을 위한 신전이 모든 마을에 지어지는 것은 놀랄 일이 아니다."

뢰즈의 기호이론이 영화기호학[2]의 지배적 개념들에 도전하는 것과 마찬가지로, 『운동-이미지』와 『시간-이미지』에서의 베르그송 독해는 철학자들이 가장 신봉하는 이원론 중 몇몇을 분쇄한다. 서구철학의 지형 속에서 흔하게 나타나는 고정된 이원론적 좌표들——주체와 대상, 안과 바깥, 정신과 자연, 지시체와 이미지, 사실주의 대 구성주의——은 페이지마다 쉼 없이 위치를 옮긴다. 17세기 이후 철학적 탐구의 궤적을 구획했던 데카르트적 격자(Cartesian grid)도 여기서는 별반 소용이 없다. 실제로 들뢰즈의 철학적 경력은 스피노자, 라이프니츠, 니체, 그리고 베르그송처럼 프랑스의 데카르트적 전통에 가장 심원하게 도전했던 인물들에 헌신하고 있다.

특히 베르그송을 경유하는 들뢰즈의 여정은 반드시 짚고 넘어가야 한다. 들뢰즈의 철학적 전작에서 『운동-이미지』와 『시간-이미지』가 차지하는 위치, 그리고 영화에 대한 들뢰즈의 접근이 갖는 독창성과 한계를 이해하고자 한다면 더욱 그렇다. 베르그송 철학에 대한 들뢰즈의 네 가지 주석——각각 두 개의 장에 걸쳐 등장한다——은 『운동-이미지』와 『시간-이미지』의 철학적 핵심이다.[3] 들뢰즈는 베르그송의 전작을 두루 섭렵하고 있지만, 그 중에서도 가장 중요한 것은 『물질과 기억』과 『창조적 진화』다. 베르그송이 영화에 대한 직간접적 화두를 던진 것은 놀라운 일이 아니다. 들뢰즈는 이 두 저서가 그리는 곡선이 초기 영화사를 포괄한다고 지적하면서, 이 시기에 영화가 사유와 연관된 운동의 이미지를 제공하면서 철학적 문화에 새로운 조망을 제시했다고 주장한다. 그러나 역설적이게도, 베르그송은 『창조적 진화』의 마지막 장에서 시네마토그래프적 사유 모델이 기계

---

2) (옮긴이) 여기서 영화학과 문학 등 인문학의 제 분야에서 쓰이고 있는 학제상의 용어인 기호학(semiotics)은 이 책의 3장과 4장에서 소개될 기호체계(semiotics)와는 상이한 어법으로 쓰였다.

3) 1966년에 『베르그송주의』를 출판한 이후, 베르그송에 대한 들뢰즈의 관심은 잘 알려진 사실이다. 이에 대한 비평적 개론으로는 하트의 『질 들뢰즈: 철학의 도제수업』, pp.1~25를 참조하라.

론적(mechanistic) 환영[4]이라고 비판했고, 『물질과 기억』에서는 영화를 전혀 언급하지 않았다. 그럼에도 불구하고 들뢰즈는 그 저서가 전반적으로 영화의 철학적 중요성을 예감케 하는 영화이론적 작업이라고 판단한다.[5] 이 역설을 해결하려면, 또는 적어도 들뢰즈의 영화이론에서 가장 독창적인 국면이 어떻게 이 지점에서 산출됐는지 파악하려면 베르그송의 주요 개념 (운동, 이미지, 지속)에 대한 심층적 이해가 필요하다. 그리고 이 여정에서 퍼스의 기호이론에 대한 들뢰즈의 베르그송적 독해도 살펴볼 것이다.

베르그송에 따르면, "근대 과학은 무엇보다도 시간을 독립변수로 여기려는 그 포부로 정의되어야 한다"(CE, 336).[6] 그는 철학과 과학 간에 반드시 대화가 필요하다고 믿는다. 하지만 그는 시간에 대한 근대 과학의 기계론적·환원주의적 태도에서 특징적인 보편성과 진보 이데올로기에 회의적이었다. 과학이 결정론적 법칙에 의거해 시간을 순간적 상태의 연속——들 뢰즈는 이를 임의의 순간들(instants quelconques)[7]이라 일컫는다——으로 환원하는 반면, 베르그송은 과학적 합리성이 지속을 파악할 수 없다고 주

---

4) (옮긴이) 'illusion'을 거짓이나 참되지 않다는 함축된 뜻을 강조하려면 착각, 허상으로 옮길 수도 있으나 여기서는 환영(幻影)이라는 역어를 썼다. 대신 허상은 플라톤이 제시한 'simulacre'에 대한 역어로 채택했다.

5) (옮긴이) 『운동-이미지』, 『시간-이미지』와 베르그송 철학의 연관관계를 다음과 같이 요약할 수 있다. "들뢰즈는 『창조적 진화』와 함께 출발하고는 이내 그것을 떠나 『물질과 기억』으로 옮겨간다. 이 책에 집중해서 그는 우주론(『운동-이미지』에서는 **영화로서의 뇌**, 메타-영화로서의 세계)과 세계 기억의 모델(『시간-이미지』에서는 **뇌로서의 영화**)을 전개시킨다."(플랙스먼, 2003 : 139. 강조는 인용자)

6) 베르그송의 과학 비판이 복잡성과 비선형적 변화에 대한 연구에서 시간의 개념 변화를 어떻게 예견하는가에 대한 흥미로운 언급에 대해서는 『혼돈으로부터의 질서』를 참조하라. 프리고진과 스탠저스는 퍼스의 형이상학적 고찰에서 비선형 역학에 대한 매혹적인 예감을 발견한다. 앞으로의 논증 과정에서 나는 바로우의 『세계 속의 세계』, 브릭스와 피츠의 『난폭한 거울』을 많이 참조했다.

7) (옮긴이) 'quelconque'(영어로 whatever)에 대해서는 무규정적인, 불특정의 등의 용어가 통용됐으나 프랑스어에서는 이런 역어들이 풍기는 문어적인 뉘앙스보다는 훨씬 구어적인 뉘앙스를 함축한다. 예를 들어 "Apportez-moi un livre quelconque"라고 하면 "어떤 책이든 한 권 가져와라"라는 뜻으로 쓰인다. 따라서 '어떤'(선택의 필요 없는, 특징 없는)이라는 말이 가장 알맞다. 그러나 이 역어는 너무나 구어적이기 때문에 개념어의 일부로서 채택하기 어려운 점이 있다. 이런 난점을 절충하는 과정에서 여기서는 '임의의'라는 말을 사용했다. 이 책의 '용어 해설'을 참조하라.

장한다. 그렇다면 베르그송이 지속과 연관시킨 특질들을 파악함에 앞서, 과학적 환원론의 한계를 먼저 고찰해보자.

1687년 뉴턴이 천체 역학에 대한 일반 법칙을 발표한 이후, 운동은 질서 정연한 현상으로 간주됐으며, 운동의 결과와 효과는 미분 방정식으로 엄밀하게 계산될 수 있다고 여겨졌다. 여기서 핵심적인 것은 비례상수를 통해 표현되는 역제곱 법칙,[8] 즉 $F = GMm/r^2$이다. 이는 중력값과 같은 보편상수가 수학적으로 기술될 수 있다는 관념을 낳았으며, 그 결과 과학이 그려내는 자연의 이미지에서 시간 및 변화가 효과적으로 제거됐다. 일단 수학적 상수가 설정되고 나면 그것은 우주 구석구석과 질량이 주어진 모든 물체에, 이를테면 지구상의 물체나 천체 모두에 적용 가능하다. 더구나 그 사실성은 물체들의 정체성과 물리적 성질, 측정한 시각과 장소, 관찰자의 현존과는 무관하다. 비례 종속(비례에 따라 자동적으로 결정된다는 성질)은 먼 과거로부터 예측 가능한 미래까지 인과관계의 연결이 연속적·선형적으로 연장되는 동시에 공간의 모든 방향으로 연장 가능함을 의미한다. 우주는 본질적으로 정적이고 등질적이며, 따라서 수학적 기술을 통해 구성성분들로 분해되고 결합될 수 있다. 그에 따라 과학은 이 구성성분들을 분리하고, 이들이 어떻게 결합/재결합해서 복잡하지만 예측 가능한 체계들을 구성하는지 해명하는 활동이 됐다. 구성성분의 추출은 의심의 여지 없이 자연의 이해를 향한 초석을 닦는 것이다. 이상적으로는, 이 과정을 통해 언젠

---

8) (옮긴이) 역제곱 법칙은 다음과 같이 설명될 수 있다. 가령 페인트 분사기의 노즐에서 뿌려지는 페인트가 거리 증가함에 따라 어떻게 퍼져나가는가를 알아보면, 페인트가 뿌려지는 거리가 2배일 경우 면적은 제곱인 4배로 늘어난다. 따라서 거리가 3배이면 면적은 9배가 된다. 즉 역제곱 법칙은 "거리의 증가분에 비해서 면적의 증가분은 제곱의 비율로 증가한다"는 것이다. 이에 따라 뿌려지는 페인트의 양은 제곱의 비율로 감소한다. 뉴턴에 의하면 이 역제곱 법칙을 통해, 천체 주변에 형성되는 중력장을 포함해 어떤 국소적 원천(source)으로부터 발생하는 효과가 주위의 공간으로 균일하게 퍼져나가는 모든 현상을 설명할 수 있다.

가 자연을 완벽하게 이해할 수 있을 것이다. 진화하는 천체역학이라는 관념은 신을 진화하는 존재로 간주하는 것만큼이나 부조리하다. 진보라는 이념은 무엇보다도 **인간의 진보**를 지칭한다. 진보란, 요소들을 조합해서 자연을 더욱 완벽하게 수학적으로 기술하는 것이다.

기계론적·환원론적 과학관의 특징은 고정성이다. 자연에 대한 우리의 이해는 계속 변하겠지만, 자연의 상수는 변하지 않는다. 진보는, 우주가 불변의 총체라면 이론상 구성요소와 그것의 집산을 통해 파악할 수 있다는 관념이다. 관찰자의 현존은 어떤 식으로든 이 과정에 영향을 미치지 않는다. 예측 불가능한 변화, 새로운 것의 예기치 않은 출현, 관찰자와 자연의 상호작용, 이질적인 연속체로서의 변화는 과학의 이상에서 배제된다. 사실 아직도 현대 과학――진화론과 양자 역학, 열역학 등 비선형적 변화의 체계들의 도전에 직면한――은 시계태엽 같이 질서 정연한 우주의 이미지를 고수하려 노력한다. 닐스 보어에게 일침을 가하는 아인슈타인의 말이 이를 잘 요약한다. "나는 결코 신이 세계와 주사위 놀이를 한다고 믿지 않을 것이다." 베르그송은 그에 화답한다. "'시간은 창안이다. 그렇지 않다면 그것은 아무 것도 아니다.' 자연은 변화, 새로운 것을 통한 지속적인 복잡화(elaboration)이자, 전제된 모델 없이 열린 발전 과정 속에서 창조될 수 있는 총체성이다. '생명은 시간 속에서 진보하며 지속된다.'"(CE, 54·361)[9]

베르그송이 말하는 시네마토그래프적 환영은, 환원론적 태도가 운동과 변화를 잘못 파악하는 과정을 시각화한다는 것을 의미한다. 『운동-이미지』의 1장에서 들뢰즈는 운동과 시간에 대한 세 가지 테제를 통해 이런 베르그송의 논증을 탐구하고 재정의한다. 이 테제들은 운동과 순간과의 관계, 여타의 과학 철학에서 가정하는 순간들의 질, 그리고 운동과 변화와의

---

9) 프리고진과 스텐저스의 『혼돈으로부터의 질서』, p.92를 참조하라.

관계를 포괄한다. 각각의 테제는 시간을 운동과 상관된 것으로 기술하는 특정 문장들을 고찰한다.[10]

『운동-이미지』에서 들뢰즈의 첫번째 테제는 운동이 '움직이지 않는 단면(coupes immobiles) + 추상적 시간'과 대등하다는 환원론자들의 공식을 오류로 간주한다. 이는 '실재적 운동→구체적 지속'이라는 관념과 대조된다. 여기서 베르그송의 지속을 이해할 수 있는 첫번째 통로가 열린다. 실재적 운동은 그 운동이 횡단하는 공간과 별개다. 후자가 과거에 속한다면, 전자는 횡단 작용으로서 현재에 있다. 운동은 공간과 달리 그 고유한 특질을 변질시키거나 제거하지 않는 한 정지된 단면들로 분할될 수 없다. 따라서 운동은 특이성을 띠고, 이질적이며, 상호 비가역적이다. 반대로 모든 공간적 절편은 등질적 공간을 공유한다. 이런 식으로, 들뢰즈는 정지된 단면들의 연속이 진정한 운동을 재구성할 수 없음을 밝혀낸다. "그 같은 재구성이 가능하려면, 위치들 또는 순간들에 연속이라는 추상적 관념, 즉 추상적 시간을 덧붙여야만 한다. 그것은 기계론적·동질적·보편적이며 공간의 복

---

10) 『물질과 기억』 4장에서 베르그송이 제시하는 운동에 대한 네 가지 테제는 『운동-이미지』 1장에서 들뢰즈가 주장한 내용을 뚜렷하게 설명한다. ① 모든 운동은, 그것이 정지 상태에서 정지 상태로의 이행인 한 절대적으로 비가시적이다. ② 실재적(real) 운동이 존재한다. ③ 절대적으로 결정된 윤곽을 가진 독립적 물체들로 물질을 분할하는 것은 인위적인 주관적 분할이다. ④ 현행적 운동은 사물의 전이가 아니라 상태의 전이다.

첫번째 테제는 제논의 역설을 비판한다. 그것은 운동을 공간의 미분적(differential) 분절들로 환원하는 인위적 분해다. 운동에 대한 모든 수학적·기하학적 기술은, 운동이 점 혹은 단면들의 연속을 따라 그려지는 궤적의 형식으로 공간에 환원된다는 점에서 부적절하다. 그럼에도 불구하고 상태 또는 질의 변화로 감지될 수 있는 — 연속적이며 특이성을 띤 동시에 비가시적인 — 실재의 운동이 존재한다. 베르그송은 우리가 물질을 변별적 물체들로 절편화하는 것은 인위적이라고 주장한다. 비록 우리의 필요에 호응하는 행동 과정, 어떤 것을 지각하는 탐색과 식별 과정이 생명을 유지하기 위해 요구되더라도 말이다. 그런데 철학적 방법으로서의 직관은, 모든 것이 변하지만 그와 동시에 유지되는 '움직이는 연속성'으로서의 현실감(senses of reality)을 회복하기를 요구한다. 실제로 들뢰즈는 시네마토그래프가 운동과 이미지의 동일화를 통해 이런 직관을 수행한다고 말한다. 이는 움직이지 않는 이미지들의 계열뿐만 아니라 카메라의 가동성, 시점, 몽타주를 통해 운동을 재구성하는 것이다. 시네마토그래프적인 이미지에서 중요한 것은 대상의 재현(사실주의적 논거)이 아니라, 중단 없이 질적으로 변환하는 열린 전체로 대상들을 엮는 것이다.

제물과도 같은 시간, 모든 운동과 동일시할 수 있는 시간이다. …… 한편, 아무리 시간을 분할하고 재분할하더라도 운동은 항상 구체적인 지속에서 발생할 것이다. 따라서 각각의 운동은 고유한 질적 지속을 지니게 될 것이다."(MI, 1/9)[11] 운동과 관련해서 지속은 특수하고 질적인 것, 반복될 수 없는 것이다. 이는 곧 낙하하는 물체의 궤적을 공식으로 계산하는 것과 지구의 대기권에서 스스로 소진되는 유성이라는 유일한 사건과의 차이다.

베르그송은 시네마토그래프적 환영을 '움직이지 않는 단면 + 추상적 시간'으로 정의한다. 실제로 이는 영사 슬라이드상에 이미지를 순차적으로 조직화하는 것을 정확히 묘사한다. 그것은 순간의 포즈[12]로 동결된 운동, 선형적이며 비가역적인 연속체에 정렬된 운동, 초당 24프레임의 자동적 운

---

11) (옮긴이) 이 구절은 운동과 관련한 지속의 특수성을 암시하는 부분이다. 우리의 경험에서 지속은 공간과 복합물로 등장한다. 여기서 베르그송은 공간과 지속을 분해함으로써 다양성의 두 가지 유형을 나타내 보인다. 공간은 병치와 질서, 양적인 분화와 정도상의 차이와 관련된 다양성, 즉 수적 다양성(multiplicité)이다. 지속은 내적이고 연속적인 동시에 본성상의 차이와 관련된 다양성, 즉 질적 다양성이다. 베르그송은 이 두 다양성을 구분하기 위해 산술에서의 수와 복합적인 감정을 구별한다. 전자의 경우 하나의 수는 무한히 세분될 수 있지만 이는 본성상의 변화를 갖지 않는다. 즉 3은 1과 2, 또는 1.5와 1.5로 나눌 수 있지만 3이라는 본성의 변화는 아니다. 반면 질적 다양성은 어떤 소리를 들을 때와 같은데, 소리는 수적 단위를 세는 것이 아니라 그 소리가 나에게 끼치는 인상을 받아들이는 것과 같다. 만약 이 소리 각각을 공간 속의 여러 점들처럼 배열하면서 서열을 매긴다면 소리가 주는 질적 느낌은 빠지게 된다. 즉 수적 다양성이 공간의 영역이라면 시간은 질적 다양성, 즉 순수 지속의 영역에 속한다. 들뢰즈는 수적 다양성과 질적 다양성의 구별을 분할의 문제로 설명한다. 수적 다양성은 본성상 차이가 아닌 정도상의 차이에 의해 나누어지는 대상에 속한다. 반면 의식과 기억 등 지속이 품는 질적 다양성은 분할 가능하지만 본성상의 변화가 있을 경우에만 그러하며, 분할될 때는 본성상의 변화를 수반한다. 이것이 곧 '주체'에 속한다. 이에 대해서는 『베르그송주의』(김재인 옮김, 1996 : 46～66)를 참조하라. 수적 다양성과 질적 다양성의 구별을 통한 순수 지속의 특수성이 『의식에 직접 주어진 것들에 관한 시론』의 요체였다면 『물질과 기억』은 심리적 경험으로서의 지속이 갖는 복잡한 양상을 과거와 현재의 불가분성을 통해 심화한다.

12) (옮긴이) 포즈(pose)에는 정지, 부동 상태의 뜻과 자세, 자태, 태도의 뜻이 모두 포함되어 있다. 들뢰즈에게 포즈는 운동을 초월하는 형상을 가리키는데, 이 형상은 하나의 형식에서 다른 형식으로 이행할 때 나타나는 순간들의 질서다. 예를 들어 춤에서 하나의 포즈는 하나의 동작에서 다른 동작으로 넘어갈 때 나타나는 것으로, 운동이 멈추는 순간인 동시에 공연자의 정서와 의도를 나타내는 두 가지 국면을 띤다. 이 형상은 영원하고 부동 상태의 요소인 '형상들 또는 이데아'와 관련되는 '형식적 또는 초월적 요소들'이다(MI, 4/13). 운동을 초월하기는 하나 운동에 대해 상관적이기 때문에 그것은 운동을 재현하는 일을 한다.

동이다. 1907년 이전까지 과학이 성취한 수준을 고려할 때, 당시 베르그송은 아마도 새롭게 등장한 내러티브 영화에 대해 거의 알지 못했을 것이다. 당시 시네마토그래프는 운동 분석을 위해 과학적으로 사용됐고, 여기에는 테일러가 주창한 시간/운동 분석이 포함된다. 이런 의미에서 물화된 운동과 기계화된 시간을 시네마토그래프적인 것으로 특징짓는 베르그송의 태도는 상당히 적절해 보인다.

여기서 들뢰즈는 영화의 포텐셜, 즉 시간과 운동을 이미지화하는 영화 고유의 능력이 초창기에 잘못 인식될 수밖에 없었다고 주장한다. 왜냐하면 영화의 본질, 즉 공간적 형상보다는 시간적 형상을 표현하고 움직이지 않는 단면보다는 움직이는 단면을 표현하는 쇼트의 능력은 오직 몽타주, 이동 카메라, 가동적 시점의 사용이 일반화된 이후에야 비로소 발현됐기 때문이다. 초기 영화의 내러티브적 발전을 알 수 없었던 베르그송은 자신을 위한 영화의 함의를 놓치고 말았다.[13]

그러나 베르그송에게 시네마토그래프적 지각 모델이 완전히 오류인 것만은 아니다. 그것은 일상적 지각[14]의 일부, 또는 베르그송의 표현으로는

---

13) 베르그송은 『창조적 진화』의 마지막 장에서, 시네마토그래프적 환영에 대한 자신의 관념이 1902년부터 1903년까지 콜레주 드 프랑스에서 행한 시간의 관념에 대한 강의에서 발전됐다고 기록하고 있다. 따라서 그가 참조했을 모든 상업 영화가 초기 영화에 속한다. 그가 언급한 한 사례 — 군인들의 행진 — 는 뤼미에르 스타일의 기록물(actualité)을 지칭한다. 여기에 우리는 들뢰즈가 초기 영화를 역사적으로 이해하는 시각이 상당히 안일할 수도 있다는 점을 덧붙일 수 있다. 혹자는 나름의 척도에 견주어 초기 영화, 특히 운동적(kinesthetic) 영화에서 '시간-이미지'의 요소들을 포착할 수도 있다. 뷔르시와 거닝이 이와 관련된 연구를 수행한 바 있다. 들뢰즈는 고전 영화 이론의 패러다임을 따라 몽타주 중요성을 과도하게 강조한다. 따라서 초기 영화에 나타나는 양식상의 다양성과 복잡성에 대해 알지 못했던 그는 자신의 이론에 초기 영화가 지니는 함의를 놓쳐버리게 된다. 이를 확인하는 데 기여한 로렌 라비노비츠에게 감사한다. 뷔르시와 거닝 등이 제시한 이런 논점에 대해서는 토머스 앨새서가 편집한 『초기 영화 : 공간, 프레임, 내러티브』를 참조하라.

14) (옮긴이) 여기서 지각(perception)은 들뢰즈의 또 다른 용어인 지각(percept)과 구별된다. 여기에 대해서는 7장의 각주 4번을 참조하라. 이런 구별이 요구되지 않는 한에서는 'perception'을 지각으로 번역했으며 'l'image-perception'도 지각-이미지로 옮겼다. 다만 구별이 요구되는 경우에는 지각작용(perception), 지각(percept)으로 옮겼다.

습관적 재인(reconnaisance)이다. 실재의 파악은 항상 내면적 시네마토그래프를 요구한다. 그것은 선택적 추출과 조직화를 통해 우리의 즉각적 필요——이 필요의 불연속성은 정신적으로 억압된다——와 관련한 특색만을 보존하는 일련의 스냅 촬영이다. 실제로 **지속**을 이해하는 데는 실재에 대한 철학적 직관이 수반되며, 이 직관은 자연적·일상적 지각을 초월한다.

여기서 들뢰즈는 베르그송에 대한 좀더 기초적인, 그러나 다소 모호한 변론을 시도한다. 그것은 그가 운동과 이미지 간의 흥미로운 동일성을 꾸며낸다는 것이며, 이는 『운동-이미지』와 『시간-이미지』를 통틀어 공명한다. 영화가 제시하는 것은 영사 슬라이드 상의 포토그램이나 일련의 개별적 프레임이 아니라, 오히려 매개적 이미지(l'image moyenne)다. "운동은 그에 부가되거나 더해지는 것이 아니고 직접적으로 주어진 것(donnée)[15]으로서의 매개적 이미지에 귀속된다."(MI, 2/11) 바꿔 말하면, 들뢰즈에게 중요한 것은 운동 중인 이미지에 대한 맹목적 경험주의, 우리 눈의 직접적 증거다. 이는 단순한 현상학적 논점이 아니다. 왜냐하면 영화는 시점의 가동성, 즉 어떤 가중된 몸체와도 구별되는 고유한 눈을 가지므로 현상학의 토대가 되는 자연적 지각의 조건과 단절하기 때문이다.[16]

따라서 현실상의 영화 장치(cinematographic apparatus)는 단순히 관객의 머리 속을 어지럽히는 것 이상이다. 들뢰즈는 다음과 같이 묻는다.

---

15) (옮긴이) 'donnée'(영어로는 given)는 보통은 소여(所與)로 통용됐으나 좀더 친숙한 용어활용을 위해 '주어진 것', '자료'로 번역했다. 이는 『베르그송주의』의 국역본을 따른 것으로, 'donnée'의 라틴어형은 'datum'이며 이를 통상 자료로 옮기는 관행을 참조했다.

16) 이를 다음과 같은 베르그송의 고찰과 비교해보라. "실재적인 것은 형식의 연속적 변화다. 형식은 전이에 대한 즉석 사진(snapshot)의 시점일 뿐이다. 따라서 우리의 지각은 실재의 유동적 연속성을 불연속적 이미지들로 간신히 포착할 뿐이다. 연속적 이미지들이 크게 다르지 않을 때, 우리는 그것들 모두를 단일한 매개적 이미지의 팽창과 이지러짐으로, 또는 그 이미지가 다르게 형성된 것으로 간주하게 된다. 또한 우리가 사물의 본질, 사물 자체에 대해 말할 때 실제로 언급하는 것은 그 같은 '수단'이다."(CE, 302) 아울러 『창조적 정신』(CM, 118)도 참조하라. 철학적 개념으로서의 매개적 이미지에 대해서는 5장에서 다시 언급한다.

"어떤 의미에서 환영의 재생산은 환영의 수정이기도 하지 않은가?"(MI, 2/11) 이는 흥미로운 진술이다. 그는 자연적 지각의 선택적·불연속적 이미지들이 지각 자체의 일부를 이루는 정신적 장치에 의해 인지적으로 수정되어 상위의 지각이 된다고 밝힌다. 그러므로 자연적 지각과 영화적 지각은 상이한데, 왜냐하면 영사기가 운동을 자동 발생하는 순간 그것은 어떤 인간적 현존과도 분리된 채 환영을 수정하기 때문이다. 그래서 "영화는 우리에게 운동이 부가된 이미지를 부여하는 것이 아니라, 즉각적으로 운동-이미지를 준다. …… '움직이지 않는 단면 + 추상적 운동'이 아니라 '움직이는 단면'을 준다"(MI, 2/11). 이제 영화적 이미지의 지각 과정에서 운동에 대한 어떤 인지적 수정도 없다는 가설은 확실한 오류로 판명된다. 그러나 영화적 지각과 일상적 지각이 동등하다고 들뢰즈에 반대해서 결론짓는 것 또한 오류다. 그럼에도 여기서 들뢰즈의 논거가 모호하다는 점은 확연한데, 운동과 이미지의 동일성에 대해서는 차후에 논증하면서 더욱 심도 있게 분석할 것이다.

베르그송의 첫번째 테제에서 들뢰즈는 자연적 지각의 조건을 초월한 운동-이미지의 발견을『물질과 기억』의 철학적 혁신으로 읽어낸다. 이 발견은 움직이는 이미지를 사진으로 나타내거나 영사한 미학적·테크놀로지적 혁신과 같은 시대에 일어났다. 그리고 두번째 테제에 대한 독해에서는 영화가 서구 사유의 주요한 과도기적 순간을 점유하는 철학적 이미지를 창안하는 것으로 기술된다. 실제로 영화는 새로운 실재를 완성하기 위한 기관(organ)의 출현을 재현한다.

첫번째 테제는 어떤 순간들의 연속이든 그곳에서 파생되는 운동은 참된 것이 아니라 환영이라고 진술하고, 두번째 테제는 순간들의 특질에 비추어 왜 이 운동이 환영인지를 탐구한다. 고전 철학은 운동을 포즈 또는 특권화된 순간들 사이의 규제된 이행으로 간주했다. 이 포즈들은 그 자체로 무시간적이며 부동적인 형상(Forms) 또는 이데아(Ideas)로 소급된다. 고전 철학에서 운동은 초월론적[17] 형식 요소에서 파생되는 것으로, 형상의 변증법에 질서와 척도를 제공하는 이데아적 종합으로 상상됐다. 반면, '움직이지 않는 단면 + 추상적 시간'이라는 근대적 운동 개념은 이와 전혀 다르다. 여기서 문제는 영화가 가장 오래된 환영(장-루이 보드리의 플라톤-기계)의 완성인지, 아니면 근대 과학적 사유의 정점인지, 그도 아니면 운동과 지속의 새로운 개념의 전조인지를 가늠하는 것이다.

『운동-이미지』에서 고전 영화의 시기는 철학사의 최근 두 국면 사이의 변동기를 점유한다. 근대 과학의 탄생은 초월론적 포즈들의 변증법적 질서를 순간들의 기계적 연속으로 대체한다. 갈릴레이는 물체의 낙하 시간을 작용 공간의 일부로 간주했다. 데카르트는 짧은 직선상에서 움직이는 점의 위치를 연결함으로써 평면상의 곡선 운동을 계산했다. 뉴턴과 라이프니츠는 서로 무한히 가까워지는 단면들을 고찰해서 미분 계산법을 창안했다. 임의의 순간들로 묘사되는 운동에서 본래적인 것은 고대 철학의 초월적 포즈가 아니라 이 과학자들이 다루는 순간들이다. 그렇다면, 들뢰즈에게 있어 영화의 전사(前史)는 즉석 사진의 완성, 그리고 머이브리지와 마레의 운동 분석 실험으로 거슬러 올라간다. 이에 관련된 테크놀로지를 소개한 과학은 근본적으로 근대 후기의 과학이다. 논리적으로 볼 때, 영화는 순

---

17) (옮긴이) 이 책에서는 'transcendental'을 초월론적으로, 'transcendent'를 초월적으로 옮겼다. 들뢰즈의 사상적 맥락에서 볼 때 'transcendental empiricism'을 '초월론적 경험론'으로 옮기는가 '선험적 경험론'으로 옮기는가의 문제는 통일되지 않은 상태다. 또한 'transcendental'을 초월론적으로 옮겨야 하는가 초월적으로 옮겨야 하는가(후자를 선택할 경우 'transcendent'에는 초재적이란 역어가 통용되고 있다)의 문제 또한 그렇다. 옮긴이는 경험론이 내재성의 평면이라는 의식 이전의 장을 토대로 이루어진다는 점에서, 그리고 외부와 내부의 접힘과 펼쳐짐이라는 맥락이 중요하다는 점에서 전자를 따르기로 한다. 초월론적 경험론에 대한 탁월한 논의는 『들뢰즈의 철학—사상과 그 원천』(서동욱, 2002 : 17~72)을 참조하라(여기서는 역으로 초월적/초재적이라는 쌍을 채택하고 있다). 들뢰즈의 초월론적 경험론과 『시간-이미지』의 연관성은 이 책의 제2부부터 논의된다. 이 책의 '용어 해설'을 참조하라.

간성(노출 시간의 감소), 순차성(반복 가능한 공간적 상수, 영화의 예를 들면 35mm), 선형성(영사 슬라이드상의 인접하는 등거리의 이미지), 연속성(일정한 비율로 운동을 자동화)을 필요로 한다. 따라서 영화는 "운동을 임의의 순간들의 함수로, 즉 연속성의 인상을 창조하기 위해 선택된 등거리 순간들의 함수로 재생산하는 체계"(MI, 5/14)로 정의된다.

운동의 해부 및 분석에 사용되는 한, 이 테크놀로지는 근본적으로 운동에 대한 근대적 개념에 속해 있었다. 이것이 베르그송이 운동에 대한 근대 과학의 오해를 시네마토그래프적 환영으로 명쾌하게 기술하는 요지이자 이유다. 첫번째 테제에 따르면 운동에 대한 고대의 오류와 근대의 오류는 대동소이하다. 이에 대해 들뢰즈는 다음과 같이 쓴다. **"영원한 포즈들이나 움직이지 않는 단면들로 운동을 재구성하면 결국 동일한 귀결에 다다른다. 운동은 전체가 이미 주어진 것도 아니며 주어질 수 있는 것도 아니라는 조건 하에서만 일어날 수 있지만, 이 두 경우는 모두 전체를 구축하고 '모든 것이 주어졌다'고 가정하기 때문에 운동을 놓치게 된다. 영원한 형상이나 포즈의 질서로, 또는 임의의 순간들의 집합으로 하나의 전체가 주어지자마자, 시간은 영원성의 이미지에 불과한 것 또는 집합의 결과가 된다. 즉 실재적인 운동의 여지가 사라진다."**(MI, 7/17) 목적론과 총체성을 강조하는 근대 철학은 전체들을 구축함으로써 운동을 놓치는 과학의 전철을 밟는다. 그러나 베르그송에 따르면, 근대 철학은 임의의 순간과 운동을 다른 각도에서 이해하는 새로운 철학의 상상력을 가로막을 수 없다. 실제로 운동에 대한 두번째 테제는 지속에 대한 철학적 직관이 다음과 같은 관념에 근거함을 시사한다. **"운동을 임의의 계기들과 관련시킬 때는, 어떤 계기에서도 현저하고 특이한 것, 새로운 것의 생산을 사유할 수 있어야 한다."**(MI, 7/17) 지속은 선형적인 것도 연대기적인 것도 아니다. 오히려 지속은 결정되지 않은 미래를 향한 열림이 매 순간마다 중단되지 않음을 상정한다.

"시간은 창안이다. 그렇지 않다면 그것은 아무 것도 아니다." 우리는 이제 이 범상치 않은 진술을 좀더 잘 이해할 수 있는 입장에 있다. 그러나 영화가 이 새로운 철학에 무엇을 기여했나를 판단하기 전에 운동과 변화와의 관계를 탐구하는 『창조적 진화』의 세번째 테제를 연구해봐야 한다.

들뢰즈에 의하면, 베르그송의 세번째 테제는 환영과 실재를 운동과 관련지어 대조한다. 순간이 운동의 '움직이지 않는' 단면을 제시하는 반면, 운동은 그 자체가 지속의 '움직이는' 단면이다. 하지만 여기서 들뢰즈가 말하는 것은 참된 운동과 거짓 운동을 구별하는 척도가 아니다. 오히려 들뢰즈는 지속 내의 질적 변화를 전체와 부분들(집합들)의 관계로 묘사한다. 움직이지 않는 단면의 연속으로 구성된 운동이 허위적인 것(falsification)[18]만은 아니다. 동영상 테크놀로지가 영사 슬라이드 위에 프레임을 순차적으로 조직하는 과정을 요구하듯이, 자연적 지각은 불연속적 이미지들에 의존한다. 그러나 그 자체로는 어떤 것도 연속적인 질적 변화에 해당하는 지속에 대한 직관을 허용하지 않는다. 베르그송적 직관의 방법이 지속을 심층적으로 파악하는 과정에서 자연적 지각을 초월하듯이, 시네마토그래프의 발명은 쇼트를 운동 내의 매개적 이미지(지속의 움직이는 단면)로 제시함으로써 운동 분석을 능가한다.

즉 베르그송의 세번째 테제는 운동이 지속 또는 전체 내에서의 변화를 표현한다고 진술한다. 이때 주된 논점은 집합들과 연관된 전체의 본성이다. 집합은 공간적 단면으로서 본성상 부분들로 분할 가능하다. 집합은 닫

---

18) (옮긴이) 'falsify'는 영어, 불어 모두 '위조하다', '변조하다'의 뜻으로 불어의 경우에는 'falsus' (faux, 거짓의)라는 어근에서 파생됐다. 따라서 '거짓을 만들다'라는 번역어가 가능하다. 이 책의 6장에서는 들뢰즈가 『시간-이미지』 6장에서 제시한 'falsifying narration'(narration falsifiante)이라는 개념이 집중적으로 다루어지는데, 거짓의/허위의(false/faux)에서 직접적으로 역어를 파생시켰을 때 — '거짓을 만들 수 있는 역량'(puissance du faux)처럼 — 해당 개념이 뜻하는 바를 가장 잘 나타낸다. 이런 경우에는 '거짓을 만들다'로 옮기되 이보다 넓은 뉘앙스로 해석될 수 있는 경우에는 '위조하다'(falsifier일 경우에는 위조자, falsification일 경우에는 위조, 허위 만들기)로 옮겼다.

힌 것이지만, 이 닫힘은 인공적으로만 가능하다. 반면 전체는 시간적이며, 정의상 본질의 변화(운동에서 공간으로의 변화) 없이는 분할될 수 없다. 따라서 전체는 부분들을 갖지 않으며 열려 있다. 다만 집합이 인공적으로 닫혀 있고 전체가 본질적으로 열려 있다는 말은 이 둘의 대립을 뜻하는 것이 아니다. 오히려 변화나 지속과 관련해서 운동에 대한 두 관점을 대조한 것이다. 들뢰즈는 전체가 집합이 아니며 부분들을 갖지 않는다고 말한다.

> 오히려 전체는, 아무리 큰 집합이라도 각각의 집합이 자족적으로 닫히지 못하게 하는 것, 각각의 집합이 더 큰 집합으로 스스로를 연장하도록 강제하는 것이다. 그러므로 전체는 집합들을 횡단하는 것, 각각의 집합들이 또 다른 집합들과 무한히 소통할 수 있는 가능성 —— 반드시 실현되는 가능성 —— 을 부여하는 실(fil)과 같다. 전체는 **열림**(l'Ouvert)이며, 내용이나 공간보다는 시간, 심지어 정신과 연관된다. 그것들의 관계가 어떻든 간에, 집합들 간의 상호 연장과 전체의 열림을 혼동해서는 안 된다. 후자 [전체]는 각각의 집합을 관통한다. 닫힌 체계는 결코 절대적으로 닫히지 않는다. 그것은 한편에서 다소 가느다란 실을 통해 다른 체계들과 공간상에서 연결되어 있고, 다른 한편에서 그 실을 따라 닫힌 체계에 지속을 전달하는 전체 속으로 통합되고 재통합된다(MI, 16~17/29~30).

집합이 그 자체 및 그 모든 부분들로 주어지는 것이라면, 전체는 그렇지 않다. "왜냐하면 전체는 **열림**이며, 그 본성은 항구적으로 변화하는 것, 또는 새로운 어떤 것을 발생시키는 것, 간단히 말해 지속하는(durer) 것이기 때문이다. …… 그러므로 우리가 지속과 직면하거나 지속 중인 우리 자신을 발견할 때마다, 변화하고 있고 어딘가 열려 있는 전체가 어딘가에 존재한다고 결론지을 수 있다."(MI, 9/20)

따라서 집합은 항상 공간의 정적인 단면으로 파악될 수 있다. 그러나 우리는 전체를 끊임없는 변형으로 직관할 수 있을 뿐이다. 그렇지 않으면 우리는 전체와 변화의 관계, 그리고 예기치 않은 새로운 것을 산출하는 전체의 역량을 잘못 이해하게 될 것이다. 비선형적 변화에 관심을 기울인 과학자들이 베르그송에 매혹된 것은 그가 총체성보다 전체를 강조하기 때문이다. 베르그송의 전체는 과학이 그려내는 물리적 세계의 이미지에 시간을 재도입하며, 진화를 이미 존재했던 것의 발견이 아니라 새로운 것의 지속적 창조로 기술한다. 또한 발전을 사전에 결정된 목표 및 그 산물과 무관하게 파악한다. 무엇보다도 전체는 각각 다르게 산재된 질서, 층위, 거리를 지닌 현상들의 상호 연결성을 강조한다. 이것이 **지속**의 본질적 면모다.

집합과 전체의 관계에 대한 더 구체적인 사례는 프레임화에 대한 들뢰즈의 언급에서 제시된다. 들뢰즈는 잠정적으로 닫힌 단위라는 측면에서 쇼트를 집합으로 기술한다. 이 관점에서 쇼트는 공간적이며, 개별적인 부분들로 구성된다. 즉 쇼트는 일련의 정지된 이미지들로 분해될 수 있고, 그것이 프레임 내부의 요소들(몸체, 행동, 몸짓, 소도구, 배경, 조명 등)로 분할될 수 있다. 여기서 프레임은 그 구성 요소들을 모아 공간적 단면 내로 에워싸고 질서를 부여한다.

한편 이미지가 움직일 때 공간상에서 질적인 이전(translation)이 나타난다. 공간은 분할 가능하고 등질적이며 양적이지만, 운동은 질적 변화로 이해된다. 이 매개적 이미지는 지속적인 것이 되며, 지속되기를 멈추지 않는다. 따라서 들뢰즈는 "공간 내에서 부분들이 이전될 때마다 전체상의 질적 변화가 생긴다"(MI, 8/18)고 결론짓는다. 프레임의 경계는 본래 유동적이다. 경계는 대상을 공간적으로 에워싸는 동시에, 쇼트를 모든 방향으로 개방한다. 그럼으로써 쇼트는 끊임없이 변화하는 일련의 시간적 관계들로 해체된다. 이것이 에이젠슈테인이 '영화의 4차원'[19]이라 일컬었던 바다. 이미지의 운동, 이동 카메라, 촬영 범위의 변화, 몽타주 이전을 통해 이미지의 부분들은 재현 대상에 내재적이지 않은 관계들에 사로잡힌다. 바꿔 말해 우리는 운동-이미지에서 **관계들**[20]을 공간적인 것이나 대상을 지시하는 것으로 파악하지 않는다. 운동-이미지는 시간적인 것(일시적인 것)이며, 구체적 지속의 그물 내에서 끊임없이 대상들을 엮는다. "공간 내의 운동을 통해 한 집합 내의 대상들은 각각의 상대적 위치를 바꾼다. 그러나 관계들을 통해 전체는 변형되거나 질적으로 변화한다. 우리는 지속 자체 즉 시간을 관계들의 전체라고 말할 수 있다. …… 핵심은 집합들이 공간 내에 존재하는 반면, 전체는 변화하기를 멈추지 않는 한 지속 내에 존재하며 그 자체가 지속이기도 하다는 것이다."(MI, 10~11/20~21).

운동-이미지의 변화하는 전체를 재현하는 이 같은 관계들은, 오직 운동 내에서 운동으로서만 파악될 수 있다. 운동이 멈춘다면, 관계들의 질이 변화하고 구체적 지속이 추상적 시간으로 미끄러질 것이다. 결론적으로 운동은 항상 두 가지 관점에서 고려되어야 한다. "한편으로는 대상들 또는 부분들 간에서 발생하는 것, 다른 한편으로는 지속 혹은 전체를 표현하는 것이다. 그 결과 지속은 질적으로 변화함으로써 대상들로 분할되며 대상들은 깊이를 얻는 동시에 윤곽을 상실함으로써 지속 내에서 통일된다. …… 운동을 통해 전체는 대상들로 분할되고, 대상들은 전체에서 재통일되며, 사실상 이 둘 사이에서 '전체'가 변화한다."(MI, 11/22)

---

19) (옮긴이) 영화의 몽타주가 3차원적 공간을 넘어 또 다른 차원을 지향할 수 있다는 의미로서, 여기서 4차원은 쇼트가 담고 있는 명시적 의미나 이야기의 차원이 아닌 시간의 차원을 의미한다. 이 책의 '용어 해설'을 참조하라.

20) (옮긴이) 들뢰즈의 관계 개념을 이해하기 위해서는 다음을 덧붙여야 한다. "전체를 정의해야 한다면 그것은 관계(Relation)에 의해 정의될 것이다. 관계는 대상들의 속성이 아니며, 항상 대상의 항들에 대해 외재적인 것이다. 그것은 또한 열림으로부터 분리될 수 없으며, 정신적 또는 영적인 존재를 보여준다."(MI, 8/18) 이 정신적 또는 영적인 존재는 이후 3장에서 자세히 고찰하게 될 정신적 이미지(혹은 관계-이미지)와 연관시켜 살펴보아야 한다.

운동과 변화의 관계는 세 가지 층위를 시사한다. 이들은 질적으로 상이하지만 모두 운동에 함축되어 있으며, 각각 특정한 종류의 이미지에 상응한다. 첫째, 집합들, 즉 변별적 대상이나 부분들이 무리지어 있는 공간적 단면이 있다. 이들은 순간적 이미지 또는 운동의 '움직이지 않는' 단면이다. 둘째, 이행의 운동, 즉 대상과 집합들의 상대적 위치들을 끊임없이 수정하고 대상과 집합들을 질적으로 변화하는 전체로 통합함으로써 그것들을 변주하는 움직임이 있다. 이에 상응하는 이미지는 지속의 '움직이는' 단면, 또는 몽타주를 통해 닫힌 집합들을 교차하고 상관시키는 다수의 움직이는 단면이다. 마지막으로, 나름의 고유한 관계에 따라 끊임없이 변화하는 정신적 실재에 해당하는 지속 또는 전체가 있다(MI, 11/22). 이는 곧 시간-이미지의 영역이며, 이는 베르그송에게서 이미 시사된 바 있다. "무언가 살아 있다면 어디든, 거기에는 열린 데가 있고, 이는 시간이 각인되는 등록부(registre)다."(CE, 16) 우리는 영화가 제시하는 시간의 간접적 혹은 직접적 이미지를 참조할 수 있다. 여기서 문제는 운동을 초월하는 이미지가 암시하는 시간에 대한 직관이다. 운동을 초월한다는 것은 물리적 세계를 넘어 정신적 세계로 향하는 것, 또는 물리적 세계와 정신적 세계를 새로운 방식으로 얽는 것을 뜻한다. 이 난해한 관념을 인식하기 위해 우리는 운동-이미지와 그것이 일깨우는 사유의 이미지를 더욱 심도 있게 이해해야 한다.

"사진이 존재한다면……."
—앙리 베르그송,『물질과 기억』(1896)

베르그송에 대한 두번째 주석에서, 들뢰즈는『운동-이미지』의 1장에서 소개됐던 운동과 이미지의 동일성에 대한 문제로 되돌아온다. 베르그송의 가장 흥미로운 진술 중 하나는 이 논의를 시작하기에 가장 좋은 곳이다.

들뢰즈는 이를 약간 다르게 말하지만, 그가 뜻하는 바는 베르그송의 본뜻과도 어울린다. "사진은, 사진이 존재한다면, 그것은 사물들의 바로 그 내부에서, 공간의 모든 지점에 대해서 이미 포착된 것, 이미 촬영된 것이다."(MI, 60/89)[21] 그렇다면 도대체 이미지란 무엇인가?

첫번째 주석에서 제시된 이미지와 운동의 동일성은 여기서 물질과 빛의 동일성으로 보충된다. 아인슈타인의 유명한 등식이 물질과 에너지를 교환 가능한 것으로 표현하는 방식이라는 점을 상기하면 이 등가성은 덜 낯설게 보일 것이다. 그러나 베르그송에게 이미 '사물의 바로 그 내부에 존재하는' 이미지라는 관념은 오랫동안 서구철학을 괴롭혔던 실재론과 관념론, 대상과 주체의 이원론을 극복하기 위한 시도를 재현한다.

18세기 이후 이미지는 물질의 재현, 즉 주체의 의식 바깥에 존재하는 것에 대한 내적이며 이차적인 표현 혹은 보충물로 간주되어 왔다. 여기서 지각은 특수한 방식으로 지식에 속박된다. 관념론과 실재론 모두에 있어 '보는 것은 곧 아는 것'이다. 그러나 실재론의 경우 주체는 추정된 자연의 법칙에 따라 현실적 존재를 스스로에게 재현하는 반면, 관념론의 경우에는 추정된 사유의 법칙에 따라 존재를 재현한다. 어떤 경우건, 정신(mind)은 순수 지식에 대한 사변적 관심 때문에 물질 및 시간과 결별해야 한다. 말하자면 영혼(spirit)은 물질과 시간 바깥에 존재한다. 이 같은 분리는 서구철학에서 존재신학적으로 강조된 원천이다.

어떤 식으로든 이미지가 인간 응시의 산물이라는 주장은, 의식을 세계와 구분하는 것이며 정신을 물질적 세계와 결별시키는 것이다. 베르그송의 목표 중 하나는 의식·물질·시간의 연속성을 재정립하는 것이다. 『물질과 기억』의 1장에서 그는 물질과 **이미지**(L'Image)가 차이가 없음을 논증한다.

---

21) 여기서 문제시되는 구절은 『물질과 기억』의 p.38에서 나타난다.

베르그송에게 있어서, 물질이 빛과 동일하다는 것은 첫째로 물질이 이미 근본적인 나타남(apparaitre) 또는 이미지라는 것이다. 그는 철학자들의 논쟁에서 벗어나 좀더 상식적인 견해로 되돌아올 것을 권한다. "대상은 그 자체로 존재한다. …… 우리가 대상을 지각할 때 이는 그 자체로 그림과 같으며 그 자체로 이미지다. 그러나 그것은 스스로 존재하는 이미지다. …… 물질은 그것이 지각되는 대로 존재한다. 물질이 이미지로 지각되기 때문에, 정신은 그것을, 그 자체를 이미지로 파악할 수 있다."(MM, 10)

물질은 근본적으로 나타난다는 의미에서 '빛을 낸다'(luminous). 지각되거나 묘사될 수 있는 모든 것은 항상 거기에 있다. 그러나 이는 단순한 경험론이 아니다. 인간 의식의 관점에서 보면 몸과 몸의 필요가 물질 내에서 현행적으로 파악되는 것에 제약을 두는 한, 이미지의 충만한 상태——들뢰즈의 표현으로는 내재성의 평면(plan d'immanence)[22]——는 잠재적이다. 베르그송은 물질 및 **이미지**가 인간 지각과 연속적인 동시에 변별적이라는 관념에서 출발한다. 그는 지각작용이 주관적이라는, 즉 인간이 물질에 대해 나름의 그림을 그린다는 견해를 수용하지만, 그에 따른 차이는 정도의 차이지 종류의 차이가 아니다. 인간의 시각은 실질적으로 $4 \times 10^{-5} \sim 7 \times 10^{-5}$cm의 파장으로 전파되는 방사선에 제한된다. 한편 청각은 16,000~20,000Hz의 주파수대로 한정된다. 베르그송의 은유를 빌리자면, 이 두 경우 모두에서 인간의 몸은 에너지·물질·운동이 전달된 데 대해 작용-반작용하는 전화교환수와 같다. 이미지는 몸이 여과하고 중계하는 이 전달에

---

22) (옮긴이) 불어의 'plan'(영어의 plane)은 평면 이외에도 구도, 계획, 도면, (영상의 원근법적) 경(景) 등을 가리킨다. 영화에서는 'plan sequence'(긴 지속시간을 가진 화면)라는 말에서 보듯 테이크/쇼트라는 말로도 쓰인다. 들뢰즈의 용법에서 볼 때 이 말은 통상 구도, 평면으로 번역됐으며, 『천 개의 고원』에서는 이 말의 물리적·지질학적 어원을 살려 판이라는 용어를 제안하고 있다——고른판(plan de consistence), 초월성의 판(plan de transcendance), 조성의 판(plan de composition) 등. 여기서는 가장 널리 통용되는 용법을 따르는 동시에 『운동-이미지』, 『시간-이미지』와의 연관성을 살리는 뜻에서 평면이라는 용어로 통일했다.

다름 아니다. 마찬가지 방식으로, 이미지에 두 체계가 있다고 말할 수 있다. 하나는 물질에 내재한 보편적인 것(내재성의 평면으로서 **이미지**)이며, 다른 하나는 생리적 제약과 인간의 필요에 따라 여과되는 몸체적인 것(가장 평범한 의미에서의 이미지)이다.

베르그송은 전자를 '현재의 **이미지**'(present Image)라 일컫는다. 우주 전체와의 관계에서 현재의 이미지는 객관적 실재를 구성한다. "[객관적 실재는 현재의 이미지가] 각각의 지점들을 통해 다른 모든 이미지의 지점에 작용하고, 자신이 받아들인 모든 것을 전달하며, 각각의 작용에 동등하고 상반된 반작용을 대립하도록 강제하는 필연성이다. 간단히 말해 이는 일종의 길과 같다. 이 길을 따라 모든 방향으로, 우주의 광대함을 통틀어 변양²³⁾이 전파된다."(MM, 36) 모든 물질이 이미지이고, 우주는 모든 표면과 모든 부분들 속에서 서로 작용-반작용하는 이미지들의 전체 집합체로 정의된다는 것이다. 이 전체론적(holistic) 그림에서 내면성과 외재성은 이미지들 간의 관계일 뿐이다. 베르그송의 관점에서, 이미지가 우리의 내부 혹은 외부에 있다는 말은 이치에 닿지 않는다. 하물며 이미지가 의식 속에서 외재적 지각에 대한 내면의 성찰적 반영이라거나, 대상 세계에서 잘려 나온 유아론적 내부의 이면에서 세계를 전망할 수 있다는 말은 더욱 그렇다.

몸체²⁴⁾와 뇌는 에너지의 전파와 물질의 힘에 작용-반작용하는 수용적 표면이며, 그런 의미에서 이미지다. 가장 근본적인 층위에서 주체성이란, 몸체가 감각-운동적(sensorimotor) 관계 속에서 작용-반작용할 준비를 갖

---

23) (옮긴이) 'modification'은 양태(mode)의 변화로 이해하여 변양으로 옮겼다('용어 해설' 참조).

24) (옮긴이) 베르그송의 의미에서(넓게 봐서는 스피노자의 의미에서) 'corps'(bodies)는 몸체들과 물체들이라는 의미로 모두 사용되고 있으며 문맥에 맞게 적용했다. 대부분—— 기관 없는 몸체(corps sans organes)를 포함해—은 몸체라 옮기되 『시간-이미지』의 8장에서 중점적으로 다루는 일군의 영화들, 그리고 인간의 육체적인 부분을 가리키는 맥락이 뚜렷한 부분에서는 몸의 영화(cinéma du corps)나 몸으로 번역했다. 이렇게 몸체와 물체를 하나의 의미에 통합시킨 존재론은, 베르그송과 스피노자와 라이프니츠를 재해석하고 종합하는 들뢰즈의 몸체 이론으로 완성된다.

춘 것에 다름 아니다. 베르그송은 이 경우 뇌가 수용된 운동의 분석 도구이며 수행될 운동의 선택 도구일 뿐이라고 말한다. 이때 지각은 이미지들의 또 다른 체계에 참여하면서 한편으로 인간의 필요에, 다른 한편으로 인간의 자유에 대응한다. "나는 이미지들의 집합체를 물질이라 부른다. 그리고 마찬가지로 이미지들, 다만 나의 몸이라는 하나의 특별한 이미지의 가능한 작용을 가리키는 이미지들을 물질에 대한 지각이라 부른다."(MM, 22)

이러한 논증은 주체와 대상을 구별하는 일반적 방식을 불필요하게 만든다. 대상은 그 이미지와 구별 불가능하다. 대상이 부딪치거나 받아들이는 작용-반작용의 집합만이 있을 뿐이다. 작용-반작용의 그물은 궁극적으로 우주적(보편적)이다. 모든 물체(body)들은 그 크기나 서로간의 거리와 무관하게 잠재적으로 상호 연결되어 있다. 베르그송의 유물론적 관점에서 볼 때 사유의 내적 운동(시냅스의 순간작용과 신경계를 통과하는 흐름들)을 지배하는 법칙은 물리적 몸체의 운동을 지배하는 법칙과 다르지 않다. 이미지가 운동에 내재적이라면, 내가 지각하는 움직이는 대상 속이 아닌 내 머리 속에 이미지가 있다는 말이 의미가 있겠는가? 철학이 의식이라 일컫는 것은 유아론적 환영이다. 이미지는 몸체들이 서로 주고받는 운동들의 집합에 내재적이다. 보기의 대상과 보기의 행위는 나 자신과 내가 지각하는 것 사이를 통과하는 작용-반작용의 동일한 네트워크에 함께 포함되어 있다. 이미지를 산출하지 않는 운동이란 없다. 즉 실행된 운동에서 분리할 수 있는 이미지란 없다.[25]

베르그송과 들뢰즈에게, 철학의 기본 문제는 주체와 대상 또는 내부와 외부의 문제가 아니다. 오히려 문제는 이미지의 두 가지 체계가 상호작용하는 과정에 대한 것, 지각적 그리고(또는) 인식론적 사건에서 두 체계가 서로 얽히는 과정에 대한 것이다. 이 물음은 세 가지 연역을 요하며, 각 연역은 운동-이미지의 존재나 가능성에 대한 나름의 이해 과정과 호응한다.

첫째 연역은 가장 넓은 의미에서 운동-이미지를 평면으로 정의하는데, 이 평면에서 물질은 이미지들의 전체 집합체와 동등하다. 둘째 연역은 이 평면에서 지각이 파생되는 과정, 그리고 운동-이미지의 세 가지 변형이 그에 상응하는 기호들과 더불어 규정되는 과정을 밝힌다. 이는 운동-이미지에 대한 철학적 파악을 통해 가능해진다. 셋째 연역은 시간의 직접적 이미지를 구성해서 기억과 의식의 문제로 우리를 인도한다.

첫째 연역은 베르그송의 '현재의 **이미지**'와 관련된다. 이는 물질이 이미지들의 전체 집합체가 되는 보편적 변이(universal variation)의 세계다. 들뢰즈는 이를 내재성의 평면이라 부르며, 그것이 "'이미지=운동'이 되는 세계의 드러남[26]"(MI, 58/86)이라고 기술한다. 내재성의 평면은 집합으로 묘사될 수 있다. 다만 이것은 모든 물질, 따라서 우주상의 모든 가능한 이미지들을 포함한 무한 집합이다.[27]

---

25) 들뢰즈는 베르그송을 인용하면서 다음과 같이 말한다. "'물질의 운동들이 매우 명백하고 이들이 이미지로 간주된다는 것, 그리고 우리가 운동 내에서 볼 수 있는 운동 이상을 볼 필요가 없다는 것은 진실이다.' 원자는 그 자신의 작용-반작용이 연장되는 지점까지 연장되는 이미지다. 나의 몸은 이미지이며, 따라서 작용-반작용의 집합이다. 나의 눈, 나의 뇌는 내 몸의 일부, 즉 이미지다. 나의 뇌도 이미지 중 하나라면, 어떻게 그 뇌가 이미지들을 담을 수 있는가? 외부의 이미지가 내게 작용하고, 내게 운동을 전달하며, 나는 운동을 되돌려준다. 나 자신이 이미지, 즉 운동인데 어떻게 이미지들이 내 의식 안에 있을 수 있는가? …… 전체 이미지들의 무한 집합은 일종의 내재성의 평면을 구성한다. 이미지는 이 평면에서 그 자체로 존재한다. 이 이미지 자체는 물질이다. 이미지 뒤에 숨어 있는 무엇이 아니라 반대로 이미지와 운동의 절대적 동일성이다. 이미지와 운동의 동일성을 통해 우리는 운동-이미지와 물질이 동일하다고 결론내릴 수 있다. '당신은 내 몸이 물질이라거나 그것이 이미지라고 말할 수 있다.' 운동-이미지와 흐르는-물질은 엄밀하게 동일하다."(MI, 58~59/86~87) 여기서 이미지는 운동을 재현하는 기표가 아니며 그 역도 마찬가지다. 이미지는 운동에 내재적이다. 우리가 보는 것은 본질상 곧 우리가 얻는 것이다. 베르그송이나 들뢰즈는 주체성과 관련된 유아론적 논법들이나 환영적인 개인의 지각에 연연하지 않는다. 『물질과 기억』의 심리학이 『창조적 진화』의 형이상학과 불가분의 관계인 까닭은 이 때문이다. 이 두 저서 모두 들뢰즈의 초월론적 경험론(transcendental empiricism)에 중요한 원천이 되었다.

26) (옮긴이) 'exposition'은 불어와 영어 모두 라틴어 'exponere'(포즈를 드러내다)에서 파생됐다. 따라서 이 말은 포즈라는 용어와 연관시켜 이해해야 한다.

27) 다른 많은 철학적 관념들과 마찬가지로, '내재성의 평면'에 대한 들뢰즈의 정의는 그의 다른 저서들에서 미묘하고도 흥미롭게 달라진다. 이를테면 『운동-이미지』에서 내재성의 평면에 대한 설명을 『철학이란 무엇인가』와 비교해보는 것도 유익하다. 이 문제는 7장에서 다시 다룰 것이다.

이 층위에서는 운동 또한 특수한 의미와 위상을 지닌다. 무엇보다도 내재성의 평면이 집합이라면 그것은 움직이지 않는 단면의 정적인 관점에서도, 요소들을 에워싸는 프레임의 공간적 추상화의 관점에서도 고찰될 수 없다. 오히려 이 평면은 가장 확장된 의미에서 변화하는 열린 전체로 상상되어야 한다. 내재성의 평면은 끊임없이 변화하는 전체의 시간적 관점에서 운동 자체다. 들뢰즈가 지적하듯 그것은 "각각의 체계를 이루는 부분들간에, 또한 한 체계와 다른 체계 간에 성립되는 것이다. 그것은 모든 체계들을 가로지르고 그것들을 한데 뒤섞으며 어떤 것도 절대적으로 닫히지 못하게 한다. …… 그것은 움직이는 단면이며, 시간적 단면 또는 조망이다. 그것은 시-공간의 블록이다. 왜냐하면 운동의 시간은 언제나 움직이는 단면 내부에서 작동하면서 그것의 일부를 구성하기 때문이다"(MI, 59/87).

우리는 보통 운동을 고체의 작용-반작용, 즉 테이블 표면상에서 그 궤적을 추적할 수 있는 당구공의 충돌 같은 것으로 상상한다. 그러나 내재성의 평면에서 운동은 최초의 작용력, 지나온 궤적, 에너지의 소모량 등으로 환원되지 않는다. 들뢰즈가 내재성의 평면을 "**운동-이미지**와 **흐르는-물질**이 엄밀히 동일물이 되는"(MI, 59/87) 일종의 흐름이라고 기술할 때, 용암의 흐름이나 바다의 조류와 같은 그림에 사로잡혀서는 안 된다. 다시 말해, 운동은 진정으로 보편적 변이로 간주되어야 한다. 그 속에서는 극소 양자가 변화하는 전체 속에 포획되어, 다른 은하에 작용하는 한 은하의 중력 효과와 상호작용한다. 내재성의 평면에서 돌은 고체가 아니다. 돌은 빛을 흡수하거나 반사하는 가운데 열을 받으면 팽창하고 차가워질 때 수축하는, 분자 운동을 하는 덩어리가 된다. 이것이 들뢰즈가 내재성의 평면이 전적으로 빛으로 구성된 것이라고 주장하는 이유다. 여기서 보편적 변이는 기하학적인 고체가 출현하기 이전의 에너지와 힘의 전파로 간주된다. 다른 한편 현재의 이미지는 그 운동 속에서 물질에 내재적인 것으로 간주된다.

이때 운동은 아직 의지나 의식에 종속되지 않는다. 그것은 아직 우리가 물을 거슬러 갈 때 지나치거나 발가락에 차이는 돌멩이의 운동과 같지 않다. 그것은 분자 운동, 방사선의 전파, 열의 교환, 중력의 작용에서 파생된 이미지다. 그것은 광년 단위로 떨어진 별들의 차가운 빛으로 조명되고 지구의 융해된 핵으로 따뜻해지는 이미지다.

핵심은 운동하는 물질의 발광성(luminosity)이 인간 몸체나 다른 여타 몸체와 연관되어 조직화되는 물리적인 인간의 눈이 아닌 우주 전체를 통틀어 발생하는 에너지의 전파에 속한다는 것이다. 들뢰즈는 이를 다음과 같이 설명한다. "내재성의 평면 전체에는 빛의 확산이나 전파만이 존재한다. 운동-이미지에는 아직 고정된 선이나 물체가 없고, 오로지 빛의 선이나 형상들이 있을 뿐이다. 시-공간 블록이 바로 그런 형상이다. 그것은 그 자체로 이미지다. 그것이 아직 누구에게도, 즉 어떤 눈에도 드러나지 않았다면 이는 빛이 아직 그에 반사되거나 멈추지 않았기 때문이고, 그래서 그것이 '저항 없이 지나갔다는 것이 드러나지 않았기 때문'이다. 다시 말해 눈은 사물들, 그 자체로 빛을 내는 이미지들 속에 있다. **사진은, 사진이 존재한다면 그것은 사물들의 바로 그 내부에서, 공간의 모든 지점에 대해서 이미 포착된 것, 이미 촬영된 것이다.**"(MI, 60/89)

사실 사진에 관한 이 회의주의는 서구철학이 광학적 은유를 통해 재현의 모델을 형성하는 방식에 대한 비판이다. 들뢰즈는 사진이 물질의 본질적 발광을 나타내는 모델로 적합하지 않다고 비판하면서 세 가지 이유를 든다. 첫째, 피사체들 간의 가변적 관계에서 운동을 추출하는 영화와 달리 사진은 피사체에서 운동을 고갈시킨다. 또한 운동-이미지의 두 체계 ── 내재성의 평면에 관한 것과 지각에 관한 것 ── 간에 이루어지는 어떤 상호작용도 물질에 깃들어 있는 잠재된 이미지가 의식 내에서 발전하는 것으로 기술될 수 없다(이후 들뢰즈는 이를 감축하는 과정이라고 기술한다). 이는 이미지를 사진으로 고려하는 관점에 대한 두번째 비판이다. 오히려 물질, 뇌, 눈 간에는 연속성이 있으며, 그들 각각은 다만 특수한 의미에서의 이미지, 이미지들의 유체에 사로잡힌 이미지로 간주되어야 한다. 각각은 변화하는 전체의 부분이다. 그 어떤 것도 다른 것에 대한 간접적 재현일 수 없다. 마지막 논제는 서구철학이 지각과 의식의 은유로 언명했던 빛의 위상과 연관된다. 이와 관련해서 들뢰즈는 "모든 의식은 어떤 것**에 대한** 의식이다"(All consciousness is consciousness *of* something)라는 후설의 주장과 "모든 의식은 어떤 것**이다**"(All consciousness *is* something)라는 베르그송의 진술을 대조한다. 여기서 들뢰즈의 두번째 연역이 공식화된다. 흐르는 상태의 물질에서 지각이 어떻게 추출되는가?[28]

들뢰즈의 베르그송주의는 자연적 지각에 대한 의식의 현상학적 모델을 거부한다. 현상학적 모델은 "세계 내에서 지각하는 주체의 고정(ancrage)을 규정하는 존재의 좌표"(MI, 57/85)와 관련해 의식의 모델을 수립한다. 반면 베르그송주의는 열린 **전체**로서의 **지속**, 즉 준거의 중심이나 고정점 없이 운동하는 물질의 상태와 관련해 사물에 대한 의식을 위치시킨다. 이때 지각의 문제는 이중적이다. 일단 지각의 첫번째 국면은 프레임화가 일어나는 방식(시점의 고정 및 고정된 순간적 조망의 부과)을 천명한다. 이는 잠재적 이미지의 발전이나 불투명한 물질의 조명이 아니라 오히려 시간 속

---

28) 후설과 베르그송 모두 주체와 객체의 이원론이 표상하는 심리학의 역사적 위기를 극복하려고 시도한다. 역설적으로 현상학과 베르그송주의 모두 지각과 의식의 문제와 관련해 영화를 모호한 동맹자로 여긴다. 현상학의 경우, 이런 태도를 취하는 이유는 영화가 주체의 고정과 세계의 '자연적' 지평을 두 가지 방식으로 억제하기 때문이다. 먼저 영화는 어떤 규모나 앵글에서도 대상을 재생산할 수 있기 때문에 중심이나 지평 없는 세계를 함축한다. 이어 프레임화와 편집의 규범을 통해 "영화는 자연적 지각의 조건들을 함축적 지식과 이차적 지향성(intentionality)으로 대체한다"(MI, 57/84). 즉 영화는 자연적 지각과는 무관한 인공적·미학적 논리에 따라 지각에 중심을 다시 지정하고 지평을 재조직한다. 영화는 자연적 지각의 조건에서 이탈한다는 이유로 비난받는 동시에, "지각된 것과 지각하는 자, 세계와 지각에 '가깝게 다가갈 수 있는'"(MI, 57/85) 새로운 방식이라고 상찬되기도 한다.

에서 스스로 변화하고 견뎌나가는, 이차적 준거 체계인 몸체와 연관된 특수한 이미지의 창출이다. 둘째로, 물질 속의 **이미지**가 운동 및 빛과 동일해지는 보편적 변이의 모델을 따라 영화가 운동-이미지를 창출한다면, 운동의 질이 중심을 출현시키고 그 중심을 물질의 흐름 속으로 용해하거나 그로 치환한다는 점이 거듭 강조되어야 한다. 들뢰즈는 어떤 경우든 우리가 보편적 변이의 모델로부터 의식적 지각, 자연적 지각, 시네마토그래프적 지각을 연역할 수 있다고 주장한다. 그럼에도 불구하고 영화는 일정한 특권을 향유한다. "왜냐하면 영화는 고정과 지평의 중심을 결여하고 있기 때문이다. 따라서 무엇도 자연적 지각이 흘러 내려오는 경로를 영화가 거슬러 올라가는 것을 막지 못한다. 영화는 사물의 중심 잡힌 지각으로 나아가는 대신, 오히려 중심 없는 상태로 거슬러 올라가며 점점 더 그에 가깝게 다가간다."(MI, 58/86) 이처럼 물질의 중심 없는 흐름으로 회귀하려는 경향은 영화의 운동-이미지에서 핵심으로 규정되는 특질이다.

왜 현상학은 사물의 '무-중심적 상태'를 향해 역행하지 못하는가? 그것은 주관적 철학으로서의 현상학이 여전히 운동을 움직이지 않는 포즈와 연관시키기 때문이다. 현상학은 운동을 순간의 섬광 속에서 포착하려 하며, 그 결과 정신을 물질에서 분리한다. 의식이 어떤 것**에 대한** 의식이라면, 이 의식은 세계에 조명광선을 투영하는 지향성(intentionality)으로 간주돼야 한다. 반면 의식이 이미 사물들 **안에** 있다면, 일반적 의미에서 주체와 대상 간의 분리는 무시된다. 왜냐하면 물질은 그 자체의 발광성을 갖기 때문이다. 이 경우 초점을 맞추고 조명을 가하는 의식은 물질의 명료한 지각에 필요치 않다. 이는 세계를 비추는 빛, 타고난 어둠으로부터 사물들을 끌어내는 내면의 빛을 영혼과 동일시하는 서구철학 전통에 대한 거부다. "현상학은 여전히 이 오랜 전통에 거리낌 없이 남아 있었다. 다만 현상학은 빛을 내면의 빛으로 탈바꿈하는 대신, 그 빛을 단순히 외부를 향해 개방했다. 마치 의식의 지향성이 전등의 광선인 것처럼 말이다('모든 의식은 어떤 것에 대한 의식이다'). 베르그송에게는 이와 정반대다. 사물들은 그것을 조명하는 다른 어떤 것도 없이 스스로 빛을 발한다. 모든 의식은 어떤 것**이다**. 의식은 그 사물들, 즉 빛의 이미지와 구별할 수 없다."(MI, 60~61/89~90)

베르그송에게 의식의 형식은 두 가지다. 내재성의 평면에는 권리상의 (en droit) 의식이 있다. 이 의식은 잠재적이다. 이 의식은 발광이며, 내재성의 평면 전체를 따라 확산된다. 반면 사실상의(de facto) 의식은 내재성의 평면에 있는 특정한 지점에서 출현한다. 이는 이미 존재하는 잠재된 (latent) 이미지의 발전도 아니고 의식의 빛나는 섬광을 통한 이미지의 발견도 아니다. 사실상의 의식은 빛을 투영하지도, 발전하지도 않는다. 그것은 불투명한 표면이나 어두컴컴한 스크린처럼 멈춰 세우고, 반사하고, 감축한다. "간단히 말해 의식이 빛인 것은 아니다. 이미지들의 집합, 또는 빛, 그것이 물질에 내재하는 의식이다. 사실에 대한 **우리의** 의식으로 말하자면, 그것은 불투명일 뿐이다. 불투명성이 없다면 빛은 '그 원천이 드러나지 않은 채 항상 증식'하게 될 것이다."(MI, 61/90) 사르트르는 베르그송에 적대적이었지만 서구 형이상학에서 빛의 역할에 대한 베르그송적 역전을 가장 명쾌하게 개진했다. 사물들을 비추는(조명하는) 광선으로서의 의식은 없으며, 단지 주체에게로 범람하는 발광이 있다. 조명되는 물질은 없다. 다른 발광 지대를 위한 스크린으로서 동시적으로 기능하는 특정 표면들에 반사됨으로써 실질적인 것이 되는 인광(phosphorescence), 모든 방향으로 확산하는 그 빛이 있을 뿐이다(Sartre, 1962 : 39~40).[29] 들뢰즈가 뇌는 스크린일 뿐 그 이상의 무엇도 아니라고 한 것은 이 때문이다.

지금까지 들뢰즈의 베르그송주의에서 운동과 빛의 역할에 대해 상세히 논의해봤다. 그렇다면 시간에 대해서는 어떠한가? 다시 우리는 이미지의 두 체계가 상정하는 두 가지 관점으로 돌아가야 한다. 내재성의 평면에서 운동-이미지는 공간 내의 생성인 시간 자체, 또는 변화로서의 시간 형식이다. 여기서 시간은 보편적 변이, 즉 지평도 중심도 고정도 없는 항상 변화하는 **전체**의 조망과 관계된다. 변화하는 **전체**의 조망이라는 이 척도는, 공간 내의 생성에 해당하는, 또는 지속의 특이한 파악(prehension)에 해당하는 시간의 직접적 이미지를 구성하도록 고무한다.

그런데 바로 그 순간 우리는 이차적 준거 체계에 따라 시간의 간접적 이미지에 연루된다. 이 준거 체계란 특수한 이미지와 관련된 눈과 뇌, 곧 몸체다. 베르그송은 대상과 그에 대한 지각이 동일하다는 입장을 고수한다. 대상과 지각은 하나의 동일한 이미지다. 그러나 이 상황은 우리가 사용하는 준거 체계에 따라 달라진다. 대상은 모든 가능한 이미지들의 작용에 관련된 이미지 자체다. 그러나 들뢰즈에 따르면 지각은 이 이미지를 "다른 이미지, 즉 대상을 프레임화하고, 대상의 부분적 작용만을 존속시킨 다음 그에 간접적으로 반응할 뿐인 또 다른 특수한 이미지와 연결짓는다"(MI, 63/93). 다시 말해, 지각은 감축적이다. "우리가 사물을 지각할 때 우리의 필요가 작동하며, 그 결과 우리는 우리의 관심을 끌지 않는 것을 빼고서 사물을 지각한다. …… 요컨대 사물들의 지각 및 사물은 파악이다. 그러나 사물은 총체적이며 객관적인 파악이고, 사물의 지각은 불완전하고 편중된, 부분적이며 주관적인 파악이다."(MI, 63~64/93~94)

들뢰즈는 현대 문화이론에서 말하는 주체 대신 특수한 또는 살아 있는 이미지와 비결정의 중심(center of indetermination)을 말한다. 몸체는 오

---

29) 들뢰즈는 이 구절 전체를 『운동-이미지』의 4장 각주 18번〔프랑스어본 16번〕에서 인용하고 있다. "사르트르는 『상상력』에서 베르그송적 전도를 주목한다. '순수한 빛, 하나의 인광이 존재하는 것일 뿐, 조명된 물질이란 존재하지 않는다. 그러나 모든 면으로 확산되는 이 순수한 빛은, 다른 발광 지대를 위한 스크린으로서 동시적으로 기능하는 특정 표면들을 반사해냄으로써만 실질적인 것이 된다. 여기서 우리는 고전적인 비교에 대한 일종의 역전을 알게 된다. 의식이 주체로부터 사물로 나아가는 빛이 되는 대신, 하나의 사물에서 주체에게 나아가는 발광성이 있다.'"(MI, 39~40/64)

직 운동-이미지의 무-중심적이고 가변적인 유체 속에 있는 잠정적인 중심일 뿐이다. 이러한 비결정의 중심이 나타나려면, 간격은 한 단면의 전망을 제공하는 공간적 프레임화로서 시간의 흐름에 개방되어야 한다. 운동-이미지는 순수 상태가 아닌 이차적·잠정적인 준거 체계인 몸체에서 감지될 때 세 범주로 분할된다. 들뢰즈에게 주체성은 이 세 가지 계기의 몽타주에 다름 아니다. 여기서 각각의 국면은 지각, 행동, 감정(변용)과 관련된다.

간격은 시간적 형상이다. 왜냐하면 그것은 운동을 방해함으로써, 작용과 그에 대응하는 반작용 간에 시간의 간극을 산출하기 때문이다. 내재성의 평면에서는 이미지가 언제나 그 모든 부분 내/위에서 작용-반작용하는 반면, 간격은 고작 두 면을 지닌 이미지를 산출한다. 한쪽 면은 자극을 여과하는 수용적·감각적 표면으로서, 몸체에 부적절한 외부 영향을 무시하고 절연을 통해 그 나머지 지각될 것들을 고립시킨다. 공간 내에서의 이 같은 절연은 지연을 함축한다. 즉 실행해야 할 적절한 반응을 예측하는 동안 행동이 방해(지연)된다. 그 결과 간격의 나머지 한 면에서 실행된 반작용은 더 이상 외부의 운동이 전파된 것에 머물지 않는다. 사실, 간격의 양면은 운동을 변형함으로써 새로운 운동을 산출한다. 간격은 반응을 지연하면서, 반응하기 전에 기억된 정보를 선별하고 조직하고 통합할 수 있는 시간을 준다. 특수한 이미지에서 정말 특수한 것은, 그것이 더 이상 운동을 변함없이 매끄러운 상태로 통과시키지 않는다는 점이다. 몸체가 한쪽 면에서 어떤 운동을 수용하건 간에 그것은 다른 면에서 재조직되고 변형된다. 인간의 감각에서 의식의 기초는 간격으로 구성된다. 간격은 행동을 일시 중지한 채, 한편에서 "수용된 운동에 대한 분석의 도구를 산출"하고 다른 한편에서 "실행될 운동에 대한 선택의 도구를 산출"한다(MM, 30).

이 일시 정지의 철학적 본성에 대한 베르그송의 설명은 4장에서 살펴볼 것이다. 이 논의는 기억의 문제, 그리고 순수 지각(pure perception)과 현행 지각(actual perception) 간의 구분을 다룰 테지만, 지금으로서는 간격이 운동과 관련해서 운동-이미지의 중심 없는 우주에서 잠정적인 중심을 낳는다는 것을 지적하는 것만으로 충분하다. 빛과 관련해서 말하자면, 간격은 빛을 반사하는 검은 스크린[30] 또는 불투명한 표면을 제공한다. 즉, 지각은 물질을 임의적·부분적으로 그림 그리고, 그 결과물을 포함하고 있다. 이는 물질의 순간 포착이 아니라 끊임없는 흐름의 표본 추출이다. 우리의 주관적인 파악은 물질과 본질적인 차이를 지니지 않는다. 우리는 의식 내에서 사진을 찍는 것도 아니고, 의식의 창 이면에서 모호한 세계를 조명하는 것도 아니다.[31] 이에 대해 베르그송은 다음과 같이 주장한다.

> 이미지의 **존재함**과 **의식적으로 지각됨** 간에는 종류의 차이가 아니라 단지 정도의 차이만이 있다. 물질의 실재는 그 성분과 그 모든 작용의 총체로 구성된다. 물질에 대한 우리의 재현이란, 물체들에 대해서 우리가 할 수 있는 작용의 분량이다. 즉 그것은 우리의 필요, 더 일반적으로 말하면 우리의 기능이 관심을 가지지 않는 것들을 폐기하고 남은 것이다. …… 외부적 지각과 관련해서 의식은 단지 이 선택에 놓인다. 그러나 우리의 의식적 지각이 지닌 필연적 빈곤 때문에, 정신(spirit)을 예기하는 긍정적

---

30) (옮긴이) 베르그송은 이 검은 스크린(écran) 위로 이미지가 드러날 수 있다고 말하면서 이를 비결정적인 영역인 뇌와 연결시킨다. "이 영역은 기존의 것에 아무 것도 부가하지 않는다. 이것들은 현행적인 활동이 통과하고 잠재적인 활동이 머물게 하도록 만들 뿐이다."(MM, 39)

31) (옮긴이) 여기까지의 논의를 볼 때 간격이 곧 뇌이며, 공간적이기보다는 시간적인 차원임을 알 수 있다. 다음의 언급이 이런 관계를 잘 요약한다. "이미지 소용돌이의 갑작스런 중지를 상정해보자. 이런 말려듦을 우리는 뇌-육체라고 부를 수 있을 것이다. 설령 그것이 무한히 많은 이미지들 중 하나라 해도 그것은 특수한 이미지다. 이미지들 사이에는 종류의 차이는 존재하지 않기 때문에, 뇌가 경험하는 감정(변용)들은 정도의 차이, 즉 사유의/사유에/내부의/사유에 대한 어느 순간을 열어주는 시간적 차원을 나타낸다. 지각이란 어두운 표면을 이루고 있어서, 그 표면 위에서 끊임없이 이미지들의 흐름이 순간적으로 포착되고 일종의 집합으로 변형된다. 실제로 카오스에 대한 이런 시점이 바로 들뢰즈가 『운동-이미지』에서 집합이란 표현으로 묘사하고 있는 바로 그 '프레임화'의 과정이다."(플랙스먼, 2003 : 144)

인 무언가가 존재한다. 그것은 분별(discernment),[32] 그 어원적 의미 그 대로, 나누어 분리하는 것이다(MM, 37~38).[33]

이미지가 사물 내에 이미 존재한다는 것은 재현이 단순한 의식의 행위가 아님을 뜻한다. 왜냐하면 물질이 이미 이미지일 때, 재현은 나의 몸체나 재현에 대한 내 잠재적 상태의 작용과 무관하게 잠재적 상태의 우주 전체에 걸쳐 증식하기 때문이다. 지각 행위에 있어서 잠재태에서 현행태로의 이행에 대해 베르그송은 다음과 같이 말한다. "대상에 더 많은 빛을 던지는 것이 아니라 반대로 대상의 몇몇 면모를 불투명하게 하고, 대상의 더 큰 부분을 남기고 나머지를 흐리게 만드는 것이 필요해진다. 그 결과 남은 것은 **사물**로서 그 주변 환경에 둘러싸이는 것이 아니라, 오히려 그림처럼 환경에서 떨어져 나온다. …… 따라서 우리에게 일어나는 모든 것은 사물에서 발산되는 빛을 다시 그 빛의 표면에 반사시키는 것과 마찬가지다. 그 빛은 이같은 저항에 직면하지 않았다면 결코 노출되지 않았을 것이다. 우리를 둘

---

32) (옮긴이) 라틴어의 어원에서 볼 때 'discern' 은 'dis' (분리하다) + 'cern' (나누다, 식별하다)의 의미로 해석된다. 여기서 '나누다' 와 '식별하다' 가 동일한 어근에 포함되어 있다는 점이 중요한데 이는 시간-이미지의 특성인 분별 불가능성에서 본격적으로 나타나게 된다.

33) 이 문단을 『물질과 기억』의 다음 문단과 비교해보라. "우리는 살아 있는 몸체를 세계 속의 세계로, 신경계를 별도의 존재로 상상한다. 이때 신경계의 기능은 지각을 정제하고 운동을 창출하는 것이다. 사실상 나의 몸체를 변용하는 대상들과 내가 영향을 줄 수 있는 대상 사이에 가로놓인 내 신경계는, 운동을 전달하고 분산하거나 금지하는 단순한 안내자의 역할을 한다. 이 안내자는 주변에서 중심으로, 그리고 중심에서 주변으로 뻗어나가는 무수한 신경섬유로 이루어져 있다. 주변에서 중심으로 가는 신경섬유가 있다면, 거기에는 그만큼 많은 공간상의 지점들이 나의 의지에 호소하고 나의 운동 활동에 기본적인 문제를 제기할 수 있다. 제기된 각각의 문제가 바로 지각이다. 따라서 감각신경 하나가 절단될 때마다 지각의 요소 하나가 감소된다. 왜냐하면 상실한 감각신경 하나만큼 외부 대상의 일부가 활동에 호소할 수 없게 되기 때문이다. 또한 지각은 고정된 습관이 형성될 때마다 감소되는데, 이 경우에는 완전히 준비된 반응이 문제를 무용하게 만들기 때문이다. 어느 경우든 사라지는 것은 자극 자체에 대한 뚜렷한 반사, 반사를 일으키는 이미지로 돌아가는 빛이다. 이런 해체와 분별을 통해 지각은 이미지에서 벗어난다. 따라서 우리는 지각의 미세한 부분이 감각신경의 미세한 부분을 정확히 본뜨지만, 전체로서의 지각은 몸체의 운동 경향을 통해 참되고도 궁극적으로 설명된다고 말할 수 있다."(MM, 44~45)

러싼 이미지들은 우리 몸체를 향해 한 면을, 우리의 몸체가 관심을 가지는 바로 그 면을, 그에 쏟아지는 빛으로 한층 강조된 채 드러낸다. 그 이미지들은 우리가 억류하고 영향을 미칠 수 있는 것들에서 떨어져 나올 것이다."(MM, 36~37)

분별하기(discernere)는 잠재태에서 현행태로 이행하는 가운데 우리의 필요 정도에 따라 물질에서 사물을 절단하는 작용이다. 또한 분별하기는 특정한 주관적 포착에 따라 휴면 상태의 사물들을 구원하는 것이다. 이 과정에서 들뢰즈는 현행적 이미지가 파생되는 세 가지 기본 양상을 구별하는데, 이는 사실 운동-이미지의 세 가지 변종이다. 우리는 순수 지각에 대한 분석을 통해 행동, 질, 몸체와 관련해서 이미지의 변천 결과를 규정할 수 있다. 행동은 운동을 목표나 궤도로 대체한다. 질은 운동을 어떤 상태의 관념으로 대체한다. "이는 운동을 대체할 또 다른 운동을 기다리는 상태의 관념이다."(MI, 59/87) 몸체는 운동을 (운동을 성취하는) 주체, (움직여지는) 대상, (운동을 전송하는) 매개의 관념으로 대체한다. 이는 모두 주체성의 물질적 국면이다. 들뢰즈에게 주체성은 "특수한 이미지 또는 임의적 중심이며, 이는 지각-이미지, 행동-이미지, 감정-이미지의 통합체(consolidé), 이 세 이미지의 배치(agencement)"(MI, 66/97)에 불과하다.

운동-이미지로서의 영화 쇼트는 보편적 운동-이미지와 매개 장치를 공유한다. 운동-이미지는 지속의 움직이는 단면이다. 영화는 특유의 긴장을 통해 물질과 빛을 비결정의 중심으로 프레임화한다. "쇼트 중심의 가동성과 프레임의 가변성 때문에 영화는 언제나 중심 없고 탈프레임화된 광대한 지대를 회복하는 방향으로 나아간다. 이때 영화는 운동-이미지의 첫번째 체제(régime)인 보편적 변이, 즉 총체적·객관적·확산적 지각으로 되돌아가는 경향을 보인다."(MI, 64/94) 프레임의 분류 작용은 중심의 가동성과 비결정성의 척도가 되지만, 다른 한편으로는 그 미학적 본성에 의거해서 불필요한 정보를 제거하거나 감소시킨다. 이는 단일 중심을 가진 주관적 지각을 낳고, 가동적이며 비결정적인 공간의 인력 속에 놓인 요소들을 중심화한다. 이것이 들뢰즈가 지각-이미지라 일컬었던 것이다. 그러나 운동-이미지는 분별 가능한 원인, 궤적 또는 시점과 연관된 운동을 가리키는 앵글을 다양한 전략을 통해 복원하려는 경향을 보인다. 따라서 모든 프레임 짜기(mise-en-cadre) 전략은 주관적 파악으로 기능하며, 이는 프레임이 불가피하게 회귀하게 되는 운동에서 공간을 절단한다(단면화한다).[34]

지각-이미지에서 지각 불가능하게 출현하는 것이 행동-이미지다. 들뢰즈가 베르그송에서 차용한 공식에 따르면, 행동이 시간의 주인인 바로 그 만큼 지각은 공간의 주인이다(MI, 65/95). 지각은 '움직이는' 공간에서 잠정적 중심을 구축한다. 행동은 지연, 즉 작용과 반작용 사이의 시간적(일시적) 간격을 함축한다. 지각은 중심을 구축하는 지점에서 행동의 지평을 구축한다. 이 시간적 간격에서 주체는 사물들이 자신에게 가할 수 있는 잠재적 행동, 가능한 작용과 반작용, 그리고 반응 중 적합한 것을 판단한다. 한 면은 지각에 열려 있고 다른 한 면은 행동에 닫혀 있는 상태에서, 간격은 들뢰즈가 감각-운동적 도식(sensory-motor schema)이라고 부르는 것의 지배를 받는다. 여기서, 행동이 감각의 중심에서 파생되는 것처럼 지각은 운동의 중심에서 파생된다. 우리가 지각에서 행동으로 이행할 때 "고려해야 할 작동 과정은 제거와 선택 또는 프레임화가 아니라, 사물이 우리에게

---

34) 스티븐 히스는 메를로-퐁티에서 힌트를 얻어, 자신의 논문 「내러티브 공간」에서 이와 유사한 관점을 채택한다. 그는 영화적 공간의 유동성에서 '지각-이미지'가 구축된다고 판단한다. 카메라와 영사기 렌즈는 중심화된 시점을 부과하는데, 여기서 프레임-짜기의 모든 변수들은 의미작용의 요소들을 이미지에서 더하거나 뺌으로써 그 의미를 파생한다. 그러나 이미지 내의 운동 및 카메라 운동의 인자(factor)는, 프레임이 회복하려 하는 중심을 항상 침식한다. 히스는 공간을 내러티브로 전환하는 과정이 중심 없는 운동의 유동성에서 중심화된 지각을 파생하려는 지속적 노력이라고 상정한다(메를로-퐁티의 『의미와 무-의미』, pp.48~59에 실린 「영화와 새로운 심리학」을 참조하라). [히스의 「내러티브 공간」에 대한 자세한 설명은 이 책 223쪽의 옮긴이 후주를 참조.]

가하는 잠재적 작용과 사물에 대한 우리의 가능한 작용을 동시에 야기하는 우주의 만곡(incurvere)이다. 이는 주체성의 두번째 물질적 국면이다. 또한 지각이 운동을 '몸체'(corp, 명사), 즉 움직이는 몸체나 움직여지는 몸체로 기능하는 단단한 대상과 관련시키는 것처럼, 행동은 운동을 예정된 목적 또는 결과를 기획하는 '행위'(acte, 동사)와 관련시킨다"(MI, 65/95).

지각-이미지가 몸체의 도해(圖解)를 묘사하고 행동-이미지가 작용한 다면, 감정-이미지는 운동을 질 또는 살아 있는 상태(état vécu)와 관련시 킨다. 주체성의 세번째 물질적 국면으로서의 감정-이미지는 주체가 스스 로를 '내면에서' 지각하거나 경험하는 방식을 정의한다. 들뢰즈는 감정(변용)이 간격을 채우거나 완성하지 않은 채 간격 내부로 떨어진다고 말한다. "그것은 비결정의 중심 안에서, 즉 주체 안에서, 특정한 측면으로 인해 곤란에 처한 지각과 머뭇거리는 행동 사이에서 물결친다. …… 외부의 운동들 중 우리가 '흡수하고' 굴절하는 부분, 지각의 대상이나 주체의 행동으로 변형되지 않는 부분이 불가피하게 존재한다. 도리어 그들이 순수 질 속에서 주체와 대상의 일치를 표시한다."(MI, 65/96) 베르그송을 경유해서 이론화하긴 했지만, 들뢰즈는 감정-이미지에서 벨라 발라즈의 이론과 매우 흡사한 골상학(physiognomics)을 파생시킨다. 수용된 작용(지각)에서 반응(행동)으로 이어지는 변용의 운동——이는 간격의 망설임과 그에 따른 특정한 부동성으로 표시된다——에서, 감정은 얼굴에 공간적으로 조직되는 표현으로서 물결친다. "얼굴은 몸체의 나머지에서 대부분 매장되어 버리는 표현의 운동을 조명한다."(MI, 66/97) 우리의 주체성이 항상 세 가지 계기의 결합인 것처럼, 모든 영화는 비록 한 가지가 지배적일지라도 이 세 종류의 이미지를 결합한다. 들뢰즈는 이 이미지의 결합 유형을 몽타주라 부른다. 몽타주의 문제는 광의의 의미에서 기호에 대한 문제를 제기한다.

3. 이미지와 기호

프란시스 베이컨에 대한 들뢰즈의 책 『감각의 논리』에는 97점의 회화가 수록되어 있다. 반면 그의 영화 이론서는 프레임 확대 사진 하나 없이 600여 페이지에 걸쳐 영화에 대한 철학적 분석을 제시한다. 이 생략은 전략적이며 의도적이다. 프레임 확대 사진은 시네마토그래프의 특수성을 전혀 제시하지 않는다. 사진은 영화와 거의 공유점이 없기 때문이다. 설령 공유점이 존재하더라도 이는 시네마토그래프적 이미지의 본질적 특성인 운동을 왜곡한다. 이미지를 운동으로 상상하지 않으면 들뢰즈의 영화 기호체계는 불가해한 것이 된다. 이런 면에서 사진은 기록된 문자 이상으로 위험하다. 운동으로서의 이미지와 기호가 지닌 특질을 이해하려면, 그 첫 단계에서부터 베르그송적 의미에서의 철학적 직관——움직이지 않는 이미지에는 전혀 적합하지 않는——이 필요하다.[1]

---

1) 나는 이 장에 「현기증」(*Vertigo*, 1958)과 「전함 포템킨」(*Bronenosets Potemkin*, 1925), 그리고 오손 웰스의 「악의 손길」(*Touch of Evil*, 1958) 등의 프레임 확대 사진을 덧붙이려 했으나, 들뢰즈의 논증을 더 깊이 이해하게 되면서 운동에 관한 그의 논점들과 이것이 함축하는 다음과 같은 주장을 확신하게 됐다. 즉, 필름 스틸(혹자는 '정지된 필름'이라고도 말하겠지만) 사진이 영화에서 이미지와 기호를 이해하는 데 별 도움을 주지 못한다는 것이다. 실제로 '영화의 특수성'이라는 미명 하에 인쇄 매체에서 프레임 확대 사진에 지나치게 의존하는 태도는 들뢰즈의 경우 전적으로 모순어법일 것이다. 따라서 특히 이 장에서 프레임 확대 사진을 사용하는 것은 정당화될 수 없었다. 그러나 다른 장의 경우, 이미지와 운동 간의 중요한 관계들을 심히 곡해하지 않는 한에서, 그리고 내 주장과 분석의 다른 국면들을 분명히 할 만한 경우에 한에서 도판을 사용했다.

시간과 운동의 문제들은 영화의 텍스트 분석에서 언제나 출몰해왔다. 들뢰즈가 포토그램의 비가동성보다 글쓰기의 시간성(일시성)을 더 신뢰한 다는 점은, 앞서 논의된 운동에 대한 베르그송의 세 가지 테제를 통해 정당 화된다. 첫째, 움직이지 않는 단면의 어떤 연속도 실재적인 운동을 구성할 수 없다. 이 단면들은 공간상에 양적 부가물(additions)만을 제시할 수 있을 뿐이다. 둘째, 운동이 표현하는 것은 질적 변화다. 셋째, 운동은 지속 혹은 전체 내에서의 변화를 표현한다. 따라서 실재적인 운동은 공간적 관계보다 는 시간적 관계를 포함한다.

들뢰즈에게 있어 영화가 철학의 흥미를 끈 까닭이 여기에 있다. 영화 는 운동에 해당하는 이미지와 기호, 즉 운동-이미지를 산출한다. 어떤 정 태적 묘사도 시네마토그래프적 이미지의 본질적 가동성을 적절하게 설명 하지 못한다. 운동이 이미지에 내재적이라는 사실은 영화가 두 가지 의미 에서 지속과 공유하는 특질이다. 영화 이미지에는 한편으로 물질의 보편적 변이가, 다른 한편으로 시간 내에서 사유의 운동이 내재한다.[2] 마찬가지로 들뢰즈는 영화의 순수 기호체계(pure semiotics)[3]를 두 가지로 제시한다. 하나는 운동-이미지, 즉 시간의 간접적 현시(presentation)에 대한 것이며 다른 하나는 시간-이미지, 즉 시간의 직접적 현시에 대한 것이다. 어느 경

---

2) 물론 이 주장은 들뢰즈가 분석을 위해 매개적 이미지를 논외로 한다는 점을 받아들일 때 타당성을 얻는다. 이보다 회의적인 견해를 가졌다면 시네마토그래프적 환영에 대한 베르그송의 비판을 계속 심각하게 고려해야 할 것이다. 몇몇 경우 운동이 영화 이미지에 진정 내재한다고 말하기는 어렵다. 이를테면 정지 이미지들의 자동화된 이행을 통해 이미지 이하의 운동이 인위적으로 산출될 때, 또 는 아직 완전히 이해되지 않은 정신적 과정을 통해 이미지 이상의 운동이 인지적으로 교정될 때 그 렇다. 하지만 들뢰즈가 영화 및 영화이론의 역사와 관련해 운동의 문제를 제기한 것은 그 개념상 여 전히 풍부하다.

3) (옮긴이) 들뢰즈는 소쉬르-메츠의 언어학 중심적 계보를 가리킬 때는 기호론(sémiologue)을, 이미 지와 기호의 분류법에 대한 퍼스의 논의들을 가리킬 때는 기호학(sémiotique)을 쓴다. 이 장의 논의 들은 이런 구분법에 기초하고 있다. 그러나 들뢰즈에게 'sémiotique'(semiotic)는 단순한 학문적 영역을 넘어서 기호들의 양태와 유형들에 관한 체계로 확장된다. 이런 맥락에서는 기호체계(예컨대 일차/이차 순수 기호체계)로 옮겼다.

우든 중심 질문은 동일하다. 우리는 어떻게 운동 내의 사유 이미지, 그리고 운동에 해당하는 사유 이미지를 이해할 수 있는가? 들뢰즈에게 영화는 운동에 대한 베르그송적 직관을 자동적으로 생산하는 데 가장 근접한 20세기 예술 형식이다.

들뢰즈는 이미지와 기호에 대한 자신의 분류법이 기호론(semiology)이 아니라 기호학(semiotic)이라고 주장한다. 그는 소쉬르의 언어학보다 퍼스의 철학을 선호하면서, 퍼스의 기호이론에서 근본적인 네 가지 논거를 수용한다. 첫째 논거는 1장에서 이미 살펴본 것으로, 모든 사유가 기호들 내에 존재하는 한 기호는 언어와 동등하지 않으며 오히려 사유에 가깝다는 것이다.[4] 퍼스의 기호학은 논리학이지 언어학이 아니다. 들뢰즈는 퍼스에 의지하면서 기호론에 내재된 언어학적 모델의 중심성을 극복한다. 이미지와 기호의 모든 유형들은 본래적으로 탈영토화하는 형상이며, 언어기호 역시 어떤 특권이나 우월성도 없는 여느 유형 중 하나일 뿐이다.[5] 나머지 세 논거는 그 맥락상 매우 베르그송적이다. 둘째 논거는 우리가 사유나 기호에서 세계를 이해하며, 이때 사유 및 기호는 세계와 일원론적으로, 즉 실체적으로 동일하다는 것이다. 퍼스의 기호학은 '근본적인 나타남'으로 정의되는 '파네론'(φανερον)으로서의 이미지에 기초한다. 퍼스는 실재에 대한 기술적(descriptive) 과학 또는 기호학적 리얼리즘을 주장하는데 여기서 정신과 물질은 연속체상에 존재하며 동일한 실체적 정체성을 지닌다. 셋째 논거는 사유가 비물질적·반영적인 것이 아니라 행동적인 것, 즉 역사적인 만큼이나 실재적인 행위, 기계를 작동시키는 것처럼 행동적인 활동이라는 것이다. 끝으로 가장 중요한 논거는 사유가 연속적 운동, 근본적으로는 시

---

4) 이에 대해서는 「인간에게 요구되는 특정한 능력에 관한 질문들」(Peirce, 1991 : 49)을 참조하라.
5) 그럼에도 불구하고 들뢰즈는 퍼스에게도 약간의 언어학적 편견이 있음을 시사한다(TI, 31/47 참조).
   〔이에 대한 자세한 논의는 이 책의 224쪽 옮긴이 후주를 참조.〕

간적 행위라는 것이다. 이는 무한한 기호행위(semiosis)라는 관념에서 자명해진다. 기호는 오직 또 다른 기호 내에서 해석됨으로써 의미를 획득하며 이 과정은 무한히 계속된다. 더구나 퍼스는 두 가지 항을 끊임없이 하나로 일소하는 수목형의(arborescent) 이항 논리보다는, 어떤 종류의 다양체라도 산출할 수 있는 삼각 구도의 조합을 제안한다. 네 가지 논거를 통해 퍼스는 데카르트적 이원론에 반대한다. 몸체가 운동 중에 있다고 말하지 운동이 몸체 중에(안에) 있다고 말하지 않는 것처럼, 우리는 스스로가 사유 중에 있다고 말해야지 사유가 우리 중에(안에) 있다고 말해서는 안 된다.[6]

기호론, 특히 기호론에 기반한 메츠의 영화기호학에 대한 들뢰즈의 비판은 언어학에 대한 거부에 기초하지도 않으며, 구어적(verbal) 의미론에 대립하는 영화의 시각적 특수성에 대한 주장을 지지하지도 아니다. 메츠의 논점은 들뢰즈가 그려낸 것보다 더 복잡미묘하지만, 나는 메츠의 논점에 옹호할 만한 점이 많다고 믿는다. 그럼에도 불구하고 메츠에 대한 들뢰즈의 비판이 고수하는 기본 골자는 많은 시사점을 던져주며 이는 그의 영화기호학을 이해하는 데 필수적이다. 들뢰즈는 자신의 구조주의 비판에 중심적인 두 개의 기본 주제, 즉 내재성과 시간성에 초점을 맞추어 메츠를 비판한다. 구조주의는 서로 다른 표현 질료를 보편적 구조, 즉 언어학적 기호체계로 환원하면서 질료의 물질성을 간과한다. 더구나 이 보편적 논리는 근본적으로 정적이고 불변하는 것으로 파악된다. 들뢰즈에게 퍼스의 기호학은 기호를 뒷받침하는 표현 질료에 기호가 내재해 있다는 점, 그리고 사유와 관련해서 기호의 시간적 측면을 복원한다.

들뢰즈는 영화가 언어가 아니라 기호적인 것이라고 진술한다. 이 진술의 첫 부분은 구어와의 유비에 근거한 영화적 기호 분석을 문제 삼는다. 들

---

6) 「네 가지 무능력의 중요성」(Peirce, 1991 : 71 n.4)을 참조하라.

뢰즈는 "영화가 언어로 간주될 수 있는 것은 어떤 조건 하에서인가?"라는 질문에 대한 메츠의 신중하고 완전한 분석에 존경을 표한다. 그러나 그는 그 질문에 대한 최종적 답변, 즉 제한적이나마 소쉬르식 접근의 적절성을 옹호하는 메츠의 입장에 강력하게 반대한다.[7]

들뢰즈는 특히 두 가지 논거를 겨냥한다. 첫째는 내러티브(narrative)[8]의 문제에 관한 것이다. 메츠는 영화가 규정된 구조라는 의미에서의 **랑그**를 가지는 것은 아니라고 말한다. 그럼에도 불구하고 영화는 내러티브 형식으로의 진화 및 특정한 소설적 실천의 채택에 힘입어 고도로 약호화된다. 이것이 초기의 메츠가 이미지 트랙의 통합체적(syntagmatic) 분석을 확신하는 까닭이다. 메츠는 영화 조직을 변별적인 내러티브의 절편으로 나눈다. 그는 이 절편들의 연쇄 및 시공간적 특성이 상대적으로 변별적인 약호 집합으로 유형화되고 분석될 수 있다고 믿었다. 둘째는 쇼트가 의미의 최소 단위, 그 외연이 언어학적 분석에 종속되는 것으로 간주될 수 있느냐는 것이다. 메츠의 주장에 따르면 영화는 랑그를 갖지 않는다. 왜냐하면 영화의 쇼트에는 이미지와 그 의미 간에 동기화(synchronization)된 연결이 존재하며 이중 분절(double articulation)의 특징이 나타나지 않아서, 쇼트를 자의적 기호로 간주할 수 없기 때문이다. 그러나 쇼트는 기본적 통일성을 가지며 이는 언표의 통일성과 유사하다. 따라서 총의 이미지, 이를테면 프리

---

7) 들뢰즈의 메츠 비판은 『시간-이미지』의 2장 pp.25~30에서 전개된다. 메츠에 대한 그의 설명은 매우 부분적이다. 비록 각주에서 다른 논문들을 언급하기는 하지만, 들뢰즈는 메츠의 저서 모음 중 제1권, 특히 그 중에서도 1964년의 논문 「영화 : 랑그인가 언어인가」를 중점적으로 참조한다. 이 논문의 영역본은 『영화 언어』, pp.31~91에서 찾을 수 있다. 메츠 자신의 입장을 가장 잘 진술한 것으로는 그의 주 저서인 『언어와 영화』가 있다.

8) (옮긴이) 로도윅은 이를 내러티브라고 표기했지만 『시간-이미지』의 원본과 영역본에는 모두 서사(narration)로 되어 있다(TI, 26/39). 참고로 영어에는 'narrative'가 내러티브(서사)라는 명사와 내러티브적인(서사에 관한, 서사적인)이라는 형용사로 모두 통용되지만 불어에서의 'narratif'는 서사적이라는 뜻의 형용사로만 쓰인다.

츠 랑의 「거대한 열기」(*Big Heat*, 1953)의 도입부 쇼트에 대한 구어적 등가물은 "여기 총이 있다"라는 진술일 것이다. 그러나 진술 혹은 언표와 달리, 이 이미지는 형태소나 음소로 분할될 수 없다.[9]

들뢰즈는 영화의 역사가 서사적 가능성의 역사라는 관념에 이론의 여지가 없다고 본다. 그러나 그는 메츠와는 다른 방식으로 이미지와 서사를 정의한다. 영화는 언어가 아니라 **기호적인 것**이라고 말할 때, 들뢰즈가 강조하는 것은 영화적 기호의 특질이 가동적 질료로서의 이미지에서 파생되는 그 내재적 관계. 영화 기호와 서사 분석은 이 질료, 즉 확장된 의미에서의 이미지라는 관념에서 연역되어야 하며, 그렇지 않으면 영화적 기호작용(signification)의 본질이 사라질 것이다. 이와 반대로 구조주의는 내러티브를 일종의 랑그 또는 '문법', 즉 내러티브를 구현하는 매개물(medium)과 무관하게 그 자체로 분석 가능한 외재적 힘으로 간주한다. 여기서 내러티브는 근본적으로 불변하는 무역사적 동일자(the same)의 구조로서 기능한다. 즉, 서로 다른 매체를 내러티브로 정의하고 한계짓는다.

이 같은 언어적 구조의 제안에는 문제가 혼재되어 있다. 들뢰즈는 메츠가 소쉬르를 괴롭혔던 딜레마에 기인하는 동어반복에 사로잡혀 있다고 지적한다. 발화(speech) 연구는 기호론의 일부에 불과한가, 아니면 오히려 언어학이 모든 기호체계 연구의 기본 모델인가? 메츠는 영화의 의미작용이 구어적이지 않으며 어떤 고정된 랑그에 의거하는 것이 아니라고 주장한다. 그러나 영화가 언어(랑가주)로 간주될 수 있는 경우를 결정하기 위해 메츠는 언어학적 모델, 즉 언표나 진술의 모델에 따라 영화의 의미작용을 설명한다. 이런 점에서, 메츠의 논의에서 모든 특정한 기호 및 이미지의 개

---

9) 이에 대한 대안적 견해는 움베르토 에코의 논문 「영화 약호의 분절들」과 「기호학에 대한 영화의 기여에 대해」를 참조하라. 이 시기 에코의 입장은 『기호학 이론』에 잘 요약되어 있다.

넘은 통합체적 유형이라는 범주 속으로 사라지려는 경향을 보인다. 그의 **거대 통합체**는 이미지가 어떤 점에서 발화와 대응하는지를 가정해야만 하는데, 영화 이미지는 통합체적 범주로 분류될 수 있다는 점에서 발화가 된다. 들뢰즈는 메츠의 신중함에도 불구하고 그의 의미작용 이론이 불가피하게 구어, 즉 이미지 내외부에 모두 존재하는 듯한 그 구조와의 유비에 기초하게 된다고 지적한다. 더구나 여기서 기호의 약호화는 동일자의 보편 논리, 말하자면 내러티브의 '문법'에서 파생된다.

따라서 들뢰즈는 기호론이 환원주의적 기호이론을 제시한다고 본다. 기호론에서 영화 이미지 및 서사의 모델은 영화적이건 아니건 간에 그 이미지의 본질적 질료에 외재하는 '구조'에 의거한다. 들뢰즈는 이와 반대로, 영화의 서사가 영화 이미지 및 기호에 내재하는 것으로 이해해야 한다고 주장한다. "서사는 이미지의 외관에 주어진 것도 아니고, 이미지의 이면에 자리 잡은 구조의 효과도 아니다. 오히려 그것은 이미지들이 자체적으로 스스로를 정의하면서 지각 가능하게 나타날 때, 그 이미지들의 결과로 나타난다."(TI, 27/40) 새로운 영화기호학은 자체적으로 나타나는 이미지에서 기호의 논리를 연역하는 실용적(pragmatic) 접근을 필요로 한다. 여기서 내재성이라는 척도가 의미하는 것은, 가장 넓은 의미에서의 **이미지**, 즉 이미지와 운동과 빛의 동일성인 보편적 변이에서 파생된 영화 이미지 및 기호의 성질이 기호학의 기술 대상이라는 점이다.

기호론은 이미지와 시간의 관계를 이해하는 데도 부적합하다. 거대 통합체는 이미지를 고착된 범주에 따라 공간적으로 절편화함으로써 정지시키며, 그에 따라 운동과 관계된 시간이 이미지에서 제거된다. 창조적 진화의 열린 과정에 해당하는 시간은 이미지를 불변하는 구조의 변형물로 환원하는 랑그에 대한 추구로 대체된다. 게다가 이 구조는 그 자체로 비시간적·정태적이다. 들뢰즈는 이미지가 발화로 대체될 때 부정확하게 개념화된다고 판단하는데, 왜냐하면 그로 인해 이미지의 가장 가시적이고 내재적인 특성, 즉 운동이 고갈되기 때문이다.[10]

반면 실용적 · 기호학적 접근 방법은 영화 이미지, 기호, 서사의 논리에 대해서 운동의 내재성을 회복시킨다. 그런데, 기호학이 일종의 원초적 질료로서의 운동에서 파생되거나 연역된다고 할 때 이 '운동'은 무엇을 뜻하는가? 우리는 이미 운동–이미지의 네 가지 변종을 살펴본 바 있다. 첫번째로 중심 없는 변이의 보편적 체제인 내재성의 평면 또는 이미지의 전체 집합(the Image)이 있다. 다음으로 '운동의 지각'이 있다. 그것은 비결정의 중심, 특이성을 띤 몸체나 대상, 우발적인 공간적 집합을 형성하는 간격의 열림 등과 함께 출현한다. 세번째로 가장 상식적인 의미에서의 운동, 즉 경과한 공간적 궤적으로서의 운동이 있다. 그리고 운동–이미지의 네번째 변형은 운동 · 물질 · 이미지 · 시간의 동일성에 대한 직관, 새로운 창조적 진화의 출현, 변화, 생성이다. 이로써 물질에서 정신으로의 경과가 완료된다.

기호론이 랑그 없는 언어(랑가주)가 있다고 주장하는 반면, 들뢰즈는 기호학적 관점에서 "랑그는 그것이 변형하는 비–언어–질료(matière non-langagière)에 대한 반작용에만 존재할 뿐"(TI, 29/44)이라고 진술한다. 들뢰즈는 이를 언표 가능태(énonçable), 기호적 질료라고 부르는데 "이는 모든 종류의 변조 가능한 특징들, 즉 감각적인 것(시각과 청각), 운동적인 것, 강도를 띠는 것, 정서적인 것, 리듬적인 것, 음조적인 것, 심지어 언어적인 것(구어와 문어) 등을 포함한다. …… 이는 그 언어적 요소에도 불구하고 랑그나 랑가주가 아니라 가소성의 덩어리, 반–기표적이며 탈–통사적인 질

---

10) (옮긴이) 결국 들뢰즈가 거대 통합체를 비판하는 까닭은 그것이 이미지와 기호를 기표로 환원하기 때문이다. 다음과 같은 들뢰즈의 주장이 이런 맥락을 따르고 있다. "'발화들'과 '거대 통합체들'의 이중체는, 기호라는 관념 그 자체가 이런 기호론으로부터 사라지는 경향을 띠는 지점에서 이미지와 기호로 대체된다."(TI, 26/39)

료, 곧 언어적으로 형성되지 않는 질료다. 그러나 그것은 기호학적·미학적·실용적으로 형성된다. 그것은 조건이며, 이는 그 자신이 조건짓는 것보다 권리상 선행한다"(TI, 29/43~44).[11] 이는 기본적으로 운동-이미지(움직이는 이미지가 아닌 내재성의 평면 위에서 이미지 및 운동이 물질과 동일해진 상태)와 다르지 않다. 이런 의미에서 이미지의 전체 집합 또는 개별 이미지들은 모든 기호작용에 선행한다. 단지 이미지에 대해서 그것들이 아직 의미화되지 않았다는 점이다. 그러나 이미지는 기호나 재현소를 산출한다는 점에서 기호적이다. 왜냐하면 물질은 이미 발광하는 것 또는 근본적인 나타남이기 때문이다. 기호는 어떤 형식이나 조합을 취하든(청각적이든 도해적이든 시각적이든 간에), 결국 이미지에서 출현하거나 연역되어야 한다.

　이 같은 기호학의 토대가 기호적 질료로서의 운동-이미지를 형성하는 것이라면, 그 형성의 논리는 무엇인가? 들뢰즈는 영화에 사실상 이중 분절과 흡사한 어떤 것이 있다는 파졸리니의 주장에 흥미를 갖는다.[12] 그런데 이 분절은 언어적인 것이 아니다. 오히려 그것은 전체들과 부분들 간의 유동적 관계 내에서 그 자체가 실재적 운동으로 간주될 수 있는 운동-이미지의 면모가 눈에 뜨인 것이다. 한편으로 들뢰즈가 분화(différenciation)라고 지칭하는 과정이 있다. 즉 전체는 대상들과 물체들로 분화하고, 대상들은 끊임없는 지속으로서 그들 사이를 통과하는 전체로 재통합된다. 다른 한편으로는 특수화(specification)라고 지칭되는 과정이 있다. 즉 운동이 비결정의 중심 또는 특수한 이미지와의 관계에서 간격들로서 조직될 때, 변별적인 종류의 이미지들과 이에 호응하는 기호들이 나타난다.[13]

---

11) 들뢰즈의 '기호체계', 특히 언표행위의 관념을 재구성하는 부분을 상술하지 않았으므로, 이에 대해 주로 언급된 『푸코』와 『천 개의 고원』 중 '고원 3'에서 '고원 5'까지를 참조하라. 또한 '기호화'와 '기호'의 구별에 대해서는 『차이와 반복』, p.20과 내 논문 「형상적인 것 읽기」를 참조하라. 〔자세한 논의는 이 책 224쪽의 옮긴이 후주를 참조.〕
12) (옮긴이) 파졸리니의 이중 분절에 관해서는 이 책 225쪽의 옮긴이 후주 참조.

이는 들뢰즈가 "랑그는 그것이 변형하는 비-언어-질료에 대한 반작용에만 존재할 뿐"이라고 할 때의 그 반작용을 가리킨다. 이미지와 기호의 특수화는 그 자체로 고려되는 물질에서 물질의 지각으로 이전하는 과정에서 일어난다. 따라서 기호적 질료에 대한 들뢰즈의 논의가 포괄하는 것은 순수 지각에 대한 베르그송의 분석, 또는 운동-이미지의 두 체계(사물의 총체적·객관적 포착과 사물의 부분적·주관적 포착) 사이에서 지각이 출현하는 과정에 대한 베르그송의 분석을 포괄한다. 전체들과 집합들 간의 변조, 또는 분화와 특수화가 운동-이미지의 기본적 이중 분절을 정의한다.

들뢰즈에게 영화는 지속에 대한 직관을 촉진하기에 더할 나위 없이 적합한데, 이는 이미지와 운동이 서로에게 내재적이기 때문이다. 이는 일종의 리얼리즘이다. 비록 이것이 영화 이론의 역사에서 나타난 리얼리즘 논쟁과는 거의 무관하지만 말이다. 대부분의 리얼리즘 논쟁은 대상에 대한 아날로그적[14] 재현이라는 측면에서 사진 이미지의 힘을 기술한다. 아날로그적 재현은 사진의 지표적 성질 및 공간적 상사(semblance)에 의해 정의된다. 이는 사진이 부재하는 지시체를 보존하면서 그것이 이전에 존재했음을, 그리고 여전히 존재하고 있음을 증명한다는 것을 가리킨다. 이와 반대로, 들뢰즈는 운동-이미지가 유사(resemblance)의 의미에서는 아날로그

---

13) (옮긴이) 이 점은 이 책의 2장 후반부에서 논의된 내용의 연장이다. 즉 보편적 변이로서의 현재의 이미지가 몸체라는 특정한 이미지와 만났을 때 발생하는 간격과, 간격으로부터 파생하는 운동-이미지의 세 가지 변종들을 가리키고 있다. "따라서 간격의 한쪽 끝에는 지각-이미지가, 다른 쪽 끝에는 행동-이미지가 있으며 감정-이미지(l'image-affection)는 간격 자체다." (TI, 29/44)

14) (옮긴이) 'analogical'을 아날로그적이라 옮긴 까닭은 『시간-이미지』에서 이 부분이 디지털적인 것과의 대비를 통해 서술되고 있기 때문이다. 메츠의 영화기호론은 내러티브적 발화의 체계성을 이미지와 발화 사이의 유사성 혹은 유비에 따른 통합체적인 연결로 설명한다. 즉 기호론은 한 이미지가 이에 해당하는 발화(그리고 발화가 나타내는 기의)와의 지표적인 연결을 가진다는 점에 근거해 이미지를 기호로 명명하는데 이를 아날로그적 기호라 한다. 말하자면 아날로그적 기호는 대상과 기호 사이의 표상적 논리를 상정한다. 한편으로 기호론은 언어학적 발화로 환원된 이미지를 지탱하는 언어적 구조를 발견하는 작업을 수행한다. 이는 지표적인 연결의 이질성과 다양성을 동질적이며 표준적인 단위로 추상화하는 데 해당한다는 점에서 디지털적이라 일컬을 수 있다.

적이지 않다고 주장한다. "그것은 재현하는 대상을 닮지 않는다. …… 운동-이미지는 대상이다. 그것은 지속적 기능으로서의 운동에 포획된 사물 자체. 운동-이미지는 대상 자체의 변조다."(TI, 27/41)

그렇다면 영화의 운동-이미지와 베르그송이 『물질과 기억』에서 정의했던 운동-이미지는 어떻게 다른가? 사실 들뢰즈에게는 이 둘이 완전히 같다. "변조(modulation)는, 그것이 이미지와 대상의 동일성을 구성하고 재구성하기를 멈추지 않는 한, 실재(le Réel)의 작용이다."(TI, 28/42) 여기서 실재라는 관념 또한 대상과 이를 재현한 공간적 이미지의 유비적 동등성과는 무관하다. 그 경우 재현은 대상에 대한 정태적 주조(molding)일 것이다. 그러나 들뢰즈는 쇼트를 지속의 '움직이는' 단면으로 정의함으로써 바쟁의 시간적(temporal) 리얼리즘──이는 절단되지 않은 쇼트와 그것이 표현하는 지각적 시간 사이의 지속적 동일성을 나타낸다──에 근접한다. "〔영화는〕시간 속의 돋을새김, 시간의 원근법을 전달한다. 그것은 시간 자체를 원근법적으로, 또는 돋을새김으로 표현한다."(MI, 23~24/39) 바쟁은 사진이 주형이나 데스마스크처럼 작용한다고 주장한다. 그러나 사진이 지속을 움직이지 않는 단면으로, 대상이 이전에 얻었던 생명을 공간적인 응결체(congealing)로 보존하는 반면, 시네마토그래프의 공간은 시간 **속에서** 발생하기 때문에, 공간 내에서 위치를 옮기는 대상들뿐만 아니라 움직이는 공간의 끊임없는 변조라는 흥미로운 면모까지 보존한다. 따라서 시네마토그래프의 공간은 사진의 공간과 근본적으로 성질이 다르다. 바쟁은 다음과 같이 말한다. "사진사는 렌즈라는 매개를 거쳐 그가 감광 인화, 문자 그대로 빛을 통한 인장(luminous imprint), 즉 주형을 얻을 수 있는 지점까지 나아간다. …… 〔그러나〕 영화는 그 자체를 사물의 시간상에 주조하고 더 나아가 그 지속의 인장을 획득한다는 역설을 실현한다."[15] 들뢰즈는 몇 가지 점에 대해 바쟁을 비판하지만 이런 면에 대해서는 완전히 동의한다.

그러나 들뢰즈의 영화 이론은 리얼리즘이라기보다 오히려 두 가지 과정(운동-이미지에서 부분들과 전체들의 변조, 영화에서 프레임·쇼트·몽타주의 변조)의 논리적 동일성에 기초한 주장이다. 이 두 가지 과정은 들뢰즈가 영화의 운동-이미지를 지속의 움직이는 단면으로, 그리고 영화의 이미지와 기호를 운동과 연관지어 기술하는 근거다. 이러한 맥락에서 운동은 또 다른 의미, 들뢰즈의 표현으로는 탈영토화라는 의미를 지닌다. 물질의 지각은 내재성의 평면에서 연역되기 때문에 항상 두 가지 측면을 포함한다. 보편적 운동-이미지에서 이미지들은 모든 면, 모든 부분에서 다른 이미지들과 반작용하며 여기서 물질의 지각 또는 지각-이미지가 나타날 때 운동이 양극적인 것이 된다. 바꿔 말해, 운동은 비결정의 중심에 대해 상대적인 동시에 보편적 운동-이미지에서 파생되는 **절대적** 특질을 보존한다.

상대성과 절대성은 운동을 보는 두 가지 관점이다. 이미지와의 관계에 있어서 이 두 측면은 서로 분리될 수 없지만 상당히 다르다. 상대적 운동은 집합의 부분들 간의 관계를 다루는 반면, 절대적 운동은 전체의 상태에 일어나는 변화를 규정한다. 상대적 운동은 공간의 부동적 절편들에 연루되는데, 이는 한 집합의 부분들 ── 즉 선, 면, 또는 부피와 같은 공간의 단면 ── 내에서, 그리고 그 부분들 간에 일어나는 변화를 포함한다. 그러나 절대적 운동은 절대적인 시간적 질로서 변화하는 전체의 가동성을 가리킨다. 쇼트는 항상 이 같은 양극적 운동을 제시한다.

이 운동은 한편에서는 쇼트의 요소들 또는 부분-집합들 간의 상대적 변경을 도입하는 공간상의 집합들에 연관되어 있고, 다른 한편에서는 쇼트가 표현하는, 지속 내에서 절대적으로 변화하는 전체와 연관되어 있다.

---

15) 『영화란 무엇인가?』, p.96, 그리고 『운동-이미지』, p.24/38에서 인용.

이 전체는 생략적인 것이 되지도 않고, 내러티브가 되지도 않는다. 비록 그럴 수 없는 것은 아니지만 말이다. 그러나 쇼트는, 어떤 종류의 것이든 이 두 가지 국면, 즉 생략적이고 내러티브적인 면모를 지닌다. 즉 쇼트는 하나 또는 몇몇 집합 내에서 일어나는 상대적 위치 변경을 제시한다. 또한 그것은 전체 또는 전체 내에서의 절대적 변화를 표현한다. 쇼트 일반의 한 면은 집합을 향하면서 집합의 부분들에 나타나는 변양을 이전하며, 다른 한 면은 전체를 향하면서 전체의 변화, 또는 적어도 임의의 변화를 표현한다. 따라서 집합의 프레임화와 전체의 몽타주 간의 매개라고 추상적으로 정의될 수 있는 쇼트의 상황은 때로는 프레임화라는 극을, 때로는 몽타주라는 극을 향하는 경향을 지닌다. 쇼트란 이 같은 이원적 관점에서 고찰되는 운동이다. 즉 쇼트는 공간 내에서 확장되어 나가는 집합 일부의 이전이고, 지속 내에서 변형되는 전체의 변화다(MI, 19~20/33).

탈영토화는 운동과 관련해서 이미지의 이 양극적 성질을 지칭하는 또 다른 이름이다. 상대적 운동은 공간적 집합이 형성되고 닫히려는 경향을 나타낸다. 반면 절대적 운동은 시간적인 것이며, 이미지의 탈영토화를 나타낸다. 즉 닫히려는 어떤 집합이라도 열리게 된다. 부분들 또는 집합들로 변화하는 어떤 것도 연속적 전체로 회귀한다. 공간화해서 응결하는 어떤 것도 시간 속에서 융해된다.

들뢰즈는 이미지와 기호에 대한 연역을 베르그송의 운동에 대한 세 가지 테제 — 닫힌 체계의 결정, 한 체계를 이루는 부분들 사이에서의 운동, 운동 속에서 표현되는 변화하는 전체 — 와 같이 세 가지 관점에서 표명한다. 닫힌 집합이나 체계로서의 프레임, 이미지와 기호가 표현하는 운동과 연관된 쇼트, 그리고 전체 속에서의 변화를 표현하는 몽타주, 이 각각의 관점들은 상대적 운동과 절대적 운동 간의 상호관계에 의해 규정된다.

프레임화는 둘러싸기(enclosure) 또는 상대적·임의적·인공적으로 닫힌 공간을 표상한다. 프레임화는 집합을 형성하며, 따라서 프레임의 공간은 다섯 가지 변수에 따라 부분들 또는 부분 집합들로 분리할 수 있다. 각각의 변수는 운동에 대한 두 가지 근본적 관점인 상대성과 절대성, 즉 집합의 프레임화와 변화하는 전체의 열림을 드러낸다.

첫번째 변수는 이미지가 전달하는 정보의 분량, 즉 정보량(informatic)이다. 한 집합은 그것이 전달하는 시각적 정보량에 따라 상대적으로 포화되거나 희박해진다. 쿠벨카[16]의 「아르눌프 라이너」(*Arnulf Rainer*, 1960)에서 그러했듯이, 완전히 희박한 이미지는 순수하게 검은 또는 온통 흰 프레임을 포함할 것이다. 내러티브 영화에서 희박화(rarefaction)는 통상적으로 부분 집합들의 제거를 의미한다. 반면, 포화(saturation)는 부분 집합들의 증식을 의미한다. 이중인화(superimposition)나 프로세스 쇼트(process shot)에서 평면의 다층화, 또는 와이드스크린 포맷의 심도 있는 공간 내에서 연출되는 행위 등을 통해 이미지가 포화된다.

「현기증」에서 스코티의 악몽은 몇 가지 흥미로운 사례를 보여준다. 24개 쇼트로 이루어진 이 시퀀스의 8번째 쇼트에서, 암흑을 배경으로 걷고 있는 스코티의 모습이 미디엄 클로즈업으로 보인다. 붉은 색면(color field)이 그 이미지를 가로지르면서 번쩍거린다. 그때 온통 캄캄하던 배경이 카를로타 발데즈가 매장된 공동 묘지로 바뀐다. 쇼트 9는 스코티가 열린 무덤으로 접근할 때 나타나는 주관적 트래킹 쇼트인데, 여기서 무덤은 화면상에 크게 벌어진 검은 구멍처럼 보인다. 붉은 색면은 여전히 번쩍거린다. 뒤이은

---

16) (옮긴이) 페터 쿠벨카(Peter Kubelka, 1934~)는 오스트리아 출신의 영화감독으로 1950년대부터 비엔나와 로마를 중심으로 실험영화에 전념해왔다. 그의 작품경향은 이미지를 흑백 프레임으로 추상화시킨 계측적 영화(metric film)와 시각적 정보를 최소화한 가운데 사운드를 통해 내면의 잠재적 풍경을 탐구하는 사운드 영화의 두 가지로 나뉜다.

쇼트에서, 희미해지는 수평선의 움직임 너머 스코티의 머리가 거듭 나타났다 사라진다. 이제 붉은색, 보라색, 녹색 색면이 거듭 교차하며 나타난다. 여기서 갑자기 암전되고, 뒤이어 번쩍이는 붉은 색면을 통해 오래된 성당의 붉은 지붕으로 내팽개쳐지는 스코티의 실루엣이 나타난다. 그리고 붉은 색면이 사라지고, 연이어 성당 지붕이 사라지고, 스코티의 몸이 하얀 공백 속으로 잦아든다. 이 시퀀스 전체는 미니멀한 구성적 세트를 꾸미는 것과 유사한 전략으로 조직된다. 쇼트 내에 그리고 쇼트를 가로질러 미니멀한 구성적 세트가 부가되는 가운데, 전략적으로 정보의 양을 줄이면서 이 과정을 반복한다. 어떤 경우건 이미지의 정보량이라는 측면은 중대한 논점을 제시한다. 이미지는 단순히 가시적인 것이 아니다. 이미지의 조직 정도는 가독적 공간(legible space), 지각되는 만큼 독해될 수 있도록 만들어진 공간을 재현한다.

프레임이 그 자체로 공간적 한계라고 간주될 때, 프레임은 기하학적인 것뿐만 아니라 운동역학적인 것으로도 정의될 수 있다. 기하학적 공간은 유클리드적인 부분 집합 개념을 함축한다. 여기서 프레임은 이미지의 윤곽선이 운동 중에도 변하지 않는 뚜렷한 기하학적 형태를 조직한다. 정보는 원, 삼각형, 다각형 등 분명한 구성적 형태로 조직된다. 이 형태들은 유동적인 것이 아니라 견고한 것이다. 한편, 운동역학적 개념은 아인슈타인의 표현을 빌리자면, 프레임의 활성화(dynamization), 즉 아이리스 인(iris-in), 아이리스 아웃(iris-out), 와이프(wipe) 등의 유동적인 프레임 윤곽선을 함축한다. 프레임 자체의 운동이건 프레임 내에 있는 선들의 상대적 운동이건 간에, 여기에는 운동하는 구성적 선들이 포함되어 있다. 이와 마찬가지로, 구성적인 기하학적 구조는 다른 형태로 바뀔 수 있다. 카를로타의 부케가 추상적 형태로 해체되어 결국 프레임 내에서 폭발하는 것은 그 같은 변형의 사례다.

부분 집합은 '분할체'(le dividuel)이기도 하다. 프레임이 어떻게 부분들이 되는가를 이해하는 데는 절대적 연속성도, 변별적 분할도 필요치 않다. 그것은 그저 점진적 변형이다. 프레임은 어둠에서 빛에 이르기까지 강도를 증감하며, 색채 혹은 흑백의 상이한 단계를 조직할 수 있다. 애니메이션 영화에서의 극단적인 조형적 변형 역시 분할의 한 예다. 분할은 선이나 테두리를 분별하기 어렵다는 의미에서 불명확한 집합들 —— 예를 들면 음조의 변화, 회색 지대, 색채 값의 변화 —— 을 산출한다. 논리적으로 볼 때 분할은 정확한 변형 지점을 분별할 수 없는 질들의 변화를 의미한다. 페이드(fade), 디졸브(dissolve), 그리고 '스코티의 꿈'에서의 애니메이션은 모두 분할의 좋은 예다. 분할은 운동이 분별 불가능한 변형의 지점들을 그려낼 수 있음을 의미한다. 그렇지 않다면 운동은 감축되고 이미지는 일련의 움직이지 않는 단면들로 분석될 것이다. 이는 운동의 질이 프레임의 탈영토화, 가치의 지속적 변형 —— 그 변형의 단계는 분간되지 않으며 단지 운동의 제거를 통해서 지각 가능해진다 —— 을 확증한다는 말의 다른 표현이다.

프레임화는 광학적 국면이나 관찰 각도와도 연관된다. 단순히 말하면, 프레임화나 앵글이 재현된 이미지나 사건에 대한 관점을 미리 제공하면서 시점을 함축하고 있다는 뜻이다. 그 예로 스코티의 꿈에서 두번째 쇼트, 즉 어지러운 공간에 대한 객관적 시점을 암시하는 깊은 사각(oblique)의 쇼트라든가, 아홉번째 쇼트, 즉 열린 무덤을 향한 주관적 트래킹 쇼트를 들 수 있다. 그런데 주관적인 것과 객관적인 것 간의 대립은 결국 유동적이다. 이는 지각-이미지 기호에 대한 논의에서 상세히 다룰 것이다.

프레임화의 가장 복잡한 측면은 들뢰즈가 화면 밖 영역(hors-champ)이라 일컫는 것이다. 이는 노엘 뷔르시가 정의하는 화면 밖 공간의 분절을 포함하지만, 그 관점은 독창적이며 특히 상대적 운동과 절대적 운동 간의 관계로 돌아간다는 것과 관련해서 그렇다.

화면 밖 영역은 프레임화의 특별한 국면이나 문제가 아니다. 오히려 그것은 두 가지 측면에서 프레임화를 가동성으로 정의한다. 한편에서 프레임은 회화적으로 작동하고, 집합을 고립시키며, 집합의 일부를 이미지로 응결한다. 다른 한편에서 프레임은 지속적으로 새로운 집합들로 연장되는 움직이는 마스크처럼 작동한다. 전자의 경우 카메라는 주어진 공간을 고립 또는 확장하면서 그 정보량을 최소화 또는 최대화한다. 이는 일차적으로 움직이는 프레임화의 행위다. 후자의 경우 프레임은 새로운 쇼트로 대체되며 이 과정은 형식상 연속적이다. 이는 몽타주의 행위다. 게다가 프레임화는 부분들을 훨씬 큰 전체로 포섭한다. 포토그램은 쇼트로, 쇼트는 시퀀스로, 시퀀스는 막(幕)으로, 막은 영화 전체로 포섭된다. 이런 면에서 프레임은 운동-이미지의 근본적 분절인 분화와 특수화를 아우른다.

가동성은 그 본성상 서로 다른 운동의 두 가지 차원을 암시하며, 이 두 차원 간의 이전을 통해 운동의 본질이 주어진다. 집합은 그 정의상 부분들로 나눠지거나 다른 집합들로 연장될 수 있다. 어떤 집합이 프레임이 될 때, 거기에는 항상 더 큰 집합이나 다른 집합이 존재해서 그것이 애초의 집합과 결합해 더 큰 집합을 이룬다. 이처럼 새롭게 만들어진 더 큰 집합은 새로운 화면 밖 영역을 만들어내는 경우 가시화된다(MI, 16/29). 여기서 중요한 결론 두 가지가 도출된다. 집합이 분할될 때마다 운동은 본성상의 변화를 겪는다. 한 쇼트나 시퀀스가 다른 하나를 대체할 때 영사 슬라이드 수준에서의 운동은 카메라의 운동이나 편집의 운동과 본질적으로 다르다. 그리고 프레임이 상대적 국면에서 공간을 집합으로 둘러쌀 때, 이 집합들은 인위적·잠정적으로만 닫혀 있다. 한계로서의 프레임은 아직 가시화되지 않았으나 틀림없이 나타나는 집합, 보이지 않는 새로운 공간을 함축한다.

그러나 집합이 아무리 거대하게 팽창하더라도 그것은 절대적인 의미에서의 **전체**(Whole)를 형성하지 않는다. 만약 그 같은 전체가 가능하다면 더 이상 운동이나 변화는 없을 것이다. 따라서 들뢰즈는 베르그송을 따라, 전체를 본원적으로 정의한다. 전체는 목적론적·전체론적 운동으로 정의될 수도 없으며, 근본적으로 공간적인 형상으로 기술될 수 없다. 오히려 전체는 **열림**(Ouvert), 즉 "아무리 큰 집합이라도 각각의 집합이 자족적으로 닫히지 못하게 하는 것, 각각의 집합이 더 큰 집합으로 스스로를 연장하도록 강제하는 것"(MI, 16/29)이다.

여기서 또 다른 구별이 가능해진다. 상대적 운동은 본래 공간적이다. 함축된 화면 밖 영역은 하나의 공간에 다른 공간을 덧붙인다. 카메라 운동에서 공간의 전개, 편집을 통한 쇼트의 연속, 쇼트와 시퀀스가 더 큰 집합들로 포섭되는 것이 그 예다. 이때 운동은 물리적 공간의 용적, 즉 부가되고 분할되고 증식될 수 있는 공간적 절편의 기하학적 구조다. 화면 밖 영역은 정의상 현행적인 동시에 현실화 가능한 것, 즉 끊임없는 새로운 공간의 산출에 기여하는 것이다. 그러나 **전체**는 공간적·현행적인 것이 아니라 시간적·잠재적인 것이다. 전체는 생성의 형식으로 나타나는 변화 자체의 차원이다. 화면 밖 영역의 절대적 측면은 열림(the Open)으로서의 지속, 즉 집합이 아닌 것, 공간적·현행적인 질서에 속하지 않는 것과 연관된다. 운동-이미지는 시간의 간접적 이미지만을 제공한다. 왜냐하면 시간과 변화가 항상 공간적 단면들의 분할 또는 부가물로 측정되기 때문이다. 어떤 경우 화면 밖 영역은 다른 어딘가에, 어느 한편에, 어느 주위에 실존하는 것을 가리킨다. 그러나 다른 경우 화면 밖 영역은 불완전한 현존을 증언한다. 이는 '실존한다'(exister)고 말할 수 없고 오히려 '존속한다'(insister), '내속한다'(subsister)고 말할 수 있는 것으로서, 등질적인 시공간 바깥의 근본적인 다른 어떤 곳(Ailleurs)이다(MI, 17/30. 이는 6장에서 상세히 논의된다).

따라서 화면 밖 영역의 문제는 『운동-이미지』와 『시간-이미지』의 근본적 논제인 시간의 현시를 다시 제기한다. 영화의 운동-이미지는 시간의 간접적 이미지를 공간에서 외재성(exteriority)이나 연장성(extensiveness)으로 제시한다. 그리고 시간-이미지는 시간의 직접적 이미지를 현시한다. 즉 그것은 창조적 진화로서, 시간의 선행성(anteriority), 변화 또는 생성의 순수 형식을 제시한다. 보편적 운동-이미지는 순수 기호학의 두 차원이 파생되는 정초지점(foundation)으로서 이 둘을 모두 포함한다.

프레임화는 그 개념상 영화적 운동-이미지의 특질 이상이다. 그것은 상대적 운동을 분절하며, 여기서 닫힌 체계는 공간 내에서 현재 비가시적이지만 곧 가시화될 수 있는 집합을 가리키는데, 이는 마치 새로운 비가시적 집합을 무한히 야기하는 것처럼 보인다(MI, 17/30).[17] 반면 시간-이미지는 절대적 운동의 표현, 들뢰즈의 표현으로는 탈프레임화를 조직한다.

[절대적 운동에서] 닫힌 체계는 전체 우주에 내재적인 지속을 향해 열린다. 이 우주는 더 이상 하나의 집합도 아니며 가시적인 것의 질서에 속하지도 않는다. …… 화면 밖 영역에는 언제나 두 가지 면모, 즉 다른 집합과의 현실화 가능한 관계와 전체와의 잠재적 관계가 있다. 어떤 경우, 이 두번째 관계 ─ 가장 신비로운 것 ─ 에 다다르는 것은 간접적인 방식을 통해, 즉 이미지들의 연속 내에서 첫번째 관계의 중개와 연장을 통해서다. 그러나 다른 경우 직접적인 방식을 통해, 즉 이미지 자체 내에서 첫번째 관계의 제한 및 중성화를 통해 다다르기도 한다(MI, 17~18/30).[18]

---

17) 이것은 1920년대 유럽 아방가르드 영화에서 수학적 숭고와 운동역학적 숭고와 대한 들뢰즈의 매혹적인 설명을 뒷받침하는 기초다. 그런데 또 하나 중요한 것이 있다. 들뢰즈는 전후 영화에서 운동-이미지의 위기와 시간-이미지의 출현에 대해 기술할 때 종종 숭고의 수사학에 의존하지만, 다른 한편으로 칸트를 인용하며 영화의 숭고를 상세하게 정의한다. 수학적 숭고와 운동역학적 숭고에서 운동은 수치적 측정값으로 간주되며 몽타주는 유기적인 구성으로 조직된다. 다시 말하면 여기서 우리는 여전히 운동-이미지 체제 내에 머무르는 것이다. 영화의 숭고가 운동-이미지와의 단절을 필연적으로 예견할 이유는 없다. 오히려 그것은 영화의 한계를 극복하고 연장하려는 이상주의적 시도를 표상한다. 이에 대해서는 『운동-이미지』, pp.41~55/65~82를 참조하라.

이런 점에서 들뢰즈의 순수 기호학은 영화에 대한 두 권의 책을, 그리고 두 가지 철학적 준거를 요청하는 것이다. 퍼스의 실용주의는 영화적 운동-이미지의 기호를 정의하기에 적합한 반면, 시간-이미지는 니체를 통해 베르그송을 재독해하는 일련의 비판을 요청한다. 이에 대해서는 다음 장과 제2부 전반을 통해 살펴볼 것이다.

프레임화가 제한의 힘인 반면, 쇼트는 **그 자체의** 본질상 운동을 제공한다. 데쿠파주(découpage)는 쇼트를 특정한 종류의 집합, 즉 운동의 간격으로 규정한다. 그러나 여기서 운동은 여전히 공간적인 것과 시간적인 것, 절대적인 것과 상대적인 것이라는 이원적 관점, 즉 "공간 내에서 확장되어가는 집합 일부의 이전, 지속 내에서 변형되는 전체의 변화"(MI, 20/33) 내에서 고려되어야 한다.

들뢰즈는 쇼트가 움직이는 단면으로서 지속과 맺고 있는 특이한 관계를 고려해서 쇼트를 정의한다. 그에 따르면 쇼트는 능동적 또는 수동적인 요소들의 다양체(multiplicité)를 포괄하는 특별한 종류의 단일체(unité) 또는 집합이다. 이는 분화의 논리를 설명하는 또 하나의 방법이다. 전체는 분화를 통해 몸체나 대상들로 분할되는 한편 지속 내에서 재통일된다. 이 관점에서 두 가지 흥미로운 결론이 도출된다. 첫째, 들뢰즈에게 있어 쇼트는 의식과 유사한, 또는 직관적 지속 내에서 의식이 수행하는 행위와 유사한 것이다. 지각이 대상을 공간 내에서 움직이지 않는 무수한 단면들로 규정하는 반면, 의식은 대상을 시간 내에서 끊임없이 전개되는 지속으로 재통합한다. 둘째, 운동은 다양체인 동시에 단일체일 수 있다는 흥미로운 특성을 지닌다. 운동은 분할될 때 질적으로 상이해진다. 그것은 분할될 때마다 본성상의 변화를 겪는 동시에 끊임없는 지속으로 포섭된다.

---

18) 이 논의는 파스칼 보니체르의 용어에서 비롯된 것이다. 그의 「탈프레임화」를 참조하라.

지속의 '움직이는' 단면인 이 단일체는 그에 포함된 다양체에 따라 항시 변화한다. 그렇다면 이 다양체의 기본 변수는 무엇인가? 먼저 카메라 운동은 스케일, 앵글, 시점상의 변화를 규정한다. 반면 연속 편집은 쇼트들을 가로지르는 단일체를 구성하는데, 각각의 쇼트는 시퀀스에 포함된 다양체의 일부가 된다. 또한 공간의 심도를 활용할 때, 독립적 사건들은 심도에 따라 구분 가능한 다양한 평면에서 연출된다. "여기서 분리 불가능하게 중첩된 평면의 다양체에 포획된 요소 간의 직접적 연결이 단일체로서의 쇼트를 산출한다. 즉 가깝고 먼 부분들의 관계가 단일체를 산출한다."(MI, 26/42) 마지막으로 얕은 공간의 시퀀스 쇼트가 있다. 이때 연속적 재프레임화를 통해 상호 상관적 다양체가 구현되며, 이를 가로질러 완전히 평면적인 이미지가 펼쳐진다. 쇼트의 통일성은 이 평면성을 소급적으로 지시한다.

구체적인 사례를 통해 단일체와 다양체의 관계를 살펴보자. 「악의 손길」의 도입 시퀀스에서 쇼트의 전개는 질적으로 상이한 여러 운동을 산출한다. 이 운동들은 모두 도입부의 페이드인으로 시작해 시한폭탄의 폭발로 끝나는 화면 시간(screen time)의 유일한 지속 내에 포함되어 있다.

여기에는 다양한 운동이 있다. 첫째로, 쇼트는 집합 내 대상에 따라 지속을 거듭 분할한다. 여기서 대상은 폭탄, 차, 연인, 그외의 무수한 행동들로 구분된다. 또한 집합은 그 스케일에 따라 클로즈업, 롱 쇼트, 익스트림 롱 쇼트, 3/4쇼트, 그리고 연인들이 입맞추는 미디엄 쇼트 등으로 구분된다. 롱 테이크는 얼마든지 많은 프레임으로 구축될 수 있다. 둘째로, 지속은 변별적인 부분지속(subduration)으로 분할된다. 이 분할은 병치된 행동들, 이를테면 폭발물의 설치, 리네커와 지타를 태운 자동차의 움직임, 주문한 소다수를 기다리고 있는 마이크와 수잔 바가스, 카메라의 운동 등에 따라 규정된다. 카메라, 커플, 자동차의 상대적 비율은 시퀀스에 내적인 동시에 서로 상이한 리듬을 구축한다. 마지막으로는, 쇼트 자체를 화면 시간이라는 이미 주어진 간격으로 고려할 때, 400피트의 필름에 의해 공간적으로 규정된 쇼트는 각종 대상들과 집합들을 단일하고 동일한 3분 24초간의 지속으로 재통합한다.

지속을 이렇게 기술하는 것은 지속에 대한 공간적 모형에 기초한 듯하다. 실제로 이는 들뢰즈가 행동–이미지라 일컫는 영화적 운동–이미지의 한 사례다. 그러나 운동의 문제는 지속 또는 시간 내 의식의 관점에서도 고려될 수 있다. 먼저, 쇼트 수준에서 구축되는 단일 지속이 있다. 이는 롱 테이크, 즉 시퀀스 쇼트다. 이 경우 쇼트는 의식 행위의 모델, 소위 기계적 배치(agencement machinique), 정신적 자동기계(automate spirituel)[19]다. 다른 한편, 의식 자체가 구축하는 단일 지속, 즉 영화 독해 행위가 있다. 여기서 부분들이 시간 내 전체로 재통합되는 동시에 공간 내 대상들로 분할되는 분별 불가능한 연속적 전환이 존재하듯이, 쇼트의 기계적 배치와 쇼트의 철학적 의미를 직관하는 의식 행위는 분별되지 않는다. 이는 결코 관객성에 대한 정체성 이론이 아니다. 들뢰즈는 이와 관련한 어떤 철학적 이원론도 용인하지 않는다. 오히려 차이와 동일성은 운동 또는 지속 내에서 끊임없이 상호 교환되는 가운데 유지된다. 그러므로 질적으로 상이한 운동들을 전체에 내재하는 지속으로, 즉 사유와의 관계 내에서 재통합하려는 마지막 행위가 존재한다. "쇼트는 일종의 의식으로서 운동을 추적한다. 이는 사물들이 그 사이에서 끊임없이 전체로 재통합되며 전체가 사물들 사이에서 지속적으로 나뉜다는 것〔분할체〕을 의미한다."(MI, 20/34)

영화적 운동–이미지의 기본 분절에 대한 들뢰즈의 설명은 명백하게 베르그송이 말하는 운동에 대한 세 가지 층위와의 논리적 동일성에 기초한다. 프레임화는 인위적으로 닫힌 집합의 형성과 연관된다. 쇼트는 한 집합

---

19) '정신적 자동기계'에 대한 들뢰즈의 논점은 7장에서 논의될 것이다.

의 부분들 간에 구축되는 운동과 대등하다. 이를테면 시퀀스 내에서 쇼트들의 연결이나 가동적 프레임에서 부분들의 변화를 통해 운동이 구축된다. 그러나 변화하는 전체 또는 지속의 표현이라는 문제가 남는데, 이는 들뢰즈의 영화철학에서 몽타주의 문제를 규정한다.

몽타주에 대한 들뢰즈의 정의는 전체에 대한 그의 표현이 다양한 것만큼이나 광범위하다. 몽타주는 단순히 커트의 스타일을 지칭하는 것이 아니라, 영화 체계를 형성하는 구성의 논리, 즉 철학적 의미에서 규정적 **이념**을 표현한다. 몽타주는 이미지의 특수한 조직 원리이며, 이미지 **배치**의 이념적 형식이다. 유기적 구성에 대한 에이젠슈테인의 이념에서 나타나듯, 몽타주는 운동의 세 가지 층위(프레임, 쇼트, 몽타주)를 가로질러 전개되면서 부분들로 전체를 표현한다. 따라서 한 영화의 체계를 통틀어 다양체 내에서 단일체를 표현하는 세 가지 몽타주(프레임 내 몽타주, 한 쇼트를 가로지르는 몽타주, 쇼트들의 연결 내에서의 몽타주)가 존재한다. 그리고 무엇보다도, 몽타주는 변화를 표현하며, 직간접적으로 시간에 형식을 부여한다. "결과적으로 몽타주가 되는 모든 것은, 그 자체로든 다른 어떤 것으로든, 시간 또는 지속의 간접적 이미지다. 베르그송이 비판하는 동질적 시간이나 공간화된 지속이 아니라, 운동-이미지의 분절에서 흘러나오는 사실상의 지속과 시간이다. …… 몽타주는 시간의 간접적 이미지를 구성하는 운동-이미지의 배치다."(MI, 29~30/47)

이것이 이미지가 근본적으로 탈영토적 형상이라는 들뢰즈의 진술이 담고 있는 세번째 의미다. 베르그송에게 있어 시간은 근본적으로 변화다. 그러므로 전체가 총체성으로서 주어진다면 어떤 변화나 시간도 없을 것이다. 그러나 우주는 모든 곳에서 진화로서의 변화 이미지, 자기-분화(self-differentiation)의 열린 과정을 현시한다. 베르그송을 따라 들뢰즈는 어떤 집합이든 그 엄밀한 닫힘을 가로막는 것으로서 전체를 정의한다. 이것이 시간이 공간에 선행하는 까닭이며, 절대적 운동이 어떤 공간적 형태 표현 보다도 선행해서 변화에 형태를 부여하는 이유다. 지속을 이해한다는 것은, 시간의 공간화에 해당하는 운동보다 오히려 공간의 시간화에 해당하는 변화를 파악하는 것이다.

몽타주가 현시하는 **이념**이 무엇인지를 이해하는 것은, 어떤 단일체가 전체를 향한 열림의 척도로서 모든 부분들에 형태를 부여하는지, 또는 어떤 방식으로 전체가 시간의 척도로서 열려 있다고 간주되는지를 아는 것이다. 몽타주는 이미지를 조직하는 과정에서 시간의 기호를 부여한다. 시간이 운동의 작용으로 정의되는 방식에는 여러 가지가 있을 수 있다. 가령 들뢰즈는 몽타주에 대한 네 가지 상이한 이념, 또는 영화사에 나타난 운동-이미지 중 전체를 조직하는 네 가지 상이한 방식을 상술한다. 미국 영화의 유기적 몽타주, 소비에트 영화의 변증법적 몽타주, 프랑스 인상주의의 양적 또는 외연적 몽타주, 독일 표현주의의 내포적 몽타주가 그것이다.[20]

이 네 가지가 구분 가능하다고 해도, 각각은 결국 운동-이미지에 나타나는 두 가지 근본적 시간기호(chronosigne)의 변주다. 하나는 시간을 어떤 전체, 즉 무한히 희미해지는 과거로부터 무한히 확장되는 미래로 연장되어 나가는 화살로 제시한다. 다른 하나는 어떤 수치적 단위, 어떤 식으로든 파편화할 수 있는 간격들로 측정되는 미적분학으로 제시한다. 후자는 현재의 가변성을 표현하며, 전자는 과거와 미래의 광대함을 표현한다. "간격으로서의 시간은 가속화된 가변적 현재이며, 전체로서의 시간은 과거와 미래의 광대함, 그 양 극단에 모두 열려 있는 나선적 열림이다. 현재는 무한히 팽창할 때 전체 그 자체가 될 것이다. 전체는 무한히 수축할 때 간격 내에서 발생할 것이다."(MI, 32/50)

---

20) 이에 대한 설명은 특히 『운동-이미지』의 3장을 참조하라.

이 두 가지의 시간기호는 상관적이다. 이들은 서로의 극단에서 변증법적으로 만나는데, 왜냐하면 두 기호 모두 시간을 수치적 단위, 즉 어떻게든 첨가·분배·증식·재결합 가능한 공간적 단면들로 제시하기 때문이다. 에이젠슈테인이 영화의 각 부분에서 전개되는 전체의 공약 가능성을 확증하기 위해 황금 분할(OA/OB=OB/OC=n)의 비율을 사용했듯이, 몽타주에 대한 네 가지 이념은 각각 운동과 관련해서 구성적 공간 **배치**를 표현한다. 과거와 미래의 광대함과 연관해서 시간이라는 전체는 공간 내에 목적론적으로 전개되는 것으로서 미리 주어져 있다. 반면 현재의 가변성은 시간이 어떤 식으로든 공간적 단면으로 나눠질 수 있음을 의미한다. 전자가 서구의 목적론적 시간 개념이라면, 후자는 뉴턴적인 근대적 시간 개념이다.

쇼트는 항상 운동-이미지의 양면을 표현한다. 한편으로 프레임화는 다양한 상대적 위치에 놓여 있는 대상들에 대한 전망을 구축하며, 다른 한편으로 몽타주는 전체의 상태에 나타나는 변화를 표현한다. 따라서 몽타주의 전략은 변화가 운동으로 표현되는 다양한 방식을 정의한다. 달리 말해서, 몽타주는 전체가 열린 것으로서 파악되는 다양한 방식을 정의함으로써 특정한 시간의 이미지를 제공한다. 그러나 변화의 이미지가 아무리 다양하든 그것은 시간의 간접적 이미지만을 제시할 수 있을 뿐이다. 그 이유는 두 가지다. 첫째로, 운동-이미지 내부의 또는 그들을 경유하는 몽타주가 병치, 접속, 연결의 논리이기 때문이다. 시간은 운동 내에서 펼쳐진다. 전체는 부가(n+1 …)로서 주어지며 시간은 현재들의 연속으로 환원된다. 운동-이미지 내에 어떤 간격이 구축되든 이는 단지 유리수——에이젠슈테인의 경우 유기적 평균(n=0.618)——로 계산될 뿐이며, 여기서 각 절편들의 시작은 그에 선행하는 다른 절편의 말단에서 예측 가능한 논리적 방식으로 전개된다.[21] 둘째로, 몽타주는 어떤 식으로든 전체가 이미 주어져 있다고 전제한다. 몽타주의 네 가지 이념은 각각 다른 방식으로 전체를 변화하는 것으로 공식화하지만, 어떤 경우든 열림 또는 전체와 관련해서 시간은 사전에 계측 가능하다.

따라서 운동-이미지는 몽타주의 형식 또는 이념을 통해 나름의 간접적 이미지를 제시한다. 각 몽타주 형식은 운동-이미지에서 열림과 변화의 특성을 끌어낸다. 그러나 이때 절대적 운동의 질은 (아무리 다양하더라도) 전체가 미리 주어진 수치적 운동에 따른다. 여기서 들뢰즈는 두 가지 상이한 몽타주 형식, 즉 운동-이미지 몽타주와 시간-이미지 몽타주가 있다고 지적한다. 이 두 부류의 몽타주가 고유의 시간기호를 다양하게 산출할 때 시간과의 관계, 즉 운동이 열림에 관계하는 방식은 서로 상이하다.

프레임화와 탈프레임화가 움직이는 이미지의 두 가지 잠재력을 규정하듯——전자는 시간의 간접적·공간적 표현을, 후자는 시간의 직접적 이미지를 지향한다——통일성과 다양성의 질은 두 종류의 몽타주 분절을 아우른다. 쇼트의 통일성은 언제나 두 가지 요구 사이에 붙들려 있다. 하나는 공간적 연장 가능성으로 정의되는 일종의 연속성이다. 이는 에이젠슈테인을 비롯한 사람들이 혁신한 불연속성의 형식을 완벽히 포용한다. 에이젠슈테인이 유기적인 것으로 정의한 이 형식에서, 통일성은 유리수적 간격들을 관통하는 연장 및 팽창으로 정의된다. 이런 의미에서 공간적 연속성은 언제나 상대적 운동에 국한된다. 그것은 전체 내에서 변화를 현시하는 절대적 운동을 포함할 수도 규정할 수도 없다. 어떤 중심을 따라 선회하도록 규

---

21) 예컨대 1/2, 2/3, 3/4처럼 유리수는 정수의 비로 정의되고, 유한소수(1/2=0.5, 1/4=0.25)나 순환소수로서의 무한소수(1/3= 0.333……) 중 하나로 공식화된다. 따라서 유리수는 사전에 계산과 예측이 가능한 변화의 형식들을 표현한다. 반면 무리수는 그렇게 표현될 수 없다. 무리수의 무한소수는 반복되는 패턴이 없이 임의적인 질서의 숫자들로 이루어진 무한소수다. 무리수에 따라 도수(frequency)를 계산하는 것은 복잡계 자체, 그리고 복잡계가 유형화된 변화의 이미지와 자기-분화를 통해 제시하는 특이성의 중요한 수학적 특징이다. 또한 유리수와 무리수의 구별은 간접적 시간 이미지와 직접적 시간 이미지에서 각각 '정상적' 운동과 '이탈적' 운동에 대한 들뢰즈의 정의와 긴밀하게 상응한다.

제된 운동이든 아니면 관찰의 중심점과 연관되어 지각되는 운동이건 간에, 들뢰즈는 이 같은 운동을 정상적 운동(normal movement)이라 부른다. 운동을 수치적으로 정의하든 공간의 양적 절편으로 정의하든, 이는 열림 또는 생성의 질에 전체가 미리 주어져 있음을 보증한다. 그러나 운동-이미지에서조차 공간 내의 단절이나 파열, 시간의 직접적 이미지로 열려 있는 무리수적 간격이 항상 존재한다. 이는 연속성이 사후적으로 재구축되더라도 전체가 거기 없을 것임을 천명한다. 들뢰즈는 이를 이탈적 운동(aberrant movement) 또는 거짓 연결(faux raccords)이라 부른다. 따라서 운동의 양극적 특질은 다음과 같다.

전체는 다른 곳에서 또 다른 질서를 통해, 집합들이 제각각 또는 서로간에 갇히는 것을 가로막는 힘으로서 개입한다. 이는 연속성은 물론 그것의 파열로도 환원될 수 없는 열림을 증명한다. 전체는 변화하며 변화를 결코 멈추지 않는 지속의 차원에서 나타난다. 또한 그것은 **거짓 연결** 속에서 영화의 본질적 극성(極盛)으로서 나타난다. …… 거짓 연결은 연속성의 연결도, 연결접속 내의 파열이나 불연속성도 아니다. 그것은 본성상 집합들과 그것들의 부분들로부터 달아나는 **열림**의 차원이다. 그것은 화면 밖 영역의 타자적 역량을 현실화한다. 거짓 연결은 전체를 분쇄하기는커녕 오히려 그 자체가 전체의 작용이다. 이 작용은 거짓 연결이 집합들과 그 부분들에 새겨놓는 각인이다. 반면 진짜 연결은 그 반대의 경향을 재현한다. 진짜 연결은 부분들과 집합들의 작용이다. 그것들은 그들에게서 달아나려는 전체를 그들 자신과 재통합한다(MI, 27~28/44~45).

운동은 항상 변화에 해당하는 시간의 질을 함축한다. 영화적 운동-이미지조차 간접적이나마 시간의 이미지를 현시한다. 따라서 쇼트의 통일성은 공간 내의 닫힘이나 제한으로 정의될 수 없다. 기껏해야 쇼트는 프레임화, 상대적 운동, 유리수적 간격을 통한 공간적 연장으로 잠시 닫힐 수 있을 뿐이다. 따라서 시간-이미지의 몽타주 형식에서, 탈프레임화와 무리수적인 간격들은 더 근본적인 어떤 것, 즉 지속 또는 전체 내의 변화인 절대적 운동을 제시한다.

이 흔들림은 운동 또는 운동-이미지의 본질이다. 운동-이미지는 끊임없이 공간적 전망을 뫼비우스 띠의 꼬임과 같은 시간적 전망으로 변환한다. 들뢰즈에게 영화는 운동 내에서, 또는 운동에 의해 정의되는 것으로서 사물들의 핵심으로 인도하는 것이다. "쇼트는 운동들의 움직이는 단면들을 산출하면서 변화하는 전체의 지속을 표현하는 데 안주하지 않고, 이미지 내에서 집합을 이루는 물체들과 부분들, 국면들과 차원들, 물체들의 거리와 상대적 위치를 끊임없이 바꾼다. 전자는 후자를 통해 발생한다. 즉, 순수 운동이 끊임없이 만듦(se faire), 변화함, 지속함을 그 본성으로 지니는(그 역 또한 성립한다) 열린 전체와 연관되는 것은, 순수 운동이 집합의 요소들을 상이한 단위의 파편들로 나눔으로써 이들을 변이시키는 한편 집합을 해체하고 재구성하기 때문이다."(MI, 23/38)

들뢰즈가 논하는 각각의 몽타주 형식은 변화하는 전체를 서로 다르게 표현한다. 몽타주는 직간접적인 시간의 이미지를 제공함으로써 변화의 형태를 표현한다. 그런데 어떻게 운동-이미지가 기호를 생산하는가? 또는, 어떻게 영화적 운동-이미지가 운동에서 기호를 파생할 수 있는가? 운동 내의, 운동으로서의 기호는 어떤 기호학적 메커니즘으로 출현하는가?

들뢰즈의 퍼스 독해에서, 기호학은 기호가 본질적으로 언어적 실체가 아니고 이미지와 그 결합물에 기초해 있음을 전제로 한다. 이 점이 의미하는 바를 이해하기 위해서는, 들뢰즈가 베르그송 독해를 통해 물질과 운동에 대한 이미지의 관념에 부여한 상세하고 본원적인 의미로 되돌아갈 필요가 있다. 기호학은 이미지가 끊임없는 변화 과정에서 근본적으로 출현하는 특정한 내재성의 평면에서 시작한다. 그러나 기호학적 연구는 인간적 기획이기 때문에 이미지의 근본적 유형에 대한 연역은 물질 자체보다 물질의 지각에서, 즉 내재성의 평면에서 나타나는 중심 없는 변이에 의거해 비결정의 중심이 출현하는 것과 관련해서 시작된다.

지금까지 우리는 분화의 논리를 통해, 즉 프레임, 쇼트, 몽타주의 변주에서 나타나는 전체들과 집합들의 관계를 통해 이미지가 어떻게 구축되는지를 점검했다. 이제 남은 것은 특수화의 논리, 비결정의 중심에 의거해 변주되는 운동의 간격들에서 다양한 유형의 기호들이 어떻게 연역되는지를 살피는 것이다. 이 연역은 퍼스가 의식의 세 가지 범주라 부르는 일차성(priméite), 이차성(secondéité), 삼차성(tiercéité)을 따른다.[22]

퍼스에 따르면, 일차성은 다른 어떤 사물에도 의존적이지 않은 실존의 개념, 즉 질이다. 이차성은 어떤 사물에 상대적인 존재의 개념, 즉 관계다. 삼차성은 일차성과 이차성이 서로 관계를 맺는 매개의 개념, 즉 종합이다. 일차성은 질인 동시에 가능성이다. 퍼스는 일차성을 느낌(feeling), 리처드 로티의 말을 빌리자면 원 느낌(raw feels)과 유사한 것으로 여긴다.[23] 느낌은 직접적 의식과 같지만, 매개되지 않은 순수 지각이기 때문에 의식 자체일 수는 없다. 느낌은 일시적이기 때문에 현행태라기보다 그저 가능성이다. 의식은 효과·작용·관계·해석을 경험할 시간을 필요로 하지만, 느낌은

---

22) 퍼스는 그의 경력을 통틀어 자신의 기호학을 이루는 근본적인 범주 세 가지를 주창했다. 그것들은 헤겔에 대한 다소 날카로운 비판이자 모험적 시도로 계획됐으며 들뢰즈는 이에 동조했다. 이에 대해서는 특히 『퍼스의 기호론』에 수록된 「하나, 둘, 셋 : 세 가지 근본적 범주들」(pp.180~185)과 「수수께끼에 대한 추측」(pp.186~201)을 참조하라. 이와 관련해 퍼스의 사유에 대한 가장 탁월한 개괄 중 하나는 델레달의 번역본 『기호에 관한 글쓰기』, pp.202~251에 실린 그의 주석이다. 들뢰즈는 델레달의 작업에 많은 영향을 받았다.
23) 이에 대해서는 로티의 『철학과 자연의 거울』, pp.77~103을 참조하라.

단순히 질이다. 느낌은 의식이라기보다 (다가올 행동·관계·해석의) 순수한 가능성이다. 일차성은 존재 자체(being-in-itself)의 양식이다. 그것은 이미지의 질로서, 이를테면 빨강의 **경험**을 지칭할 뿐 다른 어떤 것의 효과(이차성 : 종이에 베여 피를 흘리고 있음을 알았다)나 관습적 상징(삼차성 : 폭력, 애국심, 위험의 색채로서의 빨강)을 가리키지 않는다.

이차성은 존재나 사실, 특이성의 범주다. 이차성 없는 질은 비결정적이다. 따라서 이차성은 일차성을 결정된 것 또는 사물로서 존재가 된 것으로서 포함한다. 둔스 스코투스를 따라 퍼스는 이차성을 이것임(haecceity), 즉 지금 여기의 범주로 주장한다. 이차성은 그 자체로 물리적 결과를 낳는 동시에 우리의 감성을 직접적으로 변용하면서 존재하는 사물들, 작용과 반작용, 노력과 저항에 대한 의식이다.

삼차성은 미래의 행동에 대한 관계로서의 사유다. 삼차성은 뭔가를 규정할 뿐, 재현하거나 가리키지 않는다. 오히려 삼차성은 특별히 매개의 범주다. 삼차성은 하나를 다른 하나와 비교함으로써 스스로를 지칭하고, 서사적 개념의 의미에서 종합적 법칙을 세운다.

또한 삼차성은 이 세 가지 범주의 배열이 그저 차례를 나타내는 명목상의 것임을 보여준다. 일차성은 이차성에 포함되고 이 둘은 다시 삼차성에 포함된다. 퍼스는 이미지의 세 가지 양식(일차성, 이차성, 삼차성)과 기호의 세 가지 국면(재현소, 대상, 해석소)을 상정하는데, 이는 다시 아홉 가지의 기호 요소와 그에 상응하는 열 가지 기호 유형을 낳는다.[24] 퍼스가 직접적으로 명시하지 않았지만, 이 범주는 시간성의 세 가지 형태를 시사한다. 즉 일차성은 순수한 직접성으로서, 이차성은 지속하는 현재로서, 삼차성은

---

24) 1906년까지 퍼스는 궁극적으로 기호에 대한 열 가지 삼분법과 66가지 계층을 연역했다. 퍼스의 유형학은 이후 그의 해석자들에게 몇몇 논쟁거리로 남았다. 이에 대한 간단한 개괄은 『기호에 관한 글쓰기』, pp. 242~245를 참조하라.

미래의 행동에 대한 예측 또는 서술어(predication)로서 존재한다. 베르그송과 같이 퍼스에게도 이미지 또는 이미지와 관계된 것으로서의 의식은 무시간적이지도 않고 단일하고 동질적인 시간 내에 존재하지도 않는다.

그러나 들뢰즈의 베르그송주의적 관점에서 문제가 되는 것은 퍼스가이 세 가지 범주를 공리적으로 제시한다는 데 있다. 퍼스의 세 가지 이미지 유형은 원초적인 기호적 질료로서의 운동-이미지 또는 발화가능태에서 연역된 것이 아니다. 나는 2장에서 운동-이미지가 비결정의 중심과 관련해서 어떻게 지각-이미지, 행동-이미지, 감정-이미지라는 세 가지 특수한 이미지로 나뉘는지를 논의한 바 있다. 들뢰즈의 퍼스 독해에서 문제가 되는 것은 지각-이미지다. 베르그송은 운동으로 간주되는 물질과 지각 간에는 실질적 차이가 없다고 주장한다. 이는 곧 물질에 대한 지각과 그냥 지각 간의 구분이고, 사실상 운동의 양극적 질(절대적 혹은 상대적 운동)의 기원이다. 내재성의 평면에서 모든 이미지가 모든 면에서, 모든 부분들에서 다른 모든 이미지와 반작용하는 한 이미지와 지각은 동일하다.

반면 물질에 대한 지각은 이와 다르다. 이 경우 이미지는 비결정의 중심에 관한 운동의 간격에 연관되어 있다. 한 이미지 내부에서 간격은 수용된 운동인 동시에 실행될 운동으로서 열려 있다. 이는 더 이상 운동의 단순한 표현, 즉 지속 또는 변화와 동일한 지각일 수 없으며, 오히려 감각-운동적 상황의 '특수한 이미지'를 산출하는 분별의 작용이다. 이 경우 이미지들은 이 특수한 이미지에 관련해서만 변이하는 운동의 간격들로 나타난다. 이는 더 이상 순수 지각이 아니라 일종의 지각-이미지다. 지각-이미지가 표현하는 것은 운동 자체가 아니라 절대적인 운동과의 관계, 비결정의 중심과 관련된 운동으로서의 간격이다. "운동-이미지가 이미 지각이라면, 지각-이미지는 지각에 대한 지각일 것이다. 이때 지각은 그것이 운동으로 식별되느냐 간격으로 식별되느냐에 따라──모든 이미지들이 서로간의 관계 내에서 일으키는 변이인가 아니면 어느 한 이미지와의 관계 내에서 일으키는 변이인가에 따라—두 개의 극을 지닐 것이다."(TI, 31/47)

이런 식으로 지각-이미지를 도출할 때, 몇 가지 결론이 뒤따른다. 전체의 근본적인 열림 때문에, 지각은 항상 수용된 운동에 열려 있고 실행될 운동에 닫혀 있는 간격으로 구성된다. 이미지가 그 양극적 특질 때문에 탈영토화하는 형상으로 생성되는 과정에 대해서는 이미 살펴본 바 있다. 지각은 다른 유형의 이미지로 연장되어야만 '일차적' 이미지를 구성할 수 있다. "따라서 지각 이미지는 운동-이미지의 작용으로 수행되는 연역 과정에서의 영도와 같을 것이다. 퍼스의 일차성 이전에 '영도성'(zéroïté)이 있다."(TI, 31~32/47)

마찬가지로, 다른 유형의 운동-이미지는 지각이 공간 내에서 연장되는 장소인 감각-운동적 전체들로 정의된다. 지각으로서 시작된 것은 행동으로서 실행될 것이다(이차성). 행동으로 전환될 수 없는 것은 감정으로서 간격을 점유한다(일차성). 간격의 모든 국면들에 대해 운동의 전체들을 재구성하는 것은 관계다(삼차성). 들뢰즈에 따르면, 지각 가능하고 가시적인 이미지는 결국 네 가지 근본적 유형으로 분류된다. 이는 퍼스의 범주와 대략적으로 상응한다. 지각-이미지에서 파생되는 감정-이미지는 질 또는 일차성에, 행동-이미지는 이차성에, 관계-이미지[25]는 삼차성에 대응한다. 삼차성이 운동-이미지의 한계를 구성하긴 하지만, 시간-이미지에 대해서는 그렇지 않다. 이에 대해서는 앞으로 살펴볼 것이다.[26]

---

25) (옮긴이) 관계-이미지(l'image-relation)는 『운동-이미지』에서는 언급되지 않지만 『시간-이미지』의 2장에서 『운동-이미지』의 기호들을 개괄하는 와중에 쓰인다.

26) 퍼스가 지적하는 변질적이고 증식적인 기호 변수에 대략 상응하는 이전 또는 매개의 단계들이 있다. 각 단계는 이미지의 근본 유형들 간의 점진적 이행을 표시하는데, 그 경계는 변별적이지 않고 상호 침투 가능하다. 지각-이미지가 본성상 연장적이므로 각각의 이미지 또한 지각 가능하며, 다른 이미지와 관련된 어떤 매개항도 요구하지 않는다. 그러나 들뢰즈는 감정과 행동 사이에 '충동-이미지'(l'image-pulsion)를, 행동과 관계 사이에 '반영-이미지'(l'image-réflexion)를 제시한다.

들뢰즈는 퍼스와 달리 이미지와 기호의 분류학이 잠재적으로 무제한이라고 믿는다. 들뢰즈는 직접적으로 퍼스의 방법론을 빌려오지만, 용어들을 독창적으로, 때로는 복잡하게 정의한다. 여기서 일단 들뢰즈의 영화 기호 분류법에 대한 설명과 비판은 다른 이들의 몫으로 남겨 둔다. 들뢰즈의 영화기호학이 지닌 독창성과 중요성을 이해하려면 각 용어의 개별적 정의뿐만 아니라 그의 엄밀하고 상세한 연역의 논리까지 파악해야 한다.

들뢰즈가 이미지 또는 기호라 일컫는 바는 어지러울 만큼 다양하며, 기호에 대한 정의 또한 많은 면에서 퍼스의 정의와 다르다. 이는 들뢰즈의 정의가 상대적으로 세밀하기 때문이 아니라, 전통적으로 서구에서 이미지와 기호를 정적인 물체 또는 부동(不動)의 범주로 파악해왔기 때문이다. 기호가 사유의 운동과 맺는 관계를 포함해서, 기호현상(semiosis)은 여러 가지 의미에서 근본적으로 유동적이다. 들뢰즈는 기호에 대한 퍼스의 정의를 수용한다. "기호는 해석소(interprétant)를 구성하는 또 다른 이미지와의 관계를 통해 다른 이미지(대상)를 대신하는 이미지다. 이 과정에서 해석소는 또 다른 기호가 되며, 이 과정은 무한히 이어진다."(TI, 30/46) 이미지와 관련해 기호의 기능은 인지적이며 부가적이지만, 이는 기호가 대상에 대해 알려준다는 말이 아니다. 오히려 기호는 다른 기호, 즉 해석소를 통해 대상에 대한 지식을 상정하는 한편, 새로운 지식 요소를 바로 그 해석소의 기능으로 해석소에 부가한다. 기호현상은 환원적인 것이 아니라 확장적이다.

그렇다면 들뢰즈에게 기호와 이미지는 움직이는 단면 또는 집합으로서 가장 잘 파악된다. 한 집합의 범위나 연장성은 다양하게 확장될 수 있다. 일군의 쇼트 혹은 프레임들이 단일 프레임이나 쇼트 이상의 것을 구성할 수 있다. 때때로 들뢰즈는 한 편의 영화 전체를 한 가지 기호 유형의 표현으로 간주하기도 한다. 요리스 이벤스[27]의 영화 「비」(Regen, 1929)를 질(質)기호(qualisigne)로 특징짓는 것이 그 예다. 들뢰즈가 이미지 또는 그에 상응하는 기호의 유형을 구분할 때 문제가 되는 것은 부동의 형태가 아니라, 상이한 집합들의 특성을 가늠하는 특수한 운동의 논리다. 따라서 한 기호는 오직 한 가지 유형의 이미지이지만, 어떤 영화적 운동-이미지든 그 잠재적 복잡성은 상상을 초월한다. 그리고 이 이미지를 정의하는 집합은 여러 층위의 프레임, 쇼트, 몽타주를 결합한다.

또한 이미지는 상대적 운동과 절대적 운동 간의 긴장 때문에 집합의 닫힘을 방해하는 탈영토적 형상이 된다. 프레임화의 질은 어느 경우든 다섯 가지 변수로 정의되는 반면, 각각의 이미지는 일차성, 이차성, 삼차성으로 표명될 수 있다. 그러나 이들 정의는 분화(전체를 대상들로 나누는 동시에 대상들을 끊임없는 지속으로 재통합하는 것)와 특수화(비결정의 중심과 관련해서 다양한 간격 또는 집합들로 조직되는 운동)의 일반 논리를 따르기 때문에 근본적으로 유동적이다.

이를 염두에 두면 이미지의 기본 범주를 재구성할 수 있다. 우선 보편적 변이, 즉 변화하는 전체의 움직이는 단면이라는 의미에서 운동-이미지가 있다. 이 운동-이미지는 비결정의 중심과 관련될 때 결정의 논리에 따라 지각-이미지, 감정-이미지, 행동-이미지, 그리고 관계-이미지로 나뉜

---

27) (옮긴이) 요리스 이벤스(Joris Ivens, 1898~1989)는 네덜란드의 세계적인 다큐멘터리 감독으로서 평생 카메라를 들고 전 세계를 떠돌아다녀 '방황하는 네덜란드인'이란 별명을 얻었다. 1928년 「다리」(De Brug)로 국제적인 주목을 받았으며 1930년대 초반에는 스페인 내란을 소재로 한 기록영화를 제작했고, 1936년 미국으로 이주해 반파시스트적인 다큐멘터리 제작에 참여했다. 제2차 세계대전 이후에는 동유럽을 돌아다니며 브레히트 및 쇼스타코비치와 함께 작업을 하기도 했으며 1957년부터는 파리에 정착하며 프랑스와 칠레, 쿠바와 이탈리아 및 중국에 대한 다큐멘터리를 만들었다. 특히 1965년부터 1970년까지는 전쟁 중의 베트남에서 미국의 폭력적 제국주의를 고발하는 베트남 민중들의 투쟁에 대한 영화를 제작했으며 1971년부터 1977년까지는 중국 문화대혁명의 현장에서 12부작의 장대한 다큐멘터리 서사시인 「우공은 어떻게 산을 옮겼는가?」(Comment Yukong déplaça les montagnes)를 제작했다. 이 영화는 때로는 기나긴 인터뷰가 이어지고, 때로는 아무런 설명 없이 중국 변방의 시골 공회당에 카메라를 세워놓고 그곳의 일상생활을 '편집 없이' 담아 낸다. 그리고 수많은 중국의 우공들이 어떻게 봉건주의라는 산을 저리로 옮기고, 사회주의라는 산을 옮겨 오는지를 보여준다. 베니스 영화제에서 자신의 전작이 황금사자상의 영예를 안은 다음 해인 1989년 6월에 파리에서 사망했다.

다. 운동-이미지의 평면은 진정한 시간적 전망, 우주적 생성으로서 지속의 의미를 제공한다. 따라서 들뢰즈는 '비결정의 중심이 운동-이미지의 평면에 발생한 특수한 상황 자체를 활용할 수 있으며, 그 자체가 전체, 시간 또는 지속과 특수한 관계를 맺는다'(MI, 69/94)라고 주장한다. 이는 영화적 운동-이미지와 완전히 다른 직접적 시간 이미지가 있을 수 있다는 주장을 정당화한다. 그러나 공간적 집합에 해당하는 운동의 간격 형성을 연역적으로 요구하는 특수화의 논리는 간접적 시간 이미지를 더욱 명백하게 분절한다. 그렇다면 특수화는 광의의 의미에서 몽타주의 논리기도 하다. 운동-이미지들을 서로 비교하고 그 세 가지 변종을 결합한다는 의미에서, 그리고 프레임, 쇼트, 몽타주를 복합적으로 분절한다는 의미에서 그렇다.

기호에 대한 들뢰즈의 정의는 퍼스보다는 베르그송의 논리를 따른 것이다. 들뢰즈는 기호가 "한 유형의 이미지를 지칭하는 특수한 이미지이며, 이는 그 양극적 구성의 관점에서건 그 발생(genèse)의 관점에서건 마찬가지"(TI, 32/48)라고 주장한다. 각각의 기호 유형은 지각-이미지가 연장된 것이므로, 근본적 범주 내에는 언제나 한편으로 절대적 운동에, 다른 한편으로 상대적 운동에 상응하는 개별적 기호가 있다. 또한 이미지의 각 범주는 개별 이미지가 지각, 감정, 행동, 관계로서의 다른 이미지에서 파생되는 과정의 궤적 또는 이행 지점을 가리키는 발생적(genetic) 기호를 상정한다. 따라서 운동-이미지 기호의 제한된 분류는 이미지의 각 범주에 대해 적어도 두 개의 구성 기호와 한 개의 발생 기호[28]를 산출하는 셈이다.

지각-이미지를 다른 모든 이미지들이 기초하는 영도성 또는 토대로 간주하는 들뢰즈의 논의는 연역의 특수한 논리를 예증한다. 그에 따르면,

---

28) (옮긴이) 'signs of genesis'나 'genetic sign'은 발생 기호로 옮겼다. 4장에서 시간-이미지의 기호 분류법 중 하나로 등장하는 'genesign'(génésigne)은 발생기호로 옮겼는데, 이 둘(발생 기호와 발생기호)은 사실상 같은 용법이지만 원어의 차이를 드러내기 위해 띄어쓰기를 달리했다.

지각-이미지의 발생 기호는 **엔그램**(engramme) —— 때때로 그램(gramme) 또는 포토그램(photogramme) —— 이다. 이 기호는 베르그송의 표현을 빌리자면 물질에 대한 지각에서 유래한다. 두 가지 운동 사이에 간격이 구성되면, 이 간격은 스스로에게 지각을 충당하는 한에서 주체를 예기하는 텅 빈 장소로 개방된다.

영화-눈(kino-eye)에 대한 지가 베르토프의 논의는 엔그램의 한 사례를 보여준다. 영화-눈은 "우주의 어떤 지점이든 어떤 시간적 질서 내에서 서로 연관시키는"(MI, 80/117) 객관적 지각이다.[29] 들뢰즈는 베르토프의 몽타주 이론을 독해하면서 간격이 보편적 변이의 체계에서 운동-이미지를 구성함을 발견한다. 영화-눈의 가능성을 결정하는 조건은 인간 지각을 초월한다. 인간 지각은 몸의 눈에 기초하기 때문에, 간격을 언제나 다른 모든 이미지들의 변화에서 중심이 되는 특권적 이미지로 제시한다. 여기서 엔그램은 몽타주로, 이미지들의 기계적 구성물로서 나타난다. 이 엔그램은 베르그송적인 의미에서 객관적이다.

> 인간 지각의 관점에서 몽타주는 의심의 여지 없이 구성물인데 반해, 다른 눈의 관점에서는 더 이상 단일하지 않은 것, 비-인간적 눈의 순수 지각, 사물 내에 존재하는 눈의 순수 지각이다. …… 베르토프에 따르면, 몽타주가 수행하는 것은 지각을 사물들로 실어나르고 지각을 물질 내로 집어넣고, 그 결과 공간 내의 어떤 지점, 그 자체가 다른 지점에서 아무리 멀리 떨어져 있든 간에 그에게 작용하고 그가 작용하는 모든 지점을 지각하게 만드는 것이다. 이는 객관성, 즉 '경계나 거리 없이 보는 것'이다. ……

---

29) 이는 『영화-눈: 지가 베르토프의 저서들』의 「영화-눈에서 라디오-눈으로」에서 들뢰즈가 인용한 부분이다.

유물론자인 베르토프는 영화를 통해 『물질과 기억』의 1장에 제시되는 유물론적 기획, 곧 즉자적 이미지를 실현한다. 〔영화-눈은〕 물질의 눈, 물질 속의 눈이며, 시간에 종속되는 눈이 아니라 시간을 정복하는 눈, 시간의 음화(négatif)에 도달하는 눈, 그리고 물질적 우주와 그 연장선상의 모든 것에 필적하는 전체를 알게 되는 눈이다(MI, 81/117~118).

엔그램은 지각의 발생적 요소이며, 시네마토그래프적 언표행위의 일차적 기호 또는 기본적 분절이다. 엔그램은 객관적 시점에서 상대적 운동과 절대적 운동 간의 특수한 관계를 꾸며낸다. 물질에 대한 인간의 지각에서 간격은 작용과 반작용 사이의 지연이며, 그리하여 반작용을 예측 불가능하게 만드는 것이다. 베르토프의 몽타주 이론에서 간격은 단순히 병행하는 두 이미지 간의 거리를 표시하는 것이 아니라, 오히려 인간 지각의 입장에서는 공약 불가능하게 떨어져 있는 둘 이상의 이미지를 연관시킨다.[30] 또한 간격은 변이를 전체의 역량으로, 물질을 거리와 무관하게 모든 면과 모든 부분들에서 상호작용하는 것으로 형상화한다. 인간의 눈과 공약될 수 없는 열린 전체 및 프레임으로서, 엔그램은 "가능한 모든 지각의 **발생적 요소를, 즉 스스로 변화하는 동시에 지각을 변화시키는 지점을, 지각 자체의** 미분적인(차이나는) 것을 제공한다"(MI, 83/120).

들뢰즈는 엔그램을 지각의 '기체' 상태로 이해한다. 여기서 물질의 보편적 변이가 작용하고 반작용하는 양상은 일종의 브라운 운동과 같다. 반

---

30) (옮긴이) 들뢰즈는 베르토프의 중요성을 '간격들을 물질에게로 복구시키는 것' (MI, 81/118)에서 발견한다. "이런 간격은 '갈라내어진 간극(écart)', 두 연속적인 이미지들 간의 거리두기를 표시하는 것이 아니라, 반대로 멀리 있는 그리고 우리의 인간적 지각의 관점에서 볼 때 공약 불가능한 두 이미지들의 상호관계를 표시한다는 것이다." (MI, 82/118) 베르토프의 영화-눈은 간격을 물질 자체의 간격으로 복원시킴으로써 물질적 우주의 발생을 발견한다. 이런 물질적 우주는, 움직이는 이미지 자체를 내재성의 평면으로 보는 들뢰즈의 베르그송 해석과도 연결된다.

면 지각-이미지에서 두 가지 구성 기호, 즉 **사실기호**(dicisigne)[31]와 **유상체**
(reume)는 각각 지각의 '고체' 상태와 '액체' 상태로 기능한다.

사실기호는 유상체보다 복잡하다. 퍼스는 이 기호를 일반 명제의 사례
로 취급하지만, 들뢰즈는 이를 영화적 운동-이미지의 특수한 사례로 이해
한다. "사실기호는 지각에 대한 지각을 지칭하며, 영화에서는 흔히 무언가
를 보고 있는 인물을 카메라가 '볼 때' 나타난다. 그것은 견고한 프레임을
함축하며, 지각의 고체 상태를 구성한다."(TI, 32/48) 들뢰즈는 사실기호가
명제 자체보다는 '자유 간접 명제'(free indirect proposition)를 표현한다
고 이해한다. 이는 영화에서의 자유 간접 주격에 대한 파졸리니의 중요한
논의를 모델로 한 것이다.

엔그램은 객관적·기계적 지각의 구축을 목표로 하지만, 들뢰즈는 내
러티브 영화에서 객관적 지각이 실제로 가능한지를 되묻는다. 들뢰즈는 미
트리가 지적한 '일반화된 준-주관적 이미지'에 따라 영화가 주격에서 목적
격으로, 다시 목적격에서 주격으로 끊임없이 이동한다는 것을 발견한다.[32]
들뢰즈는 이 개념을 더 가다듬기 위해 바흐친을 참조한다. 바흐친은 자유
간접 화법을 문학의 언표행위에 나타나는 특수한 사례로 취급한다. 자유
간접 화법은 혼합적이다. 그것은 작가적 시제와 인칭으로 표시되는 간접적
이고 객관적인 서술처럼 나타난다. 그러나 그 언표에는 재현된 인물들과
연관될 수 있을 뿐인 통사론적·의미론적 표식, 즉 주관적 특성이 스며 있

---

31) (옮긴이) 사실기호라는 번역은 'dicisign'에 대한 퍼스의 다음 설명을 따랐다. "한 기호가 사실기
호인가 그렇지 않은가를 보여주는 가장 손쉬운 특성은, 그것이 참 또는 거짓이지만 그런 이유를
직접적으로 주지는 않는다는 것이다. 이것은 사실기호가 그것에 대한 표상과는 무관하게 실재적
존재를 갖는 그 무엇을 지시하거나 그것과 관계되어야 함을 보여준다."(Peirce, 1903 : 275~276)
"사실기호는 그 대상을 현행적인 존재와 관련해 표상하는 것으로 파악되는 기호다."(292)
32) 여기에 대해서는 미트리의 『영화의 미학과 심리학 II』, pp.72~78을 참조하라. 이에 대한 가장 훌
륭한 논의로는 메츠의 「영화 이론의 현행 문제들」이 있다.

다.[33] 이는 객관적인 동시에 주관적인, 두 가지 자기-동일적 발화 주체의 단순한 결합이 아니다. 오히려 자유 간접적 스타일의 유연성은 "그 자체로 이질적인 한 체계 내에서 상호 연관된 두 주체의 분화"(MI, 73/106) 또는 분열 과정을 지시한다. 들뢰즈는 자유 간접적 스타일을 근본적으로 영화적이고 철학적인 행위로 간주한다. 이 스타일은 베르그송이 『정신-에너지』에서 정의한 코기토의 작용에 비견하는 것, 즉 사유와 예술에서 주체의 분할 또는 분화를 재현한다.

경험적 주체를 사유하는 동시에 경험적 주체가 자신을 사유하는 장소로서 기능하는 초월론적 주체 없이는, 그에 반영되지 않고서는 경험적 주체는 세계 내로 태어나지 못한다. 한편 예술의 코기토가 있다. 행동의 주체는 그가 행동하는 것을 관찰하면서 이를 행동된 것으로 파악하는, 그리고 그 자체를 그가 행동의 주체에게서 빼앗은 자유로 상정하는 다른 주체 없이 존재하지 못한다. "따라서 서로 다른 두 자아가 존재하는데, 이들 중 하나는 자신의 자유를 의식한 채로 다른 하나가 기계적으로 행동하는 장면을 바라보는 독립된 관찰자로 스스로를 정립한다. 그러나 이 구별은 결코 극한에 다다르지 않는다. 오히려 이는 자아에 대한 두 관점 간에 일어나는 한 인간의 동요, 정신의 '여기-와-저기'다."(MI, 73~74/107)[34]

---

33) 『마르크스주의와 언어철학』에서 볼로시노프는 푸슈킨의 『청동 기수』를 인용한다. "그때 그는 어떤 생각을 품었던가? 그는 가난했으며, 존경과 안전함을 얻기 위해 억지로 일해야 했다. 그는 신이 자신에게 더 뛰어난 지혜와 많은 재산을 내려줬다면 좋았을 거라고 생각했다. 세상에는 텅 빈 머리에 운만 좋은 멍청한 개들, 놈팽이들이 있다. 그들에게 삶은 희롱에 불과하다! 그는 2년 동안 공직에 있었다. 날씨가 잠잠해지질 않을 듯했다. 강물은 계속 불어났으며, 네바강의 다리들은 거의 물에 잠겼다. 이삼일 정도 파라샤와 떨어져 지내게 될 듯했다. 그가 생각하는 방식은 대개 이랬다." (Vološinov, 1973 : 133) 이에 대해서는 파졸리니의 논문 모음집인 『이단적 경험주의』에서 「자유 간접 화법에 대한 주석」과 「시적(詩的) 영화」를 참조하라. 이 책 6장에서 영화의 자유 간접 화법이 상세하게 논의될 것이다.

자유 간접 화법은 단순히 운동-이미지의 특성만은 아니다. 만약 그렇다면 사실기호는 특수한 구성 기호나 언표를 기술할 수 없을 것이다. 영화에서 객관적이고 주관적인 이미지들을 정의하는 것은 명백히 가능하다. 그런데 들뢰즈에게 파졸리니의 시적 영화는 카메라가 영화적 자의식의 형태로 이 코기토를 활성화하는 구성 스타일을 표현한다. 따라서 등장인물은 공간적 동기화, 광학적 시점, 또는 다른 공간적 표식을 통해 화면 구성에 강력한 주관성을 채색하는 것으로 표현된다. 그러나 그와 동시에 이 인물은 카메라의 프레임에 포착되며, 이는 해당 장면에서 언표행위에 참여하는 카메라의 현존을 강력하게 표시한다. 결국 자유 간접적 스타일은 일종의 이중적 프레임화를 구성한다.

카메라는 등장인물과 그의 세계에 대한 시각뿐만 아니라, 등장인물의 시각이 변형되고 반영되는 또 다른 시각을 부여한다. 이 세분화가 파졸리니의 '자유 간접 주격'이다. …… 그것은 주관적 또는 객관적인 것을 넘어서 스스로를 내용에 대한 자율적 시각으로 확립하는 순수 형상(Forme pure)을 지향하는 경우다. 우리는 더 이상 주관적 또는 객관적 이미지에 직면하는 것이 아니라, 지각-이미지와 이를 변형하는 카메라-의식의 상관관계에 포획된다. …… 간단히 말해서 지각-이미지는 자율적인 것으로 변모하는 카메라-의식 내에 그 자신의 내용을 반영하는 순간, 자유 간접 주격이라는 자신의 지위를 발견한다(MI, 74/108).

---

34) 인용 중 따옴표 부분은 베르그송의 『정신-에너지』 중 「현재의 회상과 잘못된 재인식에 관해」라는 제목의 장이다. 이 부분은 『베르그송 전집』, p.920에 재수록됐다. 이에 대한 표준적인 영문 번역은 『정신-에너지』의 p.138에서 찾을 수 있다. 아울러 칸트의 논문 「자아에 의한 자아의 변용」에 대한 들뢰즈의 독해는 5장에서 다루어질 것이다.

들뢰즈에게 있어 사실기호는 자유 간접 명제와 등가적이다. 그것은 기하학적·물리적·고체적인 또 다른 지각의 틀 내에 '지각'을 구성한다. 반면 유상체는 프레임을 횡단하거나 거기서 범람하는 지각, '액체적' 지각이다. 지각-이미지의 세 가지 기호, 즉 엔그램, 사실기호, 유상체는 각각 주관적 지각과 객관적 지각 간의 관계를 분절하는 특수한 관계를 지칭한다. 엔그램은 베르그송적 의미에서 객관성을 지향한다. 운동-이미지는 **이미지**와 물질의 동일성 내에서 지각이 발원하는 장소인 운동들의 집합을 토대로 해서 구축된다. 그리고 사실기호와 유상체는 양 극단의 공존, 즉 객관적인 것과 주관적인 것, 절대적 운동과 상대적 운동의 공존을 상정한다. 그러나 사실기호가 미학적 자의식을 바탕으로 양 극단 간의 운동을 초월하고 포괄하려는 욕망으로부터 구성되는 반면, 프랑스 인상주의와 독일 표현주의 영화에서 발전한 유상체는 독단적이지 않은 소박한 의식, 즉 카메라 운동 및 편집이 자연과 동일한 주관적 지각을 산출한다는 믿음을 반영한다. 영화적 운동-이미지의 형상으로서, 유상체는 다음과 같은 믿음에 기초한다. "중심 자체가 운동 내로 끌어들여질수록, 중심 없는 체계를 향한 경향성이 더 심해진다. 거기서 이미지들은 서로 관계 맺으며 변화해 상호적 행동, 거의 순수한 물질의 진동과 유사한 것이 된다. 정신 착란, 꿈, 환각보다 더 주관적인 것이 있을 수 있는가? 그러나 발광하는 파동과 분자적 상호작용으로 구성되는 물질성에 이보다 더 가까운 것이 무엇인가?"(MI, 76~77/110)

유상체는 형식적 자의식 내의 지각 이미지를 반영하기보다는 오히려 프레임화 자체의 유동성을 바탕으로 구축된다. 기하학적 공간으로 응결되어 있던 지각(그램분자적 지각)이 분자적 지각으로 확산되면서 프레임의 고체성을 침식한다. 들뢰즈에 따르면 여기서 욕망이 물질의 흐름과 동등한 유동적 지각을 구축한다. 프랑스 인상주의는 절대적 운동과 상대적 운동 간의 이 같은 긴장을 극단으로 몰고갔다. 그러나 엔그램, 사실기호, 유상체가 절대적 운동과 상대적 운동 간의 구별에 의해 정의되는 한, 아무리 영화적 운동-이미지를 극단으로 몰고가더라도 시간의 직접적 이미지를 구축하는 토대는 생겨나지 않는다.

　지각-이미지와 그 기호들이 운동-이미지에 지각 가능한 토대를 제공하는 한편, 감정-이미지와 그 기호들은 퍼스의 일차성 범주에 비견되는 운동과 정서 간의 관계를 표현한다. 퍼스에게 있어 일차성은 가능성의 범주, 감각 또는 느낌을 표현하는 역량(puissance), 질의 범주다. 감정-이미지의 발생은 들뢰즈가 **질기호** 또는 **능**(能)**기호**(potisigne)라 명명한 것에서 나타난다. 질기호는 임의의 공간, 즉 아직 실제 배경으로 나타나지 않은 공간이나 실제 배경이 시공간적 결정으로 추상화된 공간에서 표현된 정서다. 여기서 들뢰즈는 단 하나의 구성 기호만을 정의하는데, 이것이 **도상**(icône)이다. 그러나 도상은 그 자체로 운동의 양극적 특질을, 질이든 역량이든 실현되지 않은 이미지 내에서 표현된 어떤 정서를 표현한다.

　어떻게 무언가가 실현되지 않고도 표현될 수 있는지를 이해하기 위해, 들뢰즈는 이차성의 범주를 일차성의 범주와 비교한다. 이차성은 이원성의 형태, 즉 비교, 대조 또는 대립, 작용과 반작용, 자극과 반응, 노력과 저항 등을 통해 표현한다. 게다가 이차성은 언제나 실존하거나 개체화된 현행적 실체들을 지시한다. 역량-질은 이차성을 통해 사물들의 특정한 상태, 즉 시공간적 좌표와 현실의 지리적·역사적 환경에 해당하는 실제 배경 내에서 특정 행위자 또는 주인공(개인 또는 집단)을 통해 작용하는 힘이다. 이는 행동-이미지의 제국이다. 여기서 감정-이미지는 언제나 행동-이미지의 정서적 내용으로 상정된다.[35]

---

35) 감정-이미지와 행동-이미지는 서로에게 종속되지 않는다. 그러나 이차성은 일차성을 질 또는 역량 자체의 표현으로 이해하게 하는 맥락을 제공한다. 퍼스를 따라 들뢰즈는 일차성을 특징 짓는다. "일차성은 직접적이고 순간적인 의식, 그 자체로는 결코 직접적이지도 순간적이지도 않은 모

따라서 역량-질이 의미화되는 방법은 두 가지다. 그것은 사물들의 어떤 상태에서 실현되는 이차성을 통해 또는 그 자체가 이미지 내에 직접적으로 현시됨으로써 가능하다. 들뢰즈는 이차성과 관련된 경우를 실재적 접속(real connection)이라 일컫고, 일차성과 관련된 경우를 잠재적 접합접속(virtual conjunction)이라 일컫는다(MI, 102~103/146~147). 전자의 경우 정서는 과잉이다. 행동이나 갈등으로 충분히 표현될 수 없는 것은 감각-운동적 전체 내의 작용-반작용 역학에 따라 본능적 반응으로 경험된다. 후자의 경우 정서는 대상 없는 감동(emotion)이나 느낌이라는 의미에서 부조리하고, 어느 경우든 궤적이 정확하게 그려질 수 없는 운동을 산출한다.

질기호(질)나 능기호(잠재력 또는 가능성)로서의 감정-이미지는 임의의 공간이 구축되는 곳에서 발생한다. 이 공간은 아직 상황이 발생하지 않은 공간이다. 때때로 그것은 텅 빈 공간, 또는 그 부분들이 미리 주어진 운동의 궤적과 아직 접속되지 않은 공간이다. 임의의 공간은 비결정의 형상이지만, 그렇다고 해서 이 공간이 추상적 우주로 그려지는 것은 아니다. 실제로 우리는 시간-이미지가 감정-이미지와는 독립적으로 이 절연된 공간과 특수한 관계를 맺게 됨을 보게 될 것이다.[36]

든 실재적 의식이 함축하는 의식이다. 그것은 감각(sensation), 느낌(sentiment) 또는 관념이 아니라 가능한 감각, 느낌 또는 관념의 질이다. 그러므로 일차성은 가능태의 범주다. 그것은 가능태에 적절한 일관성(consistance)을 부여하고, 가능태를 현실화하지는 않지만 그 양태를 완전하게 만들어 표현한다. 이제, 이는 정확히 감정-이미지의 상태다. 즉 그것은 질 또는 역량이고, 그 자체만으로 표현된 것으로 간주되는 잠재력이다. 따라서 이에 상응하는 기호는 표현이지 현실화가 아니다. …… 정서는 탈인격적이며, 다른 모든 개체화된 사물들의 상태와 구별된다. 그러나 정서는 **특이성**을 띤 것이며, 다른 정서들과 더불어 특이성을 띤 조합 또는 접합접속에 진입할 수 있다. 정서는 나뉘질 수 없으며 부분들을 갖지 않는다. 그러나 한 정서가 다른 정서들과 함께 형성하는 특이성을 띤 조합은 또 하나의 나뉘지 않는 질을 형성하는데, 이 질은 질적인 변화를 수반하고서야 나뉘진다('분할 가능한' 것). 정서는 모든 규정된 시간-공간에 독립적이다. 그러나 정서는 표현된 것으로서 창조된다. 즉 그것은 시대나 환경의 표현으로서, 역사 내에서 창조된다(정서가 '새로운' 것인 이유, 예술작품이 끊임없이 새로운 정서들을 창조하는 이유가 여기에 있다)." (MI, 98~99/139~140)
36) 레다 벤스메이아의 논문 「'개념적 인물' 로서의 '임의의 공간」, pp.141~151을 참조하라.

그러나 운동-이미지와 관련해서 임의의 공간은 절연됐다기보다는 무한정하다. 임의의 공간이라는 관념은 감정-이미지에 특수한 비결정성 및 탈영토화의 질을 표현한다. 엔그램은 파편적 공간들의 다양체가 상호 연결된 동시에 거리와 무관하게 상호 의존적인 것으로 나타나는 몽타주의 체계를 상정한다. 질기호로서 임의의 공간은 공간적 파편이다. 그 정체성이나 의미는 비결정적인 다양체의 일부로서만 잔존하지만, 그럼에도 불구하고 이 다양체는 질이나 역량을 표현한다. 이 비결정성은 두 가지 척도에 따라 규정된다. 이미지의 시공간적 좌표가 비결정적인 경우, 어떤 앵글이나 운동도 이미지를 주어진 행동 또는 배경의 **필요한** 부분으로 정의할 수 없다. 이미지의 계측적 관계 또한 무한하며, 이는 이미지가 특정한 정체성을 갖고 있거나 실제로 존재하는 환경에 종속된 것이라고 특수화할 수 있을 규모·부피·심도 등의 구성적 실마리가 부재함을 의미한다. 간단히 말해서, 질기호 또는 능기호의 공간은 잠재적이다. "그것은 완벽하게 특이성을 띤 공간이다. 그것은 등질성을 상실한 공간, 즉 그 계측적 관계 또는 부분들 간의 접속을 가능케 할 원칙 자체를 상실한 공간이다. 따라서 무한한 방식으로 접합접속이 일어날 수 있다. 그것은 가능성의 순수한 장소로서 포착되는 잠재적 접합접속의 공간이다. 사실상 이 같은 공간의 불안정성, 다질성,[37] 연결의 부재를 표명하는 것은 특이성들과 포텐셜들의 풍부함, 모든 결정성 및 현실화에 선행하는 조건들이다."(MI, 109/155)

들뢰즈는 질기호와 능기호의 사례를 요리스 이벤스의 두 영화 「비」와 「다리」에 대한 벨라 발라즈의 논의에서 빌려온다. 발라즈의 분석은 길게 인용할 만한 가치가 있다.

---

37) (옮긴이) 'hétérogénéité'는 베르그송과 들뢰즈에게 다양성/다양체 내부에 발생하고 존재하는 여러 질들을 가리킨다. 이 책의 '용어 해설'을 참조하라.

이벤스의 영화에서 우리가 보는 비는 특정한 시공간에 내리는 특정한 비가 아니다. 그 시각적 인상은 어떤 시공간적 개념으로도 단일체로 묶이지 않는다. 그가 미묘한 감수성을 가지고 포착하는 것은 비가 실제로 무엇인가 라는 것이 아니라, 부드러운 봄비가 나뭇잎에 흘러내릴 때, 연못의 표면에 빗방울이 파닥거릴 때, 빗방울 하나가 조심스레 창문을 타고 미끄러져 내려갈 때, 젖은 보도가 도시의 삶을 반영할 때 그것이 어떻게 보이는가 라는 것이다. 수백 개의 시각적 인상이 나타나지만 사물 자체는 없으며, 사실 그런 것은 이 영화에서 관심거리가 못 된다. 우리가 보고자 하는 모든 것은 개별적인, 내밀한, 놀라운 광학적 효과다. 사물들이 아니라 그에 대한 사진이 우리의 경험을 구성하며, 우리는 그 인상 바깥의 다른 어떤 대상에 대해서도 생각하지 않는다. 사실상 이런 사진들, 복제한 것이 아닌 그 이미지들 이면에는 어떤 견고한 대상도 없다.

심지어 이벤스가 다리를 보여주며 그것이 로테르담의 거대한 철교라고 말해줄 때도, 그 철제 구조는 수백 가지 각도에서 포착한 비물질적 사진으로 용해된다. 이 하나의 다리를 그토록 무수한 사진들로 볼 수 있다는 것 자체가 그 대상의 현실성을 거의 박탈해버린다. 그것은 엔지니어링의 성과로 탄생한 공리주의적 사물이 아니라 오히려 일련의 기이한 광학적 효과들, 어떤 주제에 대한 시각적 변주처럼 보이기 때문에 관객은 화물을 실은 열차가 다리를 건널 수 있다는 것을 거의 믿을 수 없게 된다. 그 다리에 대한 모든 사진은 서로 다른 골상과 특성을 가지고 있지만 그 중 어떤 것도 다리의 목적이나 건축적 특성과 관련되어 있지 않다.[38]

파편적이거나 부분적인 관점들로 이루어진 이 같은 다양체에서 서로 다른 이미지들은 "무한한 방식으로 조화를 이룰 수 있다. 그것들은 서로의 관계에서 유래하지 않기 때문에 임의의 공간 내에서 조합되는 일련의 특이성의 집합을 구성한다"(MI, 111/156~157). 이 다양체는 무한해야만 한다. 그렇지 않으면 그 이미지에 특정한 목표나 내러티브의 궤적이 부여됨으로써——이 비는 1929년 암스테르담에 몰아친 폭풍이라거나 매년 2천 대의 화물 열차가 로테르담 다리를 지나간다 라며——정서가 상실될 것이다. 한정된 공간, 역사적 기원, 서사적 설명은 이미지들을 동질적으로 규정된 다양체로 만들어, 영화의 함축적 풍부함에 제한을 가한다. 이미지들은 특이성을 띠지만, 발라즈적인 의미의 경험을 예증하는 특수한 방식에서만 그렇다. 퍼스는 일차성의 예로 자홍색, 장미 향기, 기관차의 기적 소리 등을 든다. 이는 그 같은 감각에 대한 현재의 의식이나 현행적 인상의 기억을 의미하지 않는다. 일차성은 이차성의 수준으로 고양되기 이전의 즉자적·대자적 질을 의미한다. 즉 그것은 자홍색의 명백한 함축적 의미, 장미 향기와 관련된 기억, 기적 소리가 어디서 나는지를 확인하려는 시도 이전의 질이다. 임의의 공간이라는 지극히 추상적인 질을 통해 우리는 대상이나 사물 자체가 아닌 특정한 시각적 인상으로 되돌아간다. 「비」는 질기호이며 그 정서는 젖음, 잔물결, 반사, 특정 시공간에 특정한 비 또는 비라는 개념 등의 다른 어떤 준거도 없는 수백 가지의 연상이다. 한편 「다리」는 능기호로서 금속 구조물을 철도 운송 자체의 잠재력, 순수한 힘, 역동성으로 표현한다.

발라즈는 시네마토그래프적 이미지의 감동적·정서적 역량을 표현하는 골상학적 관념으로 거듭 회귀한다. 들뢰즈는 『천 개의 고원』과 『운동-

---

38) 나는 이를 「아방가르드의 형식주의」(Balázs, 1970 : 176)에서 인용했는데 이는 『운동-이미지』, pp. 110~111에 있는 구절과 다소 다르다. 『운동-이미지』 번역자들은 이 부분에 대해서 도버(Dover) 판 텍스트나 독일어판 원문을 참조하기보다 불어 번역본을 단순히 영어로 옮겼기 때문에 나는 골상을 언급한 부분을 포함해 들뢰즈가 생략한 몇몇 문장들을 원래대로 기재했다. 들뢰즈와 강하게 공명하는 한 구절에서 발라즈는 이런 종류의 이미지를 '순수 광학적 사건'(ein rein optisches Erlebnis)이라 일컫는다. 이에 대해서는 독일어판 『영화의 이론』의 2권에 취합된 『영화의 정신』 중 「절대 영화」에 대한 논의가 수록된 pp.125~126을 참조하라.

이미지』에서 이와 유사한 얼굴성(visagéité)이라는 개념을 제시한다.[39] 이는 도상이 감정-이미지의 양극적 구성임을 이해하는 열쇠다. 도상은 얼굴 또는 얼굴의 등가물(equivalent)이 표현하는 정서다. 그것은 발라즈가 말한 골상의 표현과 밀접히 연관된다. 들뢰즈는 발라즈나 엡스타인과 마찬가지로 얼굴성을 클로즈업의 사용과 연관한다. 운동-이미지에서 확대는 임의의 공간을 산출하는 데 사용되는 추상화 및 탈영토화의 일차적 전략 중 하나다. 도상이 나타내는 것은 임의의 공간에 대해 정서를 구성하거나 표현하는 두 가지 양태다.

감정-이미지의 양극적 구성은 특징의 도상이나 윤곽의 도상이라는 기호를 산출한다. 각각은 클로즈업의 추상적 질에 상응하는 특정한 운동의 집합을 표현한다. 이런 면에서, 얼굴성에 대한 들뢰즈의 논의는 발라즈의 골상학과는 아주 다르다. 발라즈와 들뢰즈 모두 각자의 개념을 인간의 얼굴과 액면 그대로 동일시하지는 않는다. 이를테면 발라즈에게 영화적인 풍경은 골상을 전시하는데 이는 객관적인 것에 주관적인 것이 투사된 결과이며, 특정한 예술적 절차를 통해 자연을 인간화함으로써 이루어진다. 반면 들뢰즈는 얼굴을 서로 다르지만 상관적인 감각-운동적 운동의 두 가지 계열을 전시하는 모델로 여긴다. 베르그송은 얼굴을 몸체의 한 국면으로 부각하는데, 이 몸체는 수용 기관을 지탱하기 위해 운동성의 대부분을 희생한 몸체다. 얼굴은 특정한 표현적 운동을 통해 몸체가 공간 내의 연장적 운동 과정에서 상실한 것을 되찾는다. 얼굴은 정서적 상태를 표현하거나 그에 반응하는 반영적 통일성에 기여할 수 있다. 그러나 이 단일체는 다양체로 이해될 수도 있다. 이 다양체는 표현성의 문턱을 향해 구축되는 미시운

---

39) 이에 대해서는 특히 『천 개의 고원』, pp.167~191에 수록된 「영년 : 얼굴성」(Year Zero : Faciality)을 참조하라. 나는 'visagéité'의 역어로 톰린슨과 하버잼의 'faceicity'보다 마수미가 제안한 'faciality'가 적합하다는 판단 아래 이 단어를 선택했다.

동들로 이루어진 강렬함의 계열이다. 도상은 이 기본적인 두 가지 구성적 형상에 따라 일련의 클로즈업을 기술한다. 반영적 단일체로서의 도상은 얼굴을 이루는(faceifying) 윤곽을 산출하며, 여기서 모든 재현된 특징들이 하나의 질을 표현하는 단일 이미지로 묶인다. 반면 강렬함의 다양체로서의 도상은 한계를 지향하거나 문턱을 넘나드는 일련의 운동을 수행한다. 이런 점에서 도상은 하나의 질에서 다른 질로 넘어가는 역량을 표현한다.

배우의 클로즈업이 정서를 산출한다는 것은 명백하다. 그런데 들뢰즈는 이와 사뭇 다른 관념을 염두에 두고 있다. 그 대표적 예가 에이젠슈테인의 표현주의 양식이다. 「전함 포템킨」의 오데사 계단 시퀀스는 강렬함의 계열에 대한 다양한 사례를 제공한다. 아마도 가장 간단한 예는 함선에 대한 환영 인사에서 코샤크군의 공격으로 이전하는 것이다. '갑자기'(Suddenly)라는 타이틀은 서로 다른 질적 계열의 전이 지점이다. 한편에는 다양한 계급의 민중들이 표현하는 혁명의 기쁨이, 다른 한편에는 반동적 억압의 비극적 결과가 있다. 그에 뒤따르는 이미지들의 계열은 훨씬 복잡하다. 그럼에도 불구하고 오데사 계단 시퀀스는 클로즈업의 결절점을 이루는 계열——얼굴들 혹은 몸체나 대상들의 파편들——을 특징으로 한다. 이 클로즈업은 하나의 질적 상태에서 다른 상태로의 경과를 현저하게 드러낸다. 기쁨, 광기, 자비를 호소함, 폭력적 진압, 그리고 마침내 포템킨이 오데사 오페라 하우스를 포격할 때의 혁명적 보상. 여기서 혹자는 에이젠슈테인 자신이 그랬듯이 질에서 역량으로의 이전을 추적할 수도 있다. 그것은 얼굴이 극적으로 환기하는 정서들에서 사자 석상의 부상이 상징적으로 환기하는 힘들로의 전이다.[40] 들뢰즈는 이를 다음과 같이 요약한다. "계열의 국

---

40) 나는 『무관심하지 않은 자연』의 첫번째 챕터 pp.3~37에 나타나는 「전함 포템킨」에 대한 에이젠슈테인 자신의 매혹적인 분석을 특히 염두에 두고 있다.

면은 동시적 또는 연속적 얼굴들에 의해 가장 잘 구현된다. 비록 한 얼굴의 여러 기관이나 특질들이 계열로 변형된다면 단 하나의 얼굴로도 충분하지만 말이다. 여기서 강렬함의 계열은 하나의 질에서 다른 질로 이행하는 것, 새로운 질의 발생에 도달하는 것이 얼굴의 기능임을 폭로한다. 새로운 질을 산출하는 것, 질적 도약을 수행하는 것, 이것이 에이젠슈테인이 신을 대변하는 인간-사제에서 농부의 착취자-사제에 이르기까지, 선원들의 분노에서 혁명적 폭발까지, 세 가지 자세의 대리석 사자에서 나타나는 석상에서 비명까지 클로즈업에서 요구했던 것이다."(MI, 89/128)

인간의 얼굴이 지닌 문자 그대로의 표현성도, 확대라는 클로즈업의 특질도 감정-이미지나 그 기호와 엄밀하게 동일하지는 않다. 오히려 도상은 논리적으로 동일한 운동의 집합에 기초해서만 클로즈업과 얼굴을 동일시할 수 있다. 감정-이미지는 정서를 표현하는 클로즈업된 얼굴에 명백하게 묶여 있지만, 이는 도상의 구성에 반드시 필요한 조건이 아니다. 더 중요한 것은 이 특정한 운동의 표현을 가능케 하는 추상화 또는 탈영토화의 질, 즉 강렬함의 계열 또는 반영적 단일체다.

운동-이미지의 체제에 다른 모든 요소들 주변으로 선회하는 어떤 핵(nucleus)이 있다면 그것은 곧 행동-이미지일 것이다. 임의의 공간은 이차성의 수준까지 상승할 때 상황적인 것이 된다. 공간은 상징적 내포의 장소, 행동이나 갈등의 극적인 거점, 곧 장면화(mise-en-scène)가 된다. 여기서 **인장**(empreinte)은 행동-이미지의 발생 기호로, 상황과 행동 간의 내적 연결 고리로 기능한다. 들뢰즈에 따르면, 행동-이미지의 조직 형식 내에서 "질과 역량이 더 이상 임의의 공간에 전시되지 않으며 …… 지리적·역사적·사회적으로 결정된 시공간에서 직접적으로 현실화된다. 이제 정서들과 충동들은 행위를 통해, 행위에 질서와 무질서를 부여하는 감동이나 열정의 형식으로 형상화된다"(MI, 141/196). 인장은 기호로서 질 혹은 역량이 이차성으로 부상하는 것을 지칭한다. 이차성에서 운동과 그에 상응하는 이미지 및 기호는 본질적으로 구분된다. 공간은 이제 특정한 상황 또는 환경에서 결정되거나 현실화되며, 정서는 행위의 구체적 양태로 실현된다.

행동-이미지에 대한 들뢰즈의 설명은 고전 헐리우드 영화에 대한 바쟁, 뷔르시, 벨루르, 히스, 보드웰 등의 연구 성과와 상당히 유사하다. 실제로 들뢰즈는 이 같은 형식의 운동-이미지가 명백하게 보편적인 이유가 역사적으로 미국이 국제적인 영화 시장을 지배했기 때문이라고 본다. 여기서 운동은 시공간에서 절편화된 행동들이 조직된 집합으로 나타난다. 가장 전형적인 예는 바쟁이 분석적 몽타주라 불렀던 것이다. 여기서 행동은 공간을 동기화해서 완전히 채우며, 공간들은 원인과 결과의 논리적 관계 및 작용과 반작용의 사슬을 통해 시간 속에서 연결된다.

행동-이미지는 그것의 구성 기호에 따라 큰 형식과 작은 형식으로 나뉠 수 있다. 큰 형식은 **통합기호**(synsigne)와 **이항식**(binôme)을 구성 기호로 포함하는 반면, 작은 형식은 **지표**(indice)를 포함한다. 두 형식 간의 차이는 행동과 관련해서 상황이 변형되는 방식에 따라 구분된다.

행동-이미지 내에서 질들과 역량들은 일종의 힘으로서 결정되는데, 이는 주어진 환경이나 장면화에 작용한다. 주인공은 행동에 동기를 부여하며, 그의 행동 및 반응은 환경과의 투쟁에서 그가 행하는 일련의 물리적 운동으로 구성된다. 환경과 그 힘은 주인공을 둘러싼 상황을 구축해서 그가 반응해야 할 도전의 대상을 정의한다. 인물들이 그에 반응할 때, 환경 및 그에 대한 인물들의 관계 그리고 인물들 간의 관계가 변형되며, 그 결과 새롭게 변경되거나[41] 보존되는 상황이 창출된다. 이차성은 집합의 다양한 층위

---

41) (옮긴이) 여기서 변경(modification)이란 말은 그 어근으로 볼 때 앞 문단에서 쓰인 양태(mode)와 연관시켜 양태의 변화로 파악해야 한다.

에서 군림한다. 환경은 규정적 상황을 띤 결정된 시공간으로 개체화된다. 개인이든 집단이든 주인공은 요구된 행동의 장소로 개체화된다. 상황과 행동은 동시적이고 상반되어야 하는 두 관계로 나타난다. 행동은 그 자체로 환경과의, 타자와의, 또는 내부적인 갈등이다. "마침내 행동에서 출현한 새로운 상황은 최초의 상황과 쌍을 이룬다. 이는 행동-이미지의 집합, 적어도 그 최초 형식이다. 그것은 유기적 재현을 구성하는데, 이는 숨결이나 호흡을 부여받은 것처럼 보인다. 왜냐하면 그것은 환경을 향해 팽창하고 행동에서 수축하기 때문이다. 더 정확히 말하면, 그것은 행동의 요구와 상황의 상태에 따라 어느 한 쪽에서 팽창하거나 수축한다."(MI, 142/197)

따라서 행동-이미지의 큰 형식은 SAS′공식, 즉 상황(Situation)에서 시작해서 행동(Action)을 통해 변형된 상황′(Situation′)으로 경과함에 따라 산출된다. 이는 행동-이미지가 서로를 연계해서 조직한 것이 아니다. 오히려 이는 상관적인 운동이다. 들뢰즈는 이를 행동-이미지의 시공간적 궤적을 조직하는 두 개의 뒤집혀진 나선으로 묘사한다. 한 나선은 수축하면서 그와 관계된 중심으로서의 행동에 초점을 맞춘다. 반면 또 하나의 나선은 바로 그 행동에서 팽창하면서 새로운 상황에 개방된다. 실제로 이 운동은 두 가지 구성 기호를 생산한다. 통합기호는 상황의 유기적 질을 가리킨다. 그것은 "사물의 상태에서 현실화된, 그리하여 하나의 중심을 따라 실재적 환경을 구성하고 주체와 관련된 상황을 성립시키는 여러 역량과 질의 집합이다"(MI, 218/292). 그리고 이항식은 기능적이며 무엇보다도 행동에 관계한다. 이름에서 시사되듯 이것은 두 가지 적대적 힘을 연관시키는 갈등 또는 대결을 가리키는데, 특히 한 행위자가 그에 대립되는 인물에게 상정된 운동을 예측하고 행동할 때 나타난다.

작은 형식은 앞선 공식의 변형인 ASA′공식을 나타낸다. 그것을 우선적으로 구성하는 기호는 지표다. 지표는 "주어진 것이 아니라 추론되는, 또는 다의적이고 가역적인 것으로 잔존하는 상황에 대한 행동(혹은 행동의 결과)과의 연결고리를 설계한다"(MI, 218/292). 큰 형식이 규제된 진행과 역행 그리고 상황이나 행동과 연계된 수축 및 팽창을 통해 완전히 전개되는 반면, 작은 형식은 생략적으로 발전한다. 한 행동에서 다른 행동으로 움직여가는 와중에 부분적으로 상황이 밝혀지며, 상황은 점진적으로 명백해진다. 이는 유기적 나선을 통해 연결되는 행동의 연결이 아니라, 생략을 통해 연계되는 상황의 연결이다. 행동이 폭로하는 것의 부분성(partiality)은 정보를 보류하거나(결핍의 지표들) 행동과 상황 간의 연결을 모호하게 표현함으로써(다의성의 지표들) 파생된다. 「빅 슬립」(The Big Sleep, 1946) 같은 필름 누아르가 이 모델에 호응하지만, 들뢰즈는 이를 코미디, 특히 익살극의 에피소드적 본성과 연관짓는다. 어떤 경우든 행동-이미지는 "행동, 행동의 양태 또는 '아비투스'(habitus)에서 '부분적으로 폭로된 상황'으로 이동한다. 이는 전도된 감각-운동적 도식이다. 이 같은 재현은 더 이상 전면적이지 않으며 오히려 국지적이다. 이는 나선적이지 않고 생략적이며, 구조적이지 않고 에피소드적이다. 이는 윤리적이라기보다 희극적이다(비록 이러한 재현이 희극적이지 않은 극적 특성을 띨 수도 있지만, 희극을 유발한다는 측면에서 '희극적'이라고 말할 수 있다)"(MI, 160/220).[42]

행동-이미지의 큰 형식에 심리학이 있다면 그것은 근본적으로 행동주의적(behaviorist)이다. 그래서 행동-이미지는 운동-이미지 체제의 평형 상태를 제시한다. 여기에는 두 가지 척도가 개입하고 있다. 그것은 완전하게 구성된 유기적 표상인 동시에 감각-운동적 전체다. 운동에서 지각으로의 이행은 감정에서 행동으로의 전환을 통해 완전히 소모된다. 들뢰즈가 거대한 유기적 표상이라 일컫는 SAS′ 도식에서 "상황은 등장인물에 끊임없

---

42) (옮긴이) 코미디와 꿈-이미지에 관해서는 이 책 226쪽의 옮긴이 후주를 참조.

이 깊숙이 스며든다. …… 상황에 동화된 인물은 불연속적 간격들에서 행동으로 폭발할 수밖에 없다. …… 실제로 바깥에서 출현할 수밖에 없는 것은 등장인물 내부에서 일어나는 것인데, 이는 폭발할 행동과 충만한 상황의 상호작용에서 나타난다"(MI, 155·158/214·218). 행동-이미지의 작은 형식 ──감각-운동의 약한 연결고리와 불연속적 상황을 수반하는, 그 본성상 에피소드적인 것── 이 존재한다는 것은 행동-이미지의 초월이 가능함을 암시한다. 이 초월은 운동-이미지 체제의 필연적 완성, 새로운 어떤 것(시간-이미지)의 나타남에 따른 기존 체제의 전치로 간주될 수 있다.

운동-이미지 체제의 완성이 의미하는 것은 이미지의 삼차성을 지향하는 퍼스의 범주에서 나타나는 논리, 즉 들뢰즈가 일컫는 '정신적 관계'의 철저한 실행이다. 이런 면에서 관계라는 관념은 특별한 의미를 갖는다. 행동-이미지는 항상 두 개의 항을 관계짓는다. 행동과 상황, 갈등, 대립, 이원론 등이 그 예다. 그런데 들뢰즈는 이것이 법칙 또는 의미를 표현하는 논리적 관계와 혼동되어선 안 된다고 주장한다. 행동은 의미작용을 수행할 수 있으나 그것을 최종 목표로 삼지 않는다. 어떤 잠재적 의미라도 반드시 세 번째 행위를 통해 암시되어야 하는데, 이것이 곧 해석이다. 행동들은 가능성의 조건인 법칙을 함축할 수 있으나, 그 법칙의 표현과 혼동되어서는 안 된다. 왜냐하면 법칙은 추상적·일반적인 반면 행동은 구체적이고 특이성을 띠기 때문이다. 즉 자동차의 핸들이나 가속 운동을 핸들의 반경이나 가속 운동의 궤적을 계산하는 수학적 표현과 혼동할 수는 없을 것이다. 삼차성은 질(일차성)에 대한 통각과 더불어 시작되는 사유의 운동을 완성하고, 연관관계나 원인의 함축(이차성)과 더불어 존재하게 되며, 마침내 가설을 통해 완결되는 행위(삼차성)다. 삼차성은, 일차성과 이차성에 외재적인 동시에 이 세 가지 항 모두를 구속하는 관계를 표현한다. 그러므로 삼차성은 법칙의 상징적 요소를 반드시 포함하는 정신적 행위를 암시하는 것이지 행동을 표현하는 것이 아니다. 삼차성은 지각 대신 해석을 부여하며, 감정 대신 논리적 접합접속의 형식을 통해 지적 직관을 촉진한다.

철학적 전통을 따라, 들뢰즈는 자연적 관계와 추상적 관계를 구분한다. 자연적 관계는 이미지의 계열이 연쇄적으로 파생된다는 것을 함축한다. 이 경우 이미지는 연상의 연쇄를 해방한다. 각각의 연상은 공통점이 있는 몇몇 명백한 요소들을 통해 다른 연상이 뒤따르도록 자극하며, 이때 작은 유사성이 차이들의 계열을 산출한다. 다른 한편, 추상적 관계는 명시적 공통성보다는 암시적 공통성에 의거해 두 개의 이미지들을 한데 모은다. 유사성보다는 상동성(homology)이 이에 해당한다. 자연적 관계가 계열을 이루는 지점에서 추상적 관계는 세 항들 간의 집합인 전체를 구성한다.

이 같은 구분은 들뢰즈가 정신적 이미지의 관계를 기호로써 도출하는 기반이다. 정신적 이미지의 발생 기호는 **상징**(symbole)이며, 그 구성 기호는 **표식**(marque)과 **표식제거**(démarque)다. "자연적 관계에 따라, 하나의 항은 각각의 항이 다른 항에 의해 해석될 수 있는 통상적 계열에서 또 다른 항들로 소급된다. 이것이 표식이다. 그런데 이 항들 중 하나가 그물망 바깥으로 도약해, 원래 관계의 계열에서 그를 끄집어냈던 조건 내에서 또는 그 관계와 반하는 조건 내에서 불현듯 출현하는 것도 가능하다. 이것이 표식제거다."(MI, 203/274) 표식은 습관적 기대들이 동기가 된 계열을 함축하는 반면, 표식제거는 충격을 주거나 의혹을 불러일으킨다. 일례로 히치콕의 「오명」(Nortorious, 1946)에서 의혹의 대상인 포도주병은 행동에 의해 동기화된 소도구가 아니라 해석적 계열 내의 한 요소다. 그것이 자리잡고 있는 일상적 관계(정찬-감식가-포도주-지하실의 계열)에 비추어볼 때 포도주병은 표식이다. 그러나 독일인 손님에 의해 그 병이 불안함을 유발할 때는 표식제거가 된다. 즉, 그 병은 해석과 암시를 요구하는 새로운 연결(지하실-우라늄-첩보 행위-폭로)을 열어 젖힌다. 해석 행위와 관련해서 표식은 통상적 해석 주변을 둘러싸고 닫는 경향을 보이는 하나의 집합을 구성하는 반면, 표식제거는 새로운 계열을 개방하여 그 닫힘을 가로막는다.

들뢰즈가 지적하듯이 표식이 일련의 행동을 일련의 질문이나 해석을 요하는 기호로 변형함으로써 기능한다고 해도, 그것은 어떤 의미에서 행동-이미지에 속해 있다. 반면 표식제거와 상징은 "정신적 이미지의 거대한 두 기호를 구성한다. 표식제거는 자연적 관계(계열)의 충돌이며, 상징은 추상적 관계(집합)의 결절점이다"(MI, 204/275). 표식과 표식제거가 정신적 이미지의 집합 운동을 구성하는 반면, 상징은 그 집합 자체를 추상적 관계로 정의한다. 따라서 그것은 정신적 이미지들의 발생 기호로 기능한다. 「이창」(*Rear Window*, 1954)에서 유명한 관음증의 형상이 상징의 명백한 사례가 되는 것도 그 때문이다. 이 경우 관음증은 추상적 관념임에도 불구하고 영화보기 또는 관람 행위의 이미지들을 하나로 엮는다. 그것은 그 이미지들의 다양체 기저에서 이들을 일련의 동질적 형상들로 아우르는 단일체의 형상이다. 이 추상적 관계가 각 시퀀스의 전개——시퀀스 자체에 대해서건 영화 전체에 대해서건——를 유기적으로 지배하기 때문에 「이창」은 영화에서 관객성에 대한 정전과도 같은 메타-해설(metacommentary)이 됐으며, 이 영화가 관객성 이론을 전제한다고 평가될 수 있었다.

이는 정신적 이미지의 본질이 운동-이미지의 삼차성에 대한 표현임을 명백하게 한다. 들뢰즈가 지적하듯, 정신적 이미지는 내면화된 심리적 재현이 아니라 영화의 구체적 운동-이미지의 마지막 계열이다. 정신적 이미지는 "사유 바깥에 그 자신의 존재를 갖는다. 이는 지각의 대상들이 지각 바깥에 그 자신의 존재를 가지는 것과 마찬가지다. 그것은 **관계들**, 상징적 행위들, 지적인 느낌들을 자신의 **대상으로 삼는 이미지**다. …… 그것은 사유와 직접 관계 맺는데, 이 관계는 다른 이미지들이 맺는 관계와 반드시 구분되는 새로운 것이다"(MI, 198/268). 행동-이미지는 지각, 감정, 행동이 감각-운동적 전체 내에서 유기적으로 관계 맺는 집합을 형성한다. 이는 어떤 의미에서 행동-이미지가 운동-이미지의 연역을 완결하는 이유다. 마찬가지로 정신적 이미지는 행동, 지각, 감정의 뒤얽힘을 이어나가기보다 오히려 방해한다. 또는 오히려 이들의 관계를 사유의 형상이라는 또 다른 집합에 반영함으로써 전체를 한정짓거나 프레임화한다. 정신적 이미지는 행동-지각-감정에 단순히 덧붙여진 것이 아니라 그들을 프레임화하고 변형하면서 그들의 관계 전체를 해석하거나 지성의 대상으로 반영한다.

히치콕이 자신의 주인공을 완전히 변형하지 않았다면 —— (초국적 사진 저널리스트인) 행동하는 인간을 수동적인 시지각적[43] 상황에 빠뜨리는 첫번째 쇼트처럼 —— , 「이창」은 관객성 논의를 위해 그토록 널리 수용되지 않았을 것이다. 주인공은 더 이상 행동의 매개자가 아니다. 카메라는 모든 작인을 스스로 보존한다. 카메라는 휠체어 프레임으로 촬영된 사고 장면에 대한 사진과 창문이라는 프레임의 계열들을 다중적 재프레임화로 연결한다. 이 재프레임화는 단일한 관념 내에 집합 전체를 반영한다. 행동은 이미지로 실행되는 것이 아니라 이미지 내에 포섭된다. 즉 주인공은 관객의 분신[44]으로서 고정된 채 관객이 처한 조건을 이미지 내에서 재생산한다. 「이창」은 들뢰즈의 논증 과정에서 흥미로운 위치를 차지한다. 그것은 분명 운동-이미지의 체제에 속하지만 여기서 그 위상은 불분명하다. 한편에서 이 영화

---

43) (옮긴이) 'optical'은 보통 광학적으로 옮기지만 『운동-이미지』와 『시간-이미지』의 맥락에서 이 말은 "시간과 공간의 유기적 연결성과 실용적 행동 논리가 파열된 이후의 새로운 세계(상상적인 것과 실재적인 것의 교환과 뒤섞임, 잠재태의 출현)에 대한 지각 방식"을 가리킨다. 그런 점에서 다소 물리적이고 전문적인 뉘앙스를 띤 광학보다는 시각이 더 적합하나 시각을 쓸 경우 'visual'이란 말과 혼동될 여지가 많기 때문에 시지각으로 옮겼다. 따라서 'opsign'은 시지각기호, 'pure optical and sound situation'은 순수 시지각적-음향적 상황으로 옮겼다. 이외의 용법들은 문맥에 따라 시지각적과 광학적을 적절히 활용했다.

44) (옮긴이) 'double'은 맥락에 따라 명사일 경우에는 분신, 이중체, 동사일 경우에는 이중화하다, 겹치다 등으로 옮겼다. 참고로 『운동-이미지』와 『시간-이미지』 원본에서 이런 뜻이 동사적으로 쓰일 때는 'dédoubler'라는 말이 쓰인다(「용어 해설」 참조).

는 운동-이미지를 유기적 전체에 반영함으로써 운동-이미지의 전개를 완결한다. 바로 그 전체에서, 운동-이미지의 총체성을 숙고하는 것이 가능해진다. 정신적 이미지의 프레임 내에서 총체성의 전체 그림이 완성된다. 그러나 이 유기적 총체성을 그려내는 바로 그 능력이 총체성의 효력에 의문을 제기한다. "하나의 불가피한 결과가 있다. 즉 정신적 이미지는 행동-이미지 또는 다른 이미지의 완결을 초래한다기보다, 오히려 그 이미지들의 본성과 위상에 새롭게 의문을 던진다."(MI, 205/ 276~277) 히치콕은 고전주의의 화신인 동시에 행동-이미지의 위기를 알리는 전령이 된다.

이 위기는 아직 직접적인 시간-이미지가 아니지만 그 선행 조건을 확실히 구축한다. 이 위기는 새로운 것이 아니다. 실제로 그것은 행동-이미지의 구성 자체에 포함되어 있다. 들뢰즈가 『운동-이미지』를 통틀어 암시하면서도 명백하게 밝혀 놓지 않은 중요한 논점이 하나 있다. 그 자체가 보편적 변이의 **이미지**로 간주되는 운동-이미지와 운동-이미지의 형성 간의 내적 긴장이 그것이다. 운동-이미지의 유기적 구성이 지닌 논리적 아름다움, 에이젠슈테인이 전 생애에 걸쳐 매혹됐던 그 아름다움은 운동 내의 열린 총체성의 이미지에 존재했다. 그러나 행동-이미지와 관계-이미지가 총체성이 가능하다는 것 ── 운동이 보편적 변이 때문에 중단되거나 억제될 수 있다는 것 ──을 함축한 반면, 운동-이미지 자체는 이 함의와 다른 것을 보여준다. 왜냐하면 물리적 의미에서 운동은 변화에 해당하는 시간의 힘을 제거하거나 포섭할 수 없기 때문이다.

운동-이미지의 전체 역사를 특징짓는 것은 바로 이 역설적 위치, 즉 전체의 개방성을 확언하는 힘에서 유기적 총체성의 이미지를 만들어내려는 욕망이다. 이것이 역설적인 까닭은 집합이 결코 온전히 닫힐 수 없기 때문이다. 몽타주는 집합 간의 관계들을 주어진 전체 이미지에 결박하는 동시에 집합이 언제나 잠재적인 탈프레임화인 열린 상태로 남아 있는 장소,

즉 간격을 확립한다. 들뢰즈에게 초창기 영화의 특징은, 한편에서 열림이 밀어닥쳐 전체를 침식하고 다른 한편에서 전체가 열림을 통해 규정되는 바로 그 긴장이다. 초기 영화의 단순한 지속 쇼트들, 독일 표현주의의 운동역학적 숭고, 프랑스 인상주의의 수학적 숭고, 감정-이미지에서 임의의 공간, 행동-이미지의 작은 형식에 나타나는 에피소드적 특성, 이 모든 것은 시간의 전조, 말하자면 총체성을 향한 욕망이 출몰하는 개방성의 기호들이다.

이런 관점에서 시간-이미지는 갑작스럽게 나타난 것도 아니고 운동-이미지와 결정적 단절을 이루지도 않는다. 제2차 세계대전 이후의 많은 영화들(이탈리아 네오리얼리즘, 프랑스 누벨바그, 뉴 저먼 시네마)은 운동-이미지와 결별하고 직접적 시간-이미지를 향한 길을 열었다. 기호의 철학자로서 들뢰즈는 두 가지 순수 기호체계가 있다는 관점을 고수한다. 그러나 기호의 역사가로서 그는 두 체계를 명확히 구분하지 않는다. 그러나 들뢰즈는 새로운 영화와 이차 기호체계(second semiotic)의 출현 조건을 가늠하는 데 필요한 몇몇 좌표를 지적한다.

행동-이미지의 위기는 운동-이미지의 구성 기반인 감각-운동적 도식의 약화와 그에 따른 붕괴를 포함한다. 감각-운동적 도식은 이미지와 그에서 파생하는 내러티브 논리에 제한적 의미를 부여함으로써 운동을 물리적 궤적 또는 공간 내 변형에 국한한다. 이 경우 감정은 화면을 이루는 공간적 이미지로 변형되어야 한다. 이 과정은 작용-반작용, 갈등과 해결의 계열을 요구하는 상황적 가능성을 창출한다. 감각-운동적 도식 전체는 공약 가능성을 규칙으로 하는 유기적 구성으로서 전개된다. 여기서 한편에는 부분들 간에 이루어지는 운동이, 다른 한편에는 작용-반작용의 그물이 직조되는 몽타주가 있다. 어떤 경우든 이미지는 정밀한 시공간적 좌표를 가지며, 이 좌표들은 한 이미지에서 다른 이미지로의 연장을 예측할 수 있도록 밑그림을 그려준다. 변화의 유도체 및 매개체는 일종의 운동성이다.

임의의 공간에 나타나는 질기호라든가, 행동-이미지의 작은 형식에 나타나는 에피소드적 구조는 또 다른 변화의 이미지를 예시한다. 여기서 임의의 공간에 나타나는 탈영토화라는 특유한 질은 매우 중요하다. 이 공간은 그것이 표현하는 가능성과 관련해서 실재적 접속이나 잠재적 접합접속을 구성한다. 여기서 실재적 접속은 장차 도래할 환경 또는 상황이 출현하는 공간으로서 감각-운동적 도식과 연관된다. 질기호는 무한하지만, 곧 그를 한정하는 궤적 내에 포획된다. 감각-운동적 도식은 유리수적 간격과 유기적 구축물을 통해 행동의 노선을 구성함으로써 이미지의 시공간적 좌표를 결정한다. 행동-이미지 내에서 임의의 공간은 언제나 행동을 요구하는 상황들로 변형된다. 간단히 말해서 실재적 연결은 가능성이 현실화함을 의미한다.

그러나 감각-운동적 도식이 붕괴하면 새로운 잠재력을 가진 집합이 이미지 내에서 열리게 된다. 일단 몽타주의 간격이 유리수적인 것에서 무리수적인 것으로 변한다. 이미지는 작용-반작용과 원인-결과의 구부러진 경로를 따르는 시공간적 계열에서 벗어나 '무정형의 집합' 또는 '탈접속된'(déconnect) 공간이 된다(MI, 120/169). 미리 규정된 궤적이 부재한 상태에서 이미지는 오직 탈연쇄(dé-enchaînment)되고 총체화 불가능한 시공간 블록으로서만 계열 내에서 전개될 수 있다. 탈접속된 공간은 그 특이성 때문에 가장 참된 의미에서 '임의의 공간'으로 규정된다. 그것은 무한한 공간이 아니라 규정되지 않은 공간, 잠재적 접합접속과 우발적 가능성들의 집합이다. 이미지가 더 이상 행동이나 갈등의 완수에 소진되지 않을 때, 그것은 이미지의 기능과 잠재적 의미작용이 모두 변화하는 텅 빈 공간이 된다. 이미지는 독해를 위한 공간이 되며, 보기와 듣기는 행동을 따르는 것이 아니라 해독의 행위가 된다. 즉, 이미지는 동화되거나 반작용될 행동-이미지가 아니라 가독적 이미지, 즉 가독기호(lectosign)[45]가 된다.

이것이 들뢰즈의 **시지각기호**(opsigne)와 **음향기호**(sonsigne), 즉 순수한 시지각적-음향적 이미지다. 시지각기호의 존재와 그 정의는 시간-이미지의 영화에 대한 선행조건이다. 그들은 이차 순수 기호체계를 유발한다. 들뢰즈는 감각-운동적 도식의 침식과 시지각기호의 출현을 역사적 관점과 철학적 관점에서 정당화한다. 역사적 설명은 다소 일반적인 개괄이지만 많은 시사점을 던져준다. 행동-이미지와 감각-운동적 도식이 규정하는 영화에 대한 가장 강력한 도전은 네 개의 조류와 함께 발생한다. 오즈 야스지로의 영화(특히 제2차 세계대전 후의 작품들), 1940년대 말 이탈리아 네오리얼리즘의 출현, 1950년대 프랑스 누벨바그, 1960년대 뉴 저먼 시네마가 그것이다. 특히 유럽 영화의 경우, 모던 영화 스타일은 제2차 세계대전으로 황폐화된 사회의 경험과 점진적 재건 ——물질적·정신적으로 모두——에 그 뿌리를 둔다. 버려지고 텅 빈 공간의 이미지는 일상생활 내로 밀려들었다. 혹자는 「독일 영년」에서 공동화된 지역과 잔재만 남은 거리, 파괴된 빌딩들이 늘어선 베를린의 도시 풍경을 연상할 수 있을 것이다. 이 이미지들이 네오리얼리즘의 환경(milieu)으로 출몰하게 됐음은 의심의 여지가 없다.

그러나 들뢰즈에게 더 중요한 것은 탈접속된 텅 빈 이미지들에서 파생되는 내러티브 논리다. 이 논리에서 "인물들은 감각-운동이 유발하는 상황보다 오히려 **순수 시지각적-음향적 상황**(situations optiques et sonores pures)을 규정하는 어슬렁거림, 목적 없는 방황 내에 있다. 이때 행동-이미지도 산산이 흩어지지만, 그와 동시에 결정된 장소들의 경계도 흐릿해지며 임의의 공간들이 솟아 오른다. 이 공간에서 두려움과 초연함이라는 현대적 정서가 부상할 뿐만 아니라 참신함, 극단적 속도와 끝없는 기다림이 펼쳐진다"(MI, 120~121/169). 여기서 일종의 포스트모던한 정신 상태, 즉 민주

---

45) (옮긴이) 가독기호(lectosign)에 대해서는 4장을 참조하라.

주의든 사회주의든 거대한 유기적 이데올로기의 관점이나 이미지를 현실에 대한 부분적·우발적 묘사 이상의 무엇으로 간주하는 신념 등 각종 총체성에 대한 믿음이 흐트러지기 시작하는 것을 추적해볼 수 있을 것이다.

총체적 또는 유기적 이데올로기에 대한 불신, 포괄적 상황에 대한 믿음의 쇠락은 행동-이미지의 내러티브적 기초와 그 논리에 대한 문제제기로 이어진다. 실제로 모던 영화에서 주인공들의 목적 없는 방황은 탈영토화의 형상 자체, 즉 행동의 노선이 사라지고 느슨하게 연결된 상황들의 미로의 출현이다. 이런 맥락에서 큰 형식(SAS′)은 그 생명력과 설득력을 상실한다. 거대 이데올로기 또는 포괄적 상황의 동기화가 결핍된 내러티브는 결정적 행동에 초점을 맞추지 못한다. "행동이나 플롯은 분산적 집합, 열린 총체성 내의 구성물이 될 뿐이다."(MI, 205/277) 마찬가지로, "ASA′ 구조도 이와 유사한 비판을 받기 쉽다. 미리 결정된 이야기가 없는 것처럼, 어떤 상황의 결과를 예측할 수 있는 사전 행동이라는 것도 없다"(MI, 206/277). 영화는 이미 일어난 사건을 기술하기보다 "진행 중인 사건에 도달하는 데 필연적으로 몰두한다"(MI, 206/278). 작은 형식은 결국 채워질 균열과 결론을 통해 해결될 모호함을 약속하는 생략적 내러티브가 아니라 진정으로 에피소드적 구조 속으로 풀려 나간다. "우리는 더 이상 상황을 변경하는 행동을 상황이 유발할 수 있다고 믿지 못한다. 어떤 상황이 부분적으로 스스로를 드러내도록 강제하는 행동이 있을 수 있다고 여길 수 있을 뿐이다. 가장 '건전한' 환영이 붕괴된다. 모든 곳에서 타협적으로 해결돼야 하는 첫째 사안은 상황-행동, 작용-반작용, 자극-반응의 연결, 간단히 말해 행동-이미지를 산출했던 감각-운동적 연결이다. 리얼리즘은 그 모든 폭력에도 불구하고——또는 감각-운동적인 것으로 잔존하는 모든 폭력과 더불어——사물들의 새로운 상태, 즉 통합기호들이 분산되고 지표들이 혼동되는 상태를 간과한다. 우리는 새로운 기호가 필요하다."(MI, 206~207/278~279)

이 새로운 기호들이 시지각기호와 음향기호다. 행동-이미지가 풀려나갈 때, 시지각기호들의 전제조건은 다섯 가지 척도에서 뚜렷해진다. 첫째, 이미지들을 한정하는 집합들은 포괄적·유기적인 것이 아닌 분산적인 것이 된다. 이는 집합을 이루는 부분들의 약화와 풀림을 수반한다. 둘째, 내러티브의 조직은 유발의 행동이 아닌 우연에 따른다. 셋째, 주인공들은 더 이상 행위자가 아니다. 이제 그들은 방황하거나 관찰한다. 그들이 헤매는 미로의 길이 감각-운동적 행동이나 상황의 전개를 대체한다. 현대적 여행은 "임의의 공간——컨테이너 적재 장소, 버려진 창고, 도시의 특징 없는 건물——에서 일어난다. 이는 이전의 리얼리즘에서 대부분의 행동이 한정된 시공간에서 전개됐던 것과 대조적이다"(MI, 208/280). 넷째, 실재적 접속에 대한 믿음과 포괄적 이데올로기라는 맥락 없이, 행동-이미지는 상투구(cliché)들로 대체된다. 여기서 이 단어가 '진부한 이미지들과 스냅 사진들'이라는 뜻과 '무작위적 인상들'이라는 의미를 모두 가지고 있음을 염두에 두어야 한다. "부유하는 이미지들은 …… 외부 세계에서 순환하지만, 그것은 또한 우리들 각자에게 스며들어 내면적 세계를 구성한다. 사람들은 심리적 상투구를 통해 생각하고 느끼며, 생각하고 느끼는 바를 통해 심리적 상투구만을 가진다. 그 결과 그들은 그들 자신이 주변 세계에 있는 많은 상투구 중 하나라고 느끼게 된다. 심리적·시각적·음향적 상투구가 상호적으로 스스로를 양육한다. 사람들이 자기 자신과 세계를 지탱하기 위해서는 불행이 의식 내면에 다다라야 하고 그 결과 내면이 외부와 같아져야 한다." (MI, 209/287) 다섯째, 의미와 믿음의 쇠락을 유발하는 상황과 관련해서, 총체성의 관념은 인물들이 포획되는 수수께끼 같은 포괄적 플롯으로서 재출현한다. 이는 종종 반어적 형식(「자전거 도둑」〔*Ladri di biciclette*, 1948〕), 패러디 형식(「알파빌」〔*Alphaville*, 1965〕), 편집증의 형식(「심판」〔*La Procès*, 1962〕)으로 나타난다.

들뢰즈는 이 다섯 가지 척도를 아직 직접적으로 시간 이미지를 구성하지는 않으나 모던 영화의 출현에 필요한 외피(envelope) 또는 '외적 필요조건'으로 정의한다. 예컨대 우리는 이 척도로 히치콕의 후기 고전주의를 프랑스 누벨바그의 혁신과 비교할 수 있다. 들뢰즈의 관점에서 이 두 국면은 사유의 정신적 이미지 또는 형상의 구축과 연관된다. 일례로 고다르는 "이미지들이 내면적·외면적으로 상투구가 된다면 어떻게 그것들 모두에서 하나의 이미지, '단지 하나의 이미지', 자율적인 정신적 이미지를 추출할 수 있는가?'라는 질문을 던지는 듯하다"(MI, 214/289). 이미지 및 운동에서 사유의 정의가 변화하는 것일까? 히치콕은 순수 시지각적 상황의 가능성을 도입하면서, 운동-이미지의 영화를 완성하거나 연장하지 않고 프랑스 누벨바그에 선행해서 "지각을 그 운동적 연장선상에 있는 행동과 절연시키고, 지각을 상황에 결합하는 끈을 풀고, 감정을 인물에 대한 종속에서 해방시키는 것이 가능함을 예시했다. 그러므로 새로운 이미지는 영화의 완성이 아니라 영화의 변이가 될 것이다. …… 정신적 이미지는 관계들의 집합을 짜는 데 안주하지 않고 새로운 실체를 형성해야 한다. 그것은 진정으로 사유와 사유함이 되어야 했다. 설령 그 때문에 영화가 '난해한' 것이 되어야만 했을지라도 말이다"(MI, 215/289). 간단히 말해서 들뢰즈는 행동에서 지각을 절연하는 것이 지각을 사유에 접촉케 한다고 봤다. 이 관념은 직접적 시간 이미지가 정의되는 근거다.

퍼스의 경우 삼차성은 가능한 논리적 범주의 한계를 긋는 것이었다. 관계는 운동-이미지의 발전에 있어 논리적 귀결처럼 나타난다. 여기서 정신적 이미지는 관계들의 전체를 표현하는 프레임을 산출한다. 그것은 전체 내의 변화들이 반영하는 가능한 모든 순열들을 규정함으로써 운동-이미지의 변형 가능성을 제한한다. 그런데 여기서 이미지들의 구성에 대한 또 다른 관점이 가능하다. 이 관점은 이전과 완전히 다른 방식으로 운동을 전체 내에서 회복한다. 순수 기호체계의 두번째 차원은 이미지와 기호의 상관관계가 전도될 때 발생한다. 이때 기호는 더 이상 운동으로서의 이미지에서 파생되지 않는다. 오히려 시지각기호가 이미지를 산출한다. 이 기호는 이미지의 질료를 특수화하고 기호에서 기호로 이미지의 형태를 구성한다. 운동-이미지에 특징적인 분화와 특수화의 논리는 공간 내의 외재성과 연장성에 기초한 전체의 이미지를 구축한다. 이는 유기적 구성의 논리를 통해 하나의 운동-이미지를 또 다른 운동-이미지와 연결하는 몽타주의 관념에서 표현됐다. 그 연결을 통해 시간의 간접적 이미지는 공간 내의 궤적으로 그려졌다. 그러나 감각-운동적 도식이 붕괴될 때 운동의 간격은 또 다른 가치를 지닌다. 시지각기호는 공간 내의 연장성보다는 운동의 정의를 변화시키는 내면성과 연관된다. 한편에서 운동은 시간 내 사유가 되고, 다른 한편에서는 변화의 형식보다 시간이 선행하게 된다. 이 새로운 시간관은 "우주를 일상과, 지속 가능한 것을 변화 가능한 것과 연관시킨다. ⋯⋯ 이 시간은 변화하는 것의 불변하는 형식인 단일하고 동일한 시간이다. ⋯⋯ 이것은 곧 시간과 사유를 지각 가능하게 하고, 볼 수 있고 들을 수 있는 것으로 만드는 시지각기호의 아주 특별한 연장이다"(TI, 17∼18/28∼29). 이때 이차 기호체계를 정초하는 문제는, 시간 내 운동을 공간 내 운동과 어떻게 구별할 것인가 하는 것이다. 이제 퍼스는 안내자가 되지 못한다. 대신 들뢰즈는 라이프니츠와 니체를 경유하면서 베르그송에 대한 독해를 연장한다.

4. 시간과 기억, 질서들과 역량들

"영화는 시간이 지각으로 주어지는 유일한 경험이다."
—장-루이 쉐페르, 『영화의 평범한 인간』(1980)

운동-이미지는 지속을 이미지 또는 시간의 공간화로 깨닫거나 이해할 수 있는 한 가지 방법을 제공한다. 베르그송이 말하듯 행동이 시간의 '주인'인 한에서 지각이 공간의 주인이라면, 이미지에서 행동이 더 이상 시간의 주인일 수 없을 때, 즉 지속이 더 이상 운동에서 행동으로의 이전으로 측정되지 않을 때 어떤 일이 벌어지는가? 운동은 무엇이 되며 어떤 종류의 이미지가 형성되는가?

들뢰즈에 따르면, 이탈리아 네오리얼리즘의 등장으로 영화에서 직접적 시간 이미지가 출현하는 데 필요한 조건이 정립되었다. 이 이미지의 기본 특질을 인식했던 사람은 앙드레 바쟁으로, 그의 리얼리즘 미학은 일상생활에 대한 특정한 시각을 기초로 한다. 그의 시각에서는 이미지의 독특한 지속을 통해 그려지는 모호하고 생략적이며 해독되지 않은 사건들, 그리고 그 사건들 간에 섬세하게 약화된 접속이 일상생활이다. 그러나 들뢰즈에게 있어 시간-이미지는 운동의 초월 못지않게 실재의 초월을 요한다. 이미지는 공간 내의 외재성이나 연장성으로부터 정신적 관계 또는 시간 내의 발생으로 선회해야 한다. 이것이 곧 이차 순수 영화 기호체계의 모태다.

"운동-이미지, 지각, 행동, 감정이 모두 상당한 격변을 겪는다면, 이는 무엇보다도 새로운 요소가 출현했기 때문이 아닌가? 지각이 사유와 접촉하도록 하기 위해 행동으로 연장되는 것을 가로막고, 운동을 초월한 새로운 기호의 요구에 이미지를 종속시키는 새로운 요소 말이다."(TI, 1/7~8)

이 새로운 요소는 운동-이미지를 그 논리적 결과를 향해 밀어붙이는 행동-이미지의 위기였다. 들뢰즈에 따르면, 여기서 운동을 넘어서기 위해 세 가지 반전이 요구된다. 첫째, 이미지는 행동-이미지를 넘어서 순수 시지각적-음향적 이미지가 됨으로써 감각-운동적 도식에서 해방되어야 한다. 둘째, 이미지는 "시간-이미지, 가독적 이미지(image lisable), 사유하는 이미지(image pensante)의 직접적이고도 역량 있는 계시를 향해 열려야 한다. 이런 과정을 통해 시지각기호와 음향기호가 시간기호, 가독기호, 정신기호로 소급된다"(TI, 23/35). 마지막으로 운동의 질이 새롭게 정의되어야 한다. 운동은 무리수적 간격들로 한정되는 순수 시지각적 이미지에도 존재한다. 운동-이미지가 완전히 사라지는 경우는 없다. 오히려 운동은 감각-운동적 이미지에서 공간적 절편들의 연속으로 재현된 행동에 더 이상 국한되지 않는다. 운동-이미지가 궁극적으로 전체의 이미지, 즉 공간 내의 연장성과 항상-팽창하는 유기적 총체성에 기초하는 반면, 시간-이미지는 **전체**, 보편적 생성, 변화 또는 창조적 진화에 대한 직관에서 파생된다.

시간-이미지의 영화에서는 새로운 몽타주 형식이 생겨난다. 몽타주는 더 이상 전체의 이미지나 퍼스의 세 가지 범주에 국한되지 않고, 이미지와 음향의 관계, 이미지를 탈연쇄하는 무리수적 간격들에 기초한다. 이런 맥락에서 임의의 공간은 접속이 끊어진(disconnected) 자율적 이미지가 되어 세 가지 새로운 역량을 정의한다. 그렇다면 이차 순수 기호체계의 과제는 모던 영화가 구성하는 구체적 이미지들과 연관해서 이 세 가지 역량들을 정의하는 것이다. 『시간-이미지』는 지엽적인 여러 주제를 복잡하게 다루고 있지만 결국 세 가지 종류의 기호, 즉 가독기호, 시간기호, 정신기호에 대해 논한다. 이 기호들은 곧 묘사, 서사, 사유라는 철학적 문제로 소급된다.

가독기호는 묘사의 새로운 형식, 즉 결정체적 묘사 또는 결정체적 이미지를 구축한다. 결정체적 이미지는 일차 기호체계의 유기적 이미지와 대립된다. 이 이미지는 더 이상 대상에 대한 아날로그적 또는 공간적 표현에 소모되지 않는다. "이미지의 시각적 요소 및 음향은 내적인 관계로 접어든다. 이는 전체 이미지가 보여야 할 뿐만 아니라 '읽혀야' 함을 뜻한다. ……이들을 책처럼 구성하는 것은 지각 가능한 세계의 '문자성'(littéralité)이다."(TI, 22/34) 가독기호라는 용어는 스토아학파에서 '대상과의 관계에 의존하지 않는 명제로 표현되는 것'을 지칭하는 'lekton'이라는 단어에서 파생됐다.[1] 가독기호는 비지시적 또는 비대상적 이미지라는 의미에서의 순수 영화를 가리키는 것이 아니다. 오히려 지시성의 척도는 "대상을 대체하려는 경향을 띠는 내적 요소들 및 관계들에 종속된다. 그것들은 대상이 출현하는 곳에서 대상을 삭제함으로써 끊임없이 대상을 전치한다. …… 영화는 이미지의 분석 도구로 변모하면서 데쿠파주의 새로운 개념을 암시한다. 곧 기존과는 다른 방식으로 작동하는 전체적 '교육학'이 된다"(TI, 22/34). 사라지는 것은 지시체가 아니라 기존의 묘사, 즉 실재적인 것과 상상적인 것 또는 원본과 사본의 분별 가능성에 기초하는 묘사다.

순수 시지각적 이미지나 음향이 운동의 작용에 근거한 이미지를 대체할 때, 결정 불가능성 또는 분별 불가능성의 원리 때문에 객관적인 것과 주관적인 것의 구별이 그 효력을 상실한다. 감각-운동적 묘사는 객관적인 것과 주관적인 것, 실재적인 것과 상상적인 것을 결정하는 수단인 지시체나

---

1) 이 개념에 대한 압축적 논의(특히 『의미의 논리』에서의 논의와 관련한)로는 로널드 보그의 『들뢰즈와 가타리』 pp.71~73를 참조하라. 'Lekta'는 역설적 속성을 지닌 '표현가능태'다. 사물과 단어는 모두 '물리적 외양, 논리적 속성, 표현 가능한 개념'의 질을 동시적으로 전달한다.

대상의 독립성을 필요로 한다. 들뢰즈는 이러한 상황을 로브-그리예의 이론과 그 소설의 신-사실주의적 묘사의 실행 방식과 대조한다. "우리는 그런 상황에서 더 이상 무엇이 상상적이고 무엇이 실재적인지, 무엇이 물리적이고 무엇이 정신적인지를 알지 못한다. 그 모든 것이 혼동되기 때문이 아니라, 우리가 더 이상 그런 것을 알 필요가 없고 심지어 그런 것을 질문할 장소조차 없기 때문이다. …… 〔신-사실주의적 묘사는〕 그 자체의 대상을 **대체**하기 때문에 상상적인 것을 관통하는 실재적인 것을 지우거나 **파괴**한다. 그러나, 다른 한편으로 이런 묘사는 상상적인 것 또는 정신적인 것이 발화와 시각을 통해 **창조**하는 모든 실재를 강력하게 드러낸다."(TI, 7/15)[2]

시간기호는 순수 시지각적-음향적 이미지에서 파생된다. 감각-운동적 상황이 사라질 때, 운동의 질은 시간과 관련해서 변화한다. 시간이 더 이상 간접적 이미지로서 운동의 척도가 되지 못할 때, 운동은 시간에 대한 관점이 되면서 새로운 몽타주 형식 및 내러티브를 개척한다.

또한 시간기호는 시간의 초월론적 형식을 표현한다. 시간에 대한 경험적·연대기적 관점은 과거나 미래를 현재의 연속선상에서 현재에 앞서거나 뒤따르는 자기-유사적 순간들로 측정한다. 이때 시간은 간접적 이미지, 즉 그 자체로 움직이지 않는 연속체의 공간적 절편화로 파악된다. 경험적 형식에서 시간은 운동이 측정되는 간격 또는 분화와 통합을 통해 숭고한 총체성의 이미지로 연장되는 전체로 주어진다. 그러나 현재를 더 정밀하게 들여다보면, 실재적 운동, 변화로서 시간의 순수 형식인 생성의 운동이 있음다. 이때 '과거가-되는-현재'나 '미래가-되는-현재'와 구분되는 다른 현재는 없다. 시간은 공간적 순간들이 연대기적·연속적으로 부가되지 않고, 지나가는 현재와 보존되는 과거와 비결정적 미래로 끊임없이 나뉜다.

---

2) (옮긴이) 로브-그리예의 신-사실주의적 묘사에 관해서는 이 책 227쪽의 옮긴이 후주를 참조.

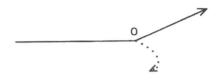

들뢰즈는 이를 시간의 가장 근본적인 작용이라 한다. "과거는 '그 자신이었던' 현재 이후에 구성되는 것이 아니라 현재와 같은 시간에 구성된다. 따라서 시간은 매 순간마다 본성상 다르지만 동일한 것에 이르는 현재와 과거라는 각각의 계기로 나뉘어야(se dédouble) 한다. 시간은 상호 이질적인 방향으로 나뉘어야 하며, 이때 나뉜 둘 중 하나가 과거로 전락하는 동안 나머지 하나는 미래로 향한다. 시간은 분열되는 동시에 놓이고 펼쳐져야 한다. 시간은 두 개의 비대칭적 분출구로 분열되는데, 하나는 모든 현재를 지나가게 하며 다른 하나는 모든 과거를 보존한다." (TI, 81/108~109)[3]

시간의 직접적 현시는 근본적으로 역설적이다. 시간은 단지 지나갈 뿐 다른 식으로는 될 수 없기 때문에 현재는 그 자신이 될 과거와 공존하며 과거는 그 자신이었던 현재와 분별 불가능하다. 이는 두 가지 근본적인 유형으로 나뉘는 세 가지 시간기호를 낳는다. 처음의 두 가지 직접적 이미지는 **시간의 질서**(ordre du temps)를 포괄한다. 들뢰즈는 이를 '현재의 첨점들' (pointes de présent) 혹은 '과거의 층들 또는 시트들' (couches ou nappes du passé)[4]이라고 묘사한다. 이들은 시간의 경과 내부의 관계들을 나타내는 지형학적 표현이다. 현재의 첨점들에서 외부적 연속으로서의 시간은 각

---

3) 들뢰즈는 이 다이어그램을 베르그송의 세번째 도식으로 간주한다. 들뢰즈가 논의하는 다른 다이어그램과는 달리 세번째 다이어그램의 출처는 『물질과 기억』이 아니다. 대신 들뢰즈는 『정신-에너지』의 "기억이 어떻게 형성되는가?"에 대한 논증, 특히 p.130에서 이 다이어그램을 도출한다. 여기서 들뢰즈가 제시하는 관념은 자신의 주요 철학적 작업에서 가장 강력한 공통적 실마리 중 하나다. 이는 특히 『니체와 철학』에서 영원회귀에 대한 재독해 과정, 그리고 『차이와 반복』에서 시간의 세 가지 종합을 제시하는 과정에서 잘 나타난다. 이에 대해서는 5장에서 다시 논의할 것이다.

점들을 가로지르는 양적 도약으로 대체된다. 여기서 시간은 현재의 현재, 과거의 현재, 미래의 현재로 동시에 파편화된다. 한편 과거의 층들 또는 시트들에서 연속은 과거 층들의 지형학적 변형으로 대체된다. 이 층들은 비연대기적이고 불연속적인 질서를 갖지만 서로 공존한다.

우리는 실재적인 것과 상상적인 것 간의 분별 불가능한 구별이 아니라 …… 과거의 층들 간의 결정 불가능한 선택지들, 또는 현재의 점점들 간의 '설명 불가능한' 차이들에 관여한다. 이제 유효한 것은 실재적인 것과 상상적인 것이 아니라 참과 거짓이다. 실재적인 것과 상상적인 것이 이미지의 매우 특수한 조건에서 분별 불가능한 것처럼, 참과 거짓은 이제 결정 불가능하거나 설명 불가능해진다. 불가능한 것은 가능한 것에 선행하며, 과거가 필연적으로 참인 것은 아니다(TI, 274~275/359).

두번째 근본적 유형을 구성하는 세번째 시간기호는 **계열로서의 시간**을 조직한다. 시간의 경험적 연속에서 현재는 이전의 것을 이후의 것과 분리하는 단층선이다. 계열은 시간의 내재적 질인 생성에서 출현한다. "계열은 이미지들의 시퀀스로서, 어떤 경계를 향한 방향성을 내포하고 있어서 스스

---

4) (옮긴이) 층에 해당하는 단어로 영역판에서는 'layer' 하나만을 사용했지만 불어 원본에서는 'gisement'과 'couche'를 혼용하고 있다. 'gisement'은 광맥, 광석을 뜻한다는 점에서 맥(脈)이라는 번역어로 구별 가능하다. 그에 비하면 'couche'는 영어의 'layer'처럼 층(層), 계층, 표층 등의 다양한 용례로 쓰인다. 이 두 단어가 모두 지질학적 뉘앙스를 담고 있으며 이런 뉘앙스는 모두 들뢰즈가 전개하는 시간기호의 특성들과 밀접하게 관련된다는 점에서 여기서는 층으로 통일했다. 한편 시트의 불어 원어인 'nappe'는 식탁보, 상보나 (물, 눈, 얼음의) 평면을 가리킨다. 이 말은 상이한 수준의 과거가 손수건이나 식탁보처럼 무한히 접혀지고 펼쳐질 수 있으며, 그 가운데서 과거의 상이한 평면들이 만날 수 있음을 함축한다(1장에서 해설한 빵장수의 변형을 참조할 것). 영역판에서 채택한 'sheet'는 (종이, 손수건, 식탁보 등의) 장이라는 뜻으로, 원어의 뜻을 어느 정도 표현하고 있다. 이렇게 볼 때 장으로 번역하면 무난하겠으나 이럴 경우 너무나 자주 등장하는 'champ'의 역어인 장(場)과 혼동될 여지가 있다. 이를 구분하기 위해 시트라는 역어를 거칠게나마 사용했다.

로 시퀀스(이전)를 발동시키고 그 방향을 잡는 동시에, 또 다른 경계를 향한 방향성을 내포한 다른 계열로서 조직되는 또 다른 시퀀스(이후)에 자리를 넘긴다. 여기서 이전의 것과 이후의 것은 더 이상 시간이라는 과정의 연속적 결정이 아니라 역량의 양면 또는 한 역량에서 더 높은 역량으로의 이행이다. 직접적 시간-이미지는 공존이나 동시성의 차원이 아닌 잠재력 만들기로서의 생성, 역량의 계열로서의 생성[5]에서 나타난다."(TI, 275/360)

우리는 계열에서 이미지들의 시퀀스를 가로지르는 변화 또는 변신(métamorphose)[6]을 보게 된다. 그것은 상태, 질, 개념 또는 정체성의 변형이다. 이것이 들뢰즈가 시간의 세번째 직접 이미지를 발생기호(génésigne)라 부르는 이유다. 여기서 참과 거짓의 구분은 다시 변형된다. 발생기호는 진리의 관념에 의문을 제기하는 거짓을 만들 수 있는 역량을 제시한다. 그러나 이는 환영이나 기만으로 거짓을 극복하는 것이 아니라, 오히려 시간이 갖는 생성의 힘을 긍정하는 것이다. 이 힘은 변화의 가능성과 새로운 것의 출현 가능성을 끊임없이 갱신하는 힘이다. "이런 점에서 발생기호는 몇 가지 인물을 제시한다. 때때로 …… 그는 '권력의지'로서의 계열을 상당히 많이 형성시켜 세계를 우화(fable)로 탈바꿈하는 인물이다. 그리고 때때로, 그는 이야기 꾸미기(fabulation)를 통해 과거의 민중 또는 도래할 민중과 자기 자신을 연결해서 스스로 경계를 넘나들고 또 다른 인물로 변모한다."(TI, 275/360) 이 이미지들은 현대 미디어에서 배척되는 정체성의 창조나 출현을 모태로 하는 여러 영화들, 특히 탈식민주의 영화에서 강력하게 나타난다. 들뢰즈가 이야기 꾸미기라 일컫는 언표행위를 통해, 계열은 아직

---

5) '생성', '되기'(devenir)라는 개념은 『천 개의 고원』에서 충분하게 논의된다. 특히 「1730년 : 강렬하게-되기, 동물-되기, 지각 불가능하게-되기」를 참조하라. 이는 6장에서 다시 논의할 것이다.
6) (옮긴이) 들뢰즈는 『시간-이미지』의 「거짓을 만들 수 있는 역량」 장에서 오손 웰스의 작품들을 니체적인 관점에서 거론하면서 '변신'이라는 단어를 쓴다. 이 말은 니체적인 함의를 띠고 있다.

없는 민중을 창안하는 데 부합하는 타자-되기(devenir-autre)를 표현한다. 이 도래할 민중에게, 지배적 영화 담론의 변종은 집단적 언표행위의 수단이 될 수 있다. 이것이 『카프카』의 소수적 문학 개념과 유사한 소수적 영화(minor cinema)다(이는 6장에서 다시 다룬다).

결국 운동은 공간의 묘사를 사유의 기능에 종속시키는 힘으로 재규정된다. 시간-이미지의 정신기호는 더 이상 기호적 질료의 분절과 변조에만 근거하지 않는다. 이차 순수 기호체계에서 묘사와 서사는 시간 내 형식이자 시간의 형식인 '사유 형식'에 뿌리내린다. 이는 일종의 영화적 칸트주의, 시간의 형식 내에서 사유함의 정초(fondement),[7] 이미지에서의 『순수 이성비판』일 것이다. 운동-이미지와 대립되는 "카메라-의식은 …… 더 이상 그것이 뒤따르거나 만들 수 있는 운동으로 규정되지 않는다. 오히려 카메라-의식은 그것이 진입할 수 있는 정신적 관계들로 규정된다. 또한 카메라-의식은 논리적 접속어의 목록(또는, 그러므로, 만약, 왜냐하면, 사실상, 그럼에도 불구하고)과 호응해, 또는 시네마 베리테에서의 사유의 기능과 호응해 묻고, 답하고, 반대하고, 자극하고, 정리(定理)를 수립하고, 가설을 세우고, 실험한다. 루슈가 말했듯, 시네마 베리테가 의미하는 것은 영화의 진실(vérité)[8]인 것이다"(TI, 23/35).

---

7) (옮긴이) 정초 및 관련 개념어에 대한 설명은 이 책의 5장 및 관련 각주를 참조하라.

8) (옮긴이) 들뢰즈 사유의 맥락에서 'truth'(vérité)는 '진리', '진실'로 모두 번역 가능하다. 들뢰즈는 철학사에서의 이성 본위적인 진리 탐구를, 소설가들(프루스트, 보르헤스, 베케트, 로렌스) 및 영화작가들의 진리 탐구와 비교하고 둘을 경쟁시킨다. 그러므로, 넓은 의미에서 'truth'는 '(인식론적인) 진리'라는 역어가 타당하다. 그러나 프루스트의 경우에도 그렇지만 『시간-이미지』에서 이 말은 훨씬 넓은 외연과 내용을 포괄하고 있으며 일상적인 의미에서의 참/거짓 판단에 대한 문제도 아우르고 있다. 이런 점에서 볼 때 진리 이외에도 진실이라는 말을 맥락에 따라 혼용하는 것이 더욱 타당해 보인다. 'true'(vrai)는 '참된'을 기본 역어로 하되 필요에 따라 '진실한'을 썼는데 이렇게 한 까닭은 '참된'이란 말이 포괄적인 의미와 인식론적인 문제 모두를 유연하게 감싸고 있기 때문이다. 한편 'truthful'은 불어에서는 'veridique'에 해당하는데 이 말은 'vrai-'와 '-dique'(dic-; 말하다)의 합성이라는 의미에서 '진리를 말하는', '진실을 말하는' 등으로 옮겼다.

여기서 의식이라는 관념은 사유의 주체를 운동의 기원으로 재현하지 않는다. 이 주체는 들뢰즈가 명백하게 반대하는 데카르트적 이원론, 즉 몸체-기계 내의 자기-활동적 뇌를 암시한다. 우리의 뇌는 거울상의 이미지로 세계를 반영해서 보여주는 것이 아니다. 왜냐하면 베르그송적 의미에서 뇌는 세계와 마찬가지로 이미지이기 때문이다. 오히려 영화는 시간이 우리를 통과하고 우리를 우리 자신과 나누는 상황에서 우리가 어떻게 시간을 통해 시간 내에서 사유할지를 알 수 있게 해준다. 이런 맥락에서 주체에 대한 데카르트적 관념은 작인(agency)이라는 특정한 관념과 함께 사라지고 만다. 대신, 사유는 기계적인 것이 된다. 시간-이미지는 사유의 지도제작으로 조직되는 정신기호를 구성한다. 이 지도제작은 시간으로서의 사유, 시간 내에서 사유의 운동을 시각화한다. 이제 사유의 원인은 작인이 아니라 역량이다. 들뢰즈가 스피노자에게서 채택한 관념에 따르면, 시간의 직접적 이미지가 표현하는 것은 다름아닌 사유의 역량이다. 사유하는 것은 '사유하는 나' 라는 자기-현존적 작인이 아니라 '기계적 배치' 다. 나는 내 안에서 사유하는 정신적 자동기계로 만들어지는 것이다. 다른 맥락에서 들뢰즈는 다음과 같이 말한다.

[스피노자는] 모든 존재가 앎 또는 사유의 역량을 원인으로 지니고 있다는 사실에서 나의 관념이 또 다른 나의 원인임을 연역한다. 이 통일성을 증명하는 것은 무엇보다도 '정신적 자동기계' 라는 용어다. 영혼은 일종의 정신적 자동기계다. 말하자면 우리는 사유할 때 오로지 참된 관념의 형식과 내용을 결정하는 사유의 법칙에 복종한다. 우리는 그 법칙에 복종하면서, 관념 자체의 원인과 우리 자신의 역량에 따라 일련의 관념을 생산한다. 우리가 지성의 역량을 알게 될 때, 우리는 우리 자신의 역량 내로 투입된 모든 사물들을 관념 자체의 원인을 통해 알 수 있다(ES, 140).[9]

『시간-이미지』에서 들뢰즈는 영화가 우리에게 제시하는 이미지 및 내러티브에 그려진 광범위한 역사적 변화가 이 같은 역량을 지배한다는 것을 암시한다. 운동-이미지가 충격을 줌으로써 사유를 유도하는 반면(초기 에이젠슈테인), 시간-이미지는 사유의 역량에 대한 지식을 뒷받침함으로써 그 역량을 증대한다.

따라서 새로운 세 가지 기호는 새로운 질 또는 역량들의 집합을 함축한다. 1장에서 본 것처럼, 시간의 직접적 이미지와 간접적 이미지를 변별하는 문제는 이미지가 사유의 운동 모델을 만드는 방식에 대한 질문을 통해 대략적으로 유도된다. 간접적 이미지는 감각-운동 도식에 제한된다. 작용은 반작용을 통해 공간 내에 스스로를 연장하면서 선형적 연속의 형태로 인과적 내러티브를 발생하며, 이를 통해 운동을 재현한다. 궁극적으로 감각-운동 도식은 총체성과 동일성이라는 **진리**의 이미지로 파악될 수 있는 세계를 함축한다. 항상-팽창하는 유기적 나선의 변증법적 이미지, 그리고 행동이 지배하는 세계에 대한 신념 내에서 사유의 운동은 소진되고 만다. 그러나 이와 대조적으로, 직접적 이미지는 시간의 문제가 진리의 개념을 위기에 빠뜨리는 상황을 제시한다.[10] 이 같은 이미지의 역량은 유기적 팽창성이 아니라 '거짓을 만들 수 있는 역량'이다.

이에 대한 직접적 해명이 필요할 것이다. '거짓을 만들 수 있는 역량'으로 들뢰즈가 제기하는 것은 다원론적 질문, 즉 동등하게 가능하지만 심

---

9) 여기서 들뢰즈는 스피노자의 『지성 개선론』에 대해 논의하고 있다. 벤스메이야는 스피노자에 대한 들뢰즈의 저서가 영화 이론에 미치는 중요성에 대해 훌륭하게 설명한다(Bensmaïa, 1993). 또한 기계적 배치에 대해서는 로널드 보그의 『들뢰즈와 가타리』, pp.130~135를 참조하라.

10) (옮긴이) 이 부분은 『시간-이미지』의 다음 구절을 가리킨다. "사유의 역사를 고려할 때 우리는 시간이 언제나 진리 개념의 위기를 동반하고 있었음을 확인하게 된다. 물론 이것은 진리가 시대에 따라서 변한다는 말이 아니다. 진리에 위기를 불러오는 것은 단순한 경험적인 내용이 아니라 바로 시간의 형식 또는 시간의 순수한 힘이다. 이런 위기는 이미 고대로부터, 정확하게 말해서 '우발적인 미래들'이라는 역설 안에서부터 시작된다."(TI, 130/170)

지어 진실에 대해 불완전하고 상호 모순적이기까지 한 여러 시각들을 허용하는 것에 대한 질문이 아니다. 또한 이는 진실이 불가능하며 모든 것은 환상 또는 허구라는 허무주의적 의문도 아니다. 이는 역사에는 각 시대별로 나름의 진실이 있으며 이것이 이전 시대의 진실을 대체하고, 또한 미래의 다른 진실로 대체될 것이라는 식의 단언도 아니다. 오히려 진실의 조건이 소위 '결정체적 체제'로 바뀐 것이다. 이 결정체적 체제는 유기적 이미지로 표현된 사유의 이미지를 '거짓으로 꾸미지'(falsifier) 않는다. 오히려 시간의 문제가 참과 거짓 간의 관계를 변화시킨다. 유기적 체제에서 진리의 형식은 통일성과 동일성의 형식 하에 부정적인 것을 지배하기 위해 대립 또는 부인으로서의 허위를 필요로 한다. 여기에는 운동이 존재하지만, 이는 넓혀지거나 깊어질 뿐 변화하지는 않는 **진리**의 무역사적 이미지일 뿐이다. 이는 항상-팽창하는 유기적 나선으로 그려지는 사유, 연대기적인 시간의 경과에 따라 하나와 다른 하나가 유리수적(합리적)으로 연결되면서 조직되는 사유다. 또한 유기적 내러티브는 판단의 체계를 가리킨다. 우리는 조사, 심판, 갈등의 과정에서, 한 이해 관계자가 궁극적으로(목적론적으로) 옳은 것과 참된 것을 대표하기 마련이라고 상정한다. 우리는 심판의 주역(주인공), 목격자, 배심원과 더불어 참과 거짓을 판단하면서, 최종적으로 우리가 옳을 것임을 알고 있다.

이와 대조적으로, 거짓을 만들 수 있는 역량에서 사유는 팽창하는 공간적 이미지가 아니라 시간 내에서 또는 시간성으로서 움직인다. 이는 존재가 아니라 생성이다. 진리와 시간 형식의 직접적 관계를 사유하는 것은, 유기적 묘사와 불멸-불변하는 것에 대한 제3의 길, 다른 대안을 찾아야 함을 의미한다. 유기적 체계에서 진실은 오로지 발견되거나 묘사될 수 있을 뿐이다. 그러나 니체적 영감에서 비롯된, 거짓을 만들어내는 서사 또한 존재한다. 이는 참된 것과 거짓된 것의 대립을 없애고 긍정적으로 진리를 창조한다. 들뢰즈에게 있어 일차적 문제는 사유가 어떻게 미리 결정된 결말을 향해 부단히 움직일 것인가가 아니다. 오히려 문제는 베르그송이 말하는 **열림**(Open), 즉 창조적 진화라는 견지에서 어떻게 새롭고 예기치 않은 것을 향해 부단히 움직일까 하는 것이다. 따라서 유기적 체제와 결정체적 체제는 '사유함이란 무엇인가'라는 질문에 각기 대답하는 방식에 따라 질적으로 상이하다. 전자의 경우 사유함은 자기-동일적인 **존재**를 지향하는 동일성을 발견하는 것, 부인과 반복을 통해 개념들을 **발견**하는 것이다. 반면 후자의 경우 사유함은 지속적으로 열리는 **생성** 내에서 차이와 비동일성을 통해 개념들을 **창조**하는 것이다.

그렇다면 시간의 직접적 이미지가 제시하는 것은 "참된 것의 형식을 대체하는 거짓된 것의 변신"(TI, 134/176)이다. 이 변신은 의미의 역설적 형상으로 제시된다. 이런 방식으로 결정체적 체제는 네 가지 문제와 관련해서 유기적 체제와 변별된다. 묘사, 실재적인 것과 상상적인 것 간의 구별, 서사, 판단 또는 진실에 관한 질문이 바로 그 변별의 지점이다. 묘사의 문제는 실재적인 것과 상상적인 것 간의 구별이 **분별 불가능**하게 되는 방식을 포함한다. 서사의 문제는 시간의 질서가 **설명 불가능**한 현재 내 차이들, 참과 거짓이 **결정 불가능**한 선택적 과거를 현시하는 방식을 수반한다. 마지막으로, 가능한 것들의 필연성과 우연성 또는 해석의 개연성을 결정하는 판단의 문제는 **함께 가능하지 않은**(incompossible) 세계들에 대한 분석을 통해 변형된다. 다른 경우가 없다고 단언할 수는 없지만 이런 방식으로, 들뢰즈는 거짓을 만들 수 있는 역량 네 가지를 제시한다. 시간의 직접 이미지에서 과거는 반드시 참일 필요가 없으며 불가능한 것이 가능한 것에 뒤따를 수도 있다. 거짓을 만들어내는 서사는 실재적인 것과 상상적인 것의 분별 불가능성을 넘어서, 현재를 설명 불가능한 차이들 및 참과 거짓을 결정할 수 없는 양자택일의 선택과 대면케 한다.

"우리는 사물들이 존재하는 곳, 즉 공간에서 사물들을 지각하듯이, 사물들이 지나가는 곳, 즉 시간에서 기억한다."
—질 들뢰즈, 『시간-이미지』

차원상의 의미로는, 시간과 공간의 공약 불가능성이라는 일반 원칙에서 거짓을 만들 수 있는 역량이 파생된다. 운동-이미지는 시간을 공간의 또 다른 차원으로 간주할 것을 요구하지만, 직접적 시간-이미지는 공간적 의미에서의 운동이 아니며, 사실상 운동에 대한 철학적 재정의를 요청한다. 이에 대해서는 5장에서 다룰 것이다. 일단 시간과 지각의 관계를 심층적으로 고찰할 필요가 있다.

『운동-이미지』와 『시간-이미지』에서 들뢰즈의 주요 테제는 영화가 지속과 특수한 관계를 맺는다는 것이다. 영화는 운동에서 이미지를 파생하면서, 시-공간 블록을 "변화하는 **전체**, 즉 지속 또는 '보편적 생성'의 움직이는 단면"(MI, 68/101)으로 제시한다. 『운동-이미지』와 『시간-이미지』에서 중요한 것은 영화가 시간에 부여하는 관점이다. 운동-이미지는 사실상 시간-이미지지만 이는 간접적인 것이다. 그것은 전체를 감각-운동적 상황에 기초한 특별한 유형의 몽타주 아래에 둔다. 운동-이미지는 공간을 파편화하고 조직된 행동의 재현에서 쇼트들을 연결한다. 또한 그것은 시간을 정상적 운동으로 간접 제시하는 체계——여기서 지각-이미지, 감정-이미지, 행동-이미지가 조합된다——를 중심으로 그 둘레에 공간을 조직한다. 다른 한편, '비결정의 중심이 운동-이미지의 평면에 발생한 특수한 상황 자체를 활용할 수 있으며, 그 자체가 전체, 시간 또는 지속과 특수한 관계를 맺는다. 아마도 여기에 직접적 시간-이미지의 가능성이 존재할 것이다. 그것은 베르그송이 '기억-이미지'라 부르는 것, 또는 다른 유형의 시간-이미지, 어쨌거나 어떤 경우든 운동-이미지와는 아주 다른 것이 아니겠는가?'(TI,

베르그송주의가 정의하는 기억의 복잡한 형식으로 선회함으로써, 무엇보다 우리는 시간의 직접적 이미지가 갖는 지각 및 묘사와 관련한 함의를 더 잘 이해할 수 있다. 이는 곧 『시간-이미지』에서 베르그송에 대한 세번째 주석과 네번째 주석의 주제다.

3장에서 논의했듯, 베르그송과 들뢰즈 모두 물질 및 이미지와 관련해서 물질과 지각의 차이는 정도상의 차이일 뿐 종류상의 차이는 아니라고 본다. 이때 이미지와 관련해 지각과 기억의 관계는 어떠할까? 지각은 운동에 호응할 수 있는 주체가 운동을 반영하고 중단하거나 또는 저지하는 장소에만 존재한다. 이때 보편적 의미에서의 운동, 즉 빛 또는 에너지의 전파는 물리적 의미에서의 운동으로 변형된다. 이미지의 형성은 운동적 작용으로 실행될 반응을 준비한다. 따라서 여태까지의 정의에 따르면 지각은 한편에서는 감각을 향해, 다른 한편에서는 행동을 향해 열리는 간격이다. 그리고 감각과 행동 사이에 떨어지는 것이 감정(변용)이다. 이것은 이미지나 행동으로 변형되지 않고 질 또는 상태로 존속한다. 감각과 행동 양면을 가로질러 생겨나는 사건들의 범위가 복잡하기 때문에, 간격은 비결정의 중심으로 묘사된다. 여기서 비결정이라는 말은, 분석된 자극이나 지각에 비추어 볼 때 적합한 반응이나 행동으로 선택될 수 있는 반응이 하나로 결정되지 않고 특정 범위 내에 있음을 의미한다.

이 정의는 복잡하든 단순하든 생명을 가진 어떤 실체에도 적용된다. 이때 의식적 지각의 문제, 그리고 이를 넘어서 의식 자체가 어떻게 정의될 수 있을까? 모든 것은 우리가 "사물에 대해 행동하는 생명체의 선택에 달린 비결정의 범위"(MM, 41)를 어떻게 사고하는가에 달려 있다.

간격은 비결정의 중심으로서, 공간 내에서 서로 멀리 떨어진 무수한 지점들을 한층 복잡한 운동적 반응과 연관하는 과정이 진행되는 장소로 정의된다. 베르그송은 이를 순수 지각이라 부른다. 순수 지각은 재현이나 의식 또는 기억의 필요성을 함축하지 않는다. 모든 동식물도 나름의 순수 지각을 갖는다. 베르그송은 순수 지각을 곧 직접적인 지각 전부로 본다. 이는 들뢰즈가 현상학을 다소 회의적으로 취급하는 이유기도 하다. 베르그송은 순수 지각의 개념을 발견적 추상화로 발전시킨다. 이는 직접적 지각을 내면화된 주관적 시각으로 간주하면서 지각과 기억이 단지 강도의 차이를 가질 뿐이라고 주장하는 관념론적 철학과 대조된다. 관념론은 자동운동의 형식이나 신경생리적 반응에 있어 기억이 지각과 그 본성상 지극히 다르다는 것을 파악하는 데 실패한다.

베르그송은 운동과 물질이 공간 내에서 연속적인 관계라고 파악한다. 운동의 관점에서는 몸체와 정신 간의 물리적 나눔이 없다. 한편 기억은 시간 내에서 변위(dislocation)로서의 간격을 요구한다. 직접적 시간 이미지에서 간격은 더 이상 공간 내의 연속성이 아니라 시간 내 변위들의 계열이다. 이 변위들은 현재와 과거 간의 비선형적·비연대기적 관계를 포함한다. 그렇다면 기억은, 지각과 대조적으로 **시간** 내에서 한층 복잡하고 무수한 지점들을 여러 이미지 ── 한편으로는 지각에서, 다른 한편으로는 기억 자체에서 끌고 들어온 이미지 ── 와 연계하는 과정으로 정의될 수 있을 것이다. 시간의 직접적 이미지는 그 과정에 대한 시청각적 지도 그리기다.

명백하게, 시간과 기억은 순수 지각의 분석과는 모순되는 복잡성을 가진다. 베르그송은 지각이 항상 주어진 지속을 점유하며 기억의 노력을 필요로 한다고 한다. 따라서 비결정의 중심이라는 간격의 독특한 시간적 질이 새로운 중요성을 지닌다. 의식은 지각과 동일하지 않다. 실제로 의식은 기억과 더불어, 기억이 지속을 점유하는 과정과 관련해서만 나타날 수 있다. 지각은 생리적 한계 때문에 운동을 여과해 사물의 이미지를 추출한다. 회상은 이 과정을 한층 복잡하게 만든다. 사물에 대한 우리의 주관적 파악은 기억의 작인을 통한 실재의 수축이며, 이는 두 가지 형식으로 나타난다.

하나는 회상의 층들이 직접적 지각의 중핵을 둘러싸는 경우고, 또 하나는 여러 역사적 순간들이 단일 지점으로 응축되는 경우다. 여기서 두 가지 직접적 이미지가 파생되는데, 이것이 과거의 시트들과 현재의 첨점들이다.

들뢰즈의 저서에서 발전되는 시간 관념은 확실히 연대기적인 시간을 가리키지 않는다. 지속과 관련해서 기억(mémoire)은 베르그송주의의 핵심 문제다. 그러나 이는 의식이 우리의 내적인 지속에 국한된다는 뜻이 아니다. 그것은 물질과 기억의 복잡한 연속성을 간과하는 잘못된 개념이다. 오히려 간격의 공간화 및 지속과 관련해서 비결정의 범위는 "사물에 대한 우리의 표상이 …… 우리의 자유로 사물들이 되돌려지고 반영된다는 사실에서 비롯"(MM, 37)될 때의 질적 척도다. 이제 비결정의 가치는 사유와 선택의 자유로 확대되어야 한다. 생존을 위한 습관적·본능적 투쟁과는 구분되는 다른 삶(life)의 과정을 결정하는 것은 베르그송 철학에서 주요한 형이상학적 가치다. 『의식에 직접적으로 주어진 것들에 관한 시론』의 영어판 제목인 『시간과 자유의지』는 이를 잘 대변한다.

시간-이미지는 기억의 이미지다. 더 나아가 들뢰즈에게는 베르그송적 의미의 순수 기억-이미지다. 이제 기억의 근본적 형식에 대한 베르그송의 분석과 관련해 시간-이미지의 변천 과정을 어떻게 파악할지를 질문해야 한다. 순수 지각과 마찬가지로, 순수 기억 또한 발견적 추상화다. 궁극적으로, 들뢰즈의 많은 예시에서 운동-이미지와 시간-이미지의 경계는 변별적인 것이 아니라 유동적이다. 들뢰즈는 시간-이미지의 영화가 출현하는 동안 운동-이미지의 영화가 풍부하게 실현된다고 본다. 직접적 시간 이미지가 탁월하게 드러나는 순수한 시간-이미지의 영화는 극히 적다. 운동-이미지와 혼성 또는 혼합된 경우가 훨씬 일반적이다. 들뢰즈는 기억의 근본적 형식에 대한 베르그송의 논의를 바탕으로 영화에서의 기억-이미지를 탐구하면서, 단순한 것에서 복잡한 것으로 이행하는 베르그송의 방법론을 따른다. 따라서 들뢰즈는 직접적 시간 이미지를 구성하는 요소를 따로 떼어 철저하게 정의하지 않는다. 대신 직접적 시간 이미지는 시지각기호와 음향기호에서 회상-이미지(image-souvenir)로, 그리고 다시 결정체-이미지로 이어지는 개념들의 계열을 통해 점진적으로 스스로를 구별한다.

베르그송을 따라 들뢰즈는 재인(reconnaissance)을 두 가지 형식, 즉 자동적 또는 습관적 재인과 주의를 기울이는(attentive) 재인으로 제시한다. 전자는 감각-운동적 활동 및 운동의 실용적 결과와 연관된다. 습관적 재인은 세계와의 일상적 협상을 지배한다. 가령 "나는 친구를 알아보고 다가가 악수한다", "나는 배가 고파 식료품 가게에 먹을 걸 사러 간다"와 같다. 습관적 재인은 지각의 신호에 따라 결과-지향적 운동을 낳는다. 자극과 반응, 작용과 반작용은 공간 내의 수평적 운동으로 짜여진다. 반면 주의를 기울이는 재인은 시간 속에서의 내적 운동, 즉 사유의 운동으로 발생한다. 지각은 외부 세계에서 물러나고, 대상들은 동일한 층위의 경험(배고프다―구입할 식료품 목록을 짠다―차를 몬다―가게로 들어간다)에 관련되는 대신 재인된 경험의 다양한 층위 또는 평면을 가로질러 지나간다. 습관적 재인에서 감각-운동적 이미지는 일련의 행위를 개시하고 완수한다. 반면 주의를 기울이는 재인에서 시지각적-음향적 이미지는 기억의 층을 가로질러 동요함으로써 정신적 묘사를 행하려는 시도, 하나의 과정을 촉발한다.

운동-이미지에서 시간-이미지에 이르기까지 영화는 두 종류의 묘사, 즉 이미지를 통해 사유의 대상을 구성하는 두 가지 방법을 창출하는 듯하다. 이는 곧 무언가를 통해서 사유하기의 두 가지 태도에 상응한다. 운동-이미지는 유기적이다. 그것은 결과-지향적 연결 속에서 행동 및 행동의 연장과 연결된 내러티브 이미지를 산출한다. 유기적 묘사는 대상의 독립성을 상정한다. 즉 영화화-이전의 공간은 카메라에 의한 묘사보다 앞서 존재하는 실재를 대표한다고 전제된다.

시간-이미지는 비유기적 이미지 즉 결정체적 이미지를 지향한다. 로브-그리예는 소설 및 영화에서 순수 묘사를 시도했다는 점에서 중요한 선구자다. 여기서 시지각적-음향적 이미지는 사물을 표상하지 않는다. 오히려 순수 묘사는 이미지를 사물에 부착하는 지칭(designation)의 고리를 느슨하게 한다. 결정체적 묘사는 잠정적·우발적이다. 그것은 대상을 대신해 지속적으로 그것을 지워나가는 한편 대상을 새로이 창조하고, 마찬가지로 적절한 또 다른 묘사로 대체되며, 이는 앞선 묘사를 변경하거나 심지어는 그와 모순될 수 있다. 결정체적 묘사에서, 이미지는 대상을 통해 유기적으로 충족되는 것이 아니라, "탈-구성되고 다양화된 대상을 구성하는 묘사 자체"(TI, 126/165)가 된다.

결정체적 이미지, 즉 비유기적 이미지는 지각과 기억의 특수한 관계를 상정한다. 순수 시지각적 이미지는 행동 또는 운동으로 연장되는 것이 아니라 그것이 회상하는 회상-이미지와 관계된다. 각각의 현행적 묘사(물리적이고 대상에 관계된)에 대해, 과거 경험에 대한 연상과 기억의 연결에서 회상된 잠재적 기억-이미지(정신적이고 주관적인)가 호응한다. 잠재적 이미지가 현행적 묘사와 관련해 상기될 때마다, 묘사된 대상은 형태를 잃고 새롭게 창조됨으로써 대상이 고무하는 정신적 그림을 확장·심화한다.『물질과 기억』에서 베르그송은 이 과정을 아래의 도식으로 기술한다.

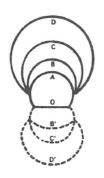

앞의 그림에서 가장 작은 원, 즉 OA는 대상에 대한 최초의 지각과 여기서 연상되는 첫번째 기억을 가리킨다. "뒤이어 주의의 진전 때문에, 지각된 대상뿐만 아니라 이 대상이 결박된 체계가 한층 확장되어 새롭게 창조된다. 따라서 원 B, C, D가 기억의 팽창을 나타내는 한, 그 반영은 B′, C′, D′에서 한층 깊은 실재의 지층(strate)[11]에 도달한다."(MM, 105) 순수 시지각적-음향적 이미지는 이와 유사하게 영화적 묘사를 구성한다. 그것은 행동과 운동을 연장하거나 서로 연결되지 않고, 잠재적 이미지의 팽창하는 원을 형성한다.

주의를 기울이는 재인의 모델은 직접적 시간 이미지를 향한 이행 과정에 있다. 그러나 시지각적-음향적 이미지는 아직 시간-이미지가 아닐 것이다. 운동-이미지는 기억과 상상력에 대한 나름의 형상물, 즉 플래시백, 꿈 시퀀스, 다양한 정신적 주체성의 양상들을 제시한다. 또한 유기적 이미지에서 결정체적 이미지로 미묘하게 이행하거나 이 둘을 다양하게 결합하면서 두 가지 형식을 혼합하는 영화도 많다. 그렇다면 이 둘을 변별하는 가장 좋은 척도는, 상상적인 것이 실재적인 것과 관련될 때 가동되는 방식에 있다. 상상적인 것과 실재적인 것은 대조되거나 대립하는가? 아니면 교차대구를 이루거나 상호 전도될 수 있는가? 유기적 체제에서 실재는 연속적으로 측정되며, 묘사는 촉각적인 것 또는 그 재현의 대상과 연속적인 것으로 가정된다. 공간들은 넓은 의미에서의 유리수적 절편화를 통해, 연속 편집의 지배 하에 연쇄된다. 이때 유리수적 절편화는 이미지를 인과관계의 사슬로 연결하면서 더 큰 유기적 전체에 통합한다. 운동-이미지의 영화가 상상적인 것의 다양한 형상을 포괄한다는 것은 명백하다. 그러나 어떤 경우든 상상적인 것은 실재적인 것으로부터의 이탈로 제시되며, 이는 궁극적

---

11) (옮긴이) 지층은 『천 개의 고원』을 관통하는 핵심 개념이면서 『푸코』에서의 주장들과도 연계된다.

으로 실재적인 것에 대한 믿음을 회복하기 위한 기법으로 활용된다.

플래시백은 이에 대한 흥미로운 시험 사례다. 회상-이미지로서 플래시백은 선형적 인과성을 더욱 잘 회복하기 위해 시간을 거꾸로 돌린다. 우리는 사건의 순서에 대한 이해를 위해 결말에서 시작으로 돌입한다. 이때 회상-이미지는 직접적 시간 이미지에 부합하는 주관적 상관물이 아니다. 왜냐하면 이 경우 현행태과 잠재태가 상호 대조되고 분별 가능하기 때문이다. 회상-이미지는 스스로를 재현하기 위해 과거를 경유해서 이미지를 찾아 나선다. 그것은 순수 기억의 지층을 발굴함으로써 잠재성을 현실화한다. 이런 방식으로, 회상-이미지는 그것이 고취하는 현행적 이미지와 분별 가능하다. 그것은 그 자체로 현행적인 이미지, 정확히 말하면 시발점의 이미지로 고취되는 현실화 과정에 있는, 시작된 조사를 완수하는 과정에 있는 이미지다. 즉 플래시백은 기억의 원이 회복되는 과정을 묘사한다. 최초의 현행적 이미지는 이미지 시퀀스, 즉 최초의 이미지를 필연적으로 유도하는 시퀀스를 회복하기 위해 과거로 뛰어든다.

플래시백이 계속될 때, 주의를 기울이는 재인은 기억에서 이끌어낸 회상-이미지로 연결된다. 이 연결은 습관적 회상의 목적론적 지향성과 감각-운동적 연결을 복원하려는 경향을 보인다. 회상 행위에서 현행태와 잠재태 간의 이행은 간격에 다리를 놓음으로써, 최초의 시지각적 이미지를 회상-이미지 ─── 이것은 시지각적 이미지에 의미를 채워 넣는다 ─── 혹은 운동 행위 ─── 이것은 시지각적 이미지를 소모한다 ─── 와 연결한다. 따라서 플래시백은 기억을 의미하는 경우에도 여전히 운동-이미지 체제에 속한다. 꿈 시퀀스나 왜곡, 불연속, 극단적 주체성을 재현하는 다른 형식에 대해서도 마찬가지라고 말할 수 있다. 이러한 이탈은 감각-운동 도식을 약화하거나 그 범위를 확장할 수는 있지만, 그것이 이탈과 회귀의 모형, 작용-반작용의 연장, 기억-이미지의 현실화로 유형화되는 한 운동-이미지 체제에

머무를 수밖에 없다.[12]

베르그송의 도식에서 들뢰즈가 흥미로워 하는 것은 가장 작은 원이 암시하는 것, 즉 기억 내에서 지각의 '반영'이 가진 논리적 본성이다. 베르그송의 정의에서 OA의 두 이미지는 본성상 서로 다르다. 지각은 공간 내에서 일어나지만 기억은 시간 내에서 일어난다. 주의를 기울이는 재인의 실질적 국면에서, 하나는 다른 하나의 단순한 반영으로 간주될 것이다. 이 경우 지

---

12) 이와 유사하게 들뢰즈는 후기 히치콕이, 운동-이미지와 절연하지 않고서도 운동-이미지의 외피를 그 극한까지 밀고 나간 감독을 대표한다고 말한다. 이에 대해서는 히치콕 영화의 정신적 관계에 대한 들뢰즈의 언급을 참조하라(MI, 197~205/266~276). 여기서 시지각기호를 구축하는 대부분의 척도가 직접적 시간 이미지의 진정한 구축 없이도 수립된다. 결론적으로 『시간-이미지』에 제시된 이차 순수 기호체계에 대한 완전한 설명은, 엄밀히 말해 직접적인 시간-이미지가 아닌 기호 유형들을 포괄한다(TI, 270~279/354~365 참조). 이에 대한 완전한 개요는 다음과 같다.

  1. **시지각기호**는 보이는 것이 행동으로 연장되지 않는 방식으로 감각-운동적 상황과 절연한다.
  1) 기억기호(Mnemosigne), 즉 회상-이미지는 "감각-운동적 상황의 틀 내부로 떨어지는데, 이 이미지는 비록 그 상황의 간격을 늘리거나 팽창하더라도 결국 그 간격을 채우는 데 안주한다. 이 이미지는 과거 내에서 이전의 현재를 포착하면서, 심지어 그 내부에 국지적 퇴행(심리적 기억으로서의 플래시백)을 도입하는 경우에도 결국 시간의 경험적 진행을 중시한다"(TI, 273/357).
  2) 꿈기호(Onirosigne), 즉 꿈-이미지(image-rêve)는 전체를 변용한다. "이 이미지는 상황의 끊임없는 변신을 보증하거나 등장인물의 행위를 세계의 운동으로 대체하면서 감각-운동적 상황을 무한으로 투사한다."(TI, 273/357) 그럼에도 불구하고 여기에는 시간의 경험적 흐름을 유지시키는 현행태에서 잠재태로, 다시 잠재태에서 현행태로의 출발과 귀환이 있다.
  2. **결정체기호**(Hyalosigne) 또는 **결정체-이미지**는 순수 묘사를 통해 직접적 시간 이미지를 제시한다. 현행적 이미지는 그 자신의 잠재적인 이미지와 분별되지 않는다.
  1) 시간기호는 시간이 더 이상 운동에 종속되지 않는 기호이다. 이는 다음을 포괄한다.
  ① 시간의 질서
  • 면(facies), 시트(nappe), 상(aspect) : 과거의 층의 공존 및 지형학적 변형.
  • 첨점 또는 강세 : 현재의 현재, 과거의 현재, 미래의 현재 간의 동차함수적 도약.
  ② 계열로서의 시간
  • 발생기호, 즉 공존이나 유사성보다는 역량들의 생성이나 잠재력 만들기(potentialization)에 가까운 직접적 시간-이미지.
  2) 시간-이미지의 정신기호(Noosigne)는 스스로를 초월해, 지각되기보다는 사유되어야 하는 무엇인가를 지향한다. 이는 다음을 포괄한다.
  ① "연쇄되지 않는, 그러나 항상 재연쇄되는 이미지들의 무리수적 절단"(TI, 278/363).
  ② "총체화할 수 없는, 비대칭적인 바깥과 안 사이의 절대적 접촉"(TI, 278/363).
  3) 가독기호는 지층적(stratigraphique) 공간으로, 관객은 그것을 볼 뿐만 아니라, 음향과 이미지 사이의 총체화할 수 없는 무리수적 이접(disjonction)에서 그것을 읽어야 한다.

각은 그 자신에 동일성을 부여하고 의미 있게 할 거울 이미지로서의 기억을 탐색한다. 그러나 들뢰즈는 이것이 궁극적으로 지각과 기억의 상호 작용이 일어나는 과정의 시간성을 무시한다고 주장한다. 실제로 두 이미지가 "'서로를 뒤따르고', 서로를 지시하고, 서로를 반영하는 가운데 어느 쪽이 먼저였는지를 말할 수 없게 된다. 이들은 **궁극적으로** 분별 불가능성이라는 동일한 지점으로 미끄러지면서 혼융되는 것처럼 보인다"(TI, 46/65).

분별 불가능성은 결정체적 이미지에 대한 들뢰즈의 설명에서 핵심적인 부분이다. 시간-이미지가 결정체인 것은 그 다면성 때문이다. 거울에서 산출된 이미지처럼, 이 이미지에는 항상 현행태와 잠재태의 양극이 존재한다. 그런데 「인디아 송」의 살롱처럼, 무엇이 현행적 이미지고 무엇이 그 반영인지는 종종 분별 불가능해진다. 분별 불가능성을 가시화하는 것은 비연대기적 시간의 끊임없는 균열과 쪼개짐이다. 이런 방식으로, 시간-이미지의 여러 면은 분별 불가능성의 형상을 조직하는 네 가지 축, 즉 현행태와 잠재태, 실재적인 것과 상상적인 것, 투명한 것과 불투명한 것, 배아(germe)와 환경(milieu)으로 결정화한다.[13]

분별 불가능성은 일차적으로 묘사와 관련된다. 베르그송적 의미에서 분별은 잠재태와 현행태, 기억의 세계와 객관적 세계 간의 운동을 함축한다. 묘사의 층위에서 현행태가 지칭하는 것은 지각을 통해 공간 내에 묘사된 사물들의 상태다(물리적인 것과 실재적인 것). 반면 잠재태는 주관적이며 정신적·상상적 영역으로서, 이는 기억을 통해 시간 내에서 탐색된다. 따라서 분별 불가능성은 실재적인 것과 상상적인 것의 양 극이 뚜렷할 때조차 그 둘의 구분이 불가능해지는 이미지를 가리킨다.

---

13) (옮긴이) 들뢰즈는 결정체가 이 세 가지 형상을 경유하는 동일한 회로라고 말하면서 결정체는 표현(TI, 74/100)이라고 결론짓는다. 앞의 각주와 이 부분을 관련시킴으로써 우리는 결정체=표현=지층이라는 등식을 세울 수 있게 된다.

분별 불가능의 지점은 환상(fantasy)이 아니다. 그것은 대상들과 그 잠재적인 이해 가능성에 관련된다. 그러나 주의를 기울이는 재인이나 습관적 재인과는 달리, 여기서 우리는 이 과정이 언제 어디서 시작되고 끝나는지를 결정할 수 없다. 물리적 대상인가 아니면 정신적 묘사인가? 이 둘은 대상 또는 사건에 대한 우리의 이해가 심화되는 과정에서 서로 뒤섞이면서 물질과 기억의 상호 침투를 통해, 기억된 경험의 회로를 향한 우리의 접근을 넓힌다. "상이한 회로를 통과하는 것이 동일한 대상이라고 단언하는 것이 어떻게 가능한가? 묘사가 대상을 지울 때마다 정신적 이미지가 다른 이미지를 창조한다. 각각의 회로들은 대상을 지우는 동시에 창조한다. 그러나 연속적 평면들과 독립적 회로들이 서로를 소거하고 서로 모순을 일으키고 서로 합류하고 다시 분기하는 가운데, 동일한 물리적 실재의 층들, 동일한 정신적 실재인 기억 또는 영혼의 층위를 구성하는 것은 정확히 '창조와 지우기[14]의 이중 운동' 속에서다."(TI, 46/65)

불투명함과 투명함은 현행태와 잠재태의 분별 불가능성에 대한 표현이다. 잠재적인 시발적 이미지가 현행태로 변하는 과정은 명료성이 증가하고 초점이 포착되는 과정이다. 그러나 시간의 진로에서 현행적 이미지가 희미하게 불투명해질 때, 그것은 동시에 잠재적 이미지의 상태가 된다. 이 두 가지 인화(development) 과정은 항상 상호 교차된다.

「시민 케인」(*Citizen Kane*, 1941)은 이 과정의 좋은 예다. 도입 시퀀스에서 카메라가 케인의 침실 내부로 들어간 후, 이미지 내부로 눈이 내리는 듯한 네 개의 쇼트가 이어진다. 케인의 손에서 장식품이 떨어진다. 그리고

---

14) (옮긴이) 불어의 'gommage'는 지우기, 지움이란 뜻인데 이 뜻은 고무지우개를 뜻하는 'gomme'라는 단어로부터 비유적으로 파생됐다. 따라서 'erasure'라는 영어 단어에는 이 뉘앙스가 잘 살아나지 않는다. 이 단어는 결정적적인 묘사가 로브-그리예의 작품 및 소설 작업으로부터 착안된 개념임을 다시 한번 환기시킨다(1953년에 발표된 그의 출세작 제목이 바로 『고무지우개』이다. 이 작품은으로 누보로망이란 사조의 탄생을 촉발한 작품이기도 하다).

케인이 유언을 읊조리는 익스트림 클로즈업으로 옮겨간다. 여기서 오로지 분별 불가능성만이 이 이미지들의 논리적 지위를 기술할 수 있다. 이 이미지들은 환상도 아니지만 순수하게 객관적인 것도 아니며, 사실상 그 둘의 혼합이다. 우리에게는 일련의 객관적 쇼트가 주어진다. 익스트림 클로즈업에서 광학 줌을 통해 클로즈업 크기로 제시되는 장식품, 케인의 입술, 유리 공을 놓치는 손의 하이 앵글 쇼트, 부서지는 장식품, 이 모든 것은 케인의 정신적 주체성의 기호인 눈 내리는 장면들과 겹쳐진다.

이 이미지는 단순히 모호하다기보다 오히려 역설적이다. 그것은 형상-배경의 환영처럼 흔들리며, 따라서 어떻게 독해해야 할지도 불분명하다. 이 이미지가 함축하는 서사는 어떤 관점에서 객관적·현행적이지만, 다른 관점에서 정신적·잠재적이다. 잠재태에서 현행태로의 운동은 이미지를 명료하고 투명하게 한다. 기억 또는 잠재성의 기표, 즉 눈이나 장식물은 케인이 눈을 감는 순간의 유언 —— "로즈버드" —— 를 둘러싸고 결정화된다. 그러나 동시에 현행태가 잠재태로 용해되기도 한다. 이 단어가 읊조려지는 순간, 그것은 모호한 수수께끼를 남기며 그 의미는 이미지에 중첩된 기억의 층들 사이로 사라진다.

불투명성과 투명성이 이미지에서 인지 가능성의 규모를 한정하는 반면, 배아와 환경은 현행태와 잠재태의 분별 불가능성에서 서사를 창조하는 발생적 요소들을 결정한다. 케인이 죽는 장면을 뒤덮은 눈은 그가 콜로라도에서 보낸 유년기 및 어머니와의 별거가 제시되는 첫번째 플래시백을 발아하는 요소다. 방 안에 눈을 흩날리게 하는 깨어진 장식품은 마지막 플래시백에서 케인이 수잔의 방을 파괴하는 것을 (이야기의 시점에서) 다시 떠올리게 하는 동시에 (플롯의 시점에서) 예감하게 한다. 여기서 시간은 순환적·연대기적인 것이 아니다. 오히려 시간은 이미지를 가로질러 쪼개진다. 시간은 완전하게 보존된 과거(잠재적 과거 또는 순수 과거로서 완성된 영화

이야기)뿐만 아니라, 이미지가 스크린에 영사되는 실제 지속 시간 속에서 지나가는 현재를 함축한다.

이와 유사하게, 「시민 케인」의 '거울의 홀' 쇼트는 전체 구성을 조직하는 결정 불가능성의 원리를 단일 이미지에 응축한다. 영화의 논리 전개상 케인은 현행적 이미지로 나타날 때 오직 죽어가는 그림자 또는 파편으로서, "로즈버드"라고 읊조린 후 죽어버린다. 이 순간부터 케인과 로즈버드는 기자의 조사 과정에서 잠재적 공간이 된다. 케인에 대한 다양한 현행적 이미지들은 증언자(내레이터)들의 기억에 호출되어 과거를 향한 여행을 인도한다. 그러나 그 과정은 대단히 복잡하다. 케인에 대한 번스타인의 이미지는 리랜드에게 잠재태가 되며, 케인에 대한 리랜드의 이미지는 수잔에게 잠재태가 된다. 너무나 많은 잠재적 이미지들이 증식해서 "그 모든 것이 한 인물의 현실성 전체를 흡수하는 동시에, 그 인물 자체가 다른 인물들 중 하나의 잠재성에 지나지 않은 것이 된다"(TI, 70/95).[15] 각각의 플래시백은 케인의 인생과 교차하는 기억의 또 다른 층을 현실화하며, 그에 상응하는 케인의 이미지는 이전의 이미지를 지워 없애고 새로운 이미지를 창조한다. 영화의 결말에서, 불타는 썰매의 이미지는 안정적 정체성이나 총체화하는 삶에 대한 서사가 불가능함을 나타내는 기호다. 썰매는 기억의 잠재적 공간에서 호출됐지만 어떤 인물도 그것을 알아보지 못하며, 결국 그것은 즉

---

15) (옮긴이) 이 인용문은 결정체-이미지의 가장 익숙한 사례인 거울에 대해 서술하는 부분이다. 들뢰즈는 이에 해당하는 영화로 조셉 로지의 「이브」(*Eve*, 1962)와 「하인」(*The Servant*, 1963), 「시민 케인」을 예로 들었으며, 「상하이에서 온 여인」(*Lady From Shanghai*, 1948)의 '거울의 방' 시퀀스를 가장 대표적인 것으로 제시한다. 거울-이미지에서 거울에 반사된 한 인물의 상은 실제 인물에 대해 잠재적이다. 여기서 들뢰즈는 현행적 인물이 선행하고 거울-이미지가 뒤따른다는 반영적 관점을 거부하고, 결정체가 인물에 선행한다는 입장(결정체→현행적 이미지)을 펼치고 있다. "거울-이미지는 거울 속에서 현실화되는데, 거울은 이제 한 인물에게 오로지 잠재성만을 남겨놓으며 그를 화면 밖 공간으로 밀어낸다."(TI, 70/95) 이 장에서 강조되듯 결정체-이미지의 잠재태-현행태 회로는 원본이 있고 그것의 모방인 사본이 있다는 표상의 논리에 대한 거부로서 이해해야 한다. 한편, 웰스의 영화들에 대한 들뢰즈의 분석은 이 책 228쪽의 옮긴이 후주를 참조하라.

각적으로 사라진다. 그것은 어떤 회상도 확증하지 못하며, 오히려 정확한 회상에 대한 모든 희망을 잠식한다.

결정체-이미지는 그것이 불러일으키는 이미지들 내에서 현행적·잠재적, 물리적·정신적, 실재적·상상적인 것 간의 분별 불가능성으로 조직된다. 실재적인 것과 상상적인 것의 혼용은 주관적 환영이 아니며, 오독의 단순한 사례는 더더욱 아니다. 결정체-이미지에서 이 두 가지는 항상 구분되지만, 다만 어떤 순간에 무엇이 무엇을 결정하는가가 문제적인 부분이다.

분별 불가능성은 객관적 환영을 구성한다. 그것은 실재적인 것과 상상적인 것 양면에 대한 구별을 억압하는 것이 아니라, 단지 그 구별을 무엇에도 기인할 수 없게 만든다. 각각의 면은 우리가 상호간의 전제 또는 가역성이라고 묘사해야만 할 어떤 관계에서 상대편의 역할을 떠맡는다. 실제로 현행태와 연관해서 현행태가 되지 않는 잠재태란 없으며, 잠재태와 연관해서 잠재태가 되지 않는 현행태도 없다. …… 실재적인 것과 상상적인 것, 현재와 과거, 현행태와 잠재태의 분별 불가능성은 머리나 정신에서 결정적으로 산출되는 것이 아니라 본래 이중적으로 존재하는 어떤 이미지들의 객관적 특성이다.

따라서 현행적 이미지와 **그것의** 잠재적 이미지는 최소의 내부 회로를 이루면서 궁극적으로 한 첨점(un pointe)또는 점(un point)에 이르지만, 그것은 변별적 원소(에피쿠로스 철학에서 원자와 같은 최소 단위)를 가진 물리적인 점이다. 잠재태와 현행태의 지속적인 교환으로서, 그것은 변별적이지만 분별 불가능하다(TI, 69∼70/94∼95).[16]

---

16) (옮긴이) 이 부분은 결정체-이미지에 대한 또 다른 주해인 다음 구절과 비교하면 더욱 명료해진다. "잠재태가 현행태에 가까이 다가가는 곳에서, 양자는 점점 덜 구별되게 된다. 단지 현행적인 대상과 그것의 잠재적 이미지만을 연결하는 내부 회로에 들어설 수 있다. 현행적인 입자는 거의

「시민 케인」에서 이미지들의 부분은 지속적으로 그 정체성(현실성-잠재성)과 질(실재적인 것-상상적인 것, 투명성-불투명성)과 기능(배아-환경)을 교환하더라도 변별적인 상태로 남는다. 따라서 분별 불가능성은 혼동을 뜻하지도 않지만 연대기적 시간을 함축하지도 않는다. 결정체적 이미지는 현행적이었다가 잠재적이 되는 것도 아니고, 투명했다가 불투명해지는 것도, 그 반대의 경우도 아니다. 여기에는 그 둘 간의 교차 대구, 이중 인화가 있다. 여기서는 하나가 페이드-인될 때 다른 하나가 페이드-아웃되고, 하나가 이완될 때 다른 하나가 수축된다. 이때 우리는 그 둘의 순서를 알 수도 없고, 인과관계를 파악할 수도 없다. 간접적 시간 이미지에서 시간에 대한 공간적 이미지는 합리적(유리수적)으로 연결된 물리적 행동을 통해 연대기적으로 측정된다. 그러나 직접적 시간 이미지에서 운동은 객관적 환영, 즉 변별적이지만 공약 불가능한 시공간의 재현들 간에서 우리가 처하게 되는 분별 불가능성을 지칭한다.

우리가 결정체에서 보는 것은 더 이상 시간의 경험적 진행, 현재들의 연속이 아니며 간격·전체로서 시간의 간접적 표상도 아니다. 그것은 시간의 직접적 현시, 시간을 둘로 나누는 것이며, 지나가는 현재 및 보존되는 과거가 이 나눔을 통해 나타난다. 그것은 현재와 그 자신이 될 과거의 엄밀한 동시간성(contemporanéité), 과거와 그 자신이었던 현재의 엄밀한

그것과 갈라지지 않는 잠재적 이중체를 지닌다. 현행적인 지각은 즉각적, 연속적 혹은 심지어 동시적인 이중체의 유형으로서 고유한 기억을 지닌다. 기억 그 자신은 이중체, 거울이 등장인물을 조작하고 둘러싸며, 그를 단지 잠재성인 것처럼 남겨두는 영화 「상하이에서 온 여인」에서처럼 그 자신의 '거울 이미지'(현행적 대상이자 잠재적 이미지이기도 한다). 그러므로 합병과 분할 혹은 그렇다기보다는 현행적인 대상과 그것의 잠재적 이미지 사이의 지속적인 교환, [즉] 진동이 있다."(D, 150) "지나가는 현재의 현행적 이미지와 보존된 과거의 잠재적 이미지라는 시간의 두 가지 측면은, 그 경계를 정할 수 없음에도 불구하고, 현실화하는 동안에는 구별 가능하다. 그러나 결정화하는 동안에는, 각자가 다른 것의 역할에 관계하면서 변별 불가능하게 될 정도로 교환된다."(D, 152)

동시간성이다. 결정체에서 나타나는 것, 결정체를 종결하지 않고 끊임없이 둘로 나뉘도록 종용하는 것은 시간 자체다. 왜냐하면 분별 불가능한 교환은 항상 갱신되고 재생되기 때문이다. 직접적 시간-이미지나 시간의 초월론적 형태가 곧 우리가 결정체에서 보는 것이다(TI, 274/358).

"직접적 시간-이미지는 언제나 프루스트의 차원으로 우리를 이끈다. 거기서 사람들과 사물들은 공간 속에서 그들이 점유했던 장소와 공약될 수 없는 어떤 장소를 시간 속에서 점유한다."[17]
— 질 들뢰즈, 『시간-이미지』

실재적인 것과 상상적인 것, 현행태와 잠재태의 구별 불가능 상태는 또 다른 역설을 야기한다. 동등하게 가능하지만 상호 모순적인 내러티브의 설명과 대면해서 우리는 아무 것도 선택할 수 없게 된다. 결국 직접적 시간이미지는 우발적 서사를 제시한다.

「히로시마 내 사랑」(Hiroshima mon Amour, 1959)의 도입부를 보자. 두 개의 화면 밖 목소리가 있다(남자 : "당신은 히로시마에서 아무 것도 보지 못했어, 아무 것도." 여자 : "난 모든 걸 봤어요. 모든 걸!"). 이미지의 두 가지 '시대', 서로 얽히지만 결코 융합될 수 없는 연인의 몸과 추상화된 이미지, 변별적 연대기 없이 연결되는 히로시마의 다큐멘터리 이미지가 있다. 여자의 목소리가 다큐멘터리 이미지에 대한 실마리를 제공하는 것처럼 보이지만, 그것이 그녀의 시점이나 기억을 표상한다는 구체적 증거는 없다. 연대기적·유리수적 연결이 부재하기 때문에 목소리와 몸과 이미지는 불확실한 현재의 일부를 이룬다. 목소리가 몸에 속해 있는지 이미지가 기억에 속해

---

17) (옮긴이) 이와 관련해서, 이 책 231쪽의 옮긴이 후주를 참조하라.

있는지, 또는 이 세 가지가 변별적 디제시스(diegesis)상의 현재에 속해 있는지는 결정 불가능하다. 이들은 동일한 세계에서 화해할 수 없는 현재의 변별적 '첨점'들을 제시하는 사건의 세 가지 계열이다. 무엇이 주관적이고 무엇이 객관적인지, 무엇이 현재고 무엇이 과거인지, 무엇이 지각이고 무엇이 기억인지를 판단하는 척도는 전략적으로 부재하다. 프랑스인 여배우는 히로시마에서 아무 것도 보지 못했을지 모른다. 일본인 건축가는 독일 점령기 느베르에서 무엇이 일어났는지 실제로는 알지 못할지 모른다.

이것이 들뢰즈가 일컫는 거짓을 만들어내는 서사다. 레네와 뒤라스에게는 히로시마를 엄습한 원폭의 폭력이라는 역사적 진실을 의심할 만한 어떤 이유도 없다. 또는 느베르에서 독일인 연인의 죽음에 대한 여배우의 설명이 드러내는 내러티브적 진실을 의심할 만한 어떤 이유도 없다. 이 영화에는 오직 진실한 이야기만이 있다. 게다가 그 진실은 역사적인 것으로 이해될 수 있다. 그러나 알려진 것은 더 이상 현재와 과거, 지각과 기억의 확실한 연결에 고정되지 않는다. 이 영화의 도입부는, 상호 모순적이지만 진실된 입장들을 가로지르는 과거를 이해하려는 욕망을 제시한다. 그러나 이들 입장이 우발적인 것이 아니라 필연적인 것으로 가정된다면, 그것들은 단지 모순적일 뿐이다. 실제로 이 영화의 핵심적인 질문은 다음과 같다. 역사가 오직 우발적인 것으로만 재현 가능할 때, 지나간 사건을 폭력의 경험이 보증하는 역사적 세계가 어떻게 현재와 화해하게 되는가?

현재와 과거의 관계가 연속적으로 규정되어 있다면, 우리는 과거에 다르게 행동할 수 있었음을, 또는 과거의 폭력이 미래에 되풀이되는 것을 방지할 수 있었음을 상상할 수 없을 것이다. 그래서 거짓을 만들 수 있는 역량은 진실이 역사적이라고 주장한다. 그러나, 그렇다고 해도 현재의 우리와 과거가 맺는 관계는 분명해질 필요가 있다. 거짓을 만들어내는 서사는 역사가 더 이상 진실이 아니거나 알려질 수 없다는 것을 의미하지 않는다. 오히려 이 서사는 경험 명제(contingent proposition)들을 통해 구축되는 세계 속에서 진실을 향한 의지가 어떻게 변질되는지를 탐구한다.

경험 명제의 문제는 17세기의 독일 철학자 라이프니츠와 밀접히 관련된다. 이 명제는 필연적으로 참인 진술과 분명하게 자기-모순적인 진술 사이에 주어지기 때문에 흥미로운 딜레마를 제기한다. 가장 잘 알려진 예는 역사에 관한 진술들로, 그 중에서도 "카이사르가 루비콘 강을 건넜다"는 고전적 사례다. 이와 유사하게, 들뢰즈는 우발성에 대한 라이프니츠의 입장을 "과거가 필연적으로 참(vrai)이 아니었어도 참일 수 있다"는 논증으로 부각한다. 들뢰즈에 의하면 이는 곧 우발적 미래의 역설에 대한 라이프니츠의 해결책이다. 물론 이는 미래가 규정되지 않은 것 또는 우발적인 것이라는 가정 하에 있다. 여기서 과거와 미래를 나누는 간격은 또 다른 가치를 띠는데, 왜냐하면 이 가정 없이는 자유 의지의 수행 가능성이 사라지기 때문이다. 현재에 우리는 동등하게 가능한 양자택일의 항목 중에서 어느 하나를 선택해야 한다. 그러나 이 현재가 과거가 될 때, 우리는 앞뒤가 맞지 않는 진실(vérité)들 중에서 선택해야 한다. 고전적인 예는 다음과 같다.

나는 내일 해전이 일어날 수 있다고 예언한다. 그러나 내일이 오면 나는 일련의 명백한 모순들에 직면하게 된다. 전쟁이 일어났다면 그것이 **일어나지 않을 수도 있다**는 명제는 더 이상 가능하지 않을 것이다. 지나고 나서 내가 전쟁이 필연적으로 일어나야 했다고, 과거가 현재와 관련해서 규정되어 있다고 말한다면, 나는 자유 의지의 가능성을 포기했던 것이다. 반대로 나는 **불가능한 것이 가능한 것에 선행한다**고 주장할 수 있다. 전쟁은 일어나지 않을 수도 있었지만 일어났다. 이제 전쟁이 일어나지 않는다면, 일어날 수도 있다는 과거의 내 임의적 판단은 참이 아니게 된다. 다시 한번, 나는 불가능한 것이 가능한 것에 선행한다고 주장할 수 있다. 또는 **과거의 내 예측이 필연적으로 진실일 필요 없이** 참이었다고 말할 수도 있다.

라이프니츠는 우발적 미래의 역설을 진전시키면서, 시간과 무관하게 전지전능한 신의 보편적 역량과, 그럼에도 불구하고 의지적 행위로 세계의 역사적 운명에서 규정적 결과를 도출하는 개인의 자유 의지, 이 둘을 함께 보존하고자 한다. 라이프니츠의 해결책은, 전쟁이 일어날 수도 **그리고** 일어나지 않을 수도 있다고 주장하는 것이다. 두 세계 모두 가능성상으로 동등하며 양립 가능하다. 다른 세계가 되어도 서로 모순을 일으키지는 않는다. 라이프니츠의 주장대로 이 두 세계는 서로 함께 가능하지 않을 뿐이다.

이에 대한 가장 대담한 논법은 『변신론』의 결론부에서 찾을 수 있다. 테오도루스는 팔라스에 이끌려 운명의 홀에 인도되는 꿈을 꾼다. 이 홀에서 기록은 일어나는 것뿐 아니라 가능한 것 모두를 보존한다. 라이프니츠는 우발적 삶들을 무대에 상연된 것처럼 목격할 수 있는 백과사전적 극장 (또는 한 편의 영화)처럼 이 홀을 묘사한다.[18] 모든 것이 기록되고 가시화될 수 있는 이 극장에서 팔라스는 다음과 같이 말한다.

> 우리는 …… 어떤 특정한 가능성이 존재에 다다르면 무슨 일이 일어날지 알게 될 것이다. 각각의 조건들이 충분히 결정적이지 않더라도, 우리들 각각이 바라는 만큼의 서로 다른 세계가 있기 마련이다. 이 다른 세계들은 같은 질문에 가능한 많은 방식으로 서로 다르게 대답할 것이다. 훌륭

---

18) (옮긴이) 이 꿈 이야기를 상세히 기술하면 다음과 같다. 테오도루스의 꿈속에서 팔라스(지혜와 전쟁의 여신 아테네의 또 다른 이름)는 그를 무한히 많은 피라미드들 속으로 인도한다. 피라미드들 내부에 있는 각각의 홀은 가능 세계들의 현실화를 (연극 무대처럼) 제시한다. 그 홀 내부에서 테오도루스는 감각적인 현실감 속에서 세계들을 보고 듣고 만질 수 있지만 이는 모두 허구의 환경이다. 그 현실감에 넋을 잃은 테오도루스에게 팔라스는 각 홀마다 놓여 있는 책들 중 한 권을 가리키면서 이렇게 말한다. "이 책은 우리가 방문하고 있는 이 세계의 역사다. …… 당신이 원하는 줄에 당신의 손가락을 올려놓아 보라. …… 당신은 스스로 얼추 가리키고 있는 줄에 담긴 모든 세세한 부분들에 대한 현실적 표상들을 보게 될 것이다."(Leibniz, 1990 : 371~372) 이 일화는 가상현실을 예견하는 알레고리로 인용되기도 한다. 마이클 하임의 『가상현실의 철학적 의미』를 참조하라.

하게 교육받은 다른 모든 그리스인과 마찬가지로 당신은 젊을 때 기하학을 배웠다. 따라서 당신은 요구된 한 점의 조건들이 그것을 결정하기에 충분치 않으며, 그래서 무수히 많은 점들이 있음을 안다. 또한 당신은 그 점들이 기하학자들이 말하는 궤적이 되며, 이 궤적 또는 적어도 하나의 선이 결정적임을 안다. 따라서 당신은 세계들의 정돈된 연속을 그릴 수 있다. 이는 문제시되는 각각의 지점들을 모두 포함하며, 그에 따른 상황과 결과는 다양할 것이다. 그러나 당신이 현실적 세계와 다른 하나의 경우를 오직 단일하게 한정된 문제와 그 결과들 속에만 놓는다면, 결정적인 세계들 중 어느 하나만이 당신에게 답할 것이다. 이 세계들은 모두 여기에, 즉 관념 내에 있다.[19]

들뢰즈의 베르그송주의는 우발적인 것과 가능한 것에 대한 라이프니츠의 논법과 완벽한 일관성을 이룬다. 여기서 우리는 가능하지만 함께 가능하지 않은 세계[20]라는 문제를 기억의 문제, 그리고 지각과 기억, 과거와 현재의 분별 불가능성이라는 문제로 재구성해야 한다.

---

19) 「악의 기원 속에서 신의 판단과 인간의 자유에 대한 논고」(Leibniz, 1990 : 370~371) 참조. 물론 여기서 문제되는 삶은 섹스투스의 삶이다. 그는 어떤 세계에서 신에 복종할 것을 맹세하고 코린투스를 닮은 도시에서 정원을 일구며 살다가 거기서 보물을 발견하고 명망 있는 인물로서 생을 마친다. 또 다른 세계에서, 그는 주피터에 복종할 것을 맹세하고 트라키아 왕의 딸과 결혼해서 왕좌에 오른다. 여기에는 세계들만큼이나 많은 가능성들이 있다. 그러나 인간의 역사적 실재인 가장 완전한 세계에서 섹스투스는 신을 경멸하면서 로마에 혼돈을 몰고오며, 친구의 아내를 능멸하다 아버지와 함께 도시에서 쫓겨난다. 이 악의 결과로 로마는 해방되고 인류사의 모델이 된다. [테오도루스의 꿈에 나오는 '무한히 나누어진 홀들로 이루어진 거대한 피라미드'에서 각각의 홀에는 이마에 숫자를 붙이고 있는 섹스투스가 한 명씩 있다. 그는 각 홀마다 놓인 책 바로 옆에서 극장 상연과 같이 자기 삶을 연기한다. 이 각각의 섹스투스들은 가능하지만, 각 세계들의 부분은 함께 가능하지 않다.]

20) (옮긴이) 들뢰즈는 『시간-이미지』에서는 라이프니츠의 가능 세계와 함께 가능하지 않음에 대한 논의를 높게 평가하면서도 최종적으로는 니체에 의존한다. 반면 『주름 : 라이프니츠와 바로크』에서는 이 문제를 좀더 상세히 고찰하면서 인간의 자유의지와 선택의 가능성을 잠재적인 세계의 무한한 분할 속에서 발견하고자 한다. 이에 대해서는 5장(영역본 pp.59~75)을 참조하라. [한편, 라이프니츠와 경험 명제에 대한 자세한 논의는 이 책 233쪽의 옮긴이 후주 참조.]

라이프니츠는 『변신론』에서 궁전을 결정체의 피라미드로 묘사한다. 여기에는 시간에 대한 두 가지 직접적 관점이 있는데, 하나는 현재에, 다른 하나는 과거에 정초된 관점이다. 이 피라미드의 밑면은 무한히 연장된다. 왜냐하면 가능 세계의 수가 무한하기 때문이다. 피라미드의 꼭대기에는 가장 참되고 좋은 세계가 있으며, 피라미드의 높이는 완전성의 상승적 위계를 나타낸다. 여기서 경험 주체는 가능한 것에서 현행태로 이행한다. 이 피라미드에서 흥미로운 것은 모든 가능 세계의 동시성이다. 운명은 단일한 연대기적 시간을 따르는 것이 아니라, 현재 내에서 무한한 수의 함께 가능하지 않은(그러나 규정된) 궤도들로 쪼개진다. 피라미드의 맨 꼭대기에서, 지나가는 현재는 모든 인류 역사 — 현행적으로 일어난 것은 물론 일어날 수 있었던 것들까지 — 를 포함한다. 그러나 피라미드의 각 층위는 서로 다른 궤도와 다른 역사를 포함하며, 각각의 궤도와 역사는 자체의 연속성과 연대기적 관련성을 가진, 과거의 함께 가능하지 않은 지층들로 조직된다.

라이프니츠는 신의 무한하고 규정적인 역량과 인간의 규정되지 않은 자유 간에 발생하는 모순을 피하기 위해 함께 가능하지 않은 세계들을 제안한다. 그러나 들뢰즈는 함께 가능하지 않은 것의 힘을 **열림**의 기호로서 유지하고자 한다. 이에 따라 들뢰즈는 함께 가능하지 않은 것들이 동일한 세계에 속할 수 있음을 확언한다. 보르헤스의 매혹적인 경구에서, 픽션은 시간의 순수 형식인 「끝없이 두 갈래로 갈라지는 길들이 있는 정원」을 고찰할 수 있는 하나의 영역을 제공한다.

함께 가능하지 않은 것들이 동일한 세계에 속하며 함께 가능하지 않은 많은 세계들이 동일한 우주에 속함을 확인하는 것을 그 무엇도 방해하지 않는다. "이를테면 팽이라는 사람이 어떤 비밀 하나를 간직하고 있다. 한 낯선 사람이 그의 방문을 두들긴다. …… 팽이 침입자를 죽일 수도 있고, 침

입자가 팽을 죽일 수도 있다. 또는 두 사람 모두 살 수도 있고, 두 사람 모두 죽을 수도 있다. …… 당신은 이 집에 도착한다. 그러나 가능한 과거들 중 하나에서 당신은 나의 적일 수도 있고, 다른 경우 나의 친구일 수도 있다." 이는 라이프니츠에 대한 보르헤스의 대답이다. 즉 시간의 힘, 시간의 미로로서의 직선은 두 갈래로 분기하고 계속 분기하는 선이기도 하다. 이 선은 함께 가능하지 않은 현재들을 가로질러 지나가면서 필연적으로 참일 필요는 없는 과거들로 돌아간다(TI, 131/171).[21]

들뢰즈는 베르그송을 경유해 라이프니츠를 다시 읽어야 했다. 지각과 기억, 현재와 과거 사이의 간격을 비결정의 중심으로 이해할 때만 이 역설적 상황이 역량으로 나타난다. 라이프니츠의 결정체 피라미드에서 꼭대기는 우리 자신의 가장 완전한 세계를 포함한다. 반면 그 밑면은 아래로 내려갈수록 더 불완전한 세계들을 포함한다. 주피터/신의 형상은 그 자신의 내부에 모든 가능 세계의 우발성을 공간적이고 비시간적인 형상으로 포함하

---

21) 따옴표 부분은 「끝없이 두 갈래로 갈라지는 길들이 있는 정원」의 한 구절이다. 『차이와 반복』에서 들뢰즈는 시간의 힘을 라이프니츠의 논증은 물론 니체의 영원회귀와도 연결시킨다. 같은 책 2장에서 「바빌로니아의 복권」, 「끝없이 두 갈래로 갈라지는 길들이 있는 정원」 등 보르헤스의 다양한 작품들이 인용될 때, 이 실마리들은 하나로 얽혀 들어간다. "복권 추첨이 우연의 극대화이고 코스모스 내에 주기적으로 침투하는 카오스라면, 우연은 추첨 단계뿐만 아니라 그에 이르는 모든 단계에 개입하는 것이라 말해야 옳지 않겠는가? 우연이 누군가의 죽음을 초래하더라도 그 죽음을 둘러싼 상황——그 죽음의 은밀한 또는 공공연한 준비 과정, 죽음이 집행되기까지 한 시간 또는 한 세기라는 유예 시간——에 영향을 받지 않는다는 것은 터무니없지 않은가? …… 무지한 자는 무한히 추첨하려면 무한한 시간이 필요하다고 생각한다. 하지만 실제로는 시간이 무한히 쪼개진다는 것만으로도 충분하다. …… 모든 픽션에서 한 인간이 선택지와 대면하면 그는 하나를 버리고 다른 하나를 선택한다. 가장 불가해한 취펭의 소설에서 그는 동시에 모든 것을 선택한다. 이렇게 해서 그는 상이한 미래들, 증식하고 또 분기하는 상이한 시간들을 창조한다. 이 소설의 모순은 여기에서 비롯된다. 이를테면 팽은 어떤 비밀을 갖고 있는데, 낯선 사람이 방문을 두드리자 그 손님을 죽여야겠다고 마음먹는다. 이 이야기는 당연히 여러 가지 결말로 끝날 수 있다. 팽이 침입자를 죽일 수도 있고 그 반대일 수도 있다. 취펭의 작업에서는 이 모든 가능성이 동시에 펼쳐지며, 각각의 결말은 또 다른 분기의 출발점이 된다."(DR, 116/153) 〔보르헤스의 소설과 관련해서 더 자세한 사항은 이 책 235쪽의 옮긴이 후주 참조.〕

며, 이 형상은 피라미드의 정점에서 유한한 점으로 귀결된다. 오직 인간만이 시간적이고 우발적인 것 내에서 산다. 그런데 들뢰즈는 보르헤스를 라이프니츠와 경쟁시키면서 이 피라미드를 뒤집어, 베르그송의 두번째 도식인 역원뿔 모델로 변형한다.

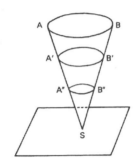

베르그송에게는 과거가 회상-이미지와 동일시될 수 없음을 주지하라. 오히려 과거는 잠재적인 고문서 보관소(archive)이며, 우리는 그 안에 뛰어들어 과거를 표상할 수 있는 이미지를 기억과 연결한다. 이 도식의 밑면은 여전히 과거 속으로 무한하게 물러가면서 모든 과거를 포함하지만, 그 꼭대기는 비결정적 미래와 스스로 보존되는 과거를 향해 지속적으로 쪼개진다. 베르그송적 의미에서 순수 기억은 그 잠재적 현존 상태에서 층들 또는 지역들로 구성된다. 베르그송은 우리의 모든 과거가 시간 내에서 비연대기적으로 공존하면서 보존된다고 주장한다. 기억되는 과거로 이어지는 연속성도, 자연적 연대기도 없다. 오히려 시간이 지나갈 때 팽창하는 잠재적·동시적 공존 상태에 과거 전체가 있다. 그러므로 그림에서 점 S는 움직이는 한 점으로 응축되는 과거의 총체성으로만 현재를 결정한다. 원뿔의 단면인 각각의 원은 과거의 수많은 지역들, 지층들, 시트들을 결정한다. 회상의 운동은 먼저 과거 일반을 향한 도약으로, 다음에는 우리가 기억이 숨어 있다고 믿는 상이한 지역들 및 층들을 가로지르는 탐색으로 구성된다.

따라서 역원뿔 모델은 세 개의 상이한 시간적 관점을 예시한다. 각각의 영역은 현행적 현재의 시점에서 공존하며 바로 여기서 시간의 탐색이 시작된다. 그러나 시간 내에서 이전의 현재가 각각의 층을 표시하는 방식의 시점에 따라 그 각각의 층이 나름의 연속성을 지닌다고 이해될 수도 있다. 그렇다면, 현재와 관련해서 과거란 무엇인가? 세 가지 대답이 가능하며, 각각의 답은 동등하게 유효하지만 상호 모순적이다. 첫째, 현재는 과거의 가장 극단적인 수축을 표상하는 점 S로 정의될 수 있다. 둘째, 과거 일반은 지나가는 현재의 시점에서 모든 과거들의 선재(preexistence)로 정의될 수 있다. 셋째, 과거는 다양하게 공존하는 시트, 즉 A-B나 A′-B′ 등으로 층화될 수 있다. 이 경우 각 시트는 그를 표시하는 이전의 현재에 속박된다. 따라서 현재와 과거의 관계는 어떤 조합에서건 공시적으로 존재하거나, 서로 대립하거나, 인접하는 지층으로 층화될 수 있다. 이는 비연대기적 시간을 정의하는 역설들이다.[22] 이 역설들은 모두 함께, 또는 특정한 조합을 이루면서 시간-이미지 영화의 독특한 서사적 도식을 정한다.

첫번째 도식은 과거의 시트를 가로지르는 불연속적 도약을 포함한다. 이 도약은 연대기적이지 않으며, 각각의 진실성 또는 시트의 연속에 종합적으로 진정성을 부여할 수 있는 내레이터의 시점에서 통일되지도 않는다. 오히려 과거의 시트 간의 결정 불가능한 선택지를 구축한다. 「시민 케인」에서 현재의 한 점이 과거의 지층으로 도약하는 발판을 결정했다면, 알렝 레네의 작품에서는 그 중심마저 사라진다. 「지난해 마리엔바드에서」(L'année dernière à Marienbad, 1961. 이하 「마리엔바드」)와 「사랑해, 사랑해」에는 현재의 첨점들과 과거의 층들 간의 불연속적 도약만이 존재한다. 이들은

---

22) 베르그송의 '순수 과거'에 대한 주장이 시사하는 시간의 역설에 대한 더 충분한 논의는 『차이와 반복』, pp.81~94/110~126을 참조하라. [또한, 이 책 237쪽의 옮긴이 후주를 참조.]

거짓을 만들 수 있는 역량을 상연한다. 여기서 현재 내의 점들이나 과거의
시트들은, 공존하는 동시에 함께 가능하지 않은 선택지들을 공식화한다.

또 다른 시간-이미지는 과거와 연관된 현재가 아니라 그 자체로 관찰
되는 현재에 연루되어 조정된다. 들뢰즈는 이를 강세(accent)[23] 또는 '현재
의 탈현실화된 첨점'(pointe du présent déactualisée)이라 부른다. 불어로
'pointe'는 첨점(peak)이라는 의미도 지니는데, 이는 라이프니츠에게 기
하학적 점, 방위점 또는 시점, 또는 파동의 진폭이 최고에 이르는 지점이다.
탈현실화는 표상된 사건이 더 이상 그것이 위치하는 장소와 혼동되지도 않
고, 지나가는 현재로 고찰될 수도 없음을 뜻한다. 하나의 과거는 과거 일반
모두와 동시적으로 고찰될 수 있다. 마찬가지로 지역들의 변별적인 층으로
서 또는 지나가는 현재의 움직이는 첨점으로 완전히 수축된 것으로서, 현
재는 미래의 현재, 현재의 현재, 과거의 현재로 파편화된다.[24]

이 두 가지 직접적 시간 이미지는 모두 비(非)주관적 기억을 비연대기
적 시간과 연합시킨다. 「마리엔바드」와 「히로시마 내 사랑」의 어떤 등장인
물도 기억의 역사적 진실을 인증할 수 없다는 점에서 기억은 비주관적이

---

23) (옮긴이) 'accent'는 강세가 일반적인 뜻이지만 여기서는 이 뜻 이외에도 (독특한) 말투, 어조, 사
투리 등의 뜻이 함축됐다. 그 어원은 라틴어로 '~에 덧붙인 노래'에서 비롯됐다. 들뢰즈는 이 말
을 '과거와 미래로 분기되는 현재의 잠재성이 가장 뚜렷이 드러나는 지점'이라는 의미로 사용한
다. 이런 이미지들은 현실성에서 잠재성으로 이행하는 과정이 가장 극점에 달한다는 점에서, 다른
이미지들과 독립적으로 존재한다. 그것은 이미지의 현재라는 주 선율에 부가된 노래와 같다. 본문
에서는 이런 복합적 의미의 결을 그대로 살리기 위해 강세로 옮겼는데, 들뢰즈는 발라드(Ballard)
라는 의미의 중의성에서 보듯이, 전작에 걸쳐 음악적인 비유를 종종 활용한다.
24) (옮긴이) 들뢰즈는 이 서사 양식을 '동일 시간 내에서' 전송되는 하나의 사건에 비유한다. 이를테
면 서로 다른 거리의 세 행성에 광속으로 뭔가 전송하는 경우, 각각의 행성은 이웃 행성과 불연속
적인 나름의 현재를 갖고 있다. 그 사건이 전송될 때 세번째 행성은 "아직 수신하지 못했고, 두번
째 행성은 이미 수신했으며, 첫번째 행성은 수신 중에 있다. 이런 식으로 세 개의 동시적 현재가 동
일한 우주로 얽힌다. 이는 성좌의 시간, 상대성의 체계일 것이다. 이때 우주를 구성하는 세계들의
다원성 속에서, 인물들은 인간이라기보다 행성적인 존재, 주관적이라기보다 천문학적인 존재가
될 것이다. 이는 곧 다원론적 우주론이다. 여기서는 서로 다른 세계들이 존재할 뿐만 아니라 동일
한 사건이 각각의 상이한 세계에서 양립 불가능한 각자의 판본으로 상연된다"(TI, 102/134).

다. 마찬가지로 관객은 한 인물의 내레이션을 다른 인물의 그것보다 더 진실하거나 개연적이라고 판결할 수 없기 때문에 심판자가 될 수 없다. 계열 내에서 끊임없이 서로를 거짓으로 만드는 일련의 변형만 있을 뿐 폭로되는 진실은 없다. 이제 내레이션은 서로를 확증하는 만큼이나 서로를 모순되게 한다. 진실의 입장에서 각 내레이션을 초월하여 통합하는 포섭적 판단의 지점, 계열 바깥에 존재하는 비시간적·무역사적인 고정점은 없다. 대신에 관객은 공간 내의 생성으로 나타나는 변형들을 시간 내에서 따라간다. 이 변형은 혼돈 이론의 수학적 기원인 위상 공간의 '지도 그리기'와 같다.

「마리엔바드」는 두 가지 직접적 시간 이미지 모두의 시점에서 논의될 수 있다. 그전에 현재에서 개방되는 직접적 시간 이미지의 의미를 명백하게 해둘 필요가 있다. 현재는 시간 전체를 대표할 수 있는가? 들뢰즈는 과거에서 현재를 경유해 미래로 이어지는 연속적 시간관이 폐기되는 한에서 그럴 수 있다고 본다. 이때 단일 사건의 시간은 현재가 우발적인 선들, 즉 현재의 현재, 과거의 현재, 미래의 현재로 나뉘는 것으로 파악될 수 있다. 「마리엔바드」에는 과거 시제가 함축적으로 존재한다. 연못이 얼어붙을 만큼 추웠던 1년 전, A는 X에게 자신이 남편 M을 떠날 때까지 1년만 기다려 달라고 부탁했다. 그러나 영화의 구성 논리상 이 과거는 제시될 수 없고 과거의 시간적 변위가 플래시백으로 고려될 수도 없다. 대신 이 생략은 현재 시점에서 이루어진, 과거에 대한 많은 가정법적인 묘사로 나타난다. 이 묘사 각각은 직접적으로, 또 그만큼 모호하게 서사적 진술에 호응한다. 또한 이 생략은 함축적이면서도 부조리한 과거들과 미래들을 향해 뻗어나가면서 서사적 진술과 호응하는 만큼이나 그 진술들을 침식해 들어간다. 사실 이 영화는 과거에 관한 이야기도, 과거의 일관된 기억에 대한 이야기도 아니다. 오히려 이 충격적인 생략은 가능한 과거들과 미래들이 현재 내에서 변형되어 협상을 벌이는 가정법적·우발적 묘사를 의미한다.

이때 '지난 해'는 과거의 현재에 대한 극한을 표시한다. 한편 미래의 현재는 가능한 결말들의 계열에 함축되어 있다. X는 A와 함께 떠날 것인가? M이 A를 총으로 쏠 것인가? X는 부서진 난간에서 떨어져 죽을 것인가? 그러나 이 모든 사건들은 영화 자체, 즉 현재의 현재를 구획하기도 한다. 들뢰즈는 이 서사가 일종의 아우구스티누스주의라고 지적한다. "세 개의 접혀진(impliqué) 현재들은 끊임없이 회복되고, 모순을 일으키고, 삭제되고, 대체되며, 재창조되고, 분기하며, 회귀한다. …… 서사는 상이한 현재들을 상이한 인물들에 분배하는 것으로 이루어진다. 그 각각의 현재들은 그 자체로 가능하고 또 있음직한 나름의 조합을 형성하지만, 이들 모두는 서로 '함께 가능하지 않다'."(TI, 101/133) 우리는 A와 X가 제시하는 기억 속에서 두 개의 서사들과 계열들이 서로를 공유하고 있다는 점을 알게 된다. 왜냐하면 그 기억들이 동일하게 주어진 어느 하나를 지칭할 때, 한 사람이 그것을 긍정하면 다른 한 사람이 그것을 부인하기 때문이다. 그러나 들뢰즈는 X가 과거의 현재에서 순환하는 바로 그 지점에서 A가 하나의 상(aspect) 또는 견인체(attractor)로서 기여하는 반면, A가 이동하는 지역들 내에서 X는 주변적이라는 점을 지적한다.

그러나 상이한 현재들을 상이한 인물들에 귀속시키는 것은 이 영화의 논리적 명료성뿐만 아니라 들뢰즈의 개념에서 중요한 부분까지 모호하게 만든다. 왜냐하면 이는 기억의 변별적 층들이 X나 A와 같은 인물에 기원을 둔 채 중첩하거나 갈라지고, 서로를 지탱하거나 서로 모순을 일으킨다는 식의 독해를 전제하기 때문이다. 이는 영화 내에서 일관되게 그 기반이 침식되는 디제시스적 특질을 회복하고, 철저하게 '탈주관적인' 서사에서 주관성을 되살리려는 것처럼 보인다.[25] 「마리엔바드」에서 현재가 다양한 가정법적 경로로 분기하는 것은 두 기억 간의 불일치 때문이 아니라, 인물들 자체가 영화의 전체 구성 전략이 제시하는 기억의 논리에서 속성들로 기능하기 때문이다. 인물들이 참과 거짓을 판단할 수 있는 기억의 작인이라고 전제하는 어떤 독해도 여기서는 기각되어야 한다.

이런 점에서 현재는 사건이 연속적으로 발생하는 디제시스적 공간으로 설계된 것이 아니다. 오히려 현재는 스스로를 펼쳐내는 서사로서 '시간 내에' 이미 존재한다. 내레이션은 청각적인 동시에 문어적(literary)이다. "다시 한번——나는 걷는다, 다시 한번, 이 건축물의 복도를 따라, 홀을 가로질러, 회랑을 지나——또 다른 세기에 ……." 이런 화면 밖 목소리는 영화의 크레디트를 넘나들며 나타나고 또 잦아들면서, 최초의 트래킹 쇼트 내내 계속된다. 이 진술은 그 이미지 구성과 마찬가지로 매우 풍부하게 묘사적이다. 행동을 묘사할 때, 이 진술은 반복적인 현재를 함축한다. 그 현재는 특정한 견인체, 즉 난간과 조각상, A의 침실과 정원으로 불연속적으로 되돌아가면서 변주되는 피드백의 반복적 순환에 포획되어 있다.

혹자는 처음에, 이미지들이 목소리를 따르고 있으며 영화의 디제시스적 공간을 가로질러 운동하는 주관적 현재에 카메라 움직임이 귀속된다고 생각할 수도 있다. 그러나 꼭 그렇게 생각할 필요는 없다. 목소리 묘사가 카메라 묘사와 일치할 때도 있지만 그렇지 않을 때도 있기 때문이다. 카메라 움직임은 주관적 트래블링 쇼트를 확실히 제시하기에는 지나치게 길고 부드러우며, 또한 앵글은 지나치게 기울어져 있다. 게다가 목소리는 커졌다

---

25) 여기서 "객관적"이라는 단어를 쓰는 것이 사뭇 조심스럽다. 왜냐하면 「마리엔바드」의 내레이션에서 객관적인 것은 없기 때문이다. 실제로 들뢰즈 자신의 설명에서도 주관적 서사와 객관적 서사를 가늠하는 척도는 운동-이미지의 영화에 대해서만 유효하다. 우발적 서사는 최종적 진실을 향한 목적론적 결말을 지향하지도 않고, 술어를 통한 주체와 대상의 연결을 목표로 하지도 않는다. 대신에 그것은 특권적인 형이상학적 도식인 주체-객체의 문제틀을 근본적으로 재검토한다. 이 독해는 『운동-이미지』와 『시간-이미지』를 통틀어 뻗어나가는 기묘한 모순의 징후다. 근본적으로 반(反)인간주의적인 들뢰즈의 철학은 인물들을 특권적인 주관적 작인으로, 감독들을 창조적 작가로 끊임없이 회복시킨다. 따라서 주체성의 중심은 영화 비평에 바쳐진 이 저서의 다양한 구절들에서 끊임없이 나타난다. 반면 이 저서의 철학적 논점들은 서구 형이상학에서 주체-객체 문제에 대한 들뢰즈의 비판 중에서도 가장 강력한 국면들을 지속적으로 전개한다.

가 잦아들면서 음향적 원근법을 창출한다. 즉 목소리는 이미지에서 출발했다가 다시 이미지로 돌아가는 것처럼 들리며, 이때 카메라는 목소리를 놓쳤다가 다시 찾는 것처럼 보인다. 말하자면, 음향과 이미지는 일치되는 동시에 자율적이다. 실제로 영화 전체에 걸쳐 발설된 이야기체(récit)가 이미지를 추동하는 것처럼 보이지만, 이미지는 음향과 어떤 일관된 방식으로도 협력하기를 거부한다.

마찬가지로 조르지오 알베르타지의 목소리와 함께 영화가 시작될 때, 그 목소리의 주인공은 X가 아니다. 오히려 내레이션, 즉 서사는 인물들과 사건들을 '통해서 말한다'. 이와 동일한 담화가 두번째 시퀀스의 연극 텍스트로 이어진다. 화면 밖 목소리는 화면 밖 음향(sound-off)이 되는가? 언제나 그런가? 사실상 영화는 목소리를 단일한 주체의 기원에 귀속하려는 욕망을 끊임없이 거스르면서 유희한다. 디제시스상의 발화가 명백히 등장인물에 귀속될 때에도 노골적인 후시녹음(post-synchronization) 때문에 인물들은 복화술사의 인형처럼 보인다. 이것이 탈주관적 서사의 정확한 의미다. 이 영화에서 거짓을 만들어내는 서사는 특정한 기능을 갖고 있다. 음향과 이미지 사이의 간격은 비결정적이다. 즉 그것은 우발적이거나 가정법적이다. 우리는 음향과 이미지를 단일한 서사, 즉 하나의 등장인물 또는 일관된 디제시스 공간 내에서 통일하려고 시도할 수 있지만 그때마다 실망하게 될 것이다. 각각의 서사는 그 내부에서 일관적인 동시에 서로 불연속적인 지속 내로 거듭 분기한다.

이 비결정성 때문에 X와 A는 공약 가능한 시간과 공약 불가능한 시간 사이를 교대로 움직이며 나타나는 것처럼 보인다. 이를 의미화하는 것은 단일 사건의 지속을 분할하는 것에 근거하는 반복의 형식이다. 정원, 침실, 계단 등 특권화된 장소는 그 장소에서의 만남을 포함한다. 분할은 음향 트랙과 이미지 트랙 사이의 간격과 함께 시작되어 각각 분기해 나간다. 이들은 이야기체를 통해, 최초의 시발점에 대해서 서로 다른 가정법적 경로를 구축하는 과정이 된다. 이미지 트랙은 이동 쇼트와 고정 쇼트로 쪼개진다. 여기서 고정 쇼트는 장면들을 하이-키(higy-key) 조명과 로우-키(low-key) 조명으로 나눈다. 이때 로우-키 조명은 재현된 인물들의 정지 상태와 움직이는 상태 사이를 오락가락하는 쇼트들로 다시 나뉜다. 목소리가 들리는 공간은 화면 밖 목소리와 디제시스적 발화, 그리고 발화와 침묵으로 뻗어나간다. 이때 발화는 화면 내부와 외부로 다시 나뉜다.[26] 이 변주는 종종 이미지에서 거짓 실마리를 산출한다. 이를테면 관객이 발화를 특정 인물의 것으로 착각하게 만드는 원거리 쇼트가 그 예다. 이 거짓 실마리의 전반적 효과는 대조와 대립에 따른 선형적 발전이 아니라, 항상-뻗어나가는 부조리한 공간들의 리좀적(rhizonmatic) 운동 또는 순열이다.

그렇다면 이제, 영화에 내레이션이 주어졌다면 누가 그 내레이션을 하는 것인가? 들뢰즈는 이 사례에 정확히 부합하지는 않음을 알고 있지만 '**직접적인 시간**'이라고 답하고 싶어한다. 우리는 존재 근거로서의 시간 자체를 알 수 없지만, '알려지는 것'에 대한 시간의 형식을 통해 인식 근거로서의 시간을 파악할 수 있다.[27] 운동-이미지는 그 같은 형식 중 하나다. 그

---

26) 음악 트랙의 조직 또한 매우 중요하다. 이 영화에는 음향의 원천이 몇몇 암시되긴 하지만 어떤 디제시스 음악도 사용되지 않는다. 영화는 음악과 침묵을 교차시키면서 무조의 오르간 스코어와 낭만적인 오케스트라 음악을 넘나든다.

27) (옮긴이) 존재 근거(ratio essendi)와 인식 근거(ratio cognoscendi)는 본래 칸트의 『실천이성비판』 서문에 나오는 개념이다. 칸트는 자유가 어떻게 도덕의 존립 근거가 되는가를 밝히는 과정에서 자유는 확실히 도덕법의 존재 근거이지만 도덕법은 자유의 인식 근거임을 상기시키려 한다고 말한다. 들뢰즈는 『시간-이미지』의 5장 도입부에서 이 구절을 수사적으로 빌려와 시간과 결정체의 상관관계를 강조하는 데 활용한다. "결정체는 시간의 인식 근거로서 존재하며, 반대로 시간은 결정체의 존재 근거다."(TI, 98/129) 이 관계를 풀어보면 존재의 질서에서는 시간이 있어야 결정체-이미지가 가능하며, 인식의 질서에서는 결정체를 통해 시간을 알게 된다는 의미가 된다. 자유와 도덕법을 통해 존재의 실천원리가 종합되듯, 존재는 시간 속에서 시간을 통해 종합됨으로써 세계와 세계 내 존재자들을 인식할 수 있게 된다. 말하자면 이 구절은, 들뢰즈가 칸트 연구를 통해 정초한 종합의 원리가 『운동-이미지』와 『시간-이미지』에도 연장되고 있음을 암시한다.

것은 연속성의 형식으로 공간 내에서 물리적 행동들을 연결하면서, 유리수적 간격으로 측정되는 시간을 제시한다. 그러나 「마리엔바드」에서 공간은 그와 다른 기능을 지니며, 시간은 알려지는 것에 대한 상이한 형식으로 나타난다. 카메라는 등장인물보다 더 많이 움직이며, 이미지의 변위는 공간적일 뿐만 아니라 시간적이다. 관객은 이 새로운 논리에 익숙해지지 않는 한 당황하거나 실망할 뿐이다.

알려지는 것에 대한 시간의 형식이 어떻게 변환되는지 이해하면, 시간과 내러티브 공간의 관계가 어떻게 변화하는지 대략 질문할 수 있게 된다. 무리수적인 간격의 논리는 횡단된 공간으로 완성되는 운동의 이미지를 산출하지 않는다. 대신 그것은 불연속적 지속을 병치하는 형식을 통해 '지나가는 시간의 이미지'를 부여한다. 이 시간의 이미지는 이탈적이거나 거짓인 운동으로 나타난다. 가장 단순한 형식에서, 특정 종류의 시퀀스-쇼트는 그 느림(longeur)을 통해, '지나가는 시간'이라는 지속의 이미지를 기다림의 시간으로서 부여한다(1장에 인용한 「인디아 송」의 도입부를 떠올려보라). 그러나 「마리엔바드」는 훨씬 복잡하다. 화면 밖 목소리는 이미지 트랙과 일치되지만 자율적인 지속처럼 기능한다. 게다가 노골적인 후시 녹음은 이미지와 음향을 매우 가깝게 엮으면서도 그 사이에 서로 이을 수 없는 간격을 남긴다. 근본적인 불연속성은 이미지와 음향을 두 개의 분리된 시간, 두 개의 분리된 현재들로 나눈다. 이 현재들은 서로 관계 맺고 있지만, 동질적인 디제시스적 공간이나 하나의 독특한 지속으로 결코 결합되지 않는다. 오히려 어떤 단일한 설명으로도 해결되지 않은 채 분기하고 변화하고 반복하면서 불연속적인 내러티브 공간의 분배를 낳는다.

이런 식으로 무리수적 간격은 공간적 복잡성을 만든다. 이 복잡한 공간의 불연속성은, 함께 가능하지 않으며, 파편적인 현재의 형식을 갖는 '지나가는 시간'의 척도다. 각각의 현재는 고유한 지속을 지니며, 이 지속은 그를 둘러싼 나머지 지속과 일관성을 갖지만 함께 가능하지는 않다. 「마리엔바드」에서 영화의 대사가 쇼트들과 대조되면서 불연속적인 현재들로 파편화되는 부분은 가장 널리 인용된다. 그 중 상대적으로 쉬운 예는 X가 A의 침실에서 A와 조우할 때의 첫번째 판본을 제시하는 시퀀스로, 총 일곱 개의 쇼트로 구성되어 있다. 이 시퀀스는 호텔 내부, 정원의 큰 길을 내려다보는 실외 발코니, A의 침실이라는 세 개의 장소를 서로 엮는다.

1. 첫번째 쇼트는 왼쪽으로 트랙-인하여 검은 색 정장을 입은 X를 발견한다. 그는 연못이 얼어붙었던 1년 전 이야기로 논쟁하는 일군의 사람들 속에 있다.

2. 두번째 쇼트는 X를 장식용 거울의 왼쪽에서 미디엄 클로즈업으로 잡는다. 그가 오른쪽으로 시선을 돌릴 때 A가 검은색 이브닝가운을 입고 목걸이를 한 채 거울 내 프레임으로 나타난다.

3. X가 자신이 들은 내용을 연관지은 후, 앞 쇼트에 호응하는 앵글 쇼트가 A를 소프트 포커스의 미디엄 클로즈업으로 잡는다.

4. A와 X는 발코니에 나타나 정원의 큰 길을 바라본다. A는 카메라에 등을 돌린 채 전경 왼쪽에 있고 X는 오른쪽 중앙에서 그녀와 얼굴을 마주하고 있다. A는 "대체 내게 원하는 게 뭐죠? 불가능하다는 걸 알잖아요"라고 말하며 X의 이야기를 중단시킨다.

5. 카메라는 A로 커트한다. 그녀는 여전히 검은 색 이브닝가운을 입고 소프트 포커스의 미디엄 클로즈업으로 잡힌다. 이는 세번째 쇼트의 프레임을 정확히 반복한다. 장소는 아직 명백하지 않지만, X가 이야기의 화제를 돌릴 때 A의 침실로 전환되어 있다. "어느날 밤, 나는 당신의 침실로 들어갔지요……."

6. 여섯번째 쇼트는 침실에 있는 A를 롱 쇼트로 포착한다. 쇼트 구도는 하이-키 조명의 딥 포커스로 이뤄진다. 그녀는 여전히 검은 옷을 입은 채 프레임 중앙 약간 왼쪽에 서 있고, 중앙에는 커다란 거울이 달린 탈의용 테이블이 놓여 있다. 이 '상상적' 공간에서 그녀는 X에게 말을 건다. "날 혼자 내버려둬요, 제발……."

7. 여섯번째 커트에서 계속 이어진다. "…… 날 혼자 내버려둬요." 이 마지막 쇼트의 프레임은 X와 A의 2인 쇼트다. 후경에는 그들 사이의 장식용 거울에 호텔이 비쳐 보인다. 카메라는 A의 어깨 위에서 조금씩 오른쪽으로 이동한다. 그러나 이제 그녀는 흰색 옷을 입고 있으며, X는 어두운 색의 정장을 입고 넥타이를 하고 있다. 그는 그녀의 응답을 듣지 못한 것처럼 이야기를 계속한다. "대략 여름이었지요. 그래요, 당신이 맞아요. 얼음 같은 건 없겠죠."

X와 A가 콘서트용 살롱에 가려고 복도를 걸을 때, 카메라는 미디엄 트래블링 쇼트로 따라간다. 그들은 잠시 멈춰서 오른쪽을 본다. M이 프레임 오른쪽에서 도착할 때 카메라는 팬(pan)해서 A를 따라간다. 그가 묻는다. "콘서트에 갈 건가요?" 그녀가 대답한다. "나중에 만찬에서 다시 보죠." 이어 카메라는 좌측으로 팬하면서 A와 X가 다시 합류할 때까지 트래킹한다.

이 지점에서 화면 밖 목소리가 시작되어 X와 A가 콘서트 살롱으로 들어가서 왼쪽으로 빠져나갈 때까지 이어진다. "이 모든 이야기는 이제 과거가 됐다. 완전히 끝났다. 몇 초 후면 그 이야기는 대리석 같은 과거 속에 영원히 얼어붙을 것이다. 이 조각상처럼, 돌을 깎아 만든 이 정원처럼, 앞으로 영영 텅 비어있을 방들이 늘어선 이 호텔처럼……"

침실을 묘사하면서 '상상적'이란 말을 인용부호 안에 넣은 이유는 이 세 장소 중 어떤 장소가 다른 장소보다 더 상상적이거나 실재적이라고 판단할 근거가 없기 때문이다. 침실이 A의 몸을 둘러싸고 투영한 X의 환상인지 A에서 영감을 받아 환기된 과거의 진정한 기억인지는 확실히 알 수 없다. 감각-운동적 연결이 사라지면서, 즉 인접된 행위들의 인과를 통한 쇼트들의 연결이 풀어지면서 진실은 더 이상 확실하게 측정될 수 없는 것이 됐다. 다만 묘사의 층위에서 실재적인 것과 상상적인 것의 분별 불가능성을 산출하는 거짓의 반복적 변형만이 있을 뿐이다. 이 분별 불가능성은 동등하게 개연적이지만 우발적인 설명들 또는 반응들의 계열을 창조한다.

상대적으로 단순한 이 쇼트들의 계열에 가로놓인 시간상의 변환 또한 충격적이다. 디제시스상의 발화는 문답적이며, 연속성 내에서 인과의 논리를 따른다. 그러나 쇼트가 발화를 넘어서서 변화할 때 인물들은 상이한 현재에서 서로에게 응답하는 것처럼 보인다. 한 사람이 질문하는 현재와 다른 한 사람이 응답하는 현재가 서로 다를 수 있기 때문에, 현재들 자체가 무수히 많은 가능 세계를 함축하게 된다. 쇼트 4에서 A는 X가 말을 거는 A의 세계에서 X에게 응답한 것인가? 쇼트 7의 도입부에서 그녀는 자신이 변명을 시작했던 세계에서 변명을 이어가고 있는 것인가? 심지어 쇼트 내에서도 미세한 불일치가 눈에 띤다. 쇼트 7의 도입부에서 X는 어떤 하나의 가능 세계에서 A가 들은 의견에 동의하는 듯하지만 우리가 보는 장면은 바로 그 세계가 아니다. 여기서 그 효과는 함께 가능하지 않은 세계들을 병치시키는 일련의 이미지들로 나타난다. 음향 트랙은 현행적으로 의미 있는 방식이 아니라 외관상으로만 그 이미지들과 연결된다. 디제시스적 발화에서 화면 밖 목소리로 이행하는 서사상의 최종 변환은 또 다른 변위를 완성한다. "이 모든 이야기는 이제 벌써 지나간 것이다." 이 문장에서, 「마리엔바드」의 기괴한(uncanny) 아우구스티누스주의는 스스로를 주장한다. 화면 밖 목소리는 스스로를 미래의 현재로 표시하는데, 여기서 모든 우발적인 내러티브 경로는 이제 이미 과거의 현재로서 스스로를 파괴했다. 따라서 현행의 이미지가 제시하는 경로는 '현재의 현재'로 스스로를 표시한다. 마찬가지로, 과거는 영화적 서사라는 한계를 넘어, 완성된 것, 부동의 것, 정지된 것, 재현할 수 없는 것으로서 그 자체로 뒤집혀 접힌다.

이 시퀀스를 1장에서 인용한 「셜록 2세」의 시퀀스와 비교해보면, 음향(구어적 이야기체)이 불연속적인 이미지들을 가로지르면서 외관상의 연속성을 행동보다 더 잘 보존한다는 점은 명백하다. 그러나 목소리는 그 이미지들 '안에' 있는 것이 아니다. 목소리는 그 자율성 때문에 이미지들 간의 차이를 강조하기도 한다. 말하자면, 이야기체의 연속성 ——지속 자체(화면 밖 목소리)이건 아니면 디제시스적 발화 조각들의 논리적 연결이건 간에——은 이미지 내에서 시간적 변화(variation)의 지표다. 이미지들의 연쇄는 이야기체가 반복되는 동일한 현재의 함께 가능하지 않은 판본들을 제시한다. 앞에서 예로 든 시퀀스는 상이한 '현재들'에서 시작되고 끝나는 것일까? 일곱번째 쇼트에서 X는 관객이 보지도 듣지도 못하는 현재를 향해——이 현재에서 A는 대화의 최초 실마리에 응답하면서 실제로 X의 말을 정정한다——정확하게 응답("그래요, 당신이 맞아요.")하는 것일까? 침실에서 A는 X가 '상상하는' 시공간과는 다른 시공간에서 응답하는 것일까? 이런 식으로 상이한 인물들이 점유한 현재들의 공약 불가능성은 상이한 시간적 세계들이 함께 가능하지 않음을 암시한다.

따라서 「마리엔바드」가 설명 불가능한 서사를 제시한다는 들뢰즈의 표현이 의미하는 것은, 어떤 단일한 설명으로도 진술과 묘사의 서로 다른 경쟁적 판본들을 놓고 판결을 내릴 수 없으며, 사실상 서로에 대해 모순적이지만 그 자체로는 가능한 몇 가지 상이한 설명들이 있을 수 있다는 것을 의미한다. 이를 기초로 몇 가지 상이한 현재들은 서로에 대해 함께 가능하지는 않지만 그 자체로는 일관된 지속으로서 변별성을 유지한다. 이 논리는 연대기적 연속에 해당하는 시간의 이미지가 아니라, 비결정적 미래와 비연대기적 과거로 쪼개지는 현재에 해당하는 지나가는 시간의 이미지를 제공한다. 이를 바탕으로 들뢰즈는 시간-이미지와 관련되어 있는 일련의 영화들——「마리엔바드」를 비롯해서——에서 특정한 시간의 모델을 지적한다. 이 모델에서 기억-이미지의 방황하는 경로는 독특한 내러티브의 연결을 조직한다. 그것은 그 자체로 완결되는 원형도 아니고, 직선도 아니다. "그 반복은 축적이 아니며, 그 발현은 정렬되기를 거부한다. 그것은 숙명을 재구성하는 것이 아니라 모든 평형 상태를 끊임없이 쪼개나가며, 그 때마다 새로운 '굽잇길'(coude), 새로운 단절을 인과성에 부여한다. 그러면 인과성은 비-선형적 관계들의 집합 내에서, 스스로 이전의 것에서 분기해 나간다."(TI, 49/69)[28] 목소리는 과거와 현재를 명료한 재현 내에서 연결하려는 기억의 행위로 나타난다. 이 목소리는 주로 X에 초점을 두지만, 궁극적으로 그에게 귀속될 수 있는 것은 아니다. 기억은 주관적 내면성보다는 하나의 '세계'(인물들은 바로 이 속에서 움직인다)로 재현되는 기괴한 힘으로서 환기된다. 그런 점에서 레네의 영화에서 들뢰즈가 목격하는 것은 영화와 철학의 희귀한 결연이다. 이는 레네가 철학적 개념을 영화에 적용시켜서도 아니고 등장인물들이 철학을 토론해서도 아니다. 인물들은 디제시스 내에서 기억하지도 행동하지도 않는다. 오히려 그들은 어떤 기억 기계의 기능이다. 이때 기억의 논리 자체가 곧 모델이 된다. 레네의 영화가 독창적인 것은, 그것이 정신의 기능 또는 사유의 과정을 시각화하기 때문이다. 이 시각화는 상징적인 것도 알레고리적인 것도 아니다. 오히려 정신의 기능을 시각화하는 것은 서사 내에서 나타나는 시공간적 분절의 논리다.

「마리엔바드」는 설명 불가능한 이전을 통해 연대기적 연속을 현재 내의 첨점들로 파편화한다. 한편 「사랑해, 사랑해」는 과거의 층들을 가로지르는 불연속적 도약들을 제시한다. 이 영화의 내러티브를 이루는 전제는 단순하다. 자살 실패 뒤 회복한 작가 클로드 리데르는 시간 여행의 실험용 모르모트가 되지 않겠냐는 권유를 받는다. 시간 여행용 실험 장치는 클라스 올덴버그[29]가 착상한 뇌의 부드러운 상(sculpture)과 비슷하게 생겼고, 스크립트상으로는 구체(Sphere)라고 명시되어 있다. 리데르는 이 실험장치

---

28) (옮긴이) 이 인용부는 『시간-이미지』의 3장 「회상에서 꿈으로」 중 조셉 L. 맨케비츠가 영화에 나타나는 내러티브를 설명하는 부분이다. 들뢰즈는 맨케비츠를 가장 위대한 플래시백 작가라고 말하면서, 「이브의 모든 것」(*All About Eve*, 1950), 「맨발의 백작부인」(*The Barefoot Contessa*, 1954) 등에서 인과성과 선형성의 부재를 발견한다. 이 작품들에서 플래시백은 인과성을 단절시키는 영속적인 분기 현상을 일으킨다. 이를 토대로 들뢰즈는 "맨케비츠에게서 시간은 보르헤스가 「끝없이 두 갈래로 갈라지는 길들이 있는 정원」에서 묘사한 것과 정확히 같다"(TI, 48/68)고 한다. 비록 감각-운동적 도식 및 인물의 주관성에 이런 특징들을 귀속시키긴 하지만 『시간-이미지』에서 맨케비츠는 할리우드 체제 내에서 시간-이미지의 가능성을 시험한 작가로 중요하게 평가되고 있다.

는 리데르를 1년 전 그의 과거로 1분간 보낼 예정이다. 여태까지 실험에 사용된 쥐들은 여러 번 성공했고, 적어도 1분간 기계 속에서 사라졌다. 그러나 그 쥐가 실제로 시간 여행을 했다는 어떤 증거도 없다. 과학자들은 물리적 몸체의 변위를 목격할 수 있지만, 시간 내의 변위를 입증하려면 몸체가 사라지는 **그 순간**에 대해 말할 수 있는 의식이 필요한 것이다.

그러나 실험은 잘못된다. 환원론적 시간관을 가진 과학자들은 현재에서 과거로 운동하는 것을 연속선상에서의 변위로 생각한다. 리데르는 4시부터 1967년이 아닌 1966년 9월 5일에 1분간 머물렀다가 4분간의 회복 과정 ─ 이는 그를 현재에 고정하기 위해 필요하다 ─ 으로 되돌아올 예정이었다. 실제로 리데르는 목표한 시간에 도착한다. 그는 남쪽 해변에서 7년지기 동료 카트린과 함께 잠수를 즐긴다(이후 카트린이 몇 달 뒤 사망한다는 것이 밝혀지며, 리데르가 그녀의 죽음에 따른 우울증으로 자살을 시도한 것이라는 암시가 주어진다). 그러나 이 1분은 연속적 계기의 형식으로 이어지지 않는다. 일련의 단순한 행위들, 이를테면 바다에 들어가 잠수하고 헤엄치며 카트린에게 되돌아오는 리데르의 행위는 파편화되어 시퀀스 내외부에서 반복된다. 이 순간이 몇 번이고 반복되는 몇 시간 동안, 리데르는 최근 16년간의 여러 경험들을 불규칙적으로 오르내리는 것처럼 보인다. 과학자들은 그를 현재에 고정하는 것이 불가능함을 알게 된다.

과학자들은 연속적 질서로 배열된 공간의 절편화를 통해 시간을 양적으로 측정할 수 있다고 이해했다. 쥐와 인간을 구별할 수 없었던 그들은 의식이 시간 내에서, 그리고 시간으로서 무엇을 의미하는지를 철저하게 사유

---

29) (옮긴이) 클라스 올덴버그(Claes Oldenburg, 1929~)는 스웨덴에서 태어나 13세에 미국으로 이주, 작품 활동을 시작했다. 1950년대까지는 네오-다다 경향의 설치작품을 선보였으나 1960년대부터 미국 팝 아트에 가담, 음식과 주방기구 등 평범한 사물을 기이하고 코믹하게 변형시킨 스케치와 조각품들을 발표했다. 뇌에 대한 설치조각은 1970년대에 발표한 그의 대표작 중 하나로서 「프랑켄슈타인」(*Frankenstein*, 1931)에 대한 존경과 패러디로 해석되기도 했다.

하지 않았다. 반면 리데르는 시간을 지속으로 경험한다. 기억은 시간의 힘으로서, 불가피하게 현재와 나뉘게 된 과거의 운동으로 나타난다. 이 과거는 끊임없이 쪼개지고 다양해지면서 예측 불가능한 궤적을 그린다.

영화에서 반복되는 몇 가지 유형이 있다. 어떤 사건은 거듭되는 회귀의 지점 또는 견인체로 기능한다. 남쪽 해변(66년 9월 5일, 8번 반복), 카트린과의 만남(59년 9월 6일, 4개의 쇼트), 글래스고에서 카트린의 죽음(67년 1월 4일, 6개의 쇼트), 친구 비아나 러스트에게 고백(67년 3월 4일, 6개의 쇼트), 이외 몇몇 시퀀스들이 이에 해당한다. 몇몇 예외를 제외하면 이 모든 과거의 파편들은 상대적으로 짧은 지속의 단일 쇼트로 제시된다. 다수의 쇼트들이 특정한 역사적 사건에 바쳐진 경우에도, 이를테면 카트린의 죽음과 같은 개별 쇼트는 영화를 가로질러 흩뿌려지면서 종종 연대기적 시퀀스 바깥으로 빠져나온다. 시간적 시퀀스의 불연속성이 극단적인 반면, 쇼트들 간 이전은 종종 그래픽적 일치, 불투명한 환유, 초현실적인 시적 병치, 드물게는 연대기적 계기(예를 들면 꿈에서 깨어남)로 표시된다.[30]

---

30) 꿈 시퀀스나 꿈에서 깨어나는 장면은 예외적이다. 실제로 영화에서 두 개의 꿈 시퀀스는 유일하게 유리수적 커트가 나타나는 부분이다. 하나는 니콜의 꿈이다. 이 여인은 욕조 안에 있는데, 리데르가 사무실에서 뭔가를 보고 있을 때 그의 어깨 너머 쇼트(over-the-shoulder shot)로 카메라가 짧게 움직인 후 나타난다. 뒤이어 동료의 책상 위에 놓인 욕조 안에 벌거벗은 여인을 잡은 눈높이 쇼트(eye-line shot)가 뒤따른다. 또 다른 꿈에서, 리데르는 호텔 방에서 이름 모를 여자와 자고 있다가 호텔 종업원 때문에 잠에서 깬다. 이 장면은 영화에서 유일하게 행동의 일치를 보여준다. 이외에도 지적해둘 만한 흥미로운 편집 유형이 있다. 1966년 9월 5일 남쪽 해변이라는 리데르의 도착 지점은 그 쇼트들이 연대기적으로 혼재되지 않고 반복되는 유일한 사건이다. 앞선 언급에서 쇼트들과 '반복들'을 구분한 것은 그 때문이다. 일반적으로 레네가 제시하는 것은 2개에서 6개까지의 쇼트들로 파편화된 '사건들'이며, 이들은 무질서하게 제시된다. 이 사건들 또는 '견인체들'의 지속이 파편화되는 반면, 바로 그 시간적 불연속 때문에 각각의 파편 또는 쇼트는 나름의 통일적인 지속을 갖는다. 사실상 과거를 구성하는 150개 남짓한 쇼트들은 그 지속이 매우 짧더라도 대부분 시퀀스-쇼트로 간주될 수 있다. 구체 내에서 리데르의 현재를 나타내는 삽입 쇼트, 그리고 실험 결과를 기다리는 과학자들의 삽입 쇼트도 마찬가지다. 그 결과, 시간의 노선은 한층 더 파편화되어 불연속적인 과거, 리데르의 유동적 현재, 실험실에서의 연속적인 현재로 변모한다. 레네 영화의 시간적 특색을 더욱 세부적으로 분류하는 데 관심이 있는 독자들은 『영화의 전면』 91호(1969)에 실린 탁월한 스크립트 및 시퀀스 분석과 모나코의 『알랭 레네』, pp.131~144를 참조하라.

기억의 운동과 마찬가지로 쇼트들 간의 이행은 공간 내에서 행동들의 연대기적 연속이 아닌 시간 내에서 연상적인 도약으로 발생한다. 이런 점에서 이 영화는 양적·물리적·과학적 시간관과 질적·심리적·경험적 시간관을 대조한다. 구체 외부의 일들은 관찰자 시점에서 보여지기도 하고 주체 내부에서 보여지기도 하면서 변별적 서사의 시간성을 제시한다.

과학자들의 관점은 설명적 부분을 지배한다. 병원에서 리데르에 대한 비밀스러운 관찰, 크리스펠에서 실험실로의 여행, 리데르에 대한 과학자들의 실험 준비는 모두 연대기적이다. 그렇지만 이 경우에도 시퀀스들 간에 생략이 있으며, 쇼트들 간에는 강한 불연속이 존재한다(설명부는 이야기 시간에서 거의 한 달을 포괄한다). 이를테면 축이 되는 커트 몇 개는 스케일상의 극단적 변화를 보이며 관객을 거의 고정시키지 못한다. 행동들이 일치되는 커트도 드물다. 우발적 행동은 연속적 운동으로 묘사되지 않는다.

실험이 시작될 때 영화에는 세 개의 변별적인 시간대에 해당하는 공간이 표시된다. 구체 바깥에 있는 과학자들의 관점은 현재에서 연속으로 경험되는 시간을 표시한다. 실험실로의 귀환은 과학자들이 걱정스럽게 기다리는 연대기적 시간의 짧은 경과를 표시한다. 이는 과거 16년간을 왕복하면서 리데르가 겪는 불연속적 변위에 대한 화면상의 지속 시간과 대략 동등하다. 구체 내에서 리데르는 사라졌다가 현재로 돌아온다. 그러나 구체 내외부에 어떤 의사소통도 없는 것처럼, 리데르가 자신의 현재를 자신의 과거 및 타인들의 현재와 연속적 형식으로 연결하는 유리수적 연결 또한 없다. 그리고 리데르는 자신의 과거를 탈-연대기적이고 무리수적인 간격의 형태로 경험한다. 이 비선형적 편집의 효과는 충격적이다. 리데르가 구체로 귀환하는 쇼트와 바깥에서 이에 주목하는 과학자들의 쇼트는 연대기적으로 편향된 현재의 존속을 명백하게 표시하지만, 이들 또한 비선형적 편집에 나타나는 더 거대한 유형들의 힘에 압도당하기 때문이다. 영화의 시간적 시퀀스는 생략된 화면 지속 시간을 측정하는 우리의 일반적 감각 바깥에서 불확실하게 존재하는 것처럼 보인다.

이 영화에서 편집의 시간적 유형화는 후반 15개 쇼트에서 잘 드러난다. 이 쇼트들의 특징은 분명한 대칭 구도다. 불과 3분 가량인 이 쇼트들의 생략 시간은, 과학자들이 측정하는 연대기적 시간과 대략 비슷하다. 실험실과 구체를 왕복하는 반복적 이행으로 명백히 구별되는 이 쇼트들은 영화가 구축하는 세 가지 시간적 관점(과학자의 연대기적 시간, 구체에서 리데르의 파편화된 현재, 리데르의 불연속적 도약)을 압축적으로 가로지른다.

이 짧은 계열은 들뢰즈가 직접적 시간 이미지와 연관짓는 많은 양식상의 특징을 잘 보여준다. 리데르는 감각-운동적 상황의 붕괴에 가장 완벽하게 부합하는 주인공이다. 행동하는 자가 아닌 보는 자(voyant)로서 리데르가 지닌 신경증적 수동성은 덜 중요하다. 시간의 경과를 관찰할 수 있는 리데르의 능력은 그가 구체에 감금될 때부터 강조됐던 기능이다. 더 중요한 것은 이 전제 덕택에 레네가 연속 편집의 특징 대부분, 즉 유리수적 연결과 연대기적 시간이 규정하는 감각-운동적 상황으로 유도된 유형으로 쇼트들을 묶는 논리를 사용하지 않고도 영화를 만들 수 있었다는 사실이다. 연속 편집의 논리는, 한 쇼트에서 다른 쇼트로의 이행이 인과관계의 선형적 연결뿐만 아니라 행동의 노선을 따르는 공간적 인접성으로 유도된다는 점을 전제한다. 이것이 들뢰즈가 정상적 운동이라고 일컫는 바다. 그러나 여기서는 이탈적 운동과 시간이 공간의 논리를 대신한다. 시공간은 더 이상 몸체의 운동과 연관해서 펼쳐지지도 않고, 행동의 이행이라는 중심을 갖지도 않는다. 오히려 무리수적 간격들과 거짓 연결로 조직되는 공간의 변위에서 시간은 그 자체로 주어진다. 감각-운동적 상황이 유도하지 않는 쇼트들은 나름의 온전한 지속을 갖는 탈연쇄된 공간들을 제시한다. 이 탈연쇄된 공간의 배열은 연대기나 연속성보다는 다질적 계열의 형식을 지닌다.

크레스펠(1967년 9월 5일, 17:08)

1. 실험실 : 하이 앵글 롱 쇼트, 일직선 구도. 과학자들이 리데르를 구체 안에 고정시킨다.

2. 구체 내부 : 하이 앵글, 3/4 크기의 쇼트. 리데르는 구체 내 물질로 목까지 누에고치처럼 싸여 있다.

북쪽 해변(1960년 9월 1일, 13:00)

3. 팔꿈치를 괴고 모래 위에 누워 있는 리데르가 앞서 구체 속에 있는 것과 동일한 위치에 있다.

남쪽 해변(1960년 9월 5일, 16:00)

4. 수영복을 입은 리데르와 카트린이 해변에 있다. 물결이 그들의 발 밑에서 일렁인다.

크레스펠

5. 구체 내부(17:09) : 쇼트 2의 프레임이 반복된다. "그 순간을 되찾았음에 틀림없어." 리데르는 1960년 남쪽 해변의 네 시에 머무르려 한다. 그의 말은 이전의 세 쇼트에서 자신이 머리 속에서 시도했던 것들을 소급적으로 전달한다. 그는 다음과 같은 묘사를 통해 그 장면을 소환하려 한다. "나는 물 속에 있어. 멋진 날씨야. 너무 덥지도 않고. 카트린은 저기 해변에 있어. 물이 따뜻해. 나는 물 속에서 수영하고 있어. 바닥이 보이는군……."

남쪽 해변(1966년 9월 7일, 12:00)

6. 리데르가 해변에서 홀로 비를 맞고 서 있는 동안 이틀이 누락됐다.

브뤼셀(1962년 10월 23일, 한낮)

7. 리데르는 꿈을 꾼다. 한 남자가 물이 채워진 공중 전화 부스에서 통화하고 있다.

8. 리데르는 브뤼셀의 한 우체국에서 깨어난다. 이 때 그 남자가 전혀 젖지 않은 채로 리데르의 뒤에 있는 공중전화 부스에서 나타난다.

브뤼셀, 리데르의 아파트(1967년 3월 6일, 05:00)

9. 다시 꿈꾸는 리데르. 그는 니콜(욕조 속 여인)이라는 이방인, 글래스고에서 온 수사관과 담소를 나눈다. 수사관은 자신이 불어를 하지 못한다고 완벽한 불어로 사과한다. 수사관이 "카트린은?"이라고 물을 때 커트된다.

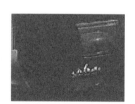

글래스고의 호텔 방(1967년 1월 4일 18:00)

10. 카트린은 자고 있다. 리데르의 뒤통수 실루엣이 프레임의 전경을 채운다. 카메라는 오른쪽으로 팬(pan)하며 가스 라디에이터의 불꽃이 서서히 잦아드는 것을 잡는다. 남쪽 해변에서의 해수욕을 연상시키는 화면 밖 음향이 들린다.

11. 리데르는 깨어나자마자 소리친다. "카트린!"

브뤼셀, 리데르와 카트린의 아파트(1959년 10월 2일, 10:00)

12. 리데르와 카트린이 침대에 누워 행복한 시간을 보내고 있다. 카트린은 회사에 지각했을 때 사용할 수 있는 변명을 망라한 사전을 써주겠다고 나선다.

남쪽 해변(1966년 9월 5일 15:59)

13. 리데르가 시간 여행의 목적지를 찾아 바다 저편에서 나타난다. 한 손에 잠수용 마스크를 들고 있다.

크레스펠(1967년 9월 5일 17:12:47)

14. 구체 내부: 리데르는 여전히 구체 안에 파묻힌 채 절망한다. '실험 시간' 4분이 경과했다.

15. 실험실: 3/4 크기의 정면 집단 쇼트. 과학자들이 장비를 걱정하고 있다. 총책임자가 지적한다. "어떤 경우든, 그는 더 자주 과거로 돌아가고 있어." 한 과학자가 답한다. "마지막 두 번의 여행 간격은 30초밖에 안 되요. 그렇게 짧았던 적이 없었는데."

이는 이 영화의 서사에 특징적인 비결정성 또는 설명 불가능성의 형식을 설명한다. 앞서 개괄한 시간-장소의 배분은 스크립트의 산물이지 관객에게 제시되는 영화의 산물이 아니다. 그러나 시간을 더 정확하게 지정해도 영화의 역설적 특질은 해결되지 않고 더 심화된다. 명백하지 않은 연대기가 재구축되는 것이 아니라, 영화가 구축한 시간적 현기증이 오히려 더 강화된다. 이를테면 이 15개 쇼트의 계열에서 유일하게 명료한 연대기적 연결은 실험실과 구체 사이를 왕복하는 이동, 그리고 꿈을 꾸다가 잠을 깨는 리데르의 추이에서 나타난다. 그러나 여기서도 모호함은 남아 있다.

쇼트 9부터 쇼트 11까지는 흥미로운 사례를 제시한다. 리데르는 쇼트 9에서 꿈꾸고 있고, 쇼트 11에서 깨어 있다. 그 사이에서 스크립트상 명백하게 사실을 바탕으로 하는 장면이라고 확인되는 쇼트가 있다. 즉, 스크립트에 따르면 쇼트 9와 쇼트 11은 동일한 시간적 시퀀스의 일부로 묶여 있다. 그러나 영화 자체의 맥락에서 쇼트 10의 위치는 흥미로운 질문을 제기한다. 쇼트 10에서 리데르는 수동적으로 불꽃을 응시할 뿐 아무 것도 안 하는 것일까, 아니면 스스로 불꽃을 꺼버리는 것일까? 이는 모호하게 남겨져 있다. 게다가 리데르는 쇼트 9에서 깨어났는가 아니면 10에서 깨어났는가? 쇼트 10은 객관적 사건인가 상상의 사건인가? 아니면 쇼트 11은 관객이 보지 못한 어떤 꿈에서 리데르가 깨어났음을 가리키는 탈연쇄된 이미지인가? 관객은 외견상 설명 불가능한 이 문제를 스크립트가 해결해준다고 주장할 수도 있다. 그러나 쇼트 10의 명백한 객관성은 음향과 이미지의 분할 때문에 허약해진다. 이미지상의 날짜는 1967년 1월 4일일 수 있지만, 음향상의 날짜는 리데르가 해변으로 잠수 여행을 떠난 1966년 9월 5일이다. 시간적 관점의 쪼개짐이 이미지 내에서 나타난다. 리데르가 점유한 시공간은 언제의 어디인가? 또한 어떤 시간적 관점이 이 이미지에 대한 우리의 관계를 조직하는가? 이 질문의 답변을 결정할 수 있는 종합적인 관점이나 시점은 존재하지 않는다. 왜냐하면 관객이 둘 이상의 이미지 간의 연결을 찾으려 할 때마다, 리데르 못지않게 관객에게도 시간은 파편화되거나 분열되는 것처럼 보이기 때문이다.

이 이미지들은 연대기적 연결이 아닌 기억상의 변위를 통해 펼쳐진다. 공간은 거짓 연결의 논리로 조직되면서 시간을 이탈적 운동으로 현시한다. 쇼트 2와 쇼트 3 사이에는 그래픽적 호응 관계가 있다. 구체 안에 쓰러진 리데르는 모래 속에서 자신의 몸을 일으켜 세울 수 있는 하나의 장소를 시간 속에서 발견한다. 그러나 그가 시간 속에서 남쪽 해변을 찾으려고 노력할 때, 그는 이전에 가보았던 북쪽 해변까지 발견한다. 쇼트 5에서 리데르는 물 속에서의 '행복한 한때'에 집중하려고 노력하며, 그 결과 리데르가 욕망하는 바로 그 장면이 쇼트 13에서 나타났다 사라지기 전까지 쇼트 6에서의 비와 쇼트 7에서의 꿈, 쇼트 10에서의 청각적 이미지가 산출된다. 여기서 이탈적 운동은 지속과 연관된 기억의 논리를 따른다. 그러나 이때 기억이 의미하는 것은 의식이 방향을 잡아나가는 연상적 탐색이 아니다. 오히려 시간의 비연대기적 쪼개짐은 영화의 서사에서 자의식과 지속 간의 분할을 현시한다. 이 영화는 지속을 기억의 힘, 탈주관적이고 비연대기적인 힘으로 현시한다.

따라서 이 영화에는 두 종류의 현재 간 구별은 물론, 현재와 과거 간의 한정적 경계선도 존재한다. 이 모두는 연대기적 연속의 토대를 지속적으로 침식하는 시간의 비선형적 힘을 암시한다. 이는 들뢰즈가 기억에 대한 베르그송의 분석과 명백하게 관련짓는 강력하고 직접적인 시간 이미지다. 또는 적어도 시간의 직접적 이미지가 공간의 물리적 횡단이 아니라 기억 내에서의 혹은 기억의 운동을 현시한다는 관념을 나타낸다. 이것이 의미하는 바는 문제시되는 지점이 명백하게 기억과 시간의 개념이라는 점이다.

베르그송에 대한 가장 흔한 비판은, 그가 시간을 내면성의 주관적 경험으로 환원한다는 것이다. 그러나 이 비판의 정당성 여부와 상관 없이 다음과 같은 질문이 가능하다. 시간 내에서 리데르의 변위는 어느 정도까지 주관적인가? 이를테면 영화에서 상이한 시간대의 공간들——구체 바깥의 실험실 공간과 그곳의 주체들(리데르와 그의 동료들, 흰 쥐)——은 서사의 변별적 층위를 구획하는가? 실험실에서 대부분의 시점은 미세한 하이 앵글의 롱 쇼트다. 게다가 과학자들은 구체 안을 볼 수도 들을 수도 없다. 그들은 오로지 리데르가 언제 사라져서 얼마나 오래 있었는가를 기록할 뿐이다. 그들은 리데르 못지않게 무제한적인 서사의 주체이며, 영화가 제시하는 지식의 위계에 대해서 어떤 특권도 갖고 있지 않다. 사실상 이 무제한적 서사는 과학자들의 무력함을 강조하면서 그들이 주장하는 객관성과 지식에 의문을 제기하는 기능을 한다.

반면 리데르의 과거 경험은 과거라는 단어의 일반적 의미에서는 주관적인 것이 아니다. 서사의 깊이를 암시하는 실마리들이 있다. 과거의 불연속적 파편들은 각각 공간적인 연합으로 표시된다. 우리는 리데르가 거기 있었던 사건들만을 볼 수 있고, 카메라의 운동은 그 여로의 결말에 따라 조직된다. 그러나 관객은 리데르의 정신적 주관성 내에 거주할 수 없다. 이 이미지들에서 주관성의 표지로 암시되는 깊이는 전무하다. 심지어 리데르의 꿈으로 표시되는 파편들에서도 카메라는 상대적으로 객관적이다. 객관적인 카메라는 정신적인 것과 객관적인 것 간의 분별 불가능성과 유희하면서 상상적인 것과 실재적인 것의 확실한 구별을 무너뜨린다. 우리의 관점은 항상 바깥에서 온다.

따라서 이 영화를 지배하는 것은 한 시간대의 공간에서 다른 시간대의 공간으로 지나가는 무제한적인 서사다. 반면, 서사의 범위가 제한되는 경우 세 가지의 시간적 관점이 분리될 수 있다. 첫째는 리데르의 비연대기적 과거이고, 둘째는 그의 유동적(fragile) 현재이며, 셋째는 생략된 시간의 연속적 연대기로 나타나는 과학자들의 현재 시점이다. 이를 통해 레네는 현재와 과거가 연관될 때 사유가 객관적인 동시에 주관적인 것이 되는 방식을 재배치(remap)한다.

타임머신, 심지어 시간 여행이라는 관념도 맥거핀(MacGuffin)일 뿐이다. 시간 여행과 관련된 모든 픽션과 마찬가지로, 「사랑해, 사랑해」는 우리가 시간 내에 존재함을 전제로 한다. 그러나 여기서 시간이 어떻게 제시되고 우리가 어떻게 그에 거주하는가 하는 것이 문제가 된다. 역사와 기억에 관련해서 어떤 개념들이 전제되는가? 시간 내에 있다는 것은 우리에게 어떤 의미를 지니는가? 조지 팔의 「타임머신」(*The Time Machine*, 1960)과는 달리, 이 영화는 시간의 선을 따라 앞뒤로 움직이는 운동에 관한 질문도 아니고, 4차원상에서 전후로 이동하는 가속적 공간에 대한 질문도 아니다. 오히려 「사랑해, 사랑해」는 시간이 무엇이고 우리가 어떻게 그 내부에서 움직이는지에 대한 세 가지 역설을 제시한다.

첫번째 역설은 과거 일반이 비-주관적 기억임을 진술한다. 리데르의 과거 이미지가 제한된 서사를 조직하는 것은 사실이다. 각각의 파편은 공간적 연상으로 표시된다. 관객은 시간 내에서 오직 리데르가 있었던 지점만을 따라갈 수 있다. 심지어 관객은 리데르의 꿈을 지켜보면서 그가 꿈에서 깨어나는 지점까지 따라간다. 그러나 어떤 쇼트도 시지각적 또는 정신적 주관성으로 구성되지 않는다. 과거의 이미지들은 모두 리데르의 꿈들에 대해 신기할 정도로 거리를 유지하면서 객관성을 띤다. 스크립트라는 외부적 도움이 없다면, 이 영화를 처음 보는 관객은 꿈 시퀀스 대부분이 그 시퀀스가 삽입된 불연속적 계열들과 분별할 수 없음을 알게 될 것이다.

결국 영화의 전반적 인상은 시간의 흐름이 불연속적이더라도 객관적이라는 것이다. 이런 점에서 「사랑해, 사랑해」는 「방파제」와 대조된다. 「방파제」에서 주인공의 시간 여행이 물리적인지 정신적인지는 모호하게 나타난다. 더구나 그는 자신의 과거가 아니라 과거 일반을 여행한다. 반면 리데르는 현재에서 사라져 특정 시공간에서의 자신의 과거, 자신의 내력에서 출현한다. 그는 자신의 과거로 여행한다. 그러나 탐험의 대상은 그의 기억——정신적인 주관적 공간——이 아니라 그의 역사다. 「방파제」의 주인공이 주관적 수단으로 여행하는 것처럼 보이는 반면, 리데르의 변위는 완전히 객관적이다. 세 가지 시간대의 공간은 객관적 공간에서 주관적 공간으로의 이동이 아닌 무제한적 서사의 여러 층위들 간의 전환을 조직한다. 이 전환은 이질적인 동시에 완전히 자율적인 세 가지 지속들, 즉 과학자들의 시간(이때 연대기적 시간은 생략된다), 리데르의 과거(이는 인접하지 않은 층들이라면 서로 변별적인 것으로 조직되며, 불연속적이지만 객관적이고 변경 불가능하다), 리데르의 현재(이는 리데르의 과거 및 직접적 미래와 절연된다)의 중첩을 함축한다. 「방파제」는 한 개인이 연대기적 시간에서 출발하고 도착하는, 과거 일반으로의 정신적 여행처럼 보인다. 반면 리데르의 여행은 그 자신의 과거에 국한된 객관적 변위다. 그의 과거는 무제한적 서사상에서의 전환을 통해 의미화되는 변별적이고 상이한 지속들 내에 삽입된다. 과거는 기억으로 묘사되지만 그 기억은 비-주관적이다.

두번째 역설은 시간-여행 내러티브에 공통적인 것이다. 이 역설은 소위 '두 개-몸체'의 역설로 불린다. 시간-여행 영화는 일반적으로 과거 자아와 현재 자아의 만남을 금지하며, 시간 속에 오직 단일한 의식만이 존재할 수 있음을 고수한다——이 규칙의 위반은 「타임캅」(*Timecop*, 1994)에서 보여지는 소름 끼치는 결과를 낳을 수도 있다. 대부분의 영화는 주인공을 그 자신의 지속 바깥, 즉 그가 태어나기 전이나 죽은 후로 보냄으로써 이 문제를 해결한다. 「터미네이터」(*The Terminator*, 1984)에서 카일 리스는 미래를 보호하기 위해 자신이 아직 태어나지도 않았던 시간으로 이동된다. 「방파제」는 좀더 흥미로운 나선을 그린다. 선택이 이미 주어진 채로 주인공은 불가항력으로 과거의 유년시절을 여행한다. 거기서 그는 자신이 성인이 되어 살해당하는 것을 본다. 이 두 영화의 비교는 흥미롭다. 주체가 자신이 어린아이로 존재했던 과거로 이행할 수 있다는 점에서는 과거가 '객관적'

이라는 일반적 가정이 성립된다. 그러나 시간-여행 내러티브는 이 같은 이중 인격의 기괴함을 환기시키는 경향이 있다――「백 투 더 퓨처」(*Back to the Future*, 1985·89·90)는 이를 상당히 희극적으로 다룬다. 과거에서 이원적인 실존을 가진 의식은 통상적으로 '비합법적'이다. 「방파제」에서 그 의식은 시간 속에서 주인공의 운명을 가늠한다. 영화는 주인공이 어린 시절 오를리의 방파제에서 있었던 암살을 목격하는 장면으로 시작한다. 이는 종국에 성인 자아의 피살이 실현되는 것으로 귀결한다. 최근 리메이크된 작품인 「12 몽키즈」(*12 Monkeys*, 1955)도 이 관념에 도전하지 않는다.

　이런 영화들에서 등장인물은 자신의 개인적이고 역사적인 운명으로 충만하지만, 그럼에도 불구하고 사건들에 대한 자신의 기억에 구속되지 않는다. 그들은 과거에 도착해서도 시간 내에서 그들의 위치가 변했음을 의식하고 있다. 그들은 시간 속에서 어디로 가더라도 현재의 의식을 갖고 있다. 시간이 운명으로서 조직되는 내러티브 속에서, 과거로의 도약은 주인공의 현재(즉 그의 현재 운명)가 연대기적으로 연장된 것에 다름 아니다. 그들의 기억이 보존된다는 것은 그럴 듯해 보인다. 왜냐하면 과거로의 여행은 현재의 연속일 뿐이기 때문이다. 또한 등장인물의 개인사에 비추어봤을 때, 역사적 과거로의 도약은 단순히 그의 개인적 운명이 전개되는 선형적·연대기적 과정이다. 따라서 혹자는 역사가 개인적 운명의 유희로 묘사된다는 점에서 주관적이라고 말할 수도 있다.

　「사랑해, 사랑해」는 시간 여행이라는 장치를 이와 다른 철학적 목적으로 활용하는 반면 단일한 시간의식이 존재한다는 법칙을 보존한다. 리데르는 의식의 보존과 신체의 이중화가 아닌 몸체의 보존과 시간의식의 분열을 경험한다. 과거 속에서 리데르는 자신의 과거대로 존재한다. 시간 내에서 그의 실존에는 어떤 이중화도 없으며 그의 시간의식 역시 마찬가지다. 그 결과 과거는 현재의 연장으로 그려지는 대신 그 자체로 보존된다. 영화는

현재와 과거의 불가피한 분할을 유지하면서 그와 동시에 리데르의 시간의
식을 나눈다. 현재에서만 그는 지나가는 현재, 현재와 과거의 분할, 과거의
층들의 비연대기적 존속 모두에 대한 자의식을 지닌다. 그럼에도 불구하고
스스로 보존되는 과거는 객관적인 무의식으로 경험된다. 영화에서 시간이
시각화될 때, 그것은 과거의 층들을 따라 비연대기적으로 펼쳐질 때만큼이
나 손쉽게 꿈꾸는 상태에서 깨어남의 상태로 이행한다. 여기에는 지각 가
능한 어떤 전환의 흔적도 없다.

따라서 「사랑해, 사랑해」는 시간과 의식에 대한 정의에 도전함으로써
시간의식의 단일성이라는 법칙을 보존한다. 단일한 시간의식은 지형학적
으로 쪼개지고 갈라진다. 리데르가 자신의 존재에 대해 고통을 겪는다면,
그것은 시간 속에서의 이원적 존재 때문이 아니라 시간 속에서 그가 과잉
으로 존재해야 하기 때문이다. 리데르는 우리 모두가 스스로의 범속한 존
재를 유지하기 위해서는 억제해야 하는 시간관과 대면하게 된다. 과거의
짧은 간격들 각각은 계기로서의 시간의 조각, 베르그송이 '삶에 대한 주의'
(attention to life)라 불렀던 단순하고 동질적인 지각의 현존을 보존한다.
그러나 구체로 돌아왔을 때 리데르는 시간의 지형학적 쪼개짐, 모든 과거
들의 비연대기적 보존과 공존하는 현재와 더불어 '지나가는 시간'에 대한
자의식과 마주쳐야 한다.

세번째 역설은 우발적 미래들과 결정된 과거들에 대한 라이프니츠의
문제를 제기한다. 시간 속에서 운동은 무엇을 뜻하는가? 「사랑해, 사랑해」
에서 과거는 결정되어 있으며 변경할 수 없다. 시간은 기억의 무정하고도
비연대기적인 운동으로서 지나간다. 반대로 현재는 우발적 미래를 향해 열
린다. 오직 현재에서만 우리는 선택하고 의지를 발휘할 자유를 누린다.

이는 다른 시간-여행 내러티브와 또 한번 대조를 이룬다. 「터미네이
터」의 카일 리스는 과거로 여행할 때도 액션 영웅의 모습을 유지한다. 「방

파제」의 주인공은 과거에서는 정신적으로 움직이며, 대개는 목격자일 뿐이다. 이 두 영화의 경우, 미래에서 파생된 자의식으로만 행동이 가능하다. 반면 현재로 이동된 리데르는 자신의 과거 모습으로 존재하지만, 과거 속에서 그는 나이를 먹은 인격체의 관점에서 자의식을 갖고 스스로를 목격할 수 없으며 어떤 식으로도 행동할 수 없다. 왜냐하면 그는 미래의 관점에서 파생된 자의식을 가지고 있지 않기 때문이다. 그렇다면 우리는 어떻게 시간 속에서 변위가 발생했는지를 알게 되는가? 1962년 9월 24일 4시에 자신이 동료와 함께 해변에 있을 때, 흰 쥐 한 마리를 보게 되는 까닭을 리데르가 구체 안에서 회고적으로 현실화하기 때문이다.

시간에 대한 이 특별한 시각화는 어떤 결과를 낳는가? 「방파제」와 「터미네이터」는 상당히 다른 영화지만, 두 영화 모두 과거에서 현재를 거쳐 미래로 연장되는 고정되고 변경 불가능한 노선으로 시간의 이미지를 제시한다.[31] 여기서 시간은 주체가 자유롭게 넘나드는 공간, 즉 4차원으로 제시된다. 그리고 이때 주체의 의지와 시간의식은 보존된다. 이 영화들에서 시간을 연속적으로 연장되는 동질적 공간으로 보는 관점은 역사가 바뀔 수 없

---

31) 「터미네이터 2」(1991)는 「터미네이터」의 이런 한계를 비판하고 수정하려는 시도다. 「터미네이터 2」에서 제임스 카메론은 좀더 라이프니츠적인 시간관으로 선회한다. 이 영화에서 현재의 선택은 미리 결정된 것이 아니며 상이한 미래들을 낳는다. 이를 연장하면, 현재는 직선상의 한 점이 아니라 과거와 미래의 가능 세계들이 상호작용하는 교차로가 된다. 「백 투 더 퓨처」 시리즈는 코믹한 효과를 통해 이와 동일한 책략을 수행하지만, 그 방식은 다소 혼란스럽고 납득하기 어렵다. 왜냐하면 주인공의 오이디푸스적 운명이 이 시리즈의 결론을 강하게 규정하기 때문이다.
　　텔레비전 시리즈 「스타 트렉: 넥스트 제너레이션」(Star Trek: The Next Generation, 1987)의 몇몇 에피소드들은 여전히 운동-이미지의 내러티브 체제에 속하면서도 시간에 대한 (철학적으로 흥미로운) 내러티브적 탐구를 보여준다. '인과율'(에피소드 118)에서 엔터프라이즈 호는 함선의 폭발을 계속 야기하는 타임루프에 사로잡힌다. 코드화된 기억이 과거의 기원적 지점으로 전달될 때에야 탈출할 수 있는 길이 발견된다. '타임스케이프'(에피소드 151)는 시간이 근본적으로 상이한 속도로 흐르는 한 권역임을 제기함으로써, 지속 내의 상대적 불연속성을 탐구한다. 가장 흥미로운 에피소드는 라이프니츠의 사유에 가장 가까운 '병렬 회로들'(에피소드 163)이다. 여기서 월프는 자신이 서로 다른 가능 우주들을 통과하는 예기치 않은 차원이동을 겪고 있음을 알게 된다. 이 우주들은 월프의 개인사와 엔터프라이즈 호의 운명에 대한 서로 다른 설명들을 수반하고 있다.

다는 관념으로 지탱된다. 카일 리스는 미래를 보존하기 위해 과거로 이동하며, 내러티브상에서 자신의 운명을 성취한다. 「방파제」에서 선택은 언제나 과거를 돕기 위해 미래에서 행해진 것이다. 왜냐하면 미래는 존재하고, 주인공은 언제나 오를리 방파제에서 맞이할 자신의 운명으로 되돌아갈 것이기 때문이다.

각각의 경우 의식 자체는 나뉘지 않은 채 보존된다. 그러나 리데르에게는 단일한 시간의식만이 존재한다. 하지만 시간 자체가 쪼개지기 때문에, 현재와 과거에 대해 질적으로 다른 의식이 존재한다. 리데르는 호문쿨루스[homunculus : 뇌 내에서 시각적 인식을 수행한다고 믿어졌던 난쟁이의 이름으로, 연금술사들이 만든 작은 인조인간을 총칭하기도 한다] 또는 기계 속의 유령, 기계의 뇌 내부의 의식이나 다름없다. 그는 과거와 현재의 분할을 이해하게 되지만, 더 이상 과거와 현재를 연결할 수도 없고 이 둘을 미래로 연장할 수도 없다. 그는 더 이상 시간 속에서 행동할 수 있는 주체가 아니다. 오히려 그는 시간 속에서 이동하며, 구체 내에서 지나가는 현재와 파편화된 과거의 삶으로 이루어진 불연속적 층들 사이에서 분열된다. 이 영화에는 기억이 **존재**한다. 현재 시제에 리데르는 시간 속에서 자신의 위치가 변했음을 회상하며, 이런 점에서 그와 실험용 쥐는 매우 다르다. 왜냐하면 실험용 쥐는 어디에 있든지 있는 그대로의 현재를 경험하기 때문이다. 그러나 리데르의 변위는 그 자체로 객관적이다. 이 변위에 과거에서의 자의식이 부재하기 때문에 더욱 그렇다.

따라서 「사랑해, 사랑해」의 시간 여행 이미지는 『시간-이미지』의 주요 논점 중 하나를 정확히 예시한다. "유일한 주관성은 시간, 그 정초 과정에서 파악되는 비-연대기적 시간이다. 시간에 내재적인 존재는 바로 우리 자신이지 그 반대가 아니다. 우리가 시간 내에 존재한다는 말은 진부하게 들리지만 이는 최고의 역설이다. 시간은 우리의 내면에 있는 것이 아니라 오히려 그 반대다. 시간은 우리가 그 안에서 존재하고, 이동하고, 생활하고, 변화하는 내면성이다."(TI, 82/110)[32] 우리가 시간 내에 존재한다는 말은 최고의 역설이다. 이 테제는 들뢰즈의 길고도 다양한 철학적 경력을 향한 길잡이가 된다는 점에서 아리아드네의 실과 같다. 들뢰즈에 따르면, 레네의 영화는 가장 철학적인 영화다. 그렇다면 영화와 철학의 관계는 무엇인가? 다음 장의 과제는 이 질문을 심화하는 것이다.

---

32) (옮긴이) 이 구절은 결정체-이미지의 중요성을 요약하는 핵심 문구인데, 이 다음에 이어지는 구절은 이 책 제2부의 논의와도 연결되기 때문에 옮겨둘 필요가 있다. "베르그송은 자신의 생각보다 훨씬 칸트에 가깝다. 칸트는 우리가 시간에 내면적이라는 의미에서 시간을 내면성의 형식으로 정의했다(그러나 베르그송은 이런 형식을 칸트와는 상당히 다르게 인식했다). 소설에서 시간이 우리에게 내면적인 것이 아니라 우리가 시간에 내면적이라고 말했던 이는 프루스트다. 그의 작품에서 시간은 둘로 나뉘고, 스스로를 잃어버리고, 자신을 발견한다. 이 시간 자체는 현재를 지나가게 하고 과거가 보존되게 한다. 영화에서는 우리가 시간 속에 거주하고, 시간 속에서 움직이는 과정을 보여주는 세 개의 작품이 있다. …… 도브젠코의 「즈베니고라」(Zvenigora, 1927), 히치콕의 「현기증」, 레네의 「사랑해, 사랑해」가 그것들이다. 레네의 작품에서, 우리가 결정체에서 보는 것은 시간 자체 즉 시간의 분출이다. 그러는 동안 불투명한 초(超)-구체는 가장 아름다운 결정체-이미지가 된다. 주체성은 우리의 것이 아니다. 그것은 시간, 말하자면 영혼(âme) 또는 정신(esprit), 잠재태다. 현행태는 항상 객관적이지만 잠재태는 주관적이다."(TI, 82~83/110~111)

::옮긴이 후주

시간-이미지의 비유기적(또는 결정체적) 체제(1장 48쪽, 각주 23)

보링거는 들뢰즈가 영화 이미지에서 시간의 가장 근본적인 형식인 결정체-이미지라는 개념을 착안할 수 있도록 영감을 줬다. 그러나 들뢰즈에게 보링거의 영향은 그이상이다. 보링거는 추상에서 재현의 평면화(삼차원적 성격의 제거)와 원근법적 심도의 단축을 중요한 특징으로 여기는데, 들뢰즈가 그의 재현체계 구분에서 강조하는 것은 단순한 공간적 표상을 넘어서는 '비유기성'과 '시간의 생성'이다. 이 점을 설명하기 위해 들뢰즈는 『감각의 논리』에서 오스트리아의 예술사가 리글의 논의를 토대로 서구회화의 시각적 재현체계를 '촉지적(haptique)-광학적(optique)'이라는 개념쌍으로 기술한다. 리글에 의하면 평면적 저부조 중심의 이집트적인 구도는 표면의 평면화를 통해 형태와 배경을 관찰자의 눈과 동일한 면 위에 연결시킴으로써, '눈으로 만질 수 있는 공간'을 만드는데 이것이 곧 촉지적 공간이다. 즉, 촉지성은 시각적 감각이 직접적으로 감각 대상과 접촉하고 영향을 주고받으면서 생성되는 촉각성의 양태다. 따라서 촉지적인 것은 넓은 의미의 촉각적(tacile) 요소를 가지면서도 '손으로 보고 만질 수 있는 것'이라는 의미에서의 '촉각적인 것'과는 구별된다. 촉지적인 것은 광학적인 외부의 윤곽을 광학적 재현에 준거한 육감적 지각으로 식별하는 것이 아니라, 형태의 본질을 시선으로 추출하는 것을 말한다.

원근법을 발명한 그리스인들은 이집트의 저부조 공간과는 다른 3차원의 광학적 공간을 만들어내기 시작하는데 여기서 촉지적인 것과 광학적인 것이 이중적으로 공존한다('촉지적-광학적' 공간). 중세 이후의 예술사는 이 고전적 공간의 이중성을 해체하는 방향으로 흐른다. 동구의 비잔틴 예술은 그리스 예술의 촉지적 측면과 작별하고 그 화려한 빛의 효과로 순수 광학적인 예술을 발전시킨다. 반면에 서구의 고딕 예술은 힘을 드러내는 선들로 이루어진 순수 촉지적인 예술을 추구한다. 기독교적-르네상스적인 공간은 그리스의 '촉지적-광학적' 공간을 부활시키지만 형상과 윤곽의 광학적인 측면을 강화함으로써 촉지적인 특성을 감퇴시키는 방향으로 나아간다. 르네상스 회화에서 윤곽의 뚜렷함과 공간의 입체적 유기성은 관람자에게 직접 손으로 만질 수 있는 듯한 느낌을 불러일으킨다. 여기서 촉각적인 것은 시선의 활동에서 직접적으로 촉발되지 않고, 대상과 이미지와의 시각적 유사성이라는 전제 아래 간접적으로 촉발된다. 이런 사태는 눈 자체의 만지는 기능을 포기하고 "촉각적인 것을 이차적인 힘으로 종속"(하태환 옮김, 1995 : 163)시킨 결과다. 이로써 기독교적-르네상스적인 공간은 단순히 순수 광학적 공간이 아닌 광학적-촉각적 공간을 형성하는데 이는 곧 유기적 재현의 중요한 국면이 된다.

들뢰즈는 유기적인 재현을 깨뜨리는 변화들이 '순수 광학적인 비전에 대한 지향'과 '격렬한 촉지적 공간의 지향'이라는 두 가지를 통해 이루어진다고 말한다. 비잔틴 예술과 17세기 바로크 회화가 빛과 그림자의 유희를 순수한 광학적 유희까지 밀고 나감으로써 고전적인 유기조직을 이탈해 우발적인 형상들을 해방시킨다면, 고딕 예술은 손의 힘을 격렬하게 진동시킴으로써 선의 속도와 방향의 변화를 그려낸다. 들뢰즈는 이런 선의 힘이 "가장 기묘하고 밀도 높은 생명, 즉 비유기적인 생명"(167)을 표현한다고 말하면서 이런 생명이 고대의 본질적인 것, 영원한 것과는 다른 것을 표현한다고 말한다. "고딕의 기하학은 …… '문제들'이나 '우발적인 사건들'에 종속된 기하학이다. 이런 우발적 사건들이란 자르기, 덧붙이기, 투사하기, 교차시키기 등이다."(76) 들뢰즈는 베이컨의 회화에서 고딕적인 선적 추상의 비유기적인 성격을 읽어냄으로써 유기체와 '기관 없는 몸체'와의 대비를 연상해낸다. 베이컨의 회화에서 기관 없는 몸체는 다양한 파장과 파동의 통과를 현시하며, 이런 통과는 시간을 형상에 도입한다. 그 시간은 몸체를 비결정의 상태에 빠뜨리는 시간인 우발성이다. 『운동-이미지』에서 들뢰즈는 보링거의 '고딕적인 선'에 대한 평가를 표현주의 영화에 직접적으로 적용함으로써 표현주의를 '무질서한 경련', '유기적 재현에 대한 생의 비약(elan vital)의 대립'이라 명명한다. 여기서 빛은 무한한 것과 측정 불가능한 것을 넘어 강렬함과 무형의 단계까지 고양된다. 빛의 기하학, 빛과 어둠의 대립을 정신적인 수준으로 성취된다. "표현주의는 자신의 추상적인 형식들, 자신의 빛의 피조물들 …… 영혼의 우주 전체를 오직 권리상으로만 생각한다. 그것은 인간과 자연의 카오스를 외곽(écart)에 유지한다."(MI, 54/80)

상상적인 것(1장 53쪽, 각주 26)

들뢰즈는 「상상적인 것에 대한 의혹」(김종호 옮김, 1993 : 71~79)이라는 짧은 대담에서 자신이 사용하는 '상상적인' (imaginaire) 것의 개념을 설명하고 있다. 들뢰즈의 말에 따르면 상상적인 것은 정신적 작용이나 관념적 양상으로서의 상상이 아니라 실재(le réel)와 관계된 의미에서의 상상적인 것을 가리킨다. 즉, 들뢰즈는 상상적인 것이 의식 내의 비현실이나 무의식적 판타지의 영역이라는 점을 받아들이지 않는다. 이런 견해는 물질과 이미지의 일원론, 지각과 기억의 본성상 동일성을 상정하는 베르그송의 도식을 들뢰즈가 적극적으로 받아들여 재해석한 결과다. 통상적으로 상상적인 것은 거짓과 불투명성의 영역이지만 베르그송의 상상적인 것에서는 참과 거짓, 현실과 비현실의 관계가 분별되지 않는다. 베르그송의 도식에서 실재적인 것과 상상적인 것은 현행태/잠재태의 관계와 호응하는 것으로서, 이 둘은 서로의 특이성을 교환하면서 끊임없이 요동한다. "나는 상상적인 것이 이런 교환들의 집합이라고 생각한다."(76) 바로 이 상상적인 것이 들뢰즈가 설명하는 결정체-이미지다. 이 개념은 4장에서 상세히 다루고 있다.

『대담』 국역본의 다른 부분도 마찬가지지만 특히 『운동-이미지』와 『시간-이미지』를 다루고 있는 이 부분에는 많은 오역들이 발견된다. 예를 들어 '열린 전체'는 '열린 총체' 로, '공약 불가능한' 은 '비공통분모적' 으로, '이념' (Idée)은 '관념'으로 쓰이고 있다. 특히 이 부분이 중요하다. "이념을 실행하는 것은 기호다. 영화에서는 이미지가 기호다. 기호란 구성과 생성의 관점에서 포착된 이미지다. 항상 나의 관심을 끈 것이 기호의 개념이다." 이 구절은 『프루스트와 기호들』, 『차이와 반복』에 있는 기호의 개념 및 사용이 영화와 밀접히 연관됨을 암시하고 있는 부분이다. 게다가 방금 설명한 '상상적인 것' 을 '상상계' 로 옮기고 있는데, 지금까지 살펴본 베르그송-들뢰즈의 맥락을 염두에 둘 때 상상적인 것이라는 용어가 상상계보다 더욱 적합해 보인다.

히스의 「내러티브 공간」 (2장 88쪽, 각주 34)

스티븐 히스의 「내러티브 공간」은 『영화에 관한 질문들』(김소연 옮김, 2003) 2장에 수록되어 있다(이 저서는 70년대 영화이론의 틀을 수용하면서 이를 더 정교하게 했다고 평가받는다). 이 글은 이 저서의 핵심을 이루는 글로서, 영화가 스크린과 프레임, 화면의 심도, 이동과 전환을 통해 공간과 관객을 결속시키고 관객의 공간에 대한 상상적 밑그림을 부단히 짜맞춘다고 주장한다. 이렇게 유기적 통일성을 띤 조직 과정, 그것이 곧 "영화의 서사화다. 말하자면 내러티브는 영화를 결정하고 영화는 그 결정 과정 속에 봉쇄되어 있으며 이런 '결속'은 그 자체가 하나의 과정, 정확히는 서사화다"(77. 번역 일부 수정). 프레임은 보는 이에게 중심적 시각을 제공해주는 르네상스의 원근법을 모태로 이루어지며 스크린은 이런 프레임을 주고받는 과정에서 관객의 욕망이 투사되는 표면이 된다. 여기에 내러티브 영화는 초기 영화의 평면성과 고정성을 극복하고 마스터-쇼트와 180도 원칙 및 30도 규칙, 쇼트/역-쇼트 규칙을 통해 연속성과 입체성의 현실감을 부여한다. 특히 연속성은 화면의 분열과 부재를 환기시키는 프레임 바깥 공간(화면 밖 공간)을 봉쇄하고 화면 내부로 끌어들임으로써 극적 공간의 허구를 보증하는 과정으로 이루어진다. 이런 과정 속에서 관객은 시간과 공간의 일관성을 받아들이고 그 속에서 이미지의 통일성을 체험한다. 나아가 등장인물과의 객관적/주관적 시점 유희를 통해 시공간에 이야기의 의미를 부여해 나간다. 즉 내러티브 영화에서 화면 밖 공간과 화면 내 공간의 부단한 상호작용은 쇼트와 시점을 넘어 고전 내러티브 공간을 구성하고 그 공간의 의미를 보증하는 중심적 위치 ──가령 시점 쇼트와 시선의 일치를 통해 쇼트의 흐름을 통합적인 허구 속에서 봉합하는 것으로, 이 봉합을 설명하기 위해 70년대 정신분석학-기호학 영화이론은 "공간의 조직을 유지하기 위한 시점과 시선을 대단히 비중 있게 강조해왔다"(93) ──를 설정한다.

이런 고전 영화의 내러티브 공간을 역사적으로 조망하면서 히스는 1970년대 중반 정치적 모더니즘의 맥락에서 스노우 등의 미국 실험영화(「파장」〔*Wavelength*, 1967〕)와 스트로브와 위예의 작품들(「역사 수업」〔*Geschi-chtsunterricht*, 1973〕)을 언급한다. 그리고 내러티브 공간의 파열과 이를 통한 모순관계의 도출, 새로운 진실의 모색이라는 점에서 오시마 나기사의 「교수형」(絞死刑, 1967)을 높게 평가한다.

여기서 흥미로운 것은 히스가 메를로-퐁티를 언급하며 지적하는 카메라의 자율성은 베르토프와 연결되고, 이는 다시 미국 실험영화로 이어진다는 점인데, 이는 『운동-이미지』의 지각-이미지 중 기체적 지각과 상통한다.

들뢰즈가 본 퍼스(3장 92쪽, 각주 5)

논리학자이자 수학자인 퍼스는 기호와 이미지의 관계에서 인식(connaissance)의 문제를 중요하게 여겼다. 퍼스에 의하면 기호는 단독적이고 즉자적으로 기능할 수 없으며, 항상 또 다른 기호 내의 대상에 대한 인식을 상정한다. 또한 기호는 대상에 인식의 새로운 요소를 더하는 해석소의 기능을 행한다. 이때 대상은 이미지로 인식되고, 이미지는 대상에 대한 해석소를 구성하는 또 다른 이미지와 관계를 맺는다. 이런 식의 과정은 무한히 계속된다. 그런데 퍼스는 이미지-기호의 기능이 관계들의 무한성을 넘어서야 한다고 생각했다. "기호들의 기능은 '관계들을 효율성 있게 만드는' 것으로 일컬어져야 한다. 관계들과 법칙들이 이미지 내에서의 현실성이 결핍되어 있기 때문이 아니라, 이미지들을 '필요할 때' 작용하게 하고 오로지 인식만이 이미지들에게 부여할 수 있는 그런 효율성이 결핍되어 있기 때문이다."(TI, 30~31/46) 인식론적 효율성을 뒷받침하기 위해서는 일정한 논리가 요구된다. 그가 자신을 기호학자보다 논리학자라 부르기를 선호했던 까닭도 이런 토대에 기반하고 있다. 들뢰즈는 퍼스의 기호학이 논리학에 기울어진 결과, 기호들을 이루는 요소들이 언어적 특권을 가지지 않음에도 언어적 기호에 일정한 특권을 부여한다고 지적한다. "언어적 기호는 아마도 순수한 인식을 구성하는 유일한 요소들, 말하자면 이미지의 전체적인 내용을 의식이나 외관으로 동화시키고 다시 동화시키는 유일한 요소들일 것이다."(TI, 30~31/46) 언어적인 기호의 특권화는 기호를 이루는 물질을 언어적 발화에, 기호학을 랑그에 종속시키는 결과를 낳는다.

신호와 기호(3장 98쪽, 각주 11)

우리는 보통 신호를 기호보다 열등하거나 하위의 개념으로 취급하지만 들뢰즈의 용법에서는 이와 다르다. "비대칭적 요소들을 갖추고 이산적인 크기의 질서들을 거느리고 있는 체계를 신호라 부른다. 그리고 그런 체계 안에서 발생하는 것, 간격 안에서 섬광처럼 번득이는 것, 그리고 불균등한 것들 사이에서 성립하는 소통 같은 것을 '기호'라 부른다."(DR, 20) 이런 점에서, 들뢰즈가 말하는 '기호적 질료'(matière signalétique)란 사실상 기호와 동의어다. 그리고 이런 질료가 유동성과 가변성, 잠 재력과 내적 차이를 내포하고 외부의 대상과 만났을 때 의미로서 개체화된다는 점에서도 기호와 동등하다. "기호는 결코 상징의 질서에 속하는 것이 아니다. 그러나 기호는 내적인 차이를 함축하면서 상징의 질서를 예비한다."(DR, 20) 'matière signalétique'를 '기호적 질료'라 옮길 경우 'sign/signal'이 구별되지 않긴 하지만 이 책에서는 기호적 질료 이외의 기호에 대한 원어는 'sign'이라고 여기면 된다.

파졸리니의 이중 분절(3장 98쪽, 각주 12)

파졸리니는 영화가 부여하는 '현실감'에 대해 말하기를 거부한다. 그것은 단순한 실재다. 파졸리니에게 "영화란 기호들의 체계로서 그것의 기호학은 실재 자체의 기호들의 체계에 대한 가능한 기호학이다"(Pasolini, 1990 : 543). 간단히 말해서, 파졸리니는 영화=실재라는 등식을 세운다. 파졸리니가 "영화는 실재를 통해 실재를 말한다. 나는 실재에 개입하지 않고 항상 실재의 틀 내에 머무른다"(TI, 28/42~43)고 말한 이유가 바로 여기에 있다. 파졸리니는 자신의 주장을 뒷받침하는 근거로 영화의 프레임이 이미지 안에 존재하는 실재의 모든 요소들을 포괄하며, 쇼트는 이런 프레임이라는 단위로 결합된다는 것을 지적한다. 이런 두 단계가 곧 파졸리니가 제시하는 이중 분절이다. 들뢰즈는 파졸리니가 대상을 지시체로, 이미지를 기표로 취급하는 구조주의적 기호학에 반대해 이미지 자체가 온전하고 충만한 실재임을 가정하기 때문에 파졸리니의 이중 분절을 지지한다. 이중 분절에 대한 들뢰즈의 재해석은 다음과 같이 이루어진다. "파졸리니는 운동-이미지(쇼트)가 운동이 표현하는 변화 또는 생성과 관계된 일차 분절뿐 아니라, 쇼트가 구축되는 대상들(영화소들 : 이미지의 없어서는 안 될 부분)과 관계된 이차 분절로 이루어짐을 의미한 것은 아닌가? …… 운동-이미지가 그것의 대상을 통해 '말하는'(parlé) 실재가 되는 것과 동시에, 실재의 대상은 이미지의 단위가 된다."(TI, 28/42)

이처럼 영화에서 언어적 랑그와는 다른 이중 분절 체계를 인정하는 것은 『천 개의 고원』에서 이중 분절에 대한 논의와 연관해 많은 시사점을 준다. 『천 개의 고원』에서는 일차 분절을 "입자-흐름으로부터 준-안정적인 유사 분자 단위들(실체)을 골라내거나 뽑아내는" 것이라고, 이차 분절을 "밀집되고 안정된 기능적 구조들(형식)을 세우며 그와 동시에 이 구조들이 현실화되는 …… 합성물들(실체)을 구성하는 것"(김재인 옮김, 2001 : 87)이라고 말한다. 그리고 이를 지질학적 구조에 비유하여, 상이한 밀도와 강렬함을 가진 지구가 하나의 흐름이라면, 지층은 이를 어떤 형태에 따라 고정하거나 안정화한 것이다. 바로 이런 지층화 과정이 곧 분절이다. 보통의 구조주의적 언어학에서는 언어를 의미를 갖는 최소단위인 형태소로 분할하는 것을 일차 분절, 형태소로부터 음운론적 최소단위를 분할하는 것을 이차 분절이라 하는데『천 개의 고원』은 이를 역으로 적용한다. 불안정한 소리의 흐름이나 발음의 단위로부터 준-안정적인 음운론적 단위들을 고르는 것이 일차 분절이고, 이로부터 의미를 위한 합성물을 만들어내는 것(형태소)이 이차 분절에 해당한다.

코미디와 꿈-이미지(3장 141쪽, 각주 42)

코미디에 대한 들뢰즈의 평가는『시간-이미지』의 pp.55~67/75~91에서 비교적 상세하게 전개된다. 특히『운동-이미지』에서 행동-이미지의 작은 형식에 대한 사례로 채플린과 키튼, 막스 브라더스를 논의했던 것과는 달리『시간-이미지』에서 코미디와 익살극은 뮤지컬 코미디를 중심으로 논의된다. 이런 논의에는 꿈-이미지(l'image-rêve)에 대한 들뢰즈의 해석이 깔려 있다. 베르그송의 입장을 따라 들뢰즈는 꿈의 운동이 미리 존재하는 세계를 상정하는 것이 아니라, 세계 전체가 운동하는 것과 같다고 말한다. 세계의 운동은 두 극을 갖는데, 하나는 꿈꾸는 자의 감각-운동적인 도식을 이완시키는 현행적인 감각이며 다른 하나는 잠재적인 이미지가 운동으로 현실화되는 것이다(물론 잠재적인 이미지의 직접적인 현실화와는 다른 경로다). 이렇게 발생하는 꿈-이미지는 다양한 장면전환 방식과 함께 여러 축을 갖는데(그 중에는 디졸브와 특수효과 등을 통한 공간의 추상화와 몽타주 커트를 통한 구체화가 포함된다) 그 중 중요한 축이 뮤지컬과 코미디다. 뮤지컬에서 운동은 등장인물의 감각-운동적인 도식으로부터 해방되어 세계 자체의 운동으로 탈바꿈하며, 색채와 사운드는 감각-운동적인 세계로부터 벗어난 순수 시지각적-음향적인 상황을 전개한다. 더구나 이런 장르에서는 단순히 세계의 운동을 넘어서 한 세계에서 다른 세계로의 이행, 즉 실재적인 세계에서 꿈-세계로의 자연스러운 경과가 있게 된다. 들뢰즈는 제리 루이스나 자크 타티의 익살극이 인물들에게 우회와 충격과 우연한 만남을 줌으로써 그들의 정상적인 운동을 중지시키고 대신 세계의 운동을 부여한다고 말한다. 이런 세계의 운동에는 음악과 결부된 기이한 제스처를 통한 익살극(루이스)과 시청각적 이미지의 탈인격화(타티)가 포함된다.

로브-그리예의 신-사실주의적 묘사(4장 157쪽, 각주 2)

로브-그리예의 소설과 영화는 묘사 이론의 근거이자 시간-이미지의 풍부한 사례를 제공한다. 『시간-이미지』에서 들뢰즈가 순수 과거의 묘사 가능성을 논의할 때 베르그송과 함께 로브-그리예의 묘사 이론에 의존하는 것도 이 때문이다. 로브-그리예는 전통적 리얼리즘 묘사가 이미 존재하고 있는 독립적 대상을 재현하는 반면 누보로망의 묘사는 대상 자체의 불변성과 독립성을 의문시한다고 말한다. "묘사는 대상들을 보여주고 있었다. 그런데 지금은 그 묘사가 사물들을 파괴하고 있는 것 같다. …… 묘사가 그 대상의 선들을 흐려놓는 것만을 목적으로 삼고 있었거나 한 것처럼, 그리고 그 사물을 이해 불가능의 것으로 만들고 완전히 사라지게 만드는 것을 목적으로 삼고 있었거나 한 것처럼 말이다."(김치수 편역, 1992 : 105) 이 구절은 『시간-이미지』 1장에 수록된 위 인용문과 일맥상통한다.

이 새로운 묘사를 통해 로브-그리예는 실재적인 것과 상상적인 것의 분별 불가능성을 추구했는데 이는 베르그송의 현행태-잠재태 회로와 접목되어 결정체-이미지의 중요한 속성이 된다. 결정체-이미지가 중심과 바깥, 투명한 것과 불투명한 것의 끊임없는 교환을 나타내는 것은, 새로운 묘사가 제안하는 바인 대상의 '지움(파괴)과 생성(창조)의 동시성'이기도 하다 ── "묘사는 만들어내고 지워버리는 이중 운동 속에서 실행됐던 것이다."(110). 『시간-이미지』 4장에서 들뢰즈는 결정체-이미지에 대해 다음과 같이 말한다. "베르그송의 용어로 말하자면 실재의 대상은, 실재적인 것을 감싸거나 반영하는 거울-이미지 속에서 잠재적인 대상으로서 반사된다. 둘 사이의 합생이 있다. 현행태와 잠재태 양면을 가진 이미지의 형성체가 있다. 그것은 거울 속의 이미지, 사진이나 그림엽서가 생명을 얻고 독립성을 띠게 되어 현행태 안으로 지나가는 것과 같다."(TI, 68/92~93) 여기서 '그림엽서'라는 비유는 로브-그리예의 묘사 이론에서 따온 것이다 —— "대단히 열정적인 역할을 하는 요소들이 '그림엽서'로 변형되어 버리는 경향"(김치수 편역, 1992 : 108).

특히 그의 1968년 영화 「거짓말하는 남자」(*L'Homme qui ment*)가 대표적인데, 이 작품은 니체와 더불어 거짓을 만들 수 있는 역량을 파생시킨 직접적인 단초가 된다. 이 영화에서 그는 ① 두 인물(A와 B)이 서로를 아는 세계, ② 두 인물이 서로를 모르는 세계, ③ A가 B를 알거나 B가 A를 아는 세계, ④ A와 B가 서로를 배반하는 세계, ⑤ A가 B를 배반하거나 B가 A를 배반하는 세계를 제시한다. "모든 세계들이 동일한 우주에 속하고 동일한 이야기의 변양을 구성한다. 서사는 더 이상 실재의 [감각-운동적인] 묘사와 연결된 진실을 말하는 서사가 아니다. 묘사는 그 스스로의 대상이 되고 서사는 시간적이자 그와 동시에 거짓을 만드는 것이 된다."(TI, 132/172) 거짓에 대한 집착은 로브-그리예의 언급에서도 분명히 나타난다 —— "참, 거짓, 믿게 만든다는 것은 다소간 모든 현대 작품의 주제가 됐다."(김치수 편역, 1992 : 109). 그의 소설과 영화에서 현재는 공존할 수 없는 세계들의 공존이며, 과거는 반드시 참일 필요는 없는 상이한 과거들의 공존과 같다. 이 두 가지는 '거짓을 만들 수 있는 역량'의 핵심이다.

들뢰즈가 분석한 웰스의 영화들(4장 178쪽 각주 15)

들뢰즈는 『시간-이미지』에서 「시민 케인」의 결정체-이미지에 대한 설명과 관련해 시야심도(profondeur de champ)의 문제를 제기한다. 이 부분은 시야심도에 대한 바쟁의 유명한 논의를 들뢰즈가 재해석하는 맥락을 나타내기 때문에 결정체-이미지에서의 시간 형식인 '현재의 첨점들'과 '과거의 시트들'을 포착하는 데 매우 긴요하다. 특히 들뢰즈는 바쟁이 플랑 세캉스(plan sequence)의 사례로 분석한 장면, 즉 「시민 케인」에서 케인의 부인 수잔이 자살을 기도하는 장면을 재해석하고 있다. 이 장면은 후경에는 케인이 수잔의 방으로 황급히 들어오는 모습을, 중앙에는 수잔이 그림자 아래에서 죽어가는 모습을, 전경에는 클로즈업으로 커다란 거울을 비춰준다. 바쟁은 이 원 신-원 쇼트 장면의 심도에 대해 현실의 모호함이 가진 공간적 깊이를 나타내는 조형적 구축물로 평가했다. 또한 바쟁에 의하면, 이런 장면들은 단독적으로만 의미를 가지는 것이 아니라 그 사이에 일련의 가속 몽타주(쇼트-반응쇼트) 장면이 삽입됨으로써 새로운 의미를 띠게 된다. 영화는 자살기도 장면 이전, 수잔을 가수로 만들려는 케인의 독단적 노력과 케인-수잔의 냉랭한 결혼생활을 짧은 이중노출 장면들로 보여준다. 이런 장면들이 축적된 결과 자살기도 장면에서 케인의 발작적인 행동은 공간적 동기와 궤적을 그리지만은 않게 된다. 케인의 결혼생활이 파경에 이르는 이 순간은, 그의 과거(지난 결혼생활)의 위기 국면들이 응축된 결과다. "심도 내의 이미지들은 그것들 나름의 과거의 지역들을 표현하는데, 각각은 자체의 강세들 또는 포텐셜들을 갖고 있으며, 케인의 권력의지 속에서의 중대한 시간들(temps critical)을 표시한다."(TI, 106/139) 이 장면에서 과거의 영향력을 환기시키는 힘은 케인의 회상이 아니다. 따라서 이 장면은 시간들의 분화와 공존을 표현하는 결정체-이미지로서, 회상-이미지의 영역보다 선행한다. "그가 추락하고 움직이는 곳은 시간 안에서다. 시간은 더 이상 운동에 종속되지 않는다. 운동이 시간에 종속된다."(TI, 106/139) 이렇게 볼 때, 자살기도 쇼트에서 전경-중앙-후경은 과거의 지역들을 동시에 보여주는데, 이 지역들은 앞서의 이중노출/교차편집 시퀀스와 긴밀하게 연결된다.

들뢰즈는 자살기도 시퀀스-결혼생활 시퀀스의 연관성에 대해 바쟁과 의견을 같이한다. "웰스의 가속 몽타주는 스스로를 응축되어진 시간으로서, 예컨대 프랑스어의 반과거형이나 영어의 반복동사와 같은 것으로서 나타내고 있다."(바쟁, 박상규 옮김, 1998 : 106) 그러나 들뢰즈는 플랑 세캉스가 시지각과 시간의 현시에 있어 몽타주나 데쿠파주나 카메라 가동성으로 포섭될 수 없다고 말하면서 시야심도에 대한 뵐플린의 미술사적 견해를 영화의 몽타주 변천사에 적용한다(들뢰즈는 『감각의 논리』에서 이집트적인 부조공간과 고대 그리스 회화, 유목민 예술과 고딕을 구분하면서 뵐플린의 견해를 채택한 바 있다). 뵐플린은 『미술사의 기초 원리』에서 16세기 르네상스 회화가 시각적인 것과 촉각적인 것의 통일성을 축조한 반면, 17세기 바로크 회화부터는 형태의 미세한 왜곡과 선의 유동성을 통한 순수 시각성의 해방이 이루어졌다고 평가한다. 들뢰즈는 이런 시대구분을 시점의 변화에 준거해 재해석한다. 르네상스 회화는 한 프레임 내에 전경-중앙-후경을 대칭적인 연속성의 평면들로 재현함으로써 각 평면들이 프레임 전체에 유기적으로 통합되는 것을 추구했다. 이럴 경우 각 평면들은 프레임 전체를 채운 이미지 내에서 상이한 심도를 갖게 된다.

심도는 각 평면들(전경-중앙-후경)의 자율성을 보장하며, 이 자율성에 따라 인물들과 배경들의 분배가 이루어진다. 반면 17세기 회화는 각 평면을 다른 평면과 직접적으로 소통하게 한다. 이는 회화에서 후경이 전경 쪽으로 커지고 상대적으로 전경의 크기가 축소되는 것으로 나타난다. 이로써 17세기 회화는 원근법의 유기적 전체성을 왜곡시킨다. 17세기 회화에서 평면들의 상호간섭과 침투를 이루는 기법들은 사선(diagonale)과 구멍(trouée)이다. 17세기 회화는 원근법적 조화를 이룬 이미지 내에 위치한 소실점의 심도가 아닌 또 다른 심도를 강조한다. 들뢰즈는 이런 다른 심도를 시야(이미지)의 심도(profondeur de champ/l'image)라고 일컬으면서 16세기 회화의 시야(이미지) 내 심도(profondeur dans le champ/l'image)와 대비한다. 시야의 심도란 회화 이전의 구도에 의해 외부적으로 부과된 화면의 깊이감이 아니라, 화면을 이루는 각 장들의 관계가 형성하는 시간적인 차원을 가리킨다.

들뢰즈는 시야 내 심도와 시야의 심도 사이의 구분을 영화에 적용한다. 웰스의 영화에서 "각 몸체의 부피는 어떤 주어진 평면을 초과해 그림자 속으로 스며들거나 그림자로부터 출현하고, 그 몸체가 전경 또는 후경의 다른 물체들과 맺는 관계를 표현한다. 이것이 곧 덩어리들의 예술이다"(TI, 108/141). 들뢰즈는 웰스의 방법이 단순히 공간적인 평면들의 계기가 아닌 지속으로서의 연속체를 표현한 것이라고 말한다. 즉 다양한 평면들은 공간적인 차원의 법칙으로부터 해방되어 시지각적인 면들로만 정의되며, 이런 면은 과거의 상이한 지역들을 표현한다는 것이다. 이렇게 심도가 시간과 연결된다면 그것은 물리적 현실의 재현이 아난 기억의 문제, 시간화의 문제를 제기하게 된다. "심도가 전체적으로 필요한 것으로 여겨지게 되는 상황의 대부분은 기억과 연결되어 있다. …… 이것은 회상-이미지로 이루어진 심리적 기억의 경우가 아니다. …… 〔그것은〕 기억의 형이상학이 가진 양극이다. 베르그송이 제시한 이 기억의 두 극단은 다음과 같다. 과거의 시트들의 연장과 현행적인 현재의 수축이다."(TI, 109/143) 수축의 예는 「시민 케인」과 「심판」에서의 부감 쇼트처럼 인물에게 잠재적인 과거의 장들(「심판」의 경우에는 법이 그에게 부과하는 희생들)을 강요하는 경우에 나타난다. 연장의 경우는 횡단적 심도(profondeur transversale)에 해당한다. 「시민 케인」에서 로즈버드라는 잠재적인 비밀을 둘러싼 상이한 인물들의 시트와, 「아카딘 씨」(*Mr. Arkadin*, 1955)에서 아카딘이라는 수수께끼의 인물을 중심으로 수축되는 일련의 과거들(상이한 인물들)의 제시가 여기에 속한다. 이 두 가지 기억의 극단에서 알 수 있듯, 들뢰즈는 심도를 '모호한 현실의 획득'이라는 견지에서 평가했던 바쟁(혹은 그에 반대했던 장 미트리)의 논의를 재해석해 이를 새로운 패러다임으로 써가고 있다.

한편 들뢰즈는 웰스의 영화에 나타난 니체주의를 언급하기도 한다. 들뢰즈는 「오셀로」(*The Tragedy of Othello*, 1952)와 「악의 손길」 등에서 진리를 원하는 인물이 진리의 도덕적 기원을 상실하는 상황에 주목하여 이런 인물들이 '판단할 수 있다'는 미명 하에 선을 우월한 가치로 평가하지만 결국 삶 속에서 악의 실체와 맞닥뜨린다고 본다. 선악의 혼돈이 발생시키는 '거짓을 만들 수 있는 역량'은 판단과 가치 평가의 문제를 재고하게 한다. 이런 과정은 삶에 대한 긍정으로 이어진다. "니체적인 의미에서 웰스는 판단의 체계에 맞서 끊임없이 투쟁해왔다. 삶보다 우월한 가치는 없다. 삶은 판단되거나 정당화될 수 없다. 그것은 결백하다. 그것은 선악을 넘어선 '생성의 결백'이다."(TI, 137~138/179)

베르그송, 프루스트, 라이프니츠(4장 181쪽, 각주 17)

들뢰즈는 『시간-이미지』에서 베르그송과 프루스트와 라이프니츠의 논의를 서로 읽고 중첩시키는 가운데, 잠재적인 '순수 과거'와 '결정 불가능한 현재'라는 개념을 정초한다(특히 4~6장에서 라이프니츠와 프루스트를 소환한다). 그리고 『프루스트와 기호들』 또는 『차이와 반복』에서는 '비자발적 기억'과 '순수 과거'에 대한 각 인물들의 유사성과 차이를 강조하는 데 이들을 소환하기도 한다.

『프루스트와 기호들』은 프루스트와 베르그송을 대비시키는 가운데 라이프니츠를 끌어들인다. 먼저 이 두 인물은 기억이 심리적인 것이 아닌 존재론적이라는 점에서 공통적이다. 즉 이들은 과거와 미래가 '지금' 존재하는 주체의 표상적 활동이나 현재 주체와의 동일성으로 소급될 수 없음에 동의한다. 따라서 그들의 과제는 주체의 활동으로 환원 불가능한 과거, 주체의 표상적 의지에 대해 초월론적인 위상을 가진 과거의 존재를 규명하는 일이다. "베르그송과 프루스트의 개념 사이에 어떤 유사성이 있다면 바로 이 층위에서다. 즉 지속의 층위가 아니라 기억의 층위 말이다. 우리는 지금의 현재에서 과거로 거슬러 올라가는 것이 아니며, 현재들을 가지고 과거를 재구성하는 것도 아니고, 단번에 과거 자체 안에 위치해버린다. …… 과거는 과거 자신이 아닌 다른 어떤 것 속에 보존될 필요가 없다. 왜냐하면 과거는 그 자체로 존재하며, 과거 자체의 상태대로 살아남고 보존되기 때문이다."(서동욱·이충민 옮김, 1997 : 96~97) 이는 『물질과 기억』의 잠재태에 대한 들뢰즈의 다음 주석과 겹친다. "과거에 대해 '있었다'고 말해서는 안 된다. 왜냐하면 과거는 즉자적 존재이며, 존재 자체가 보존되는 형식이기 때문이다. 과거, 그것은 순수 존재론이다. 순수 기억은 존재론적 의미만을 가진다." 지나가는 현재와 보존되는 과거의 공존을 이런 순수 과거 속에서 파악하는 것 또한 두 인물의 공통점이다. 그러나 순수 과거, 즉 과거 그 자체가 체험될 수 있는 것인가에 대한 두 인물의 입장은 다르다. 베르그송에게는 순수 과거 혹은 순수 기억이 경험의 영역 속에 있지 않다. 따라서 베르그송에게는 회상의 활동이 순수 과거로의 완전한 도약을 이루어내지는 못한다. 그러나 프루스트는 즉자적인 과거의 보존을 넘어 그것을 발견할 수 있는 기억의 가능성을 탐색하고자 한다. 여기서 프루스트는 '자발적인 기억'과 '비자발적인 기억'을 구분한다. 전자가 현재와 과거와의 감각적 유사성, 또는 체험적 동일성에 근거한 기억이라면 후자는 감각이 촉발하되 현재의 체험과의 차이를 통해 상상되는 기억이다. 『잃어버린 시간을 찾아서』의 화자가 마들렌의 맛에서 콩브레의 기억과 만날 때 그 감각적 경험은 현재 마들렌의 맛과는 다르다. 이런 질적 차이는 과거 일반이 현재의 자발적인 기억이나 의식적인 지각의 입장에서 파악될 수 없음을 말해준다. "콩브레는 과거로서 나타나기는 하지만 이 과거는 더 이상 옛날 그 당시의 현재에 대한 것이 아니다. 또 이 과거는 그것을 과거이게끔 하는 지금의 현재에 대한 것도 아니다. 콩브레가 가르쳐주는 것은 내재적인 동시에 잠재적인 과거의 비밀이다."

『프루스트와 기호들』에서 들뢰즈는 기호를 감각적인 성질을 가진 대상 이상으로 평가한다. 기호는 감각에 비례해 법칙과 관념을 지닌다. 즉, 기호는 법칙들과 관념들을 감싸거나(envelopper) 함축한다(impliquer). 사유하는 자는 기호와의 마주침을 통해 감각 속에 숨겨진 과거의 비밀들을 발견한다. 진리와 동일성을 추구하는 사유의 전제들보다 기호의 잠재력이 더욱 중요하다. "기호는 사유하도록 강요하고, 사유에 폭력을 행사하는 어떤 것"(143)이기 때문이다. 들뢰즈는 기호가 창조를 촉발하고 사유 활동을 발생하는 힘이라는 연관관계를 수립하는데, 이를 『시간-이미지』에 적용시키면 '시간기호-과거의 창조성-순수 과거'에 대한 사유가 될 것이다. 즉 『시간-이미지』는 순수 과거의 내재성과 과거-현재의 잠재적 공존에 대한 베르 그송의 사유에 기대면서도, 다른 한편 순수 과거의 탐색 가능성에 대한 프루스트의 사유(비자발적 기억)를 모색하는 듯하다.

프루스트와 라이프니츠의 유사성은 순수 과거의 절대성을 넘어 시간의 비-연대기성과 개연성을 논하는 과정에서 조명된다. 순수 과거로서의 시간이 직접적으로 주어진다면 하나의 현실화된 현재뿐 아니라 잠재적인 현재들이 공존할 수 있게 된다. 이런 공존은 상이한 과거들의 잠재적 지층과는 다른 계열의 비-연대기적 시간성을 제공한다. 그 시간성은 곧 현재에 대한 관점들의 복수성이다. 들뢰즈는 프루스트가 "순수 과거에 내재되어 있고 그 자체로 발생하는 궁극적이고 절대적인 본연의 차이를 발견했다"(72)고 하면서 이를 라이프니츠의 단자(monad)와 연결시킨다. 프루스트는 "세계가 우리에게 나타나는 방식 속에 들어 있는 질적인 차이, 예술이 없었더라면 영원히 각자의 비밀로 남게 됐을 차이"(72)에 대해 말한다. 차이에 대한 이런 견해는 일의적인 세계에 대한 상이한 관점들의 표현인 단자론과 겹친다. 라이프니츠에게 일의적인 세계가 신의 영역이라면 프루스트에게는 과거의 비밀이자 이 비밀과 마주치는 현재의 상이성이다. 프루스트에게 기존의 사실주의적 서술기법과는 다른 서술기법이 필요했듯, 모던 영화도 감각-운동적 도식에 의거한 유기적 서사와는 다른 새로운 서사를 통해 절대적 차이로서의 시간과 대면한다. 레네의 영화, 로브-그리예의 소설과 영화에서 이 서사는 관점들의 다양체를 제시한다. 들뢰즈는 '거짓을 만들어내는 서사'의 시간적 역설과 관점주의 문제를 라이프니츠의 사유와 교차하면서 해설하고 있다.

라이프니츠와 경험 명제(4장 185쪽, 각주 20)

라이프니츠는 "카이사르는 루비콘 강을 건넌다"라는 명제를 예로 들어 경험 명제의 문제를 설명한다. 그런데, 이 예의 참뜻을 알기 위해서는 모순/반대, 가능/불가능, 우발/필연, 유한/무한을 조심스럽게 적용시켜야 한다. 먼저 분석 명제는 유한한 분석으로 증명 가능하다. 예를 들어 $(a+b)(a-b)=a^2-b^2$ 라는 명제는 식을 풀어서 $a^2+ab-ab-b^2$ 임을 밝히면 진위가 판명된다. 경험 명제 또한 분석으로 증명 가능하지만, 이때 그 수는 무한하다. 왜냐하면 명제에 포함된 속성의 경우가 무한하기 때문이다. "카이사르는 루비콘 강을 건넌다"라고 했을 때 포함될 수 있는 속성(사건들)은 무한한 경우의 수를 포함한 채 연속적으로 펼쳐진다. 라이프니츠에 의하면 이 무한함은 일의적 존재인 신의 존재 양태다. 신의 무한한 속성을 이 같이 전제할 경우 경험 명제는 무한한 분석으로만 증명 가능하다. 그러나 인간은 그런 무한함에 도달할 수 없으므로 유한한 경험을 활용하게 된다. 이것이 경험 명제라는 개념에 담긴 속뜻이다. 만약 이를 수학적 틀에 적용하자면 극한과 미분의 개념이 동원된다. 따라서 라이프니츠가 정리한 무한소 미분은 경험 명제에서 우발성의 근거인 충족이유와 관련된다.

그렇다면 우발적인 것(경험적인 것)과 필연적인 것의 관계는 어떤가? 후자는 "반드시 ~이어야 한다"이며 그것의 반대는 "~일 수가 없다"(불가능)이다. 그런데 우발적인 것은 "~일 수도 있고 아닐 수도 있다"이다. 필연을 가정했을 경우 우발적인 것이 함께 놓이는 것은 논리상 맞지 않는다. 따라서 우발적인 것과 필연적인 것은 논리상 모순관계다. 이렇게 볼 때 필연의 반대가 불가능이라면 우발의 반대는 가능(~할 것이다)이라는 관계가 성립된다.

우발적 미래에서 가능과 불가능의 관계는 어떤가? 우발적인 것과 필연적인 것이 논리상 모순이듯 가능과 불가능도 모순이다. 그러나 우발적인 미래 세계는 이런 모순에 지배되지 않는다. 신 아래에서 세계는 가능과 불가능을 모순으로 취급되지 않고 동일선상에서 취급된다. 이것이 곧 가능 세계론의 핵심이다. 라이프니츠의 예를 적용시키면, 카이사르라는 모나드에는 "루비콘 강을 건넌다"와 "건너지 않다"가 함께 함축되어 있다. 즉, 이 모나드에서는 현실화된 세계와 잠재적인 다른 세계들이 함께 참이 될 수 있으며 그 경우의 수는 무한하다. 그러나 신은 위의 가능 세계(카이사르) 중 어떤 하나를 현실화하지 않고 다른 하나를 최선의 세계로 선택한다. 즉 두 세계가 동시에 가능하지는 않다. 이것이 곧 '함께 가능하지 않음'의 의미다. 반대로 함께 가능함은 다음과 같은 경우를 말한다. ① 하나의 세계를 구성하는 수렴과 연장적 계열들의 집합. ② 동일 세계를 포함하는 모나드들의 집합. 예를 들어 아담은 죄를 짓는다, 카이사르는 황제가 된다, 그리스도는 구원자다는 함께 가능하며, 각각의 모나드(카이사르, 아담, 그리스도) 안에는 무한한 가능 세계들(그리스도는 구원자다,

그리스도는 악마다 등등)이 있다. 이에 비해 함께 가능하지 않음은 ① 발산하는, 그 이후로 두 개의 가능 세계들에 속하는 계열들, ② 각기 서로 다른 한 세계를 표현하는 모나드들을 말한다. 즉 "카이사르는 황제가 된다"와 "아담은 죄를 짓지 않는다"는 각기 다른 가능 세계에 속하며 함께 가능하지는 않다(FLB, 60~62 참조). 이때 신이 선택하는 최상의 것은 바로 이 함께 가능하지 않음을 전제로 한다. 이렇게 볼 때 함께 가능하지 않음은 가능 세계들의 존재 근거가 된다. "이 규칙이란, 가능 세계들은 만일 신이 선택한 세계와 함께 가능하지 않다면 실존으로 이행할 수 없다는 것이다."(FLB, 63)

보르헤스의 『픽션들』(4장 187쪽, 각주 21)

보르헤스는 들뢰즈에게 프루스트, 베케트, D. H. 로렌스, 멜빌 등과 더불어 '철학과 경쟁하는 소설'로서 중요한 위상을 차지한다. 특히 보르헤스의 단편집 『픽션들』에 실린 「끝없이 두 갈래로 갈라지는 길들이 있는 정원」과 「바빌로니아의 복권」이 즐겨 인용된다. 「끝없이 두 갈래로 갈라지는 길들이 있는 정원」은 중국인으로 제1차 세계대전에 독일군 첩자로 활동하던 '나'가 영국군 장교 리처드 매든 대위에게 체포되어 사형당할 위기에 처하자 자신이 입수한 중요한 정보를 알릴 수 있는 유일한 인물인 스티븐 앨버트 박사의 집을 찾아가면서 이야기가 시작된다. 그 집에서 나는 나의 조상인 취팽이 설계한 미로에 대해 듣게 된다. 앨버트는 "나는 다양한 미래들에게(모든 미래가 아닌) 끝없이 두 갈래로 갈라지는 길들이 있는 정원을 남긴다"라는 취팽의 마지막 편지를 '나'에게 보여준다. 취팽은 죽으면서 혼란스러운 원고뭉치를 남겼는데, 그 책에 의하면 앞장에서는 취팽 자신이 죽는데 다음 장에서는 그가 살아 있게 된다. 이 원고에 기술된 미로에 대해 앨버트는 취팽이 남긴 책과 그가 구상한 미로의 유사성을 지적하면서 "모든 허구적 작품 속에서 독자는 매번 여러 가능성과 마주치게 되는데, 그는 하나를 선택하고 다른 나머지는 버리게 된다. 취팽의 소설 속에서 독자는 모든 것을(동시에) 선택하게 된다. 이렇게 해서 그는 다양한 미래들, 다양한 시간들을 선택하게 되고 그것들은 무한히 두 갈래로 갈라지면서 증식하게 된다"라고 말한다. 들뢰즈는 이 소설을 예로 들며 하나의 소설 속에서 발생하는 상황의 무한한 증식과 시간의 차이나는 반복을 설명한다(TI, 131/171).

또 다른 단편 「바빌로니아의 복권」은 다양한 복권에 빠져 있는 바빌로니아 사람들의 이야기다. 바빌로니아에서는 복권에서 행운의 숫자에 당첨된 이들은 권력을 얻는 등 혜택을 받지만 불운을 뽑게 되면 수족을 잘리거나 갖가지 불명예를 입게 된다. 복권 추첨에서 행운을 잡은 자의 비율이 늘어가자 회사는 불운에 해당되는 숫자의 수를 늘리고 이에 추첨 방식은 걷잡을 수 없이 복잡해진다. 이에 대해 바빌로니아인들은 "복권이 우연에 대한 강화, 즉 우주에 주기적으로(복권은 60일 밤마다 추첨된다) 혼돈을 주입시키는 것이라면 단 하나의 단계가 아닌 모든 추첨의 단계에 우연을 개입시키는 게 옳을 것"(110)이라고 말한다. 이제 복권 추첨은 우연과 무한의 역설을 증식시키게 된다. 가령 첫번째 추첨에서 한 사람의 죽음이 지시됐다고 가정됐을 경우, 이것이 실행되기 위해서는 집행자를 추첨하는 또 다른 추첨이 뒤따라야 한다. 이들 중 일부는 형 집행자를 지명하게 될 세번째 추첨을 해야 하고 다른 일부는 불운을 행운으로 대체할 수도 있고 다른 나머지는 처벌 방식 자체를 거부할 수도 있다. 이런 식으로 매회마다 우연성이 개입될 경우 추첨 횟수는 무한히 거듭되고 최초의 결정은 무한히 지연된다. 그럼에도 무한히 추첨하려면 무한한 시간이 요구된다고 말할 수는 없다. 왜냐하면 '거북이와의 경주' 비유처럼 한 단위의 시간은 무한히 쪼개질 수 있을 정도로 충분하기 때문(111)이다(이 제논의 역설은 베르그송과 들뢰즈 모두 '시간의 공간화'라는 최초의 오류로 언급하고 있음을 상기하자). 시간의 무한한 분기와 비결정성을 담고 있는 이런 역설적 상황(하나의 작은 단위가 전체로서의 시간을 품고 있는)은 「끝없이 두 갈래로 갈라지는 길들이 있는 정원」과 동일한 알레고리를 담고 있다.

이 두 소설 모두는 베르그송의 다음 언급과 연결된다는 점에서 들뢰즈를 매혹시켰으며 『차이와 반복』과 『시간-이미지』에 잇달아 인용된다. "따라서 똑같은 심리적 삶이 기억의 계속되는 단계들에서 무한정한 회수로 반복될 것이다. 그리고 언제나 똑같은 정신의 작용이 서로 다른 수많은 수준에서 일어날 수 있을 것이다." 『차이와 반복』, 각주 57번에서 재인용한 이 구절은 『시간-이미지』에서 베르그송의 세번째, 네번째 주석으로 확장하는 다음 언급과 나란히 놓인다. "우리들의 심리적 삶이 수천수만 번 반복되는 장소가 있다. 이 장소들은 A′B′, A″B″ 등등과 같은 원 뿔 안의 수많은 지역으로 표시된다."

시간의 수동적 종합(4장 189쪽, 각주 22)

들뢰즈는 시간에 대한 존재의 기대와 생각이 지성이나 반성의 작용이 아니라 '수동적 종합'에 따른 것이라고 말한다. 시간의 수동적 종합은 다음과 같은 세 가지 종합에 의해 이루어진다. 첫째는 살아 있는 현재의 정립, 두번째는 순수 과거, 세번째는 시간의 텅 빈 형식이다. 이들 중 순수 과거에 대한 설명은 베르그송의 『물질과 기억』에 대한 들뢰즈의 해석과 상당 부분 호응한다.

첫번째 종합은 살아 있는 현재와 관련된다. 『차이와 반복』에서 들뢰즈는 베르그송이 『의식에 직접 주어진 것들에 관한 시론』에서 행했던 구별인 공간적 운동과 순수 지속 사이의 구별을 빌려오고 있다. 우리는 시간을 시계의 숫자판 위에서 시계추의 진동에 대응하는 바늘의 운동처럼 파악한다. 그러나 이것은 시간을 공간적으로 파악한 것이지 지속 자체를 파악한 것은 아니다. 즉 바늘의 움직임은 시간의 운동을 공간적인 궤적으로 나타낸 것일 뿐 시간의 질적인 변화와 이의 내부적인 지속과는 다른 것이다(예를 들어 별똥별의 운동을 파악할 때, '별똥별이 지나갔구나'라고 말할 수 있고 그 궤적을 표시할 수는 있지만 이 모든 노력으로는 온전히 기술될 수 없는 운동성 자체가 있다. 이것이 곧 지속의 영역이다). 그럼에도 불구하고 우리는 외부 사물의 공간적 운동을 통해 시간의 변화를 파악한다. 베르그송은 이를 가능케 하는 것이 우리의 지속, 외부 사물의 운동을 사물의 지속적 변화로 파악하는 '살아 있는 현재'를 전제로 한다고 말한다. 앞서 예로 든 시계추의 진동의 경우, 우리는 바로 현재의 진동과 결합해 그에 앞선 진동의 기억을 회상하고 재생할 수 있다. "우리의 자아 속에는 상호 외재성 없는 계기가 있으며, 자아 밖에는 계기 없는 상호 외재성이 있다. 이때 상호 외재성이라 한 것은 현재의 진동과 더 이상 존재하지 않는 이전의 진동이 근본적으로 구별되기 때문이지만, 계기가 없다는 것은, 계기는 오직 과거를 기억하고 두 진동이나 그들의 상징을 보조 공간에 병치하는 의식적 관객에게만 존재하기 때문이다."(최화 옮김, 2001 : 140) 그렇다면 살아 있는 현재가 주어졌을 때 우리는 어떻게 시간 속에서 살아가는가. 의식은 순수 지속 속에서 계기적으로 이어지는 어떤 순간들을 구성한다. 그런 구성의 행위는 반복 속에서 동일한 것의 계속적인 출현을 기대한다. 이것이 곧 습관(habitude)이다. "이 수동적 종합은 우리 삶의 습관을 구성한다. 다시 말해서 그것이 구성하는 것은 '이것'이 계속된다는 우리의 기대이며, 두 요소 중의 하나가 다른 요소 이후에 뒤따라올 것이라는 우리의 기대다."(DR, 74/101) 이런 기대는 지나가는 현재에 준거해 과거의 특정한 계기들을 파악하려는 의식의 운동과 결부된다. 이것이 곧 수축(contraction)이다. "우리가 습관들로 이루어져 있다면 이는 수축 때문이다. 하지만 우리가 수축하게 되는 것은 응시(contemplation)를 통해서다. 이 둘은 동시적 사태다."(DR, 74/101) 우리는 지나가는 현재에 따라 응시 속에서 수축하며, 과거를 향한 수축은 반대로 현재의 실존을 가능케 한다. "수축은 필연적으로 특정한 지속을 띤 현재를 형성한다. 이 현재는 …… 변모하는 현재다."(DR, 77/105)

두번째 종합인 순수 과거는 살아 있는 현재를 가능하게 해주는 바탕이다. 살아 있는 현재는 시간에 대한 우리의 경험과 시간 속에서 우리의 정신적·육체적 상호작용을 규정해주고, 과거와 미래의 지평을 현재의 기대에 따라 구성하지만 그것이 전부는 아니다. 왜냐하면 현재는 지나가버리기 때문이다. 그렇다면 현재를 지나가게 하고, 습관의 형성을 근거 지을 수 있는 또 다른 시간이 요구된다. "그 안에서 시간의 첫번째 종합이 일어나는 또 다른 시간이 있어야 한다. 시간의 첫번째 종합은 필연적으로 두번째 종합을 전제한다."(DR, 79/108)

여기서 두번째 종합과 첫번째 종합을 구별해주는 차원은 기억과 과거의 문제다. 살아 있는 현재의 지평에서 기억은 우리의 습관에 따라 구성되지만 이것으로는 충분치 않다. 왜냐하면 이것만으로는 현재의 지나감을 설명할 수 없기 때문이다. 따라서 현재의 지나감을 설명할 수 있는 또 다른 시간이 필요하며, 이는 습관과는 또 다른 종합을 필요로 하는데 이것이 곧 기억이다. 첫번째 종합인 습관은, 특정한 지속의 현행적인 현재 안에서 수축된 계기적 순간들의 상태를 말한다. 여기서 중심이 되는 것은 과거가 현행적인 현재에 속한다는 것이다. 반면 기억의 재생에서 보자면 "일반성을 띠게 되는 것은 오히려 과거(현재들의 매개로서의 과거)이고, 특수성을 띠게 된 것은 현재(사라진 현재와 현행적인 현재)다"(DR, 80/109). 사라진 현재가 현행적인 현재 안에 재현되기 위해서는 그것이 과거 일반 안에 보존돼야 한다는 것을 전제하기 때문이다. 즉 현행적인 현재가 기억을 재생하기 위해서는 선험적인 과거가 전제되어야 한다. 차라리 선험적인 과거는 기억 자체에 고유한 것이며, 기억의 행위는 선험적인 과거를 토대로 사라진 현재와 현행적인 현재를 동시적으로 종합하는 것이다. 이런 종합이 "기억 자체에 고유한 (초월론적인) 수동적 종합"(DR, 81/110)을 이루는데 이는 습관의 (경험적인) 능동적 종합과 대비된다.

순수 과거의 견지에서, 현재는 현행적인 현재와 사라진 현재여야 한다. 즉 "현재는 현존하는 '동시에' 지나가지 않는다면 결코 지나갈 수 없을 것이다. 이것이 곧 과거와 '그 자신이었던' 현재의 동시간성(contemporanéité)"(DR, 81/111)이라는 과거의 첫번째 역설이다. 두번째 역설은 공존(coexistence)의 역설이다. 이 동시간성을 바탕으로 "모든 과거는 그것이 과거이기 위해 지금 거리를 둔 새로운 현재와 공존하는 셈이다"(DR, 81/111). 베르그송에게 현행적인 현재는 과거 일반의 수축상태기 때문에, 사실상은 시간의 고정된 한 차원에 머물지 않는다. 미래 또한 살아 있는 현재의 한 계열이며 살아 있는 현재는 순수 과거의 보존을 근거로 하기 때문에, 사실상 과거 일반을 바탕으로 구성된다. 따라서 "과거는 시간의 한 차원에 머물기는커녕 시간 전체의 종합이며, 현재와 미래는 단지 그 종합에 속하는 차원들에 불과하다"(DR, 82/111).

그렇다면 이런 공존은 어떻게 일어나는가? 이를 위해서는 과거가 즉자적으로 자신을 보존해야 한다. 이것이 전제됐을 때 수축에 의해 지나가는 현재가 발생한다. 이것이 곧 세번째 역설인 선재(préexistence)의 역설(지나가는 현재보다 순수 과거가 선행한다)이다. 이 세 가지를 바탕으로 마지막 역설이 추가되어, 역원뿔 모델이 완성된다. 네번째 역설이란 반복의 역설이다. 베르그송은 똑같은 심리적 삶이 기억의 계속적인 단계들에서 무한정 반복되고, 언제나 똑같은 정신의 작용이 서로 다른 수많은 수준에서 일어날 수다고 말한다. 현행적인 현재가 과거 전체의 최대 수축이라면, 과거로의 접근은 구체적인 지각의 영역인 지나가는 현재로부터 최대한 이완될수록 더욱 가깝게 이루어진다. 과거는 이 수축과 이완의 정도에 따라 무한하게 많은 수준들(역원뿔 모델에서 A′B′, A″B″ 등)에서 공존한다. 이런 관점에서, 현행적인 현재들은 순수 과거의 수준에서 이루어지는 잠재적 공존들의 관계에 따라 이루어진다. 즉 이런 현재들은 상이한 수준들 중 하나가 현실화된 결과다.

이로부터 우리는 기억이 잠재적 과거의 수준들을 전제한 수동적 종합의 결과임을 알게 된다. 그러나 들뢰즈는 이것만으로는 아직 불충분하다고 여긴다. 비록 기억이 순수 과거를 근거로 삼지만 그것은 여전히 현상 배후의 본체, 즉 이데아를 재현하는 초월적 체계에 묶여 있다. 이런 체계를 선하고 올바른 것으로 전제하는 자아가 코기토(Cogito)로서의 자아다. 그렇다면 시간이 이런 자아를 근본적으로 균열시킬 때 시간의 전복적인 역량이 출현할 수 있다. 들뢰즈는 이 전복적인 시간을 니체의 영원회귀에서 발견한다.

시간의 세 가지 종합에 대한 설명은 흥미롭게도 『시간-이미지』의 구성 체계와 맞물린다. 시간-이미지의 첫 단계는 회상과 꿈의 기제를 제시하는 것이다. 그 뒤에는 순수 과거를 근거로 결정체-이미지의 분석을 통해 잠재태와 현행태의 공존을 탐구하며, 나아가서는 과거가 다양한 지역들로 현행적인 현재와 공존하고 있음을 밝힌다. 그러나 잠재적인 과거가 무한한 층위로 공존한다면 현행적인 현재 또한 복수적인 양태로 존재할 수 있다. 이때 무엇을 진리라 하고 무엇을 거짓이라 할 수 있는가? 이때 사유하는 자아의 평가와 판단은 어떤 위기를 맞는가? 들뢰즈는 코기토적인 사유에 대한 비판과 거짓을 만들 수 있는 역량이라는 니체적인 주장을 통해, 시간 자체가 고정된 동일성의 진리가 아니라 문제제기적인 것이라고 말한다.

2부

힘, 역량, 저항

5. 비판, 또는 위기에 빠진 진리

"진리를 향한 의지는 비판을 요구한다. 따라서 우리에게 우리 자신의 과제를 정의하게 하라. 진리의 가치는 일단 실험적으로 의문에 부쳐져야 한다."
─프리드리히 니체, 『도덕의 계보』(1887)

제1부에서 우리는 직접적 시간 이미지가 갖는 형식적 의미를 집중적으로 살펴봤다. 제2부에서 우리는 이 이미지의 작용에 대해 검토해보고자 한다. 직접적 이미지는 단순히 들뢰즈의 시간 철학의 개념들에 대한 유비 관계만을 강요하는가? 그것들은 어떤 의미에서 사유를 표상하는가?

공간적 연속으로 나타나는 시간의 간접적 이미지에서 시간의 직접적 이미지로 이행하면서 발생한 중요한 결과는 양적인 시간관이 질적인 시간관으로 대치되었다는 점이다. 질적인 관점에서는 시간이 힘으로 주어진다. 그렇다면 운동과 시간의 관계는 반드시 재고되어야 한다. 베르그송 이전의 다른 어떤 철학자보다도 칸트는 시간이 운동과의 관계에서 파악되는 방식을 근본적으로 바꾸었다. 『순수이성비판』 이전까지 철학자들은 시간을 운동에 종속시켰다. 시간의 이미지는 움직이는 시계바늘, 즉 궁극적으로 순환적인 동시에 폐쇄적인 공간의 연속체상에서 연속적으로 서로 대체되는 점들의 지정(designation)과 불가분의 것이었다. 그러나 칸트는 첫번째 비판에서 '축이 빠진'(out of joint) 시간, 즉 운동과의 경첩(joint)이 빠진 시간을 끌어온다. 이전까지 철학이 시간을 운동의 공간적 이미지로 간주한 반면, 이제 운동은 시간과의 관계 속에서 다시 사유되어야 했다.[1] 시간-이미지가 직접적으로 시간 자체를 현시하는 것이 아니라, 오히려 시간이 스스로를 **힘**으로 현시한다. 여기서 힘은 공간적 연속으로서의 운동을 종속시키고 분열시키는 것이다. 장 루이 쉐페르가 주장하듯이 시간이 모던 영화에서 지각으로 주어진다면, 이는 공간을 대체하는 시간의 이미지, 이탈적 운동이나 거짓 연결을 초래하는 이미지다. 이때 경험적 연속에서 정렬된 시공간의 배치가 해체되고, 그 결과 시간의 초월론적 형식에 대한 직관이 가능해진다.

여기서 직접적 시간-이미지는 기호지만, 다른 무언가를 재현하는 것이 아니며 사유를 재현하는 것은 더더욱 아니다. 오히려 시간-이미지는 사유하도록 하고 사유를 촉발하도록 한다. 들뢰즈가 사유의 이미지(l'image de la pensée)[2]에 대해 기술할 때, 이 이미지는 미리 결정된 어떤 내면성이

---

1) 여기서 참조하고 있는 것은 『칸트의 비판철학』에 대한 들뢰즈의 탁월한 영문판 서문(vii~xiv)이다. 들뢰즈는 『차이와 반복』에서도 비슷한 주장을 펼친다. "경첩, 축(cardo), 바로 이 축의 뒷받침이 있기 때문에 시간은 정확히 방위 계통점들(시간에 의해 측정되는 주기적 운동들이 지나가는 점들)에 종속된다. 반면 축이 빠진 시간은 미친(affole) 시간을 의미한다. 그것은 신이 부여했던 곡선에서 벗어난 시간, 지나치게 단순한 원환적 형태로부터 풀려난 시간, 자신의 내용을 이루던 사건들에서 해방된 시간, 운동과 맺었던 관계를 전복하는 시간, 간단히 말해 자신이 텅 빈 순수한 형식임을 발견하는 시간이다. 이때는 결코 어떤 것도 시간 안에서 (원환이라는 지나치게 단순한 모양을 따라) 펼쳐지지 않는다. 오히려 시간 자체가 스스로 자신을 펼쳐간다(다시 말해서 외관상 어떤 원환이 더 이상 되지 않는다). 시간은 기수적인 것이 아니라 서수적인 것이 된다. 바로 이것이 **시간의 순수 질서다**." (DR, 88/119) 이와 관련해베르그송은 칸트와의 계통관계를 인정한다. '변화에 대한 지각'이라는 강의에서, 그는 칸트가 "인간의 감각과 의식이 사실상 실제 시간, 즉 끊임없이 변화하는 시간 내에서, 지속 내에서 발휘된다고 믿었다"(CM, 141)는 점에서 플라톤적 전통과 명백하게 단절한다고 지적한다.

2) (옮긴이) 이는 철학적 활동으로서의 사유를 규정하는 전제라는 점에서 '사유에 대한 이미지'가 더 정확한 표현이지만 통용되는 표현을 역어로 채택했다. 7장에서 상세히 살펴보겠지만 들뢰즈의 철학에서 이 개념은 약간의 변동을 거쳤다. 『차이와 반복』에서는 전통적인 인식론에 전제된 생각하는 나와 이를 뒷받침하는 공리들을 주로 가리켰다. 여기서 '사유의 이미지'는 새로운 사유로 도약하기 위해서 극복해야 할 대상이다. 그러나 『철학이란 무엇인가』에서는 철학적 사유의 본연인 개념의 창조에는 속하지 않으면서도 이에 내재적인 선험적 지평을 가리키기 위해 이 말을 쓴다. 이 맥락에서는 '내재성의 평면'과 동의어다.

투사된 것도 아니고, 외부적 물질에서 추상되는 덧없는 정신의 작용도 아니다. 오히려 시간은 사유를 그 이미지, 즉 '참된' 자기-표상에서 이탈시키면서 사유를 촉발하는 힘으로 출현한다. "진정한 비판의 조건과 진정한 창조의 조건은 같다. 즉 자기 자신을 전제하는 사유의 이미지를 파괴하는 것과 사유 자체의 내부에서 사유의 행위를 발생시키는 것은 같다."(DR, 139/182) 여기서 베르그송에 필적할 만큼 『운동-이미지』와 『시간-이미지』에 중요한 세 명의 인물, 즉 칸트, 니체, 스피노자를 소개할 필요가 있다. 이들은 시간이 진리를 위기에 빠뜨리고 사유를 촉발하는 방식에 대한 질문에 대해 서로 다르게 접근한다.

칸트적 의미에서 비판은 사물이 어떻게 인식되는지 묻는 것이다. 이는 『운동-이미지』와 『시간-이미지』의 핵심적인 질문이기도 하다. 칸트적 관점에서, 시간의 본질 내에서의 시간과 알려지는 것에 대한 시간 형식 내에서의 시간에 대한 구분은 중요하다. 직접적 시간-이미지에 함축된 비판은 니체를 경유하면서 상이한 형태를 취한다. 니체의 경우, 중요한 것은 가치에 대한 비판이며, 거짓을 만들 수 있는 역량이 권력의지와 영원회귀에 어떻게 관련되는가 하는 것이다. 한편 스피노자를 경유하면, 시간-이미지가 어떻게 변용되는지를 질문하게 된다. 알려지는 것에 대한 시간의 형식이란 무엇인가? 거짓을 만들 수 있는 역량은 어떻게 **진리**의 형식을 대체하는가? 시간-이미지는 사유하는 힘을 어떻게 변용하는가?

『국가』에서 소크라테스는 모순적 지각이 사유를 촉발하는 경험들의 토대가 된다고 설명한다. 플라톤은 이 관념에 대해 양가적 입장을 취했다. 이미지에 대한 플라톤의 이론은 원본과 사본(비물질적 이데아와 그 물리적 구현)을 구분하고 도상(eikon, 좋은 사본)과 환상(phantasmata, 허상)을 구별하면서 한층 복잡해진다. 로널드 보그가 지적하듯, 플라톤의 관심사는 참된 사본과 거짓된 사본을 구별하는 것이다. 참된 사본은 외재적이거나 환영적인 닮음(illusory semblance)[3]과 대립되는 이데아와의 내적 유사성을 지닌다. 그러나 들뢰즈의 관심은 좋은 표상과 나쁜 표상의 구분도 아니고, 시뮬라크르에 대한 보드리야르의 질문이 "원본 없는 이미지들의 증식으로 정의되는 포스트모더니티"도 아니다. "들뢰즈에 따르면, 플라톤이 환영적 허상에서 두려워했던 것은 어떤 고정적 정체성도 없는 실체, 무제한적이고 비논리적인 생성의 차원을 폭로하는 모순적·기만적 실체들이다." (Bogue, 1989 : 56). 이것들은 차이 그 자체[4]를 표현함으로써 사유를 그 자체의 적합한 활동으로 촉발하는 역설적 대상이다. 그것은 보편적 합의나 상식의 형태로 사유를 동결하거나 단축하는 힘에 저항하고 도전하는 '사유 내의 사유될 수 없는 것' (non-pensé dans la pensée)[5]이다. 사유하기 위해, 더 정확히 말하면 사유 능력을 이해하기 위해서는 공통적이지 않은 의미의 형상인 허상(simularcra)이 필요하다.[6]

---

3) (옮긴이) 'illusion'은 라틴어의 동사 'illudere'에서 나왔다. 이 말은 장난한다는 것을 의미하며, 특히 속이다, 농락하다, 허구를 실제로 생각하다 등으로 파생된다. 'illusion'은 'illudere'의 수동형에서 나온 명사로, 놀림 받는 자, 속는 자, 농락당하는 자의 상태를 가리킨다. 철학적 전통에서는 'illusion'이 착각이란 뜻으로 쓰이는데, 플라톤 철학에서 착각은 오류(error)와 대비된다. 오류는 모른다는 무지와 모르는 것을 안다고 믿는다는 무지를 모두 포함한다. 착각은 오류이지만 오류와 달리 고쳐질 수 없다는 특성을 갖고 있다. 가령 플라톤은 착각의 경우로 아침의 해가 다음 날이 되어도 낮의 해보다 더 크게 보일 때를 제시하고 있다. 이처럼 착각은 특히 지각과 밀접하게 연관되기 때문에(철학은 17세기까지 비판적인 이성을 지각적인 착각과 구분함으로써 자신의 명석 판명함을 증명하고자 했다), 여기서는 환영, 환영적인이라는 번역어를 문맥에 따라 같이 썼으며 철학적인 함축이 분명한 경우에만 착각이라는 번역어를 썼다(『차이와 반복』의 국역본처럼 가상을 쓰기도 하나, 이 책에서는 'illusion'을 환영, 착각으로, 'appearance'를 외관, 가상으로 옮겼다).

4) (옮긴이) '즉자적 차이'라고 번역될 수도 있는 이 말은 『차이와 반복』 1장의 제목이기도 하다. 들뢰즈는 여기서 형상과 질료, 종(種)과 부분들, 동일성과 대립을 상정하는 플라톤주의적인 철학과 헤겔적인 변증법에 맞서 어떻게 차이가 변질되지 않고 스스로를 긍정할 수 있는가를 규명하고자 한다.

5) (옮긴이) 7장에서 상술되지만 이 말은 곧 사유되어야만 하는 동시에 사유할 수 없는 것이라는 점에서 내재성의 평면, 사유의 이미지와 동일하다. 앞서 보았듯이 내재성의 평면은 사유의 선험적인 지평을 전제한다. 따라서 사유될 수 없다. 그러나 사유는 이를 긍정하고 이에 도달하기 위해 내재성의 평면으로부터 촉발되어야 한다. 따라서 사유되어야만 하는 것이다. 참고로 『시간-이미지』의 영역본과 본서의 'unthought'는 불어 원본과는 차이가 있다(이는 『차이와 반복』도 마찬가지다). 불어에서는 '사유될 수 없는 것' (non-pensé)과 '사유되지 않은 것' (impensé)을 구분하고 있다. 정확한 번역을 위해서는 이 둘 간의 대조가 요구되므로 본서의 번역본에서는 이런 작업을 거쳤음을 밝혀 둔다.

알려지는 것에 대한 시간의 형식들을 이해하는 것은 이차 순수 기호체계, 즉 시간기호의 정의와 거짓을 만들어내는 서사의 형식을 기술하려는 기획이다. 시간기호가 어떤 작용을 하고, 시간이 영화적 표현의 매체로서 어떤 의미를 지니는가에 대한 이해를 더욱 심화할 필요가 있다. 시간은 어떤 방식으로 허상의 힘으로 출현하는가? 시간의 초월론적 형식들이란 무엇인가? 운동이 시간에 종속될 때, 즉 공간 내에서 경험적 연속이 탈연대기적 국면들로 치환될 때 운동은 무엇이 되는가? 이 질문들에 네 가지 답변이 가능하다. 지속, 기억의 행위, 지나가는 현재, 그리고 들뢰즈의 표현을 빌리면 '시간의 수동적 종합'[7]이 바로 그것이다.

베르그송에게 있어 시간의 초월론적 형식은 지속이다. 지속의 실재는 나눌 수 없고 중단될 수 없는 항상-변화하는 흐름이다. 영화는 시작과 끝을 가지며 각각의 상영 때마다 정확히 반복되므로 영화가 지속을 완전하게

---

6) 이와 관련해서 들뢰즈는 다음과 같이 말한다. "철학은 양식(bon sens)이 아니라 역설을 통해 드러난다. 역설은 철학의 파토스, 즉 정념이다. 역설에는 여러 종류가 있으며, 각각은 양식과 상식(sens commun)이라는 정통성을 보증하는 형식들에 대립된다. 주관적으로 볼 때, 역설은 능력의 공통적 사용을 해체하고, 각각의 능력을 고유한 한계, 즉 자신의 비교 불가능자(l'incomparable)와 대질시킨다. 사유는 사유될 수 없는 것(l'impensable), 그럼에도 유일하게 사유 능력을 지닌 것과 맞닥뜨린다. 기억은 자신의 태고이기도 한 망각에 직면하고, 감성은 자신의 강렬함과 구별되지 않는 감각 불가능자(l'insensible)에 직면한다. …… 그러나 이와 동시에 역설은 이 깨진 인식능력들을 향해 양식에는 속하지 않는 관계를 전달한다. 이때 인식능력들은 화산같이 폭발하는 선 위에 놓여서 한 능력의 불똥에서 또 다른 능력들이 불길을 내뿜게 되고, 한 능력의 한계에서 또 다른 능력의 한계로 이어지는 어떤 도약이 일어난다. 한편 객관적으로 볼 때, 역설은 공통적 요소 내부에서 총체화될 수 없는 요소를 차이와 더불어 전시한다. 이 차이는 양식에 맞춰 등등해지거나 무화될 수 없는 것이다. 역설에 대한 유일한 논박이 양식과 상식 자체에 있다는 말은 옳지만, 이는 양식과 상식이 모든 것을 허용한다는 조건 하에서만 타당하다. 즉 양식과 상식이 소송 당사자의 역할과 재판관의 역할을 동시에 맡고, 부분적인 진리와 절대자를 동시에 떠맡는 한에서만 옳다." (DR, 227~228/293)

꼭 이런 식으로 논의한 것은 아니지만, 들뢰즈는 시간의 직접적 이미지를 정확히 차이 그 자체를 표현하는 역설적 형상이라는 의미에서 허상으로 간주한다. 로파르 뵈유미에르는 들뢰즈의 영화이론에서 특히 이 국면에 주의하여 『시간-이미지』에서의 논점들이 『의미의 논리』와 연관되는 방식을 지적한다. 이에 대해서는 그녀의 논문 「영화, 질 들뢰즈 독본」을 참조하라. 차이 그 자체를 표현하는 허상에 대해서는 『차이와 반복』, 특히 pp.69, 201~202, 293~294, 299~300을 참조하라.

7) (옮긴이) 시간의 수동적 종합에 대해서는 이 책 237쪽의 옮긴이 후주를 참조하라.

나타낼 수 없다는 것은 명백하다. 그럼에도 불구하고 베르그송은 궁극적으로 철학만이 심화할 수 있는 능력, 즉 직관으로 지각을 이끄는 이미지를 환기하는 능력을 예술에도 부여한다.[8] 심지어 시간의 간접적 이미지도 지속의 어떤 면을 유지할 수 있으며, 그 나름의 방식으로 시간에 대한 중요한 직관을 제공할 수 있다. 시간이 그 최초의 형식에서 들뢰즈가 내재성의 평면이라 일컫는 보편적 변이, 즉 끊임없는 우주적 변화로서 흐른다(flow)는 것을 주지하라. 영화는 운동-이미지의 역사를 통해 다른 어떤 예술 형식보다도 더 강력하게 시간의 특성을 공간에 종속하는 다양한 프레임화, 중심, 연속성, 공약 가능성을 정련해왔다. 그럼에도 불구하고 영화는 보편적 변이라는 혼란스러운 체제로 이념상 회귀하며, 그 과정에서 공간적 중심과 지평을 끊임없이 부식하는 특질을 유지했다. 이런 식으로 『운동-이미지』는 운동을 일차적 힘, 즉 모든 영화적 이미지의 범위를 지정하는 보편적 변이로서의 변화 이미지로 제시한다. 심지어 단순하고 정적인 쇼트에서도 단순 지속으로서 시간의 이미지가 잔존한다. 따라서 운동-이미지는 그 고유한 가동성을 통해 변화와 지속에 대한 지각을 부여할 수 있다. 그러나 시간의 직접적 이미지를 파악하기 위해, 이미지는 감각-운동적 상황에서 풀려나서 전체들의 합성(elaboration)에서 해방되어야 한다.

---

8) 『창조적 정신 : 형이상학 입문』에서 베르그송은 다음과 같이 말한다. "어떤 이미지도 지속에 대한 직관을 대체할 수 없다. 그러나 완전히 다른 사물들의 질서에서 취합한 여러 다양한 이미지들은 사물들의 행위를 수렴하면서, 의식이 어떤 직관을 파악할 정확한 지점으로 방향을 잡아줄 수 있다. 가능한 서로 다른 이미지들을 선택하면 이미지들 중 하나가 우세해질 때 그와 경쟁 관계에 있는 다른 이미지가 그를 축출해버리기 때문에, 우세한 어느 한 이미지가 직관의 자리를 빼앗는 것을 막을 수 있다. 이 이미지들이 외관상 서로 다르지만 우리의 정신에 대해 동일한 종류의 관심을, 즉 동일한 정도의 긴장을 요구하고 있음을 주목해야 한다. 그러면 우리는 명확히 결정되어 있는 특정한 성향, 즉 의식이 자기 앞에 아무런 장막 없이 나타나기 위해 반드시 채택되어야 할 어떤 성향에 점진적으로 우리의 의식을 맞춰나갈 수 있을 것이다. 그러나 결국 의식은 이 노력을 묵인해야 한다. 왜냐하면 우리는 의식에 아무 것도 보여주지 못할 것이기 때문이다. 의식은 욕망된 노력을 산출하고 스스로 직관에 이르기 위해 어떤 태도를 취해야 하는데, 우리는 의식을 바로 그 태도에 위치시킬 수 있을 뿐이다." (CM, 166)

여기서 베르그송이 운동-이미지를 정의하는 기초가 되는 매개적 이미지(image moyenne)를 들뢰즈가 전유하는 과정을 재고해야 한다. 베르그송에게 매개적 이미지는 사유의 형상이다. 이미지는 사유의 비물질성을 회복하는 동시에 사물의 물질성을 공유하며, 그 결과 물질과 정신의 접촉을 촉진한다. 그것은 베르그송이 철학적 직관에서 "볼 수 있다는 점에서는 거의 물질에 가깝고, 만질 수 없다는 점에서는 거의 정신에 가깝다"(CM, 118)고 묘사한 바로 그 이미지다. 의심의 여지없이, 들뢰즈는 베르그송의 정의에서 시네마토그래프적 이미지에 대한 정확한 묘사를 본다.

이 관념은 베르그송주의의 또 다른 중요한 주제를 함축한다. 우리는 공간 내에서 지각하지만 시간 내에서 사유한다. 이를 기초로 시간의 간접적 이미지와 직접적 이미지 간의 차이가 드러난다. 변화의 이미지를 공간 내의 변이로 나타내는 운동-이미지의 변천에 따라 지각과 물질이 다양한 방식으로 조우할 수 있게 된다. 여기서 기본적 형상 —— 알려지는 것에 대한 시간의 형식 —— 은 운동 내의 열린 총체성이다. 그러나 지각이 물질에서 물러날 때 이미지의 또 다른 차원이 개방된다. 운동은 일차적 힘이 아니라 비교의 표준이 되며, 연속은 이미지를 연결하고 변형하는 새로운 형식 —— 거짓 연결과 이탈적 운동 —— 으로 대체된다. 보편적 변이는 직접적 시간 이미지를 승인할 수 있지만, 이는 움직임의 중심과 유리수적 연결을 수반하는 감각-운동적 도식이라는 척도에 따라 절대적 운동이 상대화·국지화되는 과정이 중단되는 경우에 한한다.

가능한 두번째의 해결책은 운동이 기억의 행위가 되는 것이다. 베르그송은 『물질과 기억』 3장에서 이에 대해 충분히 설명하고 있다. "우리가 회상을 회복하려 할 때마다, 우리 역사의 어떤 시기를 환기하려 할 때마다, 우리는 독특한 행위를 인식하게 된다. 이 행위를 통해, 우리는 과거 일반으로, 그리고 특정한 과거로 돌아가기 위해 현재에서 떨어져 나온다. 이는 카메

라의 초점 맞추기와 유사한 적응 작업이다."(MM, 133~134). 앞서 논의했
듯, 혹자는 시간-이미지를 기억-이미지와 동등한 것으로 간주할 수 있다.
시간은 공간 내에서의 행동과 물리적 운동으로 측정되는 것이 아니라 회상
의 활동이 표상하는 정신적 운동으로 변모한다. 그렇다면 시간-이미지의
영화는 주관성과 의식의 영화가 될 것이다. 이는 곧 물리적 세계의 탐구가
아닌 기억·정신·환상으로의 여행에 대한 영화다. 이는 정확하게 대부분의
유럽 모던 영화가 논의되는 방식이기도 하다.

　　베르그송이 회상 행위에서 지각, 기억-이미지, 순수 기억을 연결하는
연속성을 강조하는 한 이 같은 입장은 어느 정도 정당화될 수 있다.[9] 그러
나 들뢰즈는 영화에서 회상-이미지(기억기호)와 꿈-이미지(꿈기호)가 감
각-운동적 상황의 산물임을 분명히 한다.

---

9) 실제로 『물질과 기억』에서 베르그송이 기술하는 사유의 운동은 훨씬 복잡하다. 그 좋은 예는 기억
에 대한 그의 두번째 도식, 즉 역원뿔이다. 베르그송은 관념 일반이 지각과 기억 간에 일어나는 복
잡한 진동의 결과로 출현하는 과정을 도해하기 위해 이 도식을 끌어온다. 게다가 베르그송이 묘사
하는 운동은 비결정의 중심이 기억 내에서 열리는 과정에 대한 설명을 확대·심화한다.
　　"관념 일반의 본질은 …… 행동의 평면과 순수 기억의 평면 사이를 끊임없이 왕복하는 것이다.
앞서 살펴보았던 도식을 다시 참조하자면, S는 나의 몸, 즉 특정한 감각-운동적 평형에 대한 현재
의 지각이다. 바닥의 표면 AB에 펼쳐지는 것은 총체적 형태의 회상이다. 이렇게 결정된 원뿔 내에
서, 관념 일반은 꼭지점 S와 바닥 AB 사이에서 끊임없이 진동할 것이다. S에서 관념 일반은 발화된
단어나 신체적 태도와 같은 명백한 형태를 취할 것이다. 반면 AB에서 그것은 무수한 개별적 이미지
들의 국면을 취할 것이며, 이 이미지들에서 관념 일반의 취약한 총체성이 해체될 것이다. …… 사
실, 우리가 관념 일반을 이 두 개의 극점 중 하나에 고정하려 할 때 그것은 우리를 벗어난다. 관념
일반은 발화된 단어로 결정화되거나 기억으로 증발할 태세를 갖춘 채, 한 극점에서 다른 극점으로
움직이는 이중의 흐름 내에 위치한다.
　　이를 요약하면 다음과 같다. 즉 AB에 배열된 기억의 총체와 점 S이 그리는 감각-운동적 기제 사
이에, 동일한 원뿔의 단면 A'B', A"B" 등으로 그려지는 심리적 삶의 무수한 반복을 위한 …… 공간
이 있다. 우리는 감각과 운동의 상태에서 결별해 꿈속의 삶을 살 수 있을 때까지 AB 위에 스스로를
흩어놓으려 한다. 또 우리는 감각적 자극에 운동적 반작용으로 대응하면서 현재의 실재에 더욱 확
고하게 부착될 수 있을 때까지 S에 집중하려 한다. 사실, 정상적 자아는 결코 이 극단적 위치들 중
어느 하나에 고정되지 않는다. 정상적 자아는 이 둘 사이에서 움직이며 중간의 단면에 상응하는 위
치를 채택하거나, 현재의 행위에 유용한 도움이 될 만한 충분한 이미지와 개념들을 현재의 표상들
에 부여한다."(MM, 161~163)

〔회상-이미지는〕 감각-운동적 상황의 간격을 늘이거나 팽창하더라도 결국 그 간격을 채우는 데 안주한다. 이 이미지는 과거 내에서 이전의 현재를 포착하면서, 심지어 그 내부에 국지적 퇴행(심리적 기억으로서의 플래시백)을 도입하는 경우에도 결국 시간의 경험적 진행을 중시한다. …… 반면 꿈-이미지는 전체를 변용한다. 이 이미지는 상황의 끊임없는 변신을 보증하거나 등장인물의 행위를 세계의 운동으로 대체하면서 감각-운동적 상황을 무한으로 투사한다. 그러나 이런 식으로는 간접적인 재현을 벗어날 수 없다. 설령 우리가 어떤 예외적 상황에서, 이미 모던 영화에 속해 있는 시간의 문 앞까지 다가섰다고 해도 말이다(TI, 273/357).

잠재적 이미지는 의식과 심리적 상태 중 어떤 것도 지시하지 않는 순수 기억이다. 실제로 알랭 레네가 시간을 탈주관적 기억으로 재현하는 데 성공했다면, 주관적인 것은 더 이상 객관적인 것과 대비되거나 그에서 분리되어 정의되지 않는다. 오히려 "그것은 의식의 바깥에, 시간 내에 존재한다. 우리는 공간 내에서 비(非)-지각적인 대상들의 현행적 존재를 인정할 수 있듯이, 이제 순수 회상(souvenir pur)의 잠재적 존재를 순순히 인정해야 한다"(TI, 80/107).

여기서 현행태와 잠재태에 대한 들뢰즈의 논의를 거듭 심화하고 재정의할 필요가 있다. 기억 또는 꿈의 여행을 넘어서서 시간의 직접적 이미지가 현시하는 시간의 더 근본적인 운동이 존재한다. 이런 의미에서 운동은 공간 내의 여정도 아니고 기억의 드라마도 아니다. 그것은 우리가 시간의 자나감을 개념화하고 미래 및 과거와 연관해서 현재로 향하는 과정이다. 연대기적 시간에서 현재는 흥미로운 존재다. 현재는 어떤 선 위에서 끊임없이 움직이는 점이다. 현재는 그 선 위에서 과거를 뒤편의 자취로 남기면서 미래 속으로 파고든다. 즉 현재는 끊임없이 움직이면서 미래를 과거로 나눈다. 그러나 우리가 현행적으로 주어진 현재, 즉 시간의 간격으로 간주된 현재를 직접 바라본다면 시간은 역설적 이미지로 출현할 것이다. 시간의 선형성은 해체되기 시작한다. 현재를 어떻게 파악할 것인가? 이미 과거가 되어버린 것과 너무나 빠르게 따라붙는 미래를 어떻게 현재와 절대적으로 구별할 것인가? 답은 우리가 그렇게 할 수 없다는 것이다. 아우구스티누스를 따르자면, 우리는 지나가는 시간이 변별적이고 공약 불가능한 미래의 현재, 현재의 현재, 과거의 현재로 동시에 구성된 사건으로 산산히 부서지는 것을 바라볼 따름이다.

따라서 시간이 움직인다는 말의 세번째 의미는 시간의 지나감을 통해 드러난다. 시간의 지나감은 선형적인 것도, 연대기적인 것도 아니다. 왜냐하면 시간이 끊임없이 분기하면서 쪼개질 때, 하나가 결정되지 않은 미래를 향해 나아가는 동안 다른 하나가 절대적인 과거를 향해 사라지기 때문이다. 이는 베르그송이 『정신-에너지』에서 기억의 형성 과정에 대해 설명하는 방식이기도 하다.[10] 이미지가 지각 내에서 형성되고 그와 동시에 이미지가 과거 내에서 이전의 모습으로 보존된다면, 우리는 단지 지나가는 시간에 대한 이미지만을 얻을 수 있을 뿐이다. 하나의 기억-이미지에는 두 개의 '면'이 있지만 이 둘은 본래 서로 다르다. 현재의-현행적-공간적-지각은 과거의-잠재적-시간적-기억에 대립하는 것이다. 들뢰즈가 결정체-

---

10) 특히 '기억이 어떻게 형성되는가?'라는 부분의 pp.127~129를 참조하라. 이 관념에 대해 논의하면서, 들뢰즈는 베르그송의 세번째 도식을 재구성한다. 이 도식은 현재가 과거와 미래로 쪼개지는 과정에 대한 베르그송의 관념을 도해한다. 들뢰즈에게 있어, 이 세 개의 형상은 모두 시간이 '움직이는' 양상에 대한 세 가지 가능한 도식을 제시한다. 기억의 활동, 지나가는 현재, 그리고 그 결과로서 시간의 형식에 따른 주체의 분리가 바로 그것이다(또한 지속이 끊임없는 질적 변화라는 특징을 갖게 되는 양상을 상기해보라). 사실상 우리는 시간의 미분적인(차이나는) 것이 주체를 구성하는 과정이라는 관점에서 이 도식들을 고려해야 한다. 여기에는 현행태와 잠재태 사이를 지속적으로 경유하는 기억의 행위, 지각과 기억으로 끊임없이 이중화되는 현재, 자아를 나와 분리하는 내면성의 형식이 포함된다. 이 부분들은 각각 사유가 시간 내에서 스스로를 구성하는 지점인 비결정의 형식으로 간주될 수 있다.

이미지에 대해 "시간의 가장 근본적인 작용, …… 이미 더 이상 과거가 아닌 직접적 과거와 아직 미래가 아닌 직접적 미래 간의 사라지는 경계, …… 끊임없이 지각을 회상에 반영하는 움직이는 거울"(TI, 81/109)을 궁극적으로 제시한다고 말한 까닭은 이 때문이다. 시간은 각 순간마다 현재와 과거, 즉 지나가는 현재와 보존되는 과거로 분리된다. 그리고 각각의 순간은 분리되는 동시에 이중화된다. 과거는 한때 그 자신이었던 현재와 공존한다. 과거는 그 자체가 비연대기적인 시간, 과거 일반의 잠재적 고문서 보관소로 보존된다. 기억이 시네마토그래프적 환영, 즉 정지된 이미지의 선형적 연속체로는 결코 정확하게 재현될 수 없는 까닭이 여기에 있다. 현행태는 항상 현재지만, 이는 변화하는 현재다. 이미지는 현재**이자** 과거이며, 여전히 현재에 있지만 이미 지나가고 있는 것이다.

이것이 시간-이미지가 제시하는 가장 심오한 시간의 역설이다. '최소의 가능한 회로' ── 베르그송의 첫번째 다이어그램에서 OA ── 는 지각과 기억, 현행태와 잠재태 간의 공약 불가능한 분할을 형성한다. 잠재성은 과거가 한때 그 자신이었던 현재와 공존함을 의미한다. 현재는 현행적 이미지다. 현재와 동시에 존재하는 과거는 시간 내에서 그 잠재적 이미지로서 사라진다. 베르그송은 현재가 지각과 회상으로 끊임없이 이중화되는 것이 특징이라고 지적한다. "현행적 실존은 시간을 경유해 전개되는 동시에, 잠재적 실존이라는 거울 이미지와 나란히 스스로를 이중화한다. 우리 삶의 모든 순간은 현행적인 면과 잠재적인 면이라는 두 가지 면, 지각과 기억이라는 두 가지 면을 나타낸다. …… 누구든 현재가 지각과 기억으로 끊임없이 이중화된다는 것을 인식하게 되면, 자기 역할을 자동적으로 수행하는 배우, 자기 자신에 귀를 기울이고 자신의 연기를 관람하는 배우에 스스로를 비유하게 될 것이다."(ME, 135~138) 순수 회상으로서 잠재적 이미지는 그것을 현실화하는 어떤 정신적 이미지와도 본성상 같지 않다.

이제 영화적 표현과 관련해서 시간이 무엇인지를 더 잘 이해할 수 있을 것이다. 운동-이미지는 물질=이미지인 보편적 변이의 체제에서 출현한다. 이런 식으로 운동-이미지는 지각과 물질이 맺고 있는 관계의 무수한 연장과 변이인 기호를 발생시킨다. 반면 시간-이미지는 들뢰즈가 『차이와 반복』에서 언급했던 시간의 세 가지 수동적 종합에서 출현한다. 들뢰즈는 지나가는 현재를 시간의 정초로 정의한다. 이때 지나가는 현재, 과거의 보존, 미래에 대한 비결정적 기대(protention)라는 세 가지 공약 불가능한 지점들로 순간들이 수축하면서 시간의 정초가 일어난다. 그리고 두번째 종합은 시간의 근거(fondement)를 잠재성, 즉 비연대기적 지층에 보존된 모든 과거로 제시한다. 마지막 세번째 종합은, 베르그송과 칸트, 니체에 대한 들뢰즈의 관심을 묶는 공통분모다. 이는 기억 속으로의 주관적 여행이 아니라, 오히려 '시간의 순수 형식', 또는 주체성 자체를 이루는 비연대기적 시간의 '근거와해'(effondement)로 이해된다. 이는 칸트의 『순수이성비판』과 영원회귀에 대한 니체의 교의에서 제시된 것이다.[11]

이는 들뢰즈의 논점 중 가장 난해한 부분이다. 들뢰즈는 철학의 역사가 종종 지속에 대한 베르그송의 관념을 주관적 내면성에 대한 관념으로 환원한다고 지적한다. 그러나 베르그송에게 지속은 심리학적 자기반성이 아니다. 오히려 지속은 정신과 신체 혹은 정신과 자연의 모든 이원론을 조롱하는 지각과 기억의 복잡하고 끊임없는 삽입 과정이다. 앞서 「사랑해, 사랑해」를 독해하면서 나는 다음과 같은 질문을 던졌다. 안과 밖, 주체와 객체의 분할이 무의미하다면 시간을 심리적으로 내면에서 경험할 수 있는 무

---

11) 우리는 4장에서 라이프니츠와 베르그송을 비교하면서 시간의 세 가지 종합 중 하나를 살펴 보았다. 이 부분과 관련해서, 들뢰즈가 『차이와 반복』에서 논의한 시간 개념을 탁월하게 개괄하는 로널드 보그의 『들뢰즈와 가타리』에 크게 의존하고 있음을 밝혀 둔다. 특히 pp.65~66, 151을 참조하라. 또한 『차이와 반복』의 pp.79~84/108~114를 참조하라.

엇이라든가 우리가 통과하는 외부의 매개로 특징짓는 것이 가능한가? 시간에 대한 베르그송의 성찰은 이 두 경우와 다르다는 것을 말해준다.

> 유일한 주관성은 시간, 그 정초 과정에서 파악되는 비-연대기적 시간이다. 시간에 내재적인 존재는 바로 우리 자신이지 그 반대가 아니다. 우리가 시간 내에 존재한다는 말은 진부하게 들리지만 이는 최고의 역설이다. 시간은 우리의 내면에 있는 것이 아니라 오히려 그 반대다. 시간은 우리가 그 안에서 존재하고, 이동하고, 생활하고, 변화하는 내면성이다. …… 주관성은 결코 우리의 것이 아니다. 그것은 시간, 즉 영혼과 정신, 잠재태다. 현행태는 항상 객관적이지만, 잠재태는 주관적이다. 잠재태는 무엇보다도 변용태(affect), 우리가 시간 내에서 경험하는 것이다. 그것은 시간자체, 변용을 일으키는 것과 변용을 받는 것으로 스스로를 분할하는 순수한 잠재성, 시간의 정의 그대로 자아에 의한 자아(soi)의 변용(affection)이다(TI, 82~83/110~111).

칸트의 초월론적 철학에 대한 들뢰즈의 설명으로 되돌아가면 이 논의가 한층 명료해질 것이다. 베르그송은 시간을 현재와 과거로 분리하는 직접적 통각이 일종의 정신적 자동운동, 즉 기억에 의해 과거가 지각 내부로 이중화되는 것으로 경험된다고 시사한다. 시간의 직접적 이미지가 제기하는 말 걸기(address)의 형태는 철학적 주체, 즉 칸트의 『순수이성비판』에서 제시되는 초월론적 위치를 상정한다. 이 주체는 분할의 형식 내에서 사고하지만, 이는 데카르트적 이원론의 주체도 아니고 정신분석학의 주체도 아니다. 그들은 모두 공간적 분할을 재현한다. 반면 칸트는 사유와 시간의 관계를 복원하면서, 주체성을 구성하는 분할을 통한 새로운 사유 방식을 발견한다. 따라서 초월론적(transcendental) 철학은, 일반적으로 말해지듯 감각과 이성 간의 이율배반을 극복하면서 초월적(transcendent) 정체성과 통일성을 주체에 회복시키는 것이 아니다. 오히려 칸트는 시간을 운동에서 떼어냄으로써 주체를 정의하는 방식을 발견한다.

칸트 독해에 대한 들뢰즈의 독창성은 시간의 직접적 이미지가 함축하는 모든 것을 이해하는 데에 아주 중요하다. 들뢰즈의 입장은 『칸트의 비판철학』 영역판 서문에서 간명하게 제시된다. 여기서 베르그송이 언급한 '정신적 자동운동'은 "나는 타자다"라는 랭보의 공식을 통해 재고된다.[12]

여기서 곤란한 것은, "내가 어떻게 타자가 되는가", "시간이 어떻게 '자아에 의한 자아의 변용'으로 정의될 수 있는가"의 문제다. 칸트와 베르그송의 연계를 설명하는 가장 명료한 방법은, 두 철학자가 모두 시간의 형식을 공간 내의 연대기적·선형적 연속으로 간주하는 것을 거부했다고 하는 것이다. 칸트가 시간을 운동에서 떼어냈다고 들뢰즈가 주장할 때, 운동의 정의는 근본적으로 변형된다. 우리는 운동을 더 이상 공간 내의 물리적 운동으로 상상할 수 없다. 운동은 시간을 통과하는 변화의 형식으로 재고되어야 한다. 이것이 『시간-이미지』에서 말하는 운동의 최종적인 의미다. 시간의 직접적 이미지는 시간의 창발성을 표현한다. 그것은 새롭고 예기치 않은 것이 나타날 가능성, 시간의 각 순간마다 갱신되는 가능성이다.

사유가 시간의 형식과 관련해서 어떻게 규정 가능해지는지에 대한 질문 역시 재고되어야 한다. 들뢰즈에 따르면, 이에 대한 칸트의 해결책은 시간을 '변화하고 움직이는 모든 것에 대한 불변의 **형식**'으로 정의하는 것이다. 움직이거나 변화하는 모든 것은 시간 속에 있지만, 시간 자체는 변화하

---

12) 이 공식("나는 타자다")은 시간의 직접적 이미지가 제시하는 '거짓을 만들 수 있는 역량'과 '거짓을 만들어내는 서사'에 대한 들뢰즈의 논의를 이루는 핵심 공식이다. 이에 대해서는 『시간-이미지』의 pp.133~137/175~179, 그리고 시네마 베리테와 탈식민주의 영화에 대한 논의를 통해 위 개념들을 연장하는 pp.147~155/192~202를 참조하라.

거나 움직이지 않는다. 이는 시간이 영원임을 의미하지 않는다. 만약 그렇다면, 우리는 시간에 의해 시간을 정의하는 동어반복에 사로잡힐 것이다. 오히려 시간은 "영원하지 않은 것의 형식, 운동과 변화에 대한 불변의 형식이다"(KCP, viii). 시간은 변화다. 그것은 우주가 결코 중단 없이 움직이고 변화하며 진화한다는 사실이다.[13]

따라서 두 가지 시간관, 즉 종착점 없는 변화를 수동적으로 목격하는 것, 그리고 초월론적 종합을 통해 '변화하지 않는 것이 변화 자체' 임을 이해하는 것이 있다. 이런 식으로, 시간의 형식은 주체의 분할을 상정한다. 즉 시간 속에 존재하며 끊임없이 변화하는 수동적 자아(Moi)가 있고, 현재와 과거와 미래를 끊임없이 분할하면서 능동적으로 시간을 종합하는 나(Je)가 있다. 들뢰즈가 "나는 시간의 형식에 의해 나 자신에게서 분리된다"라고 주장할 때, 그는 자아가 유일한 능동적 주체로 구성될 수 없음을 논증하는 것이다. 오히려 "자신에게 사유의 활동을 재현하는 것은 수동적 자아, 즉 그 활동에 영향을 미치는 **타자**(the Other)로서의 나다"(KCP, ix).

들뢰즈의 칸트 독해에서, 시간의 형식은 나의 종합적 행위와 이 행위가 귀속되는 자아 사이를 끊임없이 조정한다. 지각과 기억을 짝짓는 시간의 끊임없는 쪼개짐은 주체의 근본적 분할을 구성한다.

따라서 주체 안에서 나와 자아를 구별하기 위해 시간이 주체에 개입한다. 시간은 나가 자아를 촉발하는 형식, 즉 정신이 그 자신을 촉발하는 방식

---

13) 칸트에 대한 이 같은 독해는 베르그송과 니체를 결합하는 들뢰즈의 독특한 관점에서 비롯된 것이다. 베르그송 자신은 칸트에 대해 좀더 비판적이었는데, 이에 대해서는 『창조적 정신』의 pp.139~142를 참조하라. 들뢰즈는 『칸트의 비판철학』을 발표하던 1963년 베르그송 고유의 입장에 더 가까웠다고 여겨진다. 하지만 같은 책의 1984년의 영역판 서문에서는 『운동-이미지』와 『시간-이미지』의 영향으로 칸트와의 관계가 변화됐음을 시사하는 흥미로운 회고가 있다. 또한 들뢰즈는 그의 칸트 독해에서 하이데거의 영향을 받았음을 드물게 시인한다. 이에 대해서는 하이데거의 『칸트와 형이상학의 문제』를 참조하라.

이다. 이런 의미에서, 불변하는 형식으로서의 시간은 더 이상 단순한 연속성으로 정의될 수 없으며 내면성(내감)의 형식으로 나타난다. 내면성의 형식은 시간이 우리에게 내적임을 의미할 뿐 아니라 우리의 내면성이 늘 우리 자신에서 분리됨을, 즉 우리를 둘로 쪼갬을 의미한다. 이는 결코 끝나지 않는 쪼개짐이다. 왜냐하면 시간은 끝이 없기 때문이다. 시간을 구성하는 것은 현기증, 진동이다(KCP, ix).

이런 식으로 칸트는 데카르트의 코기토를 극복한다. 칸트는 나를 나＝나(Je＝Je)라는 동일성의 형식 내에서 사유하지 않고, 나를 시간의 분할에 의해 균열된 것으로 제시한다. 데카르트는 대부분의 서구철학이 그러했듯이 분할을 표리부동하게 은폐한다. 이때 코기토는 사유 과정에서 즉자적으로 존재함을 가정해야 한다. 그러나 사유가 진술하는 것과 사유의 대상은 언제나 시간의 형식에 의해 코기토에서 분할되기 마련이다. 시간이 시간 자체(time in itself)로 알려질 수 없는 까닭이 여기에 있다. 시간은 일단 직관되면 분할되고 파생되고 미끄러진다.[14] 로널드 보그는 이를 다음과 같이 설명한다. "순수 공간(spatium)이 외연적 공간(extensio)의 차원적 공간이 유래하는 바닥 없는 심연이듯, 시간의 순수하고 텅 빈 형식은 시간의 근거(잠재적 과거), 시간의 정초(살아 있는 현재), 그리고 공통 감각의 경험적 시

---

14) 시간의 경과 자체를 목격할 수 있다면, 우리는 클로드 리데르의 입장에 처한 셈일 것이다. 그의 고통은 시간의 종결 없는 분할을 목격해야 하는 그 자신의 위치와 직접적으로 관련된다. 기계 장치 내에서 그는 도망칠 수도 붙잡을 수도 없는 지나가는 현재를 경험한다. 과거에서, 짧은 지속의 시퀀스-쇼트들은 리데르가 회고적으로 의식하지 않는 지나가는 현재를 제시한다. 일단 기계 안에 갇히고 나면, 그는 시간을 초월론적 입장에서 연결할 수 없는 채로, 시간에 대한 칸트적인 분할 내에서 살아야 한다. 이는 역설적이다. 시간 내에서 장소를 상실한 그는 칸트의 자아, 즉 시간 내에서 끊임없이 변화하는 자아(그는 카트린과 사랑에 빠질 것인가, 그는 카트린과 사랑에 빠졌는가, 그는 카트린을 더 이상 사랑하지 않는가)인 동시에 종합적인 나(시간을 연결하지 못하면서 시간의 분할을 목격하는 나)로서 존재한다.

간이 유래하는 시간의 근거 없는 형식이다."(Bogue, 1989 : 66) 여기서 코기토의 확실성은 일종의 양자론적 불확실성(quantum uncertainty)으로 변모한다. 나는 사유를 관조하지만, 자아의 성찰 내에서 사유는 변화하며 변화를 멈추지 않는다. 사유의 운동은 국지화할 수 없다. 사유는 자아 안에 있는가 아니면 나 안에 있는가? 사유는 시간의 탈인격적 형식 내에서 자아와 나 모두를 구성하는 분할 과정에 있다.[15]

주체의 이런 분할은 인식론적 중요성을 띤다. 들뢰즈는 이를 '거짓을 만들 수 있는 역량'(puissance du faux)이라 일컫는다. 시간-이미지의 '거짓을 만들어내는 서사'의 전략은 이 개념을 언급하는 한 가지 방법이다. 이

---

15) 『차이와 반복』에서 들뢰즈는 데카르트의 코기토가 두 가지 논리적 가치, 즉 규정되지 않은 존재("나는 존재한다." 왜냐하면 "생각하기 위해서는 존재해야 하기" 때문에)의 규정("나는 생각한다")을 가정한다고 지적한다. 이에 대해 칸트는 날카롭게 반론한 바 있다. 규정이 명백히 규정되지 않은 무엇인가를 함축하는 반면, 데카르트는 "사유함이 왜 그리고 어떻게 규정 가능한 것이 되어야 하는지"를 설명하지 못한다는 것이다. 따라서 칸트의 데카르트 비판은 세번째 논리적 가치를 제시한다. 시간은 규정되지 않은 실존이 "나는 생각한다"로써 규정 가능해질 때 통과하는 형식이다. 들뢰즈는 이에 대해 다음과 같이 덧붙인다. "그 결과는 극단적이다. 규정되지 않은 나의 실존은 현상의 실존으로, 오로지 시간 **내에서만** 규정될 수 있다. 이 실존은 **시간 내에서 출현하는** 수동적이고 수용적인 현상의 주체에 해당한다. 그 결과, "나는 생각한다" 내에서 내가 의식하는 자발성은 실체적이고 자발적인 존재로 이해될 수 없게 된다. 그것은 오로지 수동적 자아의 변용으로만 이해된다. 이 수동적 자아는 자신의 사유, 자신의 지성, 자신이 나(Je)라고 말하기 위해 의지하는 것이 자신 안에서 그리고 자신에게 힘을 미친다는 것을 느끼지만, 이 모든 것이 자기 자신에 의한 것이 아님을 느낀다. 그 결과 어떤 한없이 긴 이야기가 시작된다. 즉 "나는 타자다"라는 내감(內感)의 역설이 시작되는 것이다. 사유의 활동은 수용적인 존재자, 활동을 행사하는 것이 아니라 활동을 스스로에게 표상하는 수동적 주체에 적용된다. 그는 사유를 시작하는 것이 아니라 사유의 효과를 경험하는, 자기 안의 **타자**처럼 사유를 체험하는 주체다. "나는 생각한다"와 "나는 존재한다"에 자아가 덧붙여져야 한다. 이 자아는 수동적 입장, 칸트의 표현을 빌리자면 직관의 수용성이다. 규정된 것과 규정되지 않은 것에 규정 가능성의 형식이 덧붙여져야 하는 것이다. 이 형식이 곧 시간이다. 그런데 '덧붙이다'(ajouter)라는 말은 그리 적합하지 않다. 왜냐하면 여기서 중요한 것은 차이를 만들고 그 차이를 존재와 사유 안에 내면화하는 것이기 때문이다. 처음부터 끝까지 **나**는 균열을 겪는 것처럼 존재한다. 순수하고 텅 빈 시간의 형식에 의해 균열되듯이 말이다. 이 형식에서 주체는 시간 내에서 출현하는 수동적 자아의 상관물이다. 시간이 의미화하는 것은 내 안에 있는 틈 또는 균열, 자아 내의 수동성이다. 수동적 자아와 균열된 나의 상관관계를 통해 코페르니쿠스적 혁명의 요소, 초월론적인 것의 발견이 구성된다."(DR, 86/116~117) 이에 대해서는 칸트의 『순수이성비판』에서 개념들의 분석, 특히 25절에 대한 각주 169번을 참조하라. 또한 『철학이란 무엇인가』에서 칸트의 데카르트 비판(pp.29~32)을 참조하라.

전략은 설명 불가능하고, 결정 불가능하고, 공약 불가능하다. 이 관념은 니체에게서 영감을 얻은 것으로, 칸트적 의미에서의 '힘'으로 간주될 수도 있다. 칸트는 판단을 정신적 기능이나 능력(Vermögen)이 아니라, 작업을 하거나 종합을 준비하는 가능성으로서의 힘(Kraft)으로 간주했다. 시간의 직접적 이미지가 시간적 역설의 형식으로 그려진다면, 우리는 진리를 더 이상 불변의 자기-동일성이라는 형식으로 생각할 수 없을 것이다. 사유의 법칙이라 불리던 것, 즉 동일성의 원리, 모순의 원리, 배제된 중간의 원리 등은 사실상 폐기된다. 칸트 자신은 이 점을 알고 있었지만, 판단을 목적론적으로 정립하기 위해 이를 회피했다. 반면 니체는 그 기회를 붙잡았다. 진리의 형식이 시간적이라면, 우리는 이미 존재하는 진리를 '발견하는' 반응적·수동적 입장에서 해방될 것이다. 우리는 적극적·창조적 입장에서 세계를 관통하며 우리 자신의 세계를 창조할 수 있을 것이다. 들뢰즈가 시간의 역설에서 발견한 매혹적인 지점은, 칸트의 비판성과 니체의 창조성이다. 가장 참되고 결코 변하지 않는 사실은, 시간과의 관계 속에서 사유가 항상 변화한다는 점이다. 진리를 그 역사적인 격전의 형식에서 이해하려 할 때 우리는 진리를 적극적으로 원하는 입장에 있을 것이다. 시간은 창안이고, 그렇지 않으면 아무 것도 아닌 것이다.

들뢰즈 분석의 칸트적 양상은 이미지와 관련하여 알게 되는 시간의 형식과 연계된다. 이때 가장 중요한 것은 현재의 첨점들과 과거의 지층들이 재현하는 결정체적 이미지와 시간의 질서 내에서 묘사의 문제 그리고 이에 상응하는 서사의 형식이다. 니체가 칸트를 철학적으로 비판할 때 가치를 배제했다는 이유를 제시하듯이, 들뢰즈는 이차 순수 기호체계를 기술하려는 기획에서 시간-이미지가 특정한 철학적 질문에 대답하는 과정에 대한 질적 분석으로 이행하기 위해 거짓을 만들 수 있는 역량이라는 개념을 활용한다. '사유란 무엇인가?'라는 질문은 잘못 제기된 질문이다. 어쩌면 우리는 아직 이 질문을 적절하게 제기할 위치에 다다르지 못한 것일 수도 있다. 들뢰즈는 '~이 무엇인가' 라는 초월론적 형식으로 철학적 질문을 제기하는 칸트에 대한 니체의 불만과 공명한다. 영화의 정신기호를 정의하는 문제는 초월론적 비판과 함께 시작된다. 영화적 이미지와 관련해서, 사유란 무엇인가? 또는 운동─이미지, 시간─이미지에서 제시되는 사유의 이미지란 무엇인가? 그러나 거짓을 만들 수 있는 역량은 니체적 의미에서 가치에 대한 질문을 재확인할 때 더욱 잘 이해된다. 이는 사유함에 대한 질문이 아니라, 사유와 진리의 형식이 어떤 관계를 맺는지에 대한 질문이다. 여기서 우리가 집중해야 할 가장 적절한 질문은 다음과 같다. 진리를 향한 어떤 의지가 우리를 유기적 서사로 인도하는가? 누가 진리를 원하는가? 왜 그리고 어째서 진리를 원하는 자들의 관점은 영화의 독해만큼이나 영화의 서사를 유도하는가? 또는, 가치 비판은 어떤 역량(권력)을 발산하는가?

『시간─이미지』에서 니체의 가치 비판은 시간과 사유함의 관계에 대한 탐구다. 이는 이미 이루어진 사건을 함축하는 사유일 필요는 없다. 오히려 사유함은 하나의 행위, 생성의 형식으로 나타나는 사건, 즉 운동으로 제기된다. 이 비판을 이해하는 것은 『운동─이미지』와 『시간─이미지』를 해명하는 데 중요한 지점이 된다. 들뢰즈가 영화 독해를 통해 실천한 비판과 해석의 개념은 니체에 대한 그만의 접근방식이라는 맥락 내에서 파악되어야 한다. 들뢰즈의 견해에 비추어 영화가 어떤 식으로 철학적인지, 철학이 어떻게 영화의 이해에 기여하는지는 바로 이런 식으로만 이해할 수 있다.

들뢰즈가 『니체와 철학』에서 설명하듯, 가치 비판은 두 가지 불가분의 활동인 해석과 평가를 포괄한다. "해석은 사물에 의미를 부여하는 힘을 결정하는 것이다. 평가는 사물에 가치를 부여하는 권력의지를 결정하는 것이다."(NP, 54) 사실상 힘의 분석은 일종의 기호론의 영역이다. 힘이라는 개념은 발원적인 원인으로도, 자의식의 의지라는 의미에서 작인으로도 파악될 수 없다. 오히려 그것은 사건, 더 정확하게 말하면 사건과 현상과 명제 그리고 이 모든 것의 발생을 조직하는 일련의 관계들을 가리킨다. 예컨대 일차 기호체계에서 연역되는 기호-유형의 발생적 요소는, 힘으로서 정의되는 운동-이미지에서 비롯된다. 이 힘의 질은 내재성의 평면, 즉 보편적 변이의 체제(상대적 운동과 절대적 운동 등)에서 파생된다. 이런 면에서, 해석의 일차적 질문은 '그것이 무엇을 의미하는가'가 아니라 '무엇이 의미를 만드는가'이다. 어떤 관계나 어떤 힘이 이 현상을 조직하고 그 출현과 개별화를 설명하는가? 들뢰즈에 따르면 철학은 징후론(symptomology) 또는 기호론(semeiology)이다. 철학의 과제는 존재하는 힘에서 기호가 어떻게 의미를 발견하는지, 그리고 기호들 내에서 극화되는 힘들의 유희를 통해 기호들이 어떻게 조직되는지를 평가하는 것이다.[16)]

순수 시지각적-음향적 이미지(시지각기호와 음향기호), 시간의 배열 (시간기호)에 대한 들뢰즈의 설명은 이런 의미에서 해석이다. 운동-이미지에 의미를 부과하는 힘이 내재성의 평면에서 비롯되는 운동의 질로 소급되는 것처럼, 시간-이미지에 의미를 부과하는 것은 시원적 기억의 행위, (지각과 기억 속으로) 지나가는 현재, 주체성을 (탈)정초하는 시간의 순수 형식, 종국적으로는 변화 또는 순수 생성으로서의 시간의 힘이다. 각각의 시간 형식은 베르그송의 마지막 도식, 즉 변화 또는 생성으로서의 시간에 대한 도식을 제외하면 힘 또는 힘들의 유희로 극화된다. 이제 직접적 시간-이미지의 질을 평가하는 것은 곧 어떤 권력의지가 시간-이미지에 가치를 부여하는가를 파악하는 것이다. 창조적 진화라는 베르그송의 관념은 시간의 힘을 변화로 묘사하는 한 방법이다. 니체의 영원회귀에 대한 들뢰즈의 설명도 『운동-이미지』와 『시간-이미지』에서 시간의 힘을 해석하는 데 좋

---

16) 이 논증에 대한 더 완전한 분석으로는 보그의 『들뢰즈와 가타리』, pp.16~19를 참조하라.

은 방법이다. 우리는 이를 통해 거짓을 만들 수 있는 역량을 시간-이미지의 권력의지로 더 잘 이해할 수 있다.

　돌이켜보면, 칸트에 대한 들뢰즈의 관점은 매우 니체적이다. 『칸트의 비판철학』 영역판 서문에서 밝힌 시간의 정의(영원하지 않은 형식, 변화와 운동에 대한 불변의 형식)는 영원회귀의 정의에도 마찬가지로 잘 적용된다. 영원회귀는 기계론적 시간, 순환적 시간과 혼동되어서는 안 된다. 이는 동일한 것(the same)의 귀환도 아니다. 오히려 영원회귀는 차이에 대한 가장 탁월한 긍정이다. 이는 존재와 같은 것(the self-same)의 회귀가 아니라 생성과 차이의 회귀다. 영원회귀는 어떻게 현재가 지나가는지에 대한 철학적 수수께끼를 재고함으로써 그 가치를 확인할 수 있는 순수 생성이다. 들뢰즈는 존재와 생성을 변별적·대립적 범주로 고찰해서는 안 된다고 주장한다. 오히려 우리는 다음과 같이 질문해야 한다.

　생성되고 있는 것의 존재, 생성을 시작하지도 끝내지도 않은 존재란 무엇인가? 그것은 **되돌아오는 것, 즉 생성되고 있는 것의 존재다**(l'etre de ce qui devient). "모든 것이 되돌아온다고 말하는 것은 생성의 세계와 존재의 세계를 최대한 접근시키는 것, 즉 심사숙고의 절정이다." 심사숙고의 문제는 여전히 또 다른 방식으로 공식화되어야 한다. 과거가 시간 내에서 어떻게 구성될 수 있는가? 현재가 어떻게 지나갈 수 있는가? 만약 지나가는 순간이 이미 과거인 것이 아니라 이제 곧 다가올 것, 동시에 현재로서 존재하는 것이라면, 그것은 결코 지나갈 수 없을 것이다. 만약 현재가 그 자신을 따라 지나갈 수 없다면, 그것이 과거가 되기 위해 새로운 현재를 기다려야 한다면, 과거 일반은 결코 시간 내에서 구성될 수 없을 것이며 이 특정한 현재는 결코 지나갈 수 없을 것이다. 우리는 기다릴 수 없고 순간은 (다른 순간들이 지나가기 위해) 현재인 동시에 과거야만 했고 현재인 동시에 다가올 것이어야 한다. 현재는 과거로서의 그 자신, 또 다가올 것으로서의 그 자신과 공존해야 한다(NP, 48).[17]

우리는 이 주장에 익숙해져야 한다. 이는 시간의 세번째 도식에 대한 들뢰즈의 가장 충실한 설명이다. 이 도식에서 현재는 비결정적 미래로 분기하는 동시에 과거로 후퇴한다. 그러나 영원회귀의 정초로서 기여하는 시간의 이미지는 어떻게 기술되는가? 정체성, 개념, 존재에 대한 모든 원리는 생성 내에서 긍정된다. 따라서 현재는 '지금 상태'라는 존재론적 특성을 잃지 않고서는 그 자체로 존속할 수 없다. 지금 상태는 점들의 다양체(현재의 현재, 과거의 현재, 미래의 현재)와 시간의 종합(현재가 과거나 미래와 관계 맺을 때 토대가 되는)을 포함한다. 이 두 가지가 시간의 다양성이다. 존재의 생성을 긍정하지 않는다면 단일체와 연관되는 다양체, 동일성과 연관되는 다양성, 그 모든 것의 분별 가능성을 설명할 수 없다. 영원회귀가 일자(the one),[18] 즉 동일한 것의 회귀로 해석되면 안 되는 까닭이 여기에 있다.

되돌아오는 것은 존재가 아니지만, 되돌아옴 그 자체는 생성과 지나감을 긍정하는 한 존재를 구성한다. 되돌아오는 것은 하나가 아니지만, 되돌아옴 그 자체는 자신을 다양체 또는 다수로 긍정하는 하나다. 달리 말하면, 영원회귀 내의 동일성은 되돌아오는 것의 본성을 묘사하는 것이 아니라 오히려 미분적인(차이나는)[19] 것을 향해 되돌아오는 상태다. 그래서 우리

---

17) (옮긴이) 이 부분은 『니체와 철학』(이경신 옮김, 1998 : 100)에 나온다. 본 인용문은 이 번역문을 참고로 하되 일부를 수정했다. 번역문에는 일반적인 과거로 표시되어 있으나 이 부분은 베르그송의 '과거 일반'과의 연관성에서 바라보는 것이 들뢰즈의 해석에 더 적합하다고 여겨졌기에 '과거 일반'으로 수정했다.
18) (옮긴이) 여기서 일자는 대문자로서의 하나(일자), 즉 스피노자에서의 신이나 베르그송에서의 순수 과거와는 다른 의미를 갖는다.

는 영원회귀를 하나의 종합으로, 시간과 그 차원들의 종합, 다양성과 그 재생산의 종합, 생성과 자신을 생성으로 긍정하는 존재의 종합, 이중 긍정의 종합으로 간주해야 한다(NP, 48).[20]

우리는 비연대기적 시간을 직접적 이미지로 나타냄으로써 근본적인 철학적 직관에 도달하게 된다. 과거와 현재의 순간들 자체와 다르지 않은 현재가 없는 것처럼, 동시적 종합의 수행을 통해 현재가 지나가고 미래가 출현할 수 있게 된다. 생성의 원칙은 모든 정체성(identity) ─ 개념, 신체, 사건, 자의식으로서의 ─ 을 긍정하는 역량이며, 차이의 되돌아옴이다. 그렇다면, 여기서 시간의 직접적 이미지가 지닌 근본적 특질이 나타난다. "현재의 순간(the present moment)이 존재의 순간도 아니고 '엄밀한 의미에서' 현재 순간(a moment of present)이 아니라는 것, 그것은 단지 지나가는 순간이라는 것, 바로 그 사실이 우리에게 생성을 사유하도록 강제한다. 하지만 그것이 강제하는 것은 생성을 '시작할 수 없었던 것, 끝낼 수 없는 것'으로 사유하도록 **강제한다.**"(NP, 48)[21]

---

19) (옮긴이) 'différentiel'은 '미분적인', '차이에 근거한, 차이와 관련된, 차이나는'의 뜻을 모두 갖고 있다. 다만 미분적인이란 말은 잠재적으로 나누어져 있는 상태를 표현하는 데 장점을 가지는 반면 차이 개념을 분명히 드러내지 않으므로 미분적인(차이나는)으로 표기했다.

20) 들뢰즈는 『차이와 반복』을 통틀어 칸트의 코페르니쿠스적 혁명을 영원회귀에 대한 니체의 교리와 연관짓는다. 특히 pp.40~42/58~61을 참조하라.

21) (옮긴이) 이 부분은 다음의 언급과 잘 연결된다. "니체는 자아가 와해될 때에만 신의 죽음이 현실적 의미를 지니게 된다는 사실을 누구보다 먼저 간파한 듯하다. 그렇게 해서 드러나는 것이 바로 존재다. 이 존재는 차이들을 통해 언명되지만, 이 차이는 실체 안에 있는 것도, 주체 안에 있는 것도 아니다. 그 차이들은 지하에서 울리는 긍정들이다. …… 사실 칸트는 합리적인 신학을 법정에 세울 때, 동시에 '나는 생각한다'의 순수 자아 안에 일종의 불균형, 틈새나 균열, 권리상 극복 불가능한 어떤 권리 소외를 도입한다. 즉 주체는 이제 자신의 고유한 자발성을 오로지 타자의 자발성으로서밖에 표상할 수 없다. 그리고 이를 통해 최종적으로는 자신의 고유한 일관성뿐만 아니라 세계의 일관성과 신의 일관성을 배제하는 신비한 일관성에 호소한다. 그것은 어떤 분열된 자아를 위한 코기토다. 즉 '나는 생각한다'의 자아는 본질적으로 수용적 직관에 얽매여 있으며, 그 수용적 직관에 대해 본연의 나(Je)는 이미 타자다."(DR, 58/81~82)

권력의지가 흔히 오해되는 것은 '힘'이라는 단어의 일반적 의미 때문이다. 사유함은 긍정의 문제지 규정의 문제가 아니다. 사실상 정체성이나 사유와 관련해서 직접적 이미지가 보여주는 것은 사유와 규정의 공약 불가능성이다. 힘은 위압(coercion)이 아니다. 공약 불가능성은 우리가 시간의 흐름 또는 비동일성(nonidentity)의 형식 내에서만 사유할 수 있음을 천명한다. 이미지는 오직 동일성의 형식 하에서만 사유를 **규정할** 수 있다. 여기서 들뢰즈가 정의하려는 것은 사유의 강제력(forcing)이 아니라 시간 내에서 사유를 운동시키고 작용하게 만드는 힘(force)[22] 또는 힘들의 관계를 긍정하는 방법이다.[23] 우리는 어떤 역량 또는 역량들이 회귀, 미분(차이나기), 생성이라는 시간의 질을 통해 사유를 촉발하는지를 평가해야 한다. 요컨대, 거짓을 만들 수 있는 역량에서 어떤 권력의지가 출현하는지를 평가해야 하는 것이다.[24]

---

22) (옮긴이) 이 부분은 사유가 곧 비판이라는 니체의 주장을 함축한다. "미분적인(차이나는) 요소가 창조의 적극적 요소가 아닌 한, 가치들의 가치 역시 비판이 아니다. 그러므로 니체는 비판을 결코 반작용(réaction)으로 간주하지 않으며 작용(action)으로 간주한다."(이경신 옮김, 1998 : 18~19)

23) (옮긴이) 이 부분은 『니체와 철학』의 다음 언급과 맞닿는다. "권력의지는 미분적인(차이나는) 동시에 발생적인 힘의 계보학적 요소다. …… 여기서 권력의지는 자신의 본성을 드러낸다. 왜냐하면 그것은 힘들의 종합을 위한 원리이기 때문이다. 바로 시간과 관계 맺고 있는 그 종합 속에서, 힘들은 동일한 차이들 곁을 다시 지나가거나 다른 것을 재생산한다. 종합은 힘들의 종합, 그것들의 차이의 종합, 그것들의 재생산의 종합이다. 그래서 영원회귀는 권력의지가 원리인 종합이다."(이경신 옮김, 1998 : 103).

24) 들뢰즈는 『프루스트와 기호들』에서 이와 유사한 주장을 펼치면서도 다른 강조점을 제시한다. 이에 대해 로널드 보그는 들뢰즈의 니체 독해에 상응하는 점을 잘 설명한다. "프루스트적 진리들은 방법의 산물이 아니라 제약과 우연의 산물이다. 즉 그것은 주체에게 사유를 강요하는 기호와의 우발적 마주침에 따라 생겨난 것이다. 이 진리들은 자의적·추상적인 것이 아니라 필연적이고 특정한 것이다. 그것은 주체가, 말하자면 '선발되는', 선택되는, 특수한 본질을 설명할 것을 강요 당하는 '특이성을 띤 마주침'의 산물이다. 그리고 사유로 하여금 사유하도록 강요하는 것은 기호다. 유일하게 참된 사유는 해석이며, 유일하게 참된 창조는 사유함의 행위다. '사유한다는 것은 언제나 해석하는 것, 즉 기호를 접고, 펼치고, 해독하고, 번역하는 것이다. 이는 모두 순수 창조의 형식이다.'(PS, 119/162) 프루스트에게 있어, 해석과 창조는 니체적인 의미에서의 해석 및 평가와 궤를 같이 한다(들뢰즈는 종종 평가를 형식의 창조적 강압으로 묘사한다). 이는 주체에게 사유하기를 강요하는 기호의 힘이 사유를 사로잡는 적극적 권력의지와 궤를 같이 하는 것과 마찬가지다."(Bogue, 1989 : 45)

이 역량(권력)이 긍정하는 역량(권력)의 실체를 이해하려면 무엇이 '진리를 향한 의지'를 이루는지 파악할 필요가 있다. 누가 진리를 원하는가? 진리를 원할 때 우리는 무엇을 할 것인가?

들뢰즈는 니체의 미학 이론에 영향을 받았지만, 이는 쇼펜하우어의 영향 하에 있던 초기 니체의 미학적 글쓰기에 연유한 것은 아니다. 들뢰즈의 니체주의는 성숙기 니체의 글쓰기, 즉 『도덕의 계보』, 『차라투스트라는 이렇게 말했다』, 『권력의지』를 통해 전개되는 진리에 대한 비판에 기원한다. 어떻게 거짓이 역량이 되는지, 어떻게 거짓이 시간-이미지에서 권력의지를 표현하는지를 이해하는 것은 곧 진리를 향한 욕망이 무엇을 의미하는지를 이해하는 것이다. 세계가 참되려면, 세계가 참된 설명의 대상이 되려면 세계는 불변하고 고정적인 것이어야 한다. 베르그송과 니체는 이 기계론적 세계를 힘들의 다양체로 이루어진 끊임없는 변화의 세계와 대립시킨다. 후자의 세계에서, 정체성을 이루는 관계들은 흐름 내에서 불안정한 상태에 놓인다. 이런 점에서 들뢰즈는 다음과 같이 주장한다. "'참된 세계'(monde vrai)는 존재하지 않으며 설령 존재하더라도 접근되거나 설명될 수 없다. 설명될 수 있다 해도 이는 무용한 여분에 불과할 것이다."(TI, 137/139)[25] 이 세계를 충만한 것으로 기술할 수 있다면, 삶은 생기 없는 정적인 기호들 속으로 사라질 것이다. 그렇다면 어떻게 삶이 철학에 복원될 수 있는가? 또는, 어떻게 철학이 삶의 힘에 반응할 수 있는가?

---

25) 이 진술을 『니체와 철학』의 다음 구절과 비교해보라. "세계는 참되지도 실재적이지도 않지만, 살아 있다. 그리고 살아 있는 세계는 권력의지이며, 다양한 역량들 하에서 실현되는 **거짓을 향한 의지**다. 어떤 역량 하에서든, 거짓을 향한 의지를 현실화하는 것은 평가하는 것이다. 사유 세계의 진리도 없고, 감각 세계의 실재도 없다. 모든 것은 평가다. 감각할 수 있는 것, 실재적인 것 역시 평가다. '환영, 허상, 기만을 향한 의지, 생성되고 변화하려는 의지(객관화된 기만에 대해서는)는 진리, 실재, 단순한 외관을 향한 의지보다 더 심오하고 더 형이상학적인 것으로 간주된다. 단순한 외관을 향한 의지는 허상을 향한 의지의 한 형태에 불과하다.'"(NP, 184)

운동-이미지의 유기적 서사는 오로지 세계에 대한 기계론적 그림을 증명한다. 물론 들뢰즈가 가장 강렬하게 매혹되는 지점은 절대적 운동의 유령이 운동-이미지의 발생과 구성을 조직하는 힘으로서 거듭 출현하는 과정이다. 그러나 그 변화무쌍함에도 불구하고 각각의 기호는 부정적인 동시에 제한적인 권력의지에 조작된다. 운동-이미지의 기호에서 절대적인 운동의 질은 항상 상대적 중심으로 되돌아온다. 그 운동이 상대적 중심을 말소하는 경우에도 마찬가지다. 앞서 우리는 이 참된 묘사를 구성하는 요소에 대해 논한 바 있다. 그것은 동일성(이미 존재하는 실재에 대한 완성된 묘사로서 자리잡는 이미지), 환원성(각각의 부분들과 그 부분들 간의 관계를 인도하는 전체의 이미지), 연속성(유리수적 간격으로 연결된 감각-운동적 상황 하에서 전개되는 운동), 순환성(현행태에 의한 잠재태의 완성, 또는 질문에 대한 대답으로서 그 출발과 호응하는 결말)이다.[26]

이 원리들을 평가한다는 것은, 이를 평가하는 권력의지의 유형을 이해하는 것이며, 그 이미지 독해에 필요한 관점의 종류를 파악하는 것이다. 들뢰즈는 여기서 관점을 판단의 체계라 일컫는다. 판단은 주인공이든 관객이든 진리를 원하는 자, 따라서 초월적 관점에서 세계를 판정하기 원하는 자를 요청한다. 유기적 서사의 권력의지는 같은 것으로서의 **진리** 이미지나 미분(차이나기)보다는 해결로서의 반복을 통해 자기 긍정을 추구한다.

유기적 서사가 극화하는 시나리오는 판단의 시나리오뿐이며, 그 주인공 역시 '참된 인간' 하나뿐이다. 이런 점에서 판단은 언제나 그 자신을 '진리 개념의 도덕적 기원'(TI, 137/179)으로 제기한다. 운동-이미지의 정신

---

26) 참된 묘사를 구성하는 이 요소들을 『차이와 반복』 p.262에서 논의된 재현의 네 가지 착각과 비교해보라. [이는 인식근거(ratio cognoscenti) 안에 반영되는 개념의 자기동일성, 산출근거(ratio fiendi) 안에서 전개되는 술어의 대립, 존재근거(ratio essendi) 안에서 분배되는 판단의 유비, 행위근거(ratio agendi)를 규정하는 지각의 유사성이다(DR, 262/337).]

기호는 언제나 진리의 독단적 이미지로 되돌아간다. 유기적 서사와 이에 수반되는 기호들은 근본적으로 플라톤주의자인 진리-탐구자의 존재 양식을 극화한다. 진리-탐구자의 가장 강력한 욕망은 우둔해지지 않는 것이다. 이는 세계를 본래 기만적이고 환영적인 외관으로 바라보는 부정적 의지다. 진리-탐구자는 초감성적이며 이상적 세계, 참되고 좋은 세계, 초월적 관점에서 삶에 질서를 부여하는 세계를 제시한다. 이는 인식론적 관점보다 도덕적 관점에 가깝다. 왜냐하면 지식의 선(善)은 삶의 거짓됨과 대립하기 때문이다. 이런 사유의 이미지에서 철학은 금욕주의적·허무주의적이다. 진리-탐구자는 삶을 무시간적·체계적·초월적 사유의 이미지에 순응시키면서 삶을 '바로잡기를', 이상적 이미지 내에서 삶을 말살하기를 원한다.

이와 반대로 거짓을 만들 수 있는 역량은 긍정적 사유의 권력의지를 기술한다. 이는 곧 들뢰즈가 니체의 특성으로 지적한 '거짓을 향한 의지'(NP, 184)다. 이 의지는 미학적이라기보다 예술적이며,[27] 적극적이고 창조적인 것이다. 이 의지는 예술의 완성된 이미지가 아니라 창조적 활동인 생성의 존재 내에서 스스로를 실현한다. 거짓을 향한 의지는 그 본성상 시간적이다. 이와 관련해 보그는 다음과 같이 말한다. "그와 같은 의지에 인도된 사유는 지식을 삶에 대립시키지도 않고, 합리적 지식의 좁은 범위에 삶을 국한시키지도 않으며, 지식을 반응적 삶의 표준으로 환원해서 측정하지도 않는다. 오히려 생명은 그 같은 사유를 통해 '사유의 적극적 힘'이 되고, 사유는 '삶의 긍정적 역량'이 된다. …… 사유하기가 의미하는 것은 **발견하기와 창조하기, 생명의 새로운 가능성**이다'"(Bogue, 1989 : 19).[28]

---

27) (옮긴이) 니체의 예술에 대한 평가 원리는 첫째로는 창조, 적극적인 삶의 활동성에 대한 긍정이다. 둘째 원리는 "거짓의 가장 고귀한 역량 …… 거짓을 만드는 의지를 우월한 이상으로"(이경신 옮김, 1998 : 186, 번역 일부 수정) 만드는 것이다. 예술은 거짓을 더 고귀한 긍정의 힘으로 고양시키는 거짓말들을 만듦으로써 진리를 "외관 …… 역량의 실현, 가장 고귀한 힘으로의 상승"(187)으로 탈바꿈시킨다.

따라서 긍정적 사유에는 두 가지 차원이 있다. 하나는 부정성의 징후를 해독하는 기호론이며, 다른 하나는 새로운 사유의 이미지를 창조하고 그를 표현할 새로운 형식을 창안하는 예술적 의지다. 이제 우리는 판단 체계의 징후론을 쉽게 이해할 수 있다. 첫째, 판단은 참과 거짓의 대립을 요구한다. 삶의 거짓됨을 초월하는 참되고 좋은 세계의 이미지를 보호할 수 있다면 더욱 좋다. 마찬가지로, 판단은 오류를 자신의 적대자로 지목한다. 이때 오류는 사유를 그 자신의 참되고 자연스러운 과정에서 이탈시키는 힘, 사유와 무관한 힘으로 제시된다. 마지막으로, 판단은 사유를 삶에서 분리해 고립시킴으로써 오류의 공격을 막는 초월적 체계, 즉 방법을 요청한다. 이 관념들은 각각 유기적 서사의 속성, 즉 참과 거짓의 대립, 판단의 적대자로서의 오류, 스스로 일관된 동시에 삶의 열린 결말에 대립하는 초월적 전체를 제시한다.

영화를 비롯한 예술적 표현 양식에서 사유가 반응적·허무주의적인 것이 아니라 적극적·창조적인 것이 되려면 어떤 조건 하에서 어떤 힘과 연관되어야 하는가? 들뢰즈의 관점에서는 철학자가 예술가가 되어야 하듯이 영화감독과 예술가도 철학자가 될 수 있다. 예술가는 시공간적 분절로 작업하고 철학자는 개념들의 공식화로 작업하지만, 이들은 모두 사유에 역량을 부여하는 이미지의 창조자라는 점을 공유한다.[29] 플라톤주의자의 '진리를 향한 의지'와 니체주의자의 '거짓을 만들 수 있는 역량'이 벌이는 싸움은 시간의 문제에 따라 달라진다. 플라톤주의자는 세계를 영원하고 초월적인 이미지로 판단한다. 이때 예술의 기능은 사유가 변화의 형식에 맞춰 안착할 수 있는 장소인 영원하고 초월적인 세계의 이미지를 구성하는 것이

---

28) 작은따옴표 부분은 『니체와 철학』의 프랑스어 원본에 대한 보그의 번역문 일부로, 영역판 p.101에 해당한다. 나는 그의 번역을 약간 수정했다. 프랑스어 원본 p.115와 비교해보라.
29) 이 논점에 대한 가장 완전한 설명은 『철학이란 무엇인가』의 2부를 통틀어 제시된다.

다. 들뢰즈가 영화에 매혹된 것은, 영화가 그 본질상 반(反)플라톤주의적이기 때문이다. 운동-이미지의 자동운동은 운동을 변화의 형식으로 제시한다. 설령 그 변화가 공간의 연속적·유리수적 전개로 주어지는 경우에도 그렇다. 한편 시간-이미지의 자동운동은 변화로서 시간의 힘을 드러내는 이탈적 운동을 수반하는 이미지를 산출한다.[30] 따라서 거짓을 향한 의지는 근본적인 진실을 시인한다. 우리는 변화, 생성, 미분(차이나기)의 형식을 통해 사유할 수 있을 뿐이다. 초월적 이미지에서 존재가 자신의 기원으로 회귀한다 해도 우리가 무엇을 어떻게 아는지 확정할 수 없다. 오히려 필요한 것은 생성의 존재를 긍정하는 것이다. 시간의 영화는 참과 거짓을 대립시키지 않음으로써 이 관념을 뒷받침한다. '결정체적 묘사'에서 실재적인 것과 상상적인 것이 분별 불가능해지는 것과 마찬가지로, **진리**의 형식과 거짓을 만들 수 있는 역량의 관계는 설명 불가능성, 결정 불가능성, 함께 가능하지 않음 등의 특질에서 거듭 나타난다. "'진리는 창조다'라는 말은 진리가 그 실체를 형성하는 절차들의 계열에 의해 생산됨을 함축한다. 그것들은 말 그대로 거짓 만들기의 계열이다. …… 〔모든 진리들은〕사전에 구축된 관념들을 거짓으로 만든다. 그것은 두 가지 관계를 지닌 반영적 계열, 몇몇 항을 가진 하나의 계열, 또는 분기점을 가진 복합된 계열로 나타난다."(N, 126/172) 직접적 시간 이미지에서 우리가 지각하는 것은 이탈적 운동과 거짓

---

30) 이를테면, 들뢰즈는 다음과 같이 상술한다. "진리의 이상과 대조되는 것은 운동이 아니다. 진리와 운동이 불변량을 제시하고 자신이 통과하는 특권적인 점들을 제시하고 자신과 관련되어 움직이는 고정점을 제시하는 한 운동은 참된 것과 일치하는 것으로 남아 있다. 왜냐하면 운동이 그 중심을 보존하는 한, 운동-이미지는 그 본질상 자신이 촉발하는 진리의 결과에 속하기 때문이다. 그리고 이는 우리가 이 연구의 처음부터 대답하려 했던 것이기도 하다. 시네마토그래프의 변이는 운동의 이탈이 스스로 자율적인 것이 될 때 발생한다. 즉 움직이는 것들과 운동들이 그 불변량을 잃을 때, 운동이 더 이상 참된 것을 요청하지 않고 시간이 더 이상 운동에 종속되지 않는 역전이 생겨난다. **근본적으로 중심을 벗어난 운동은 거짓 운동이 되고, 근본적으로 자유로워진 시간은 거짓을 만들 수 있는 역량이 된다. 이 역량은 이제 거짓 운동에서 유효해진다.**"(TI, 142~143/186~187)

연결이다. 이는 시간이 다소간 그 본질 내에서 나타난다는 것을 의미하지 않는다. 오히려 시간은 동일자의 회귀로서의 반복을 분쇄하고, 공간의 연속적 전개로서의 운동에 대한 동화작용을 방해하는 힘으로 파악된다.

〔거짓을 만들어내는 서사는〕 판단의 체계를 분쇄한다. 거짓을 만들 수 있는 역량(오류나 의심과는 다른 것)은 용의자뿐 아니라 조사자와 목격자에게도 영향을 미치기 때문이다. …… 핵심은 요소들 자체와 진입하는 시간의 관계, 그리고 그것들의 접속 관계에 따라 끊임없이 변한다는 점이다. 서사는 주관적 변수에 따르지 않고, 탈접속된 장소와 탈-연대기적 순간들의 결과로서 끊임없이 변경된다. 이 새로운 상황에는 근본적 이유가 있다. 인물을 동일화(그의 발견 또는 단순히 그의 일관성)하고 단일화하려는 진리 형식과는 대조적으로 거짓을 만들 수 있는 역량은 환원 불가능한 다수성과 분리될 수 없다. '나는 타자다'(Je est un autre)라는 공식이 '자아=자아'(Moi=Moi)[31]라는 공식을 대체한다(TI, 133/175).

시간의 힘은 진리를 위기로 몰고간다. 왜냐하면 이 이미지에서 진리와 시간 형식 간의 직접적 관계를 사유하기란 불가능하기 때문이다. 마찬가지로, 시간의 힘을 통해 우리는 "거짓을 만들 수 있는 역량이 직접적 시간-이미지에서 모든 관계들을 결정하는 가장 일반적 원리"(TI, 131/172)임을 이해하게 된다. 진리와 시간 형식 간의 직접적 관계를 이해하기 어렵기 때문에 우리는 참된 것을 존재하는 것, 영원한 것과 구별하게 된다. 거짓을 만들

---

31) (옮긴이) 본래 이는 헤겔의 『정신현상학』에서 자아의 절대적인 자기동일성을 나타내는 등식인데 『차이와 반복』에서 들뢰즈는 이것이 동일성의 형식인 개념을 구성한다고 한다. "이 형식은 때로 즉자적으로 재현되는 것(A는 A이다)을 구성하고 때로 대자적으로 재현하는 것을 구성한다. 재현이라는 말에서 접두사 재(Re-)는 차이들을 잡아먹는 이 동일자의 개념적 형식을 구성한다."

어내는 서사를 구성하는 시간의 질서는 형식뿐 아니라 가치를 함축한다. 거짓을 만들 수 있는 역량은 함께 가능하지 않은 현재들의 동시성과 반드시-참일-필요-없는 과거들의 공존을 제시하여 진리의 형식을 대신한다. 과거는 반드시 참일 필요가 없다. 불가능한 것은 가능한 것에서 파생된다.

니체의 권력의지는 "참된 것(le vrai)의 형식을 '거짓을 만들 수 있는 역량'으로 대체하고 …… 거짓과 그 예술적·창조적 역량에 힘입어 진리(vérité)의 위기를 해결한다"(TI, 131/172). 들뢰즈에 따르면 예술은 이 같은 긍정적 권력의지, 즉 거짓을 그 최대한의 역량까지 끌어올리는 거짓을 향한 의지를 요구한다. 판단의 체계는 거짓말 속에서 진리를 추구하지만, 그 과정에서 기만으로서의 세계를 경멸하고 이를 사유의 독단적 이미지에 대립시키면서, 세계가 이 이미지에 순응해야 한다고 주장한다. 여기서 동일자(같은 것)의 이미지가 나타내는 방법론의 관념과 예술의 무관심성, 진리로의 도달은 모두 서구철학의 미학적 이상에서 회귀한다. 판단의 체계는 생성과 영원회귀에서 물러나버린다. 그것은 변화와 미분(차이나기)을 기만으로 나타냄으로써 금욕주의적 이상에 굴복한다.

니체는 진리-탐구자가 기만으로 보는 바로 그것을 삶의 가장 우월하고 적극적인 역량으로 긍정하기를 제안한다. 거짓을 극복하기 위해 체계적으로 거짓을 판단하는 부정적인 것의 작업 대신, 니체는 거짓 자체를 역량으로 이해할 것을 요청한다. 거짓을 만들 수 있는 역량은 "선택되고 증가되거나 반복되면서 더 높은 역량으로 고양되어야 한다. 그것은 어떤 기만을 향한 **의지**에까지 도달해야 한다. 이는 예술가의 의지, 금욕적 이상과 경쟁하고 그 이상에 성공적으로 대항할 수 있는 유일한 의지다"(『도덕의 계보』, III, 25; NP, 103/177에서 재인용). 분별 불가능성, 설명 불가능성, 결정 불가능성, 함께 가능하지 않음은 모두 이런 역량에 결부된 가치들을 재현한다. 시간기호와 거짓을 만들어내는 서사는 변화를 긍정하고, 우리를 변화와 생성이라는 근본적 힘과 직접 접촉하게 하는 사유의 이미지들을 창조함으로써 삶의 역량을 증대한다. 그것들은 외관을 동일자의 형식에서 반복된 실재가 아닌 회귀와 미분(차이나기)으로서 반복된 실재로 재규정한다. 이때 외관은 "이 세계에서 실재적인 것의 부정이 아닌 그것의 선택과 수정, 증식과 긍정을 의미하게 될 것이다. 그때 진리는 아마도 새로운 의미를 지니게 될 것이다. 진리는 외관이다. 진리는 역량의 실현, 가장 고귀한 역량으로의 상승을 의미한다. 니체의 저서에서 우리는 '우리 예술가들' = '우리 인식 추구자들, 또는 진리 추구자들' = '우리 삶의 새로운 가능성 창안자들'이라는 등식을 발견한다"(NP, 103). 니체에게 예술(여기서는 특히 시간-이미지의 영화)에서 실현되는 권력의지는 거짓을 만들 수 있는 역량이다. 니체는 예술적 의지(미학적 의지와는 다르다)를 높이 평가하는데, 이는 예술이 그의 철학적 기획을 가장 잘 실현하기 때문이다. 따라서 권력의지의 어떤 특질이 존재한다. "그 특질을 통해 의지가 삶 전체, 거짓의 한층 고귀한 역량에 부합하게 되고, 삶 전체와 그 특정한 면모가 긍정되어 적극적인 것으로 변모한다."(NP, 185)

니체가 긍정하는 윤리적 원리, 시간의 직접적 이미지가 긍정하는 특질들은 새로운 가치의 창조와 무관하다. 적어도 사유의 수단으로 삼아야 하는 새로운 형이상학적 원리라는 범속한 의미에서는 그렇다. 차라투스트라는 다음과 같이 말한다. "새로운 가치들을 창조하는 것, 심지어 사자조차 그렇게는 못한다. 그러나 **새로운 창조를 위해 자기 자신을 자유롭게 만드는 것**, 그것은 사자의 역량으로 가능한 일이다."[32] 여기서 들뢰즈는 반복 내에서 차이의 영원회귀에 대한 니체의 긍정을 통해 베르그송의 존재론적 원리를 다시 쓴다. 지각과 기억 간의 시간적 이접은 우리를 사유와 선택의 자유

---

32) 「세 변신들에 대해서」, 『니체와 철학』, p.185에서 재인용. 강조는 인용자.

로 인도한다. 이는 새로운 창조를 위해 자유를 창조하는 역량이다. 거짓을 만들 수 있는 역량과 결부된 가치 —— 분별 불가능성, 설명 불가능성, 결정 불가능성, 함께 가능하지 않음 —— 들은 사유함을 위한 새로운 원리가 아니라 아직 사유되지 않은 것들에 대한 척도다. 이는 새로운 사유함의 방식도 아니고, 사유를 동일성이나 목적론적 원환으로 포박하는 또 다른 방법론이나 체계도 아니다. 오히려 새로운 것의 출현은 다음의 직관이 표현하는 사유의 포텐셜에서 긍정된다. "우리는 아직 사유하고 있지 않다!"

6. 계열과 이야기 꾸미기 : 소수적 영화

"말이 공기 중으로 떠오르자 그와 동시에 대지가 점점 밑으로 가라앉습니다. …… 그리고 목소리가 우리에게 시체에 대해 대지의 밑에 자리 잡은 시체의 행렬에 대해 말한다면, 그 순간 이 황무지, 당신이 눈을 깔고 바라보는 이 텅 빈 공간을 따라 불어오는 바람의 가장 미세한 움직임도 이 대지에 움푹 파인 가장 작은 구멍도 의미를 띠게 됩니다."

―질 들뢰즈, 「영화에서 이념을 갖는다는 것」(1990)

들뢰즈의 니체적 비판은 다음과 같은 질문을 던진다. 어떻게 철학에 삶을 불어넣을 수 있는가? 또는 어떻게 철학이 삶의 힘에 반응할 수 있는가? 영화가 감각-운동적 상황과 유기적 서사에 구속된다면, 영화는 충만한 디제시스적 묘사나 주관적 꿈과 환상, 혹은 이 둘의 혼합을 통해 자족적 가능 세계들을 탁월하게 투영할 것이다. 이 세계는 삶과의 대립으로 판단할 것을 요청하는 초월적 세계다. 반면 시간-이미지는 거듭 삶을 신뢰하게 만든다. 이는 낭만적 개념도 아니고 모호한 형이상학적 개념도 아니다. 여기서 삶이란, 니체의 영원회귀가 표현하는 변화의 질이 직접적 시간-이미지의 구성과 독해로 인도하는 과정을 지칭하는 개념이다. 여기서 우리가 탐구해야 할 두 가지 주요 논제가 제시된다. 하나는 계열에 해당하는 시간의 구성이며, 다른 하나는 서사의 계열적 형식인 '이야기 꾸미기'[1]다.

삶이 '삶 없는 기호'가 아니라 변화라는 사실은, 들뢰즈의 주체성과 사유 개념을 말해주기도 한다. "나는 타자다"라는 랭보의 시적 진술은 차이의 철학에서 근본이 되는 이념을 나타낸다. 들뢰즈가 주체 이론을 제시하지 않았다는 말은 분명 참이다. '자아=자아'의 정체성 형태는 들뢰즈의 사유에서 더없이 낯선 것이다. 시간의 탈인격적 형식이 우리를 우리 자신에게서 분할하기 때문에 주체성의 구성은 항상 변화하게 된다. 자기-동일성의 주체가 없는 까닭은 우리가 시간 속에서 사유하고 존재하며 살아가기 때문이다. 주체성은 곧 생성, 변화, 탈영토화, 차이가 되는 반복, 다양성이 되는 특이성이다. 반면, 반응적 사유는 변화의 힘에 맞서 자아를 지탱하고, 자아를 참되고 선한 불변의 세계에 정박한다. 그것은 정체성을 동결해서 삶을 소진한다. 거짓을 만들 수 있는 역량은 변화와 미분(차이나기), 창조적 진화의 포텐셜을 평가하고 고무한다.[2] 창조와 반응은 모두 권력의지를 표현하

---

1) (옮긴이) 'fabulation'은 '이야기 꾸미기'로 옮겼다. 라틴어 'fabulator'에서 파생된 'fabulateur'(이야기를 꾸며내는, 상상하는)과 'fabulosus'에서 파생된 'fabuleux'(가공적인, 우화적인)가 함께 쓰이므로, 'fabulation'은 허구, 허구 꾸미기다. 그러나 이 장에서 볼 수 있듯 'fabulation'에는 허구로만 한정할 수 없는 이야기(사실까지 포함한), 담화가 포함되므로 이야기 꾸미기라는 말을 썼다. 한편 『시간-이미지』의 영역판에서는 'fabulation'이라는 단어가 있음에도 'storytelling'으로 옮겼다. 그러나 'fabulation'은 허구적인 이야기하기 일반이나 구전(口傳)보다 더 넓은 활동을 포함하므로 적절한 역어는 아닌 듯하다. 저자는 이런 차이를 인식하면서 두 단어를 활용하고 있다. 이 책에서는 'storytelling'의 경우 '이야기하기'로 옮겼다. 'fabulation'에 대한 해설은 이 책의 '용어 해설'을 참조하라.

2) 들뢰즈는 거짓을 만들 수 있는 역량에 대해 다음과 같이 주장한다. "그것은 스스로를 변형하는 방법, 자신이 조우하는 여러 힘들에 따라 스스로를 변신시키는 방법을 알고 있는 의지다. 또한 그것은 언제나 새로운 가능성에 열려 있는 채로 삶의 역량을 증진하고 그 가능성들 내부에서 더 큰 힘을 형성하는 의지다. …… 좋은 권력의지와 나쁜 권력의지가 있다. 후자는 삶의 생성이 소진된 지배를 향한 의지(vouloir-dominer)일 뿐이지만, 전자는 예술적 의지, 분출하는 생성에서 가능성의 창조력을 부여하는 미덕이다. …… [오직] 좋은 권력의지만이 삶을 소진하는 것이 아니라 삶에 의해 소진되는 것을 허용하면서, 삶에서 새롭게 태어나는 것에 대한 봉사에 스스로를 내맡긴다. 이는 곧 변신하는 동시에 창조하는 것이다. 좋은 권력의지는 고정된 통일적 존재의 높이에서 삶을 비-존재로 뿌리치는 것이 아니라, 생성 내에서 너무나 변화무쌍한 존재를 만들어낸다. 내재적 생성의 핵심에는 서로 대립되는 두 가지 상태의 삶이 있다. 삶을 판단하기 위해서건 그를 전유하기 위해서건, 삶을 소진하는 어떤 사건에도 생성보다 더 우월하다고 주장할 수 있는 국면은 없다." (TI, 141~142/185~186)

는 힘이지만, 전자는 스스로 변화하고 타자로 생성되면서 한층 더 상위의 역량(권력)으로 부상할 수 있는 반면, 후자는 관성적으로 물화한다. 명백하게, 철학의 중요한 과제는 삶의 이 두 가지 상태를 평가하는 것이다. 즉 삶의 상태들에 내재적인 것을 개념으로 해석하고, 반작용 또는 부정성의 징후를 비판하며, 새로운 변화의 역량을 긍정하는 것이다. 예술 또한 고유한 활동 영역에서 변화에 '감성적(sensible) 집합체' 또는 '감각의 블록(bloc)'에 해당하는 물질적 형식을 부여함으로써 능동적·창조적 힘으로 기여한다.[3] 들뢰즈는 철학이 개념으로 공식화하고 가치로 해석하는 다채로운 운동, 시간, 변화에 물질적 형식을 부여한다는 점에서 영화를 가장 중요한 예술 중에서도 상위에 놓는다.

이런 의미에서 운동-이미지의 역할과 시간-이미지의 역할은 모두 중요하다. 그러나 전자에서 후자로 이행하는 역사적 과정에서, 전체의 위상은 완전히 변동됐고 새로운 가치 체계가 출현했다. 고전 영화에서 전체는 열린 것, 더 정확하게 말하면 시간의 간접적 제시와 융합된 운동 중인 열린 총체성이다. 그러나 시간이 직접적으로 제시될 때 **전체는 곧 바깥**(dehors)이다. 이때 유기적 서사의 선형적 전개는 이미지와 음향의 계열적 조직으로 대체된다.

의심의 여지 없이 이는 『시간-이미지』에서 가장 정의하기 어려운 복잡한 개념이다. 들뢰즈는 바깥이라는 개념을 제시하기 위해 블랑쇼의 바깥 개념을 차용한다.[4] 그러나 『시간-이미지』의 후반부를 통틀어 이 개념은 맥

---

3) 예술과 철학의 관계에 대해서는 『대담』, pp.121~126의 「중재자들」과 『철학이란 무엇인가』의 7장을 참조하라.

4) 들뢰즈가 바깥의 주제를 다룰 때 가장 중요한 텍스트는 블랑쇼의 『무한의 대화』에서, 특히 「말하기, 이것은 보기가 아니다」라는 장, 그리고 블랑쇼에 대한 푸코의 논문 「바깥의 사유」다. 후자는 브라이언 마수미가 『푸코/블랑쇼』에서 영역한 바 있다. 이 주제는 들뢰즈의 논점에서 나타난 하이데거적 모티프를 도입한다. 이에 대해서는 7장에서 논의할 것이다.

락에 따라 미묘하게 달라진다. 시간이라는 개념 자체에 보편적 변이(물질=이미지)와 변화(창조적 진화)로서의 삶이 포함되면서 그 정의가 다양해지듯, 바깥이라는 개념도 마찬가지다. 바깥의 가장 기본적인 힘은 명백하게 시간의 수동적 종합에서 파생되며, 여기에는 영원회귀로 표현되는 차이 그 자체, 나와 자아를 나누는 탈인격적 형식이 포함된다. 또한 그것은 심지어 소진, 기다림, 사멸로 대변되는 시간이 몸과 맺는 관계이기도 할 것이다. 공간적 의미에서, 전체의 정의상 변화는 시간-이미지의 광범위한 두 가지 장르를 산출하는데 이는 곧 몸의 영화와 뇌의 영화다. 그러나 그 정의상 시간은 공간과 공약 불가능하다. 시간은 지각이나 사유의 이미지로 주어질 수 없다. 시간-이미지의 영화에서 시간은 몸과 뇌에 출몰하는 잠재태, 즉 '사유되지 않은 것'(impensé)이다. 바깥으로서의 전체, 즉 이미지들 사이, 이미지와 음향 사이, 이미지와 지각 사이에서 열리는 순수한 잠재성은 시간의 계열적 이미지, 존재보다는 생성에 가까운 이미지다. 그것은 사유 과정에서 타자-되기인 동시에 정체성 내에서 타자-되기다.

세 가지 시간기호 중 계열로서의 시간(발생기호)이 구성되는 과정은, 각 계열들에 대한 논의가 산발적으로 흩어져 있는 『운동-이미지』와 『시간-이미지』에서도 가장 불명료하게 정의되어 있다. 이 개념의 어려움 때문에 철저한 분석을 통한 형식적 묘사도 거의 불가능해진다. 더구나 계열로서의 시간이 조직되는 과정은 들뢰즈적인 의미에서의 영원회귀를 이해하지 않고서는 거의 파악될 수 없다. 이런 점에서 들뢰즈는 『차이와 반복』뿐만 아니라 『니체와 철학』을 독자가 당연히 이해하고 있다고 전제한다.

『시간-이미지』에는 정치적 영화에 대한 직접적 논의가 거의 없다. 들뢰즈가 제시하는 계열적 영화의 사례가 대부분 혼종적(hybrid)이고 탈식민주의적인 영화작가들, 이를테면 피에르 페로, 글라우베르 로샤, 우스만 셈벤, 그리고 로스앤젤레스 학파의 아프리카계 미국 감독들을 다룬다는 것은 거의 지적되지 않는다.[5] 사실상 여기서 문제가 되는 것은 들뢰즈와 가타리가 논의한 바 있는 소수적 문학과 유사한 소수적 영화다. 그러나 그 철학적 관심사에도 불구하고, 두 가지 서로 다른 직접적 시간-이미지에서 거짓을 만들어내는 서사가 표현하는 비판이 반드시 정치적일 필요는 없다. 계열로서의 시간은 이 두 가지 직접적인 시간의 이미지와는 상이한 권력의지를 표현한다. 계열에 따른 시간의 철학적 표현은 확실히 중요하다. 그러나 들뢰즈에게는 그 정치적 힘도 마찬가지로 중요하다. "민중은 행방불명 상태다"(TI, 320 n41/283 n41)라는 카르멜로 베네의 다소 충격적인 지적은 의미심장하다.[6] 베네가 보기에 민중의(popular) 극장은 민중을 재현하지 않는다. 오히려 그것은 아직 존재하지 않는 민중을 예감케 하며, 극장은 그들이 발생하도록 이끌어야 한다.[7] 「사랑해, 사랑해」의 사례를 통해 다음과 같은 질문을 던져볼 수 있다. 리데르의 수동적 자아는 어떻게 정치적 의지로 변모할 수 있는가? 시간은 죽음을 통해서만 벗어날 수 있는 어떤 힘으로 이해될 수밖에 없는가? 또는 시간이 주체성의 새로운 포텐셜을 지닌 긍정적 힘으로 규정될 수 있을 것인가? "민중은 행방불명 상태다"라는 말은, 민중을 타자가 될 수 있는 정체성으로 존재하게 하는 이미지를 민중 스스로 요청함을 의미한다. 계열로서의 시간은 '아직 존재하지 않는'(not yet) 사유

---

5) 예외가 있다면, 로라 막스의 논문 「탈영토화된 영화 만들기 : 잡종 영화의 들뢰즈적 정치학」이 그것이다. 여기서 그녀는 이런 종류의 영화 만들기를 묘사하는 다양한 용어들, 즉 잡종 다문화주의, 망명, 탈식민주의, 제3영화 등의 불충분함을 흥미롭게 논의한다. 이에 대해서는 그녀의 저서 『영화의 피부: 실험 영화와 문화 교차의 경험』을 참조하라.

6) (옮긴이) 『시간-이미지』의 8장 「영화, 몸과 뇌, 사유」에서 인용된 베네의 원문 전체는 다음과 같다. "나는 민중의 극장을 만든다. 그것은 인종적인 극장이다. 그러나 민중은 행방불명 상태다."

7) 들뢰즈는 이 주제를 명쾌하게 진술한 최초의 20세기 예술가로 프란츠 카프카와 파울 클레를 꼽는다. "카프카는 '약소민족'에게 소수적 문학이 종종 관성적이고 항상 해체 중인 '민족의식'을 충족해야 한다고 지적했다. 한편 클레는 회화가 '위대한 작품'의 모든 부분을 한데 모으기 위해서는 '최종적 힘'이 필요하다고 지적했다. 이 힘은, 여전히 실종된 채 남아있는 사람들이다."(TI, 217/283) 이와 관련해서 카프카의 『일기』(1911년 12월 25일)와 클레의 『현대 예술에 대해』 p.55를 참조하라.

가 아직 존재하지 않는 대중을 호출하는 과정의 표현이다. '아직-되지-않은 것'(not-yet-become)과 '존재를 출현시키는 것'은 상태나 질을 새롭게 변형하는 계열의 시간성을 표현한다. 그것은 과거로부터 출현하는 현재 속의 힘으로서 잠재적이고 미래적인 사건을 파악한다.

계열은 현재 내에서 변화의 상태를 표현한다. 시간의 경과에 붙들리지 않는 지금의 상태에 해당하는 현재는 없다. 영화 이미지가 영속적인 현재를 부여한다는 관념은 잘못된 것이다. 왜냐하면 시간과 운동은 영화에서 근본적인 것이며, 현재는 반드시 이전의 현재로 환원될 수 없는 잠재적 이미지로서의 과거와 공존하는 동시에 그 잠재력 때문에 다가올 현재와 구별되는 미래와 공존할 수밖에 없기 때문이다. 즉 시간은 단순하고 경험적인 연속으로 사유될 수 없다. 현재가 과거의 결과일 필요가 없듯이, 미래도 현재의 흐름에 따라 규정될 수 있는 것이 아니다. "현재의 이미지와 공존하는 이 과거와 이 미래를 붙잡는 것이 영화의 특징이다. 앞선 것과 뒤따르는 것을 영화화하기 …… 아마도 현재의 연결을 벗어나기 위해서는 앞선 것과 뒤따르는 것 내부로 영화가 지나가게 만드는 과정이 필요하리라."(TI, 37~38/55)[8] 세 개의 직접적 이미지는 연대기적 연속으로 나타나는 경험적인 시간의 흐름을 깨뜨린다. 그러나 시트들과 첨점들이 공존 또는 동시성에 해당하는 시간의 질서를 가리킨다면, 시간의 계열은 현재 내에서 실현되는 생성의 힘에 해당하는 잠재성, 생성으로 추동되는 잠재력을 표현한다.

전체의 변화하는 위상이 이미지와 집합 사이에 발생하는 간격의 기능을 변형하는 과정을 살펴보면 이 공식의 모호함이 해소될 것이다. 전체의

---

8) (옮긴이) 들뢰즈는 이 점에 대해 장-뤽 고다르의 「열정」(*Passion*, 1985)과 장 루슈, 피에르 페로의 예를 들어 설명하고 있다. 특히 고다르는 「열정」에서 회화의 프레임에 그려진 허구적 인물과 영화 밖 현실의 인물 사이에 설정된 경계를 소멸시키는 전략을 다음과 같이 설명한다. "그것이 영화의 존재 이유다. 나쁜 영화의 경우를 제외하고는 현재는 결코 거기에 있지 않다."(TI, 37~38/55)

변화를 파악하는 가장 구체적인 방법은 시간-이미지가 화면 밖 영역, 즉 화면 밖 공간의 본성을 어떻게 변화시키는지 다시 살피는 것이다.

시간의 간접적 제시는 언제나 공간 내 운동을 지칭한다. 이 운동은 상대적일 수도 있고 절대적일 수도 있다. 상대적 운동은 대체와 연합을 통해 동일한 질서의 이미지들을 연결한다. 이는 노엘 뷔르시가 『영화 실천의 이론』에서 밝혔듯이 화면 밖 공간의 가장 전통적인 정의다. 화면 밖 음향 또는 화면 밖 시선, 프레임의 여섯 면 중 하나를 향한 운동, 카메라의 가동성 등은 이어질 이미지나 쇼트에서 현실화될 잠재적 공간을 암시한다. 반면 절대적 운동은 쇼트들의 연결이 통일된 이미지로 내면화되고, 이미지들이 항상-팽창하는 포괄적 그림에서 외면화되는 변화하는 전체를 표현한다. 어떤 경우든 유기성은 법칙이다. 운동은 공간적·유리수적 간격들의 연결에 지배된다. 즉 전체는 열린 것이다.[9] 이 말은 두 가지 의미를 갖는다. 한편으로 운동 또는 지속은 공간으로서 간접적으로만 표현될 수 있다. 다른 한편으로 운동-이미지는 세계를 이미지로 포괄하고 포섭하며, 삶을 열린 총체성의 법칙에 순응시키려 한다. 이 두 국면은 유리수적 연결을 통한 유기적 운동이며, 분화와 통합의 법칙이다. 직설적으로 말하면, 운동 중인 열린 총체성은 삶을 극복하고 초월하는 것인 동시에 삶을 판단하는 데 적용하는 준거인 이상적 세계의 창조를 열망한다. 이때 운동-이미지는 사유의 역량을 주장하지만, 이 역량은 그 논리상 헤겔적이며 그 가치상 플라톤적이다. 이 역량은 목적론, 총체성, 동일성, 그리고 동일자의 회귀로서의 반복

---

9) 이에 대해 들뢰즈는 다음과 같이 설명한다. "첫번째 관계는 주어진 집합과 이 집합이 연장된 것 또는 이 집합을 포함하는 더 큰 집합의 관계다. 그러나 이 집합들은 그 본성상 서로 동일하다. 이와 대조적으로, 종종 화면 밖 영역은 주어진 집합이나 공간을 초과하면서 다른 종류의 역량을 보여준다. 이때 그것은 집합들에서 표현되는 **전체**, 운동 속에서 표현되는 변화, 공간 속에서 표현되는 지속, 이미지에서 표현되는 살아 있는 개념, 물질 속에서 표현되는 정신과 연결된다. …… 화면 밖 영역의 두 가지 관계, 즉 다른 집합들과의 현실화 가능한 관계와 전체와의 잠재적 관계는 서로 반비례한다. 그러나 이 둘은 모두 시각적 이미지와 엄밀하게 분리될 수 없다는 점에서 같다."(TI, 236/306)

에 대한 신념을 요구한다. 즉 이 역량은 변화에 휩쓸리지 않는 이데아적 세계에 주체를 정착시킨다.

전체가 바깥이라는 말은 이미지의 상이한 조직화를 함축한다. 그 일차적 정의에 따르면, 바깥은 간격의 기능을 바꾸는 시간, 공간과 공약 불가능한 시간의 힘이다. 이제 시공간적 연속을 확인하는 유리수적 간격은 없다. 오히려 시간의 힘은 이미지의 연합보다는 와해를 낳는 무리수적 간격이 조직하는 계열성(serialism)을 산출한다. 이제 간격은 감각-운동적 상황으로 채워지지 않는다. 그것은 작용-반작용 간의 궤적을 표시하지도 않고, 연속성의 연결을 통해 두 집합을 교류하지도 않는다. 오히려 간격은 붕괴되고 그 결과 무리수적인 것이 된다. 간격은 이미지들이 교류하는 연결고리가 아니라 그들 간의 틈새(interstice)다. 이 교류 불가능한 간극은 공간 내 변위로 나타나는 운동을 부과하며, 이는 거짓 연결로 표시된다.

마찬가지로 미분(차이나기)의 의미도 달라진다. "하나의 포텐셜이 주어질 때 또 다른 포텐셜이 선택되어야 한다. 그러나 이 선택은 임의적인 것이 아니다. 둘 간의 포텐셜 차이가 성립되도록 이루어져야 하며, 이는 곧 제3의 것(un troisième), 새로운 것을 산출할 것이다."(TI, 179~180/234) 이 계열성을 통해 시간-이미지는 동일성과 총체성의 영화를 뒤로 하고 새로운 가치, 주체성, 사유의 새로운 역량을 창조한다. 거짓 연결은 이미지들의 끊임없는 연합이 아닌 전체 내의 변화를 대표하는 계열성을 도입한다.

영화는 "연쇄된 이미지들 …… 이미지들의 단절되지 않은 연쇄, 다른 이미지들의 노예인 이미지들", 그리고 우리가 그것들의 노예인 이미지들('여기 그리고 저기')이 되기를 멈춘다. 일자(l'Un)의 영화를 모두 철폐하는 것은 **사이**(Entre)의 방법론, '두 이미지 사이'의 방법론이다. 또한 존재=존재한다(l'Etre =est)의 영화를 모두 철폐하는 것은 **그리고**(Et)의 방법론, '이것 다음 저것'의 방법론이다. 두 행동 사이, 두 변용 사이, 두 지각 사이, 두 시각 이미지 사이, 두 청각 이미지 사이, 청각적인 것과 시각적인 것 사이가 문제다. 분별 불가능한 것, 즉 변경(frontière)을 드러내라. …… 전체는 변이를 겪는다. 왜냐하면 그것은 사물을 구성하는 '그리고'와 이미지를 구성하는 '둘-사이'가 되기 위해, 일자-존재(l'Un-Etre)가 되기를 멈추기 때문이다. 따라서 전체는 블랑쇼가 일컬었던 '바깥의 분산(dispersion)' 또는 '공간화의 현기증'과 융합한다. 이는 이미지가 그 역할을 수행하기 위해 반드시 뛰어넘어야 하는 공백이다. 공백은 더 이상 감각-운동적 교류로서 이미지의 일부가 되지 않는다. 오히려 공백은 근본적으로 이미지에 의문을 제기한다. …… 이때 거짓 연결은 새로운 의미를 지니는 동시에 법칙이 된다(TI, 180/235).

몽타주는 운동-이미지에서 시간-이미지로의 이행에서 의미의 변화를 겪는다. 전체가 시간의 간접적 재현으로 형성될 때, 불연속성은 그저 유리수적 연결과 공약 가능한 관계들을 포함하는 정신기호의 규범에서 이탈한 것일 뿐이다. 그러나 바깥의 힘으로 나타나는 시간이 간격을 열어 젖힐 때, 공간은 무리수적 지점들과 비연대기적 관계들로 대체된다. 현재들의 연대기적 연속에 따라 공간 내에서 연속적 이미지들의 전개를 보증하던 프레임화는, 시간이 이탈적 운동으로 공간을 중단시키는 탈프레임화의 계열로 대체된다. 관객은 더 이상 팽창하는 전체의 일부를 구성하는 이미지에 포함되지 않는다. 이미지를 삶과 대립되는 것으로 판단하는 이상적이고 초월적인 관점도 없다.

웰스, 레네, 고다르의 영화에서 몽타주가 새로운 의미를 획득하면서 직접적 시간-이미지에서의 관계들을 결정한다는 것은 이런 의미에서다. ……

우리는 사유의 역량이 사유 내의 '사유되지 않은 것', 사유에 고유한 비합리적인 것을 이끌어내는 모습을 보아왔다. 사유의 역량은 외부 세계를 넘어선 바깥의 지점에 자리를 내주지만, 그와 동시에 세계에 대한 우리의 믿음을 회복시킬 수 있다. 질문은 더 이상 예전과 같지 않다. 영화는 세계의 환영을 보여주는가? 그러나, 영화는 어떻게 세계에 대한 우리의 믿음을 회복시키는가?(TI, 181~182/237)

무리수적 간격은 새로운 가치들의 집합을 제시한다. 이 가치들은 사유를 중단시키는 총체성과 동일성 대신 허상에 기초한다. 사유는 허상의 공약 불가능성을 통해 분별 불가능한 것, 설명 불가능한 것, 결정 불가능한 것, 함께 가능하지 않은 것을 향해 움직인다. 믿음은 시간에 의해 분산된 채로, 이상적 세계(초월적·무시간적인 선하고 좋은 세계)에서 우리가 살고 있는 세계, 즉 시간과 변화로 되돌아온다. 이제 현재의 가치도 달라진다. 현재는 열림이 된다. 여기서 동일성과 초월성의 원칙은 잠재성, 즉 새로운 주체성과 새로운 사유 형식의 출현 가능성으로 대체된다. 간격은 앞선 것과 뒤따르는 것을 상호 변별적인 동시에 서로 동일한 연속적 순간들로 분리하는 변경(frontier)이 더 이상 아니다. 단지 하나에서 다른 하나로의 이행이 있다. 즉 과거는 현재가 지나갈 때 현재가 된다. 미래는 현재 내에서, 현재와 과거의 관계에서 인식되는 새로운 잠재력으로서 출현한다.

파졸리니의 자유 간접 화법에 대한 들뢰즈의 독해는 이 논리의 한 사례다. 그러나 이 계열에서 자유 간접 화법은 시간-이미지에 고유한 이미지와 음향의 관계를 변형한다. 불연속적 이미지들의 계열로 이탈적 운동을 창조하는 무리수적 간격은, 이미지와 음향 트랙 사이를 통과하면서 이 둘을 두 개의 '각기자율적'(héautonomous) 이미지들로 분리한다. 각기자율적이란 말은 이미지와 음향이 변별적이고 공약 불가능한 동시에 상보적임을 의미한다. 들뢰즈는 칸트의 『판단력 비판』서문에서 이 흥미로운 개념을 채택한다. 무리수적 간격이 음향과 이미지 사이를 통과할 때, 그것들은 공약 불가능해진다. 즉 이미지와 음향은 각각 나름의 구성 논리를 따른다. 음향 공간은 시각적 공간의 구성성분이 아니라 자율적인 것으로 변모하면서 화면 밖 영역을 변형한다. 이때 음향은 '순수 발화행위'(acte de parole pure)가 된다. 대부분의 내러티브 영화에서 음향은 이미지의 구성성분이다. 즉 음향 공간은 팽창하는 전체의 일부로서 시각적 공간의 연장이다. 그러나 감각-운동적 상황이 붕괴될 때 음향은 이미지에서 독립한다. 그것은 더 이상 작용-반작용의 연결에 엮이지 않는다. 무리수적 간격이 음향을 이미지와 분할할 때, 발화는 내부로 돌아 들어간다. 그것은 자체적으로 정의되는 자율적 청각-이미지가 되어 스스로 프레임화하는 음향들과 자기 자신만을 지칭한다. 이는 시각적 이미지에 영향을 미쳐서 불연속적인 임의의 공간에 해당하는 계열성이 강화된다. 이 상황에서 "시각적 이미지는 프레임을 넘어 연장되기를 멈추고, 그 자체가 프레임화된 음향 이미지와 특수한 관계를 맺는다(두 프레임 간의 틈새가 화면 밖 영역을 대신한다). 화면 밖 영역이 없기 때문에, 그에 머물던 화면 밖 목소리도 사라질 수밖에 없다. 이제 두 개의 각기자율적인 이미지, 즉 전망의 이미지와 목소리의 이미지가 서로 맞선다. 이 두 이미지는 각각 그 자체로, 단독적으로 각각의 프레임에 존재한다"(TI, 278/363). 더 단순히 말하면, 시간-이미지에서 화면 밖 공간이 사라지고 화면은 자족적 프레임이 된다. 고전적 편집의 직접지시적(deictic) 특징이 부각되는 공간의 전환이 아니라, 화면 공간과 방청 공간의 공약 불가능한 관계가 있다.

청각적인 것이 더 이상 시각적인 것의 연장이 아닐 때, 이 둘은 지층적(stratigraphic) 공간을 이루는 상호 변별적 지층이 된다. 가장 극단적인 경우——일례로 후기의 뒤라스나 스트로브와 위예——시각적 이미지는 목소리가 발화하는 것을 결코 재생산하지 않으며, 음향 트랙은 이미지가 보여주는 것을 결코 묘사하지 않는다. 그러나 두 영역이 공약 불가능하더라도 이들은 상호 무관하지 않다. 사실상 여기에는 지층적 와해에 근거하는, 이미지와 음향 간의 상호 보완성이 있다.

클로드 란츠만의 「쇼아」(*Shoah*, 1985)는 음향과 이미지의 '공약 불가능한 상보성'을 시사하는 사례를 다양하게 보여준다. 란츠만이 직면한 커다란 철학적 문제는 과거 재현의 불가능성이다. 「쇼아」는 육백만의 영혼을 파괴했던 세계 역사상의 폭력[홀로코스트]에 대한 역사와 기억이 시간의 경과에 따라 점차 절멸하는 것을 말한다. 영화의 도입 시퀀스를 보자. 폴란드의 한 지방 헤움노 수용소에 증거가 매장되어 있다. 화면에 스크롤되어 전개되는 문구에 따르면, 이곳에서 40만 명이 가스실로 끌려갔고 단 두 명이 살아남았다. 카메라는 이 풍경을 프레임으로 담아 보일 수 있지만, 대지에 묻힌 채 역사적 과거로 실종된 이야기를 자세히 말해줄 수는 없다. 몇 줄의 문구는 그 이야기를 상세히 말해주지 못한다. 생존자인 시몬 스레브닉의 시각적 현존에 대해서도 마찬가지라고 말할 수 있다. 풍경 속에 지워진 과거를 목격하는 그의 기억은 비가시적이며, 카메라 앞에서 불투명하게 남겨진다. 그렇다면 다음과 같은 질문이 가능하다. 스레브닉의 몸과 헤움노 마을에서 역사와 기억의 잠재성을 회복시키는 역사적 이미지는 어떻게 구성될 수 있을 것인가?[10] 어떻게 현재와 과거가 소통할 수 있는가?

란츠만은 이 소통 불가능성에서 새로운 무엇인가를 꾸며내면서 시간에 의한 역사의 절멸에 저항한다. 과거는 이미지와 음향 바깥에 있으며, 둘 중 어떤 것으로도 그에 다다를 수 없다. 폴란드 풍경의 이미지는 현재 지각

---

10) 역사적 이미지의 구성에 대해서는 나의 논문 「마지막보다 앞선 마지막 것들: 크라카우어와 역사」와 「클로드 란츠만과의 세미나」를 참조하라.

의 기표이고, 과거는 바로 그 기표에 매장되어 있다. 이는 시각적인 것이 현재에 부착된 채로 시계(sight)에서 역사를 붙들어 내는 경계(division)다. 마찬가지로 스레브닉의 목소리도 현재 지각의 기표지만, 이 경우 목소리가 과거와 맺는 관계는 매장된 내면성으로 나타나는 기억의 형태를 지닌다.

이 땅에서 어떻게 역사를 말할 수 있을 것인가? 이미지는 어떻게 기억에서 회복될 수 있는가? 「쇼아」의 이미지와 음향은 자유 간접 화법의 구성과 관련되지만 한편으로 더 난해한 문제를 제기한다. 우리는 시간을 거슬러 여행하면서, 즉 과거와 현재의 경계를 지워 없애면서 이미지와 목소리를 공약 불가능한 공간에 위치시키지 못한다. 그런데 란츠만은 스레브닉의 기억을 그가(또는 그의 기억이) 추방했던 역사적 상황으로 되돌리면서, 그 경계가 말할 수 있게 한다. 이 땅에서 스레브닉의 노래는 순수 발화행위로서, 시간에 의한 역사의 침식에 저항하는 행위로서 회귀한다.

이 영화에서 마찬가지로 인상적인 사례로는 아우슈비츠 수용소 특공대[Sonderkommando : 아우슈비츠 수감자로서 가스실의 사형 집행을 도왔던 유태인들을 가리킨다]의 생존자 중 하나인 필리프 뮐러의 첫번째 증언이 있다. 약 5분 30초간 이어지는 이 시퀀스는 아우슈비츠 제2블록 안마당의 검은 색 사형장 벽에서 느리게 줌 아웃하며 시작된다. 자막으로 이 장소의 지명이 제시된다. 엷은 눈이 내릴 때, 화면 밖 목소리로 란츠만의 질문이 들린다. 그는 독일어로 묻는다. "필리프, 처음 화장터에 들어갔던 5월의 어느 일요일에 당신은 몇 살이었습니까?" 이와 함께 뮐러의 내레이션이 시작된다. "그래요, 5월의 어느 일요일이었죠. 우리는 제2블록의 한 방에 갇혀 있었습니다. ……" 목소리와 이미지의 이접, 기억과 지각의 이접에도 불구하고 현재 시점에서 역사적 연결고리의 이음매를 감지할 때, 일종의 회고적 충격이 발생한다. 여기는 아우슈비츠의 제2블록이며, 아마도 늦은 눈이 흩날리는 이른 봄일 것이다. 사형장 벽의 이미지는 물론 지금의 이미지다. 그러나 이미지와 음향, 란츠만의 내레이션과 뮐러의 증언, 현재와 과거, 지각과 기억 간에 미묘하지만 사뭇 강력한 자유 간접적 관계가 진동하기 시작한다. 란츠만의 질문이 뮐러의 이야기를 권유할 때, 그와 동시에 카메라는 현재의 공간에서 뮐러의 목소리가 되돌아가는 장소로 '회귀한다'.

뮐러의 증언은 순수 발화행위로 구성된다. 그가 기억의 행위를 통해 언어적으로 묘사하는 과거의 장소는 결코 지금의 이미지로 두 번 다시 나타날 수 없다. 그러나 뮐러의 기억이 시간 속에 잔존한 것처럼, 그가 머물렀고 생존했던 장소, 즉 아우슈비츠의 화장터는 공간 내에 잔존한다. 뮐러가 말을 이어나갈 때, 그가 묘사하는 각각의 행위는 카메라로 재연된다. 증언을 권유하는 란츠만의 목소리는 이제 뮐러가 묘사하는 행위들을 따라가는 역사적 상상력의 시각적 행위로 넘어간다. 뮐러가 "우리는 수용소의 거리를 따라 행진했다"라고 말할 때, 카메라는 그가 묘사하는 길을 따라간다. 핸드 헬드 카메라 시퀀스는 7분간 커트 없이 계속된다. 이때 카메라와 목소리는 모방적(mimetic) 관계를 맺는다. 그러나 이는 뮐러가 머물렀던 이전의 장소와 동화되려고 한다거나 관객이 점유할 수 있는 주관적 관점을 구성하려는 시도가 아니다. 카메라는 자유 간접적 관계로 목소리와 함께 간다. 카메라는 입구를 통과해서 3백 미터 떨어진 건물을 프레임에 담고, 문을 넘어 복도를 지나쳐서 화장터로 들어간다. 멀리서 개 짖는 소리가 들린다. 이런 식으로 카메라는 뮐러가 기억 속에서 따라가는 언어적 흔적에 부합하는 시각적 흔적을 따라간다. 그러나 카메라는 시각적 흔적과 언어적 흔적이 서로에게 완전하게 현존할 수 없음을 인정한다. 란츠만과 뮐러가 서로의 언어를 모르면서도 소통하고 있듯이 이미지와 음향은 서로의 경계를 가로지르는 역사적 관계를 꾸며낸다. 두 개의 면──이미지와 목소리, 현재와 과거, 지각과 기억──은 결코 완전히 공약 가능하지 않다. 그러나 그 두 면 간의 이접에서 역사적 증언의 진정성이 살아남고 확언된다. 그런데 밀러의 말이 이어질 때, 카메라는 그의 증언에서 가장 비중 있는 부분인 유태인 부역자들, 수백 구의 시체, 여행가방과 봇짐, 자수정과 같은 것들을 보여주지 않는다. 여기에는 이미지와 음향을 둘 다 뛰어넘는 또 다른 차원, 이 둘의 공약 불가능하고 상보적인 관계에서 꾸며지는 또 다른 차원이 있다. 과거는 재현될 수 없지만 이미지와 기억이 결코 동일한 장소를 점유할 수 없다는 바로 그 사실 덕택에, 기억과 공약 가능한 역사적 상상의 행위가 순수 발화행위에서 생겨난다. 우리는 밀러의 기억을 볼 수도 없고, 그가 생존하기까지의 삶을 살아볼 수도 없다. 그런 것을 원하는 것 자체가 언어도 단일 것이다. 그러나 이미지와 음향, 현재와 과거, 지각과 기억의 시간적 분할에서 강력한 역사적 관계가 부상한다. 밀러의 증언이라는 순수 발화행위는 아우슈비츠에 남아 있는 시각적 흔적의 곳곳에서 확인된다. 아울러 이미지와 관련해서 발화의 자율성이 야기한 역사적 상상의 행위로 인해, 과거 속으로 망실된 수백만의 목숨이 구제된다.

　여기에는 시각적 증거의 소실보다 더 의미심장한 재난이 있다. 과거가 잊혀지는 것이 아니라, 현재와 과거의 관계가 잊혀진다. 이 망각은 미래에 대한 희망을 포기하는 것과 같다. 「쇼아」에서 란츠만은 역사와 기억의 부재를 잠재성으로 바꾸는 역사적 전략을 발견한다. 이 잠재성은 이미지와 음향의 관계에서 현재와 과거의 공약 불가능성을 통해 말한다. 이는 역사의 생중계가 아니다. 오히려 과거와 현재의 경계, 이미지와 음향의 경계는 텍스트, 이미지, 음향 각각의 자율성을 보존하면서 그것들을 병치함으로써 극복할 수 있게 된다. 이는 공약 불가능성이 곧 증언의 진정성을 재는 척도가 될 때 가능한 일이다. 스레브닉의 노래와 증언은 헤움노의 역사를 가독적인 것으로 만든다. 그 결과 이미지에서 불투명하게 차단된 것들이 가시적인 것으로 변모하고, 매장된 것들이 백일하에 드러난다. 마찬가지로, 음향 트랙은 풍경과 근접하면서 그 진정성을 획득한다. 그러나 이는 가시성을 지식 및 자명성과 동등하게 취급하는 이미지, 즉 보여주는 이미지가 아니다. 그것은 **읽혀야** 하는 이미지다. 잠재태는 화면상의 가시적 이미지나 청각적 이미지로 현실화되지 않는다. 역사적 이미지를 완성하는 그 관계는 오직 독해 행위를 통해서 회복 가능해진다. 이는 관객의 활동에 역사적 기억을 호소함으로써 구축되는 잠재태-현행태 회로다.

따라서 지층적 공간의 목표는 가독기호의 구성이다. 가독기호는 단순히 듣거나 볼 수 있는 이미지가 아니라 읽어야 하는 이미지다. 이때 이미지와 음향은 각각 순수한 외재성으로 구성된다. 즉 화면이 더 이상 관객석으로 연장되지 않듯, 이미지와 음향도 서로에게 연장되지 않는다. 이미지와 소리가 서로에 대해 외재적이듯 우리는 이미지 바깥에 있게 된다. 그러나 바로 이 외재성 속에서 우리는 과거와 현재, 기억과 지각의 공약 불가능성이 재현하는 다다를 수 없는 내면성과 접촉하게 된다. 여기서 기억은 지각될 수 없지만 가독적인 것으로 변모하며, 마찬가지로 과거의 힘은 현행적으로 보이지 않지만 현재에 명백하게 드러난다. 지층적 공간은 자신을 사건으로서 읽어줄 것을 요청한다. 사건에서 역사는 잠재적인 동시에 실재적이다. 풍경은 현재에 고착되면서 목소리로 재현될 수 없는 것에 가시성을 부여한다. 마찬가지로 목소리는 풍경 속에 묻힌 채 시야에서 가려진 과거를 발굴한다.

[목소리와 풍경 사이에] 발화행위가 부상하는 바깥과 사건이 매장된 내부 사이에 거리와 무관한 접촉이 생겨난다. 음향 이미지 즉 창조적인 이야기 꾸미기에 해당하는 발화행위와, 시각적 이미지 즉 지층적 또는 고고학적 매장 상태가 상호 보완성을 획득하는 것이다. 음향 이미지와 시각적 이미지의 무리수적 절단은 총체화할 수 없는 관계를 이룬다. …… 이는 영속적인 재연쇄다. 발화는 시각적인 것과 분리되는 고유한 극한에 도달한다.

그러나 시각적인 것 또한 음향에서 분리되는 고유한 극한에 도달한다. 그리하여 각각 분리되는 동시에 각자 고유한 극한에 도달하는 음향과 이미지는 공통의 극한을 발견한다. 이는 무리수적 절단, 안과 바깥, 앞면과 뒷면의 공약 불가능한 관계 속에서 서로를 연결한다(TI, 279/364).

이 순수 발화행위는 서사를 이야기 꾸미기로 조직하는 거짓을 만들 수 있는 역량을 행사한다. 들뢰즈는 이 행위의 특징을 부각하려고 '전설화하기'(légender)라는 용어를 사용한다. 이는 프랑스어로 '이야기를 꾸며대기', '신화화하기'라는 뜻이지만 이미지에 주석을 달거나 해석을 붙인다는 의미도 가진다. 이야기 꾸미기는 특정한 발화를 요청한다. 여기서 필요한 것은 서로 분리된 동시에 각기자율적인 담화의 등록(register)에 해당하는 발화다. 이 담화에서 발화는 시각적인 것의 구성성분이 아니며, 지층적 공간에서 이미지와 상관적으로 펼쳐진다. 「쇼아」의 폴란드 농경지나 「포르티니/카니」(Fortini/Cani, 1977)의 이탈리아 채석장은 그에 수반되는 발화행위가 없다면 텅 빈 풍경이었을 것이다. 발화행위가 수반될 때 그 풍경은 역사적 깊이를 획득하며 우리는 그 깊이를 지각할 수 없더라도 읽을 수 있다.

이 모호한 풍경들에서 알려진 것, 상상된 것, 기억된 것, 지각된 것이 전체로서 합생(coalescence)하기 시작한다. 이는 일반적 의미에서의 합생이 아니다. 지각하는 것은 곧 아는 것, 상상하는 것, 회상하는 것이다. 그러나 독해는 눈의 기능, 지각에 대한 지각이다. 독해란 지각의 이면(envers)에 해당하는 상상력, 기억, 앎을 파악하지 않고서는 지각을 파악할 수 없는 지각이다. 즉 우리가 시각적 이미지를 읽는다고 하는 것은 지층적 조건, 이미지의 역전(retournement)이다. 이 역전은 텅 빈 것을 채워진 것으로, 뒷면을 앞면으로 끊임없이 전환하는 지각에 상응하는 행위다. 읽는 것, 독해하는 것은 연쇄시키는 것이 아니라 재연쇄시키는 것이다. 독해는 가시적인 면을 따라가는 것이 아니라 그것을 거듭해서 뒤집는 것이다. 이는 이미지의 새로운 분석법이다(TI, 245/319).[11]

---

11) 스트루브와 위예에 대한 들뢰즈의 강의 「영화에서 이념을 갖는다」는 것을 참조하라. 전체 강의는 비디오 「창조 행위란 무엇인가?」에서 찾아볼 수 있다.

그런데 가독기호와 지층적 공간의 개념에서 암시되는 운동-이미지와 시간-이미지의 또 다른 차이는, 이들이 독해에 대해 서로 다른 관계를 함축하고 있다는 점이다. 운동-이미지에서 시간과 독해의 관계는 형식주의 모델로 잘 설명된다(데이비드 보드웰의 『내레이션과 극영화』와 『의미 만들기』를 참조하라). 반면 시간-이미지의 영화는 이와 다른 상황을 제시한다. 이런 점에서 들뢰즈는 형식주의 모델과 다소 다른 독해 모델을 제시한다. 형식주의 모델의 경우, 독해는 플롯의 어지럽혀진 요소들에서 연대기적 이야기의 시간을 회복하는 것을 의미한다. 사실상 들뢰즈가 일컫는 독해는 지속과 기억에 대한 베르그송의 이론, 그리고 그 이론이 운동-이미지와 시간-이미지에서 서로 상이하게 표현되는 방식과 대동소이하다(베르그송이 순수 기억의 잠재성이라는 테제를 어떻게 견지하는지 상기해보라). 기억-이미지는 현재 지각과 관련해서 기억의 현실화, 즉 현재 지각과 과거 지각 사이에서 동요하는 연결 또는 가교다. 그럼에도 과거가 그 자체로 보존되는 순수 기억은 과거를 일시적으로 재현하는 데 기여하는 기억-이미지와 사뭇 다르다. 우리가 기억을 회복하려고 과거로 도약할 때 몇 가지 가능성이 발생할 수 있다. 첫째, 우리는 찾고 있던 지점을 발견해서 그것을 우리 자신에게 기억-이미지로 표상할 수 있다. 이는 정신의 활동으로 과거(플롯에 현실화된 과거의 순간과 이야기에 함축된 과거의 순간)를 일관성 있는 연대기적 이야기로 재정돈하는 형식주의 이론과 거의 같다. 이때 사유 또는 독해는, 우리가 지각을 연속적·일관적·연대기적으로 정돈하기를 자연스럽게 욕망하는 과정으로 규정된다. 반면 들뢰즈는 베르그송을 따르면서 이 과정이 실패하기 쉽다고 단언한다. 우리는 이 실패에서 더 많은 것을 배운다. 이는 결국 철학적 선입견이라는 관점에서 유일하게 결핍된 부분이다. 우리가 현재 지각과 과거의 어느 한 층 또는 여러 층들을 연결할 수 없다는 점 역시 마찬가지로 일반적으로 공유되는 사안이다.

그러나 마지막 가능성이 있다. 사유하기는 미분적·불연속적·비연대기적 과정에 해당하는 시간 내 차이일 것이다.이때 철학적 저서와 예술작품의 한 가지 과제는 시간과 기억의 지도제작을 구축하는 것이다. 지도제작은 과거의 지역들과 지나가는 현재 사이의 다양하고 불연속적 관계를 지도에 표시하는 것이다. 그 작업은 이 두 가지 분할 내부 '의' 시점이 아니라 분할 '에 대한' 시점에서 이루어져야 한다. 들뢰즈는 우리가 독해할 때 특별한 기계적 배치를 만들어낸다고 주장한다. "우리는 몇몇 시트들 간의 횡단적 연속성 또는 소통을 창안하는 변형의 시트를 구성하고, 그들 간의 국지화될 수 없는 관계들로 그물망을 짠다. 이런 식으로 우리는 비-연대기적 시간을 추출한다. 우리는 나머지 시트들을 가로지르면서 점들의 궤적과 지역들의 진화를 포착하고 연장하는 하나의 시트를 그린다. 이는 명백히 실패의 위험부담을 감수해야 하는 과제다. 우리는 병렬된 채취물에서 응집력 없는 먼지만을 만들어내기도 하고, 단순한 유사성을 존속하는 일반성만을 형성하기도 한다. 이는 모두 스스로를 속이거나 다른 이들을 속이는 거짓 회상이다. …… 그러나 예술작품이 최면적·환각적 역설의 시트를 성공적으로 창안할 수도 있다. 이 시트들은 그 특질상, 이미 과거인 동시에 곧 도래하는 것이다. 사유와 뇌는 이 모든 시트들 간에 맺어지는 국지화할 수 없는 관계들의 집합이며, 그 시트들을 무수한 돌출부처럼 접고 펼치는 연속성이다. 이 집합 또는 연속성은 시트들이 죽음의 위치에 멈추어서서 고정되지 않도록 막는다. …… 영화에서, 레네는 이미지 주변에, 이미지 이면에, 심지어 이미지 내부에서 무언가가 일어나야 한다고 말한다. 이는 곧 이미지가 이는 고고학적 독해를 요하는 시청각적 이미지다. 이미지와 음향의 관계는 두 가지를 요구한다. 하나는 역사적 상상력의 행위를 통해 가시적 표면을 정신적으로 회전[12]하는 것이며, 다른 하나는 시각적으로 그려진 풍경을 발굴하는 것이다. 이때 이미지와 음향은 별개의 역량을 행사한다. 자유간접적 관계라는 형식으로 이미지와 음향이 상호적으로 이행한다면, 이는 무리수적 간격이 접합접속적 가치가 아니라 이접적(disjunctive)[13] 가치를 지니기 때문이다. 이는 곧 계열의 정의다. 여기에는 "이미지와 음향을 각각 강화하는 두 역량들 간의 '와해'가 있다. '현시하는 이미지와 재현하는 목소리의 분업' …… 공기처럼 가벼운 발화행위는 사건을 창조하지만, 언제나 그와 동시에 구조적인 시각 층들을 가로질러 자리 잡는다. 이미지와 발화 간에는 서로 교차하는 두 개의 궤적이 있다. 그것은 사건을 창조하지만, 사건들이 없는 텅 빈 공간에서만 그 창조가 발생한다. 모던 영화를 정의하는 것은 '목소리와 이미지 간의 왕복운동'이며 이 운동은 새로운 관계를 창안한다"(TI, 247/321~322).[14]

시간-이미지가 될 때 발생하는 것이기도 하다. 세계는 기억과 뇌가 됐다. …… 화면은 그 자체가 뇌의 막이다. 여기서 과거와 미래, 안과 밖이 매개 없이 직접적으로, 결정 불가능한 거리에서, 어떤 고정점과도 무관하게 대면한다. …… 이미지의 일차적 특성은 더 이상 공간과 운동이 아니라 위상학과 시간이다."(TI, 123·125/161~162·164) 독해에 대한 이런 입장은 역사와 미래를 향한 특정한 방향성을 가정한다. 형식주의 모델은 운동에 대한 근대적 개념에 국한된다. 그에 따르면 플롯의 가능한 모든 파편들은 연대기적·연속적 의미로 재정돈될 수 있으며, 사물의 이런 정신적 상태를 욕망하는 것은 우리의 자연스러운 성향이다. 과거에서 발원해서 미래로 향하는 현재의 예측 가능한 연속을 요구하는 연대기를 향한 의지는 바로 이 같은 관점에서 나타나게 된다. 이 의지는 진리를 향한 유기적 의지와도 공통되는 점이 있다. 서사와 독해에 대한 형식주의 모델 역시 역사에 유용하고 많은 것을 시사함에도 불구하고 기묘하리만치 탈역사적이다. 형식주의자들이 내세우는 서사의 스타일과 독해의 도식은, 설령 역사적 모델로서 서로를 대신할 수 있다고 해도 정적이고 동기화된 집합으로만 묘사될 수 있다. 〔회상과 관련해서는 이 책 395쪽의 옮긴이 후주 참조.〕

12) (옮긴이) 여기서 회전(rotation)은 역전, 뒤집기와 동의어로, 연대기적인 시간과 이미지-음향의 동기화를 분열시키고 그것들을 상이한 시트들과 각기자율성으로 재구성하는 것을 말한다.

13) (옮긴이) 이접에 대해서는 이 책의 '용어 해설'을 참조하라.

14) 작은 따옴표 부분은 오즈 야스지로의 「외아들」(一人息子, 1936)에 대한 뷔르시의 독해다. 『멀리 떨어진 관찰자에게』, pp.175~179를 참조하라.

이때 계열에 해당하는 시간은 지각보다 해독 또는 독해에 더 적당한 공간을 조직한다. 이미지와 음향, 이미지와 이미지 간에 유리수적 접속이 부재하기 때문에 잠재적인 동시에 실재적인 행위 과정에서 독해의 향방이 바뀐다. 지각은 더 이상 (시각적 또는 청각적) 이미지와 지시체의 동일성을 인증하지 않는다. 기록된 세계는 과거로 사라진다. 그것은 현재의 이미지가 다다를 수 없는 세계, 곧 바깥이 된다. 프레임의 윤곽선은 더 이상 연장될 수 없다. 오히려 그 윤곽선이 이미지를 계열들로 나눈다. 그리하여 이미지는 시지각기호 또는 임의의 공간에 해당하는 시각적 프레임과 순수 발화 행위에 해당하는 청각적 프레임으로 나뉘어 서로 공약 불가능한 것이 된다. 이미지는 더 이상 관계를 부과하지 않으며, 관객은 더 이상 서사가 구축되는 팽창하는 총체성에 포함되지 않는다. 따라서 관객은 스스로 관계를 부여해야 한다. 간격으로 퇴각하는 것이 있으면 관객은 기억과 상상력을 동원해서 이를 보충해야 한다. 마찬가지로 무리수적 간격으로 인과관계가 붕괴되면 무한하게 다양한 관계들이 가능해진다. 이미지와 음향의 불연속적 계기는 규정적이지 않다. 영화와 관객의 관계 역시 더 이상 서사에 포함되지 않기 때문에 규정적이지 않다. 원칙적으로, 자발적으로 독해하는 관객의 수만큼 다양한 독해의 결과가 가능하다.

이제 계열이 재현하는 긍정적 권력의지 또는 가치가 명백해진다. 시간의 직접적 이미지는 모두 경험적 연속이라는 시간의 질서에서 이탈하는 것을 대표한다. 그런데 영원회귀를 모델로 하는 계열은 순수 반복이나 동일자의 귀환이 불가능함을 대표한다.[15] 반복은 항상 차이, 상태의 변화, 전이,

---

15) 영원회귀의 교리는 이를 기반으로 차이를 즉자적 개념으로 확증한다. 이는 『차이와 반복』에서 다음과 같이 설명된다. "동일성이 일차적이지 않다는 것, 즉 동일성이 원리로서 현존한다고 해도 이는 **생성을 마친** 이차적 원리로서 현존한다는 것, 동일성이 차이나는 것의 둘레를 회전한다는 것, 이런 것이 코페르니쿠스적 혁명의 내용이다. 이 혁명을 통해 차이의 고유한 개념을 찾을 수 있는 가능성이 열렸다. 이제 차이는 동일한 것으로 미리 설정된 어떤 개념 일반의 지배 하에 놓이지 않

새로운 것의 출현을 상연한다. 발생기호와 더불어 이미지의 경험적 시퀀스는 생성을 통해 변형된다. 이 생성은 무리수적 간격으로 재현된다. 이 간격은 더 이상 두 이미지를 교류하지 않기 때문에 상태의 변화를 북돋우는 힘이 된다. 순수 현재와 같은 무언가가 간격 속을 통과한다. 그 과정에서 이미지는 앞선 것과 뒤따르는 것을 재현한다. 아울러 몽타주의 원리를 넘어서는 무리수적 간격은 긍정적 권력의지를 표현한다. 발생기호는 거짓을 만들 수 있는 역량이기도 해서, 진리를 향한 의지에 대한 비판과 밀접하게 연관된다. 현재가 상태의 변화로 이어진다면 시간은 똑같은 것의 형식을 한 존재, 즉 동일성과 화합할 수 없다. '자아=자아'라는 공식은 '나는 타자다'로 대체된다. "거짓은 계열 또는 정도를 구성하는 생성의 역량을 획득하기 위해서, 단순한 가상(apparence), 심지어 거짓말(mensonge)이 되기를 멈춘다. 생성의 역량은 한계를 뛰어넘고 변신을 수행하며, 그 전체적 경로를 따라 전설의 행위, 이야기 꾸미기의 행위를 발전시킨다. 이는 참 또는 거짓을 넘어선 것이며, 거짓을 만들 수 있는 역량에 해당하는 생성이다."(TI, 275/360). 이는 직접적 관계가 아니라 자유 간접적 관계다. 언표 가능한 것은 우리가 볼 수 없는 것을 불러낸다. 가시적인 것은 우리가 말할 수 없는 것을 환기시킨다.

시청각적 이미지를 구성하는 것은 이접, 즉 시각적인 것과 청각적인 것의 와해다. 이들은 각기자율적인 동시에 공약 불가능한, 즉 무리수적 관계로

는다. 니체가 영원회귀를 통해 말하려 했던 것도 바로 이것이다. 영원회귀는 동일자의 회귀를 의미할 수 없다. 왜냐하면 영원회귀는 모든 선행하는 동일성이 폐기되고 해체되는 어떤 세계(권력의지의 세계)를 상정하기 때문이다. 오히려 회귀는 생성하는 것의 유일무이한 같음을 구성한다. 회귀는 곧 생성 자체의 동일하게-되기다. 따라서 회귀는 유일한 동일성이지만 이는 이차적 역량에 해당하는 동일성, 차이의 동일성일 뿐이다. 그것은 차이나는 것에 귀속되거나 차이나는 것의 둘레를 도는 동일자다."(DP, 41/60)

연쇄된다. 이 관계는 전체를 형성하지도 않고, 최소한의 전체를 제공하지도 않는다. 이는 감각-운동적 도식의 붕괴에서 파생되는 저항이며, 이 붕괴는 시각적 이미지와 음향 이미지를 분리하지만 이 둘을 총체화할 수 없는 관계로 맺어준다. …… 이제 직접적인 것은 비대칭적인 두 면을 가진 시간-이미지 자체다. 이 양면은 총체화할 수 없으며, 서로 접촉할 때 치명적인 것이 된다. 그것은 어떤 외재성보다도 더 멀리 떨어진 바깥이고, 어떤 내면성보다도 더 깊은 안이다. 바로 여기서 음악적 발화가 솟아나고, 가시적인 것이 뒤덮이고 매장된다(TI, 256·261/334·340~341).

들뢰즈에게 이 화행적 행위는 표현적 측면에서 정치적이다. 순수 발화 행위는 이야기 꾸미기의 기초다. 여기서 계열적 형식의 서사가 정치 영화로 변모하며, 시간-이미지가 창조하는 거짓을 만들 수 있는 역량이 진리의 모델을 극복한다. 이 역량은 사건을 창조하는 꾸미기(fabrication)[16]의 실현으로 주체를 새롭게 개념화한다. 이는 곧 민중의 구성이다.

"탈주술의 몸체는 세계를 뒤에 남겨놓지 않는다. 상황이 적절하다면, 몸체는 세계를 데리고 함께 미래로 간다."
—브라이언 마수미, 『자본주의와 정신분열증의 사용설명서』(1992)

계열은 시간이 진리를 위기에 빠뜨리는 힘에 해당하는 긍정적 권력의지를 표현한다. 진리의 모델뿐만 아니라 동일성의 형식도 이에 영향을 받

---

16) (옮긴이) 영어 'fabricate'와 불어 'fabriquer'는 보통 만들다, 제조하다로 번역되지만 이 두 단어는 모두 'forger'(위조하다, 날조하다, 지어내다)라는 어원에서 유래한 말이다. 이에 따라 여기서는 이야기하기와 거짓을 만들 수 있는 역량과의 연관성을 살려 '꾸미기', '꾸미다'로 번역했다. 그밖에 원문에 나타난 'forge'라는 단어는 모두 '꾸미다', '꾸며내다'로 번역했다.

는다. 생성에는 두 가지 종류가 있다. 하나는 변화에 해당하는 시간의 힘이며, 다른 하나는 타자-되기, 즉 '나는 타자다'라는 공식으로 표현되는 '주체성의 (탈)정초'에 해당하는 시간의 순수 형식이다. 들뢰즈에게 특정한 주체의 이론이 없다고 말할 수 있는 것은 이 때문이다. 타자-되기는 특정 주체를 식별하거나 그 주체에 동화되면서 성취되는 '~와-동일자-되기' (become-the-same-as)가 아니다. 오히려 차라투스트라의 말을 빌리자면 그것은 "새로운 자유를 위해 자유를 창조하는 것", 항상-되돌아오는 변화의 가능성을 긍정하는 것이다.

이 계열은 역사적 상상력의 행위를 요구한다. 이는 모던 정치 영화의 참신성을 이해하는 데 핵심적이다. 그러나 이 행위는 단일하지 않다. 계열에서는 자의식 또는 자기-동일함으로 간주되는 정체성의 정치학은 물론이거니와 정체성 자체가 거짓이 된다. 타자-되기는 계열적 과정이며 모던 정치 영화는 정체성을 비판한다. 왜냐하면 타자-되기가 집단적 의지로 표현되기 때문이다. 직접적 시간-이미지는 명시적으로 정치적 기능을 수행할 수 있다. 새로운 창조를 위한 자유의 창조는 영화 담론을 통해 집단적 의지의 언표행위에 필요한 잠재력을 구축한다. 모던 정치 영화를 이해하려면, 소수집단(minority)들의 영화적 담화에 해당하는 집단적 언표행위의 기본 조건을 파악하는 것이 필수적이다.

분명히 운동-이미지에는 그 나름의 정치 영화와 집단성의 이미지가 있다. 에이젠슈테인, 베르토프의 영화 등 소비에트 혁명 이후 10년간의 영화, 이벤스와 같은 감독들의 사회적 다큐멘터리, 킹 비더와 프랑크 카프라의 인민주의, 심지어 레니 리펜슈탈의 나치 영화도 이에 포함된다. 그러나 시간-이미지로 전환될 때 정치 영화의 기능 또한 달라진다. 어느 국가에서 만들어졌고 그 이데올로기가 무엇인지를 일단 접어둔다면, 대부분의 고전 영화는 결국 사회적 민주주의를 지향하는 경우가 많다. 그 목표는 대중 또는 민중을 재현하는 것이다. 그들은 소외된 상태일 수도 각성된 상태일 수도 있고, 압제를 겪을 수도 해방을 만끽할 수도 있다. 그러나 어떤 경우든 재현은 그들의 권리다. 집단적 이미지로 재현될 수 있다는 것, 그 정치적 자의식이 이미지로 그려질 수 있다는 것, 이는 사전에 전제된 사안이다.

고전 영화는 대중의 실존을 시험하며 이는 그 영화들의 진정한 정치적 주제다. 이 주제의 고전적 공식은 모두 유기적 서사의 특징을 보여준다. 민중은 언제나 단일한 이데올로기(미국의 민주적 인민주의, 소비에트의 사회주의)에 통일된 유기적 집단으로 이미지화한다. 또한 부분이 전체를 대체할 수 있다고 여겨지며, '개인' 역시 환유적으로 완전한 집단을 나타낸다(카프라의 '존 도우'와 푸도프킨의 '어머니'). 또한 집단성의 이미지는 위대한 목적론적 전개로서 유기적으로 주어진다. 민중은 그 집단적 역량(권력)을 일깨우는 동질적 힘으로 형상화된다. 벤야민은 「역사 개념에 대하여」에서 1930년대 영화와 정치운동에서 이러한 역사적 이미지를 목격했다고 한다. "독일 노동계급이 시류를 따라 움직인다는 관념은 그들을 타락하게 만든 주범이다."(Benjamin, 1973 : 260)[17] 이처럼 고전 영화는 민중의 목적론적 생성을 역사의 필연적 전개와 동일한 것으로 재현하는 데 참여한다.

미리 존재하는 집단적 정체성에 대한 믿음은 민중을 통일하고 그들의 권력을 펼치는 기반이었으며 위대한 진보의 이상이었다. 그러나 이 믿음은 국가 사회주의의 성장과 스탈린주의의 폭력적 억압 통치, 식민주의의 역사, 소수민족과 이민자들에게 참정권을 주면서 완전한 통합을 꿈꾸었던 미국 민주주의의 거듭된 실패로 격파되고 말았다. 민중이 재현의 참된 주체

---

17) 벤야민은 히틀러와 타협한 정치가들의 이데올로기가 어떻게 국가 사회주의의 분신이 됐는지 — 그들이 그 반대로 가기 위해 어떤 저항을 했든 — 를 지적한다. "우리는 진보에 대한 '그 정치가들'의 완고한 신념, '대중적 기반'에 대한 확신, 그리고 통제 불가능한 국가기구로의 비굴한 통합이 동일한 사태의 세 가지 국면이었다는 직관에서 숙고하기 시작해야 한다."(Benjamin, 1973 : 260)

라는 믿음은 고전 영화에서 슬픔을 자아낸 많은 철학적 이상 중 하나다. 들뢰즈는 민중이 이미 거기 있다는 경험적 믿음이 소비에트와 미국 영화의 역설이었다고 지적한다. 문제는 "민중이 현행적인 것 이전에 실재한다는, 추상적인 것 없이 이상적이라는"(TI, 216/282) 믿음이다. 진리의 모델을 영화화하면서 고전 시기의 정치 영화는 이상적 집단성이 이미지의 구성 바깥에 실제로 존재한다는 가정 하에, 자신이 제시하는 이미지들이 그 이상을 따랐거나 따를 수 있다고 믿었다. 그러나 제2차 세계대전 이후 역사유물론이 극복해야 했던 위기는 민중이 존재하지 않는다는 가혹한 진실이었다.

바꿔 말하면, 민중은 존재하지 않거나, 또는 '아직 존재하지 않는다'. 고전 영화와 전혀 다르게 이 믿음을 복원할 수 있는 모던 정치 영화의 포텐셜은 이 새로운 영화의 위대한 가치 중 하나다. 우리는 집단적 주체를 목적 지향적으로 소망할 수 없지만, 이를 정치적 목표로 신뢰할 수 있다. 문제는 집단적 생성 과정에서 나타나는 민중을 긍정하는 것, 그 포텐셜 또는 긍정적 권력의지를 정의하는 것이다. 이는 먼저 무리가 실재적인 것이 되기 전부터, 스스로를 집단적으로 표현할 수단을 찾기 전부터 이미 현행적임을 인정하는 것을 의미한다. 그리고 우리는 이 생성을 통일성의 이상적 이미지로 이해해서는 안 된다. 이 이미지에서 통일성은 이미 존재하며, 단지 각성해서 자의식을 획득해야 할 뿐이다. 생성은 잠재적인 동시에 실재적인 개념으로서 민중이 스스로를 창안할 수 있다는 데 근거한다. 이는 과거의 억제된 요소들을 변형해서 창조적으로 미래를 창안하는 역사적 이미지다. 즉, "모던 정치 영화가 존재한다면 이는 다음과 같은 기반 하에서다. 민중은 더 이상 존재하지 않거나 아직 존재하지 않는다. …… **민중은 행방불명 상태다**"(TI, 216/282).

이 구절은 소수집단의 영화적 담론을 촉발할 수 있는 긍정적 힘을 표현한다. 『카프카 : 소수적인 문학을 위하여』에서 소수적 문학의 문제를 채택할 때와 마찬가지로 들뢰즈는 정치 영화를 소수적 영화로 계획한다.[18] 이런 점에서 소수집단이 되기 위해 그 숫자상 소수일 필요는 없다(오늘날 코카서스계는 캘리포니아 및 여타 주에서 인구상 점차 급속히 소수가 되고 있으나, 그들은 정치·경제·문화적 측면 전반에서 우선적으로 지배문화를 정의하는 다수다). 소수집단의 담론은 그들 자신을 내치는 지배와 배제의 힘을 통해 스스로를 정의하려 투쟁하며, 그럼으로써 이미지 내에서 소수성의 생성을 긍정한다. 사실상 소수집단을 정의하는 특성은 철학적이다. 그것은 긍정적 권력의지에 해당하는 타자-되기다.

한편, 소수집단의 담론은 동일성(정체성)의 정치학에 근거하지 않는다. 동일성의 정치학은 이미 존재한다고 상정된 (소수집단) 민중에게 말을 걸고, 그 결과 투쟁의 대상인 문화적 헤게모니의 주체뿐만 아니라 하위주체(subaltern subject)조차 물화하거나 본질화하는 본말전도의 희생양이 된다.[19] 이상적인 경우 소수적 담론은 통일화되지 않는 집단성이다. 민중은 하나가 아니라 여러 집단이나 다수적인 것이다. 그것은 그램분자적(molar)인 것이 아니라 분자적(molecular)인 것이다. 소수적 영화는 통일적인 또는 통일된 담론에 근거하지 않고 집단적 언표를 생산해야 한다. 이 언표의

---

18) 특히 『카프카 : 소수적인 문학을 위하여』의 3장 「소수적인 문학이란 무엇인가?」를 참조하라.

19) 이와 관련해서 들뢰즈는 다음과 같이 말한다. "민중이 행방불명 상태라면, 더 이상 의식, 진화, 혁명이 없다면, 앞서 언급한 본말전도의 도식은 그 자체가 불가능해진다. 프롤레타리아에 의한, 또는 통일되고 단일화된 민중에 의한 권력의 정복도 없을 것이다. 최고의 제3세계 영화감독들은 한동안 이를 믿을 수 없었다. …… 그러나 이런 면에서 이 작가들은 여전히 너무나 느리고 지각 불가능한, 그래서 명쾌하게 자리매김할 수 없는 고전적 개념에 동참한다. 의식화에 대한 애도의 종소리는 사실상 그 자체가 또 다른 의식화다. 여기서 의식되는 것은 단일한 민중이 없었다는 것, 그러나 몇몇 민중, 민중의 무한함이 언제나 남아 있다는 것이다. 이 민중은 통일되어야 하는 것으로 남아 있거나, 또는 문제 자체를 변화시키기 위해서는 통일되면 안 된다. 제3세계 영화는 바로 이런 방식으로 소수집단의 영화가 된다. 왜냐하면 민중은 오직 소수집단의 조건 하에서만 존재하기 때문이다. 이것이 곧, 민중이 행방불명 상태인 이유다. …… 연합이나 통일의 어려움이 폭군적 통일성을 재-창조하는 것도 아니며 민중에 등을 돌린 채 역행하는 것도 아니었음을 인정한 뒤에야, 모던 정치 영화가 그 파편화된 붕괴를 바탕으로 구성됐다."(TI, 219~220/286)

역설적 성질은 아직 존재하지 않는 민중에게 말을 걸면서 그들의 생성을 북돋우는 것이다.

여기서 '나는 타자다' 라는 공식의 취지가 확대된다. 아직 존재하지 않는 주체 또는 민중은 잠재성 또는 힘들의 잠재력 배양(potentialization)을 묘사한다. 이는 '선취기대'(Vor-Schein)라는 에른스트 블로흐의 유토피아 개념과 유사하다.[20] 이는 실현할 수 없는 이상이 아니라 잠재적인 동시에 실재적인 것, 성공하든 실패하든 내재적 생성을 북돋우는 물질적 힘이다. 시간의 계열은 사유와 몸에 모두 연관된 이 내재성을 표현한다. 몸의 영화는 말 그대로 몸을 그려내는 것이 아니다. 오히려 그 목표는 몸에 내재적인 생성의 힘, 몸이 스스로를 변화하는 수단에 해당하는 몸의 수용성을 표현하는 것이다. 들뢰즈는 몸체를 정적인 덩어리(이는 동일성의 모델을 재확인하는 것과 같다)가 아닌 잠재력(이는 변용하거나 변용되는 여러 관계와 힘으로 규정된다)으로 정의한다는 점에서 스피노자를 따른다.

이런 점에서 몸의 영화는 몸체가 무엇을 할 수 있는지 우리가 거의 모른다는 스피노자의 통찰에 화답한다. 예컨대 행동-이미지에서 몸체는 '자취'(locus)[21]로 기능한다. 그것은 몸체가 소통하는 운동의 선을 따라 공간적으로 펼쳐지는 작용과 반작용, 갈등과 해결의 연쇄를 조직한다. 그러나 계열에 의해 조직되는 몸체는 잠재성과 미래의 비결정성 사이에서 망설이는 결정 불가능한 형상이 된다. 몸은 더 이상 행동이 펼쳐지는 자취가 아니

---

20) 블로흐의 유토피아 개념이나 선취기대(anticipatory illumination)라는 'Vor-Schein' 의 번역어에 대해서는 잭 지페스의 『예술과 문학의 유토피아적 기능』서문, pp.xxxii~xxxvii을 참조하라.

21) (옮긴이) 본래는 라틴어로 장소, 위치라는 뜻이지만 수학적으로는 자취, 궤적이란 의미를 띠는 말이다. 수학에서는 어떤 기하학적 조건 X가 주어졌을 때, 그 조건에 적합한 점 전체가 이루는 도형 F를 조건 X에 적합한 점의 자취라고 한다. 예컨대 두 정점에서 같은 거리에 있는 점의 자취는 두 정점을 잇는 선분의 수직이등분선이다. 자취는 특정한 직선이나 곡선 또는 그 일부분에 해당하며, 때로는 어떤 도형 내부의 점 전체가 되기도 한다. 이 책의 2장과 본 단락에서 설명하듯 이는 영화 이미지가 공간적 연속성의 법칙에 따라 전개되면서 그리는 운동의 선을 가리킨다.

라 읽을 수 있는 표면이 된다. 이 표면 위에 산포적인 시간적 관점들이 감각-운동적 상황에서 해결될 수 없는 상태로 갈등하고 겹쳐진다. 이런 식으로 몸의 결정 불가능성은 일종의 장애물이 된다. 이는 "행동-이미지처럼 집합을 통일하는 목표나 수단과 연관되어 결정될 수 있는 것이 아니라 '세계에 현존하는 존재방식의 복수태(pluralité)',[22] 즉 모두 양립 가능하지는 않지만 공존 가능한 집합들에 속하는 복수태 내에 분산된다"(TI, 203/264). 따라서 타자-되기는 '창조적 진화'를 향한 몸체의 고유한 포텐셜을 표현하는 긍정적 권력의지다. 이는 곧 변용되는 동시에 변용하는 역량, 변신할 수 있는 역량, 삶의 긍정적 역량과 제휴하는 역량이다.

몸의 영화에는 여러 국면이 있다. 그러나 어떤 경우든 계열은 시간의 직접적 이미지가 제시하는 긍정적 권력의지, 즉 타자-되기를 조직한다. 이런 점에서 영화는 '기관 없는 몸체들'을 제시하기에 가장 적합할 것이다. 기관 없는 몸체들은 잠재적인 변용들의 다발로 개념화된다.[23] 이는 정체성의 문제가 아니다. 내가 타자가 될 때, 정체성은 이 잠재성에 종속된다. 어떤 경우든 정체성은 변용들의 집합, 즉 몸체가 변용하는 힘과 몸체를 변용하는 힘들의 집합이다. 가장(假裝)이라는 연극적 의미에서건 모방이라는 묘사적 의미에서건, 동일화는 유비 관계를 상정한다. 한 주체는 원본과 사본을 요구하는 과정에서 또 다른 어떤 것을 닮는다. 동일화는 도주선을 따르는 미분적인(차이나는) 생성이 아니라 '~와-동일자-되기'의 의지 또는 욕망을 요구한다. 들뢰즈와 가타리는 모든 정체성이 모사(simulation)이며 모든 인격이 허상(simulacra)임을 논증한다. 사회적 이데올로기가 정체성, 행동, 행위의 추상적 모델로 코드화되는 한 우리는 모두 나쁜 사본이다. 왜

---

22) 질베르 시몽동의 『생체심리학의 개체와 그 발생에 대해』, pp.233~234에 해당한다.
23) 이 개념과 관련해서 나는 브라이언 마수미가 제시한 흥미로운 설명에 빚지고 있다. 『자본주의와 정신분열증의 사용설명서』, 특히 2장을 참조하라.

냐하면 어느 누구도 그런 이상을 충분히 구현할 수는 없기 때문이다. 여기서 다음과 같은 질문을 제기해볼 수 있다. 당신의 권력의지는 무엇인가? '~와-동일자-되기'인가 '타자-되기'인가? 전자는 참된 정체성과 거짓 정체성 간의 대립을 필요로 한다. 이를 통해 우리는 참된 자아 또는 진실을 말하는 자아와 견주어 항상 결핍을 느끼거나 분개하게 된다. 반면 후자는 거짓을 만들 수 있는 역량에 참여하면서 동일성(정체성)을 극복한다. "타자-되기와 동일자-되기의 차이는 거짓 사본과 참된 사본의 차이가 아니다. 각 경우에서 그 거짓됨(가공물)의 정도가 다를 뿐이다. 타자-되기는 원본을 파기하는 모사이며, 따라서 이제 원본에 근접한 사본으로 간주하는 것도 불가능하다. 그것은 거짓을 만들 수 있는 역량을 충분히 발전시켜서 동일함을 향해 나쁜 의지를 선언하는 것이다."(Massumi, 1992: 181 n2). 타자-되기는 동일성보다는 오히려 권력과 탈출 간의 긴장으로 추동된다. 권력은 역동적 변용들의 몸체적 범위를 제한할 것을 사회적으로 위임받은 힘으로서 스스로를 표명한다. 타자-되기는 이 한계를 기피하면서, 욕망과 정체성을 향한 새로운 잠재력이 표현될 수 있는 도주선을 발견하려는 보상적 욕망에서 출현한다. 이 과정은 나의 측면과 타자의 측면에서 동시에 일어나는 이중적 운동이다.

타자-되기는 고립된 행위가 아니라 철저히 정치적이고 집단적인 것이다. 이 과정은 실패, 새로운 선택, 억압, 또는 간단히 말해서 동일자-되기로 전락하기 쉽기 때문에 강력한 전략을 필요로 한다. 성공적인 도주선의 구축은 탈출의 대상인 권력을 인식하는 것뿐만 아니라 탈출과 창조의 전략을 충분히 공식화할 수 있는 잠재력과 힘을 아는 것을 의미한다. 게다가 집단성은 그것이 분할 또는 억제될 수 있는 정도와 무관하게, 언제나 개별적 몸체보다 더 큰 범위의 잠재적 변용들과 행동들을 구체화한다. 타자-되기는 견딜 수 없는 상황에 민감한 무리나 민중에서 출현한다. 그 같은 상황에서 이들은 보상적 힘으로서의 전략을 함께 발전시킬 수 있다. 따라서 타자-되기는 소수집단의 과정이다. 이는 서로 동일성을 교환하는 것도 아니고 억압된 존재를 인식하는 것도 아니다. 이는 분절 가능한(articulable) 존재를 인식하는 것이다. 분자적 집단을 한정·강요·분리하는 힘을 인식할 때 **이념**(Idea)이 출현한다. 이는 집단 상호 간의 권력의지를 긍정할 수 있는 잠재성 또는 개념이다. 아직 존재하지 않는 그러나 현실화 과정에 있을 민중의 **이념**은 개체들의 분자적 존재(molecularity)에서 부상한다.

이 **이념**은 도주선 구축에 필요한 몸체적 사유를 대표한다. 그것은 몸체의 자유도(degrees of freedom)를 확대하는 힘, 즉 '상상력'을 규정한다. 이때 자유는 형이상학적이고 절대적인 의미에서 정의되는 것이 아니다. 그것은 몸이 할 수 있는 것의 실용성(pragmatics), 몸의 잠재력과 잠재적 특성들의 변수다. 이 특성들을 정의하는 것은 언어를 그 환경으로 갖는 **이념**이다. 언어는 관념들의 전달을 의미할 뿐만 아니라, '~로 통하다'(opening into)라는 그 프랑스어의 의미에서도 나타나듯이 '소통하는' 환경이다. 언어는 집단적으로 인식 가능한 힘들의 연결망에서 하나의 분자적 개인을 또다른 개인과 연결한다. 이는 통일적이고 동질화하는 힘이 아니다. 오히려 분별할 수 없을 만큼 미묘하게 변형하면서 주관적인 것과 객관적인 것 사이를 자유 간접적으로 오가는 것이다. 언어는 이중-생성[24]의 환경이며, 수신자와 송신자에 모두 영향을 주는 중재(intercession)의 지점이다. 이 중재 과정에서 수신자는 번갈아가며 송신자가 된다. 소수집단 작가의 과제는 생성 또는 도주선을 위한 전략으로 사투리(patois)를 창조하는 것이다. 이는 지배언어에 대한 방언, 언어 내의 외국어다. 집단적 언표행위는 소수집단

---

24) (옮긴이) 여기서 이중에는 개인성과 집단성, 주관적인 것과 객관적인 것, 작가(창작자)와 그 허구적 창조물로서의 캐릭터 모두가 포함된다.

의 언어에서만 발생할 수 있다. 그 언어에서 나는 타자가 되고, 타자들은 집단적으로 정련된 나를 인식하면서 무언가가 되기 시작한다. 따라서 소수집단의 담론은 생성을 고정하지 않으면서 생성의 지도를 그리는 전략을 창조해야 한다. 마수미는 이 과정을 다음과 같이 설명한다. "생성은 전염성이 강한 만큼이나 취약하다. 이 과정은 더욱 더 많은 특이성을 통해 자율성이 밀집한 지대를 더 넓게 개방하면서, 창조성의 무한 운동 내에서 생성을 고수해야 한다. …… 성공적인 타자-되기는 완전한 정치적 몸체와 관련되면서, 잠재적 몸체의 상태와 그것이 펼치는 가능한 정체성들을 기하급수적으로 증식하는 초미분화(hyperdifferentiation)를 촉진한다. 타자-되기는 그것이 단일한 몸체에서 시작되는 경우에도 밀집(population)으로 나아간다. 심지어 단 하나의 몸체로도, 그 미래의 경향과 출현의 조건상 집단적일 수 있다."(Masumi, 1992 : 101~102)

따라서, 집단적 언표행위의 기초는 민중을 재현하는 것이 아니다. 오히려 민중이 스스로의 생성을 집단적 권력의지로 긍정함으로써 이념 또는 이미지가 구성되어야 한다. 들뢰즈가 『시간-이미지』에서 이야기 꾸미기[25]라 일컫는 것이 바로 이 과정이다. 이야기 꾸미기는 소수적 영화뿐만 아니라 그 영화에서 나타나는 집단적 언표행위의 형식까지 정의하는 복잡한 개념이다. 외견상 이 개념은 사뭇 단순해 보인다. 그것은 이야기체(récit)다. 그러나 정작 중요한 것은 영어로 '낭독하기'(recitation)에 가까운 의미를 지니는 원래의 프랑스어 단어에서 나타나는 모호함이다.

『로베르 소사전』에서 일부 발췌하자면, '이야기체'는 실재적 행위나 상상적 행위와 관련된 구어 또는 문어다. 이 정의에는 세 가지 중요한 특징

---

25) 이야기 꾸미기는 들뢰즈가 베르그송에게서 채택한 또 하나의 개념이다. 이에 대해서는 『도덕과 종교의 두 가지 원천』 2장을 참조하라.

이 있다. 이야기체는 연극 용어로서나 그 철학적 함의에서나 화행적이다. 이야기체는 들려지는 이야기라기보다는 말하기의 행위이며, 이는 언표행위의 시간과 불가분의 과정을 함축한다. 이야기의 형식이 구어적인가 문어적인가의 문제 ── 영화에서 시각적인가 청각적인가의 문제 ── 도 중요하다. 그리고 이야기체는 엄밀하게 말해서 기록도 허구도 아닌 언표행위의 형식이다. 그것은 자유 간접적 관계의 양극 사이에서 진동한다.

프랑스어로 이야기체는 설화·우화·전설뿐만 아니라 해설·기사·서사·보고서를 포함하며, 역사적 연대기를 지칭할 때도 있다. 엄격한 『로베르 소사전』에서도 이야기체의 예시에는 기록적인 것과 허구적인 것이 어지럽게 뒤섞여 있다. "환상모험 이야기체, 역사 이야기체, 진실을 말하는 이야기체, 사실에 충실한 이야기체, 상술된 이야기체, 상황에 대한 이야기체, 거짓말, 사실에 충실하지 않은 이야기체 ……." 구어적인 것과 문어적인 것, 진실과 거짓 사이의 이 같은 화행적 진동은 이야기 꾸미기의 핵심이다. 이야기체는 묘사나 서사와 구별되며 사실상 이 둘을 넘어선다. 어느 경우든 이 진동을 지배하는 것은 계열에 특징적인 자유 간접적 관계다. 마찬가지로 시네마토그래프적 이야기체는 청각적인 것과 시각적인 것, 참과 거짓을 상호 보완적인 동시에 공약 불가능한 방식으로 연관짓는 지층적 구축에 기여한다.

이 특질들은 이야기 꾸미기의 직접지시적 특성을 도입하기도 한다. 운동-이미지에서 주체-대상 관계를 지배하는 것은 감각-운동적 상황이다. 주체-대상 관계는 변별적인 동시에 공약 가능하며, 그 결과 진리에 대한 서사적 모델이 초월적 관점에서 재확인된다.

다큐멘터리나 민족지 영화(ethnographic film)를 예로 들어보자. 관습적 다큐멘터리에서 관찰자와 주체의 관점은 내러티브 영화에서 흔히 나타나는 위계적 방식으로 나누어져서 서로 대립한다. '진실'의 내러티브를 표방하는 다큐멘터리는 갈등과 해결의 유형을 상연하는데, 이는 특히 그 시점의 사용에서 잘 드러난다. 이 시점은 온전히 운동-이미지적이다. 어떤 경우든, 결국 동일성의 모델이 유지된다. 관찰 대상은 문자 그대로 초월적 관점에 종속되거나 그 관점에서 판단되며, 관찰자는 (리포터나 민족지학자로서) 무제한적 서사의 권위를 스스로에게 부여한다. 관습적 다큐멘터리는 허구에 도전하지만 동일성의 형식을 유지하려 하며, 따라서 주관적인 것과 객관적인 것이라는 서사의 양극성을 포기하지 않는다. '자아=자아'의 공식은 아직 '나는 타자다'로 대체되지 않는다.[26]

반면 이야기체는 진실의 모델과 더불어 주체와 대상의 기존 관계가 붕괴되는 내러티브 상황을 제시한다. 파졸리니의 자유 간접 주격과 연관해서 들뢰즈가 논하는 사실기호가 그 한 예다. 카메라의 객관적·간접적인 서사와 인물의 주관적·직접적 서사 사이에 놓인 경계를 자유롭게 뒤섞는 파졸리니의 혼합적 스타일은 또 다른 거짓을 만들 수 있는 역량을 예고한다. 여기서 서사의 양극을 뒤섞는 것은, 나중에 참된 것의 이념에 따라 다시 분리해서 어느 한 극의 진실성을 걸러내기 위함이 아니다. 오히려 이 같은 카메라 워크는 인물의 물질적 상황과 너무나 밀접하게 동화되어, 카메라의 객관적 시점이 인물 자체의 시점에 완전히 동화되지 않고도 그의 내면적·외면적 상황에 따라 변형되기에 이른다. 카메라와 인물은 서로를 거짓으로

---

26) 이에 대해 들뢰즈는 다음과 같이 말한다. "허구는 …… 실재적인 것에 밀려 무시됐으며, 이때 진리의 모델은 허구를 상정하면서 바로 그 허구의 결과로서 잔존했다. 참된 것에 대한 이념이 실재적인 것의 핵심에서조차 가장 심오한 허구라는 사실은 니체가 이미 밝혔으나, 영화는 아직 그 점을 깨닫지 못했다. 이야기체의 진실성(véracité)은 계속해서 허구의 바탕이 됐다. 진리의 이념이나 모델이 실재적인 것에 적용될 때, 카메라가 미리-존재하는 실재를 향할 때, 그것은 많은 것들을 바꾸기 시작했다. 그러나 또 다른 의미에서, 이야기의 조건은 아무 것도 변하지 않았다. 객관적인 것과 주관적인 것은 변형되지 않고 그저 대체됐을 뿐이었다. 정체성들은 다른 방식으로 정의됐지만 결국 어떻게든 정의됐다. 이야기체는 진실한(vérace) 것 또는 허구적으로-진실한(fictitivement-vérace) 것이 아니라 실제로-진실한(réellement-vérace) 것으로 남았다. 그러나 이야기의 진실성은 허구가 되기를 멈춘 적이 없었다." (TI, 149~150/195)

만들며, 그 결과 어느 것도 '자아=자아'의 공식, 주체와 대상을 조율하는 동일성 모델의 초월적 시점으로 간주되지 못한다.

이야기 꾸미기의 정치적 힘은 민중이 스스로를 규정하는 집단적 수단을 발견하기 위해 투쟁하는 역사적 상황에서 가장 명백하게 나타난다. 1960년대와 70년대 탈식민주의 영화——내러티브 영화와 다큐멘터리를 포함하여——는 흥미로운 사례를 제공한다. 최근에야 식민 지배에서 벗어난 개발도상국들의 역사적 상황이 '민중은 행방불명 상태다'라는 공식에 의미를 부가한다.

탈식민주의 영화감독들은 미리 구축된 역사적 진실——그것은 식민지 배자들이 강요한 관점이다——이 허구의 모델에 포함된다는 점을 분명히 알고 있다. 아프리카 사하라 남부의 해방 이전 다큐멘터리 영화는 비극적이면서도 명백한 사례를 제공한다. 1939년부터 60년까지 아프리카 영화의 역사는 근본적으로 영국과 벨기에 식민지배자들의 문화적·기술적 지배로 점철되어 있다. 이 두 집단은 원시적 멘탈리티에 지나치게 강력하고 위험하다는 전제 하에 서구영화들을 검열했다. 영국의 식민지 영화 기구와 벨기에의 영화 사진 사무국을 설립한 관료들은 아프리카 여러 민족들을 퇴보한 것으로 구성했다. 즉, 그들은 이미지와 서사에서 아프리카인들을 퇴보한 것으로 재현하는 한편, 영화 제작 과정에 아프리카인 기술자들을 고용할 때도 가장 기초적인 자리만 개방했다. 이 기구들이 제작한 소위 교육용 영화는 그 이미지에서나 말 걸기의 양식에서나 아프리카인에 대한 '참된' 또는 '과학적인' 제시를 전제로 했다. 사실 이는 식민적인 상상적인 것의 구성물이었다. 프란츠 파농은 그 최종 결과를 명백하게 간파했다. 즉, '깜둥이'(the Negro)는 백인 식민지배자들의 창안물이다.

아프리카의 탈식민주의 작가들과 감독들은 이 지배의 역사로 인해 아프리카인들이 어떻게 검은 피부의 이미지에서 스스로 소외되는지를 불온하게 증언해왔다. 크와메 은크루마,[27] 프란츠 파농, 하일레 게리마[28] 등은 깜둥이를 격퇴하는 타잔이나 인디언을 무찌르는 카우보이에 열광하는 아프리카 관객들을 반어적으로 언급해왔다.[29] 흑인 이미지의 물화가 끼친 유해한 효과는 이중적이다. 이 물화는 압제자의 이상화된 이미지를 제외하고는 동일시할 수 있는 다른 모든 장소를 배제하고, 그 결과 아프리카인들은 흑인 이미지에서 스스로 소외된다. 다른 한편 그것은 아프리카 문화의 다양성과 복잡성을 동질화한다. 깜둥이라는 이미지의 구성은, 식민 지배가 없었으면 매우 달랐을 문화권과 인종집단에 식민 지배를 정당화하는 허위적 통일성을 부과했다. 이는 강요된 국경선만큼이나 강력했다. 어떤 경우든 아프리카인은 식민 권력의 기술적·이데올로기적 지배로 인해 민중으로서의 권리를 박탈당한 채 자신들의 국가·언어·문화에서 제거됐다.

프랑스 식민지였던 아프리카의 역사적 상황은 소수집단 문화가 개인과 사회에 모두 부과된 이중적 식민화와 어떻게 직면하는지 잘 보여준다. 첫째, 서로 다른 인종적·언어적 집단에 프랑스어 사용 정책(francophonie)

---

27) (옮긴이) 크와메 은크루마(Kwame Nkrumah, 1909~1972)는 가나 출신의 정치가로서 미국 펜실베이니아 대학과 영국 런던 대학에서 공부한 뒤 1945년 맨체스터에서 제5회 범아프리카회의를 조직하면서 독립운동과 정치활동에 뛰어들었다. 여기서 그가 공포와 질투와 의혹을 넘어선 아프리카인의 평화적인 연대로서 주창한 범아프리카주의는 제2차 세계대전 후 아프리카 독립운동의 동력이 됐다. 이후 그는 서아프리카민족의회, 통일골드코스트회의, 회의인민당 등의 조직을 통해 반영운동을 이끌었으며, 골드코스트 자치정부 구성을 위한 1951년 선거에 옥중 출마해 당선된 뒤 자치정부 수반이 됐고 1957년 3월 골드코스트가 가나라는 국명으로 독립하고 3년 뒤 국민투표로 가나공화국이 출범하면서 초대 대통령이 되었다. 그러나 1966년 베이징을 방문하던 중 군사쿠데타로 실각한 뒤 망명생활을 하다가 1972년 루마니아에서 사망했다. 저서로는 『왜 아프리카는 단결해야 하는가?』, 『아프리카에서의 계급투쟁』 등이 있다.
28) (옮긴이) 하일레 게리마(Haile Gerima, 1946~)는 에티오피아 출신의 영화감독이자 극작가로 미국 UCLA에서 영화제작을 전공했으며 뉴욕 하워드대학에서 영화를 가르쳐왔다. 아프리카 망명자들의 시점에서 서구 중심의 흑인 재현을 비판하고 망명자들의 역사와 정체성을 재조명하는 작품들을 제작해왔다. 대표작으로는 「저항의 아이」(*Child of Resistane*, 1972)와 「산코파」(*Sankofa*, 1993) 등이 있다.
29) 이 문제에 대한 이론적 개괄로는 쇼하와 스탬의 『유럽중심주의를 고쳐 생각하기』의 결론에 실린 훌륭한 설명을 참조하라.

과 프랑스 문화를 강요하는 언어적 식민화가 있다. 프랑스어 사용을 내면화하는 한, 아프리카의 여러 민족들은 고유한 문화에서 소외될 뿐만 아니라 언어적으로 속령화된다. 그들은 프랑스어를 통해 그저 지배의 대상이 될 수 있을 뿐이다. 피식민자들은 고유한 문화에서 분리되어 자신들의 언어와 신화 내에서도 마찬가지로 소외됐다. 지난날 각각의 집단을 민족으로 통일했던 이미지들과 내러티브들은 프랑스어 사용자라는 허울 좋은 통일성과 깜둥이라는 식민적 구성물로 대체됐다.[30] 또한 이 분할은 공적 영역에서 사적 영역을, 집단적 삶이라는 바깥에서 주체라는 내부를 소외시켰다. 소수집단의 이중적 식민화는 두 가지 유형의 계열성을 두 개의 면으로 서로 엮었다. 이 양면은 서로에게 소외되어 더 이상 상호 소통하지 못한다. 한편으로 '나'라는 문제가 있다. 여기서 자신의 몸과 그 내면성의 형식에서 소외된 것으로 정의되는 특이성으로서의 개인 또는 사적인 삶에 대한 물음이 제기된다. 이런 의미에서 개인은 그 내부에서 완전한 집단성과 분리되고 소외된 상태를 경험하는 소수집단의 일원이 된다. 그리고 외재성에 해당하는 공적 실존을 정의하는 바깥의 문제가 있다. 이 외재성은 식민주의의 역사가 억압하고 분할한 결과 원자화된 집단성으로 규정된다.

---

30) 은구기 와 시옹고는 「아프리카 문학의 언어」에서 이 경험을 설득력 있게 언급한다. "식민적 소외는 두 개의 상관적 형식을 취한다. 한편에서 피식민 주체는 주변의 현실에서 능동적(또는 수동적)으로 거리를 두게 되며, 다른 한편에서 자신의 환경에서 가장 외부적인 것들에 능동적(또는 수동적)으로 동일시한다. 개념화와 사유, 공식적 교육과 정신적 계발이 가정과 공동체에서 일상적으로 사용되는 언어로부터 교묘히 와해될 때, 이 소외가 시작된다. 이는 정신과 육체의 분리와 같다. 서로 무관한 두 개의 언어적 영역이 한 인간을 점령하는 것이다. 한층 거시적인 사회 규모에서 볼 때, 그것은 몸 없는 머리와 머리 없는 몸으로 구성된 사회를 생산하는 것과 같다."(Ngũgĩ wa Thiong'o, 1986 : 28). 이를 지적해준 숀 커빗에게 감사를 표한다. [은구기 와 시옹고(Ngũgĩ wa Thiong'o, 1938~)는 케냐의 소설가로서, 파농의 마르크스주의에 영향을 받았으며 백인 정권에 맞선 흑인들의 저항을 배경으로 배신과 죄의식의 문제를 알레고리 기법으로 다루어왔다. 1963년 케냐 독립 이후에도 자본주의와 독재 정권을 맹렬히 비판하다가 1975년 체포되어 3년간 옥고를 치르기도 했다. 석방 이후에는 영어를 버리고 모국어로 작품을 집필하며 탈식민주의 문학을 이끌었으며 1982년부터는 영국을 비롯한 해외에서 저술과 강의활동을 펼치고 있다.〕

중요한 것은 이 두 계열 ——사적 영역과 공적 영역, 내부와 바깥, 개인과 집단성 ——을 어떻게 이미지 내에서 만나게 할 것인가의 문제다. 이미지는 파편화된 특이성들이 집단적 언표행위를 꾸며낼 수 있는 장소다. 전설 또는 전략적 신화만들기에 해당하는 집단적 기억은 공동체뿐만 아니라 개인을 위해 창안되어야 한다. 그것은 서사 또는 이야기 꾸미기로서, 억압된 역사를 회상하는 개인의 심리적 기억도 아니고 배제된 민중의 이야기를 재현하는 단순한 역사적 기억도 아니다. 오히려 이야기 꾸미기는 개인을 개인인 동시에 집단으로 변모시키는 계열성을 수반한다. 이 이중-생성은 자유 간접적 관계로 두 개의 담론적 계열을 한데 엮는다. 파편화된 세계의 내부에서 나와 세계가 상호 소통하고, 파편화된 나의 내부에서 나와 세계가 상호 소통한다. 이 모든 소통은 공통의 분절점을 발견해야 한다. 이 같은 서사 형식에서 재현 주체와 재현 대상, 개인과 집단은 분별 불가능하고 결정 불가능한 관계에 사로잡힌다. 각각의 항은 중재자로서 서로를 대표한다. 각각은 시간-이미지의 여타 형식에서 나타나는 것과 유사한 상호적 이미지 내에서 타자가 된다. 이런 면에서 식민지배자들이 억제했던 옛 문화로의 단순한 회귀가 불충분한 전략이라는 점은 명백하다. 오히려 예술가는 새로운 소수집단 담론의 창안에 기여해야 한다.

　카프카는 소수집단 문화 내에서 예술가의 역설적 위치를 잘 알고 있었다. 지식인과 예술가는 자신이 받은 교육(지배문화와 언어)을 내면화하면서 공동체에서 소외된다. 그러나 지배문화는 이들을 소수집단의 일원으로 규정하며, 그 결과 이들은 민중을 집단적 정체성에서 소외시키고 원자화하는 계열성에도 종속된다. 그러나 지식인은 개인적 소외를 겪으면서 소수집단의 조건에 동화되는 동시에 그 조건을 분절할 수 있게 된다. 카프카는 체코의 유태인으로서, 이를 "글쓰지 않기의 불가능성, 독일어로 글쓰기의 불가능성, 다른 언어로 글쓰기의 불가능성"(K, 16)이라고 표현한다.

서아프리카의 영화감독들 역시 유사한 딜레마를 겪었다. 왜냐하면 프랑스어 사용 정책은 민족의 목소리를 정의하려는 투쟁을 방해하는 동시에 방조했으며, 그 결과 역설적으로 민족적 통일의 유일한 문화적 기반으로 기능하는 경우도 종종 있었기 때문이다. 이 같은 주변성, 이중적 소외 또는 간접적 계열성은 예술가가 "어떤 언표를 생산할 상황에 놓여 있음을 의미한다. 이 언표는 이미 집단적인 것이며, 앞으로 다가올 민중의 씨앗과도 같은 것이다. 이 민중의 정치적 영향력은 직접적이며 불가피하다. 작가는 자신이 원하는 정도 만큼 문맹의 공동체에서 주변화되거나 분리될 수 있다. 이 조건은 정치적 힘을 표현하는 위치로 작가를 밀어부치고, 그 자신의 고독으로 몰아가서, 결국 작가가 참된 집단적 작인, 집단적 발효소, 일종의 촉매가 되도록 북돋운다"(TI, 221~222/288). 이때 소수집단 예술가들의 과제는 중재자로 복무하는 것, 즉 집단적 언표행위의 토대가 되는 소수집단 담론을 창조하고 창안하는 것이다. 탈식민주의 영화감독은 식민주의의 해로운 허구——이를테면 비-발전자(non-évolué)로서의 아프리카인——를 해체하는 데 안주해서는 안 된다. 더 중대하게 요청되는 과제는 탈식민주의와 탈부족주의 시대의 민족성 관념에 적합한 새로운 형태의 주체성과 집단적 언표행위를 창조하고, 궁극적으로 민중을 창안하는 것이다.

이 목표를 달성함에 있어서 이야기 꾸미기는 허구에 대립하는 것이 아니라 오히려 진리의 모델에서 허구를 해방하려 한다. 플라톤적 세계에 속하는 실재의 허구, 언제나 식민지배자의 소유였던 진리의 허구가 있다. 그러나 민중의 소유인 또 다른 종류의 허구, 이야기를 통해 세계를 전설로 변형하는 민중의 기억이 있다. 이 '전설'은 신화만들기와 해설(commentary)이라는 이중의 의미로 이해되어야 한다. 아프리카 영화는 그 좋은 예다. 아프리카의 영화감독들은 풍부한 구술적 전통에 기반해서 다양한 방식으로 혼종적 형식을 창조한다. 그들은 대화체를 통해 서구의 시각적인 내러티브 전통을 구술적인 것으로 치환한다. 여기서 구어성(orality)이 시각적인 것에 침공해 이를 변형시키고, 언어와 시각적인 것이 구어성을 사회적 응집의 매개체로 변모시킨다. 아프리카 영화에서 구어적 전통은 '이용 가능한' 과거로 회복된다. 내러티브 이미지는 미래를 창안하기 위해 그 과거를 끌어낸다. 이는 민족적 생성이고 민중의 창조다.

주체와 대상, 진실과 거짓, 가시적인 것과 언표 가능한 것의 이원성을 변형하기 위해, 이야기 꾸미기는 '이중 생성'을 요청한다. 이는 다양하게 개념화될 수 있다. 생성은 계열 내에서 이미지가 시간화되는 과정을 지칭한다. 이때 현재는 순수한 현재가 아니라, 과거와 미래가 지속적으로 교차하는 장소다. 이는 언어와 시점의 변형을 요청한다. 소수집단 담론은 상실되거나 억압된 말을 회복하는 것이 아니라, 식민지배 언어의 방언화를 통해 새로운 언어를 창조하는 것이다. 식민지배자들은 언어 안에 존재하는 이 소수적 입장을 경멸해 마지않지만, 이는 우아하고 시적인 전복이다. 이 언어적 영토에서, 소수집단은 그들 자신을 지배하려 드는 언어를 되려 창조적으로 전유하면서 집단적으로 스스로를 주장할 수 있다. 집단적 언표행위를 꾸며내기 위해서는 언어의 탈영토화가 필요하다. 이는 지배언어 내에서 언어 내의 외국어를 창조하는 것, 지배 하에서 삶의 불가능성을 표현하기 위해 언어를 변이하는 것이다.[31]

집단적 언표행위의 주체는 하나가 아니라 여럿이다. 따라서 영화감독과 주체의 새로운 관계, 새로운 민족지가 필요하다. 여기서 영화감독과 주체는 모두 타자-되기라는 과제를 부여받는다. 탈식민주의 영화감독에게 이는 식민주의 하에서 상실되고 억압됐던 집단적 문화—— 언제나 다시 상

---

31) 들뢰즈는 자신에 관한 논문집 『질 들뢰즈와 철학 극장』에 실린 「더듬거리며 말하는 자, 작가」라는 짧은 논문에서 소수적인 문학에 있어서 언어의 탈영토화에 대해 간결하고도 격조 있게 기술한다.

실될 위험에 처해 있는──를 재발견해서 새로운 형식을 부여하는 것, 그에 따라 민중과의 접촉을 재구축하는 것을 의미한다. 이 상황은 특히 망명자에게 절실하다. 망명자는 민중에 대한 허구를 창조해야 한다. 그것은 잠재적 해방의 이미지인 동시에 다시 회복하지 못할 수도 있는 역사·문화와의 접촉을 유지하는 방도다. 장 루슈 같은 제1세계 인물에게, 이 이중 생성은 동일화를 통해 식민적 전통과 멘탈리티에서 탈출할 수 있는 전략이다. 이 동일화는 식민적 타자의 개념을 비판하고, 지배자와 피지배자에 형식적 근거를 부여하는 동일성의 허구를 잠식하기 위해 되돌아가는 과정이다. 어떤 경우든 과제로 남는 것은 시간 내에서 집단적 동일화를 공식화할 계열성을 향해 창조적 과정을 불러일으키는 것이다. "이는 '국가의 탄생'이 아니라 민중의 (재)구성이다. 여기서 감독과 그 등장인물은 모두 타자이며 서로에게 타자다. 그것은 장소에서 장소로, 사람에서 사람으로, 중재자에서 중재자로 옮겨가면서 점진적으로 획득하는 집단성이다. …… '나는 타자다'는 모사하는 이야기체, 이야기체의 모사에 해당하는 이야기체, 진실한 이야기체의 형태를 증언하는 모사에 대한 이야기체다."(TI, 153/199~200)

이야기 꾸미기는 주체-대상의 관계를 해체하고 그들을 분별 불가능하게 하는 전략을 공식화하는 중재자를 요청한다. 타자-되기는 중재자의 과제지만, 주체가 영화감독을 위해 중재하는 만큼이나 영화감독 또한 주체를 위해 중재해야 한다. 이 둘은 모두 공동체 되기를 고무할 수 있는 역량을 수단 삼아 계열성을 개시해야 한다. 중재자의 존재는 소수집단 담론을 위한 필요조건이며, 집단적 언표행위의 최소 요구사항이다. 영화감독이 중재자를 발견하지 못한다면 꾸며내기라도 해야 한다. 중재자의 구성은 다큐멘터리나 민족지적 전략보다는 언표행위의 기능에 가깝다. 계열과 마찬가지로 집단적 언표행위는 적어도 두 명의 내레이터를 요구한다. 중재자가 개입하지 않으면 탈식민주의 영화감독은 지배담론──영화적인 것이든 다른 것이든——을 피할 수 없다. 단일한 내레이터를 상정하고자 한다면, 지식인의 담론과 지배 담론에 사로잡힌 채 남아 있는 것을 감수해야 할 것이다. 따라서 영화감독은 소수집단의 중재자와 자유 간접적 관계를 설정해야 한다. 이는 작가와 주체가 끊임없이 역할을 교환하는——그리하여 각자의 상대적 입장이 변별적이지 않고 규정 불가능해지는——언표의 두 지점 사이에서 서사를 구성함을 의미한다. 이런 식으로 서사는 두 항을 가진 반영적 계열, 즉 작가와 주체가 서로를 거짓으로 만드는 계열로서 이들 사이를 왕복한다. 이 같은 만남을 통해 지식인 담론이 한 방향으로 탈영토화된다면 소수집단 주체는 또 다른 방향으로 탈영토화된다. 이들은 모두 새로운 소수적 관계를 창조하면서 타자가–된다.[32]

우스만 셈벤은 영화감독으로 경력을 쌓으면서 이 문제에 창조적으로 대면해왔다. 그의 단편영화 「보롱 사레」(*Borom Sarret*, 1963)는 소수적 영

---

32) 이때 우리는 계열을 대략 세 가지 전략들의 **결합물**로 이해할 수 있다. 첫째로, 등장인물 또는 주체는 실재적인 것과 허구적인 것 간의 동요가 일어나는 장소로서 구성된다. 중재자에 해당하는 등장인물은 대중기억(popular memory)의 장소로서 이야기하기의 능력에 따라 선택된다. 둘째로, 영화감독은 직접적 시간–이미지에서 이야기 꾸미기를 조직해야 한다. 이 이미지에서 앞선 것과 뒤따르는 것은 이행이나 변형의 상태로 교차한다. "카메라는 등장인물들 내에서 앞선 것이나 뒤따르는 것에 끊임없이 다다른다. 이때 등장인물들은 이야기 꾸미기가 도약하는 바로 그 지점에서 실재적인 것을 구성한다."(TI, 154/201) 셋째로, "영화감독과 등장인물의 생성은 이미 민중과 공동체, 즉 소수집단에 속하는 것이다. 감독과 등장인물은 바로 이 소수집단의 표현을 실천하고 자유롭게 한다(자유로운, 간접적 담화). …… 영화화되어야 하는 것은 변방(frontière)이다. 한편으로 영화감독이, 다른 한편으로 실제 등장인물이 가로지르는 조건 하에서 영화화가 수행되어야 한다. 여기서 시간이 필요해진다. 영화의 필요불가결한 부분을 구성하는 어떤 시간 말이다"(TI, 153~154/200~201). 이 변방은 오직 도주, 말하자면 도주가 고무하는 특수한 탈영토화 내에서만 파악될 수 있다. 이 같은 언표행위 구조는 결정체–이미지의 기호적 상황에 비견될 수 있다. 그것은 참된 묘사가 아니라 거짓을 만들 수 있는 역량이다. 이 역량에서 "진리는 그 실체의 형태를 잡는 과정의 계열, 문자 그대로 '거짓 만들기'의 계열을 통해 산출된다"(N, 126/172). 들뢰즈는 퀘벡 출신의 영화감독 피에르 페로를 인용하며 다음과 같이 덧붙인다. 이 계열에서, "우리는 '전설 만들기'의 과정 또는 '전설 만들기'의 행위에서' 누군가를 포착해야 한다. 이때 둘 또는 그 이상의 발화자 사이에서 소수집단의 담론이 펼쳐질 수 있다. 여기서 우리는 다시 한번 베르그송적인 '이야기 꾸미기'의 기능을 발견한다. …… 모든 민중은 이런 식으로 스스로를 구성한다. 따라서 소수집단의 담론은 항상 식민지배자의 담론으로 소급되는 미리 설정된 허구에 대항한다. 이 같은 소수집단의 담론이 발생하는 것은 중재자를 통해서다"(N, 125~126/171).

화의 서사 전략으로서 이야기 꾸미기가 보여줄 수 있는 다양한 사례를 제시한다. 다양한 창조적 변칙이 부가됐지만, 이 영화의 스타일은 명백하게 이탈리아 네오리얼리즘의 다큐멘터리적 측면에 영향을 받았다. 실제로 셈벤은 식민 지배 하의 아프리카 영화에서 나타나는 특징인 다큐멘터리적 접근을 전유해 이를 자신의 목적에 맞게 변형한다.

셈벤의 초기 영화는 다큐멘터리와 내러티브 영화 스타일을 혼합하는 네오리얼리즘의 영향 하에서 비전문 배우, 현장 촬영, 에피소드 위주의 서사 구조를 활용한다. 매우 한정된 원재료로 구성된 단편인 「보롱 사레」는 아침부터 저녁까지 다카르 짐수레꾼의 하루를 담아내면서, 세네갈의 가난한 노동자가 겪는 짤막한 여정을 보여준다. 이 영화는 네오리얼리즘의 음향 후시녹음을 채택하는데, 이미지가 다큐멘터리적 특질을 유지하는데 비해 음향은 그렇지 않다. 사실상 이 영화의 음향은 매우 독창적으로 사용되어, 미학적 불리함을 장점으로 변모시킨다.[33]

「보롱 사레」에는 자연주의적 음향이나 이미지와 엄밀하게 동기화되는 음향 공간의 환영을 보존하기 위한 어떤 시도도 없다. 영화는 전반적으로 이미지와 음향의 변별성, 서로 연관된 다양한 음향들의 활용을 강조한다. 그 결과 상당히 단순한 혼합물에서 청각적 공간이 지층화된다. 즉 목소리, 음향, 음악이 변별적 블록들로 조직된다. 또한 이 지층화는 서사적 등록들을 복잡하게 지층화한다. 목소리는 내적 발화와 대화 사이의 자유 간접적 스타일 내에서 변환된다. 이야기는 음향 트랙으로 흘러나오는 두 곡의 노래와 연관된다. 그 중 하나는 점심시간 에피소드에서 그리오[griot : 서아프

---

33) 셈벤은 「흑인 소녀」(*Le Noire de…*, 1966)에서도 마찬가지로 혁신적으로 음향과 내러티브 목소리를 활용하며, 이는 강력한 효과를 발휘한다. 이에 대한 대조적이고도 흥미로운 견해로는 말크머스와 암즈의 『아랍과 아프리카의 영화제작』에 수록된 암즈의 논의를 참조하라. 여기서 암즈는 셈벤의 초기작들을 주로 다룬다.

리카의 구비 전승 시인)와 찬송가수가 노래하는 디제시스상의 소리이고, 다른 하나는 그 이전과 이후의 몇몇 에피소드에서 연주되는 디제시스 바깥의 소리다. 그리고 물론 카메라가 잡아내는 다양한 시점들이 있다. 이 서로 다른 서사적 등록들은 영화의 화법을 여러 갈래로 쪼갠다. 세네갈인뿐만 아니라 유럽인과도 소통할 수 있는 짐수레꾼의 프랑스어, 특정 언어 집단만 알아들을 수 있는 볼로프족의 노래, 그리고 영화 자체의 시각적 화법 등이 그 예다.

카메라의 거리와는 독립된 채로, 모든 목소리들은 통일적 근접성을 유지하면서 매우 가까이서 녹음됐다. 이는 음향의 비자연적 느낌, 음향과 이미지의 분리를 더한다. 짐수레꾼의 독백은 자유 간접적 서사에서 직접적 발화로 약간 이탈할 뿐이다. 게다가 짐수레꾼과 그 대화 상대──그의 부인, 거지, 벽돌공, 기다리는 남편, 애도하는 남편, 플라토(Plateau)로 가는 사람, 경찰──의 직접적 발화는 모두 인용된 것처럼 들린다. 남성들의 비슷비슷한 목소리는 이 특징을 한층 강화하며──내 생각에 셈벤 자신이 대부분의 목소리를 입힌 듯하다──그 결과 목소리와 몸의 분리가 확대된다. 영화를 통틀어 청각적 공간이 부여하는 복잡한 질서 때문에 관객은 내레이션이 이야기하기 공간의 이미지 바깥에서 온다고 느낀다. 즉 이 내레이션은 짐수레꾼의 내면 목소리라기보다는 오히려 (셈벤 자신과 관련해서) 이야기꾼의 목소리, 다른 시간과 다른 장소에서, 이미지 바깥에서 오는 목소리다. 모든 음향 트랙은 이야기체의 인상을 전달한다. 이야기하기의 행위가 이미지와 연관되는 동시에 거기서 분리 가능한 것처럼 들린다는 말이다. 물론 셈벤은 이야기꾼이고, 모든 이야기꾼이 그러하듯 주요 등장인물에 자신의 목소리를 빌려준다. 그러나 두 곡의 노래에 대한 이야기와 관련해서 목소리를 위치지을 때, 셈벤은 이미지에 대한 해설을 다양화하면서 아프리카의 이야기 꾸미기 전통에 관련된 복잡한 과정에 스스로를 위치짓는다.

또한 셈벤의 자유 간접적 스타일은 기이한 의고성(pastness)을 강하게 전달한다. 이미지와 음향이 이루는 서사의 전개는 상호 보완적이지만 이접적이다. 이미지와 음향은 모두 화면 지속 시간상 현재에 출현하지만, 셈벤의 독창적인 후시녹음 작업 때문에 음향 트랙의 현재와 이미지의 현재가 공약 가능한지가 의심에 부처진다. 음향과 이미지의 자유 간접적 관계, 그리고 서사의 문법적·화행적인 스타일은 이야기와 그 교훈에 과거의 힘이 여전히 존재하고 있음을 환기한다. 이는 구전 설화와 유사한 효과다. 그러나 여기서 셈벤은 이 특질을 더 복잡하고 정치적인 방향으로 끌고간다. 음향과 이미지의 변별적 분리는 영화상의 시간적 분할을 강화한다. 음향과 이미지의 불확실한 동기화 때문에 모호하고 불확실한 느낌이 생겨나며, 그 결과 현재와 과거 간에 모호하고 구불구불한 관계가 형성된다. 영화는 과거에 대한 모든 단순한 호소를 사실상 반어적으로 그려낸다.

이는 특히 점심식사 에피소드에서 뚜렷하게 나타난다. 짐수레꾼이 잠시 멈춰 서서 콜라 열매를 먹고 있을 때 그리오가 접근한다. 여기서 목소리, 노래, 이미지는 명백하게 동일한 내러티브 공간을 가리킨다는 점에서 상호 보완적이다. 그러나 이 공간들 간의 관계를 자연스럽게 해주는 실마리는 거의 없다. 가령 음향 트랙상에 볼로프족의 현악기 ──칼람(khalam)으로 추정되는── 소리가 섞이고 있는데도 그리오는 악기 반주 없이 노래하고 있는 것으로 그려진다. 사실 그리오의 입모양은 노래와 전혀 맞지 않다. 내레이션이 재현하는 것은 짐수레꾼의 생각이나 반응의 추이보다는 오히려 이와 유사한 상황에서 생각할 법한 것에 대한 셈벤 자신의 간접적 관계다. 대본의 톤은 상당히 문학적이지만 이는 초기 셈벤의 영화 스타일이 보여주는 혁신성과 상충하지 않는다. 목소리, 노래, 이미지의 관계는 상호 보완적이지만 공약 불가능하다. 그들의 불확실한 동기화 때문에 음향과 이미지는 디제시스적 공간에서 상관적일지라도 결국 서로 분리된 것으로 구성된다.

언표 가능한 것과 시각적인 것, 시각적인 제시와 구술적인 서사를 절연하면서, 셈벤은 과거의 힘이 바람직하게 또는 바람직하지 않게 현재에 영향을 미치는 과정을 언급한다. 이 관계의 창발성 덕택에, 셈벤은 근본적으로 새롭고 동시대적인 맥락에서 아프리카의 구어적 서사 전통을 보존할 수 있었다. 각각의 공간은 분리된 채 남아 있지만 끊임없이 서로에 대한 정보를 제공하면서 서로를 언급한다. 이러한 언표행위의 형식은 목소리를 서사의 원천으로 강력하게 특권화하지만, 이는 서구의 관습적 다큐멘터리나 내러티브 영화의 스타일에서 나타나는 권위와 전혀 무관한 것이다. 또한 이는 통상적 의미에서의 화면 밖 목소리를 제시하지도 않는다. 오히려 목소리는 영화를 경유하여 순환하면서 상이한 등장인물과 목소리들에 구체적 방식으로 체현된다.

이와 동시에 셈벤은 아프리카 전통에 대해 복잡하고 모순적인 태도를 보인다. 나는 그리오가 이야기하기와 역사적 서사행위의 훌륭한 전통을 대표한다고 확신하지만, 식민화 이전 아프리카의 과거는 잘못된 탈식민적 미래의길로서 암묵적으로 재현된다. 짐수레꾼이 볼로프족 조상의 위대함을 찬양하는 노래는 참된 만큼이나 거짓이다. "새로운 삶이 나를 노예로 전락시켰을 것이다"라고 말하는 내레이터는, 그러나 "나는 여전히 귀족이다"라고 덧붙인다. 이 순간, 짐수레꾼은 상당수 군중을 모은 그리오에게 자신의 하루치 일당을 건넨다. 짐수레꾼의 자존심을 잠시 회복시키는 역사적 과거의 호소력이 그를 가난하게 만들기도 하는 것이다. 이후 짐수레꾼은 다카르의 유럽인 거주지구인 플라토에 짐수레를 끌고 들어간 죄로 체포된다. 이때 경찰은 그의 참전 기념 메달을 알아보지 못하고 그것을 발로 밟는다. 이 장면에서 전통적인 북이 연주된다. 이 소리는 볼로프 형제의 선물에서 경찰들이 인지하지 못하는 역사적 자부심을 다시금 환기한다. 이 영화는 이슬람의 역사적 힘에 대해서도 양가적 태도를 드러내는 것이다.

짐수레꾼과 그리오라는 짝패, 그리고 사실상 짐수레꾼과 그의 모든 고객들 각각으로 이루어지는 짝패들은 제각기 거짓을 만들 수 있는 역량을 제시한다. 이 역량은 현재 속에서 과거의 반복을 중단시키고, 과거에 대한 향수에 젖어 ── 세네갈 민중의 발생 중인 집단적 목소리를 인지하지 않으려 하면서 ── 변화를 거부하는 정체성의 한계를 노출한다. 각각의 등장인물은 자신의 관심사에 따라 행동하며, 이에 따라 영화의 에피소드 구조는 실재적인 것이 되기 이전에 현행적인 세네갈인이 민중으로서 계열화되는 과정을 그려나간다. 민중은 여전히 행방불명된 상태지만, 목소리에서 목소리로 이행하는 자유 간접적 스타일과 에피소드에서 에피소드로 이행하는 자유 간접적 이미지는 그 모두가 어떻게 동등하게 계열적인 풍조로 집단적 상황에 연결되는지를 그려보인다. 짐수레꾼의 여정은 분할되는 동시에 통일된다. 그러나 셈벤에게 미래로 향한 길은 과거를 통과하지 않으며, 영화는 민중이 행방불명된 상태를 민중 생성의 전제조건으로 보여야 한다. 그것은 역사에 대한 전망을 보존하는 동시에 순환적 관계와 단절할 것을 요청한다. 바로 그 순환적 관계에서, 식민 이전의 과거에 대한 이상화된 동일시를 통해 신식민적 현재에서 소외와 복종의 힘이 보존되기 때문이다.

셈벤은 전통적 아프리카 역사와 이야기하기를 그려내기 위해 영화로 선회한다. 이는 존중되어야 하는 것인 동시에 비판적으로 변형되어야 하는 것이다. 그리오의 사회적 역할에 대한 셈벤의 모호한 동일시는 중재자로서 아프리카 지식인의 역할을 변형하고자 하는 욕망을 대표한다. 「보롬 사례」의 결말부에서 운전사는 다음과 같이 한탄한다. "당신은 누구를 믿을 수 있는가, 도대체 누구를? 어느 나라에서나 같을 거야. 그들은 글을 읽을 줄 알지만 거짓말만 하지." 세네갈인 중에서 신식민 시대의 교육받은 전문계급은 다카르의 빈민 노동계급을 대표해야 하는 책임을 버렸다. 셈벤이 자유 간접적 스타일을 사용할 때, 그 명시적인 정치적 동기는 '민중을 대표하는 것'이 아니라 오히려 아프리카의 지식인을 구원하는 것이다. 즉 세네갈의 빈민 노동계급에 목소리를 부여하고 연이어 지식인의 목소리를 변형하는 이중 생성을 야기하는 것이다.

이는 동일성(정체성)이나 동일화의 정치학이 아니다. 셈벤의 영화에서 이야기꾼의 기능은 목소리 속에서 보존되지만, 이 보존은 동일성이라는 단순한 형식 내에서 이루어지는 것이 아니다. 셈벤 자신이 다양한 등장인물을 설화나 연극과 연관지을 때, 들뢰즈적인 의미에서 그는 그들의 중재자처럼 작용하며 연이어 그들이 셈벤의 중재자가 된다. 영화감독과 등장인물은 모두 서로에 대해 거짓을 만들 수 있는 역량처럼 작용한다. 서사상에서 셈벤은 서구적인 전지적 목소리를 포기하고 간접적·유동적으로 작가적 현존을 유지한다. 작가는 목소리 이면에서 익명성의 질을 취하면서 짐수레꾼의 익명성과 유비 관계를 이룬다. 이때 그 익명성 ——이름 없는 직업—— 은 두 가지 소외의 공약 가능한 형식들을 접촉시킨다. 이는 중재자들과 그들의 내러티브 기능이 구축되는 것을 보여주는 강력한 사례다. 짐수레꾼의 인물성(character)은 그 배역을 맡은 비전문배우의 연기하는 몸과, 셈벤 자신이 덧입힌 짐수레꾼의 목소리로 분할된다. 이때 유기적 지식인과 노동자 간의 회로가 성립되지만, 이는 단순하게 동일화를 의미하는 것이 아니다. 셈벤은 자기 자신의 부재를 통해 짐수레꾼의 몸에 목소리를 부여하며, 그에 따라 짐수레꾼은 지식인의 목소리를 활용한다. 각각은 자기 자신의 입장에서 출발해서 타자-되기로 나아간다.

셈벤은 처음부터 끝까지 짐수레꾼의 몸을 통해 서사화하며, 이 과정에서 구어의 특질과 내러티브 스타일 모두에 있어 프랑스어의 볼로프적 혼성화(creolization)를 창조한다. 자유 간접적 관계는 영화의 상이한 서사적 등록들 사이를 순환한다. 여기서 정체성을 분열하는 계열적 힘이 해방된다. 정체성의 위치는 음향과 이미지의 복잡한 분할을 통해 한 인물에서 다른 인물로 이전하며 폭넓게 다양화되고, 그에 따라 인물들 자신은 아직 인지하지 못한다 해도 관객 대중이 인지할 수 있는 집단성의 이미지가 생겨난다. 목소리와 이미지는 더 이상 진실한 것을 모델화하는 다큐멘터리의 기능을 수행하지 않는다. 오히려 이미지와 음향, 주체와 객체 간의 관계는 변별적이고 공약 불가능하지만, 자유 간접적 관계 속에서 진동하며 하나에서 다른 하나로 거듭 미끄러진다. 따라서 진실한 것의 모델은 더 이상 유효할 수 없다. 정체성은 특정한 이미지나 목소리 또는 내레이터와 등장인물에서 발견되는 것이 아니라, 불완전한 생성의 이미지에 놓인다. 이는 몸체와 목소리를 결코 고정적 단일체로 연결하지 않는 무리수적 관계의 또 다른 형식이다. 이들 각각은 바로 이 공약 불가능성에서 미분화되고 타자가-된다. 어떤 특정한 이미지와 목소리도 탈식민 이후의 아프리카인이 제기하는 정체성에 대한 요구를 적절하게 재현할 수 없지만, 그 이미지와 목소리가 미분화될 때 개인은 계열적 관계에서 분할되고 그 결과 집단적 존재로 변모한다. 즉 나는 타자가 되고, 사적인 것은 공적인 것이 된다.

한 에피소드에서 다른 에피소드로, 한 등장인물에서 다른 등장인물로 영화가 진행함에 따라 계열적 구축은 바깥의 힘으로 작용한다. 셈벤의 자유 간접적 스타일에서 관객은 짐수레꾼에 동일시하는 것이 아니라 모든 경우에서 바깥으로 밀려난다. 그 결과 관객들은 내레이터와 등장인물 각각이 간파할 수 없는 단절된 관계들을 재연쇄시키면서, 그 모든 인물들보다 더 포괄적인 관점을 취하게 된다. 이는 부분적으로 음향과 이미지 사이에 놓인 무리수적 간격의 효과이기도 하다. 영화에서 청각적 공간은 말하기의 시간에 따라 정돈된 이야기하기의 공간이다. 이미지 트랙은 경청의 시간에 따라 정돈된 방청의 공간이며, 상상된 이야기의 어느 한 판본이다. 그러나 전통적인 이야기하기와는 달리 여기에는 관객의 직접적 참여를 위한 공간이 없다. 오히려 관객들은 간접적으로 참여할 필요가 있다. 영화의 결말부에서 짐수레꾼은 돈도 짐수레도 없이 집으로 돌아오지만, 아내는 그에게 오늘 밤 먹을 것이 있을 거라는 확신을 주면서 여운을 남긴다. 일반적으로 이 결말은 아이러니한 상황의 심화로 읽힐 수 있다. 짐수레꾼이 가족을 부양하지 못했기 때문에 이제 그의 아내가 몸을 팔아야 할 것이다. 하지만 또 다른 관점이 가능할 수도 있다. 영화가 관객에게 요청하는 과제는, 짐수레꾼의 아내처럼 영화 바깥으로 움직여 나가는 것, 즉 영화를 떠나서 공약 불가능한 관계와 불가능한 상황에서 우리의 장소를 창안하고 창조하는 것이다. 영화는 역사적 변화의 불가능성을 고려하라고 관객에게 요청하지 않는다. 오히려 요청되는 과제는, 아직 고려되지 않았지만 그들에게 집단적으로 작용할 변화의 형식을 상상하는 것이다.

재현된 서사적 상황뿐만 아니라 음향과 이미지의 이접이 탈식민 이후 아프리카인에게 주어진 무수한 거짓 경로들을 분절할 때, 짐수레꾼은 거짓을 만들 수 있는 역량을 구현하는 방향으로 구성된다. 셈벤은 자기 자신에서 출발해 볼로프 빈민 노동계급과의 동일화로 나아가도록 인도하는 중재자를 창조했다. 이와 함께 서사는 짐수레꾼을 연기하는 비전문배우의 몸에서 느슨하게 솟아난다. 그 배우는 다른 배우들과 마찬가지로 셈벤의 서사적 목소리 내에서 타자가-된다. 스타일에 있어서, 셈벤이 작성하고 상연하는 대화와 마찬가지로 영화 자체가 창조적 방언이다. 이러한 거짓을 만들 수 있는 역량은 두 가지 불가능성을 동시에 수행한다. 하나는 볼로프 지식인이 자신의 상황을 프랑스어로 표현하는 것이 불가능하다는 점, 다른 하나는 볼로프 문화가 식민주의에 오염되지 않은 역사로 단순히 퇴행한다 해도 스스로를 재확인하는 것이 불가능하다는 점이다. 여기서 셈벤은 프랑스적이지도 아프리카적이지도 않은 잡종으로서의 소수적 스타일을 창조하는데, 이는 탈식민 이후의 역사적 상황에 한층 부합하는 그 무엇이다. 영화의 결말에 사유되지 않은 것, 즉 새로운 시작에 대한 규정되지 않은 가능성을 찾아내는 과제는 여인, 즉 짐수레꾼의 아내에게 부여된다. 셈벤의 영화를 통틀어 내레이터의 목소리는 끊임없이 분할하면서 타자가-되기를 거듭한다. 그 목소리는 탈식민적 이야기꾼, 집단적 언표행위의 수단이다.

결론적으로, 타자-되기의 개념은 소수적 영화가 제시하는 몸과 사유의 관계를 가장 잘 예증한다. 몸과 사유의 복잡한 관계는 공간과 시간의 관계에 유비적이다. 몸체는 지각의 물질성과 긴밀하게 연결된다. 그것은 공간 내에 지각을 고정하고, 공간이 파악되는 출발점인 지평과 전망을 정초한다. 그러나 시간이 공간에 선행한다는 것이 곧 정신과 몸체의 분리를 의미하지는 않는다. 들뢰즈의 데카르트주의 비판은 부분적으로 다음과 같이 표현된다. "몸은 더 이상 그 자신을 사유와 분리하고 있는 장애물, 사유하기에 도달하기 위해 극복해야 할 무언가가 아니다. 반대로 몸은 '사유되지 않은 것', 곧 삶에 도달하기 위해 그 속에 빠져들게 되는, 빠져들어야 하는 무언가다. 몸 자체는 사유하지 않는다. 그러나 몸은 집요하고 완고하게 우리에게 사유할 것을 강요하고, 사유와 삶에서 은폐된 것들을 사유하라고 강제한다. …… 몸의 태도는 바깥의 세계보다 더 멀리 무한히 떨어진 저 바깥에 대해서 시간과 사유를 연관한다."(TI, 189/246)

몸과 정신은 분리된 것이 아니라 서로 다르게 시간과 관계 맺고 있을 뿐이다. 몸은 지나가는 시간의 공간적 기호다. 시간이 지나가버리기 때문에 그것은 결코 현재에 존재하지 않는다. 몸은 과거의 경험을 등록하고 축적하면서 미래를 예감한다. 그것은 동일자의 반복이라는 반응적 미래일 수도 있고, 새로운 잠재력과 변형적 힘에 대한 기대라는 긍정적 미래일 수도 있다. 몸은 사유하지 않지만 사유에서 분리되지 않는다. 오히려 "사유한다는 것은 사유하지 않는 몸이 무엇을 할 수 있는지, 그 능력과 태도와 자세가 무엇인지를 배우는 것이다."(TI, 189/246) 계열은 힘들의 표현이며, 몸체는 그 힘을 통해 스스로를 변형하고 나는 그 힘을 통해 타자가 된다. 행동-이미지는 몸체가 움직이는 공간과 몸체 자체를 동일시한다. 즉 감각-운동적 상황이 조직하는 경로적(hodological) 공간 내에서 전망을 정초하고, 행동 하고, 반응하는 몸체가 바로 그 공간과 동일시되는 것이다. 반면 계열은 산 포적 공간이 총체화되거나 전체로 해소되지 않고도 서로 겹쳐 놓이는 이미 지 내에서 몸체를 포착한다. 즉 계열은 "정신의 미결정(indécision)이 아니 라 몸체의 규정 불가능성을 가리키는 '영혼의 동요'(fluctuatio animi)[34] 같 은 전-경로적(pre-hodologique) 공간을 제시한다"(TI, 203/264). 영화의 몸체는 우리의 물리적 몸보다 한층 융통성 있고, 공연과 가장, 자세와 제의 의 계열을 한층 손쉽게 표현한다. 이는 거짓을 만들 수 있는 역량이며, 이를 통해 나는 타자가 된다. 게다가 몸체는 변형될 수 있으며, 영화는 이를 가능 성으로 보여줄 뿐만 아니라 몸의 역량을 의지로 표현할 수 있다는 점에서 좋은 도구다. 사유에서의 타자-되기는 타자가 되기 위한 전주곡이다.

영화는 공연 예술과 달리 몸의 현존을 보여주지 않으며, 사실상 이것 이 영화의 위대한 힘 중 하나다. 메츠가 주장하듯 영화는 현존이 아니라 이 중의 부재로 구성된다. 즉 영화에는 시간상의 이미지와 공간상의 몸체(과 거에 카메라 앞에 있던 몸체의 현존)가 부재하며, 관객은 지각 과정에서 시간 의 경과를 영원히 뒤따라간다. 이는 상상적인 것의 한 정의이며, 이 지점에 서 메츠와 들뢰즈는 부분적으로 일치점을 보인다. 그러나 메츠가 바쟁과 마찬가지로 시간의 경과를 다소 멜랑콜리하게 받아들이는 반면, 들뢰즈는 이를 긍정적으로 본다. "〔그것은〕 영화가 자신의 본질과 우연히 마주치는

---

34) (옮긴이) 스피노자의 『윤리학』 3장에 등장하는 이 말은 원전에서는 '외부 몸체들의 변용으로 발생 한 수동적인 정념에 사로잡힌 존재'를 가리키면서 다소 부정적인 뉘앙스로 쓰였다. 그러나 들뢰즈 는 그런 원뜻을 계승하면서도 사유의 역량과 능동적인 역량으로 나아가는 긍정적인 존재조건으로 이 말을 쓰고 있다. 이런 변화는 이 말이 『시간-이미지』에서 '비-선택'(non-choix), '사유될 수 없는 것' 등과 나란히 쓰인다는 점에서도 확인된다(TI, 203/265). 7장에서 자세히 살펴보겠지만 이 것들은 모두 사유의 박탈이나 세계의 소멸을 넘어서 새로운 창조적 사유의 발생적 가능성들, 즉 내부와 외부의 겹침, 삶과 삶 아닌 것의 겹침을 예고하기 때문이다.

것을 의미하는 '영감의 재활성화'다. 문제는 몸의 현존이 아니라 세계와 몸의 부재를 의미화하는 토대 위에서 세계와 몸을 복구할 수 있는 믿음의 현존이다."(TI, 201~202/262)[35] 물론 세계와 몸의 부재를 의미화하는 것은 시간이다. 그것은 지각과 사유, 공간과 시간을 비대칭적으로 분리하는 무리수적 간격을 지나가는 시간이다. 시간의 직접적 이미지는 순수한 잠재성의 이미지, "가시적인 것에 근본적인 교란을 촉발하고 세계에 지연을 촉발하며, 모든 자연적 지각을 모순에 빠뜨리는 잠재성의 이미지다. 이런 식으로 잠재성은 '알려지지 않은 몸'을 발생시킨다. 그것은 우리가 우리 자신도 모르게 가지고 있는 몸이다. 그것은 우리의 시야에 여전히 숨겨져 있는 가시적인 것, 즉 '사유 내의 사유되지 않은 것'과 같은 것이다"(TI, 201/261). '사유되지 않은 것'은 몸체가 생성하려 하는 타자의 힘이다. 이는 그 의지 이면의 **이념**, 몸체가 사유에 도입하는 문제(problème), 그리고 철학이 개념들과 그 연결고리로서 소급적으로 표현하는 차이들의 계열을 펼침이다. 이 계열의 펼침은 뇌의 영화를 낳는 정신적 자동기계, 정신의 직관이다.

---

35) (옮긴이) 이 부분은 필립 가렐의 영화에 대한 설명과 연관된다. 「폭로자」(*Le révélateur*, 1968), 「기억 속의 마리」(*Marie pour mémorie*, 1969), 「비밀의 아이」(*L'enfant secret*, 1983) 등 가렐의 영화들에는 온도의 대비를 이루는 흑화면, 무지화면 등이 강렬하게 출현한다. 이것들은 특정한 구상적인 요소들을 표현하지 않기 때문에 관객에게 가시적인 몸의 현존을 보여주지 않는 것처럼 보인다. 더구나 이 장면들은 이전-이후의 쇼트들과 어떤 시공간적 연속성도 가지지 않기 때문에 일종의 무리수적 절단들로 볼 수 있다. 들뢰즈는 이런 절단들이 몸과 관련한 어떤 의미를 생성시킨다고 본다. "가렐의 영화에서 흑색 또는 백색의 화면은 구조적인 가치뿐 아니라 발생적인 가치를 갖는다. 그것은 변이와 색조변화를 통해 몸의 구성(이 점으로부터 이루어지는 원시적인 육체들, 남성, 여성, 아이)에 대한 역량, 자세들의 발생에 대한 역량을 획득한다."(TI, 200/261) 즉 흑백화면 등의 시청각적 공백을 보여주는 쇼트는 단순한 추상화 이상의 무엇을 수행한다. 그것은 영화가 몸체를 보여줄 수 있는가에 대한 근원적 질문과 관계된다. 공연 예술과 달리 영화는, 몸체의 현존을 투명하게 인식할 수 있는 지각과 모순을 일으킨다. 영화가 우리에게 주는 것은 이미지=물질 자체인 세계, 즉 내재성의 평면에서 발산하는 분자들의 진동이나 물질의 흐름, 즉 '춤추는 배'와 '발광하는 먼지'(TI, 200/261)이다. 이것들이 바로 알려지지 않은 몸체다. 흑백화면은 몸체들의 가시적 현존이라는 조건과 단절하면서 몸체의 탄생에 대한 원형적인 비전을 담아낸다. 들뢰즈는 가렐의 이런 비전이 세계의 고대적·여명적 상태를 담아냈다는 점에서 세잔의 점과 평면, 선과 단면에 비견된다고 말한다(세잔의 그림에 대한 설명은 『철학이란 무엇인가』에도 실려 있다).

7. 사유와 이미지

"사유하게-하는 것 대부분은 우리가 아직 사유하고 있지 않다는 것, 세계의
상태가 끊임없이 사유하게-하는 상태로 변해가더라도 아직까지 사유하고 있
지 않다는 사실이다. …… 사유하게-하는 시대에 우리로 하여금 사유하게-
하는 것 대부분은 우리가 아직 사유하고 있지 않다는 것이다."
—마르틴 하이데거,「무엇이 사유함을 요청하는가」(1952)

『시간-이미지』에는 다소 음흉한 유머가 몇 구절 있다. 철학과 죽음의 관계
에 대한 간략한 성찰의 기록은 그 중 하나다. 명백하게, 이 기록은 성숙한
철학자의 묵상이다. 돌이켜볼 때, 『철학이란 무엇인가』 역시 이와 유사한
성찰에서 출발한다는 점은 충격적이다. 『시간-이미지』에서 들뢰즈는 퀘벡
출신의 작가 폴린느 하비의 이야기 한 편을 끌어들인다. 하비는 자신이 철
학을 잘 이해하지 못하지만 철학자들을 사랑한다고 쓴다. 그녀는 철학자들
이 권태롭고 조심스러우며, 냉담함에 대한 남다른 감수성을 가졌다고 본
다. 철학자들은 죽음의 상태를 통과해서 삶으로 되돌아온 듯한 인상을 준
다. 하비는 그 이중적 오류(죽었다가 되살아나는 것) 때문에 이 같은 인상이
재미있다고 느끼지만, 들뢰즈는 동일한 인상에서 이중적 진리를 단언한다.
들뢰즈가 제안하기를, 철학자들의 특성은 자기 자신이 죽음의 상태를 통과
하다가 방향을 선회했다고 믿는 것이다. "철학자는 자신들이 죽었다가 귀

환했으며, 충만한 의식(toute raison) 속에서도 죽음의 상태로 돌아간다고 믿어왔던 자들이다. 철학자는 죽음에서 회귀하고 거듭 그 자리로 되돌아간다. 이는 플라톤 이후로 철학의 살아 있는 공식이었다."(TI, 209/271)[1]

　이 삭막한 이미지는 철학의 비판력을 표현한다. 여기서 죽음의 얼굴은 여러 가지다. 키에르케고르가 대면했던 죽음의 얼굴은 실존의 한계에 해당하는 육체적 죽음의 불가피성뿐만 아니라 내적 죽음, 암담한 우울이다. 그 외에 외부적 또는 사회적 차원에서 다양한 형태로 죽음의 불가피성이 나타난다. 마르크스는 노동의 소외를 규명하고 이에 대적하고자 분투했다. 아도르노는 후기 자본주의 하의 상품 논리가 변증법적으로 증식할 때 문화의 물화가 발생한다고 통찰했다. 하이데거는 사회가 점차 기술지배적 통제사회로 이행하는 과정에서 사유함의 운명이 어떻게 될지를 근심했다. 이는 모두 철학의 멜랑콜리적 관점이다. 철학자는 거의 아무도 그리지 않고 심지어 이해하려 들지도 않는 땅을 측량한다. 철학자는 어떤 이미지, 어떤 지도를 가지고 ── 이는 꼭 필요한 열쇠다 ── 그 땅을 파악하고 항해하고, 그곳을 살리려 한다. 그 땅에는 자본주의가 죽여 없앤 것들이 여전히, 틀림없이 살아 있으며 그래야만 한다. 그러나 철학자의 전언을 듣고 싶어하는 사람들은 거의 없다. 게다가 그 전언은 종종 매우 이해하기 어렵다. 대부분의 사람들은 매일의 생존이 이어지는 영속적 현재에 사로잡혀 있다. 철학자는 항상 부적절한 시기에 그들을 찾아온다. 그는 과거의 무거운 짐을 지고 미래의 현재에서 귀환한다. 철학자의 부재를 애도하고 그의 귀환을 환영할 만큼 시간이 넉넉한 사람은 거의 없다. 이때 죽음은 사유와 실존의 지평을

---

1) (옮긴이) 철학자의 이런 특성과 가장 가까운 영화가 알랭 레네의 영화다. "우리가 레네의 인물들이 철학자들이라고 말할 때, 우리는 그들이 철학에 대해 이야기한다고 말하는 것이 아니라 레네가 철학적인 이념을 영화에 '적용하지만' 철학의 영화, 사유의 영화를 창안한다고 말하는 것이다. 이는 영화의 역사에서 전적으로 새로운 것이자 철학의 역사에서 전적으로 살아 있는 것이다."(TI, 209/271~272).

표시한다. 철학자의 과제는 이 지평을 횡단하고, 마침내 삶의 새로운 가능성과 더불어 귀환하는 것이다.

　이는 철학의 암흑이다. 그러나 환희의 노래, 니체의 영원회귀에 리듬을 맞추는 디오니소스 찬가가 울려 퍼지는 것도 이 무렵이다. 니체는 철학의 비판적 힘이 해석과 평가에 있다고 본다. 소외와 물화에 직면한 철학은, 그 역량들과 잠재력들을 증대하면서 비판을 통해 삶과 사유를 긍정해야 한다. 여기서 삶은 차이 없는 반복과 대립하는 것이다. 그것은 긍정적 삶, 생성하는 존재, 변화다. 『철학이란 무엇인가』에서 들뢰즈와 가타리는 철학의 정체성과 과제에 대한 질문들을 죽음의 근접성에 연관시키는 결승전을 완강하게 거부한다. 왜냐하면 철학은 창안이고, 그렇지 않으면 아무 것도 아니기 때문이다. 사실상 철학은 끊임없이 새로운 개념을 창조하는 과정으로 정의되어야 한다. 모든 것이 미분적인(차이나는) 것으로 귀환한다는 영원회귀의 개념은 시간의 열린-결말, 창조적 삶의 항상-갱신되는 가능성을 확인한다. '나' 는 시간의 형식을 통해 나누어지고 타자가 되며, 집단적 삶과 주체성의 가능성들을 다양화한다. "사유가 기능할 때, 거기에는 그 자체의 탄생, 은밀하고 심오한 탄생의 어김없는 반복 이외의 다른 어떤 이유도 없다. …… 사유의 기능작용(fonctionnement)은 이미지의 대상이며 …… 우리를 이미지로 되돌리는 참된(véritable) 주체다." (TI, 165/215)

　들뢰즈와 가타리는 "철학이란 무엇인가?" 라는 물음에 단도직입적으로 대답한다. 철학은 개념들을 창안하는 기술(art)이다. 명백하게, 이 창안에는 집중적 노동, 깊은 명상, 즐겁고 심오한 투쟁이 필요하다. 그러나 질문은 여전히 남는다. 어째서 사유의 기능작용은 우리를 이미지로 되돌리는 '참된 주체' 가 되어야 하는가? 어째서 이미지와 사유의 관계가 철학자에게 그토록 중요한가? 어째서 특정한 이미지와 기호의 실천, 즉 영화가 그토록 철학자의 관심을 끌어야 하는가? 심지어 들뢰즈는 『시간-이미지』에서 다음과 같이 결론내렸다. "우리가 우리 자신에게 '영화란 무엇인가?'가 아니라 '철학이란 무엇인가?'라고 물을 수밖에 없을 때, 거기에는 언제나 시간, 정오-자정의 시간이 존재한다."(TI, 280/366)

이 책의 도입부에서, 나는 각 시대가 고유한 시간의 이미지를 통해 철학적으로 정의된다는 점에 대해 논의했다. 이는 개략적이나마 『운동-이미지』와 『시간-이미지』를 관통하는 주제다. 개념의 운명 ── 이는 곧 철학의 운명이다 ── 은 이미지의 운명, 이미지가 기호의 체제로서 변형되어온 역사와 연결된다. 그 역사가 철학을 변형해온 것 또한 간과할 수 없다. 들뢰즈의 가정 중 하나는, 영화이론이 사실상 철학의 일부라는 명제다. 궁극적으로 영화이론은 영화에 대한 이론이 아니며 영화에 관한 성찰도 아니다. 오히려 영화이론은 영화 이미지의 역사상 창조된 개념들에 대한 이론이다. 들뢰즈가 영화사를 철학사처럼 읽는 까닭이 여기에 있다. 현대 시청각 문화의 역사적 출현을 이해하고 그 문화에 고유한 사유의 이미지 내에서 사유함의 운명이 어떻게 될지를 판단할 때, 영화의 개념 정의가 필수적인 이유도 마찬가지로 그 때문이다.

우리의 문화는 현저하게 시청각 문화로 변모하고 있다. 이 사안은 『푸코』뿐만 아니라 『운동-이미지』와 『시간-이미지』에서 가장 중요한 주제 중 하나다.[2] 시청각 문화의 출현은 영화사 및 영화이론의 역사와 동시적으로 일어났다. 그러나, 들뢰즈의 관점에서 기존의 개념은 시청각 시대에 살아남기 어렵다. 특히 이 문화가 점차 텔레비전에 압도되고, 사회가 정보의 흐름으로 특징지어지는 통제사회로 변모할 때, 전망은 더욱 어둡다. 『철학이란 무엇인가』에는 이에 대한 불평이 빈번하게 나타난다. 인문과학(사회학,

---

2) 현대 문화를 시청각 문화로 정의하는 것에 대한 더 본격적인 논의로는, 나의 논문 「형상적인 것 읽기」와 「시청각 문화와 학제적 지식」을 참조하라.

정신분석학, 언어학)이 사유함의 권리를 주장하며 스스로를 철학의 경쟁자로 제시할 만큼 상황이 나빠졌다. 심지어 매스 커뮤니케이션의 다양한 분야들(마케팅, 디자인, 광고, 정보 기술)까지 스스로를 '사건'의 창조자, 즉 입안자(conxepteur)라고 칭하는 판이다. 철학적 의미에서의 비판이라는 이상을 마케팅이 대체하고 있다. "유일한 사건은 무역 박람회(exposition)다. 유일한 개념들은 팔릴 수 있는 상품들이다."(WP, 10) 그러나 들뢰즈와 가타리는 이 도전에 쉽사리 물러설 인물이 아니다. "개념이 기술공학과 정보사회를 지칭한다는 점을 알게 되는 것은 확실히 고통스럽다. 그러나 뻔뻔스럽고 어리석은 경쟁자들과 점점 더 많이 부딪히고 그 핵심과 대면할수록, 철학은 상품이 아니라 운석에 가까운 개념들을 창조해야 하는 자신의 임무를 수행해야 한다고 한층 강렬하게 느끼게 된다. 철학은 광인처럼 웃는다. 그 웃음이 눈물을 닦는다. 이제 철학의 문제는 개념과 창조가 상호 관련되는 특이점이다."(WP, 11)

영화에 대한 애정에서 출발해서 심층적으로 영화를 파고들면서, 들뢰즈가 후기 자본주의 시대에 철학의 운명을 영화의 운명과 연관지었던 이유는 명백하다. 시간-이미지의 화신은 목적론적 역사에서 영화의 본질을 실현하고 있지 않다. 오히려 그것은 시청각 문화에서 사유와 개념이 어떻게 변모할지, 그 운명을 걸고 전투에 뛰어든다. 들뢰즈의 열렬한 시네필주의, 위대한 작가들을 향한 매혹됨, 그의 암묵적인 가치 위계에도 불구하고, 그의 영화철학은 궁극적으로 미학이 아니다. 직접적 시간 이미지의 사례는 진정한 철학적 개념만큼이나 드물다. 이들은 모두 정보사회가 상정하는 사유의 물화와 정보에 맞서 투쟁에 참여한다.

사유의 운명이 곧 비판적 투쟁의 장이라면, 개념 자체에서, 개념이 사유와 맺는 관계에서, 동시대적인 사유의 이미지가 출현하는 내재성의 평면에 관련해서 중요한 것은 무엇인가? 확실히 개념은 정보로서의 가치를 갖지 않는다.[3] 개념은 철학적 실재로서 본성상 언어적인 것이 아니며 상징적 논리로 환원될 수도 없다. 또한 개념은 정신적 능력이 발견하고 공식화해서 판단을 내리는 준거에 해당하는 선험적 지식이나 표상으로 간주될 수도 없다. 예술과 철학은 같은 활동에 참여한다. 그것은 창조다. 예술이 지각 (percept)[4]과 정서를 창조하듯이 철학은 개념을 창조한다. 이들은 모두 유사한 내재성의 평면에서 출현한다. 내재성의 평면에서 개념은 주어지는 것이 아니라 창조되는 것, 창조되어야 하는 것이다. "개념은 형성되는 것이 아니라 그 자체에 스스로를 세우는 것, 자립이다. 창조와 자립은 상호적으로 서로를 함축한다. 왜냐하면 생명체에서 예술작품에 이르기까지, 진정으로 창조된 것은 그 자체의 자립 또는 그 자체를 인식 가능하게 하는 일종의 자율시적(autopoïétique) 특성을 향유하기 때문이다."(WP, 11)

영화사에는 개념의 창조 속에서 운동의 자율성을 통해 사유하는 구체적 사례들이 있다. 따라서 영화의 두 가지 체제에서 특징적인 것은 이미지 내에서 운동의 자동화, 그리고 이미지의 자동-시간화다. 각 체제는 시공간적 분절을 형성하며, 그 논리는 특정한 개념들을 수립한다. 이는 철학적 관점에서 정신적 자동기계, 정신적 지도제작, 정신기호로 분절될 수 있다. 영화제작자나 영화 자체는 자신의 시공간적 창조를 개념으로 인식하고 공식화하는 데 흥미를 보일 이유가 없다. 그러나 철학자는 영화에서 시간에 대한 적합한 철학적 고찰을 발견하며, 그에 따라 영화에서 이미지와 기호가 사유되는 방식을 자신의 영역에서 개념으로 정의할 것이다. 예술이나 과학 같은 인접 활동들과 마주치면서, 철학은 자신의 고유한 영역에서 "개념의

---

3) 실제로 시간의 문제는 사유의 운동과 정보 커뮤니케이션 간의 반비례를 지적한다. 이에 대해서는 『대담』의 「영화에서 이념을 갖는다는 것」을 참조하라.

4) (옮긴이) 여기서 'percept'는 'affect'의 용법과 유사하게 지속적인 상태의 변화, 낙차를 가리킨다는 점에서 '-태'(態)라는 뜻을 포괄한다. 때문에 변용/변용태의 구분처럼 'perception/percept'를 지각/지각태로 구분할 수도 있으나 어색하기 때문에 여기서는 'percept'을 지각이라고 번역했다.

교육학이라는 한층 소박한 과제를 떠맡는다. 이 교육학은 특이성의 계기를 이루는 인자에 해당하는 창조의 조건을 항상 분석해야 한다"(WP, 12).

이런 점에서 영화의 창조 조건은 자율적인 동시에 직관적이다. 영화가 기술적 장치, 즉 관객을 위해 이미지 내에서 의미의 시공간을 조직하는 기계라는 사실은 현대 영화이론이 모두 긍정하는 바다. 그러나 들뢰즈는 정신적 자동기계라는 관념을 끌어들이면서 이와 다른 철학적 전환을 추구한다. 스피노자는 철학의 임무를 사유의 역량에 대한 지식 제공으로 정의하면서——이는 사물에 대한 지식 제공과 대립한다——이 관념을 공식화한다. 철학적 관념의 임무는 무언가를 알려지게 하는 것이 아니라 사유의 역량을 알려지게 하는 것이다. 관념들은 하나에 대한 다른 하나의 원인이며, 따라서 정신적 자동기계는 자율시적이다. 관념들은 사유의 양태다. 관념들은 특정 법칙에 따라 정신적 자동기계로서 펼쳐지는 사유의 속성만을 원인으로 갖는다. 정신적 자동기계를 아리스토텔레스의 법칙이나 데카르트의 정신과 혼동해서는 안 된다는 점은 명백하다. 정신적 자동기계는 심리적 의식이 아니며, 동일성의 형식 내에서 해석되지도 않는다(스피노자는 이 지점에서 데카르트를 비판한다). 철학의 대상은 주체가 아니라 사유의 역량이다. 관념의 형식은 논리적이며 이는 의식과 분리된 것이고, 그 내용은 물질적이며 이는 재현소와 분리된 것이다. "우리는 사유할 때 오직 참된 관념의 형식과 내용을 결정하는 사유의 법칙에 복종한다. 우리는 그 법칙에 복종하면서, 관념 자체의 원인과 우리의 역량에 따라 일련의 관념을 생산한다. 우리가 지닌 지성의 역량을 알게 될 때, 우리는 우리 자신의 역량 내로 투입된 모든 사물들을 관념 자체의 원인을 통해 알 수 있다."(ES, 140)[5] 영

---

5) 나는 이 논점들에 관해서 레다 벤스메이아의 영향을 주로 받았다. 그의 논문 「변형자들 : 들뢰즈와 정신적 자동기계로서의 영화」를 참조하라. 들뢰즈의 스피노자 독해에 대한 다른 중요한 논의로는 하트의 『질 들뢰즈: 철학의 도제수업』과 보그의 『들뢰즈와 가타리』를 참조하라.

화의 **이념**이라는 개념 ── 이를테면 시간의 간접적 이미지와 직접적 이미지 ──은 이 자동기계가 철학적으로는 정신적 지도제작으로 묘사될 수 있는 것임을 암시한다. 어떤 이미지 체제에서건 사유의 지도제작자가 되는 것은 각 체제에 변별적인 내재성의 평면, 운동과 시간을 사유와 연관하는 각 체제의 개념, 각 체제가 개념과 기호의 특정한 연결접속(raccordement)으로 제기하는 정신기호를 옮겨 그리는 것을 의미한다. 오로지 이런 식으로 우리는 두 이미지 체제의 변별적 특성과 각 체제에서 제기되는 새로운 사유의 역량을 이해할 수 있다.

정신적 자동기계는 기계적(machinic) 사유다. 그러나 이는 영화가 테크놀로지라기보다 테크네(technē)또는 포이에시스(poiesis)[6]임을 뜻한다. 사진과 영화가 이미지를 자동적으로 생산한다는 것, 그래서 그 이미지는 인간의 개입 없이 객관적으로 생산된 것이라는 지적은 많이 있었다. 그러나 들뢰즈의 논의에서 독특한 것은 그가 이미지에서 운동의 자동화를 가장 중요한 원리로 지적할 때 일반적인 운동의 정의를 따르지 않는다는 점에 있다. 5장에서 논의했듯이, 운동의 정의는 고전 영화기에서 모던 영화기로 이행할 때 변하며, 이에 따라 사유의 역량도 이미지와 운동을 연관시키는 개념들의 기능에 맞추어 함께 변한다.

---

6) (옮긴이) 그리스 시학에서 시적 본질, 시작법(詩作法)을 뜻하는 말로 여기에는 행동과 창작의 뜻이 모두 담겨 있다. 고대 그리스에서는 시 창작을 집을 짓고 불을 붙이고 농사를 짓는 일과 동등한 일로 보았다. 시인이란 논밭을 갈아서 일하는 대신 주문을 외워 비를 내리게 하고 수확의 감사를 노래하는 데 전념하는 사람으로 여겨졌다. 시인이 만드는 구체적인 시작품을 포에마(poema)라 하는데 포이에시스는 이 포에마의 본질과 방법을 가리킨다. 소크라테스는 인간 자신과 그를 둘러싼 감각적 세계를 사랑하는 선한 욕망을 교육하는 것이 포이에시스의 본질이라고 보았다. 플라톤은 『국가』에서 소크라테스의 이런 견해를 기술하면서, 회화와 음악, 조형 예술, 희곡을 포함한 모든 예술 활동의 '의미 제작법'을 가리켜 포이에시스라 하고 있다. '의미 제작법'이란 인간을 둘러싼 세계의 모방이다. 아리스토텔레스 또한 이 의미를 계승해 『시학』에서 시인(poeta)을 가리켜 포에마를 만들어내는 제작자이자 기술자, 진리의 본질과 인간의 최고선(最高善)인 행복의 본질을 모방하는 모방자(mimeta)라고 말한다. 현대 시학에서 포이에시스는 상상적 창의력, 혹은 어떤 것을 환기시켜주는 대표적인 이미지라는 의미로 쓰인다.

퍼스는 여러 면에서 고전 영화의 운동 개념을 대표하는데, 그 중 정신적 자동기계는 "인간 정신을 추론의 논리적 법칙에 따라 발전시키는 기호"로 특징짓는다.[7] 히치콕의 정신적 이미지는 이 개념의 시네마토그래프적 정점을 재현한다. 즉, 그의 영화에서는 엄격하게 규정된 인과성과 필연적인 관계에 따라 한 이미지가 그 다음 이미지를 뒤따른다. 스릴러물에서 나타나는 추론의 논리적 전개의 불가항력적 특질은 이미지의 자동운동과 완벽하게 상응한다. 공간이 규칙적으로 풀려나오는 과정은, 시간의 자동운동이 공간 내에서 동일한 간격들의 연속적·선형적·연대기적·비가역적 연속으로 간접 재현되는 과정이다. 그러나 이미지의 자동-시간화는 이미지와 기호의 새로운 체제를 열어 젖히면서 새로운 개념들을 요청한다. 테크놀로지적 기초는 영화의 기계적 특질에서 의심의 여지 없이 중요하지만, 철학적 측면에서 영화를 정신적 자동기계로 논의할 때 근본적인 변수가 되지는 않는다. 테크놀로지에 의한 주체의 결정 또는 동일화를 긍정하는 장치 이론(apparatus theory)——베르토프에서 보드리에 이르기까지——은 결국 헤겔에 그 기원을 두며 거기서 벗어나지 못했다. 미리 밝혀두자면 들뢰즈는 헤겔보다 하이데거에 더 가까운 위치에 있다. 그럼에도 불구하고 시간-이미지의 출현은 근본적으로 새로운 테크네와 새로운 개념의 총체가 어떻게 동일한 테크놀로지에서 발명되는지를 설명한다. 정신적 자동기계는 기구(appareil)가 아니라 장치(dispositif)[8]인데, 설령 이것이 심리적이거나 정

---

7) 「네 가지 무능력의 중요성」(Peirce, 1991 : 313)을 참조하라.

8) (옮긴이) 두 단어는 모두 기구, 장치로 번역될 수 있지만 그 함축적 의미는 다르다. 'appareil'는 도구적인 수단, 또는 사회적 제도를 작동시키는 조직과 체계를 가리킨다. 이는 모두 이질적인 것들을 흡수하고 동화하는 상위의 단일한 심급을 상정하지만, 전자에는 수단에 대한 목적의 우위, 후자에는 하위의 제도와 체계를 통합하고 조정하는 상위의 제도와 체계라는 의미가 강하다. 'dispositif'는 인과적·위계적 관계가 아닌 이질적인 것들의 배열과 배치를 나타낸다는 점에서 'agencement'과 유사하다. 영미권 영화이론에서 두 단어는 모두 'apparatus'로 번역되어 혼란을 초래하기도 했다.

신분석학적이라기보다 철학적이라도 그렇다. 여기서는 개념적 혁신이 테크놀로지적 혁신보다 훨씬 더 중요하다.

들뢰즈의 저서가 두 권으로 나뉘는 까닭은 운동-이미지와 시간-이미지가 각각 서로 다른 사유의 이미지를 상정하기 때문이다. 두 체제는 고유한 이미지, 기호, 개념들로 특징지어지는 추상적 기계(abstract machine)를 발생시킨다. 이미지에서 운동의 자율성은 심리적 자동기계를 생산하며, 이미지의 자동-시간화는 정신적 자동기계를 생산한다. 이 둘은 하나가 다른 하나를 부정하면서 서로 대립되는 자기-동일적 형식도 아니고, 별개의 영화 문법도 물론 아니다. 오히려 운동-이미지와 시간-이미지는 이미지와 기호를 정의할 수 있는 체제로서 서로 다른 내재성의 평면을 수립한다. 앞서 살펴봤듯, 들뢰즈는 베르그송 독해를 통해 내재성의 평면을 운동의 탈주관적 평면, 물질이 이미지와 동일해지는 보편적 변이로 논했다. 이때 시간-이미지에 있어서 내재성의 평면은 시간의 수동적 종합, 또는 영원회귀 내에서 시간의 '운동들'로 묘사될 수 있다. 들뢰즈는 『철학이란 무엇인가』에서 내재성의 평면을 한층 추상적으로 정의한다. 그에 따르면 내재성의 평면은 사유의 이미지이며 여기서 개념들이 그 자신의 윤곽이나 스스로 상정하는 문제들과 무관하게 생산된다.

개념과 내재성의 평면이 맺는 관계는 중요하다. "내재성의 평면은 사유된 개념 또는 사유될 만한 개념이 아니라 사유의 이미지다. 사유함, 사유의 활용, 사유 내에서 자신의 태도를 발견하는 것, 그 모든 것의 의미에 대해 사유 스스로 품게 되는 이미지다."(WP, 37) 사유의 이미지는 사유의 방법론이 아니다(그럼에도 불구하고 모든 방법론은 개념의 공식화와 관련되며 사유의 이미지를 상정한다). 또한 이는 뇌의 기능에 대한 과학적 설명이나 인지이론을 가정하지도 않는다. 그리고 이는 사유 행위의 형태, 의미, 목적에 대한 문화적 표상——이는 특정한 역사적 국면에서 나타난다——도 아니다. 이 모든 관점은 이미지와 관련해서 사유의 내재성을 포기한다. 그러나 철학은 과학이나 예술과 분리되는 사유의 이미지를 정의할 것을 요청한다. "사유의 이미지는 행동과 권리 간의 엄격한 분할을 함축한다. 이와 같이 사유에 속하는 것은 역사적 견해나 뇌의 우발적 특색과 반드시 구분되어야 한다. …… 사유의 이미지는 사유가 자신의 권리로 주장할 수 있는 것만을 남긴다. 사유는 무한성에 도달할 수 있는 운동만을 요구한다. 즉 사유가 자신의 권리로 주장하는 것, 사유가 선별하는 것은 무한한 운동 또는 무한한 것의 운동이다. 바로 이것이 사유의 이미지를 구성한다."(WP, 37)

물론 무한한 운동이라는 관념은 운동-이미지의 절대적 운동 또는 보편적 변이를 시사한다. 사실상 들뢰즈는 『시간-이미지』의 결론에서 이 같은 논점을 제시한다. 영화의 이미지와 기호——영화구조(kinostructure)건 시간발생(chronogenesis)이건 간에——는 일차적 운동을 일으키는 기호적 질료에서 파생된다. 영화의 언표가능태(énonçable)는 기호적 질료다. "그것은 운동, 사유-과정(전-언어적 이미지), 그 운동과 과정에 대한 관점(전-기표적 기호)으로 구성된다. 또한 그것은 심리적-기계장치, 정신적 자동기계, 고유한 논리를 지닌 랑그의 언표가능태를 구성한다."(TI, 262/342) 그러나 철학이 권리상 자신의 활동인 것을 주장하려면, 시간의 탈인격적 형식과 영원회귀라는 한층 근본적인 운동을 상기시켜야 한다. 내재성의 평면과 개념들의 관계는 상호 보완적이며 공약 불가능하다. 이 둘은 개념의 창조를 보증하는 시간의 순수 형식에 의해 분할된다.

철학의 권리상 활동은 '플랑'(plan)이라는 프랑스어의 이중적 의미에서 암시된다. 이 말은 차원적 의미에서 평면(plane)과 지도(map)라는 뜻을 갖는다. 내재성의 평면은 사유 행위의 지평, 개념의 일관성[9]을 지정하지만, 그렇다고 무한한 개념의 창조를 제한하지도 않는다. 철학은 구성주의인 동시에 지도제작이다. 철학자들은 개념들의 지평, 관계, 일관성의 평면을 지도 그리는 동시에 개념들 자체를 창안한다. 이런 점에서 사유의 이미지는 추상적 기계이며, 정신적 자동기계는 개념들의 기계적 배치(agencement) 또는 구체적 배치물(assemblage)이다.[10] 이 자동기계는 주어진 사유의 이미지에 나타나는 특이성을 표현한다. 이미지와 자동기계는 모두 기계적 사유를 수립한다.

'개념'들은 기계의 배열(configuration)과 같은 구체적 배치물이지만, 평면은 그 기능적 부분들이 개념들의 배치물이 되는 추상적 기계다. 개념들은 사건들이지만, 평면은 사건들의 지평, 순수하게 개념적인 사건들의 비축소 또는 저장소다. 평면은 한계로서 기능하는 상대적 지평이 아니라 …… 어떤 관찰자와도 무관한 절대적 지평이다. 평면에서, 사건은 그 자신이 일어나는 가시적 사태와 무관한 개념이 된다. 개념들은 평면을 뒤덮고, 점유하고, 조각조각 채워나간다. 반면 평면 자체는 분할할 수 없는 환경이며, 여기서 개념들은 평면의 연속성이나 전체성을 훼손하지 않으면서 분배된다. …… 평면은 항상 붙어나는 관계들을 통해 개념적 결합을 확보하는 것이며, 개념은 항상 갱신되는 변화 가능한 곡선 상에서 평면의 밀도를 확보하는 것이다(WP, 36~37).

---

9) (옮긴이) 여기서 일관성(consistency)이란 말은 논리적인 의미의 균일, 일관이라기보다는 물리적인 의미에서의 결합성을 가리킨다. 그런 점에서 이 말은 기계, 배치와 긴밀히 연루된 개념이다. 일관성의 평면이란 만물이 지지하고 존재할 수 있는 평면이라는 의미에서 내재성의 평면(일본어 역어에 의하면 '존립평면')자체이기도 하다. 이 개념들에 대해서는 『천 개의 고원』을 참조하라.

10) 추상적 기계는 각 개별적 국면들의 출현을 규제하는 일반성으로 기능한다는 점에서 탈영토화하는 경향이 있다. 기계적 배치물은 그보다 한층 더 탈영토적이며, 개별 국면들에서 표현된다. 들뢰즈와 가타리의 저서에서 추상적 기계들과 기계적 배치물들은 상당히 복잡하고 미묘한 차이를 보이면서 진화해 나간다. 그 중에서도 특히 『운동-이미지』와 『시간-이미지』에 잘 부합하는 것으로는, 『푸코』에서 개괄한 권력의 다이어그램이 있다. 이 개념들의 다른 전개에 대해서는 『천 개의 고원』, pp.510~513과 『대담』의 마지막 두 장을 참조하라. 운동-이미지가 상대적 운동과 절대적 운동 간의 관계에서 그 자체의 강력한 탈영토화를 특징적으로 보여준다는 점 또한 반드시 기억해야 한다.

이 추상적 기계 또는 이미지는 운동-이미지보다는 시간-이미지와 더 가까운 **전체**와 연관된다. 『시간-이미지』를 통틀어 들뢰즈는 이미지와 사유의 밀접한 관계를 제기하며, 이는 정신적 지도제작, 정신기호, 정신적 자동기계로 표현된다. 이때 운동-이미지는 사유가 이미지 내에서 또는 이미지에 의해 직접적으로 현시될 수 있는 것처럼 행세할 뿐이지만, 시간은 사유를 표현하고 재현하는 기호에서 언제나 사유를 분할해낸다. 시간은 영원회귀의 힘을 통해서 사유의 특정한 힘, 또는 더 정확히 말해서 사유의 '무능력'(impouvoir) ─ '우리는 아직 사유하고 있지 않다' ─ 을 긍정한다.

들뢰즈에게 시간-이미지가 근본적으로 중요한 까닭이 여기에 있다. 또한 사유의 무능력은 시간-이미지가 운동-이미지보다 상대적으로 희소한 이유를 설명해준다. 그러나 운동-이미지는 **전체**와 나름의 관계를 맺으며, 고유한 일관성의 평면 및 사유의 이미지를 가진다. 운동-이미지에서 일관성의 평면은 운동 중인 열린 총체성이다. 여기에서 운동은 총체화로서 **진리**의 모델을 발생시킨다. 두 개의 좌표가 이 고전적 이미지의 지도를 그린다. 한편으로 이미지는 연합과 인접의 원칙에 따라 연결되고 연장되며, 다른 한편으로 연합된 이미지는 개념적 전체로 통합되고 한층 연장적인 집합으로 분화된다. 여기서 평면에서 좌표에 이르는 정신적 지도가 그려진다. 일관성의 평면은 지도의 표면이며, 정신기호는 사유의 운동이 발원하는 좌표다.

운동-이미지의 화신이 창안할 수 있는 이미지와 기호의 수, 그리고 그 창발성(inventiveness)의 논리를 소개하는 개념의 수는 잠재적으로 무한하다. 그러나 운동-이미지의 일관성의 평면, 즉 그 **이념**을 정의하는 사유의 평면은 근본적으로 두 종류의 정신기호에 의해 조직된다. 정신기호는 간격들의 논리, 그리고 간격들과 전체들 간의 관계로 규정된다. 그 중 한 정신기호는 유리수적 간격에 따른 이미지들의 연쇄를 정의한다. 이미지들은 연결되어 시퀀스가 되며, 이를 통해 연장 가능한 세계를 형성한다. 또 하나의 정신기호는 "시퀀스들이 전체로 통합(내적 표상에 해당하는 자의식)되고, 전체가 연장된 시퀀스로 분화됨(외부적 세계에 대한 믿음)을 보증한다"(TI, 277/362). 따라서 운동-이미지에서 잠재적 무한성은 사유의 지평으로 통괄된다. 이 지평에서 간격과 전체의 공약 가능성은 시간을 공간 내 연속으로 간접 재현한다. 또한 이 공약 가능성은 운동-이미지 내에서 개념과 이미지의 동일성을 제시한다. 이 동일성은 사유가 이미지에 내재하는 방식에 대한 운동-이미지의 특정한 표현으로 나타난다. 들뢰즈는 이 유리수적 연쇄의 논리를 이미지의 법칙이라 부른다. 왜냐하면 그것은 인접과 상사(similitude)의 원리에 따라 이미지의 시퀀스 배열을 통괄하기 때문이다. 한편 통합과 분화는 개념의 법칙이다. 왜냐하면 이 둘은 함께 전체와의 관계를 규정하기 때문이다. 운동은 이미지들이 통합되어 연장 가능한 집합들이 되는 과정으로 전체 내의 변화를 표현한다. 반면 분화는 전체가 분할되어 집합들이 되는 과정을 표현하는데, 각 집합들의 운동은 시퀀스와 그 연장들 사이를 통과한다. 따라서 고전적 이미지의 경우 우리는 이미지에서 개념으로 자연스럽게 이행할 수 있으며 그 역도 성립한다. 곧 사유는 전체의 변증법적 팽창에 비례한다.

이것이 사유가 운동-이미지에서 움직이는 방식이다. 그러나 시간-이미지로 변천할 때——비록 점진적이고 드물거나 변별적이지 않다 해도——이미지와 사유의 관계뿐만 아니라 운동의 정의도 변화를 겪는다. 시간-이미지의 경우, 일관성의 평면에서 가장 특징적인 것은 계열성이다. 계열성에서 나타나는 무리수적 간격은 전체와 간격의 공약 불가능성을 확인한다. 간격은 와해적인 힘으로서 이미지들을 오직 탈접속된 공간으로만 '꿰어 놓는다'. 그 결과 연속은 계열로 대체된다. 유리수적 간격이 한 집합의 끝과 뒤이은 집합의 시작으로 동시에 귀속된다는 점에서 공간적 접합접속인 반면, 무리수적 간격은 자율적인 동시에 어떤 집합으로도 환원 불가능하다. 그것은 공간적이지도 않고, 이미지의 일부를 형성하지도 않는다. 오히려 그것은 이미지와 음향을 뒤흔들어 탈접속된(더 이상 전체를 형성할 수 없는) 계열을 만드는 특정한 힘을 현시한다. 이런 점에서 직접적 시간 이미지의 이념은 역설적 구성물이다. 무리수적 간격이 부여하는 바는 비공간적 지각, 즉 공간이 아닌 힘, 그것도 시간의 힘이다. 이 힘은 차이로써 반복을 중단시키는 변화 자체, 연속성을 계열로 분배하는 변화 자체다.[11]

고전적 이미지에서 공간 내의 상대적 변형은 물리적 운동뿐만 아니라 사유의 운동을 규정한다. 게다가 공간과 시간의 관계는 간격들과 전체의 공약 가능성에 좌우된다. 반면 시간-이미지에서 일관성의 평면에 특징적인 것은 '공약 불가능한 것들의 영역'이다. 이런 면에서 사유의 운동, 그리고 그 운동을 따라 그리는 정신적 지도제작은 근본적으로 변형된다. 시간은 간격 내에서 스스로의 자율성을 주장하며 이는 몇 가지 결과를 낳는다. 이미지와 이미지 혹은 이미지와 음향은 더 이상 유리수적 간격으로 접속하지 않으며, 오히려 "무리수적 절단으로 재-연쇄(ré-enchaînner)된다"(TI, 277/362). 한 이미지는 다른 이미지에 연속되지도, 부가되지도 않는다. 이

---

11) 허상의 철학적 중요성이 여기서 거듭 제기된다. 감각되어야 할 것(sentiendum)이 사유의 운동을 부과하는 반면, 허상은 역설적 또는 모순적 지각의 대상이지 재인의 대상이 아니다. "사유 대상의 상대적 필연성을 보증하는 사유가 아니라, 사유의 부상을 강요하는 마주침의 우발성에 의존하도록 하자. 이를 통해 사유 행위와 사유하려는 정념의 절대적 필연성을 일으켜세울 수 있을 것이다. 진정한 비판의 조건과 진정한 창조의 조건은 다르지 않다. 즉 자기 자신을 전제하는 '사유의 이미지'를 파괴하는 것, 사유 자체 내에서 일어나야 할 사유 행위를 생성하는 것이 그것이다."(DR, 139/182) 이 마주침은 재인할 수 있는 대상이나 재현할 수 있는 기억이 아니다. 오히려 그것은 "시간의 순수 형식 안에 있는 비유사성, 초월적 기억의 대상인 태고(immemorial)를 구성하는 비유사성이다. 시간의 순수 형식에 의해 균열된 어떤 '나'는, 오로지 사유될 수밖에 없는 것을 사유하도록 강요되어 있다고 깨닫는다. '같은 것'(le Même)의 사태가 아니라 본성상 언제나 다른 것(Autre)인 초월적 '우발점'(point aléatorie)을 사유하도록 강요되는 것이다. 이 우발점은 모든 본질들을 사유의 미분적인(차이나는) 것들처럼 감싼다. 나아가 이 우발점은 경험적 사용 안에서는 사유 불가능한 것 또는 사유함의 무력함(impuissance)을 지칭하는 한에서 가장 지고한 사유의 역량을 의미한다"(DR, 144/188). [더 자세한 논의는 이 책 396쪽의 옮긴이 후주를 참조.]

몽타주 구성은 미분적인(차이나는) 것으로 특징지어질 수 있다. 공간상의 선형적 연속과 시간상의 연대기적 연속이 아니라 공간과 시간의 공약 불가능성이 모든 무리수적 간격에서 시퀀스를 형성하기 때문이다. 시간-이미지의 거짓을 향한 의지는 공약 불가능성의 이 같은 특질에서 그 자체의 역량을 온전하게 끌어낸다. 그 결과 이미지에서 실재적인 것과 상상적인 것의 분별 불가능성, 서사적 사건의 설명 불가능성이 나타난다. 또한 현재에서, 그리고 현재와 과거의 관계에서 동일 사건에 대한 상대적 관점들의 결정 불가능성이 발현한다. 뿐만 아니라 함께 가능하지 않은 내러티브 세계들이 나타나서, 한편으로 모순적 현재들로, 다른 한편으로 반드시-참일-필요가-없는 과거들로 증식한다.

마찬가지로, 사유의 운동은 간격들과 전체들의 공약 가능성을 통해서든 운동 중인 열린 총체성을 통해서든 더 이상 이미지들의 운동 내에서 표상되지 않는다. 시퀀스들은 더 이상 하나의 전체로 통합되어 사유의 표상을 내면적 자기-표상(꿈, 기억, 환상)으로 촉진하지 않는다. 전체는 더 이상 디제시스나 그럴듯한 세계로 분화하지 않는다. 오히려 전체는 '바깥'이다. 물론 공간 내에 현행적 지각으로 주어지는 이미지 내의 운동이 있다. 그러나 순수 잠재성에 해당하는 시간의 힘이 이미지와 음향 '사이의' 미분적인(차이나는) 관계에 주름을 만든다. 시간은 항상 이미지 바깥에 존재하면서, 이미지에서 떨어져 나와 절대적 지평을 향한다. 왜냐하면 시간은 공간과 공약 불가능하기 때문이다. 사유 역시, '나'가 도달할 수 없는 심층적 내면성을 향하는 공약 불가능한 관계에서만 움직인다.

외부 세계를 구성할 수 있는 실재적 또는 가능적 연장에 대해 이야기할 토대가 더 이상 존재하지 않는다. 우리는 그에 대한 믿음을 거두었고, 이미지는 외부 세계에서 잘려 나왔다. 그러나 전체 내의 통합 또는 내면화에 해당하는 자의식은 여전히 사라지지 않는다. …… 항상 존재하지는 않았던 역량으로서, 사유가 어떤 외부 세계보다도 더 먼 바깥에서 태어나는 까닭이 여기에 있다. 또한 아직 존재하지 않는 역량으로서, 사유가 어떤 내부 세계보다도 더욱 깊은 심연에서, 사유할 수 없는 것 또는 사유되지 않은 것에 해당하는 안과 직면하는 까닭 또한 여기에 있다. …… 더 이상 내면화나 외재화, 통합이나 분화에 해당하는 운동은 없다. 오직 거리와 무관한 안과 바깥의 대면이 있을 뿐이다. 이는 사유 밖 사유이며 사유 내의 사유되지 않은 것이다(TI, 277~278/363).

어떤 세계보다도 멀리 떨어진 바깥에서 탄생한 이 역량이 곧 생성이다. 생성은 잠재성이며, 변화에 해당하는 시간의 힘이다. 또한 어떤 내면성보다도 더욱 깊은 심연에 깃든 이 '사유되지 않은 것'이 타자-되기다. 타자-되기 역시 잠재성이며, 이는 시간의 분할에서 주체를 구성한다. 동시에 안과 밖은 뫼비우스 띠의 꼬임처럼 끊임없이 위치를 바꾼다. 푸코가 『사물의 질서』에서 진술했듯이, 이 국면에서 나는 내가 사유하지 않은 것이 되어, 나의 사유가 나 아닌 다른 어떤 것이 되도록 한다. 따라서 사유는 다음과 같은 의미에서 주체와 대상을 모두 벗어난다. 당신은 바깥의 세계를 심사숙고하겠지만, 당신의 사유가 도달하는 지점보다 더 먼 지평이 항상 존재한다. 당신은 내면에 대해 성찰하겠지만, 당신의 사유가 도달하는 지점을 넘어선 내면이 항상 존재한다. 안과 바깥은 비할 데 없이 멀리 떨어져 있으면서도 절대적 지평에서 서로 만나는 두 종류의 무한성이다. 무리수적 간격은 더 이상 시퀀스나 전체의 일부를 형성하지 않으며, 그 결과 스스로 자율적 바깥을 수립하고 자체의 내면성을 부여한다.

생성 또는 타자-되기가 사유인가? 자아와 나의 분할, 또는 순수한 잠재성에 해당하는 '사유 내의 사유되지 않은 것'이 사유 바깥의 사유를 야기하는가? 사실상, 이 두 개의 문제는 미분(différentiation)의 두 국면——변별적인 면과 비대칭적인 면——이다. 이들은 상호 보완적인 동시에 교차적인 관계를 이어간다. 직접적 시간-이미지에서 드러나는 두 개의 정신기호는 들뢰즈가 "미분/분화(différent/ciation)라는 복잡한 관념"[12]이라 일컬었던 바를 표현한다. 한편에는 관계의 특수화와 특이점의 구성이 결정하는 미적 현실화로서의 분화(différenciation)가 나타난다. 이때 무리수적 간격이 '시간-발생'을 정초한다. 이 발생은 '탈-연쇄된(그러나 항상 재-연쇄되는) 이미지들' 간의 상이한 관계들로 나타난다(TI, 278/363). 다른 한편에는, 잠재태가 이차적 정신기호로 드러나거나, 또는 **이념**에 해당하는 미분이 나타난다. 이는 "총체화할 수 없는, 비대칭적인 바깥과 안 사이의 절대적 접촉"(TI, 278/363)이다.

순수 잠재성으로서 바깥은 사유와 연계된 절대적 지평을 형성한다. 시간-이미지는 우리의 사유 과정을 이 지평과 대면케 하는 것 외에 어떤 이유도 갖지 않는다. 무리수적 간격에서 안과 바깥이 접촉하는 것은, 개념과 내재성의 평면이 맺는 상호 보완적이며 공약 불가능한 관계와 유사하다. 『철학이란 무엇인가』에서 들뢰즈와 가타리는 상대적 지평과 절대적 지평을 다음과 같이 구별한다.[13] 상대적 지평은 인간 중심적인 지상의(terrestrial) 지평이다. 그것은 시각의 연속성을 보증하는 안정적인 기하학적 시점에 기초한다. 그러나 절대적 지평은 어떤 관찰자나 지상의 시점과도 무관하다. 이 두 시점 간의 구별은 사건들을 보이는 것과 그렇지 않은 것, 소통 가능한 것과 소통 불가능한 것으로 나눈다. 그러나 관찰할 수 없거나 소통 불가능한 것은 하나의 사건, 잠재력 또는 도래할 사건이다. 따라서 절대적 지평은

---

12) 들뢰즈는 이를 『차이와 반복』의 4장 「차이의 이념적 종합」 말미(pp.214~221 등)에서 제시한다.
13) 이에 대해서는 『철학이란 무엇인가』의 2장 「내재성의 평면」, pp.33~37을 참조하라.

사건들의 무한한 저장소(reserve)로 나타난다. 내재성의 평면은 아직 실현되지 않은 사유의 역량, 즉 사유 내의 사유되지 않은 것을 포함한다. 이는 무한한 것에 대한 관조 내에서, 팽창하는 총체성을 통해 사유의 역량을 증대하는 숭고가 아니다. 오히려 절대적 지평은 상대적인 '바깥' ——시각의 바깥, 의사소통의 바깥, 아직 사유가 아닌 것—— 과 대면한다. 절대적 지평에서 관찰자는 사유의 '무능력', 우리가 아직 사유하지 않고 있다는 사실과 마주친다. 하나의 정신적 자동기계가 다른 기계로 대체될 때 운동-이미지에서 시간-이미지로 이행하는 역사적 과정을 심도 있게 이해하면 이 논점이 한결 구체적으로 다가올 것이다.

영화가 산업적 예술로 출현하고 영화이론이 출범한 이후 우리는 운동의 자동화를 고전 영화의 근본적 특질로 인식했다. 이 자동운동의 독특함은 운동을 직접적으로 주어진 이미지로 만들었다는 데 있다. 무용, 연극, 음악과 달리 영화에서는 공연하는 몸체가 운동을 직접 매개하지 않는다. 또한 회화나 사진 같은 구상적 매체와 달리 영화는 운동을 추상화해서 이를 정신적으로 재구성하지도 않는다. 그런 점에서 영화는 여타 예술과 다르다. 운동의 자동화는 철학적 중요성도 지닌다. 고전 철학에서 정신적 자동기계는 사유의 힘을 추론의 운동 ——사유를 형식적으로 연역하는 논리적 능력—— 으로 정의한다. 그러나 이 역시 본질적으로, 상징적 논리 체계에서 운동을 추상화하고 이를 정신적으로 재구성하는 것이다.

들뢰즈의 관점에서, 고전 영화이론가들은 운동-이미지의 힘과 독창성을 '심리적 자동기계'로 특징짓는다. 장 엡슈타인의 표현을 빌리자면, 관객은 영화에서 '자동적 주관성'(subjectivité automatique)에 놓인다. 이 주관성은 이미지의 운동을 자동화하는 카메라와 영사기라는 기계장치의 특질과 상관적이다. 1934년 「영화의 신비로의 입문」에서 엘리 포르는 이를 '물질적 자동기계'라 묘사했는데, 움직이는 이미지에서 산출되는 물질적 자동기계는 점진적으로 자기 자신을 우리의 '지성적 자동성'에 부과한다. "따라서 어떤 눈 먼 빛 속에서, 인간의 영혼은 자신이 창조한 도구에 종속되며 그 역도 성립한다. 그 결과 테크놀로지적 본성과 정서적 본성 간에 끊임없는 가역성이 존재한다는 점이 판명된다."(Faure, 1976 : 56)[14]

에이젠슈테인에서 벤야민에 이르는 좌파 이론가들은 이 자족적 운동을 충격의 경험으로 묘사했다. 운동-이미지에서 몽타주는 관객의 내면에 정신적 이미지의 운동을 재생한다. 이 운동은 저항 불가능한 것이며, 관객들을 그들 자신의 바깥으로 이끈다. 이런 점에서 1920년대 에이젠슈테인의 몽타주 이론은 운동-이미지의 이상과 요구를 가장 잘 기술한다. 가장 근본적인 수준에서, 영화적 운동의 본질은 몽타주다. 이 운동은 관객의 사유 내에 충격을 산출하면서, 관객과 직접적·심리적·정신적으로 소통한다. 여기서 사유는 역량이나 포텐셜이 아닌 유물론적 힘으로 인식된다. "영화는 우리에게 이렇게 말하는 듯하다. 나와 더불어, 운동-이미지와 더불어, 당신은 당신 내부의 사유자(penseur)를 일깨우는 충격을 회피할 수 없다."(TI, 156/204) 1920년대부터 40년대까지, 에이젠슈테인의 위치는 파블로프의 자극 이론에서 헤겔적 소외를 거쳐 엥겔스의 『자연 변증법』에 영향을 받은 자기-초월(self-transcendence)로 진화한다. 그 결과 그는 영화의 변증법적 유물론을 3단계로 정초할 수 있었다. 1단계는 내적 발화의 이론, 2단계는 충격의 이론, 마지막 3단계는 유기성과 파토스(Pathos)의 이론이다.[15]

---

14) 두 이론가의 인용문은 『시간-이미지』, p.308 n.1에 있다.

15) (옮긴이) 이에 대해서는 자크 오몽의 『몽타주 에이젠슈테인』, pp.26~72, 145~199을 참조하라. 에이젠슈테인이 1923년에 최초로 발표한 어트랙션 이론은 파블로프의 영향도 있지만 메이에르홀트의 연기 이론과 당대의 신형식주의 영화 이론(내적 발화의 개념은 여기서 제기됐다)이 복합되어 탄생했다고 보는 것이 더 적합하다. 에이젠슈테인은 관객을 화면으로 몰입시키는 어트랙션의 테크닉을 통해 관객의 뇌에 자극을 줌으로써 정서와 사유를 촉발하고자 했다. 1926년에 어트랙션을 대체해 제출된 파토스 개념은, 영화 형식과 인간 사유를 매개하는 도약의 단계로 정립됐다. 황홀경은 영화 형식이 인간의 심리적 자극-반응 기제에 가하는 정서적 질과 파토스의 요체로 설명됐

에이젠슈테인의 영화철학은 운동-이미지의 역사를 통틀어 나타난 사유와 이미지의 관계에 대한 세 가지 가설을 예증한다. 첫째, 자동기계는 사유를 한층 높은 의식으로 인도하는 전체와의 관계를 산출한다. 둘째, 운동-이미지의 심리적 기계장치는 전(前)-언어적 내적 발화로 나타나는 이미지의 전의식적(subconscious) 전개를 통해 사유를 형성한다. 셋째, 운동의 유기적 전개는 인간과 세계, 자연과 사유의 감각-운동적 통일성을 창조한다. 들뢰즈는 이 원리들을 아울러 '변증법적 자동기계'라 칭하면서, 이 개념을 최고의 형식으로 끌어올린다. 여기서는 몸의 영화와 뇌의 영화를 구별할 필요가 없다. 처음부터 에이젠슈테인의 목표는 몸과 뇌를 동등하게 변용할 수 있는 이미지를 변증법을 통해 구성하는 것이었다. 어트랙션의 몽타주에서 무관심하지 않은 자연에 이르기까지, 에이젠슈테인은 충격의 이미지, 황홀경적 강렬함의 이미지를 추구했다. 이는 곧 지각에서 개념으로, 이미지에서 사유로 관객을 움직이는 이미지다. 에이젠슈테인의 관점에서, 이미지에서 사유로 이행하는 이 같은 과정은 몸을 통과해서 발생한다. 충돌하는 몽타주는 감각들을 전략적으로 폭발시키면서 이를 통해 몸을 변용한다. "에이젠슈테인이 변증법주의자라면, 이로써 충돌하는 몽타주는 '나는 보고 듣는다'의 영화에서 '나는 느끼고 사유한다'의 영화로 관객을 이동시킨다. 이는 그가 대립의 형식 내에서 충격의 폭력을 상상하고, 대립의 극복 즉 대립물의 변형이라는 형식 내에서 전체의 사유를 상상하기 때문이다. '이 두 가지 인자들의 충격에서 개념이 탄생한다.' …… 이런 식으로, 그는 운동-이미지의 가장 일반적인 소여(所與)를 변증법적으로 구성한다. 그는 변증

다. 이렇게 정서적인 것-지적인 것-예술작품이 긴밀히 연결되면서 총체성을 띠게 되는 과정이 유기성이란 개념으로 정립됐다. 유기성 개념의 법칙을 이루는 토대는 인간의 도약과 발전이 됐다. 1930년대 중반 러시아어로 번역된 『자연 변증법』은 영화 형식과 인간 사유 법칙의 유사성을 자연으로 연장시키는 데 영향을 끼쳤다. 『무관심하지 않은 자연』을 비롯한 1937년 이후 몽타주 이론은, 자연 법칙의 단계에서 발생하는 도약을 형식의 황홀경이 따른다는 것을 보여준다.

법 외의 다른 어떤 개념도 충격을 약화하고 사유를 임의적인 채로 남겨둔
다고 생각한다. 시네마토그래프적 이미지는 사유에 충격을 가해서, 전체를
사유하는 만큼이나 스스로를 사유하게 해야 한다."(TI, 158/206)[16] 앞서 지
적했듯, 이는 헤겔적인 숭고의 영화다. 에이젠슈테인이 욕망했던 것은 몸
을 통해 정신을 변용하고 한층 높은 의식으로 고양하는 전체의 이미지다.
충격의 영화라는 이상은, 이후 나타난 황홀경의 영화와 마찬가지로 영화가
관객에게 사유함을 강요하는 것, 운동 중인 팽창하는 총체성으로 나타나는
유기적 이미지 내에서 전체를 사유하도록 강요하는 것이다.

변증법적 자동기계의 제1단계는 지각에서 개념으로의 이행이다. 이는
충격을 통해 관객을 전체에 대한 상위의 자각으로 몰아붙이는 것이다. 동
시에, "예술 작품에서 의식의 최고 형식은 전의식의 가장 심층적인 형식의
상관물이다"(TI, 159/207). 즉 운동−이미지의 유기적 형식은 가장 감각적
이고 원시적인 사유 형식으로 안내하며 그 역도 성립한다. 이는 1935년 에
이젠슈테인이 소비에트 영화 제작자 회의에서 행한 유명한 연설「영화 형
식 : 새로운 문제들」에서 천명한 테제다. 제2단계에서 변증법적 자동기계는
거꾸로 전체의 개념에서 정서로 이행한다. "우리는 더 이상 운동−이미지에
서 출발해서 그것이 표현하는 전체에 대한 명백한 사유로 이행하지 않는
다. 반대로 우리는 모호하게 상정된 전체에 대한 사유에서 출발해서 그것
을 표현하는 선동적이고 혼합된 이미지들로 이행한다."(TI, 159/207) 이런
점에서 영화언어는 특정한 동일성에 타격을 가하는 변증법적 원동력이 된
다. 그것은 전(前)−언어적인 기호적 질료에 해당하는 운동−이미지의 보편

---

16) 작은 따옴표 부분은 에이젠슈테인의『무관심하지 않은 자연』중 '크림 분리기와 성배' (pp.38~59)
에서 인용했다. 벤스메이야 또한 에이젠슈테인의 변증법적 자동기계와 유사한 독해를 전개한 바
있다(「변형자들 : 들뢰즈와 정신적 자동기계로서의 영화」). 에이젠슈테인 사유에서의 변증법에 대해
서는 오몽의『몽타주 에이젠슈테인』과 보드웰의『에이젠슈테인의 영화』를 참조하라.

적 변이와 사유의 원시 언어에 해당하는 내적 발화의 동일성을 공격하는 변증법적 원동력이 된다.[17]

　　마지막으로, 에이젠슈테인의 변증법적 자동기계가 진정으로 헤겔적인 의미에 도달하는 제3단계가 있다. 이 자동기계는 우리를 이미지에서 개념으로, 개념에서 정서로 움직이게 할 뿐만 아니라 개념과 이미지의 동일성을 꾸며낸다. 이것이 자연은 무관심하지 않다는 엥겔스의 의견에 에이젠슈테인이 동의하는 이유다. 운동의 이미지와 자연의 변화, 사유의 원시 언어에 해당하는 내적 발화, 그리고 운동 중인 열린 총체성을 구축하기 위한 원칙에 해당하는 몽타주, 이들 모두를 동일한 변증법적 과정이 인도한다. 들뢰즈는 이 동일성을 작용-사유(pensée-action)라 부른다. 이는 인간성과 세계 또는 인간과 자연 사이에서 감각-운동적 통일성을 꾸며낸다.[18] 에이젠슈테인은 이미지를 조직하는 원칙으로 기능하는 몽타주의 개념을 통해 이 포괄적 통일성을 정립한다. 한편 발라즈는 이를 이미지 내의 골상으

---

17) 이에 대해 들뢰즈는 다음과 같이 부연한다. "전체는 더 이상 부분들을 통일하는 로고스가 아니라, 부분들을 적시고 그 안에 퍼지는 취기, 즉 파토스다. 이런 관점에서 보면, 이미지는 표현의 시청각적인 특성들로 충만한 묘사적 질료, 가소성을 띤 덩어리를 구성한다. 이 질료들은 서로 동조적이든 그렇지 않든 행동의 요소들과 제스처와 윤곽, 통사적 시퀀스를 아우르는 형식들의 지그재그한 상태다. 이는 원시 언어 또는 원시 사유, 차라리 내적 독백(monologue intérieur), 취한 독백이다. 이 독백은 형상들, 환유들, 제유들, 도치법과 어트랙션을 통해 작동한다. 따라서 완성된 회로에는 어떤 감각적 충격이 포함되는데, 우리는 이로 인해 이미지에서 의식적 사유로 고양된다. 형상들 내에서의 사유는 바로 이때 이루어진다. 그 형상은 우리를 이미지로 되돌림으로써 거듭 정서적(affective) 충격을 준다. 이미지와 사유를 공존시키기, 지고한 의식을 무의식의 가장 깊은 층위와 합류시키기, 바로 이것이 변증법적 자동기계다. 전체는 끊임없이 열려 있으나(나선), 그럼으로써 전체는 이미지들의 시퀀스를 내면화하는 동시에 이 시퀀스 안에서 외재화된다. 전체는 헤겔적 의미에서의 지식을 이루며, 바로 이 지식 때문에 이미지와 개념이 각각 서로를 향해 나아가는 운동으로서 결합하게 된다." (TI, 159 · 161/207 · 208)

18) (옮긴이) 들뢰즈는 이에 대한 예로 「전함 포템킨」의 한 시퀀스를 들고 있다. "물, 흙, 공기가 인간 희생양을 애도하는 외재적인 자연을 드러내는 동안, 인간의 반응은 네번째 원소인 불의 발전을 스스로 외재화한다. 여기서 인간의 반응은 혁명적인 거대한 불꽃 속에서 새로운 질을 자연에 부여한다. 그러나 인간은 그 자신의 반응에 대한 집단적인 주체가 되는 과정에서 새로운 질로 향해 가며, 그 과정에서 자연은 객관적인 인간적 관계가 된다. 작용-사유는 그와 동시에 자연과 인간, 개인과 대중의 통일성을 제기한다." (TI, 162/210)

로 정의한다. 그는 인간성과 자연이 골상을 통해 공통의 얼굴을 보여준다고 판단한다. 또한 바쟁은 붕괴되지 않는 지속을 강조하면서 시간적 사실주의를 정초한다. 그는 이 지속이 지각의 공통 행위 과정에서 인간성과 자연을 통일한다고 본다.[19] 이들은 모두 진리를 향한 유기적 의지와 병치되는 목적론적 지향성을 요구한다. 이는 포괄하는 통각 또는 총체화하는 통각이며, 곧 **진리**의 이미지다. 이 통각은 인간성과 세계를 감각-운동적 전체, 즉 시간의 간접적 이미지 내에서 공약 가능한 지점들로 연결한다.

에이젠슈테인의 변증법적 자동기계는 사유의 고전적 이미지를 예증한다. 운동 중인 열린 총체성이라는 관념은 사유가 두 개의 축을 따라 가로질러 펼쳐지는 지도제작을 따라간다. 이때 첫번째 축은 이미지가 연속성과 유사성, 대조와 연합의 원칙을 통한 대립으로 연결된다는 것이다. 이는 운동-이미지의 특정한 정신기호 중 하나다. 고전적 도식에서 이 원칙들에 질서를 부여하는 것은 선형적 인과성과 일반화 가능한 관습들이다. 이러한 맥락에서 들뢰즈는 논리적 집합들을 합법적인 것 또는 비합법적인 것으로 규정한다(코드화 가능한 공간의 매개변수 내에 포함되는 경우 합법적이다). 이 도식을 통틀어, 유리수적 간격은 지시체가 이미지로 연장될 때, 그리고 이미지들이 인과적 연쇄로 연결될 때 연속성과 공약 가능성을 보증한다.

연합적 이미지들은 수평적으로 연결되는 동시에, 통합과 분화의 변증법을 통해 수직적으로 팽창한다. 연결된 이미지들은 한데 모여 전체의 이미지 또는 개념을 형성하고(통합), 한층 상위의 질서를 나타내는 집합의 일부로 연장된다(분화). 이는 시간의 간접적 이미지가 제시하는 두번째 정신기호다. 부분들을 전체의 이미지로 내면화하는 것, 그리고 이 이미지를 좀

---

19) (옮긴이) 들뢰즈는 이에 대해 다음과 같이 말한다. "바쟁이 말하듯, 시네마토그래프적인 이미지는 그것이 바깥에서 안으로, 배경에서 인물로, 자연에서 인간으로 이행한다는 점에서 연극의 이미지와 대조된다."(TI, 161/210)

더 큰 집합의 일부로 외재화하는 것 간의 변증법적 운동이 부분들과 전체들의 공약 가능성을 보증한다. 따라서 이 유기적 이미지는 **진리**의 모델을 구성하며, 이것이 곧 수평적으로 전개되고 수직적으로 팽창하는 운동 중인 열린 총체성이다. 이런 점에서 운동-이미지의 불가능한 이상은 보르헤스의 지도제작자의 이상과 유사하다. 이 지도제작자는 모든 차원에서 세계와 공약 가능한 지도를 제작하기를 꿈꾼다. 우리는 이 세계의 내적 일관성이나 재현적 힘 때문에, 또한 우리가 전체 이미지의 일부로서 이 세계 내에 포함되어 있기 때문에 이 세계를 믿는다.

분화와 통합을 경유해 팽창하는 열린 총체성, 간격들과 전체 간의 공약 가능한 관계, 바로 이것이 운동-이미지의 추상적 기계다. 이런 맥락에서 추상적 기계는 단일한 개념(이를테면 운동-이미지에서 네 가지 원칙의 **이념적** 몽타주)의 지배나 다이어그램적 표현을 통해 정의된다. 에이젠슈테인이 유기적 구성 모델로 황금분할(부분들, 전체들, 그들 간의 관계를 동등하게 알려주는 공식)을 장려한 것은 이에 대한 가장 좋은 사례다.

그러나 1935년까지 엡슈타인, 포르, 에이젠슈테인이 기술했던 운동이미지의 심리적 자동기계는 점증하는 정치적 회의론에 직면하기 시작했다. 영화의 집단적 본성이 보편적 사회주의의 촉진에 기여할 수 있다는 거대한 포부를 낳는 동안, 영화는 그 자체가 선전으로서, 또한 전지구적 상품으로서 효과적이라는 점을 증명해보였다. 이는 영화의 심리적 기계장치의 핵심에 있는 이원성을 폭로한다. 한편으로는 정신적 자동기계가 철학 기계로서 '최고의 사유 활동'으로 특징지어졌다. 영화는 사유가 사유하고 스스로를 사유하는 자생적 자율성을 갖고 있다는 것이다. 이는 영화 장치에 대한 장-루이 쉐페르의 판본이다. 그에 따르면 영화 장치는 "우리 머리 속이나 또는 등 뒤의 거인, 데카르트의 잠수인형,[20] 모델인형(mannequin) 또는 기계, 세계를 지연시키는 탄생을 겪지 않은 기계장치의 인간"(TI, 263/343)

이다. 그러나 다른 한편으로는, 운동-이미지가 사유를 박탈당한 주체에 해당하는 심리적 자동기계를 산출할 수 있다는 사실이 알려지기 시작했다. 이 자동기계는 내면적 환각, 강박증, 충동에 복종할 뿐이다. 이는 크라카우어의 『칼리가리부터 히틀러까지』에 나타나는 주요 논점 중 하나다. 또한 크라카우어 이전에 발터 벤야민은 운동-이미지의 이원성을 "미학의 정치화'와 '정치의 미학화' 간의 갈등"으로 썩 적절하게 표현했다. 1920년대 소비에트 영화가 미학의 정치화에 해당한다면, 레니 리펜슈탈의 「의지의 승리」(*Triumph des Willen*, 1935)에서 강력하게 영화화된 뉘른베르크 전당대회는 정치의 미학화에 해당한다.[21] 따라서 정신적 자동기계를 해방시키기 위해서는 운동과 이미지의 결속을 단념하고, 숨은 역량들을 풀어주고, 새로운 개념들을 창조해야 한다.

들뢰즈는 시간-이미지가 운동-이미지를 대체하는 것을 본래적 예술의지로 묘사한다. 이는 영화 자체의 지성적 질료를 변형하는 의지다. 이 변형은 이미지와 기호의 새로운 체제를 묘사하는 데 필요한 이차 기호체계뿐만 아니라, "몸체의 모든 원동력(motricité)에 선행하는 시간의 직접적 경험"(TI, 267/350)을 상정하는 새로운 사유의 이미지를 요청한다. 모던 영화는 가변적이고 복잡하지만 기본적으로 세 가지 인자들을 특징으로 하는 시청각 체제를 정초한다. 이 인자들은 에이젠슈테인의 변증법적 자동기계와

---

20) (옮긴이) 데카르트의 잠수인형(Cartesian diver)은 부력과 압력과의 관계를 통해 유체 내에서 물체의 운동 상태를 알 수 있는 실험도구다. 이 실험도구는 작은 시험관에 적당히 물이 차게 해 물이 든 병 속에서 뜨게 함으로써 완성된다. 병의 뚜껑을 닫고 병을 누르면 작은 시험관이 밑으로 가라앉는다. 이를 통해 우리는 유체 속에서 물체에 작용하는 힘이 물체가 차지하고 있는 유체의 무게와 동일함을 알 수 있다. 즉 부력은 치지하는 물의 무게와 같다. 병을 누르면 병 속의 모든 곳에서 압력이 증가한다. 압력이 높아질수록 시험관 속의 공기는 더욱 압축된다. 이에 따라 시험관 속에는 점점 더 많은 물이 들어가게 된다. 이때 물이 차지하는 부피를 작게 해 부력을 감소시킨다. 그렇기 때문에 물체(잠수인형)는 가라앉는다. 병의 옆면을 다시 놓으면 압력은 감소하고 공동 속에 있는 공기는 다시 팽창한다. 이로써 부력이 증가함에 따라 물체는 떠오른다.

21) 이에 대해서는 벤야민의 「기술복제 시대의 예술작품」(Benjamin, 1973 : 243~244)을 참조하라.

는 다른 가정을 함축한다. 직접적 시간 이미지는 "전체 또는 이미지들의 총체화가 사라질 것을 요청하면서, 이미지들 사이에 삽입되는 바깥을 우선시한다. 또한 영화 전체에 해당하는 내적 독백의 삭제를 요청하면서 자유 간접 화법과 시각을 우선시한다. 마지막으로, 인간과 세계의 통일성을 삭제할 것을 요청하면서, 우리에게 이 세계에 대한 믿음만을 남겨두는 단절을 우선시한다"(TI, 187~188/245). 이 세 가지 원리는 직접적 시간-이미지에서 영화와 사유의 관계를 정의한다.

시간이 **자체의** 직접적 이미지를 가진다고 해서, 재현 가능한 형식으로 간주될 수 있는 것은 아니다. 시간기호의 가장 특징적인 점은 시간이 비선형적이고 비연대기적인 **힘**으로 출현한다는 사실이다. 이 힘은 운동-이미지의 경우와 전혀 다른 방식으로 전체와 관계 맺는다. 운동-이미지는 진리를 향한 유기적 의지, 즉 전체의 재현 가능성에 대한 근본적인 철학적 믿음으로 규정된다. 이런 의미에서 운동-이미지는 일종의 추상적 기계를 작동하며, 그 정신기호는 분화와 통합, 연합과 팽창에 의한 연결을 포함한다.

반면 전체의 소멸, 또는 이미지로 표현 가능한 총체성의 소멸은 직접적 시간 이미지의 가장 근본적인 개념이다. 다른 모든 특질들이 여기서 출발한다. 이제 무리수적 간격이 화면 밖 영역의 절대적 국면을 회복하며, 이것이 곧 이미지들 사이에 삽입된 바깥이다. 운동-이미지에서 화면 밖 공간은 어떤 현존을 함축한다. 즉 이 공간은 시퀀스가 선형적·인과적·연대기적 방식으로 전개될 때 지향점이 되는 그 다음 공간의 열쇠다. 그러나 무리수적 접속이 지배할 때, 화면 밖 공간은 더 이상 닫힌 집합의 전개 ── 쇼트, 시퀀스, 영화 체계 ──가 아니라 **전체**를 가리키게 된다. 이는 곧 "전체 우주에 내재하며, 더 이상 하나의 집합도 아니고 가시적인 것의 질서에 속하지도 않는 지속이다. '실용적으로' 정당화될 수 없는 탈프레임화가 시간 이미지의 존재 이유에 해당하는 이 두번째 국면을 정확하게 가리킨다. …… 어떤 경우 화면 밖 영역은 다른 어딘가에, 어느 한편에, 어느 주위에 실존하는 것을 가리킨다. 그러나 다른 경우 화면 밖 영역은 교란적 현존을 증언한다. 이는 '실존한다'고 말할 수 없고 오히려 '존속한다', '내속한다'고 말할 수 있는 것으로서, 등질적인 시공간 바깥의 근본적인 **다른 어떤 곳이다**"(MI, 17/30). 무리수적 간격은 시간의 힘을 가리키는 징표로 자리 잡는다. 운동-이미지에서 화면 밖 공간은 다른 집합들과의 현실화 가능한 관계들을 가리킨다. 그러나 탈프레임화는 시간-이미지 체제, 즉 **전체**와의 잠재적 관계를 상정한다. 이 두 개의 전략은 종종 뒤섞이며, 사실상 이들 모두 시간의 이미지를 제시한다. 그러나 운동-이미지에서 시간이 "무한에 다다르는 것은 간접적인 방식을 통해 …… 이미지의 연속 내에서다. 그러나 다른 경우 직접적인 방식을 통해, 즉 이미지 그 자체 내에서, 이미지들의 연속을 제한하고 중성화함으로써 좀더 직접적으로 그에 다다르기도 한다"(MI, 18/31).

시간의 직접적 이미지는 외재성, 연장성, 연속성의 연결로 규정되는 연대기적 공간을 분쇄하는 힘으로 나타난다. 이 이미지의 형식적 등가물은 무리수적 간격들로 결정되는 몽타주 유형이다. 이때 감각-운동적 상황은 사라지고 그 대신 시간의 힘이 시각화된다. 일반적으로, 시간의 힘은 시간의 수동적 종합의 모델을 따른다. 변별적이지만 공약 불가능한 현재의 첨점들, 비연대기적 지층에 해당하는 기억의 보존, 변화에 해당하는 시간의 순수 형식(또는 영원회귀에 해당하는 니체적 시간 개념)이 종합되는 것이다. 이런 면에서 영원회귀가 시간-이미지에서 변화와 미분(차이나기)의 힘과 맺는 관계는, 절대적 운동 또는 보편적 변이가 운동-이미지가 제시하는 변화의 형식과 맺는 관계와 같다.

따라서 시간기호에는 시간에 대한 상관물이 적어도 세 개 있다. 마찬가지로 시간-이미지의 내러티브 영화는 고유한 기계적 특질을 지닌다. 이 기계적 특질의 논리는 연합이 아니라 무리수적 분할들의 재연쇄로 규정된다. 또한 이 논리는 분화와 통합을 통한 부피의 팽창이 아니라 부분들과 전체들 간의 공약 불가능한 관계들에 따르는 계열적 구성의 전략으로 규정된다. 이들이 곧 시간-이미지의 정신기호다.

뒤라스, 스트로브와 위예, 지버베르크의 영화에서 나타나듯이, 전체의 소멸 또는 중립화는 청각적인 것과 시각적인 것의 이접 또는 각기자율성으로도 재현된다. 이 같은 이접은 지층적 공간을 구성하는 과정에서 몇 가지 형식을 취할 수 있다. 한편으로 보이는 것과 들리는 것의 객관적 와해가 있고, 다른 한편으로 목소리와 몸의 주관적 와해가 있다. 이를 바탕으로 시간-이미지에도 자동기계가 있다고 주장할 수도 있을 것이다. 그러나 이는 주체에서 벗어났다가 다시 주체로 회귀할 수 있는 사유로 규정되지 않는다. 지층적 공간의 무리수적 이접 관계가 의미하는 것은 한편으로 전체가 이미지에 반환될 수 없다는 점, 다른 한편으로 목소리와 몸이 모두 귀속되는 유일한 정체성의 이미지에서 자기-동일성의 관념이 복구될 수 없다는 점이다. 지버베르크는 이 전략을 극단으로 몰고간다. 가령 「히틀러, 독일 영화」(*Hitler, Ein Film aus Deutschland*, 1978)는 무생물의 몸체를 통해 인간의 육성을 현시한다. 「파르시팔」(*Parsifal*, 1981)에서는 이미지와 음향이 명백하게 동기화됨에도 불구하고 몸과 목소리가 서로 이질적이다. 남자의 목소리가 여자의 몸에 연결되기도 하고, 두 개의 몸이 한 목소리를 두고 경쟁하기도 한다. 정신에 속하지 않는 힘에 이끌려 말하거나 움직이는, 분리된 정신의 이미지라는 의미에서 이는 심리적 자동기계다. 그러나 여기서 심리적 자동기계라는 말은, 주체를 분할하는 힘이 부재한 상태에서 자기 자신에게 돌아갈 수 있거나 자기 자신을 다시 발견할 수 있는 비기계적 주체의 가능성을 함축하지 않는다. 여기서 '힘'은 정체성을 변형하는 긍정적 권력의지에 해당하는 시간의 계열과 동등하다. 즉, 나는 타자가 되며 결코 생성하기를 멈추지 않는다.

지버베르크 영화는 그 상영시간의 방대함으로도 유명하지만, 그 시청각적 복잡성 역시 만만찮게 압도적이다. 들뢰즈는 이 복잡성에서 자연을 대체하는 정보사회의 등장을 읽어낸다. 「히틀러, 독일 영화」에는 두 가지 면모가 있다. 한편으로 지버베르크는 파악 불가능한 광대함과 조밀함을 지닌 히틀러의 문화적 후세들에 대한 논문을 관객들에게 제출한다. 그러나 다른 한편으로, 지버베르크가 가시적인 것과 언표 가능한 것을 분할할 때, 여기에는 일관된 역사의 이미지에서 그가 제시하는 정보를 서로 연결할 수 있는 어떤 인과관계도 없다. 지버베르크는 "개인이 표상할 수 없는, 총체화 불가능한 복잡성"(TI, 269/353)을 현시한다. 회복 가능한 전체도 없고, 전체의 의미를 복원할 수 있는 내레이터나 해석자에 해당하는 개체도 없다. 들뢰즈가 지적하듯, 지버베르크의 적은 히틀러의 문화적 이미지다. 이는 오래 전에 죽은 히틀러라는 개인도 아니고, 히틀러의 이미지를 인과관계로 연결해 일관된 역사적 진실을 산출할 수 있는 총체성도 아니다. 지버베르크 영화의 역량은 거짓을 만들 수 있는 역량이다. 우리가 히틀러 이미지의 거짓됨을 설명하거나 참된 정보로 타락을 대체한다고 해도, 히틀러는 패퇴하지 않는다. 왜냐하면 어떤 정보도, 그것이 무엇이건 간에, 히틀러를 물리치기에 충분치 않기 때문이다(TI, 269/353). 몸과 목소리, 가시적인 것과 언표 가능한 것 사이의 무리수적 분할은 정보의 전송이 아니라 정보의 극복을 지향한다.

의사소통보다 더 중요한 것은 생성의 힘, 즉 바깥에 대한 직관이다. 이 직관은 아직 사유되지 않은 것, 타자가 되지 않은 것에 대한 비공간적 지각이다. 시간-이미지에 '본래적 예술의지'가 있다면, 그건 관객과의 의사소통이나 정보전달에 기초하지 않는다. 오히려 시간-이미지는 가장 가깝지만 가장 먼 것, 여전히 우리 바깥에 있기에 전송 불가능한 상태로 남아 있는 사유와 접촉케 한다. 들뢰즈는 포스트모던 시대에 영화의 생존이 커뮤니케이션과 정보 테크놀로지 —— 현대의 시청각적 체제를 정의함에 있어 서로 경합하는 텔레비전과 컴퓨터의 테크놀로지 —— 와 벌이는 내적 투쟁으로 정의된다고 본다.[22] 확실히 이 주장은 포스트모던 미학보다 후기 모던 미학의 표현이다. 전지구적 자본주의와 곧 도래할 총체적 정보사회를 목전에 둔 비판 철학의 근심, 그것이 후기 모던 미학의 특징이기 때문이다. 들뢰즈는 모던 예술에 대한 향수를 아도르노와 공유한다. 모던 예술은 그 자체의 난해함—— '개인이 표상할 수 없는, 총체화할 수 없는 복잡성' ——을 바탕으로, 그 자체의 표현 불가능성을 통해 정보의 전지구적 진부함과 투쟁한다. "영화가 그 양적 평범함으로 말미암아 죽어가고 있다"는 진술 또는 "영화작가와 관람자의 부족이 일반화되고 있다"는 불평은 들뢰즈가 지닌 문화적 엘리트주의의 속물성을 확연하게 표현한다. 이 같은 태도에 입각한 사람들은 대중적인 것의 구원을 주장하는 문화연구의 유행을 혐오스럽게 바라본다. 운동-이미지의 테크놀로지가 전쟁, 선전, 일상적 파시즘의 병참술

---

22) 무리수적인 간격에는 또 다른 역량이 있다. 그것은 자본으로 손쉽게 변환되지 않으며, 상품 논리가 유지하는 등가성의 순환으로 진입할 수도 없다. 운동-이미지에서 공간의 합리화는 산업화 시대의 일반적 원리, 즉 시간의 합리화와 공간의 기계화에 동조한다. 운동-이미지에서 시간은 문자 그대로 돈이다. 카메라를 통한 프레임의 경과 역시 고정 비용의 척도가 된다. 1996년에는 1프레임당 평균 250달러, 1초당 6,000달러가 소요됐다. 이보다 앞서, 마르셀 레르비에는 다음과 같이 말한 바 있다. "현대 세계에서 시공간이 점점 값싸짐에 따라, 예술은 시공간이라는 '자본의 상상적 담보물'을 구매하기 위해 스스로 국제적 산업예술, 즉 영화로 탈바꿈해야 했다."(Noël Burch, 1973 : 97~104; TI, 78/105에서 재인용) 운동-이미지는 이 등가성에 저항하기 위해 나름의 전략을 개발하며, 그 전략 중에서도 가장 중요한 것은 숭고를 표현하는 몽타주 전략이다. 직접적 시간 이미지를 정초하는 무리수적 간격은 또 다른 수완을 발휘한다. 공간의 합리화, 즉 시간을 공간으로 표현할 때 이미지는 '자본의 담보물'로, 돈으로 변환하기 쉬운 것으로 그려진다. 그러나 무리수적 간격은 그 정초 과정에서, 시간을 공간과 공약 불가능한 것으로 표현한다. 여기에는 공간과 시간, 지각과 기억의 비대칭적 관계에 해당하는 순수 잠재성, 즉 미분적인(차이나는) 것을 향해 회귀한다는 사실만이 존재할 뿐이다. 시간-이미지에서 기호는 지시체로 교환될 수 없으며 현행적 지각은 잠재적 기억으로 교환될 수 없다. 마찬가지로 무리수적 간격은 '비대칭적이고 불평등한 교환을 끊임없이 재개한다. 그것은 이미지와 돈과 시간의 등가성을 전제하지 않고 이미지와 돈을, 시간과 이미지를 교환한다. 즉 투명한 면에서는 시간을 변환하고 불투명한 면에서는 돈을 변환한다. 이 교환은 빙글빙글 돌아가는 팽이처럼 멈추지 않는다"(TI, 78/105). 이때 시간-이미지는 이미지와 자본 간의 투쟁을 제시하면서, 이미지와 자본 중 어느 것이 먼저 소진될지를 보여주려 한다.

(logistics)과 역사적으로 긴밀하게 연루되어 왔다는 폴 비릴리오의 관념을 인용할 때, 들뢰즈는 한층 진지하다(TI, 164~165/214).[23]

그러나 아도르노가 그러했듯, 모던 영화의 난해함을 파악할 수 있는 새로운 방식을 제시하는 동시에 문화연구에 대한 새로운 논쟁의 장을 여는 심층적인 철학적 원리들이 있을 것이다. 이미지를 대신해서 말하거나 이미지를 전체로 해석할 수 있는 자기-동일성의 주체가 없다면, 기억 속에 포함될 수 있는 전체로 환원되거나 그렇게 재현될 수 없는 이미지 자체의 복잡성이 있다면, 시간-이미지는 무엇을 재현하고 소통하는가? 그것은 오로지 시간, 즉 나와 자아를 분할하는 시간의 탈인격적 형식이다. 그것은 생성의 힘으로서, 이미지에서건 주체에서건 모든 동일성의 형식들을 해체한다. 바로 이것이 미분적인(차이나는) 것으로 회귀하기의 불가피함, 어떤 절대적 지평도 넘어선 곳에서 어떤 내면성보다도 깊은 심연에서 회귀하는 차이 그 자체의 불가피함이다. 지버베르크가 어떤 정보도 그 내용이나 총량과 무관하게 히틀러의 패퇴에 충분치 않다고 말할 때, 란츠만이 역사와 기억을 공약 불가능한 차원들로 그릴 때, 그들은 바로 이 관념을 공유하고 있다. **진리**의 모델을 연상시키는 한 어떤 역사와 의사소통과 정보전달도 시간의 직접적 이미지에 담긴 정치적 힘을 재현할 수 없다. 공간과 공약 불가능한 시간은 재현될 수 없다. 재현될 수 없다는 것은 곧 현행적 이미지가 될 수 없다는 뜻이다. 왜냐하면 재현 불가능한 이미지에는 잠재태의 힘, 순수 잠재성, 즉 아직 존재하지 않는 민중과 사유가 남아 있기 때문이다.

이런 의미에서 들뢰즈는 영화에 대한 아르토의 글쓰기를 에이젠슈테인의 글쓰기와 대조한다. 그러나 블랑쇼가 『미래의 책』에서 수행한 아르토

---

23) 이에 대한 비릴리오의 주요 진술은 『전쟁과 영화 : 지각과 병참술』에서 찾을 수 있다. 물론 푸코가 『안티-오이디푸스』의 흥미로운 서문에서 지적하듯, 우리 안의 일상적 파시즘을 극복하는 것은 『안티-오이디푸스』가 제기하는 커다란 문제 중 하나다.

독해, 그리고 이 독해와 연관된 쉐페르의 『영화의 평범한 인간』은 한층 더 중요하다. 들뢰즈는 아르토, 블랑쇼, 쉐페르의 연관성을 그 하이데거주의에서 본다. 하이데거주의는, 설령 그 예가 영화에서 거의 나타나지 않는다 해도 영화의 본질을 기술한다. 그 본질이란 곧 사유의 최고 역량, 사유와 관련된 무능력의 표현이다. 이 역량은 이미지 내에서 우리가 아직 사유하고 있지 않다 라는 점을 제기하는 바깥과의 대면에서 나타난다.

이에 대한 실마리가 될 수 있는 것은 하이데거의 저서 「사유함이란 무엇인가」다. 들뢰즈는 인류에게 사유 능력이 있다는 사실이 사실상 우리가 지금 사유하고 있음을 의미하지는 않는다는 하이데거의 지적을 거듭 언급한다. 우리는 설령 지금 사유하고 있더라도 점점 덜 사유하고 있으며, 점점 더 많은 정보를 흡수하면서 이 경향성을 한층 심화하고 있다. 따라서, 필요한 것은 사유를 운동하게 하는 무언가다. 사유와의 관계 속에서 운동을 정의할 때, 운동은 우리에게 사유를 '강제하는' 자동운동, 또는 정신적 자동기계로 제시된다. 이것이 우리에게 필요한 것이며, 시간-이미지가 정의하는 영화의 본질이다. 이는 직접적 시간 이미지가 표현하는 사유의 무능력이며, 곧 허상의 모델이다.

아르토는 에이젠슈테인과 완전히 반대 방향에서 들뢰즈의 관심을 끈다. 에이젠슈테인은 영화의 헤겔과도 같다. 그는 관객들을 거대한 변증법적 종합에 포획하고, 이미지와 개념의 동일성 내에 영화감독과 관객들을 하나로 통일한다. 그는 이것이 관객들에게 사유함과 변화함의 의지를 불어넣을 수 있는 방법이라고 믿는다. 이미지에서 사유로의 이행 과정에는, 어떤 개념의 기호 하에 산출되는 충격이 있다. 이 개념이 곧 몽타주다. 몽타주는 영화 언어의 기반에 해당하는 '사유의 이미지'를 촉발한다. 사유의 이미지는 내적 독백에 해당하는 이미지의 흐름이며 이는 곧 전언어적 사유의 운동과 동등하다. 반면 아르토는 동시대의 인상주의 및 초현실주의 그룹과 마찬가지로 영화가 정신적 자동기계라는 관념에 매혹됐다. 여기서 정신적 자동기계는 기계장치화된 시각과 자동화된 사유를 의미하지만, 아르토는 이 관념의 실현 불가능성에 곧 절망하게 된다. 사실상 에이젠슈테인과 초현실주의자들은 모두 길을 잘못 들어선 셈이었다. 정신적 자동기계라는 관념은 꿈, 환각, 정신병과 같은 내면의 자기 표상도 아니고, 어떤 정신상태를 영화에 비견하거나 몽타주의 모델로 삼는 것이 아니다. 오히려 이 관념은 영화와 사유 중 어느 쪽에도 도움이 되지 않는, 그 둘 간의 유사성을 공격하는 것이다. 아르토는 영화를 통해 정신적 자동기계를 발견했다. 그러나 그는 정신적 자동기계가 더 이상 추론적 기계(여기서 사유는 하나에서 다른 하나로 연역된다)나 물리적 힘(이는 사유를 몽타주의 개념 또는 내적 독백과 동일하게 그려낸다)이 아니라고 봤다.

영화가 사유의 역사에 전달하는 것은 어떤 무력함, 사실상 이미지와의 관계 속에서 사유를 박탈하는 것이다. 이는 시간의 순수 형식이 주체를 분할하는 것과 동등하다. 그리고 이와 함께 운동의 관념도 미묘하게 변형된다. 박탈은 어떤 결과가 아니라 오히려 최초의 힘이 된다. 총체성은 박탈을 단순한 결핍으로 판단할 테지만, 박탈은 바로 그 총체성에서 분리되어 나온다. 블랑쇼는 이를 다음과 같이 묘사한다. "처음에 오는 것은 존재의 **충만함**이 아니라 그 결함(crack)과 틈(fissure)이다."(Blanchot, 1959 : 59; TI, 310 n.22/218 n.22에서 재인용) 영화의 가장 가혹한 적들은 언제나 이미지 내의 이 같은 힘을 비난해왔다. 그러나 이는 철학적 의미에서 역량이며, 영화는 바로 이 지점에서 우리를 '최고의 문제'와 대면케 한다. 영화의 가장 심오한 과제는 "이 같은 존재의 난관, 사유의 핵심에 자리잡은 이 무력함"(TI, 166/216)을 폭로하는 것이다. 이는 스피노자적 의미에서 사유의 역량이라기보다는, 엄밀히 말해 무능력이다. "사유는 이것 이외에 다른 어떤 문제도 가지고 있지 않았고, 여전히 그렇다."(TI, 166/216)[24]

블랑쇼의 아르토 독해에서 나타나는 관념은, 곧 영화가 뇌의 가장 깊은 실재를 재결합해야만 한다는 것이다. 그러나 이 실재는 에이젠슈테인이 믿었던 대로 변증법적인 것 또는 전체가 아니다. 그것은 결함, 틈, 쪼개짐이다. 영화는 우리에게 전체를 사유할 역량을 부여하지 않는다. 오히려 영화는 '무(無)의 형상' 또는 '외관 속의 구멍'을 낳는 와해적인 힘이다. 에이젠슈테인이 내적 발화의 형상을 바탕으로 이미지를 사유에 연결하는 것은 운동 중인 열린 총체성의 개념을 통해서다. 그러나 아르토의 와해적인 힘은 이미지들, 이미지와 음향의 관계들, 몸과 목소리의 관계들, 사유와 이미지의 관계들을 풀어헤치는 것이다. "즉 아르토가 타도하는 것은 영화-사유 관계의 총체성이다. 한편으로 몽타주를 통해 사유할 수 있는 전체가 사라지고, 다른 한편으로 이미지를 통해 발화할 수 있는 내적 독백이 사라진다. …… 사유가 그 출현을 야기하는 충격에 의존한다는 말이 참이라면 …… 사유는 오직 하나만을 사유할 수 있다. 그것은 **우리가 아직 사유하고 있지 않**

---

24) 이는 들뢰즈가 『차이와 반복』에서 적용했던 다른 주장과 상통한다. "아르토에 따르면 문제란 자신의 사유에 방향을 잡아주는 것도 아니고, 자신이 사유한 것에 대한 표현을 완성하는 것도 아니다. 또한 문제란 사유의 용도나 방법론을 얻는 것도 아니며, 자신의 시를 완성하는 것도 아니다. 문제란 단지 무엇인가를 사유함에 이르는 것이다. 이것이 그가 상상할 수 있었던 유일한 '작업'이었다. 이 작업은 사유함의 충동이나 강박을 가정한다. 이 충동 또는 강박은 신경들에서 출발해 모든 종류의 분기점을 거쳐 영혼으로 소통되어 들어가다 마침내 사유에 도달한다. 이때부터 사유가 사유하도록 강요받는 것은 사유의 중심에서 일어나는 붕괴, 사유 자체의 균열, 사유에 고유한 자연스러운 '무능력'이다. 무능력은 사유의 가장 커다란 역량과 구별되지 않는다. 즉 사유의 무능력은 사유의 정식화되지 않은 힘, 곧 '사유되어야 할 것들'(cogitanda), 심지어 사유의 절도 또는 불법 침입과 구별되지 않는다. 아르토는 이 모든 것을 추구한다. 즉 그는 모든 사유에서 이미지 없는 사유를 끔찍하게 드러내고, 재현되기를 거부하는 새로운 권리를 끝까지 장악하고자 한다. 그는 본연의 **어려움**과 그에 뒤따르는 문제와 물음들이 사태의 사실상의(de facto) 상태가 아니라 사유의 권리상의(de jure) 구조라는 점을 알고 있다. 또한 그는 기억에 기억상실증 환자가, 언어에 실어증 환자가, 정서에 지각불능증 환자가 있듯이 사유에도 무두인(無頭人, acéphale)이 있음을 안다. 그는 사유함이 본유적으로 타고난 것이 아니라 사유 내에서 분만되어야 함을 알고 있다. 그는 문제가 그 본성상 그리고 권리상 이미 존재하는 어떤 사유를 방법적으로 지도하거나 적용하는 데 있는 것이 아니라 아직 현존하지 않는 것을 낳는 데 있음을 안다(다른 작업이란 존재하지 않는다. 나머지 모두는 자의적인 것, 인공적 장식에 불과하다). 사유한다는 것은 창조한다는 것이다. 그것은 유일한 창조다. 창조한다는 것은 무엇보다도 사유 속에서 '사유함'을 낳는 것이다."(DR, 147/191~192)

다는 사실, 즉 전체를 사유하는 것의 무력함이며 사유 자체를 사유하는 것의 무력함이다. 그것은 항상 화석화되고, 탈구되고, 붕괴되는 사유다. 이는 곧 언제나 다가올 사유의 존재다."(TI, 167/218) 이 와해적인 힘은 '순수 상태의 작은 시간'이며, 과거와 미래 간의 비대칭적 분출 속에서 현재를 쪼개는 시간의 탈인격적 형식이다. 이 시간 형식의 일차적인 정신기호가 무리수적 간격이다. 이미지에서 공간이나 공간에 대한 지각은 이 힘을 보여주지 못한다. 오히려 우리는 공간에 선재하는 시간과 만난다. 그것은 어떤 공허, 곧 순수 잠재성이며, 이는 공간 내의 지각과 시간 내의 사유가 공약 불가능하다는 점을 통해 그려진다. 이는 영화가 표현할 수 있는 거짓을 만들수 있는 역량 중 최고다. 블랑쇼는 아르토에서 쉐페르에 이르기까지 시간-이미지의 정신적 자동기계를 표현하는 하이데거주의를 가장 명쾌하게 표명했다. 우리로 하여금 사유하게 하는 것은 사유의 무력함, 공허함, 사유가될 수 있을 전체가 현전하지 않는다는 사실이다. "블랑쇼가 문학 전체를 통틀어 해부하는 것은 특히 영화에서 명백하게 나타난다. 한편으로 사유할수 없는 것이 사유 내에 현존한다. 이는 사유의 원천인 동시에 장애물이다. 다른 한편으로 사유자 내에 다른 사유자가 무한하게 현존한다. 그는 사유하는 자아의 모든 독백을 산산조각낸다."(TI, 168/218)[25]

---

25) 들뢰즈는『차이와 반복』에서 "우리에게 주입된 명법들과 물음들은 나에게서 나오는 것이 아니다. 나는 그것들을 듣기 위해 거기 있는 것조차도 아니다"라고 말한다. "명법들은 존재에서 온다. 반면 모든 물음들은 존재론적이며, 문제들 사이에 '존재자들'을 분배한다. 존재론은 주사위 던지기이며, 코스모스가 출현하는 카오스모스(chaosmos)다. 존재의 명법들이 '나'와 어떤 관계를 맺는다면, 그것은 균열된 나와 관계 맺는 것이며, 이 균열된 나의 틈바구니는 바로 그 존재의 명법들을 통해 매번 시간의 순서에 따라 자리를 바꾸고 재구성된다. 따라서 명법들은 순수 사유의 사유 대상들(cogitanda), 사유의 미분적인 것들(차이나는 것들)을 형성한다. 이는 사유될 수 없지만 사유되어야 하는 것, 오직 초월적 실행(l'exercice transcendant)의 관점에서만 사유될 수 있는 것이다. 이 같은 사유 대상들에 대한 순수 사유들이 바로 물음이다. 따라서 물음의 형식을 띤 명법들은 나의 가장 거대한 무력함을 의미화하지만, 그와 동시에 모리스 블랑쇼가 끝없이 말하는 어떤 지점 — 원천적·맹목적·무두적·실어증적 우발점 — 을 의미화한다. 이 우발점은 '사유가 무엇인지 사유할 수 없는 불가능 상태' — 여기서 무능력이 역량으로 전환된다 — 를 지칭하며, 문제의 형태로 구

시간-이미지의 본질적 관심사는 '아직 존재하지 않는 사유'다. 따라서 사유가 시간-이미지의 대상이나 주제라고 말할 수는 없다. 이미지와 사유의 관계는 재현이나 가시성의 관계가 아니다. 이탈적 운동은 연결하거나 재현하지 않는다. 오히려 그 운동은 **"세계의 지연**을 수행하거나 가시적인 것에 **교란**을 일으킨다. 이 교란은 에이젠슈테인이 원했던 대로 사유를 가시화하는 것이 아니라 오히려 사유 내에서 사유되지 않은 것, 시각 내에서 가시화되지 않은 것을 가리킨다. …… 사유에 가시적인 것을 부여하는 것은 운동이 아니라 세계의 지연이며, 이때 가시화되는 것은 사유라는 대상이 아니라 끊임없이 사유 내에서 솟아오르고 폭로되는 활동이다"(TI, 168~169/218~219). 이는 근본적으로 멜랑콜리한 상황이다. 사유의 가시화는 에이젠슈테인의 유토피아적 소망이었지만, 가시성은 오히려 사유의 지리멸렬함과 불완전함을 통해 절취된다. 쉐페르에 따르면, 이는 영화에서 '평범한 인간'이 경험하는 바다. 이는 운동-이미지의 일상적 파시즘이 ——휴지기에 있든 만연한 상태에 있든—— 아니다. 영화에서든 세계에서든 감각-운동적 전체가 더 이상 통각될 수 없을 때, 어떤 마비(paralysis)가 평범한

성된 작품 내에서 전개된다. 명법들은 의식의 명제에 해당하는 코기토로 되돌아가는 것이 아니라 오히려 균열된 나에게 말을 건다. 이 균열된 나는 사유의 무의식에 해당한다. 나는 사유함에 꼭 필요한 무의식을 소유할 권리가 있고, 이 무의식이 없다면 나는 사유할 수 없을 뿐 아니라 무엇보다 순수한 사유 대상을 사유할 수 없을 것이다. 사유는 의식의 진부한 주제가 언표하는 것과 반대로, 오로지 무의식을 출발점으로 할 때만 사유할 수 있고, 또한 사유는 바로 그 무의식만을 초월적 실행 속에서 사유한다. 마찬가지로 이념들은 사유하는 실체의 특질이나 속성이 아니며, 오히려 명법들에서 파생하는 것이며 오직 내 안의 균열들을 통해 출입을 거듭하는 것이다. 이런 균열은 언제나 내 안에 사유하는 또 다른 타자가 있고, 나의 자아가 그 자체로 사유되어야 하는 또 다른 타자임을 의미한다. 도둑질은 사유에 원천적인 것이다. 물론 무력함은 무력함의 상태에 그칠 수도 있지만, 그것은 최고의 역량으로 고양될 수 있는 유일한 것이다. 바로 이것이, 니체가 권력의지를 통해 말하고자 했던 것이다. 이는 곧 무력함 자체를 대상으로 하는 명법적 변질이다(마음껏 무기력해지고, 게을러지고, 순종적인 인간이 되어라! 다만 ~와 같은 조건 하에서). 이는 모든 우연들을 긍정할 수 있는 주사위 던지기, 혹서와 혹한의 시간동안 우리를 가로지르는 그 물음들, 우리를 우리 자신의 문제들에 내맡기는 그 명령들이다."(DR, 199~200/257~258)

인간을 사로잡는다. 이는 세계 속에서 어떤 참을 수 없는 것과 직면하거나 사유 내에서 어떤 사유할 수 없는 것과 대면할 때 나타나는 마비다. 이 두 가지의 대면 사이에서, 사유는 그 자체를 강탈당하는 동시에 세계를 강탈당한다.[26] 재현 체계가 더 이상 지탱될 수 없기 때문에, 사유가 한층 참되고 좋은 세계(우리가 미리 상상해왔던)라는 미명 하에 참을 수 없는 것과 직면했다고 말하는 것은 불가능하다. "오히려 이 세계가 참을 수 없는 것이기 때문에 사유가 세계를 사유할 수 없고 사유 자체를 사유할 수 없는 상태에 놓인다. 참을 수 없는 것은 더 이상 심각한 부정(injustice)이 아니라 일상적 진부함의 영속적 상태다."(TI, 169~170/221)

들뢰즈는 이를 가장 멜랑콜리한 상태인 동시에 가장 쾌활하고 즐거운 상태로 본다. 왜냐하면 들뢰즈는 이 상황을 희극적으로 인식하면서 이 희극적 상황이 차라투스트라의 웃음을 통해 다루어져야 한다고 여기기 때문이다. 일단 웃음이 잦아들고 나면, '포착하기 어려운 여정을 상상하는 것'이 가능해진다. 시간-이미지의 자동기계와 더불어, 사유의 강탈은 역설적으로 시각을 증진한다. 자동기계를 통해 우리는 반응하는 것이 아니라 보게 되며, 더 멀리, 더 잘 보게 된다. 이는 곧 사유하기다. 포착하기 어려운 여정은 어떤 다른 세계에 대한 믿음이 아니다. 다른 세계란 기껏해야 초월적이거나 플라톤적인 세계밖에 못될 것이다. 초월적인 세계는 이 지상에서

---

26) 시간 내에서의 이 같은 대면과 그 상징화——이는 『차이와 반복』의 햄릿 독해 부분(pp.88~90/119~121)에서 아름답게 묘사되어 있다——는 우리를 시간의 텅 빈 형식으로 되돌린다. 시간의 텅 빈 형식은 사건과 행동이 자아의 일관성을 배제하는 비밀스러운 일관성을 지니고 있음을 의미한다. 이 일관성은 사건과 행위에 동등한 위치에 선 자아에 등을 돌리고, 자아를 수천 조각으로 쪼개어 투사한다. 말하자면 새로운 세계를 잉태한 자는 자신이 낳고 있는 파열하는 다양체에 의해 압도되고 소진되어 버린다. 자아와 동등한 위치에 선 바로 그것은 비동등(l'inégal) 그 자체다. 이런 식으로, 시간의 질서에 따라 균열된 '나'와, 시간의 계열에 따라 분할된 '자아'는 어떤 인간 내에서 공통의 후손을 발견하며 서로 호응한다. 이 인간은 이름도 없고, 가족도 없고, 특질도 없으며, 자아 또는 나를 갖지도 않는 인간. 어떤 비밀을 간직한 '민중'(plébéien)이다. 그는 이미 초인이다. 그의 흩어진 사지가 숭고한 이미지의 주위를 맴돌고 있다(DR, 89~90/121).

성취될 수 없는 그 불가능함이 바탕이므로, 판단 체계를 회복하더라도 결국 원한의 심리학을 낳을 뿐이다. 초월적 세계를 믿는 것은 비천한 유토피아를 믿는 것이다. 그러나 이는 믿음이나 유토피아적 열망을 포기해야 한다는 말이 아니다. 포착하기 어려운 여정은 "다른 세계가 아니라 인류와 세계 간의 연결을 믿는 것, 사랑 또는 삶을 믿는 것이다. 불가능한 것, 사유할수 없는 것, 그럼에도 불구하고 사유일 수밖에 없는 것을 믿듯이 그 모든 것을 믿는 것이다. '가능한 그 무엇, 바로 그것이 없다면 나는 질식할 것이다.' 부조리한 것을 통해, 부조리의 미덕에 의해 '사유되지 않은 것'을 사유의 특정한 역량으로 만드는 것은 바로 이 같은 믿음이다"(TI, 170/221).

따라서 믿음은 시간의 윤리를 발생시킨다. 들뢰즈는 모더니티의 특징으로 인류와 세계의 단절을 지목한다. 그 단절 때문에, 우리는 더 이상 세계를 믿지 않는다. "시네마(cinéma)를 만드는 것은 우리가 아니다. 우리에게 나쁜 영화(film)처럼 보이는 것이 바로 세계다."(TI, 171/223)[27] 니체는 지식의 모델을 믿음의 모델로 대체한다는 점에서 철학의 반환점을 이룬다. 우리와 세계의 연결이 단절된 결과 우리가 더 이상 세계에 반응할 수 없다면, "[따라서] 이 연결은 반응의 대상이 아니라 믿음의 대상이 되어야 한다. 신앙 속에서 회복될 수 있는 것은 오직 불가능한 것뿐이다. …… 우리가 기독교인이건 무신론자건, 이 보편적 분열증 속에서 **우리에게 필요한 것은 이**

---

27) (옮긴이) 이 말을 이해하기 위해서는 이 말의 바로 뒤에 이어진 고다르의 언급을 덧붙일 필요가 있다. 고다르는 자신의 작품 「이탈한 집단」(*Bande à Part*, 1964)에 대해 다음과 같이 말한다. 'Bande à Part' 라는 말에는 이탈한 집단(무리), 떨어진 지대(지역)라는 뜻과 여분의(별도의) 필름이라는 뜻이 있다(불어에서 'bande'는 지대, 지역이라는 뜻과 필름, 녹음테이프, 기관총의 탄환 띠라는 뜻, 그리고 무리, 집단이라는 뜻을 모두 포함한다). 영화의 제목은 '이탈한 집단'을 일차적 뜻으로 삼지만, 영화 전체는 위와 같은 중의적 의미들을 함께 담고 있다. "이들은 실재하는 사람들이며 이것은 이탈한 집단에 해당하는 세계다. 영화를 만드는 것은 바로 이 세계다. 동기화되지 않는 것은 바로 이 세계다. 그들은 정당하고 참되며, 삶을 대표한다. 그들은 단순한 이야기를 연기해낸다. 나쁜 대본을 연기하는 것은 그들을 둘러싼 세계다."(TI, 171/223)

세계를 믿을 이유다"(TI, 172/223).[28] 이는 총체성이나 감각-운동적 연결의 회복이 아니라, 생명과 그 역량을 긍정할 수 있다는 믿음의 회복을 의미한다. 우리의 신앙을 불가능성이나 사유의 무력함에 놓는 것은 결함이나 불구가 아니다. 그것은 사유함의 일부, 즉 사유 안에 사는 정신적 자동기계다. 총체성을 회복해야 한다는 느낌이나, 총체성과 관련해서 사유하기를 판단해야 한다는 느낌 없이, 우리는 정신적 자동기계를 통해 길을 찾아야 한다. 여기서 포착하기 어려운 여정은 "삶을 믿기 위해, 사유와 삶의 동일성을 발견하기 위해 이 무력함을 이용하는 것"(TI, 170/221)이다. 삶과 사유의 동일성은 유비나 동일화가 아니다. 오히려 그것은 거짓을 만들 수 있는 역량들 모두——분별 불가능성, 설명 불가능성, 결정 불가능성, 함께 가능하지 않음——를 생산하는 시간의 잠재성이다. 여기서 "사유는 영화 안에서 사유 자신의 불가능성과 마주치는 동시에 바로 이 대면에서 한층 상위의 '탄생의 역량'을 끌어낸다"(TI, 168/219). 믿음은 더 이상 초월적 세계나 변형된 세계에 대한 믿음이 아니라, **이 세계와 이 세계가 가진** 변형의 역량을 믿

---

28) 니체적 윤리학에 대한 들뢰즈의 이 희극적 믿음을 정초하는 것은 영원회귀다. "어떻게 신앙이 그 고유한 습관, 그 고유한 상기(réminiscence)가 아닐 수 있겠는가? 어떻게 신앙이 자신의 대상으로 삼는 반복, 역설적으로 '결정적인 어느 한 순간'에만 일어나는 바로 그 반복이 희극적이지 않을 수 있겠는가? 이 반복 아래에는 또 다른 반복이 포함된다. 거기서 으르렁대는 것은 니체적 반복, 영원회귀의 반복이다. 그리고 이 반복을 통해 또 다른 약혼들이 맺어진다. 우리는 거기서 죽은 신과 분열된 자아의 약혼, 흡사 장례식에 가까운 약혼들을 본다. 이때 죽은 신과 분열된 자아는 각각 결핍에 의한 참된 조건을, 행위자의 참된 변신을 형성한다. 하지만 이 둘은 모두 생산물의 무제약적 특성 내에서 사라져버린다. 영원회귀는 신앙이 아니라 신앙의 진리다. 즉 영원회귀는 분신 또는 허상을 고립시켰으며, 희극성을 해방해 초인의 요소로 만들었다. 바로 이 때문에 (클로소프스키가 거듭 지적하듯) 영원회귀는 어떤 교의(doctrine)라기보다 오히려 모든 교의의 허상(지고한 반어), 어떤 믿음이라기보다 오히려 모든 믿음의 패러디(지고한 유머)다. 즉 영원회귀는 영원히 아직 다가오지 않은(미래로부터 다가오고 있는) 믿음이며 교의다. 믿음과 신앙의 관점에서, 곧 은총의 관점에서 무신론자를 평가해야 한다는 주장은 빈번하게 제기된다. 이런 권유는 너무 강력해서 오히려 우리는 그 반대의 관점에서 평가하고 싶은 유혹에 빠지지 않을 수 없다. 무신론자의 관점에서 신앙인을 심판하고 싶어지는 것이다. 이미 신앙인 안에 살고 있는 과격한 무신론자, 은총 내에 영원히 매 순간 주어져 있는 반-그리스도라면 어떻게 심판할 것인가."(DR, 95~96/127~128)

는 것이다. 이는 사유를 믿는 것, 사유와 몸의 관계를 믿는 것, 몸과 사유의 포텐셜을 믿는 것, 그리하여 몸과 사유가 지닌 변형의 역량을 긍정하고 변형에 대한 그들의 수용성을 확언하는 것이다. 믿음을 권력의지로 변형하는 것은 시간에 대한 긍정이며, 무언가를 생성하는 시간의 역량에 대한 긍정이다. 이는 능동적이고 창조적인 의지로 변형될 수 있는 삶에 대한 신앙이다. 바로 이것이 사유 내에서 타자-되기, 곧 타자-되기의 역량이다.

사유 내의 사유되지 않은 것은 바깥의 사유다. 들뢰즈는 이 바깥의 사유가 철학의 유토피아적 열망을 저항의 행위로 규정한다고 본다. 이런 면에서 철학이 저항해야 할 상대는 정보의 전지구화와 진부화다. 시청각 문화의 여러 형태와 일상생활의 구축 전반에 만연한 이 현상은 후기 자본주의의 지배를 긍정하는 권력이다. 저항에 대한 의문을 제기하는 것은 다음과 같은 질문을 던지는 것이다. 이 권력 바깥에 무엇이 있는가, 또는 무엇이 있을 수 있는가? 그 바깥을 우리는 어떻게 이해해야 하는가? 권력과 저항의 관계는 무엇인가? 결론에서 우리는 이 질문들에 대해 논의할 것이다.

8. 결론 : 저항의 기억

"사유하는 자이며 내 사유이기도 한 나는, 내가 사유하지 않는 존재가 되기 위해, 내 사유가 내가 아닌 것이 되기 위해 무엇이어야 하는가? 그것이 사유를 지닌다는 사실을 특징으로 하면서도 사유를 지닌 와중에 홀로 존재할 수 있는 그런 존재는, 사유되지 않은 것과 어떻게 근본적인 관계를 맺을 수 있는가?"
—미셸 푸코, 『사물의 질서』(1965)

『운동-이미지』와 『시간-이미지』는 『천 개의 고원』, 『푸코』, 『철학이란 무엇인가』에서 한층 철저하게 탐구될 중요한 관념과 논점들을 개괄하는 한편, 라이프니츠에 대한 괄목할 만한 저서인 『주름 : 라이프니츠와 바로크』를 예감케 한다. 또한 철학적 차원에서, 『운동-이미지』와 『시간-이미지』는 소급적 시선을 대표한다. 영화에 대한 들뢰즈의 성찰은 기본적으로, 차이의 철학을 정립함에 있어 베르그송, 칸트, 니체가 지니는 중요성에 관한 저술인 『차이와 반복』의 주요 개념과 논점들을 재구성한 것이다. 들뢰즈가 『운동-이미지』에서 자신의 베르그송주의를 이미지와 운동에 대한 이론으로 멋지게 연장한다면, 『시간-이미지』에서는 두 저서를 통틀어 나타난 니체적 관점의 중요성을 검증한다. 『운동-이미지』와 『시간-이미지』에서 들뢰즈는 운동 개념의 변천을 추적한다. 운동은 공간적 간격의 연대기적 연속, 보편적 변이에 해당하는 절대적 운동(흐름으로서의 피시스, 힘들의 다양체, 보편적 생성), 더 나아가 변화 또는 영원회귀에 해당하는 시간의 힘으로 개념화된다. 궁극적으로 『시간-이미지』는 실험으로서의 사유 —— "진리는 발견되기보다 창조되어야 한다" —— 에 대한 니체적 성찰을 제시한다.

들뢰즈가 시간-이미지에서 판별하는 근원적 예술의지는 허상적 의지다. 시간-이미지는 물론이고 운동-이미지조차 고유한 권력의지를 통해 사유의 균형을 무너뜨리는 역설적 실체다. 이들은 사유의 독단적 이미지나 이성과 달리 비합리적이며, 동일자의 회귀, 동일성, 재현의 논리에 고착되지 않는다. 그러나 이는 마주침의 절반일 뿐이다. 왜냐하면 허상의 '사유-내-사유되지 않은 것'에 직면해 균형을 잃은 순간, 우리는 철학자가 되어야 하기 때문이다. 시간-이미지의 이름으로 들뢰즈는 관객들에게 철학적 활동을 추구할 것을 요청한다. 철학적 활동에서 "사유는 역설적 요소들 내에 '접혀진'(implicated) 차이의 세계를 '펼치거나'(explicated) 전개해야 하며, 실재적인 것의 실험을 통해 관점지향적 진리를 창안하고 차이의 잠재적 영역을 탐구해야 한다"(Bogue, 1989 : 154).

우리는 7장에서 운동-이미지 및 시간-이미지와 연관해 무엇이 사유를 요청하는지, 그리고 시간-이미지가 '우리는 아직 사유하고 있지 않다'는 관념을 일깨울 때 어떤 역량이 표현되는지 알아봤다. 이 역량은 바깥의 사유다. 니체가 운동을 영원회귀로 개념화하는 지점에서, 베르그송은 물질=이미지인 세계의 무한한 운동을 제기한다. 이는 바깥을 관통하는 사유를 시작하는 두 가지 방식이다. 나는 6장의 도입부에서 바깥이 몇 가지 문제들을 건드린다는 점을 지적했다. 그러나 『운동-이미지』와 『시간-이미지』에서 바깥은 상호 변별적인 내재성의 평면 —— 변화로서의 시간의 힘에 해당하는 잠재성 또는 보편적 변이 —— 을 가리킨다. 나는 바깥의 역량에 대한 논의를 심화하면서 이 책을 마무리하고자 한다. 바깥의 역량은 절대적 기억에 해당하는 잠재성이며, 이 절대적 기억은 저항의 기억이다.

논리적 의미에서 바깥은 공간과 무관하게 접촉하게 되는 두 개의 공약 불가능한 관계들을 통해 제기된다. 앞서 논의했듯 이는 무리수적 간격의 논리다. 간격은 어떤 집합에도 속하지 않고 어떤 전체의 일부로도 통합될 수 없으며, 따라서 공간적 형상이 아니다. 반면 운동–이미지에서 바깥은 지시체다. 그것은 공간으로서, 이미지와 도상적이고 지표적인 관계를 맺는 동시에 그 자체의 척도가 된다. 간격의 가치는 전체가 열림이 되는 공간적 공약 가능성으로 측정된다. 이 열림은 일종의 그물망이다. 그것은 인접성과 연속성의 관계를 통해 수평적으로 전개되는 동시에, 통합을 담보한 분화의 관계를 통해 수직적으로 전개된다. 여기서 이미지는 어떤 세계든 그 내부의 모든 주체들과 대상들을 감쌀 수 있을 만큼 팽창할 수 있으며, 그런 점에서 세계가 이미지로서 구성된다.

그러나 시간–이미지는 이런 의미에서 볼 때 재현하지 않는다. 그것은 우리에게 믿음을 요청하는 세계, 그 자체로 완결적인 상상적 세계를 제시하지 않는다. 또한 그것은 우리에게 세계의 참/거짓을 판별하는 초월적 관점을 부여하지도 않는다. 바깥은 공간이나 현행태가 아니라 잠재태다. 잠재태는 힘 또는 미분화로서, 바깥으로부터 —— 다른 평면 또는 다른 차원에서 —— 작용하는 것이다. 유리수적 접속은 공간적 간격, 즉 공간의 절편화나 집합의 연속으로 표현되는 시간의 간접적 이미지를 제시하지만 무리수적 간격은 공간적인 것도 아니고 통상적 의미에서의 이미지도 아니다. 그것들은 공간의 바깥이면서도 공간에 내재적인 어떤 것 —— 즉 공간에 선행하는 시간, 잠재성, 생성, 차이나는 것으로 회귀한다는 사실 —— 을 향해 열린다. 그 자체가 힘인 차이, 즉 잠재성은 시간을 **바깥**으로 정의한다. 이 힘은 어떤 이미지, 기호, 이념, 또는 그것이 표현하려 하는 어떤 개념에서건 변이의 선을 개방한다. 이러한 기반 하에서만 영화는 이미지 없는 사유의 이론을 정초할 수 있다.[1]

바깥은 외재성(exteriority)이라는 개념과 혼동되어서는 안 된다. 이를 혼동하면 무리수적 간격과 시간의 계열이 풀어내는 역량들을 파악하지 못한다. 외재성은 항상 형식 간의 관계 또는 형식 자체와 관련된다. 그것은 공간적이며 영토적이다. 동일한 동시에 서로 다른 두 형식은 서로에게 외재적이다. 그러나 바깥은 근본적으로 힘들의 관계 또는 힘 자체와 관련된다. 들뢰즈의 니체적인 관점에서, 힘은 무엇보다도 다른 힘들과의 관계에 있으며 이는 환원 불가능한 바깥을 함축한다. 힘은 이 바깥을 통해 작용하고, 다른 힘의 작용을 받는다. 들뢰즈가 『푸코』에서 설명하듯 힘들의 생성은 형식들의 역사와 다른 차원에서 작동하며, 따라서 이 둘을 혼동해서는 안 된다. "어떤 외부의 세계나 어떤 형태의 외재성보다도 **더 멀리 떨어진 바깥**, 그런 점에서 무한히 가까워지는 바깥"(F, 86), 힘들이 작동하는 장소(또는 차원)는 형식이 작동하는 장소(또는 차원)와 다르다. 그 차원은 연장성, 현행태, 지각의 공간이 아닌 **바깥**, 잠재태의 차원이며, 공간보다는 생성 또는 출현에 해당한다. 역사와 기억이 서로 공약 불가능한 것은 이 때문이다. 바깥의 힘은 역사적 변형도 아니고 구성된 사건들의 연속도 아니다. 오히려 바깥

---

1) 따라서 사유함의 문제를 통해 우리는 데카르트에 대한 칸트의 비판으로 돌아가게 된다. 왜냐하면 나와 자아 사이에 파인 시간의 텅 빈 형식만이 사유의 발생을 설명할 수 있기 때문이다. 들뢰즈는 이 점에 대해 다음과 같이 기술한다. "데카르트의 코기토적 주체는 사유하지 않는다. 그에게는 오로지 사유할 가능성만이 있고, 그 가능성의 한복판에서 무감각한 상태에 빠져 있다. 그에게 결여된 것은 규정 가능한 것의 형식이다. 즉 어떤 종적 특이성, 질료의 꼴을 만드는 독특한 형상, 현재를 형상화하는 어떤 기억이 결여된 것이 아니라 단지 시간의 순수하고도 텅 빈 형식이 결여되어 있다. 시간의 텅 빈 형식은 사유 안에 본연의 차이(Différence)를 소개하고 구성한다. 사유는 이 본연의 차이를 토대로 사유하며, 미규정자와 규정 간에 존재하는 차이의 형식으로 사유한다. 시간의 텅 빈 형식은 추상적 선을 따라 균열된 어떤 나(je)와, 이 '나'에 의해 응시되는 '바탕 없음'(sans fond)에서 비롯된 어떤 수동적 자아(moi)를, 자기 자신의 이편과 저편에 할당한다. 사유 안에서 사유를 발생시키는 것은 바로 이 시간의 텅 빈 형식이다. 왜냐하면 사유는 근거와해의 지점 주변에서만, 오직 차이에 의해서만 사유하기 때문이다. 사유는 미규정자와 규정으로 이루어진 전체 기계이며, 이 기계를 작동시키는 것이 바로 차이, 또는 규정 가능한 것의 형식이다. 사유의 이론은 회화와 같다. 회화를 재현에서 추상으로 이끌었던 혁명과 같은 것을 사유 또한 필요로 한다. 이것이 이미지 없는 사유의 이론이 설정하는 목적이다."(DR, 276/353~354)

의 힘은 바깥의 다른 힘들과 반작용하는 구성적 힘이다. 생성, 출현, 변화는 구성되는 형식이 아니라 구성하는 힘을 포함한다.

이런 면에서 『시간-이미지』는 논리학과 미학뿐만 아니라 정치 철학을 시사한다. 시간-이미지의 정치적 중요성을 평가하려면, 힘이 권력과 동등하지 않음을 이해해야 한다. 푸코가 일깨워준 커다란 교훈은, 힘에 대한 역사적 성찰이 우리에게 저항과 권력의 관계를 바깥의 사유로 고려하도록 고무한다는 점이다. 바깥의 사유는 곧 '사유-내-사유되지 않은 것'이며 이는 새로운 사유 방식과 존재 양태다. 이는 시간의 직접적 이미지를 포함해서 모든 허상의 유일한 기능이다. 바깥의 사유, 사유 안의 사유되지 않은 것은 항상 저항의 사유다. 푸코가 시사하듯 권력의 마지막 말이 "저항이 최일선에 온다"(F, 95)라면, 이는 저항이 권력을 가로막거나 마찰을 통해 권력을 지연하기 때문이 아니다. 오히려 저항하는 것은 가동적인 것, 확산적인 것, 유목적인 것, 탈영토화하는 것이다. 바깥에서 오는 사유는 잠재태에 대한 민감성으로 충만하며, 이는 곧 스피노자적 의미에서 역량——몸체나 사유가 변화에 의해 변용되고 변용하는 능력——이다.

이런 의미에서 권력(역량)은 현대문화의 그 시청각적 특성과 독특하게 연관되어 있다. 즉 권력은 "현대문화가 어떻게 언표가능성의 공간과 가시성의 공간을 지층화하는 그 특정 방식으로 정의되는가"라는 질문과 연루되어 있다.[2] 들뢰즈는 푸코가 파악하는 권력의 양면——한편으로 압박하고 가두는 권력, 다른 한편으로 변용하고 변용되는 권력(역량)——을 어떻게 고려해야 할지 질문한다. 칸트의 도식에서 시간에 의한 주체의 분할은 근

---

2) 나는 시청각 문화가 미디어 공간(영화, 원격시각 미디어, 정보 미디어)뿐인 것처럼 기술하고 있다. 그러나 들뢰즈는 가시적인 것과 언표 가능한 것의 전략적 구축이 지식과 역사, 주체화 사이의 가변적 관계에 해당하는 역사적 구성체를 각기 다른 방식으로 도입함을 밝힌다. 이는 『푸코』에서 더욱 확대되는 주장이다. 이에 대해서는 나의 다른 논문 「형상적인 것 읽기」를 참고하라.

본적 이원론——작용받는 힘과 작용 대상 간의 차이——을 예증한다. 들뢰즈는 이 이원론을 다른 영역에서 그려내며, 여기에는 지식, 권력, 주체 형성과 관련해서 가시적인 것의 영역과 언표 가능한 것들의 영역이 포함된다. 변용되는 것과 변용하는 사이의 분할은 다양체의 산물이다. 다양체는 시간의 형식에 의해 그 자체로부터 분할되며, 따라서 전체나 단일 형식으로 재현될 수 없다. 시간의 계열이 단선(a line), 변증법적인 단일체, 정보전달 또는 소통이 아니라 오히려 리좀(rhizome), 변이체의 집합, 소통 불가능한 것인 까닭이 여기에 있다. 미분/분화라는 복잡한 관념이 의미하는 바는 시간에 의해 분할되는 것은 무엇이든 단일체로 녹아들 수 없다는 것이다. 오히려 그것은 스스로를 변이하고, 다양화하고, 차이를 낸다.[3] 시간은 창안이다. 그렇지 않다면 그것은 아무 것도 아니다…….

모던 영화의 시청각적 특성은 현대문화에서 표현되는 권력 및 저항과 독특하게 연루된다. 들뢰즈가 『푸코』에서 설명하듯, "권력은 보지도 말하지도 않는다." 권력은 형식이나 힘이 아니다. 오히려 권력은 지도를 그리고 다이어그램을 그린다. 권력은 보기의 지평과 말하기의 한계를 조직한다. 가시적인 것과 언표 가능한 것은 사실상 시청각 체제 전체라 해도 무방하다. 이들은 권력을 현행태로 전제하고 다이어그램 또는 추상적 기계로 그려내며, 자신들이 그려낸 바로 그 권력의 관계에 사로잡혀 있다. 권력은 억

---

3) 또한 이는 시간의 힘이 오직 영원회귀의 힘일 뿐인 이유이기도 하다. 시간의 텅 빈 순수 형식에 의해 스스로를 분할하는 모든 존재에서, 영원회귀는 허상을 생산한다. "영원회귀에 의해 변용되거나 '수정되는' 이 내용이란 무엇인가"라는 질문에 들뢰즈는 답한다. "우리가 입증하고자 했던 대로, 여기서 중요한 것은 오직 허상, 유일하게 허상뿐이다. 본질적으로 허상은 그 고유한 역량을 통해 무의식 속에서는 대상=x, 언어 내에서는 단어=x, 역사에서는 행위=x 등을 동시에 함축한다. 미분적인(차이나는) 것이 차이 그 자체에 의해 차이나는 것과 관계 맺는 체계가 바로 허상이다. 여기서 핵심적인 것은 이 체계에서 우리가 어떤 사전의(prior) 동일성도, 어떤 내면적 유사성도 발견할 수 없다는 점이다. 이 체계에는 오직 계열들 내의 차이, 계열들의 소통 과정에서 나타나는 차이들의 차이만이 존재한다. 이 계열에서 스스로 치환하고 위장하는 것은 식별될 수도 없으며 그렇게 되어서도 안 되며, 다만 차이의 분화소(le différenciant)로 실존하고 작용할 뿐이다." (DR, 299~300/382~383)

압하지 않는다. 그것은 생산한다. 권력은 철학·예술·영화에서 표현되는 정신적 자동기계, 사유의 이미지를 생산한다. 가시적인 것과 언표 가능한 것의 가변적 조합은 역사적으로 형성된 지층적 공간을 구성한다. 이 공간에서 권력은 지층화 불가능한 무정형적 힘들의 관계에 내재되어 있다. 각 시대에 다이어그램 또는 추상적 기계는 초감성적(suprasensible)이다. 내재성의 평면과 개념들을 혼동해서는 안 되듯이 다이어그램 또는 추상적 기계를 시청각적 형성체들과 혼동해서는 안 된다. 오히려 그것은 시청각적 형성체가 가정하는 역사적 선험성이다.

이때 바깥의 논리는 독특하고 근본적인 전환을 겪는다. 모든 역사적 형성체의 바깥에 해당하는 힘들의 관계는 바로 그 역사적 형성체에 내재적이다. 힘들의 관계는 유동적·확산적이다. 이들은 절대적 운동 또는 무한한 운동을 표현한다. 이 운동은 시청각적 공간의 지층화에 외재적인 것이 아니다. 오히려 이 운동은 재현될 수 있는 어떤 외재성보다 더 멀리 떨어진 **바깥**, 사유 가능한 어떤 내면성보다 더 깊은 곳에 존재하는 **바깥**이다. 힘들은 끊임없는 생성이며, 힘 자체 또는 잠재태의 생성이다. 잠재태는 역사를 현행적인 사건들의 연속으로 이중화한다. 정신적 지도제작이 사유의 이미지에 해당하는 힘들의 관계를 그려낸다면, 이 지도는 장소도 아니고 공간상의 좌표 집합도 아니다. 이 공간은 '비(非)공간'(nonspace) 또는 변이의 장소다. 권력은 정형적인 것이 아니다. 그러나 우리는 그것이 정형화한다고 말할 수 있다. 권력은 구성하고, 제한하고, 지층화하고, 영토화한다. 그러나 힘은 무정형적이다. 힘은 권력 관계와 시청각적 공간 구성물에 내재적이다. 그와 동시에 힘은 그들 바깥에, 시간 내에서 "어떤 것도 생성되지 않았기에 어떤 것도 끝나지 않은 채로 모든 것이 변형되는 미래의 열림"(F, 89·95)으로서 존재한다. 따라서 권력과 저항은 상호 보충적이고 공약 불가능한 관계로 짝지어진다. 권력이 추상적 기계 내에서 힘들의 관계를 지도그리고 영토화하는 한 권력은 스스로를 힘들의 관계에 고정한다. 그러나 저항은 반드시 바깥과 직접 관계 맺어야 한다. 바깥은 권력이 정태화하려고 시도했던 바로 그 유동적인 것, 다양체, 곧 미래-지향적 힘이다.

그렇다면 권력과 관련해서 사유하기란 무엇인가? 사유함 또는 사유는 우리가 아는 것으로 규정되지 않는다. 오히려 그것은 사유되지 않은 것 또는 잠재태로 규정된다. 들뢰즈는 사유함이 해석이나 성찰이 아니라 실험과 창조라고 주장한다. 사유는 항상 새로운 것, 출현하는 것, 스스로를 만들어가는 과정에 있는 것과 접촉하며, 따라서 스스로 지식과의 구별을 가정한다. 지식은 형식화된 관계 —— 주어진 역사적 시기에 보기와 말하기를 실질적으로 가능케 하는 시청각적 공간의 구축 —— 로 규정된다. 권력은 다이어그램 또는 추상적 기계로 표현되는 힘들의 관계다. 그리고 궁극적으로, 사실상 '비(非)관계'(non-rapport)에 해당하는 잠재성 또는 절대적 관계, 곧 '바깥'이 있다. 여기서 권력의 미시물리학에 대한 푸코의 묘사는 아주 중요하다. 삶이 가장 강렬해지고 그 에너지가 가장 집중되는 지점, 곧 '특이점'은 권력의 올가미를 피해가기 위한, 권력 또는 정렬된 힘들과의 투쟁장이다. 권력과 저항은 힘의 양면을 상호적인 바깥과 안으로 제시한다. 권력은 저항의 지점을 호명하지 않으면 추상적 기계를 형성할 수도 없고 작동할 수도 없다. 저항의 지점은 사실상 권력에 원천적인 요소다. 권력은 바깥의 힘을 지탱하면서 권력에 저항하는 삶을 폭로하지 않으면 삶을 표적으로 삼을 수 없다. 바깥의 힘은 사유되지 않은 것을 일깨우면서, 추상적 기계를 뒤흔들고 전복하기를 결코 멈추지 않는다.

바깥의 힘이 사유되지 않은 것과 맺는 관계, 그리고 바깥의 힘 자체를 이해하는 또 다른 방법으로는 '정리'(定理)와 '문제'를 구별하는 것이다. 정리는 '원리에서 결론에 이르는 내적 관계를 발전시키는' 공리적 논리를 따른다(TI, 174/227). 이는 행동-이미지의 자동기계(정신적 관계)와 다르지 않은 연역적 논리-세계다. 반면 문제는 사유를 장애물 또는 바깥과 대면케 한다. 하지만 여기서 이 바깥을 물리적 세계의 외재성이나 정신적 세계의 내면성과 혼동해서는 안 된다. 운동-이미지에는 바깥과 안의 변증법적 관계 하에 정초된 고유한 정신적 자동기계가 있다. 여기서 바깥은 일종의 물리적 세계, 외부의 현실로서, 영화적 묘사의 정확성을 측정하고 감각-운동적 상황의 전개로 나타나는 이미지의 논리를 지배한다. 반면 안은 이미지에 투영되는 사유의 내면성을 표시한다. 이런 식으로 운동-이미지의 영화언어는 내적 독백으로 조직되거나 은유와 환유, 연합과 인접성이라는 정신적·언어적 법칙들로 규제된다. 안과 바깥 사이에는 변증법적 팽창성이 존재하며 여기서 세계, 이미지, 개념은 유기적 이미지 내에서 창조자와 관객의 통일성을 성취한다.

　문제는 종종 정리가 답변하고자 하는 질문이다. 문제는 정리를 인도하고 유도한다. 하지만 그들의 관계는 변증법적이지 않다. 한편으로는 정리가 지배적인 연역적 전체에 저항하는 문제를 통합할 수 있다. 다른 한편으로는 문제가 정리 안으로 미끄러져 들어가서, 그 연역적 전개를 예상치 못한 길에 올려 놓을 수 있다. 그럼에도 불구하고 이들은 변증법적으로 만나지 않는다. 문제제기적 연역(la déduction problématique)은 공리에서 파생되지 않는다. 오히려 그것은 "나는 스스로 대답할 수 없는 질문에 사로잡혀 있다"(TI, 175/228)는 이유로 인해 '부상한다'. 이것은 매우 상이한 사유의 이미지로서, 사유에 믿음을 보존하기 위해 믿음을 신앙에서 떼어낸다는 점에서 니체적 영감에 기원을 둔다. 문제제기적 연역은 사유에 지식을 보존하지도 않고, 사유가 원하는 내적 일관성과 확실성을 부여하지도 않는다. "오히려 문제제기적 연역은 사유 내에 '사유되지 않은 것'을 놓는다. 왜냐하면 그것은 사유의 실체를 삼키는 바깥, 환원 불가능한 이면(envers)으로 모든 내면성을 텅 비우고 말소하기 때문이다. 이때 사유는 '믿음'을 통해 그 자신이 지식의 모든 내면성 바깥으로 실려나갔음을 깨닫게 된다."
(TI, 175/ 228~229) 문제는 그 자체의 불확정성 원리를 포함한다. 사유는
방법이나 모델 내에서 문제를 해결하거나 증명을 통해 스스로를 동결하지
않는다. 오히려 사유는 대답할 수 없는 물음을 통해 합목적성 없이 운동 속
으로 내던져진다.[4]

　　이런 의미에서 모든 허상은 문제제기적이다. 그러나 시간-이미지가
'문제제기적'이라는 말은 시간-이미지를 니체의 실존적 윤리와 동일시하
는 것이기도 하다. 앞서 우리는 베르그송주의의 주요 형이상학적 가치가
어떻게 선택의 자유와 의식 간의 관계를 포괄하는지 살펴봤다. 이에 덧붙
여, 들뢰즈는 문제의 공식화가 선택과 불가분에 있다고 논한다. 사실상 영
화의 지고한 소망은 "사유와 선택의 동일성이다. 이는 규정 불가능한 것의
규정에 해당한다. …… [이는] 실존 양태에 대한 영화, 그 양태들의 대결에
대한 영화, 그 양태들이 '세계와 자아 모두가 의존하는 바깥'과 맺는 관계
에 대한 영화다"(TI, 177/231).

　　선택은 더 이상 특정한 관계가 아니라 선택하는 자의 존재 양태에 관여한
　　다. …… 즉 선택은 사유만큼 거대한 영역을 포용한다. 왜냐하면 사유는
　　비-선택에서 선택으로 이동하면서, 선택하기와 선택하지 않기 사이에서

---

4) 이런 점에서 문제는 개체를 디오니소스의 세계 또는 강렬함의 상태로 끌어올리는 권력의지에 대한
표현이다. 이를 들뢰즈는 다음과 같이 논증한다. "강렬함에서의 개체가 자신의 심리적 이미지를 찾
는 곳은 자아의 유기적 조직화도 나의 종별화도 아니다. 그 장소는 오히려 균열된 나와 분열된 자
아, 그리고 이 둘의 상관관계. 이 상관관계는 사유하는 자와 사유의 관계, 또는 판명-애매한 이념
들에 대한 명석-혼잡한 사유하는 자(디오니소스적으로 사유하는 자)의 상관관계와 마찬가지로 명백
해 보인다. 균열된 나에서 분열된 자아로 이끄는 것은 이념들이다. 앞서 본 바와 같이, 균열된 틈바
구니에서 우글거리고 있는 것은 문제들의 형식을 취하는 이념들이다. 다시 말해서 미분적인(차이나
는) 관계들과 그 관계들의 변이들, 특이점들과 이 점들의 변형들로 이루어진 어떤 다양체로서의 이
념들이다."(DR, 259/332~333)

그 자체로 형성됐기 때문이다. 키에르케고르는 이 같은 선택의 모든 결과를 그려낸다. 선택과 비-선택(그리고 그 모든 변종들) 간에 제기되는 선택을 통해, 우리는 바깥과의 절대적 관계로 되돌아간다. 이 바깥은 내면의 심리학적 의식뿐만 아니라 상대적인 외부 세계도 넘어선 것이다. 또한 우리는 이 같은 선택이 세계와 자아를 회복하는 유일한 방도임을 알게 된다. …… 사유와 선택에 대한 한층 상위의 규정, 세계와의 어떤 끈보다 더 심원한 이 지점을 폭로할 수 있는 것은 영화의 내용에 대한 질문이 아니라 영화-형식이다(TI, 177~178/232~233).

시간-이미지는 우리가 사는 세계, 즉 시간과 변화를 믿으라고, 다른 존재 양태들을 사유하고 선택할 수 있게 하는 사유의 창발성을 믿으라고 거듭 요청한다. 이는 시간-이미지의 유토피아적 면모다. 시간-이미지는 시간과 관련해서 기억을 변형하기도 한다. 기억은 더 이상 과거에서 이미지들을 재수집하는 능력에 해당하는 습관적 재인 또는 주의를 기울이는 재인이 아니다. 시간의 질서는 공약 불가능한 첨점들과 비연대기적 층들의 공존을 제기하면서, 기억을 '텅 빈 시간의 순수 형식이 분할한 앞뒷면의 접합적 막(membrane)'으로 형상화한다. 여기서 과거의 시트들이 순수 잠재성(나를 자아와 분할하는 도달 불가능한 내면성)에서 발산할 때, 현행태 또는 지각은 우리에게서 물러나 절대적 지평(언젠가는 다다를 바깥─결정되지 않은 미래, 또는 아직 없는 세계, 민중, 사유)이 된다.

따라서 정신적 자동기계는 역량의 표현이다. 들뢰즈와 가타리가 다음과 같이 말하는 것도 이 때문이다. "세계를 믿는 자, 세계의 실존뿐만 아니라 그 운동과 강렬함의 가능성까지 믿는 자에 대해 문제가 관여하는 것이, 그리고 이를 통해 존재의 새로운 양태를 거듭 탄생시키는 것이 가능해진다. …… 이 세계, 이 삶에 대한 믿음은 우리의 가장 난해한 과제일 것이다.

그것은 오늘날 우리의 내재성의 평면에서 발견될 실존 양태의 과제일 것이다."(WP, 74~75) 내 안의 사유자가 내 사유 내의 사유되지 않은 것이라는 말은 곧 변형의 역량을 표현한다. 이는 현재의 사유 방식들과 존재 양태들에서 새로운 변이의 선을 드러냄으로써 삶을 변형하는 역량이다.

우리가 아직 되지 않은 존재를 사유하기 위해, 우리 자신이 어떻게 '아직 사유하지 않은 것'이 될 수 있는가? 삶을 다시금 믿는다는 것은 생명의 변형적 역량을 다시금 믿는다는 말이다. 그리고 변화에 해당하는 생성의 힘, 힘들에 해당하는 생성과 변화를 인정하는 권력의지 내에 이 같은 저항의 힘이 없다면, 삶이 도대체 무엇이란 말인가? 니체의 초인은 인간보다 더 뛰어난 인간이 아니다. 오히려 그것은 인간성이 변화하기 위해 우리 안에서 극복되어야 할 존재다. 그렇다면 저항은 우리가 현재 누리는 삶보다 더 적극적이고 긍정적인 삶, 더 풍부한 가능성들을 지닌 삶의 힘을 깨우치는 것으로 파악되어야 한다.

푸코에게 있어 생체-권력의 기획은 삶이 우리 안에서 해방되어야 함을 의미한다. 왜냐하면 삶은 무엇보다도 우리 안에서 감금되어 타자-되기에 둔감해지기 때문이다. 새로운 존재 양태에 대한 현대적 투쟁은 두 가지 형태의 주체화(subjectivation)에 대항해 규정된다. 한편으로 "당신이 절대적 자기(One)다"라고 명령하는 권력에 복종하는 개체화(individuation)가 있다. 다른 한편으로는 개체를 인식 가능한, 그리고 이미 알려진 단 하나의 정체성으로 특징짓는 구성 과정이 있다. 즉 당신은 백인 또는 흑인, 남성 또는 여성, 이성애자 또는 게이, 식민지배자 또는 피지배자일 것이다. 반면 저항은 새로운 존재 양태를 위한 투쟁이다. 따라서 저항은 차이·변이·변신이며 새로운 존재 양태의 창조를 위한 투쟁이다. 그러나 영원회귀, 생성 또는 변화라는 시간의 힘이 차이를 통해 정체성의 기반을 뒤흔들지 않는다면, 우리는 새로운 존재 양태를 창안하거나 선택할 수 없을 것이다. 미분

(차이나기)은 미래를 향한 열린 가능성이며, 우리가 삶을 변용하고 삶에 의해 변용될 수 있는 역량이 바로 그 미래에서 파생된다. 직접적 시간-이미지와 여타 예술 형식의 목표는, 성공적이든 그렇지 않든 우리 안에 있는 이 역량을 일깨우는 것이다. 타자가-되기 위해 우리에게 필요한 것은 '아직 사유되지 않은 것'에 머물러 있는 우리 안의 타자를 일깨우는 이미지다.

들뢰즈에 따르면, 분신(the double)이라는 주제에 대한 푸코의 작업은 차이가 회귀해 정체성을 전개함을 보여준다. 분신은 투영된 내부가 아니라 바깥의 내면화, 즉 **절대적 자기**(the One)를 이중화하는 것이 아니라 **타자**(the Other)를 이중화하는 것이다. 그것은 주체 안의 사유되지 않은 것을 접는 것이다. 이중화는 허상적이다. 정신적 자동기계가 우리 안의 사유자를 일깨운다면, 이는 동일자의 재생산이 아니라 **본연의 차이**의 반복이다. "이는 '나'의 발산이 아니라, 내재성 안에서 항상 타자 또는 자아-아닌 것을 위치지우는 어떤 것의 발산이다. 이중화의 과정에서 분신은 타자가 아니라 자아, 나를 타자의 분신으로 살게 하는 자아다. 바깥에서 나는 나 자신과 마주치는 것이 아니라 내 안의 타자를 발견한다."(F. 98)

내 안의 타자는 사유 내의 사유되지 않은 것이고 내 안에 있는 정신적 자동기계다. 이중화는 절대적 기억, 즉 바깥의 기억을 구성한다. 바깥을 고문서적인 기억이나 기념비적인 기억과 혼동해서는 안 된다. 절대적 기억은 자아에 의한 자아의 변용을 가리키는 '진짜 이름'이다. 시간은 정신이 스스로를 변용할 때 거치는 형식이고, 공간은 정신이 다른 무엇에 의해 변용될 때 거치는 형식이다. 주체화로서의 시간, 즉 시간적인 나와 공간적인 자아의 분할은 절대적 의미에서 **기억**이다. 그것은 시간의 쪼개짐이며, 여기서 **절대적 기억**은 "현재와 바깥을 겹치면서 망각과 일체화한다. 왜냐하면 **절대적 기억**은 그 자체로 영원히 망각되고 재구성되기 때문이다. …… 시간은 그것이 바깥의 접힘이기 때문에 주체가 되고, 바깥의 접힘으로서 모든 현재를 망각 속으로 몰고가는 동시에 기억 속에서 과거 전체를 보존한다. 망각은 회귀의 불가능성이며 기억은 갱신의 필연성이다"(F, 107~108).

그러므로 사유한다는 것은 과거를 회상하거나 재고하는 것이 아니라 미래를 창안하는 것이다. 시간-이미지는 '선취기대'라는 블로흐의 개념과 같다. 그것은 역사에 선행하는 것이며, 실재적인 것이나 상상적인 것으로 재현되지 않는다. 시간-이미지는 창안되어야 하는 새로운 실재의 선구자다. 따라서 사유함을 요청하는 것은 시간과의 가장 복잡하고 심오한 관계다. 들뢰즈에 따르면, "현재에 대항해서 과거를 사유하는 것, 단순한 회귀를 위해서가 아니라 '바라건대 다가올 시간을 위해'(니체) 현재에 저항하는 것은 과거를 활성화하고 현재를 바깥에 두는 것을 의미한다. 이 모든 것은 궁극적으로 새로운 무엇인가가 발생하도록 하기 위해, 사유함이 항상 사유 내에서 발생하도록 하기 위해서다. 사유는 그 자신의 역사(과거)를 사유하지만, 이는 사유하는 것(현재)에서 스스로를 해방시키기 위해, 궁극적으로 '다르게 사유하기 위해'(미래)서다"(F, 119·127).

『차이와 반복』에서 들뢰즈는 철학과 관련한 유일한 미학적 관심사가 예술과 일상생활의 관계라고 주장한다. 우리 시대의 일상생활이 시청각적 정보 문화에 침윤됐기 때문에, 영화가 이미지와 개념의 관계를 통해 우리에게 작용하는 방식은 보기와 말하기의 전략 수립에 있어 한층 중요해졌다. 이는 영화가 가장 대중적인 예술이기 때문이 아니다. 텔레비전과 비디오게임의 경제적·'미학적' 파급효과는 영화보다 훨씬 크다. 그러나 이미지와 기호로 이루어진 영화의 역사는 시청각 문화의 창시자이며, 이는 아마도 영화가 허상적 예술로서 스스로를 탈정초할 수 있는 원천일 것이다. 바깥에서 다르게 생각하는 것 또는 포착하기 어려운 여정을 찾아내는 것은 시청각적인 것의 역사를 통해 사유하는 것이다. 이를 위해 예술은 초월적 세계가 아니라 우리가 사는 지금 여기의 세계에 호소해야 한다. 일상생활의 습관적 반복에서, 예술은 어떤 내면보다 더 깊고 어떤 외부보다 더 먼 '순수 상태의 작은 시간', 지나가는 현재의 사건 또는 잠재성을 추출해야 한다. 다른 모든 예술 형식과 마찬가지로 시간-이미지의 본래적 예술의지는 사본을 허상으로 전도함으로써 반복에서 차이를 추출하며, 그를 통해 구성된다. 예술은 재현하거나 모사하지 않는다. 왜냐하면 예술은 반복하기 때문이다. "예술은 그 내적 역량을 통해 모든 반복을 반복한다(모방은 사본이지만 예술은 허상이다. 그것은 사본을 허상으로 전도시킨다)."(DR, 293/375)[5] 일상생활에서 특징적인 반복은 동일자의 회귀다. 특히 표준화된 상품 생산과 정보의 증식이라는 점에서 그렇다. 예술은 기계장치적·유형적·습관적 반복에 대립하는 대신 그것을 끌어안는다. 더 정확하게 말하자면, 습관적 반복을 통합해서 그 한계를 노출시키고 그 내부에서 미분적인(차이 나는) 것과 잠재태를 추출한다. 이때 예술작품의 과제는 차이를 통해 반복에 개입함으로써 현행태에서 잠재태로 이행하는 도주선을 개방하는 것이다. 이때 반복은 동일자의 회귀에서 차이에서의 창조로 변형된다. 일단 습관적 계열(차이 없는 반복)과 연대기적 계열(공간 내에서 순간들의 연속으로

---

5) 들뢰즈는 이 사유를 다음의 인상적인 구절로 이어나간다. "우리의 일상적 삶이 점점 표준화되고 천편일률적으로 변모할수록, 소비 대상의 가속화된 재생산에 종속될수록 바로 그만큼 예술은 일상적 삶에 집착해야 한다. 예술은 일상적 삶에서 어떤 작은 차이를 끌어내어 다른 층위의 반복들 사이에서 동시적으로 유희하게 만들어야 한다. …… [예술은] 이 문명의 실제 본질을 구성하는 환영과 신비화를 미학적으로 재생산해야 한다. 그럼으로써 차이가 어떤 분노의 힘, 그 자체가 반복적인 동시에 가장 낯선 선택을 도입할 수 있는 어떤 힘과 더불어 표현되도록 해야 한다. 설령 이것이 도처에서 일어나는 어떤 수축 — 즉 세계의 종말에 대한 자유 — 에 불과하다 해도 예술은 이런 노력을 기울여야 한다. 각각의 예술에는 상관적인 반복의 기술(技術)들이 있다. 그 비판적·혁명적 능력이 최고점에 이르렀을 때, 우리는 습관의 우울한 반복에서 기억의 심층적 반복으로 나아갈 수 있으며 우리의 자유가 펼쳐질 수 있는 죽음의 궁극적 반복으로 나아갈 수 있다."(DR, 293/375) [이 구절의 다음부터, 반복의 기술을 극대화하는 예술의 구체적 사례 — 현대음악(라이트모티브), 앤디 워홀의 팝아트(허상의 계열발생) — 가 제시된다. 특히 들뢰즈가 이런 예술의 마지막 사례로 누보로망과 「마리엔바드」를 언급하고 있는 것으로 보아 『차이와 반복』과 『시간-이미지』의 밀접한 관련성을 짐작할 수 있다. 반복의 계열성을 예술의 목표로 설정하는 들뢰즈의 관점은 『천 개의 고원』의 '매끈한 공간과 홈이 패인 공간'과 『철학이란 무엇인가』에서도 드러난다.]

파악되는 반복)이 있을 것이다. 여기에 현재의 파편화, 비연대기적 기억의 변위, 차이나는 것으로 회귀한다는 사실이 뒤따른다.

허상은 재현하지 않는다. 허상 내에서 사유는 그 처음의 이미지를 통해 자기 자신을 확인하지 못한다. 오히려 허상은 (우리가 사유할 수 있다면) **사건들**(Événements)의 구성을 통해 우리에게 사유하기를 강제한다.[6] 우리는 시간의 경과를 공간 내의 무수한 분절들이 연속하는 것으로 측량하고 합리화할 수 있다. 이는 잠재태에서 현행태로의 이행이며, 여기서 사유는 그 고유한 이미지를 통해 스스로를 인식한다. 그러나 사건은 사이 ── 사유를 그 자체에서 분리하는 절편들 간의 사이-시간(entre-temps) ──에서 발생한다. 시간은 무리수적 간격들이 개방하는 틈새에서만 자발적으로 출현할 수 있다. 영화에서 사건과 그에 상응하는 역량은 오직 시간의 힘이 차이로서 회귀할 때만 출현한다. 이때 시간의 힘은 계열성을 통해 공간의 연대기적 전개를 풀어헤치고 무리수적 간격상에 계열들을 재연쇄시키면서 반복을 교란한다. 이런 의미에서 사유에 결부된 힘은 선천적 능력의 실행도 아니고, 외부 세계에 미리 구성된 지식의 획득도 아니다.

그렇다면 바깥을 요행적 힘으로 특징지어야 할까? 계열의 형성은 꼭 그런 것만도 아님을 보여준다. 이런 면에서, 시간의 직접적 이미지에서 무리수적 간격이 결정하는 것은 마르코프 사슬의 논리와 비슷하다. 마르코프 사슬은 이전에 온 것이 이후에 올 것을 부분적으로 결정하는 '부분적 재연쇄의 연쇄'다. 바깥은 변이의 선이며, 이 선을 결정하는 것은 끊임없는 연대기적 연속이 아니라 우발적이고 의존적인 힘들을 뒤섞는 무리수적 간격상의 재연쇄다. 여기서 사유함은 새로운 형상들로 조직된다. 그것은 특이

---

6) 『의미의 논리』는 사건의 본성에 대한 들뢰즈의 심오한 성찰을 제시한다. 또한 『주름 : 라이프니츠와 바로크』에서 「사건이란 무엇인가」도 참고하라. 영화적 사건들에 대해서는 톰 콘리의 논문 「영화-사건」을 참고하라.

성들을 추출하고 재연쇄시키며, 계열들로 조직하는 것이다. 특이성들은 모두 바깥에서 온다. "힘들의 관계에 사로잡힌 권력의 특이성들, 변이를 준비하는 저항의 특이성들, 심지어 유예된 바깥에 기초하는 야만적 특이성들, 이들은 관계들 내부로 진입하지도 않고 통합됨을 허용하지도 않는다(여기서 '야만적인 것'은 아직 경험에 진입하지 않은 것으로서 의미를 지닐 뿐이다)."(F, 117·125) 즉 시간이 공간과 공약 불가능한 것으로 그려지는 지점에서, 잠재태는 광대한 잠재력의 영토를 지나가는 모든 현재에 개방한다. 그것은 라이프니츠의 결정체 피라미드가 각각의 지나가는 현재들 사이에 쐐기를 박는 것과 같다. 이 쐐기가 개방하는 간격 내에서, 잠재성은 미래 행위들의 거대한 저장소로서 펼쳐진다. 미래의 행위들은 그 본질상 균등한 가능성을 갖지만 함께 가능하지는 않다. 따라서 사건은 "아직 현실화되지 않은 것 또는 현실화와 무관하게 남아 있는 것들의 순수한 내재성이다. 왜냐하면 사건의 실재가 더 이상 현실화에 의존하지 않기 때문이다. 사건은 비물질적·비물체적인 것이며 살지 않을 수 없는 순수한 **저장소**이다. …… 두 개의 순간들 간에 존재하는 것은 더 이상 시간이 아니다. 오직 사이–시간에 해당하는 사건만이 존재한다. 사이–시간은 영원성의 일부도, 사건의 일부도 아니며 오직 생성에 속한다"(WP, 157~158). 사건은 시간이 경과하는 모든 국면에 내재적이지만 한편으로는 그 경과 바깥에, 그 경과 사이에 남아 있다. 허상은 유토피아의 세계보다 '이질적 우주의'(heterocosmic) 힘들로 더 잘 이해될 수 있다. 시간의 각 척도 간에는 무한한 운동이 존재하며, 그만큼 많은 가능 세계들과 존재의 내재적 양태가 존재한다. 이것이 바로 시간의 경과에서 회복해야 할 것들이다.

이런 면에서 시간–이미지의 정신기호는 시간의 개념이기도 하다. 시간의 직접적 이미지는 시간 그 자체가 아니라 잠재성과 생성의 힘이다. 즉 이는 우리와 동시대적 존재 양태의 바깥에 있는 동시에 그 양태를 보존하고 있는 것, 그 양태에 내재적인 것이다. 무리수적 간격은 의미하지도 않고 표상하지도 않는다. 그것은 저항하며, 잠재태에 대한 믿음을 회복한다. 잠재태는 아직 선택되지 않은 장소, 내재적 가능성들과 존재 양태들인 사유되지 않은 것의 저장소다. 이런 의미에서 철학과 예술의 유토피아적 면모는 저항의 기억을 영속화하는 것이다. 이는 습관적 반복에 대한 저항, 계산되고 합리화되고 물화된 시간에 대한 저항이며, 소통의 형식이건 상품의 형식이건 간에 모든 형태의 상거래와 교환에 대한 저항이다.

자본주의의 역사, 철학과 예술의 역사가 복잡하게 결합하긴 하지만, 저항의 기억은 역사적 기억이 아니다. 그렇지 않다면 철학이나 예술은 저항의 기억이 지닌 내재성을 보존할 수도, 표현할 수도 없을 것이다. 자본주의는 명백하게 그 자체 사유의 이미지를 생산해왔다.[7) 사실상 들뢰즈와 가타리의 불만은, 정보시대에 사유가 상거래로, 개념들이 상품으로, 대화나 양식이 교환 형식으로 환원됐다는 점이다. 마찬가지로 철학은 탈영토화의 힘에 대한 배타적 권리를 상실했다. 자본은 자체의 악마적 힘, 들뢰즈와 가타리에 따르면 그 상대적 탈영토화를 산출하며, 이는 제국주의와 다민족주의의 형식으로 나타난다. 이런 탈영토화를 비롯한 자본의 여러 힘들은 개인들을 고유한 땅에서 쫓아내고 노동과 사유에서 소외시킨다. 탈영토화는 자본이 대지의 부와 개인의 노동력을 경계와 무관하게 운송할 수 있음을 의미한다. 자본은 자체의 개념들과 내재성의 형식을 지니고 있다. 이런 면에서 마르크스의 거시 분석과 비판은 그 힘을 상실하지 않았다. 그것은 철학과 자본주의 간의 비판적 마주침이 여전히 필요하다는 점을 검증한다.

---

7) 나는 들뢰즈와 가타리가 로티를 은연중에 공격하면서 그의 철학을 '철학을 자본화하는 이미지'로 묘사하고 있다고 믿는다. 즉 로티는 철학을 "정신의 적당한 상거래, 개념들과 더불어 고유한 상품성을 가진 것, 또는 오히려 고유한 교환가치를 가진 것으로 그려낸다. 서구의 민주주의 대화에서 나타나는 활발한 사회성, 이해관계 없는 사회성이라는 관점에서, 철학은 여론의 합의를 창출하는 것, 예술이 미학으로 소통하듯 '윤리'로 소통할 수 있는 것으로 그려진다"(WP, 99).

따라서 시청각적 정보시대는 소통, 공통의 합의, 보편적 가치에 대한 나름의 철학을 갖고 있지만 이는 저항의 철학이 아니다. 오히려 그것은 자본주의가 스스로를 인정하고 자신의 권력을 긍정하는 철학 또는 사유의 이미지다. 허상적 예술과 저항의 철학에 주어진 특별한 과제는 후기 자본주의와 자유 민주주의에 내재하면서도 그에 대안적인 사유 방식과 존재 양태를 창안해서, 이를 해석하고 평가하는 것이다. 철학이 관념들을 성찰하거나 소통하는 것이 아니라 개념을 창조하는 것이라고 주장해야 하는 까닭이 여기에 있다. 부족한 것은 소통이나 정보가 아니며, 오히려 너무 많은 소통과 정보가 우리를 괴롭힌다. 진리나 지식도 부족하지 않다. 진정 결핍된 것은 창조를 향한 의지, 실험을 향한 의지다. "우리에게 결핍된 것은 현재에 대한 저항이다. 개념들의 창조는 그 자체로 미래 형식을, 아직 존재한 적 없는 새로운 대지와 인간을 요청한다. …… 바로 여기서 예술과 철학이 전환한다. 이제 철학과 예술의 과제는 결핍 상태에 있는 대지와 인간을 창조의 상관물로 구성하는 것이다."(WP, 108)

기억과 역사는 공약 불가능한 시간과 공간, 잠재태와 현행태에 각각 해당된다. 기념이라는 의미에서의 역사, 긍정적이며 제도적인 역사는 생성을 표현할 수 없다. 기념비적 역사는 항상 승리자들의 역사, 종속된 민중들의 생성을 가로막는 권력이었다고 발터 벤야민은 역설한다.[8] 역사의 힘들과 원천들이 무엇이건 간에 그것은 가치들, 권력을 향한 의지, 승리자들의 존재 양태를 보존하면서, 승리자들의 권력에 대항하고 도전하는 내재적 존재 양식을 금지하고 좌절시킨다.

---

8) 「역사 개념에 대하여」 7절에서 벤야민은 역사주의가 항상 승리자들에 대한 감정이입을 낳았다고 주장한다. 이것이 "야만성에 대한 기록이 아닌 문명에 대한 기록이 존재하지 않는 까닭이다. 기록이 야만성에서 자유롭지 않듯이, 야만성이 한 소유자에서 다른 소유자로 넘어갈 때 그 이전의 방식에도 야만성의 오점이 남아 있다. 따라서 역사유물론자는 여기서 가능한 멀리 떨어져야 한다. 그는 역사에서 이 오점을 닦아내는 것을 자신의 임무로 여긴다"(Benjamin, 1973 : 258~259).

한편 기억은 회상되는 것이 아니라 오히려 회귀하는 것이다. 이것이 들뢰즈가 절대적 기억이라 부르는 것, 베르그송의 순수 기억보다 더 심원한 것이다. 이는 차이 그 자체이며, 차이나는 것을 향해 회귀하는 힘에 해당하는 영원회귀다. 역사와 기억의 관계는 권력과 저항의 관계와 같다. 설령 저항의 기억이 가진 힘이 모든 종류의 서사를 가동시키기 위해 포진할 수 있다 해도 저항의 기억은 '인간적 기억'이 아니다. 그것은 대안적 역사, 즉 푸코적 의미의 대중적 기억이며 대항기억(countermemory)이다. 이 기억은 사유가 맞닥뜨리는 장애물이라는 의미 ─ 그 결과 절대적 운동, 무한한 운동, 변화에 해당하는 시간의 힘을 강제한다는 의미 ─ 에서 절대적이다. 대항기억은 자본주의에 저항하는 동시에 자본주의가 사멸시킨 존재 양식을 소생시키는 내재성으로서 생성을 인식하도록 사유에 강제한다.

모든 저항의 행위를 정초하는 이 절대적 기억, 이 생성은 소수적 존재의 것이다. 앞서 논의했듯, 예술과 철학에서 소수적 목소리의 주요한 질은 이중-생성의 질이다. 작가와 철학자는 민중을 재현할 수도, 그들을 대신해서(또는 그들의 자리에서) 말할 수도 없다. 민중의 역량은 선행하는 시간, 즉 선행성에 해당하는 시간의 역량이다. 민중은 생성의 표현 또는 대안적 존재 양식의 내재성으로서 '미리' 말한다. 생성의 질은 소수적 작가/철학자와 민중의 교환 지대를 마련한다. 민중의 생성이 작가/철학자의 사유에 내재적이라면(작가/철학자의 사유가 민중의 생성 안에 있듯이) 작가/철학자는 새로운 존재 양태를 예견할 수 있을 뿐이다. "예술가나 철학자는 민중을 창조할 수 없다. 그들은 온 힘을 다해 민중을 호출할 수 있을 뿐이다. 민중은 지긋지긋한 고통 속에서만 창조되며, 더 이상 예술이나 철학에 관련될 수도 없다. 그러나 철학 저서와 예술작품은 민중의 도래를 미리 경고하는 상상할 수 없는 고통의 총합을 담고 있다. 그들은 모두 저항(죽음, 예속, 참을 수 없는 것, 부끄러움, 그리고 현재에 대한 저항)을 담고 있다."(WP, 110)

추상적이지만, 철학은 자본주의에 저항한다. 이때 저항은 단지 그 탈영토화의 힘을 대립시키는 것만은 아니다. 들뢰즈와 가타리에게 철학의 비판적이고 유토피아적인 힘은 어떤 면에서 아도르노의 부정변증법과 유사하다. 철학은 자본의 상대적 탈영토화에 반대하기보다 오히려 절대적 지평을 향해 자본의 매혹과 모순을 밀어붙인다. 즉 철학은 자본주의가 "무한한 것의 운동에 해당하는 내재성의 평면을 가로지르게 하고, 그 내부의 한계에 이를 때까지 자본주의를 억압하며, 자본주의가 **스스로 등을 돌리게끔 하면서 새로운 대지, 새로운 민중을 호출하게 만든다**. 그러나 이런 식으로 철학은 소통·교환·합의·의견이 완전히 사라지는 개념의 비명제적 형식에 도달한다"(WP, 99). 개념의 비명제적 형식은 침묵이 아니라 오히려 스스로 말할 준비가 된 상태다. 그것은 말없음이 아니라 오히려 다가와야 할 것과 사유되지 않은 것들을 위해 현재의 상태에 절대적으로 저항하는 것이다. 유토피아의 개념은 철학을 그 역사적 시대, 곧 후기 자본주의의 시대와 결합하게끔 한다. 합의와 공모가 아니라, 저항과 비판으로서 말이다.

철학은 자신의 개념들을 연마하고 힘들을 유지하면서 주어진 시대의 유토피아에 대한 관리인 노릇을 한다. 그것은 무한한 운동의 질을 보존하면서 정치적·비판적 힘을 성취한다. 이런 식으로 유토피아의 개념은 그 자신의 시간-이미지를 형성한다. 유토피아의 시간-이미지는 새뮤얼 버틀러의 에레혼, 즉 '어느 곳도 아닌 지금 여기'라는 개념으로 주어진다.[9] 들뢰즈와 가타리는 유토피아가 어원상 "절대적 탈영토화를 대표하지만 항상 특정한 임계점에 있으며, 이 임계점은 현재의 상대적 환경, 특히 환경이 억누르는 힘들과 접속되어 있다"(WP, 100)라고 말한다. 유토피아 개념에는 위험이 뒤따른다. 쟁론과 내재성, 해방의 유토피아만큼이나, 그 이상으로 확언

---

9) 버틀러는 『차이와 반복』에서도 중요한 위치를 차지한다(들뢰즈의 서문 xx~xxi을 참조).

적·초월적·권위적 유토피아가 존재한다. 그러나 직접적 시간-이미지는 혁명과 마찬가지로 내재성의 유토피아를 나타내는 표현 중 하나다. 이때 유토피아는 꿈이나 환상, 실현되지 않았고 실현 불가능한 희망이 아니다. "유토피아는 혁명을 내재성의 표현, 무한한 운동, 절대적 전망으로 제기한다. 그러나 이 특징들이 지금 여기서 자본주의에 대항하는 투쟁 내의 실재적인 것들과 접속되는 한에서, 예전의 투쟁이 배반됐던 어느 때고 새로운 투쟁들을 진출시키는 한에서만 그렇다. 따라서 유토피아라는 단어는 **철학 또는 개념이 현재 환경과 접합접속되는 것**을 지칭한다. 이는 곧 정치철학이다."(WP, 100)

　　이는 시간-이미지의 영화가 혁명적 영화, 정치적 영화임을 뜻하는 것인가? 반드시 그렇지는 않으며, 설령 그렇다 해도 그 같은 경우는 한정되어 있다. 사회적 관계들을 변형할 수 있는 조직적 힘이라는 의미에서는, 행위 또는 사건으로서 예술과 철학 중 어느 것도 그 자체만으로는 본래 정치적일 수 없다. 그러나 예술과 철학은 나름의 선행성과 잠재성 내에서 정치적 행위와 사건들을 야기하고 요청한다. 그리고 이는 유토피아에 대한 최고의 정의일 것이다. 역사가 무한한 운동과 맺고 있는 관계는 영원한 것에 대한 예견도 아니고 역사의 장구한 지속(lonque durées)에 대한 성찰도 아니다. 니체가 주장하듯 철학은 해석하고 평가하는 것이며 이런 점에서 철학자는 문화의 외과의사와 같다. 철학자의 과제는 모든 지나가는 현재에서 생성을 진단하는 것, 새롭고 예기치 않은 존재 양태들을 창안하는 것이다.

　　변화의 힘에 해당하는 시간의 직접적 이미지를 제시하는 것은 영화와 철학이 수렴하는 사유의 최고점이다. 다른 허상의 예술과 마찬가지로 영화의 유토피아적 힘은 니체의 반시대적 고찰에서 잘 나타난다. "과거를 거슬러서, 그래서 현재에 관해서, 바라건대 미래의 행복을 위해 행동하자. 그러나 미래는 역사적 미래도 아니고, 유토피아적 역사도 아니다. 그것은 무한한 **지금**(Now), 플라톤이 모든 현재와 구별했던 **현재**(Nun)다. 미래는 **강렬한 것** 또는 **반시대적인 것**, 순간이 아니라 생성이다."(WP, 112) 이 생성은 역사 바깥에 있으며, 따라서 그 특징은 철학과 예술만이 표현할 수 있는 창조적 힘이다. 이런 점에서 보면, 유토피아는 역사 바깥에 존재하는 것이 아니라 역사에 대립한다는 측면에서 가장 적합한 개념은 못될 것이다. 유토피아는 역사 내에 거주하는 역사적 개념, 이상 또는 원동력이다.

> 생성은 개념 자체다. 그것은 **역사**(l'Historie) 속에서 탄생하고 **역사** 속으로 물러서지만 **역사**에 속하지 않는다. 생성은 그 본성상 시작도 끝도 아니며 오직 환경이다. …… 창조하는 것은 저항하는 것이다. 그것은 내재성의 평면에서 일어나는 순수 생성들, 순수 사건들이다. **역사**가 파악하는 사건의 실체는 사태나 생활 경험에서 역사가 수행하는 것으로 나타난다. 그러나 사건은 고유한 생성 속에서, 그 특수한 일관성 속에서, 개념으로서 자기-정립되면서 **역사**를 피해간다. …… 사유하는 것은 실험하는 것이다. 그러나 실험은 항상 발생하는 과정에 있는 것이다. 새로운 것, 비범한 것, 흥미로운 것이 발생한다. 이들은 진리의 외관을 대체하고, 진리보다 더 많은 것을 요구한다. 발생 과정에 있는 것은 시작되지 않는 만큼 끝나지도 않는다. 역사는 실험이 아니다. 오히려 역사는 자신을 피해가는 어떤 실험들을 가능케 하는 부정적 조건들의 집합이다. 역사가 없다면 실험은 규정되지 않고(조건화되지 않고) 남아 있을 것이다. 그러나 실험은 역사적인 것이 아니다. 그것은 철학적인 것이다(WP, 110~111).

푸코는 현행태와 현재의 것을 구별하면서 이와 유사한 발상을 제시한다. 베르그송의 관점에서는 현행태을 잠재태의 완성으로 간주하고 싶을지 모른다. 그러나 푸코에게 현실성은 잠재성의 영구한 생성이다. 현행태와 현재의 것은 지나가는 현재의 양면이다. 그리고 이 양면 사이에 있는 생성의 **지금**, 즉 지나가는 현재의 무시간성은 현실성이 예기하는 바다. 현재의 것은 존재의 상태, 따라서 존재하기를 이미 중지한 상태다. 그러나 푸코의 현행태는 존재가 지금 존재하는 상태가 아니라 지금 생성되고 있는 것이다. 그것은 "생성 과정에서의 존재, 즉 **타자**, 존재의 타자-되기다. …… 현행태는 존재의 역사에 포함되는 미래의 유토피아적 예상이 아니다. 오히려 그것은 존재의 생성으로 이루어진 '지금'이다"(WP, 112).

개념들의 창조, 이야기 꾸미기의 역량은 영화에 고유하다. 이것은 회상하는 것이 아니고 생성을 야기하며, 새로운 존재 양태의 내재성을 표현하는 힘들의 관계나 권력의지를 호출한다. 예술과 철학은 생성의 화신으로서 잠재태와 독특한 관계를 맺는다. 예술과 철학은 잠재적 사건을 실현하는 것이 아니라 잠재적 사건을 통합하고 구현한다. 그것은 과거를 재현하거나 과거와 소통하지 않으며 과거를 회상하거나 기념하지도 않는다.

오히려 예술의 과제는 사건을 체현하는 존속적 감각들을 미래의 귀에 토로하는 것이다. 이는 끊임없이 갱신되는 인간의 고통이고, 인간의 항의를 재창조하는 것이며, 끊임없이 갱신되는 투쟁이다. 고통이 영원하며 혁명이 승리를 쟁취하지 못한다고 해서 이 모든 것이 부질없는가? 그러나 혁명의 성공은 오로지 혁명 자체에, 그리고 그 수행의 순간에 인간에게 던져주는 진동과 껴안음, 즉 열림에 있다. 이는 새로운 여행자들이 하나씩 돌을 던져 만들어진 돌무덤처럼 그 자체가 생성의 과정에 있는 기념물들을 구성하는 것이다. 혁명의 승리는 혁명이 민중 사이에서 개시하는 새로운 연대들로 구성되고 그 연대에 내재적인 것이다. 설령 이 연대들이 혁명의 용해된 잔해만을 남길 뿐 곧 분란과 배반에 굴복할지라도 말이다(WP, 176~177).

모든 허상과 마찬가지로 시간-이미지의 영화와 저항의 철학은 고된 과제를 공유한다. "과거·현재·미래의 코드를 넘어서, 코드화되지 않은 것과 코드화될 수 없는 무언가를 전달하는 것. 그것들을 새로운 몸체에 전달하고, 그것들을 수용하고 미래로 넘쳐나게 할 몸체를 창안하는 것. 이 몸체는 우리 자신의 몸체, 대지의 몸체, 심지어 글쓰기의 산물인 어떤 몸체다."(NT, 142) 몸의 영화에서 뇌의 영화에 이르기까지, 시간-이미지는 주체성과 사유에 대해 독특한 관계를 맺는다. 무리수적 간격들로 조직되는 시간-이미지는 잠재태-현행태 회로를 지속적으로 교란한다. 아마도 모던 영화가 촉발하는 난해함·피곤함·오해의 원인이 여기에 있을 것이다. 그러나 우리는 이 난관들을 상실된 기회로 이해해야 한다. 우리가 이미지와 맺는 관계는 미리 규정되어 있지도 않고 변증법적이지도 않다. 회로가 교란될 때, 우리는 우리 자신을 '주의를 기울이는 재인'의 고요한 심연에 고정하는데 필요한 현재의 지각을 상실한다. 또한 회로의 파괴는 우리가 습관이라 일컫는 반복의 힘을 교란한다. 잠재성이 바깥의 힘으로 작용한다는 말은 이런 의미에서 사용된 것이다. 들뢰즈와 가타리는 이를 철학의 최고 행위라 말한다. "'정해진 내재성의 평면'을 사유하는 것이 아니라, 내재성의 평면이 모든 평면들 내의 '사유되지 않은 것'으로서 바로 거기에 있음을 보여주는 것, 그리고 내재성의 평면을 사유의 안과 바깥으로, 즉 비-외재적인 바깥과 비-내재적인 안으로 사유하는 것, 사유될 수 없지만 사유되어야 하는 바로 그것을 사유하는 것이다."(WP, 59~60)

이는 숭고한 것이 아니다. 오히려 이는 정체성과 사유 내의 우리 자신에서 우리를 분리하는 시간의 순수 형식, 그 탈인격적 형식이다. 인격적이며 인간적인 것은 우리가 운동과 변화에 좌우되지 않는 정체성을 고정하고 표현하기 위해 끊임없이 우리의 몸과 뇌 속에서 현실화하는 것이다. 들뢰즈가 시간-이미지에서 목격하는 것은 우리 바깥에서 시간의 순수 형식으로 존재하는 비인간적 포텐셜이 우리의 인격적이고 인간적인 제약들과 대면할 수 있는 기회다. 여기서 시간의 순수 형식은 우리가 살아가고 사유하는 내재성이기도 하다. 이는 우리가 열망하는 정체성도 아니고 사유도 아니다. 오히려 그것은 잠재태와의 대면이다. 잠재태는 한편으로 우리를 생성 속으로 내던지는, 우리가 아직 되지 않은 **타자**이며, 다른 한편으로 우리가 아직 사유하고 있지 않음을 천명하는, 우리에게서 달아나는 **이념**이다. 잠재성과의 대면은 끝없는 마주침이다.

∷ 옮긴이 후주

순수 회상과 회상-이미지(6장 294쪽, 각주 11)

들뢰즈는 순수 회상과 회상-이미지를 구별하는데(이 책의 4장을 참조하라), 전자는 항상 잠재적이지만 후자는 현재와의 관련 하에 잠재태를 현실화한다. 순수 회상은 시간 속에서 보존되는 하나의 시트가 연속체에 있게 된다. 그러나 이 시트나 연속체는 잠재적인 순수 회상과는 다르다. 대신 그것은 순수 회상의 파편, 성운과 같은 것이다. 또는 연대기적 시간과는 상이한 내적인 나이이다. 들뢰즈는 우리가 어떤 한 시트에 자리 잡을 때 우선 두 가지 경우가 있을 수 있다고 한다. 우리는 과거에서 자신이 찾던 그 점을 발견한다. 이는 순수 회상 속에서 현실화될 수 있다. 그러나 그 점을 발견하지 못할 수도 있다. 이럴 경우는 자신이 접근할 수 없는 상이한 시트에 그 점이 있기 때문이다. 「마리엔바드」에서 두 주인공의 불일치는 바로 이런 상황을 가리킨다. 순수 회상은 연속체처럼 순수 과거로 보존되지만, 시간의 흐름에 따라 두 주인공에게 각각 다른 지역으로 쪼개지고 서로 환원 불가능한 것이 된다.

들뢰즈는 여기에 머무르지 않고 세번째 가능성을 제시하는데 이는 "상이한 나이들의 파편들로 이루어진 연속체를 구성하는 것"(TI, 123/163)이다. 서로 환원 불가능한 두 시트를 만나게 하기 위해서는 그것들을 접고 펼치는 과정이 필요하다. 왜냐하면 잠재적인 순수 과거의 시트들은 펼쳐진 종이처럼 평면적이고 단순하게 자리하는 것이 아니라, 시간의 흐름에 따라 늘어나고 접히고 구겨지면서 나타나기 때문이다. 이렇게 접고 펼치는 과정을 들뢰즈는 변형 또는 변형의 시트라 일컫는다. 변형을 통해 우리는 서로 다른 두 시트를 허위적으로 연결시킬 수도 있지만, 서로 만나게 할 수도 있다. 들뢰즈는 레네의 영화에서 이런 만남들이 이루어지는 방식을 관찰하고 '상이한 나이들의 변형＝몽타주'라고 말한다. 레네의 몽타주는 두 가지 측면을 통해 나이들의 변형과 시트들의 만남을 보여준다. 하나는 트래킹 쇼트를 통해 과거 지층의 연속체를, 다른 하나는 짧은 시퀀스 쇼트를 통해 이 연속체의 끊임 없는 분열과 불일치를 보여주는 것이다. 한편 위상학적 공간은 유클리드적 공간과 대립되면서 사유의 주름과 이중화에 대한 복잡한 논의들을 이룬다. 이에 대해서는 『푸코』(권영숙·조형근 옮김, 1996), pp.167~169를 참조하라.

허상의 철학적 중요성(7장 322쪽, 각주 11)

플라톤 이후 사유와 사유의 모든 인식 능력은 대상을 (유사성과 상사에 준거해) 재인 하는 데 동원되어왔다. 이런 사유는 사유자가 진리에 대한 선의지와 선한 본성을 갖고 있음을 미리 전제한다. 그러나 실제로 이를 통해 도출되는 진리들은 사유 안에 문제제기적인 것을 가정한다. 이런 문제의 근원은 감각되어야 할 것, 즉 기호다. 기 호는 참된 것에 대한 욕망이나 진리에 향한 의지를 자연스럽게 전제하는 것이 아니 다. 오히려 기호는 사유를 강요하는 일종의 마주침이다. 이런 식으로 사유하기가 진 행된다면 진리에 대한 의지나 선의지는 개입할 여지가 없다. 이런 논리에서 볼 때 플라톤 이후 재인의 대상으로 격하됐던 허상은 실제로는 사유에게 가해진 근원적 인 폭력이자 잠재적인 문제들의 발원지다. 기호 해독이라는 견지에서 보면 사유는 전통적인 철학이 찬미하는 지혜에 대한 사랑을 격하시킨다. 따라서 들뢰즈는 이렇 게 말한다. "사유는 비자발적인 한에서만 사유일 수 있고, 사유 안에서 강제적으로 야기되는 한에서만 사유일 수 있다. 사유는 이 세계 속에서 불법 침입에 의해 우연 히 태어날수록 절대적으로 필연적인 것이 된다. 사유 속에서 일차적인 것은 불법 침 입, 폭력, 적이다. 사유 속에서는 그 어떤 것도 지혜에 대한 사랑(philosopie)을 전 제하지 않으며, 오히려 어떤 지혜에 대한 증오(misosophie)에서 출발한다."(DR, 139/181~182)

부록

—

창조 행위란 무엇인가?(질 들뢰즈)

옮긴이 해설 · 용어 해설 · 참고문헌 · 용어 대조표 · 찾아보기

창조 행위란 무엇인가?[*]

나는 몇 가지 문제들을 제기하고자 합니다. 여러분들과 내 자신 모두에게 말입니다. 이는, 그러니까 장르에 대한 겁니다. 영화를 하는 여러분은 정확히 무엇을 합니까? 또한 철학을 하고, 철학하기를 바라는 나는 정확히 무엇을 하나요? 다르게 질문할 수도 있을 것입니다. "영화에서 이념(idée)을 갖는다는 것은 무엇입니까?" 우리가 영화를 하거나, 또는 하기를 원한다면, 이념을 갖는다는 것은 무엇을 뜻합니까? 누군가가 "이봐요, 나는 이념을 가졌어요"라고 말할 때 무슨 일이 벌어질까요?

한편으로, 우리는 이념을 갖는다는 것이 매우 드문 사건임을 분명히 알고 있습니다. 이념은 드물게 도착하기 때문에 이념을 갖는다는 것은 칭

---

* (옮긴이) Gilles Deleuze, "Qu'est-ce que l'acte de création?" Conférence donée dans le cadre des mardis de la fondation Femis, Mai 17, 1987. 이 글은 1987년 5월 17일 들뢰즈가 〈프랑스국립영화/텔레비전학교〉(FEMIS)에서 행한 강연 녹취록이다. 본 녹취록의 번역 텍스트는 http://vadeker.club.fr/articles/Cinema/creation.html에 업데이트된 녹취록을 사용했으며 FEMIS의 허락을 얻어 게재한다. 국내에 처음 소개되는 이 짧은 녹취록은 들뢰즈의 철학적 여정 중 중요한(그러나 국내에서는 그다지 심도 있게 조명되지 않은) 논점들을 다수 수록하고 있다. 『운동-이미지』에서 '임의의 공간'에 대한 설명(브레송, 미넬리), 영화감독의 이념적 사유와 각색의 문제(구로사와 아키라와 도스토예프스키의 관계)는 『운동-이미지』와 『시간-이미지』의 일부를 명쾌하게 설명하고 있다. 특히 『시간-이미지』의 9장 「이미지의 구성성분들」 후반부의 분석 대상인 스트로브와 위예의 영화에 대한 압축적인 이야기를 경청할 수 있는데, 이 부분은 『푸코』에서 '가시적인 것과 언표적인 것의 이접'을 다루는 부분과 공명한다. 아울러 이 녹취록의 후반부는 『대담』에서 가장 시사적인 논문인 「통제사회」를 다시금 강조하면서 예술작품과 저항과의 관계를 역설한다. 독자들은 이 녹취록을 통해, 들뢰즈가 펼쳐놓은 철학적 평면에서 『운동-이미지』와 『시간-이미지』가 차지하는 위치, 이 두 책이 들뢰즈의 여타 저서들과 이루는 접면들을 일목요연하게 간파할 수 있을 것이다.

창조 행위란 무엇인가? **399**

찬밭을 일 중 드문 예입니다. 다른 한편으로, 이념을 갖는다는 것은 일반적인 것이 아닙니다. 우리는 이념 일반을 가지지 않습니다. 이념, 그것은 이미 (무엇인가에) **바쳐진**(vouée) 것입니다. 이념은 그것을 가진 사람과 마찬가지로 이미 이런저런 영역에 있습니다. 나는 때로 회화에서의 이념, 때로 소설에서의 이념, 때로 철학에서의 이념, 때로 과학에서의 이념에 대해 말합니다. 그리고 이념은 이 모든 것들을 가질 수 있는 그런 것이 확실히 아닙니다. 이념은 이러저러한 표현의 양태에 이미 참여하고 있는, 그 양태와 불가분에 있는 포텐셜들로 여겨져야 합니다. 그렇기 때문에 나는 이념 일반을 가졌다고 말할 수 없습니다. 내가 아는 기예(技藝)에 따라 나는 영화에서의 이념, 더 정확히 말하면 철학에서의 이념 등 주어진 영역 내에서 이념을 가질 수 있습니다.

어떤 것에서 '이념을 갖는다는 것' 은 무엇인가?

따라서 내가 철학을 하고 여러분이 영화를 한다는 사실로부터 다시 시작해 봅시다. 이럴 경우 철학이 그 어떤 것이든 성찰할 준비가 되어 있으니 영화를 성찰하지 않을 이유가 있겠냐고 말하는 것은 너무나 평이할 것입니다. 이는 어리석은 것입니다. 철학은 그 무엇을 성찰하기 위해 하는 것이 전혀 아닙니다. 철학을 '성찰하기' 의 역량으로 취급한다면, 실제로 모든 것을 철학으로부터 이끌 때 많은 것이 철학과 일치되는 것처럼 보일 것입니다.

이는 어느 누구도 성찰을 위해 철학을 필요로 하지는 않기 때문입니다. 오직 영화감독이나 영화비평가, 심지어는 영화를 좋아하는 이들만이 유효하게 영화를 성찰할 수 있습니다. 이들은 영화를 성찰하기 위해 철학을 필요로 하지 않습니다. 수학자들이 수학을 성찰하기 위해 철학을 필요로 할 것이라는 생각은 우스운 생각입니다. 철학자가 그 무엇을 성찰하기 위한 수단이 된다면 그것은 아무런 존재 이유도 없을 것 텐데 말입니다.

철학이 존재하는 이유는 그것이 나름의 내용을 가지기 때문입니다. 그렇다면 철학의 내용은 무엇일까요? 그건 아주 단순합니다. 철학은 다른 분야와 마찬가지로 창조적이고 창안적인 분야입니다. 철학은 개념들을 창조하고 창안하는 것으로 이루어진 분야입니다. 그리고 개념들은 미리 만들어져 있는 것도, 철학자에게 포착되기를 기다리면서 하늘에 존재하는 것도 아닙니다. 개념들, 그것은 직조되어야(fabriquer) 하는 것입니다. 그렇다고 개념들이 다음과 같이 직조되는 것이 아님은 확실합니다. 말하자면 개념은 어느 날 누군가가 단순하게 "보라고. 나는 그런 개념을 만들 거야. 그런 개념을 창안할 거야!"라고 말한다고 해서 만들어지는 것은 아닙니다. 이는 화가가 어느 날 "보라고, 난 이런 그림을 그릴 거야!"라고 말하거나 감독이 "보라고, 난 그런 영화를 만들 거야!"라고 말하는 것과 대동소이합니다. 다른 모든 분야와 마찬가지로 철학에서도 개념을 만드는 것에는 필요성이 있어야 합니다. 그렇지 않으면 아무 것도 없기 때문입니다.

필요성이 있다면 이는 매우 복잡한 것이겠지만, 나는 철학자가 전념하는 것이 무엇인지는 적어도 압니다. 철학자는 영화를 성찰하는 데 전념하지 않습니다. 철학자는 개념들을 창안하고 창조할 것을 제안합니다. 내가 철학을 한다고 할 때 이는 내가 개념들을 창안하려고 시도한다는 것임을 말합니다. 나는 다른 무엇을 성찰하려고 시도하지 않습니다. 영화를 하는 여러분들에게 물어봅시다. 당신들은 무엇을 하나요? 나는 이 질문에 대해 마찬가지로 거칠게 정의하며, 여러분들은 다른 정의나 더 좋은 정의들이 확실히 있다는 점에 대해 저의 생각과 일치할 것입니다. 나는 여러분이 창안하는 것은 개념들이 아님을, 개념들은 여러분의 관심사가 아님을, 하지만 여러분은 '운동-지속 블록'(bloc de mouvement-durée)들을 창안한다고 말합니다. 누군가가 운동-지속 블록을 직조한다면 아마도 이는 영화를 하는 것에 해당할 겁니다. 그것은 이야기를 환기하거나 논쟁하는 문제가 아님을 지적하기로 합시다. 모든 것은 이야기입니다. 철학 또한 이야기를 할 수 있습니다. 개념들로 하는 이야기 말입니다. 생각하고 추측하건대 영화는 운동-지속 블록으로 이야기를 합니다. 회화가 창안하는 것은 완전히 다른 유형의 블록입니다. 그것은 개념들의 블록도, 운동-지속의 블록도 아닙니다. 대신 회화는 선/색채의 블록들을 전제로 합니다. 음악은 이와는 또 다른 유형의 매우 특별하고 좋은 블록을 창안합니다.

이것들에 비해 과학이 덜 창조적인 것은 아닙니다. 나는 정말로 과학과 예술이 대립적이라고 생각하지 않습니다. 과학자에게 그가 무엇을 하는지를 묻는다면 그 역시도 창안한다고 대답할 것입니다. 그가 하는 일은 발견하는 것이 아닙니다. 발견은 존재합니다. 그러나 발견은 과학적인 활동 자체를 규정하는 것이 아닙니다. 창안자로서의 과학자는 예술가와 마찬가지로 창조를 합니다. 이는 복잡한 것이 아닙니다. 과학자가 하는 것은 기능들을 창안하거나 창조하는 것입니다. 그는 그렇게 할 수 있는 유일한 자입니다. 과학자 자체는 개념을 창조하지 않으며, 개념과 아무 관계도 없습니다. 철학이 존재하는 이유는 바로, 다행히도, 이런 이유 때문입니다. 다른 한편으로 과학자만이 할 줄 알고 하는 것이 있습니다. 기능들을 창안하고 창조하는 것 말입니다.

그렇다면 기능을 창조하는 것이란 무엇일까요? 사람들은 이를 내가 시도했던 것처럼 간단하게 정의할 수 있습니다. 사람들은 정말로 가장 기초적인 수준에 남아 있으니까요. 단순하게 이야기하겠습니다. 기능, 그것은 무엇일까요? 적어도 두 개의 집합이 정해진 상응관계로 구성될 때 기능이 있습니다. 과학의 기본적인 관념, 최근뿐만 아니라 오래 전부터 있었던 기본적인 관념은 집합에 대한 관념입니다. 집합은 개념과는 완전히 다르고, 개념과는 아무 관계도 없는 것입니다. 당신이 집합들을 정해진 상관관계에 놓을 때 당신은 기능들을 얻게 되고 다음과 같이 말할 수 있게 됩니다.

"나는 과학을 한다." 누군가가 다른 이와 말할 수 있다면, 예를 들어 감독이 과학자에게 말할 수 있고 과학자가 철학자에게 할 말이 있는 그런 식이라면, 이는 각각의 창조적 행위에 따른 것, 그런 행위의 기능에 의한 것입니다. 그렇다고 창조에 대한 이야기가 발생하는 그런 것은 아닙니다. 창조는 오히려 매우 고독한 그 무엇이죠. 대신 내가 누군가에게 말할 무엇이 있다면 이는 내가 창조한 그 이름으로서 그런 것입니다. 창조적 활동들로 규정되는 이 모든 분야들을 정렬한다면, 그 모두에 공통적인 경계(limite)가 있다고 말할 것입니다. 이 모든 계열 ——기능들의 창안, 운동-지속 블록들의 창안, 개념들의 창안 등——에 공통적인 경계는 무엇일까요? 그것은 시간-공간입니다. 모든 분야들이 함께 소통한다면 이는 홀로는 결코 출현하지 않는 것, 대신 모든 창조적인 분야가 참여하는 것의 수준에서입니다. 이것이 곧 시간-공간의 구성입니다.

　　우리에게 잘 알려진 브레송에게 완전한 공간이란 드뭅니다.[1] 그의 영화에는 이른바 '탈접속된'(déconnecté) 공간들이 있습니다. 예를 들면, 방의 한 구석이 보이고, 그 다음에는 다른 한 구석 혹은 벽면에 접한 공간이 보입니다. 브레송적인 공간은 어떤 면에서는 접속이 미리 결정되지 않은 일련의 작은 조각들인 것처럼 보여지는 것입니다. 모든 게 그런 식이죠. 작은 조각들의 계열이 있는데, 그것들의 접속은 미리 결정되어 있지 않습니다. 반대로 전체적인 공간(espace d'ensembles)을 활용하는 아주 훌륭한 영화감독들도 있습니다. 하나의 전체적인 공간을 다루는 게 더 쉽다고 말하는 건 아닙니다. 아무튼 영화에는 이런저런 공간들이 있습니다만, 내가 가정하는 것도 공간의 한 유형인데, 그것은 계속 반복됐고 아주 창조적인

---

1) (옮긴이) 이 부분은 들뢰즈가 '임의의 공간'을 제기하면서 거명하는 사례인 로베르 브레송의 영화에 대한 분석을 참조하면서 볼 수 있다. 『운동-이미지』, pp. 108~110/153~156을 참조하라.

방식으로 다른 사람들에게도 사용됐습니다. 하지만 브레송에 비해 그들이 더 그것을 쇄신했다 해도, 나는 브레송이 공간을 탈접속된 작은 조각들로, 즉 접속이 미리 결정되지 않은 작은 조각들로 만든 선구자들 중 한 사람이었다고 생각합니다.

어쨌든 내가 모든 창조 행위의 시도들에 공통된 경계에 대해 말했을 때, 거기엔 시간-공간들이 있고, 실로 오직 그것만 있는 것이죠! 거기서 브레송의 운동-지속 블록들은 다른 무엇보다 이런 유형의 공간을 향해 갑니다. 답은 주어져 있습니다. 접속이 미리 결정되지 않은 이 작은 조각들의 가시적 공간들이 여러분은 접속되기를 바라나요? 손으로? (이때 들뢰즈는 자기 손을 보여준다.) 그런데 이건 이론도 아니고 철학도 아니며, 그런 식으로 추론되지도 않습니다. 하지만 나는 말합니다. 브레송 유형의 공간들과 이미지에서 손에 대한 영화적 가치 부여는 분명 관련이 있다고. 브레송적인 공간들의 작은 파편들을 연결한다는 것은, 사실 그것들이 막다른 끝과 같고 탈접속된 공간의 조각들이라 해도 손에 의한 연결일 수밖에 없다는 뜻입니다. 모든 브레송 영화 속에서 손의 상승이 바로 여기서 나오는 것입니다. 이 점에 대해 한참을 계속 얘기할 수도 있을 텐데요, 브레송의 연장-운동 블록(bloc d'étendue-mouvement)은, 공간에서 곧바로 나오는 손의 역할이라고 하는 아주 특이한 공간의 성격을 이 창조자의 특질처럼 받아들이기 때문이죠. 실제로 공간의 한 부분과 다른 부분의 접속을 작동시킬 수 있는 건 오직 손밖에 없습니다. 그리고 브레송은 아마도 영화에 촉각적 가치를 재도입한 가장 위대한 영화감독일 텐데, 단지 그가 놀랄 만큼 손을 이미지로 잘 포착해서 그런 것만은 아닙니다. 그가 놀랄 만큼 손을 이미지로 잘 포착할 수 있다는 건 그가 손을 필요로 하기 때문입니다.

창조자는 즐거움을 위해 일하는 존재가 아닙니다. 창조자는 전적으로 그가 필요로 하는 일을 할 뿐입니다.

『백치』와 「7인의 사무라이」 이야기[2]

영화에서 이념을 갖는다는 것은, 다시 한번 말하자면, 다른 곳에서 이념을 갖는 것과는 같지 않습니다. 그러나 다른 분야에서도 가치 있을 수 있는 영화적인 이념들이 있습니다. 소설에서 탁월한 이념이 될 수 있는 영화의 이념들이 있는 것이죠. 하지만 그건 전혀 같은 것처럼 보이지 않습니다. 게다가 오로지 영화적일 수 있을 뿐인 이념들이 있습니다. 소설에서와 같은 가치를 갖는 영화의 이념들이 문제된다 해도, 그것들은 이미 영화적인 과정 속에 연루되어 이미 거기 **바쳐진** 것입니다. 이 말은 매우 중요한데, 이게 바로 내 관심을 끄는 문제제기 방식이기 때문입니다. 예를 들면, 어째서 영화감독은 어떤 소설을 진정으로 각색하고 싶게 될까요? 그가 소설을 각색하고 싶다면, 소설에서의 이념으로 제시되는 것과 공명하는 영화에서의 이념을 그가 갖고 있기 때문이고, 이건 내게 명백해 보입니다. 그리고 여기서 가끔, 자주, 위대한 만남들이 일어나지요.

이건 매우 다른 얘긴데, 나는 뻔하고 시시한 소설을 각색하는 영화감독에 대한 문제를 제기하는 게 아닙니다. 물론 시시한 소설이 필요할 수도 있고, 필요하며, 그 때문에 영화가 독창적일 수 없는 건 아닙니다. 그러니까 나는 조금 다른 질문을 하려는 건데요, 앞서 말한 것도 흥미로운 문제겠지

---

2) (옮긴이) 이 제목을 직역하자면 '백치와 7명의 사무라이 이야기'이지만 사실상 도스토예프스키의 소설 및 구로사와 아키라의 영화에 대한 이야기이기 때문에 문맥을 분명히 하고자 이렇게 번역했다. 구로사와가 도스토예프스키의 소설을 각색해 제작한 작품으로는 「백치」(白痴, 1951)가 대표적이지만, 「술 취한 천사」(酔いどれ天使, 1948), 「들개」(野良犬, 1949)과 같은 '네오리얼리스트' 시기의 영화들에도 도스토예프스키의 영향이 짙게 배어 있다. 구로사와가 도스토예프스키 이외에도 셰익스피어, 톨스토이, 막심 고리키, 대쉴 해미트 등의 미국 범죄소설에 관심을 가졌다는 사실은 잘 알려져 있다. 셰익스피어를 영화화한 작품으로는 『맥베스』와 『리어왕』을 각색한 「거미집의 성」(蜘蛛巢城, 1957)과 「난」(亂, 1985), 고리키를 각색한 작품으로는 「밑바닥」(どん底, 1957), 대쉴 해미트를 (비교적 느슨하게) 각색한 작품으로는 「요짐보」(用心棒, 1960)가 있다. 이 부분은 『운동-이미지』에서 구로사와와 도스토예프스키의 만남을 분석하고 있는 부분(pp. 188~192/255~261)을 강의에서 다시 풀어내고 있다.

만, 나로선 좀 다른 질문을 하겠단 거지요. 가령 소설이 매우 훌륭하고, 소설에서의 이념과 상응하는 어떤 이념을 영화 속에서 누군가가 갖고 있다는 일종의 친화성이 드러나는 경우 말입니다. 이러한 멋진 경우 중 하나가 구로사와 아키라입니다. 왜 구로사와는 셰익스피어·도스토예프스키와 일종의 친교를 맺고 있을까요? 어쩌다가 일본인이 셰익스피어와 도스토예프스키와 그토록 친하게 된 걸까요? 답해야 한다면 나로서는, 이건 수많은 가능성 중 하나의 대답인데, 이 역시 다소 철학과 관련된 것이라 생각합니다.

아마도 작은 부분이겠지만, 바로 여기서 도스토예프스키의 인물들이 주목됩니다. 도스토예프스키의 인물들에게서는 꽤 이상한 일이 자주 벌어집니다. 일반적으로 그들은 아주 흥분돼 있죠! 한 인물이 사라지고, 거리로 나가고, 모든 게 그렇습니다만, 이렇게 말하죠. "그토록 내가 사랑하는 그녀가, 타니아가, 내게 살려달라 하니까 가봐야지, 뛰어가야지, 뛰어야지. 그래, 타니아는 내가 가지 않으면 곧 죽을 거야." 그리고 그는 계단을 내려가는데, 친구를 만납니다. 혹은 깔려죽은 개를 보고는 모든 걸 잊어버립니다. 타니아가 죽어가며 그를 기다린다는 걸 완전히 잊어버리지요. 그리고는 같은 방식으로 말하기 시작합니다. 말하다가, 그런 다음 또 다른 친구와 마주치고, 친구 집에서 차를 마시고는 갑자기 말합니다. "타니아가 날 기다린다구. 난 가야해."(웃음) 대체 이게 뭘 말하는 건지⋯⋯. 그렇습니다, 도스토예프스키에서 인물들은 끊임없이 위급한 상황에 처하게 되죠. 그런데 삶과 죽음의 문제가 걸린 위급한 상황에 처하는 동시에 그들은 훨씬 더 위급한 문제가 있다는 건 알지만 그게 뭔지 모르고, 바로 이게 그들을 가로막습니다. 모든 게 최악의 위급한 상황처럼 벌어집니다. "불이 났어요, 불이 났는데, 나는 가야해요." 난 중얼거리죠. "아냐 아냐 더 급한 게 있어, 더 위급한 게 있다구." 그런데 난 그걸 모를 테니까 움직일 수가 없겠죠. 이게 바로 백치입니다. 백치죠. 백치의 공식입니다. 아! 하지만 알다시피 더 중요한 문제가 있습니다. 뭔가요? "난 모르겠어. 하지만 내버려 둬요, 내버려 둬, 모든 게 타버릴 텐데, 안 그러면 사람들이 올 때 더 급한 문제를 찾아내야 해." 바로 이것, 구로사와가 이걸 배운 건 도스토예프스키를 통해서입니다. 구로사와의 모든 인물들도 마찬가지입니다. 나는 이렇게 말할 겁니다. "이 게 바로 만남이고, 멋진 만남이라고." 구로사와가 도스토예프스키를 각색할 수 있다면, 그건 적어도 그가 이렇게 말할 수 있기 때문입니다. "난 그와 공통된 뭔가가 있어. 내겐 공통된 문제가 있어. 바로 이 문제 말이지." 구로사와의 인물들은 정확히 동일한 상황에 있고, 불가능한 상황에 처합니다. 그렇습니다. 하지만 주의할 건 더 위급한 문제가 있다는 건데, 그게 무슨 문제인지 알아야겠지요?

아마도 「삶」(Vivre)[3]은 이런 의미에서 구로사와 영화 중 가장 멀리 나간 작품일 겁니다. 하지만 구로사와의 모든 영화들은 이런 의미 속에 있습니다. 「7인의 사무라이」는 내게 큰 충격을 줬는데, 구로사와의 모든 공간이 그 의미에 기대고 있기 때문입니다. 그러니까 일종의 비 내리는 타원형의 공간이 있다는 건 명백합니다. 얘기하자면 시간이 너무 많이 걸릴 테지만, 거기서는 또한, 결국 사람들이 쓰러지게 되겠죠. …… [그곳은] 하나의 시공간이기도 한 모든 것의 경계입니다. 그런데 「7인의 사무라이」에서, 여러분도 알다시피 사무라이들은 위급한 상황에 처합니다. 그들은 마을을 보호하는 일을 수락했는데, 처음부터 끝까지 그들은 더 중요한 어떤 문제에 시

---

3) (옮긴이) 「이키루」(生きる, 1952)의 프랑스판 제목이다. 이 영화는 「7인의 사무라이」(七人の侍, 1954)와 더불어 구로사와의 최전성기 작품에 속하며, 톨스토이의 『이반 일리치의 죽음』에서 영향을 받아 제작되었다. 시청에서 공무원으로 일하는데 평생을 바친 와타나베는 자신이 위암으로 죽어가고 있으며 단지 한두 달만의 삶이 남아 있을 뿐임을 알게 된다. 영화는 와타나베가 "남은 시간 동안 자신에게 의미 있는 삶이 무엇인가"를 질문하는 과정과 그에 대한 답들을 상황별로 전개시킨다. 처음에는 알코올과 쾌락의 소굴에, 다음에는 젊은 여자와의 사랑에, 나중에는 낡은 주차장을 아이들을 위한 공원으로 바꾸는 캠페인을 벌이는 데 삶을 보낸다.

달렸습니다. 그 모든 걸 통해 더 깊은 문제가 존재하게 되는 겁니다. 그리고 그건 마지막에 그들이 떠날 때 사무라이 대장이 얘기하게 될 것이지요. "사무라이가 무엇인가?"라고. 일반적인 의미에서가 아니라 바로 그 시대의 사무라이란 무엇인가? 다시 말해 더 이상 쓸모가 없게 된 존재 말입니다. 영주들은 이제 그들이 필요치 않고 농부들은 곧 그들 스스로 방어할 수 있게 될 테지요. 영화 내내 상황의 위급함에도 불구하고, 사무라이들은 백치에게나 어울릴 이 문제에, 백치의 문제에 사로잡혀 있는 겁니다. 우리 사무라이들, 우리는 과연 무엇인가? 여기서 나는 영화에서의 이념을 말할 것입니다. 이런 종류의 것이죠. 여러분은 내게 아니라고 말하겠죠, 그건 소설에서의 이념이기도 했으니까. 영화에서의 이념도 그런 것입니다. 그것이 일단 영화적 과정 속에 이미 연루된 이상 말이죠. 그리고 여러분이 도스토예프스키에게서 그것을 빌려온다 해도, 여러분 역시 "나는 이념을 가졌어"라고 말할 수 있을 것입니다. 똑같지는 않다 해도, 아주 빨리 인용하자면, 하나의 이념 그것은 매우 단순하다고 나는 생각합니다. 다시 한번 말하자면 그것은 개념이 아니며 철학이 아닙니다. 개념은 이념과는 매우 다릅니다. 가령 우리는 개념 하나를 끌어낼 수 있습니다.

하지만 난 미넬리를 생각합니다.[4] 미넬리는 꿈에 관한 특이한 이념을 갖고 있습니다. 그건 매우 단순하다고 말할 수 있는데, 미넬리 작품이라는

---

4) (옮긴이) 미넬리의 영화에서 꿈과의 관계에 대한 설명은 『운동-이미지』, pp. 118~119/167~168을 참조하라. 들뢰즈는 미넬리의 영화가 아녜스 바르다, 안토니오니와 더불어 색채가 '임의의 공간'을 만드는 한 가지 방식을 보여준다고 여긴다. 미넬리의 영화에서 색채는 특정한 대상들을 지시하거나 대상과 행동을 인과적으로 연결하기보다는, 이질적인 대상들을 정서로 통합하는 흡수적인 (absorbant) 형식이 된다. 꿈은 그런 형식, 즉 색채의 형식으로서 의미를 갖는다. 그래서 미넬리의 영화, 특히 뮤지컬 코미디와 멜로드라마(「욜란다와 도둑」[Yolanda and the Thief, 1945], 「열정을 향한 삶: 반 고흐」[Lust for Life, 1956], 「지지」[Gigi, 1958])에는 현란한 색채들의 세계에 사로잡힌 인물들이 등장한다. 색채의 변환은 세계의 운동이 되고 인물들은 그 운동에 휘말리면서 춤과 액션의 형상이 된다.

영화적 과정 속에 연루돼 있지요. 그리고 미넬리의 꿈에 대한 위대한 이념은, 그 꿈은 무엇보다 꿈꾸지 않는 사람들에 관한 것이라는 것입니다. 꿈꾸는 사람들의 꿈이 꿈꾸지 않는 사람들의 꿈과 관련된 것이죠. 그런데 왜 그게 그렇게 관계되지요? 왜냐하면 타인의 꿈이 있는 즉시 위험이 존재하기 때문입니다. 그러니까 사람들의 꿈은 늘 우리를 집어삼킬 위험이 있는 광포한 꿈입니다. 타인들이 꿈꾼다는 것은 매우 위험하며, 꿈은 무서운 힘의 의지이며, 우리 각자는 다소간 타인들의 꿈의 희생양이며, 그게 가장 상냥한 젊은 여자라 해도, 설령 그렇다 해도 그건 우리를 먹어치우는 어떤 괴물인 것입니다. 그 영혼이 아니라 꿈에 의해서 말이죠. 타인의 꿈을 믿지 마십시오. 타인의 꿈에 붙잡히게 되면 당신은 끝장이니까요.

시체

영화적인 이념의 다른 예는 상대적으로 최근의 영화에 나타나는 유명한 '보기−말하기 와해'(dissociation Voir/Parler)입니다. 가장 잘 알려진 경우로는 지버베르크, 스트로브와 위예, 뒤라스의 영화들이 있겠죠. 이 작품들의 공통점은 무엇일까요? 그것은 완전하게 영화적인 무엇, 즉 영화적인 이념입니다. 시각적인 것과 음향적인 것의 이접은 왜 연극 극장에서는 일어나지 않는 것일까요? 적어도 이것이 극장에서 일어난다면, 연극이 이를 위한 수단을 발견했다면 우리는 예외 없이 극장이 영화를 적용했다고 말할 수 있을 겁니다. 이는 반드시 나쁜 것은 아닙니다. 그러나 보는 것과 말하는 것의 이접, 시각적인 것과 음향적인 것의 이접을 작동시키는 것은 오로지 영화적인 이념입니다. 이는 다음의 질문에 대한 답이 될 것입니다. "예를 들어 영화적인 이념을 가진다는 것은 무엇입니까?" 이것이 무엇으로 이루어지는지는 여러분들도 알지만, 나는 내 방식대로 말하고자 합니다. 한 목소리는 무엇인가를 말합니다. 즉 누군가가 그것을 말한다는 것입니다. 동시에 이로 인해 우리는 그것과는 다른 어떤 것을 봅니다. 그리고 마침내 누군가가 말한 그것은 우리가 보는 것 아래에 놓입니다. 이 세번째 지점이 매우 중요합니다. 당신은 극장이 따라갈 수 없는 곳이 바로 여기라고 말할 수 있습니다. 극장은 처음 두 개의 진술만을 취할 수 있을 겁니다. 즉 "누군가가 그것을 말한다"와 "우리는 그것과는 다른 어떤 것을 본다"가 해당되겠죠. 하지만 "누군가가 말한 그것은 우리가 보는 것 아래에 놓인다"라는 진술이 필요합니다. 그렇지 않으면 처음의 두 작용은 아무런 의미나 관심사를 가지지 않게 되기 때문입니다. 여러분들이 괜찮다면 이것은 다시 진술되어야 합니다. 말이 공기 중으로 떠오르자 그와 동시에 대지가 점점 밑으로 가라앉습니다. 더 정확히 말하면 말이 공기 중으로 떠오르자 말해진 것은 그와 동시에 대지 밑으로 가라앉습니다.

이것은 무엇일까요? 영화만이 할 수 있는 것이 바로 이것입니다. 나는 영화가 그것을 해야 한다고 말하는 것이 아니라, 영화가 두 번 혹은 세 번 그것을 해왔다고 말하고 있습니다. 단지 나는 이런 이념을 가진 이들이 위대한 영화감독이었다고 말할 수 있을 뿐입니다. 이념은, 그것을 하고 말고의 문제가 아니라 반드시 가져야 하는 것입니다. 이것이 곧 영화의 이념입니다. 이것은 영화의 수준에서 원소들을 참되게 변형시킨다는 점에서 예외적인 것이라고 말할 수 있습니다. 스트로브와 위예의 영화는 영화가 원소들의 정성(定性) 물리학과 거대하게 공명하도록 하는, 원소들의 거대한 순환입니다. 먼저 그들의 영화에서 공기, 흙은 일종의 변형을 이룹니다. 그리고 시간이 없어 길게는 말씀드리기 힘들지만, 물과 불의 역할도 분명히 덧붙여야 합니다. 우리는 나머지 두 원소들의 역할을, 그리하여 영화의 원소들이 이루는 거대한 순환을 발견할 것입니다. 내가 말하는 모든 것은 이야기를 감소시키지 않습니다. 이야기는 항상 거기에 있습니다. 대신 우리를 놀라게 하는 것은 이야기가 우리에게 너무나 흥미롭기 때문입니다. 이 모든 원소들이 이야기 뒤에, 그리고 이야기와 더불어 있지 않을 경우에 말입니다. 내가 방금 순식간에 정의한 이 순환 속에서, 목소리가 말할 때 그것이 말하는 대상이 지하로 달아나는 이 순환 속에서, 여러분들은 스트로브와 위예 영화의 대부분을 알아볼 수 있습니다. 그리고 이것은 스트로브와 위예의 원소들이 이루는 거대한 순환입니다. 황무지는 우리가 볼 수 있는 유일한 것입니다. 그러나 이 황무지 밑에는 많은 것들이 묻혀 있습니다. 여러분들은 이렇게 되묻습니다. "그러나 그 밑에 있는 것들에 대해 알려진 것은 무엇인가?" 이것이 바로 목소리가 말하는 것입니다. 이는 목소리가 말하는 것, 대지 밑바닥에 자리를 잡은 것이 순환의 시공간 속에서 들떠 일어나는 것과도 같습니다. 그리고 목소리가 우리에게 시체에 대해, 대지에 밑에 자리 잡은 시체의 행렬에 대해 말한다면, 그 순간 이 황무지, 당신이 눈을 깔고 바라보는 이 텅 빈 공간을 따라 불어오는 바람의 가장 미세한 흔들림도, 이 대지에 움푹 파인 가장 작은 구멍도 의미를 띠게 됩니다.

창조 행위란 무엇인가?

나는 이념을 갖는다는 것은 그 어떤 경우건 정보의 질서에 있지 않다는 점에 대해 말하고자 합니다. 내가 말하고자 하는 바가 바로 이것입니다. 이건 내게 아주 완만하게 제기됐던 문제이기 때문입니다. 이것은 내가 도달하고자 하는 목표이기도 합니다. 우리가 말하고 있는 모든 것은 어떤 형태의 정보로도 환원될 수 없습니다. 이는 엄숙한 것이 아닙니다. 무엇을 말하고자 하는 것인가요? 우선 처음의 의미로는 커뮤니케이션은 정보의 전송과 전파라고 말할 수 있습니다. 그런데 정보란 무엇인가요? 모두가 알고 있듯이 이는 그다지 복잡한 것이 아닙니다. 정보는 명령어(mot d'ordre)의 집합입니다. 여러분이 정보를 얻을 때 여러분은 스스로가 믿고자 하는 것을 듣습니다. 다시 말하면 정보를 알린다는 것은 말(mot)을 순환시키는 것입니다.

경찰의 포고(déclarations)는 적절하게도 공보(communiqués)라고 불립니다. 정보는 우리에게 전달됩니다. 우리는 스스로가 어떤 상태에 있다고 여기는 것이나 믿고자 하는 것, 믿지 않을 수 없는 것을 듣습니다. 이는 믿는 것이 아니라 믿는 것인 양 행동하는 것입니다. 우리는 믿는 것을 요구받지 않고, 믿는 것인 양 행동하라고 요구받습니다. 그것이 정보이자 커뮤니케이션입니다. 정보와 커뮤니케이션은 명령어와 그것의 전송에 의존합니다. 그것들이 없다면 정보는 물론 커뮤니케이션도 없습니다. 이것이 의미하는 바로 돌아가자면, 정보는 곧 통제 체계입니다.

진부한 말이긴 해도 이는 분명히 사실입니다. 분명 이는 오늘날 우리에게 특히 근심거리입니다. 그리고 우리가 이른바 통제사회(société de contrôle)라 일컬을 수 있는 사회로 진입하고 있다는 것도 사실입니다. 미셸 푸코와 같은 사상가는 우리에게 가까이 있는 두 가지 유형의 사회를 분석했습니다. 그는 전자를 주권사회(société de souveraineté)라고, 후자를 규율사회(société de disciplinaire)라고 불렀습니다. 그는 주권사회에서 규율사회로의 전형적인 이행이 나폴레옹과 더불어 발생했다고 말합니다. 탁월한 지위에 있는 푸코의 분석에 따르면 규율사회는 감옥, 학교, 작업장, 병원 등 감금 환경의 구성으로 규정됩니다. 규율사회가 이것을 요구합니다. 이 분석은 그의 마지막 사유로 믿어졌기 때문에 어떤 푸코 독자들에게는 모호함을 불러일으켰습니다.

사정은 그렇지 않습니다. 푸코는 결코 믿지 않았고, 실제로는 규율사회가 영원하지 않다고 매우 정확하게 말했습니다. 더구나 분명히 그는 우리가 새로운 유형의 사회로 진입하고 있다고 생각했습니다. 규율사회로부터 남겨진 모든 종류의 것이 존재하며 이는 해가 갈수록 계속 이어졌다는 점은 확실합니다. 그러나 우리는 다른 유형의 사회에 있다는 것을 이미 알고 있습니다. 이런 사회를 일컫는 말은 푸코가 매우 존경했던 작가인 윌리

엄 버로스가 제안한 '통제'라는 매우 단순한 이름입니다. 우리는 규율사회와는 매우 다르게 규정되는 통제사회로 진입하고 있습니다. 우리의 관심사를 감시하는 이들은 감금 환경을 필요로 하지 않을 것입니다. 50년 전부터 감옥, 학교, 병원 등의 이런 환경들에서 문제는 "그것들이 실제로 상설 토론장이 될 수 있는가"였습니다. 가정까지 감독의 폭을 넓히는 것이 더 낫지 않을까요? 아마도 이런 변화는 우리에게 도래할 것입니다. 작업장들과 공장들은 모든 곳으로 분산되고 있습니다. 하청작업과 재택노동 체제가 더 낫지 않을까요? 좋습니다, 감옥에 대해 질문해 봅시다. 무엇을 만들어야 할까요? 무엇을 찾을 수 있을까요? 감옥 말고도 사람들을 처벌할 수 있는 수단이 있지 않을까요? 이는 오래된 문제들이 다시 살아나는 것입니다. 왜냐하면 여러분은 통제사회가 더 이상 감금 환경을 경유하지 않을 것임을 알기 때문입니다. 학교조차도 마찬가지입니다. 학교는 장차 40~50년 이후까지 발전할 새로운 주제들을 현실적으로 감시해야 합니다. 이 주제들은 학교와 직업이 함께 떠맡게 될 가장 놀라운 것들을 설명합니다. 학교와 직업의 동일성이 항구적인 형성 과정에 있음을 아는 것은 매우 흥미로울 것입니다. 이런 동일성이 우리의 미래이며, 이는 학생들을 다시 감금 환경에 강제로 모으는 것을 더 이상 함축하지 않습니다. 전연 다른 것일 수 있겠지만 미니텔[Minitel : 초소형 컴퓨터 통신 시스템]도 그렇게 될 것입니다. 여러분이 하고자 할 모든 것은 놀랍게도 통제의 형태가 될 것입니다.

통제사회가 감시사회가 아니라는 것을 아십시오. 예를 들어 고속도로를 만들 때 여러분은 사람들을 가두는 것이 아니라 통제의 수단을 다양화합니다. 이것이 고속도로의 유일한 목적이라고 말하는 것은 아닙니다. 대신 나는 사람들이 무한하게 차를 몰 수 있으면서도 모든 것이 완벽하게 통제된 채 완전히 갇힌 상태로 있는 것에 대해 말하고 있습니다. 이것이 우리의 미래입니다. 통제사회는 규율사회가 되어가고 있습니다.

왜 이런 이야기를 하겠습니까? 정보 때문입니다. 따라서 정보를 주어진 사회에서 사용되는 명령어로 이루어진 통제체계라고 가정합시다.

예술은 정보와 어떤 관련을 맺을까요? 예술작품에 대해 말하지 말고 대신 적어도 역정보가 있다고 말해봅시다. 예를 들어 독재정권이 지배하는 나라가 있습니다. 이 나라는 매우 잔인하고도 난감한 조건 하에 있습니다. 거기에 역정보가 있습니다. 히틀러 시대에 독일로부터 도착한 유태인들은 우리에게 대량살상 수용소가 있음을 처음으로 알렸습니다. 그들은 역정보를 만들었습니다. 우리는 역정보가 그 무엇을 하기에는 결코 충분치 않다는 점을 유념해야 합니다. 어떤 정보도 히틀러를 가로막지 못했습니다. 단 하나의 경우를 제외하곤 말이죠. 어떤 경우였을까요? 역정보의 중요성이 바로 여기 있습니다. 내 유일한 답은 다음과 같을 겁니다. 역정보는 그것이 저항의 행위일 때, 저항의 행위가 될 때만이 효과적으로 쓰일 수 있게 됩니다. 또한 저항의 행위는 정보도 아니고 역정보도 아닙니다. 역정보는 저항의 행위가 될 때에만 효과적입니다.

앙드레 말로

예술작품과 커뮤니케이션과의 관계는 무엇입니까? 아무 관계도 없습니다. 예술작품은 커뮤니케이션의 도구가 아닙니다. 예술작품은 커뮤니케이션에 대해 아무 것도 하지 않습니다. 예술작품은 조금의 정보도 포함하지 않습니다. 이와 반대로 예술작품과 저항의 행위 사이에는 근본적인 친화력이 있습니다. 그렇죠, 확실히 있습니다. 그 친화력은 저항 행위로서의 커뮤니케이션 및 정보와 어떤 관계를 갖습니다. 저항하는 자에게 예술과 최소한으로 관계할 수 있는 시간도, 때로는 이에 필요한 문화도 없을 때, 예술작품과 저항 행위 사이의 불가사의한 관계는 무엇일까요? 이와 관련해서 앙드레 말로는 멋진 철학적 개념을 전개했습니다. 그는 예술에 대해 너무나 단순한 그 무엇을 말합니다. 그의 말은 이렇습니다. "예술은 죽음에 저항하는 유일한 것이다."

강의 시작 때 던진 말로 되돌아갑시다. 철학을 하는 자는 무엇을 합니까? 그는 개념을 창안합니다. 나는 이것이 아름다운 철학적 개념의 기초라고 생각합니다. 무엇이 죽음에 저항하나요? 바로 성찰하기입니다. 말로의 대답이 매우 좋은 답인지 알아보려면 오늘날보다 3천 년 전의 한 조각상을 보는 걸로도 충분할 것입니다. 비록 덜 좋은 답이긴 해도 우리의 관점에서는 이렇게 말할 수 있을 것입니다. "예술은 저항하는 것이다. 그것은 저항하는 유일한 것이 아니더라도 저항하는 것이다"라고 말입니다. 저항의 행위와 예술작품과의 그와 같은 긴밀한 관계가 여기에 있습니다. 각각의 저항 행위는 어떤 의미에서 매한가지임에도 예술작품이 아닙니다. 각각의 예술작품은 저항 행위가 아니면서도 저항 행위입니다.

여러분의 양해 하에 처음의 질문을 되풀이하고자 합니다. "영화에서 이념을 갖는다는 것은 무엇입니까? 또는 영화적인 이념을 갖는다는 것은 무엇입니까?" 나는 스트로브와 위예의 작품이 목소리/음향의 이접을 작동시킬 때를 예로 들고자 합니다. 되풀이하자면 이 이접은 다음과 같습니다. 목소리가 올라옵니다. 그것은 올라오고, 올라오고, 올라오기를 거듭합니다. 목소리는 대지 밑, 황무지 밑을 지나가는 것을 말합니다. 이것은 음향적 이미지와 직접적 관계를 맺지 않는 시각적 이미지가 우리에게 드러나는 것입니다. 그런데 이 발화행위, 그 대상이 대지 밑에서 지나가는 동시에 공기 중에 떠오르는 이 발화행위는 무엇입니까? 저항입니다. 저항, 저항의 행위입니다. 스트로브와 위예의 모든 작품에서 발화행위는 저항의 행위입니다. 「모세와 아론」(*Moïse et Aaron*, 1974)부터 「화해불가 또는 폭력만이 돕는다」(*Nicht versöhnt oder Es hilft nur Gewalt wo Gewalt herrscht*, 1965), 「안나 막달레나 바흐의 연대기」(*Chronik der Anna Magdalena Bach*, 1968)

를 거쳐 카프카에 대한 영화 「계급 관계」(*Klassenverhältnisse*, 1983)에 이르는 모든 작품들에서 그렇습니다. 영화를 돌이켜봅시다. 바흐의 발화행위는 무엇인가요? 그것은 그의 음악입니다. 그 음악은 저항의 행위입니다. 무엇에 맞서는 저항의 행위인가요? 그것은 추상적인 저항의 행위가 아니라, 신성한 것과 세속적인 것의 분할에 대한 저항의 행위이자 적극적 투쟁입니다. 또한 음악적인 저항의 행위는 외침에서 절정에 달합니다. 「보이체크」(*Woyzeck*, 1978)에 외침이 있는 것처럼 「안나 막달레나 바흐의 연대기」에 외침이 있습니다. "바깥이에요, 바깥이라고요! 계속해요. 당신을 보고 싶지 않아요." 이것이 저항의 행위입니다. 스트로브와 위예가 바흐의 외침, 또는 「화해불가 또는 폭력만이 돕는다」에서 늙은 정신분열자의 외침을 강조할 때 이는 이중적 국면을 드러냅니다. 저항 행위에는 양면이 있습니다. 그것은 인간적이며, 동시에 예술 행위입니다. 오직 저항 행위만이 죽음에 저항합니다. 그 행위가 예술작품의 형식에서건 인간의 투쟁에서건 말입니다.

인간의 투쟁과 예술작품과의 관계는 무엇인가?

그것은 가장 엄밀한 관계이자, 나에게 있어서는 가장 불가사의한 관계입니다. 파울 클레의 말인 "당신은 안다. 민중은 행방불명 상태다"에서 그가 말하고자 했던 점이 정확히 이것입니다. 민중은 행방불명 상태입니다. 민중은 결코 분명하지 않습니다. 이는 예술작품, 그리고 아직 존재하지 않는 민중 사이의 근본적인 친화력이 지금도 분명하지 않고, 앞으로도 분명하지 않을 것이라는 점을 뜻합니다. 아직 존재하지 않는 민중에게 호소하지 않는 예술작품이란 없습니다.

옮긴이 해설 철학과 영화의 절대적 접촉
─『시네마』가 우리에게 던지는 '문제들'

들뢰즈의 『시네마 1 : 운동─이미지』와 『시네마 2 : 시간─이미지』(이하 『시네마』)는 우리에게 무엇이었는가? 이 책의 서문에서 로도윅이 지적했던 상황은 지금 이 땅에서도 크게 다르지 않다. 철학자와 들뢰즈 관련 연구자들에게 『시네마』는 들뢰즈의 사상이라는 영토에서 미지의 지대 또는 환상의 섬과도 같았다. 들뢰즈의 사유에 조금이라도 관심이 있는 이들이라면 '마주침'의 중요성을 알 것이다. 마주침은 독견(doxa)에 의한 인식과는 다르다. 마주침은 사유의 전제들 바깥으로부터의 마주침, 사유의 이미지 너머에서 선회하는 그 무엇과의 마주침이다. 사유하기 때문에 마주치는 것이 아니다. 마주침이 사유의 불꽃을 점화시키고 사유를 움직이게 한다. 들뢰즈를 논하는 이들, 그의 개념에 천착하는 이들, 그의 철학적 체계에 담긴 중요성을 규명하려는 이들에게 이 점은 확연하다. 그러나 그들 대부분은 『시네마』를 피해가고 있다. 들뢰즈에 관한 탁월한 국내 저작들(특히 '들뢰즈의 철학'이라는 일반 명제를 표방하고 있는 저작들) 중 『시네마』를 상세하게 언급하고 있는 경우는 찾기 힘들다. 그렇다. 이 책들 또는 이 책들의 저자들은 『시네마』와의 '마주침'을 피해왔던 것이다.

그렇다면 이런 사정엔 어떤 독견이 깔려 있을 거라고 추측해볼 수 있다. 가장 상식적인 추측 두 가지를 거론해보자. ① "철학자들은 영화에 무관심하다. 그러기에 『시네마』는 들뢰즈의 필독 저작에서 제외되어도 무방하다."

② "철학자들은 영화의 아카이브에 문외한이거나 영화에 대한 감식안이 떨어지기 때문에 『시네마』를 선뜻 거명하지 않는다." 얼핏 보기에 후자는 쉽게 이해할 수 있을뿐더러 충분히 관용할 수 있는 것으로 보인다. 『시네마』는 영화광이나 영화 연구자들에게도 상당히 큰 부담감을 떠안기는 책이다. 이 책은 600페이지가 넘는 분량에서 엄청난 수의 영화들을 다루고 있으며, 천여 개에 달하는 영화 관련 용어들을 정리하고 있다. 더구나 들뢰즈는 베르그송과 스피노자, 니체와 라이프니츠를 경유하는 바로 그 태도와 방법으로 『시네마』를 서술했다. 『시네마』에서 들뢰즈의 '친구들'은 몇몇 고전적인 철학자들이나 소설가들, 화가들이 아니라 수많은 감독들, 그들의 영화에 대해 이러저러하게 논했던 프랑스 영화이론가들과 비평가들이었다.

물론 들뢰즈는 그들의 언어를 무비판적으로 전사하는 것도 아니고, 그들의 입장을 전적으로 수용하면서 영화의 지위를 논하는 것도 아니다. 들뢰즈는 영화를 다루면서 "철학자는 개념을 창안하는 자"라는 자신의 주장을 몸소 실천했다. '운동-이미지'와 '시간-이미지'는 영화의 존재론을 건드리고 있으며 영화 이미지가 사유를 촉발하는 양태들을 포괄하는 '개념'이기는 하지만, 영화의 입장에서 영화의 정의와 문법을 상술하는 개념은 아니다. '운동-이미지'와 '시간-이미지'의 구분이 비록 제2차 세계대전이라는 영화사의 중요한 전환점과 겹치긴 하지만 이러한 구분을 영화사의 통설적인 시대 구분으로 환원할 수 없는 까닭 또한 이 때문이다. 거칠게 말하면 무성영화의 시대에도 '시간-이미지'는 존재했으며,[1] 운동-이미지 체제는 오늘날 새로운 테크놀로지와 이미지 생산양식 속에서 다양하게 번성 중

---

1) 이 점은 들뢰즈가 "'영화의 죽음'을 논하는 것은 얼토당토않은 것"이라고 말하는 근거이기도 하다. "영화는 폭력적 죽음을 맞지 않는다면 시작의 역량을 계속 유지한다. 역으로 우리는 운동-이미지를 제지하거나 에워싸면서 항상 나타났던 순수 시간-이미지의 작용들을 살펴보기 위해 제2차 세계대전 이전의 영화, 심지어 무성영화까지도 들여다봐야 한다."(TI, xii~xiii)

이라고 말할 수 있다. 말하자면 운동-이미지는 영화가 던져준 운동을 사유하는 과정에 대한 개념이며, 시간-이미지는 영화가 운동과의 새로운 관계 속에서 시간의 독립성과 직접성을 현시하는 과정에 대한 개념이다. 그러기에 『시네마』에서 정통 영화비평에 대한 정격적인 주석이나 영화의 의미들에 대한 통념적인 설명을 '영화적'인 모습으로 찾아보기는 힘들다. 『시네마』는 영화가 사유를 변용하는 과정에 대한 개념들, 영화 이미지가 사유에 틈새를 내고 새로운 사유의 이미지로 사유를 이끄는 과정에 대한 개념들을 전개한다. 하지만 그 개념들의 거대한 기저를 이루는 것은 프랑스 영화이론가와 비평가들이다. 감독들은 그 개념의 변화형과 쓰임들을 철학자들보다 앞서 '영화적'으로 실천했다. 그들의 영화는 철학과 경쟁한다. 이렇게 볼 때 『시네마』는 일반적인 '영화'와는 거리가 멀면서도 영화의 본성 및 역사와는 가까운 책이다. 또한 그것은 개념적인 에세이이자 영화에 대한 새로운 사유의 교육학이며, 영화와 세계의 관계에 대한 분류법이다. 이 복잡한 사정들을 감안하지 않고 『시네마』를 읽어 내려가는 것은 쉽지 않다. 모든 철학 연구자들이 들뢰즈와 마찬가지 입장에서, 또 들뢰즈와 마찬가지 방법으로 『시네마』를 다루어야 한다고 말할 수는 없다. 그렇게 하라고 강요하기도 쉽지 않은 일이다.

표면적으로 볼 때 이러한 한계는 대부분의 철학 연구자들이 『시네마』를 건너뛰는 사정(즉 ②에 해당하는 사정)을 나름대로 타당성 있게 변호하는지도 모른다. 그러나 ①번, 즉 "철학자들은 영화에 무관심하다"를 심각하게 고려하다 보면 면죄부를 발부하는 것을 주저하게 된다. 우리는 지난 10년 동안 문화연구와 인문학에서 영화의 위상이 전례 없이 높아졌음을 너무나 잘 알고 있다. 철학은 영화의 지위를 가장 늦게 인정했지만 최근 활발하게 영화에 대한 관심을 표명하고 있다. 철학자들은 자신의 존재 근거인 '지혜에 대한 사랑'(philo-)을 영화(cinema)에게로 돌리고 있다. 그러나 사유하는 자들의 영화에 대한 사랑은 '시네필' (cinephile)과는 거리가 멀다. 그들이 영화를 보고 새로운 영화를 탐문하는 데 게을러서가 아니다. 그들은 영화가 제기하는 사유의 유형을 분류하지 않는다. 심지어 그들은 영화 이미지의 운동에 대한 다이어그램이나 지도를 제작하려 하지도 않는다. 말하자면 그들은 영화와 사유의 관계를 이미지 자체의 범주로부터 탐구하려 하지 않는다. 그렇기 때문에 그들은 영화와 사유하는 자가 상호작용하는 공통의 지평인 내재성의 평면을 간과한다. 그들은 영화에 잠재적으로 살아 숨쉬는 새로운 '사유의 이미지'를 발견하는 데 무관심하다. 역으로 이들의 방법론과 영화 담론은 자신들의 철학적 개념과 단상들을 영화 관람 이전의 '사유의 이미지'로 간주한다. 그럼으로써 그들은 철학에 대한 사랑이라는 이름 하에 영화의 운동을 기화시키고 영화에 새겨진 시간의 주름을 지워버린다. 사랑의 대상은 관람 이전에 선험적으로 존재하는 상식-양식(bon sens-sens commun) 매트릭스뿐이다. 이러한 일련의 과정에서 우리는 들뢰즈가 철학의 창조적 대상이라고 거듭하여 강조했던 '개념'이 거꾸로 일종의 독견으로 치환되는 사태를 보게 된다.

그렇다면 "(들뢰즈를 연구하고 들뢰즈의 사상을 활용하고자 하는) 철학자로서 영화에 대해 해석하고 영화를 발견하고 싶지만 『시네마』는 논외로 남겨둔다"는 이중성은 반드시 교정되어야 한다. 나는 이러한 이중적인 욕망을 심리적으로 규명하는 작업이나, 지금까지 거명한 작업들의 오류를 지적하는 일에는 별다른 관심이 없다. 다만 『시네마』와 들뢰즈의 여타 저작들을 근접조우시킴으로써 『시네마』의 중요성과 독해의 경로들을 제기하고자 한다. 들뢰즈(그리고 들뢰즈와 가타리)의 철학적 개념들을 기계론적으로 적용한다는 것은 이것들을 은연중에 일종의 정리(theorem)처럼 간주하는 것이다. 정리는 일반성과 동일성의 이름으로 참과 거짓을 판별함으로써 문제(problem)의 참된 역량을 발견하는 데 실패한다. 들뢰즈의 사유는 해답의 독단적 이미지를 긍정하지도, 문제를 해답을 끌어내기 위한 보조적 수단에 국한시키지도 않는다. 들뢰즈가 말하듯 진리의 창조는 문제의 수준에서 이뤄져야 하고, 발견해야 할 의미는 문제 자체에 있다. 들뢰즈에게 영화는 미리 주어진 관념이나 명제를 증명하기 위한 대상이 아니다. 영화는 사유의 기본적 전제들을 질문하게 하고, 사유가 이루어지는 평면인 지속과 연장의 개념화를 요구하며, 공간보다는 시간의 견지에서 사유하고 창조할 것을 요청한다.[2] 만약 『시네마』에서 들뢰즈의 개념적 범주와 사상적 궤적이 소환된다면, 들뢰즈의 거대한 철학적 고원들을 포괄하는 종합의 견지에서 그렇게 되는 것이다.

기호, 이념, 사유 : 『시네마』가 철학 연구에게

"영화에 대한 들뢰즈의 관심은 단지 그의 저작에 부록으로 첨가된 것이 아니다. 영화에 대한 관심은 들뢰즈의 저작에 투영된 원리들의 중심에 있다. 그것은 그 나름의 질서와 화면, 제시와 구축에 대한 독특한 평면, 개념들의 전치와 극화(dramatization)라는 의미에서 영화-사유다('개념'이라는 말은 들뢰즈에게 바로 이것 ── 영화적으로 만드는 것 ── 을 뜻한다)."
── 장-뤽 낭시, 「사유에 대한 들뢰즈적 주름」(1996)

『시네마』는 영화의 힘을 사유하는 책이다. 정확히 말해 『시네마』는 영화가 사유를 변용시키는 과정에 대한 개념들의 저장고이며, 영화가 사유를 자극하고 새로운 사유의 모델을 탄생시킨 과정에 대한 역사적 기억이다. 그렇

---

2) 『차이와 반복』에서 본격적으로 논의되는 문제의 중요성(문제와 해와 관계를 위계적으로 규정하는 철학적 통념에 대한 비판)은 초기 저작인 『베르그송주의』에서도 분명하게 드러나 있다. "베르그송에 있어서 문제라는 개념이 역사를 넘어서 생명 그 자체와 생명의 도약에 그 뿌리를 가지고 있다는 점은 사실이다."(김재인 옮김, 1996 : 14)

기 때문에 이 책은 영화에 대한 기억의 보관소이자 '세계의 모든 기억' (알 랭 레네)이다. 그러나 영화는 사유를 법칙이나 정리로서 전달하지 않는다. 영화가 이미지의 운동을 통해 전하는 것은 지각(perception), 정서(affect), 행동(action)이다. 영화의 자동적 본성, 시네마토그래프가 생산하는 이미지의 자동운동은 사유의 운동과 경쟁한다. 최초에 영화는 사유의 모델을 왜곡하고, 운동을 정적인 단면으로 동결시키거나, 의식의 흐름을 기계적으로 복제한다는 이유로 기소되기도 했다. 시네마토그래프적 이미지에 베르그송이 불만을 가진 까닭은 바로 이 때문이었다. 그러나 들뢰즈는 바로 이 지점에서 영화와 사유의 상동관계를 발견한다. 이러한 관계는 이미지와 세계의 동일성을 전제로 한다. 세계는 물질이고, 물질은 이미지다. 이미지는 빛의 파동이나 미립자의 브라운 운동, 플라즈마의 들끓음으로 충만한 무한 변이의 지대, 곧 '내재성의 평면' (plan d'immanence)이다.

몸과 의식은 어떤가? 몸과 의식은 이미지의 일부이면서도 특권적이다. 이미지는 몸과 의식에 투과되면서 굴절되고 확산된다. 그 과정에서 몸과 의식은 진동한다. 그 진동 속에서 이미지는 지각의 필터링으로 걸러지고(지각-이미지),[3] 의식적인 행동을 유발한다(행동-이미지). 혹은 행동을 지연시킴으로써 잠재적인 정서와 규정되지 않은 질적 역량을 축적한다(감정-이미지). 뇌는 이미지를 걸러냄으로써 지각, 감정, 행동을 산출하는 일종의 인터페이스다. 『운동-이미지』는 영화가 지각, 감정, 행동의 영역을 확대시킨 과정에 대한 분류학이다. 한편 『시간-이미지』는 영화가 시간과 몸을 사유하도록 촉발하는 과정에 대한 기록, 영화가 현시하는 '잠재적 세계'

---

3) 레이몽 벨루르가 이 점을 명쾌하게 정리한다. "들뢰즈는 베르그송을 따라 이른바 이미지들의 집합에 해당하는 세계를 재개한다. …… 여기서 물질과 빛은 동일하고, 이미지들은 심지어 '스크린' (un écran)이 존재하기 전에 모든 곳에 존재한다. 스크린은 이미지들을 중단시키는 표면이다. 빛을 반사함으로써 구성되는 특정하고도 생생한 이미지들을 창조하기 위해서다." (Bellour, 1999 : 32)

를 안내하는 지도, 영화 이미지의 새로운 연결법들을 분석할 수 있는 새로운 지각에 대한 교육학이다. "영화는 단지 이미지 안에 운동을 놓는 것만이 아니라, 영혼에도 운동을 놓는다. 정신적 삶, 그것은 영혼의 운동이다. 우리는 매우 자연스럽게 철학에서 영화로 갈 수 있을 뿐만 아니라, 영화에서 철학으로 갈 수도 있다."(임세은 옮김, 2000 : 267)

그렇다면 이미지의 운동에서 '영혼의 운동'으로의 이행을 가능케 하는 것은 무엇인가? 바꿔 말해 영화는 무엇을 통해 새로운 사유의 역량, 사유의 새로운 대상을 제기하는가? 그것은 곧 '기호'(signe)다. '기호'가 모습을 드러내는 순간 영화에서 철학으로 가는 길뿐만 아니라 '철학에서 영화로 가는 길' 또한 열리게 된다. '기호'는『시네마』와 여타 들뢰즈 저작들의 소통을 성립시키는 공통의 프로토콜이다.

『시네마』를 꼼꼼히 읽은 이들은 들뢰즈의 여타 저작과는 다른 미묘한 내적 긴장에 주목했을 것이다. 그 동력은 융통성과 체계성, 분방함과 정밀함의 공존이다. '운동-이미지'와 '시간-이미지'라는 개념은 매우 유동적이고 탄력적이다. 독자들은『운동-이미지』에 등장한 감독들과 그의 대표작들이『시간-이미지』에 다른 개념과 유형으로 다시금 출연하는 것을 심심치 않게 볼 수 있다. 특히 들뢰즈가 "존재의 선택, 절대적 몰두, 냉정한 결정의 영역"(267)을 탐구한 감독들로 거명했던 브레송, 드레이어, 로메르의 작품들은『운동-이미지』에서 감정-이미지의 사례로 선택되기도 한다. 고다르의 1960년대 작품들과 80년대 초반 작품들은『시간-이미지』의 기호 유형 곳곳을 횡단한다. 그러나 진정한 긴장은 그러한 표면적인 중복성보다 훨씬 아득한 심연에 있다. 분류에 대한 퍼스의 논리적 열정, 끊임없는 역설에 대한 니체의 찬가는『시네마』를 감싸면서 그 내부에 모순들을 증식시키는 것처럼 보인다(Ropas-Wuilleumier, 1994 : 257)『운동-이미지』는 초기부터 제2차 세계대전 직후에 이르는 영화사의 주요 자취들을 규범적인 시선으로 취합한다. 들뢰즈는 이러한 자취들에 새겨진 영화 이미지의 기록을 대상의 인식과 사유의 표현 양태에 따라 범주화하기 위해 퍼스의 기호 논리학을 소환한다. 이 과정에서 공간의 연속성과 시간의 선형성, 현실의 명료성에 근거한 '유기적 체제'의 밑그림이 그려진다. 반면 『시간-이미지』는 이 밑그림의 형상을 탈구시키는 이미지 체제를 밝힌다. 차이 그 자체로서의 시간은 유기적 체제를 동요시키면서 사유에 직접적으로 현시된다. '결정체적 체제'는 실재적인 것과 상상적인 것의 끊임없는 교환 회로 속으로 관객을 흡입하면서 세계의 운동을 탈바꿈한다. 이러한 운동 속에서 시간은 세계를 잠재적 과거와 불확정적 미래로 이중화하고 현재를 끊임없이 지나가게 한다. 현재는 더 이상 인과성과 계속성의 성질을 띠지 않게 된다. 현재는 하나의 결정적인 모습을 띠지 않고 가능 세계들의 다양체로 쪼개지며, 과거는 특권적인 판단의 시점에 정박되지 않은 채 잠재적인 층들의 엇갈림 속에서 표류한다. 이 과정에서 운동-이미지의 변종들을 산출했던 메커니즘인 간격(interval)은 불연속성과 이탈을 본성으로 하는 틈새(interstice)로 변질된다. 틈새의 양태들을 논하는 가운데 『시간-이미지』는 범주 대신 계열화를, 몽타주 대신 이미지-음향의 순열(permutation)을 도입한다. 모던 영화는 이미지와 음향의 불협화음, 시각과 청각의 각기자율성을 근거로 우리의 안과 밖, 즉 세계와 사유의 새로운 만남을 유도하기 때문이다.

두 권의 『시네마』는 동일한 저자의 저작이면서도 서로 다른 기획에서 출발한 것처럼 보인다. 『운동-이미지』는 이미지와 기호에 대한 분류가 체계적으로 제시되는 반면, 『시간-이미지』는 고전적 진리 개념의 비판과 생성으로서의 시간을 다룬다는 점에서 철학적 입장과 화법에 더욱 가깝다.[4]

---

4) 두 권의 『시네마』가 맺는 관계에 대한 논란에 대해서는 쉬잔 엠 드 라코트의 『들뢰즈 : 철학과 영화』(이지영 옮김, 2004), pp.79~82를 참조.

그러면서도 이 두 권의 책은 고전 영화에서 모던 영화로의 이전에서 나타난 형식적·역사적 변동과 중첩되어 있다. 이 기이한 관계를 밝힐 수 있는 한 가지 키워드는 전체(tout)라는 개념이다. 전체는 공간의 운동을 통해 표현되는 질적인 변화, 그리고 그런 변화를 이루는 관계들의 무한집합이다. 들뢰즈에게 전체는 유일하고도 보편적인 시간인 지속이자, 관계들의 폐쇄를 가로막는 열림(l'ouvert)이다. 운동-이미지는 지속의 움직이는 단면을 통해 전체 안에서의 변화를 표현한다. 이 변화는 이미지들의 상호관계 속에 배치되는데, 이때 나타나는 변화는 부분들 사이에 속하는 운동을 통해 간접적으로 표현된다. 시간이 운동을 통해 사유될 수 있기 때문에 우리는 움직이는 이미지의 표면과 깊이만을 응시하면서 이후에 이어질 이미지에 반응하면 된다. 반면 시간-이미지는 이미지 너머에 무언가 아직 볼 것이 있음을 환기시킨다. 이것은 전체의 개념 자체가 본성상 달라졌음을 뜻한다. 전체는 이미지의 통합과 분화, 체계의 열림과 닫힘으로 규정되지 않는다. 시간-이미지에서의 전체는 절대적인 바깥(dehors)이다(TI, 179/233). 이때도 전체는 상정되지만 그것은 한정적인 전체가 아니라, 무한하고도 불가능한 극한으로서의 **전체**(Tout)다(Ropas-Wuilleumier, 1994 : 257).

전체의 위상에 일어난 변동은 영화적으로 보면 화면 밖 공간의 위상이 달라졌다는 것, 철학적으로 보면 사유의 대상과 조건이 달라졌다는 것을 뜻한다.[5] 영화적으로 볼 때 운동-이미지에서 화면 밖 공간은 이미지의 연합에 의해 현실화되어야 하는 외부의 세계를 나타낸다. 통일체나 총체성에 포섭되지 않는 화면 밖 공간은 무질서와 비정상으로 규정된다. 반면 시간-

---

5) 이러한 두 가지 관점이 중첩되는 대상이 브레송과 드레이어의 영화들이다. 『운동-이미지』에서 이들의 영화에 나타나는 화면 밖 영역은 감각-운동적인 경향 이전의 잠재적 질이라는 견지에서 논의되지만 『시간-이미지』에서 이들의 화면 밖 영역은 "세계와 자아를 회복하는 …… 바깥과의 절대적 관계"(TI, 177/231)에 대한 사례다.

이미지에서 화면 밖 공간은 불가능한 것, 비결정적인 것, 설명 불가능한 것, 공약 불가능한 것으로서 그 자체로 의미를 갖는다. 이때 이미지와 이미지의 사이는 끝과 시작을 지칭하지 않고 절대적인 바깥의 생성적 역량이 된다. 이러한 전체의 변화를 명시하면서 철학과 영화의 접촉을 이끄는 매개체가 이미지, 곧 기호다.

영화가 사유를 자극하는 까닭은 이미지의 운동이 곧 세계의 운동이기 때문이며, 이미지의 변화는 세계를 이루는 실재의 변이이기 때문이다. 들뢰즈에게 실재는 긴장과 에너지의 변양들과 동요들로 충만한 내재성의 평면, 곧 "하나이고 보편적이며 탈인격적인 유일한 시간"(김재인 옮김, 1996 : 108)이다. 영화는 움직이는 이미지를 통해 실재의 양태를 전달한다. 운동-이미지와 시간-이미지의 차이는 시간과 운동의 관계라는 차원에서는 본성상 다르지만(운동-이미지에서 시간은 공간의 연장과 행동의 인과적 도식에 종속되고 시간-이미지에선 시간이 일종의 '거짓 운동'을 제기하면서 운동을 변질시킨다), 시간을 준다는 점에서는 합류한다. 이를 위해 들뢰즈는 『시간-이미지』의 2장에서 내재성의 평면을 언어적 유추의 도식에 갇혀 있던 주류 영화기호학을 비판함으로써 이미지 자체의 실재성을 다시금 강조하고, 이를 영화 이미지의 본성으로 사고한다. 운동-이미지는 물질 자체(TI, 33/49)이고, 이로부터 연역된 지각-이미지, 감정-이미지, 행동-이미지와 이에 포함되는 기호들을 통해 물질은 감각과 움직임, 리듬과 언어적 질료들로 변조된다. 이 기호들을 연결하는 몽타주는 변화하는 전체를 제시한다. 하지만 이는 현재들의 연속으로 결정된 시간, 곧 상대적인 변화에 종속된 현행적인 양태의 실재다. 그렇기 때문에 시간 속에서 움직이는 몸체는 수적으로 측정 가능한 궤적과 고정적 중심을 가진다. 반면 시간-이미지는 시간을 운동에 종속시키는 데 기여한 감각-운동적 도식을 초월하여 시간을 직접적인 원인으로 제시한다. 시간이 쇼트의 한계를 넘어서기 때문에 몽타주는 지각과 행동 사이의 연결고리에 구속되지 않고 시간 내에서 직접 작동한다(TI, 42/60). 이때 기호로서의 이미지는 분화와 통합, 연합과 일반화의 논리를 따르지 않는다. 인과성과 연속성의 무한한 연장을 대체한 임의의 공간이 출몰하고, 행동과 반응을 무력하게 하는 우연적인 상황과 탈-연대기적인 시간의 흐름이 이 공간을 가로지른다.

운동-이미지에서 영화-이미지로의 이행 과정에서 기호의 속성은 『차이와 반복』 및 『의미의 논리』에서 상세하게 밝혀진 허상(simulacre)과 접속한다. 허상을 통해 우리는 현행적인 재현의 영역에서 잠재적인 사건의 영역으로 이행한다. 시간의 관점에서 보면 허상은 우리를 연대기적 크로노스(Chronos)에서 가시적 현실 기저에 있는 '순수 과거이자 우발적 미래'인 아이온(Aiôn)으로 초대한다. 사유의 관점에서 보면 이는 이미지에 대한 원본의 우위를 부인하고 이미지의 다중성과 생성적 차이를 긍정하는 것이다. 허상의 들끓음은 영화 이미지에서 어떻게 나타나는가? 표면적으로 볼 때 이미지의 운동은 물체들의 어떤 상태를 보여준다. 그러나 이미지의 운동은 그 이상을 표현한다.

뤼미에르의 기차를 재생하면서 당시 관객들이 경악했던 사연을 더듬어보자. 그들이 혼비백산한 까닭은 광학적인 환영에 불과한 기차의 이미지를 실제 이미지인 것으로 착각했기 때문일까? 사실상 그들은 기차의 이미지가 허깨비에 불과하다는 것을 알고 있었다. 그들을 놀라게 한 것은 증기 기관차를 이루는 각 기관의 미세한 진동, 연기 입자의 현란한 확산, 사람들의 발걸음과 같은 미시적인 '움직임들'이었다. 움직임들은 '기차', '연기', '사람들'과 같은 존재 자체, 존재의 상태보다는 존재 방식에 해당한다(이정우 옮김, 2000 : 51).[6] 영화의 시각적 이미지에서 보게 되는 것은 질서 잡힌

---

6) 원문은 들뢰즈가 에밀 브레이어를 인용한 부분이다.

세계, 움직이는 사물의 연속적인 전개지만 그 안에는 '~에 대한 재현'이라고만 할 수는 없는 그 무엇이 있다. 바로 '그 무엇'의 영역은 현행적 세계의 존립 근거인 '이것임'의 영역이다. 시공간의 순수 역동성에 준하는 이 영역은 개체와 인격들의 발생을 지배하는 지각 불가능한 것, 강렬함(intensité)들로 충만하다. 영화 이미지의 미시적인 층위들은 개체와 인격들 이전의 특이성을 띤 것, 현실적인 물체의 구성에 작용하는 '비물체적인 것'을 함축한다. 영화 이미지가 제시하는 빛과 어둠, 움직임과 소리, 감촉과 같은 '분위기들'은 바로 비물체적인 것들이 발산하는 사건이다. 그것들은 지각과 반응 사이의 낙차에서 사유되어야 하는 정서들의 흐름, 외적 세계를 지배하는 과거와 미래의 견인체인 감성적인 것들의 덩어리다. 영화 이미지는 우리가 일상적 시선과 습관적 지각, 도식적 사고의 삼각형에서는 포착하지 못하는 감각의 형상을 제시함으로써 "진리와 명제 대신 의미와 사건"(Raichman, 2000 : 118)을 사유하게 한다.

이로써 영화의 이미지-기호는 물체의 움직임과 공간의 이동을 통해 습관적 지각과 인과적 시간성을 세계로서 제시하는 연장적(extensif) 국면, 시간의 흐름에 의한 세계의 질적 변이를 제시하는 내포적(intensif) 국면을 함께 갖는다. 현행태와 잠재태로 일컬을 수 있는 이 두 국면은 일의적인 존재의 다의적 양태를 가리킨다. 이때 운동-이미지와 시간-이미지는 베르그송적인 의미에서의 이미지=세계라는 동일한 이미지의 두 가지 역량으로 간주할 수 있다(라코트, 2004 : 105). 영화는 일의적인 이미지를 매개함으로써, 사유의 지평이자 사유의 활동 조건인 시간과 공간을 보여준다. 영화의 기호는 세계 속에서 끊임없이 움직이는 이미지의 '시간-공간 블록'이다. '시간-공간 블록', 그것은 개념적 활동인 철학이 과학과 예술과 교섭하는 접경지대이기도 하다. 철학이 개념의 집을 세우는 활동이라면 이는 필연적으로 시간-공간의 좌표축 위에서 이루어지기 때문이다. 이 좌표축은 단순한 밑그림이나 지평에 머무르지 않는다. 시간-공간 블록은 개념적 활동이 포착해야 하는 대상인 **이념**(Idée)의 잠재적 실존을 조명한다.

들뢰즈는 『차이와 반복』을 완성할 무렵부터 이를 명백하게 개념화하고 있었다. "① 공간-시간 동학(動學, dynamism)은 특별한 시공간을 창조한다. ② 공간-시간 동학은 개념에 종별화의 규칙을 제공하는데, 이러한 규칙이 없다면 그것은 논리적으로 분절되지 않을 것이다. ③ 공간-시간 동학은 차이나기의 이중적인 국면인 질적 국면과 양적 국면을 규정한다. …… ⑥ 그것들은 이념을 표현한다."(Deleuze, 2004 : 94)[7] 이념들은 절대적·내재적 차이로부터 오는 문제들의 다양체, 본연의 차이 그 자체이기도 한 강렬함들의 다양체. 수학적인 해답과 물리적인 대상, 생물학적인 개체는 이념의 미분적인(차이나는) 것이 현실화된 결과다. 시공간적 질서는 이념의 강렬한 다양체가 양적인 것과 질적인 것으로 생성되고 분화되는 과정인 극화의 산물이다. 즉 시간-공간은 인식을 규정하는 초월적인 도식이 아니라 이념적인 것으로부터 역동적으로 파생된 것이다.

이미지-기호의 양태를 통해 이념적인 것의 존재를 규명하는 과정, 이것이 『시간-이미지』가 펼쳐 보이는 드라마다. 이러한 이념은 발견의 대상도 인식을 지탱하는 선험적 전제도 아니다. 이념의 본연적 차이와 다양체적인 속성을 깨닫기 위해서는 진리의 독단적 이미지에서 벗어나 감성적인 것에 민감해져야 하고, 이념을 제시하기 위해서는 감성적인 것의 종합을 통해 시간의 역량인 사건에 도달해야 한다. 그러므로 이념은 "이데올로기가 아니라 실천"이며, 이념이 환기하는 것은 현재에 존재하는 것이 아니라 잠재적 과거와 "아직 오지 않은 그 무엇, 미래의 혁명인 그 무엇"(Deleuze,

---

7) 불어 원문은 다음에 수록되어 있다. *Bulletin de la Société française de Philosophie*, 61è année, no.3, juillet-septembre 1967, p.89~118.

1992 : 35)⁸⁾이다. 이념은 정확성과 해결의 폐쇄회로를 열린 역설과 문제들로 풀어헤치며 우리로 하여금 세계의 심연, 사유의 공백과 마주하도록 한다. 영화는 시공간적 블록으로 이념의 중요성을 조명하기 때문에 "이미지와 기호들의 새로운 실천"(TI, 280/366)이 된다.

『시간-이미지』의 전반부는 이미지 기호의 허상적인 역량을 논하면서 『차이와 반복』에 개진된 '시간의 수동적 종합'에 대한 개념을 각색한다. 먼저 시간-이미지는 운동-이미지가 제시하는 이상적 세계와 보편적 진리의 이미지를 붕괴한다. 이러한 붕괴 과정에서 개입하는 잠재성의 역량이 균열(fêlure)이다(Ropas-Wuilleumier, 1994 : 250~253). 균열은 유사성의 가상과 이에 근거한 유기적 체제를 붕괴시키는 허상적인 힘의 작용이다. 허상적인 힘은 먼저 결정체의 세계를 낳는다. 지나가는 현재와 보존된 과거가 쪼개지고, 상상적인 것이 잠재태과 현행태의 회로 안에서 부단히 재구성되는 세계가 그려진다. 기호의 역설이 창궐하고 시간의 단층들이 중층적으로 산개하는 역동적인 세계, 그래서 외재적인 현실과 내면적인 꿈이 하나의 흐름으로 수렴되는 세계가 모던 영화의 중요한 기호 유형인 결정체-이미지에서 표현된다. 결정체-이미지의 회로 속에서 현행적인 지각은 혼미함에 빠지고 의식은 잠재적 대상들과 과거의 보존 속에서 살게 된다. 현행태와 잠재태의 공존 속에서 참된 시간기호인 시간의 질서와 계열로서의 시간이 출현한다. 시간의 질서는 과거의 시트들이 잠재적으로 공존하고 현재가 과거와 미래로 분열되는 모습(곧 현재의 현재, 과거의 현재, 미래의 현재의 동시성)을 제시함으로써 실재와 상상의 불가해성, 참과 거짓의 판단 불가능성을 낳는다. 공존과 동시성과는 달리, 영원회귀의 생성적 역량이 산출하

---

8) 이 인용의 출처는 다음과 같은 들뢰즈의 글이다. "'On Sur et Sous la Communication' —Three Questions About 〈Six Fois Deux〉," in *Jean-Luc Godard, Son+Image 1974~1991*, eds. Raymond Bellour & Mary Lea Bandy, The Museum of Modern Art, New York, 1992.

는 계열로서의 시간은 진리를 판단의 문제에서 창조의 문제로 이전시킨다. 시간의 질서가 기억의 수동적 종합과 가능 세계의 무한한 단자들을 제시함으로써 허상의 역량을 강화한다면, 계열로서의 시간은 허상의 지고한 역량인 차이나는 반복을 도입함으로써 재현적 진리와 이데아의 근거마저도 박탈한다. 오손 웰스와 알랭 레네, 알랭 로브-그리예의 시간기호는 이렇게 베르그송을 정초하면서 라이프니츠와 니체의 주장을 심화시킨다.[9]

기호가 일으키는 균열은 시간의 직접적 현시에만 머무르지 않고, 시간 속에서 사유하는 자아에게도 영향을 미친다. 따라서 『시간-이미지』의 후반부는 사유의 모델, 그리고 사유하는 자의 몸과 뇌로 초점을 이동한다.

들뢰즈에게 세계는 영속적 변이와 미시적 강렬함의 세계다. 무한한 낙차의 힘들이 관통하고 무수한 입자들의 들끓음이 순간적으로 명멸하는 그런 세계다. 바로 이 세계의 밑그림이 내재성의 평면이다. 내재성의 평면은 진폭과 파동들로 가득한 유일한 실재이다. 모든 종류의 몸체는 이 유일한 장 안에서 충돌하고 작용한다. 들뢰즈는 이 찰나적인 충돌과 작용, 나타남과 사라짐의 양태들을 사유의 과제로 제기하는 데 관심을 기울였다. 의식은 물리적인 세계나 속성을 지각할 수 있을 뿐, 그 이면에 존속하거나 내속하는 잠재적 자취들을 깨달을 수 없다. 의식은 본성상 결과들을 받아들이되 그 원인을 알지 못하기 때문이다. 그래서 들뢰즈는 베르그송의 사유에 기대어 이미지와 세계의 동일성을 상정하고, 뇌를 수용과 반응의 막으로 규정한다. 『운동-이미지』에서 베르그송에 대한 두번째 주석은, 내재성의 평면을 이미지로 묘사하면서 뇌가 수행하는 작용과 반작용의 국면을 식별한다. 한편으로 영화는 내재성의 평면에서 발생하는 충돌들, 충돌에 작용

---

9) 따라서 『시간-이미지』의 3장(「회상에서 꿈으로: 베르그송에 대한 세 번째 주석」), 4장(「시간의 결정체들」), 5장(「현재의 첨점들과 과거의 시트들: 베르그송에 대한 네 번째 주석」), 6장(「거짓을 만들 수 있는 역량들」)은 『차이와 반복』의 2장(「대자적 반복」)과 동일선상에서 호응하고 경쟁한다.

하는 힘들, 찰나적 인상들 자체다. 다른 한편으로 영화는 내재성의 평면에서 일어나는 변형들을 받아들여 어떤 이미지를 산출하는 사유-기계다. 영화는 개념적 사유의 틀에 포착되지 못하던, 혹은 의식의 지배에 종속적인 것으로 포섭되었던 지각, 감정, 행동의 중요성을 촉발했다. 영화는 감각을 조직하고(지각-이미지), 가시적인 현상 기저에서 작동하는 질적 동요들을 기록하며(감정-이미지), 세계와 몸체 사이에 이루어지는 운동의 과정을 전개한다(행동-이미지).

뇌를 '자극과 반응 사이의 간격'으로 정의하는 들뢰즈의 베르그송주의는, 기호가 사유를 촉발한다는 입장과 맞닿는다. 사유하는 내가 자발적으로 사유하는 것이 아니라, 기호가 사유의 자동운동을 야기한다. 『프루스트와 기호들』은 철학의 입장에서 『시네마』로 진입할 수 있는 첫번째 출입구를 마련한다. 프루스트는 사유가 "사유하도록 강요하는 것은 바로 기호"이며 "기호는 우연한 마주침의 대상"임을 가르쳐준다(서동욱·이충민 옮김, 1997 : 145). 프루스트는 기호(마들렌) 해독의 작업을 통해 비자발적 기억의 가능성을 탐구함으로써, 전통적인 사유의 이미지인 로고스의 호출에서 벗어난 사유의 모델을 제시했다. 이러한 사유의 모델에서 사유는 부단히 자신을 벗어나는 것, 곧 코기토가 시간의 순수하고 텅 빈 형식에 의해 와해됨을 깨닫는 것이다. 이러한 깨달음을 유도하는 대상이 기호다. 강렬함, 감각되어야 할 것(경험적인 입장에서는 감각 불가능한 것), 감성적인 것을 머금고 있는 기호는 지성적인 파악을 불가능하게 하고 인식능력의 불화를 유도한다. 그렇기 때문에 기호와의 마주침은 전통적인 인식의 관점에서는 폭력이지만, 사유의 측면에서는 "사유의 마지막 역량에 해당할 뿐 아니라 사유 불가능한 것에 해당하는"(김상환 옮김, 2004 : 314) 것이다. 상식과 양식을 전제로 이데아의 이상을 추구했던 철학적 사유의 이미지에서는 '사유되지 않는 영역'에 머물러 있었던 잠재성, 곧 카오스를 감싸고 있는 것이 기호다.

영화는 사유의 대상이자 사유를 촉발하는 자극원인 기호를 제시하며, 이를 통해 사유의 과정을 펼쳐 보인다. 그렇기 때문에 운동-이미지와 시간-이미지가 사유와 맺는 관계는 사유를 강요하는 정신적 충격(noochoc)으로 설명된다. 하지만 정신적 충격에 대응하여 사유가 맺는 관계는 운동-이미지와 시간-이미지의 상이한 양태와 호응한다. 운동-이미지 체제는 이미지 기호를 통해 사유에 충격을 가함으로써 관객에게 전체를 사유하게끔 했다. 영화를 통해 관객은 지각(percept)에서 개념으로, 개념에서 정서로 이행하며 종국에는 개념과 이미지의 동일성으로 고양된다. 이러한 동일성 속에서 인간과 세계는 감각-운동적 통일성을 맺는데 이러한 통일성이 곧 전체의 이미지다(에이젠슈테인의 경우). 전체에 대한 사유는 기호가 촉발하는 충격을 사전에 주어진 진리의 이미지로 통합하는 것을 목표로 한다. 이때 '대립물들의 통일'과 '동일성에 포함되는 차이', '미리 주어진 전체'라는 헤겔적인 도식이 사유의 이미지를 이루며, 이 이미지 속에서 전체는 인식의 지고한 팽창과 동일하다. 이러한 사유의 이미지는 고전적인 뇌에 대한 개념과 연관된다. 고전적인 뇌는 한편으로는 통합과 분화를 통한 개념의 법칙을, 다른 한편으로는 인접성과 유사성에 따른 이미지의 법칙을 축으로 이루어진다. 고전적인 뇌는 이미지가 열린 총체성으로 무한히 연장될 수 있음을, 시간이 운동의 변화와 간격에 의해 분할될 수 있음을 전제로 작동했고, 바로 그러한 전제를 축으로 작동하는 사유 기계를 제시했다.

운동-이미지의 고전적인 뇌에서 정신적 충격으로 출현한 기호는 분명 감성적 자극을 담고 있으며 사유하는 자에게 고통과 폭력을 가한다. 하지만 이러한 자극은 전체(미리 주어진 이상, 이상적인 자연)에 대한 파토스(pathos)를 포함하고 있는 '무관심하지 않은'(non-indifferent) 것으로, 최종적으로는 인간과 자연의 감각-운동적 통일 속으로 융합된다. 이때 사유의 기제는 감성적인 것에서 초감성적인 목적지로 도약하는 과정을 보여준다는 점에서 숭고의 모델을 따르고, 카오스는 이성적 이념의 초월성과 거대함에 대한 증거로 변질된다.[10] 따라서 감각-운동적 도식을 따르는 뇌는 세계의 카오스적 변이를 사유할 수 없음이 드러나게 된다. 전체로의 유기적 통일에 조종되는 뇌는 대립과 유사성, 동일성과 유비의 인식을 따르는 뇌다. 인식 주체가 세계와 맺는 관계의 확실성, 진리에 대한 사랑을 보증해 주는 사유의 독단적 이미지에 대한 밑그림이 사유의 법칙에 깔려 있다.

그렇기 때문에 카오스의 사유를 강요하는 사유의 모델은 고전적인 뇌의 파괴를 수반한다. 사유의 독단적 이미지가 상정하는 인간과 참된 세계와의 연결이 감각-운동적 도식의 파괴와 함께 절연되고 세계에 대한 신념이 뒤흔들린다. 시간-이미지의 주요한 국면인 '전체로서의 바깥'이 균열의 궁극적 원인이다. 아르토가 말하듯 균열의 경험은 이 세계가 참을 수 없게 되었음을 절감하는 것이다. 세계의 타락, 마치 나쁜 영화처럼 상연되는 세계는 사유하는 자에게 "사유가 기능할 힘, 존재할 힘을 갖지 못했다는 것, 사유가 자신과 세계를 모두 박탈당했다는 것"(TI, 170/221)에 대한 무력감을 낳는다. 이로부터 야기되는 사유의 화석화는 몸의 차원에서는 마비와 착란과 같은 분열증적인 경험을 낳고(감각-운동적 도식의 붕괴), 정신의 차원에서는 사유의 심연에 내장된 어리석음을 일깨운다.

그러나 무력함으로 인한 몸의 강탈과 사유의 어리석음은 기존에 지배했던 사유의 이미지와 사유의 모델을 벗어나게끔 하고, 카오스로서의 바깥으로 사유를 되돌리게끔 한다. 사실상 무정형적인 카오스에 대한 둔감함은 사유에 고유한 것이고, 어리석음은 사유 자체에 자리한 심층적 구조이기 때문이다. 바깥이 어떤 외재성보다도 더 멀고(경험과 개체의 바탕이 되는 잠

---

10) 칸트의 숭고에 대한 들뢰즈의 해석, 그리고 『시간-이미지』에서 에이젠슈테인적인 숭고와의 관계에 대해서는 그레그 램버트, 「영화의 외부」(박성수 옮김, 2002 : 373~429)를 참조.

재적 사건), 어떤 내면성보다도 더 깊은(사유를 자동운동이 되게끔 하는 어리석음) 까닭이 바로 여기에 있다. 전통적인 사유의 이미지는 카오스의 광기를 감각해야 할 것으로 파악하지 못했고, 어리석음을 인식론적 오류의 원인으로 억압했을 뿐이다.[11] 그렇기 때문에 이것들은 '사유 내의 사유되지 않은 것'이다. 무력함에서 발원한 '바깥의 사유'는 초월적인 전체에 대한 신념을 일깨우는 것도 아니고 세계에 대한 불신에서 멈춰버리는 것도 아니다. 이러한 사유는 유일한 시간의 생성적 역량이 실재하는 세계, 보존된 과거와 불확정적 미래로 분기되는 현재, 즉 우리가 살아가는 세계의 '여기 그리고 지금'을 믿는 것이며(드레이어의 「게르트루드」[Gertrud, 1964]에서 화석화의 극한까지 이르면서 사유 불가능한 것을 사유하는 여주인공, 「스트롬볼리」[Stromboli, 1950]와 「유럽 51」[Europa 51, 1952]에서 불모의 풍경과 세계의 영적 몰락을 보여주면서도 인간과 세계의 관계에 대한 믿음을 길어올렸던 로셀리니 등), 이것들을 긍정하는 몸과 뇌의 잠재적 역량을 믿는 것이다.[12]

균열은 뇌의 가장 내적인 실재인 "어떤 내부보다 더 깊은 안"이고, 바깥은 잠재적인 것의 실재성인 "어떤 외재성보다 더 먼 외부"다. 따라서 이 둘을 접촉시킬 수 있는 뇌에 대한 개념이 고전적인 뇌를 대체한다. 아울러 사유의 장애물이거나 사유가 극복해야 할 대상으로 폄하되었던 몸은 일상의 잠재적 역량들과 변용들 속에서 생성되어야 한다(TI, 189~203/246~265). 특히 시간의 계열과 시간의 질서라는 두 가지 시간기호는 뇌의 메커니즘과 사유의 흐름에 나타난 중대한 변화를 현시하기도 한다. 뇌의 모습과 기능을 정의하는 간극(écart)이 공백이듯, 이미지의 연결 또한 통합적인

11) 철학에서 어리석음이 갖는 이중적 위상(억압의 대상이자 사유의 바탕)에 대한 설명은 『차이와 반복』(김상환 옮김, 2004), pp.333~340을 참조.
12) 이 점에 대해 자크 랑시에르는 다음과 같이 요약한다. "사유는 돌, 색채 또는 언어에서 스스로 길을 잃었고, 그 자신의 표명을 사물의 카오스와 동등한 것으로 만든다."(Rancière, 2001 : 157)

전체를 형성하지 못한다. 사유의 궤적에 단절이 개입되듯, 이미지와 이미지 사이의 간격은 공약 불가능한, 즉 "두 계열 중 그 어느 것의 일부도 형성하지 않는 틈새"가 된다(TI, 213/278). 무리수적 절단이 낳은 이미지들의 재연쇄는 뇌의 사유 과정에 해당하는 정신적 영역(noosphere)을 보여준다. 알랭 레네의 영화가 보여주듯 뇌는 보존되는 과거라는 '안'과 항상 다가올 미래라는 '바깥'을 접촉시키는 막(membrane)이다(TI, 207/268). 막으로서의 뇌는 뇌가 간격과 공백임을, 즉 베르그송의 정의대로 작용과 반작용 사이의 간격임을 재확인한다. 고전적 뇌의 개념이 개념의 법칙인 분화와 통합, 이미지의 법칙인 인접성과 유사성을 축으로 작동했다면, 막으로서의 뇌는 기억의 물질적 측면을 공유하고 이미지=세계의 분자적 흐름에 민감한 스크린이기 때문이다. 스크린으로서의 뇌, 그것은 영화가 뇌의 사유 과정을 보여준다는 점과 정확히 대칭되는 것을 보여준다. "세계의 뇌가 영화로 만들어져 있다는 것!"(램버트, 2002 : 422)

미디어 고고학, 그리고 영화의 미래에 대한 근심 : 『시네마』가 영화연구에게

"여기서 당신은, 이미지와 음향의 제약과 가능성들에 근거한 작품들의 가장 친밀한 면에 유혹되어, 새로운 형태의 '바깥의 사유'를 향하는 주체들을 보게 될 것이다."
─레이몽 벨루르, 『사이-이미지』(1990)
"시간이 영화를 지켜준 것이 아니라, 영화가 시간을 지켜 주었다."
─장-뤽 고다르, 「영화사(들)」(1989~98)

기호로부터 출발하여 이념과 사유로 확장해가는 저서인 『시네마』는 영화를 완전히 새로운 방향에서 접근할 수 있도록 하는 인식론적 틀과 시각을 마련했다. 이 두 권의 책은 영화적 이념에 대한 책, 영화가 철학과 경쟁하면서 직조한 개념들에 대한 책이며, 그 개념들이 이미지의 평면에서 전개된 양태들에 대한 책이다. 철학의 입장에서 볼 때 영화는 단순한 질문의 대상을 넘어선다. 영화는 이미지와 기호의 결합을 통해 철학을 이미지, 즉 '사유의 이미지'로 재고하게끔 한다. 영화의 운동-지속 블록은 영화 자신에 대한 개념은 물론 철학과 여타 예술의 개념도 일깨운다. 몽타주의 논리에 대한 영화감독들의 모색과 실천은 운동과 시간의 관계에 대한 철학자들의 사유와 만난다. 철학자들의 개념은 영화가 세계와 대면하는 방식, 나아가 영화가 곧 세계와 동등하게 존재하는 까닭을 설명해준다. 『시네마』는 철학자들과 영화감독들과의 마주침을 주선함으로써 각자가 창안한 개념들 사이의 공명음을 기록한다. 철학과 영화의 대위법은 형이상학적 토론이나 기술적인 매뉴얼 어디에도 속하지 않는다. 이들은 이미지가 이데아의 불완전한 표상이나 담론의 보완재에 국한되지 않는 현실에 주목한다. 철학과 영화는 모두 '삶'에 대해, 우리가 사유한다는 점에 대해 자신들이 할 수 있는 몫을 하는 것이다.

이러한 논의는 사실상 들뢰즈의 저작을 독해하고 분석하는 것 이상의 실천을 요구한다. 정확히 말하면, 『시네마』에서 개진된 영화의 위상과 이미지의 존재론, 이미지가 부과한 운동과 시간의 문제를 발판 삼아 영화의 역사와 현재를 근심해야 한다. 이러한 근심은 곧 이미지와 시각적 행위가 사유와 세계를 강력하게 규정해온 20세기에 대한 질문이다. 과거에 대한 계보학적 탐사는 현재와 미래에 대한 인식을 수반한다. 지난 세기 동안 영화가 펼쳐낸 시공간에 대한 탐사는 오늘날 영화의 존재론적 위상과 내재적 조건에 대한 질문을 호출한다. 과거와 미래를 종단하는 이러한 물음은 영화는 물론 세계 자체에 발생한 중대한 변화를 성찰하는 것이다.

들뢰즈는 영화의 프레임과 쇼트, 몽타주 등의 기본적 구문을 설명하긴 하지만 이것들을 그 나름의 철학적 범주들과 개념들로 재해석한다. 그 결과 영화에 대한 기술적인 설명과 매체적인 분석은 『시네마』에서 거의 개진되지 않지만, 들뢰즈의 영화-세계 일원론(뇌는 스크린이며 이미지는 곧 세계)은 매체로서의 영화에 대한 독특한 개념화를 전제하게 된다. 『운동-이미지』에서 영화가 베르그송의 사유와 경쟁하는 매체로, 세계가 일종의 메타-시네마로 존립할 수 있었던 까닭은 영화가 지각의 지평과 중심을 결여하고 있기 때문이었다. 프레임화는 이미지=세계의 보편적 변이에 일정한 중심을 부여하면서 운동을 제시하고 시간의 이미지를 전달하지만, 이는 완결적이지도 않고 자기 충족적이지도 않다. 프레임화는 또 다른 프레임화를 향해 스스로를 개방해야 한다. 한편 쇼트는 폐쇄적인 집합이 아니라 화면 밖 영역과의 잠재적 결합을 전제한 집합이다. 프레임과 쇼트의 수준에서 보증되는 '열림'과 '바깥'의 역량은 몽타주의 상이한 체제는 물론 시간과 운동의 관계에 대한 역사적 구분을 이루어낸다.

내재성의 평면에 대한 탈영토적인 지각을 제기하면서 들뢰즈는 이미지에 대한 주관적 지각의 우월성을 인정하지 않는다. 의식의 지향성을 모태로 한 주관적 지각은 이미지의 '기계적 배치물'과 보편적 변이의 무한성 속으로 휩쓸린다. "모든 이미지는 다른 이미지들과 작용-반작용한다"는 베르그송적인 사유는 세계를 영화이자 일종의 메타-시네마로 보는 들뢰즈의 존재론에서 필수적이다. 눈과 몸은 다른 이미지에 의해 변용을 받고 변용을 가하는 또 다른 이미지이며 의식적 지각(그리고 감정)은 지각과 행동 사이의 간극에서 가능해진다. 이러한 지각은 내재성의 평면에서 이루어지는 카오스적인 생성에 대한 제한이자 감축의 순간으로서만 존재한다. 이는 기술적인 특성에 의거한 기계론적인 시각이 아닌, 기계적(machinic) 시각이다(Jonston, 1999 : 35).

이미지-세계의 일원론과 탈-중심적 지각을 정초하기 위해 들뢰즈는 의식에 대한 현상학적인 전제들과 대결한다. 현상학은 의식을 '~에 대한 의식'으로 규정한다. 이러한 의식의 내용은 자연적 지각 대상에 의존하지 않는, 즉 직접적으로 주어진 대상에서 환원된 초월적인 대상이다. 이러한 전제를 영화 장치에 적용해보면 카메라의 지각은 의식 내의 대상을 추상화하기 위해 물질적 대상을 포착하는 조리개다. 스크린은 물질의 보편적 변이가 감축된 결과라기보다는, 주체가 인지한 대상에 대한 시뮬레이션을 투영하는 막이다. 스크린은 의식적인 지각을 확장시키면서(사실상 상영 당시에는 현존하지 않는 대상에 운동을 부여하는 것) 외부 세계의 흐름을 유예시키는(시간의 중단 없는 흐름과 이로부터 투여되는 감각적 자극 속에서 의식적인 것과 의식 바깥의 것을 분별하는) 일종의 인공기관(prosthesis)이다 (Buck-Morss, 1994 : 45~62). 스크린이 기계에 의한 감각의 식민화를 넘어 감각기관의 확장으로 볼 수 있는 까닭은, 영화의 탄생에 모태가 된 현대성의 충격과 연관된 테크놀로지의 양가적 국면 때문이다. 육안의 제한적 시각보다 탁월한 카메라의 가동성과 시점의 다양성은 기계적 자본주의 체제에서 삶의 조건으로 일반화된 '감각 과부하'(sensory overload)의 원인이다. 그러나 다른 한편으로 카메라의 기술적 가능성과 스크린의 현존은 시간의 강렬함과 공간의 변형을 주체의 의식에 적합하게 적응시킴으로써 신경계의 반응을 마비시키고 사유의 활동을 감퇴시키기도 한다.[13] 보철기관으로서의 스크린과 뇌로서의 스크린, 이러한 대립은 19세기 말 이후 영화매체의 존재 양태와 시각 경험의 변동을 주파하는 상이한 입장이면서 『시네마』를 관통하는 내적 긴장의 구도이다.

---

13) 이 테크놀로지와 이미지는 충격 효과를 독창적으로 각인하고 지각의 범위를 확장시켜주는 미학적인(aesthetical) 긍정성의 무대이자, 그러한 충격 효과가 초래한 위기를 수동적으로 무마시켜주는 마취(anaesthetics)의 장소다. 미학과 마취의 변증법은 발터 벤야민의 「기술 재생산 시대의 예술작품」, 그리고 이 논문이 주목한 지각의 자동화에 깔린 유토피아/디스토피아의 긴장을 조명하는 키워드다. 이에 대해서는 "Aesthetics and Anaesthetics : Walter Benjamin's Artwork Essay Reconsidered"(Buck-Morss, 1998 : 394~385)를 참조.

현상학과 베르그송주의(그리고 베르그송주의의 원군인 라이프니츠, 니체, 스피노자, 아르토)의 대결은 『시간-이미지』의 후반부에서 '정신적 자동기계'에 대한 논의와 더불어 다른 모습으로 되살아난다. 정신적 자동기계는 "사유가 사유하는 과정, 사유가 자율성의 환상적 효과 내에서 스스로를 사유하는 과정"(TI, 263/343)으로 이는 사유의 지고한 실천이다. 이미지와 기호의 결합을 통해 사유의 흐름과 세계의 지도를 보여주는 정신적 자동기계를 통해 우리는 아직 사유하지 않고 있다는 사실과 대면하며, 사유의 대상인 시간의 역량과 마주한다. 하지만 정신적 자동기계에 사유가 박탈되었을 때, 자동기계가 시각의 교란적 힘과 미숙한 행위(최면, 암시, 환각, 강박증, 백일몽)들을 통해 관객에게 충격을 줄 때 그것은 '심리적 자동기계'가 된다. 정신과 심리라는 자동기계의 두 계열은 1920년대 전후 유럽 영화와 시각문화에서 폭넓게 분포했다.

영화의 경우, 들뢰즈가 『운동-이미지』의 초반부에서 논하고 있는 몽타주의 상이한 체제와 연결된다. 프랑스 아방가르드와 인상주의는 시계태엽의 자동기계를 통해 부분과 전체의 상호작용 방식을 탐구했고(페르낭 레제의 「기계적 발레」[*Ballet Mécanique*, 1924]), 소비에트 몽타주는 「카메라를 든 사나이」(*Chelovek s kinoapparatom*, 1929)에서처럼 쇼트의 결합과 기계적 시각(mechanical vision)의 활용을 통해 세계의 작동을 인간-기계의 거대한 결합으로 재구성하고자 했다. 외부의 초월적·원초적 힘에 대한 표현주의의 매혹은 「칼리가리 박사의 밀실」(*The Cabinet of Dr. Caligari*, 1919), 「도박사 마부제 박사」(*Dr. Mabuse, the Gambler*, 1924) 등을 탄생시켰는데, 이 작품들은 카메라의 현혹적인 테크닉을 바탕으로 최면의 테마를 다루면서 현대적 주체의 혼란과 자본주의적 시공간의 유동성을 보여주었다. 이 작품들에서 운동-이미지는 기계를 매개로 한 인간-세계의 결합을 보여줌으로써 주체 내에 깃든 심리적 자동기계를 작동시킨다.

심리적 자동기계를 통해 영화는 대중예술로서의 힘을 현시하고, 대중은 영화 속에서 스스로의 모습을 본다. 자동기계의 두 계열은 의식의 무력함과 정신적 충격을 전면에 드러낸다는 공통점이 있지만, 지각 및 사유와 맺는 관계는 서로 다르다. 정신적 자동기계는 감각-운동적 이음의 파열, 이로 인한 인간과 세계의 균열 속에서 문제화된다. 반면 심리적 자동기계는 대중의 집단적 실존을 보여주고 이를 초월적 전체로 통합하기 위해 정치적으로 전유된다. 그것은 시각 테크놀로지의 대중적 파급력과 결합되어 미라와 귀신, 흡혈귀가 창궐하는 세계를 낳는다. 영화 이미지의 감각적 가동성에 호소하는 심리적 퇴행의 원천이 이러한 피조물이었다. 그 결과 운동-이미지의 심리적 자동기계는 대중을 통일적 주체로서의 '인민'에 종속시키고, 정신적 자동기계는 독재적 권력의 파시즘적 프로파간다 장치로 변질되어 심리적 자동기계를 조종했다.[14] 고전 영화의 이상이자 운동-이미지의 사유가 정치사회적 수준에서 성취하고자 했던 최고의 단계인 '대중예술로서의 영화'는 여기서 궁극과 몰락을 동시에 경험한다. 독단적 사유의 이미지를 밑바탕에 둔 운동-이미지의 철학적·미학적 소진은 시각 미디어의 역사적 변동과 만난다. 전후 모던 영화에서 시간-이미지의 등장과 이를 가능케 했던 감각-운동적 도식의 약화는 개념적 틀과 철학적 체계의 변동뿐 아니라 지각의 자동화가 낳은 한계 상황에서 일어났던 것이다.

이미지에 대한 철학적 개념과 시각문화의 역사와 경험이 수렴하는 지점은 '제3의 자동기계의' 출현이다. 달리 말하면 이것은 운동-이미지와 시간-이미지라는 이미지의 두 체제를 넘어선 새로운 이미지 체제의 등장을

---

14) 들뢰즈는 『시간-이미지』의 결론에서 이러한 설명의 근거로 크라카우어의 『칼리가리에서 히틀러까지』와 벤야민의 '정치의 미학화' 테제를 '지나가듯이' 언급한다. 비록 이미지와 시각 미디어에 대한 규정이 서로 다르지만, 영화의 대중 예술적 위상과 지각의 변동이라는 지점에서 벤야민과 들뢰즈가 가깝게 만난다는 점은 영화이론/미디어이론이 주시할 필요가 있는 부분이다.

말한다. 이전의 두 체제는 이미지의 내적 본성, 그리고 이미지가 촉발하는 사유의 모델과 연관된 역사적·논리적 개념이다. 한편 새로운 이미지 체제는 테크놀로지의 발전에 따른 프레임과 스크린의 변동, 이로 인한 이미지의 존재론적 변질과 먼저 연관된다. 필름 이후의 이미지(텔레비전 이미지, 원격 테크놀로지에서 파생된 이미지, 비디오 이미지), 특히 디지털 이미지는 영화 이미지의 구성에 중요한 변동을 낳았다. 이는 이미지 자체의 기능과 생태는 물론 시네마 자체의 운명에 대한 근심을 낳는다. "일렉트로닉 이미지(image électronique), 즉 원격 이미지(image télé)나 비디오 이미지 그리고 디지털 이미지(image numérique)가 생길 때, 그것들은 영화를 변형시키거나, 아니면 영화의 죽음을 표시하면서 영화를 대체해야 했다."(TI, 265/346) 새로운 이미지 체제는 기존의 영화를 수렴하면서 이를 갱신하는 영화를 낳을 것인가, 아니면 기존의 이미지 체제로부터의 도약을 낳는 새로운 영화적 기호를 생성할 것인가? '영화의 죽음'이라는 탄식과 멜랑콜리, 혹은 영화의 새로운 삶이라는 기대가 『시간-이미지』의 결론에서 새로운 이미지 체제에 대한 성찰을 이끈다.

디지털 시대에 이미지는 곧 정보다. 영화의 이미지가 곧 실재이며 실재와의 지표적인 연결성으로 생존했다면, 디지털 시대의 이미지는 또 다른 이미지의 일부다. 디지털은 무한한 가공과 조작의 과정, 다양한 기원의 이미지를 동일한 코드의 일부로 변환시키는 과정이다. 실사영화 필름은 물론 애니메이션과 그래픽, 회화 등 질료적으로 서로 다른 이미지는 물론 차원과 구도가 다른 이미지(2D와 3D), 심지어 이미지와 텍스트마저도 컴퓨터 안에서는 디지털의 수치적 파악(0과 1) 과정을 거쳐간다. 이것은 이미지 자체의 생산 못지않게 저장과 전송, 수용의 네트워크가 문제가 되기 때문이다. 이미지의 생산과 지속보다는 특정한 목적을 위한 가공적 탄력성과 즉각적 용이성이 요구된다. 이 과정에서 이미지는 영화 이미지의 내재적 본성이었던 안과 바깥, 표면과 깊이, 현행적인 심급과 잠재적인 심급의 끊임 없는 교호관계를 상실한다. 오직 '신호를 띠는 것'과 '그렇지 않은 것', 즉 '앞면'과 '뒷면'만을 가지게 된다. 이렇게 재편된 이미지는 '내용'을 전달 하기 위한 수단으로 전유되어 커뮤니케이션 채널로 관통한다. 그래서 디지 털 시대의 스크린 인터페이스에서 우리가 마주하는 이미지는 "다른 이미지 로 계속하여 절단되는, '메시지의 끊임없는 흐름' 내에서 다른 이미지로 미 끄러지는"(TI, 266/349) 이미지다.

모든 것이 이미지가 되는, 그래서 이미지의 순환과 대체라는 유일한 회로만이 존재하는 일렉트로닉/디지털 체제는 영화적 공간의 동일성을 파 괴하는 이질적 공간을 만들어낸다. 기술적 측면에서 볼 때 몽타주는 시간 적 연속체에 선형적인 구조로 이미지를 배열하고 교차시키는 것으로, 이는 영화 자체의 존립조건이다. 이때 간격은 한 이미지와 다른 이미지를 연결 하는 동시에 분리하는 이원적 기능을 수행한다. 그런데 영화적인 편집 과 정이 디지털 프로세스로 이행하면서 간격의 속성이 달라진다.

디지털 프로세스에서의 몽타주는 시간적 연속체에 따라 배열되지 않 고 공간적 레이어링(layering)의 절차를 따른다. 이에 따라 간격은 선형적 시간의 연속이나 단절을 표시하는 대신 공간적 밀도의 측정원리에 종속된 다. 상이한 매체에서 비롯된 이미지들이 동일한 조작의 구조로 흡수되면서 편집의 원리가 달라졌다. 이제는 한 화면에 포함된 상이한 이미지들 사이 의 충돌을 동화함으로써 화면 내의 일관성을 획득하거나 이 이미지들을 어 디에 효과적으로 배치하는가가 관심거리가 되었다. 그 결과 일렉트로닉/디 지털 체제에서 화면을 이루는 구성요소로서의 이미지는 클러스터(cluster) 가 되었고, 이미지의 조직은 밀도를 나타내는 텍스처(texture)가 되었으며, 이미지를 배치하는 방식은 일종의 매핑(mapping)이 되었다(Spielmann, 1999 : 135~136). 이것들은 이미지의 생성과 구성성분의 배치가 실재적 시간의 자취에 의존하지 않고 공간적(프로그램 공간과 그 공간에서 작동하는 가상적 공간) 도식을 따른다는 점에서 공간-이미지(image-espace)라 부를 수 있다(516~535). 이러한 공간-이미지는 영화에 시간의 자취를 각인한 시네마의 사진적인 리얼리즘과는 다른 원리를 따른다. 지시대상 없이도 이를 모사할 수 있고, 소스로서의 이미지에 부재했던 부분을 그려놓거나 적합하지 않은 부분을 잘라낼 수 있으며, 아날로그 이미지의 결합에서 필연적으로 발생하는 고르지 못한 흔적들을 지워낼 수도 있다. 영화매체의 특이성을 인증해준 근거들인 3차원적 환영주의의 화면과 사진적인 도상, 쇼트들 간의 연쇄를 통한 운동의 추출도 컴퓨터 프로그램의 알고리즘으로 흡수되고 프로그램의 공간적 디스플레이에 맞추어 처리된다. 결국 공간화의 원리에 종속된 디지털 테크놀로지에서 영화는 그래픽과 회화의 일부처럼 취급된다.[15]

　　이러한 변화로부터 이미지의 공간화가 이미지 자체의 속성 못지않게 미디어 자체의 변화에도 기인한다는 것을 알 수 있다. 디지털 시대의 미디어는 아날로그 시대와 달리 독립적으로 존재하지 않고, 기존의 미디어들(인쇄매체, 회화, 사진, 영화 등)을 모방하여 자신의 기능을 확장하는 재매체화(remediation)를 특징으로 한다. 재매체화는 메시지나 내용의 투명한 전달을 위해 디지털 프로세스 속에서 기존 미디어들의 혼용과 통합의 흔적을 소거하고자 한다.[16] "광섬유 네트워크가 변별적인 데이터 흐름을 디지털화

---

15) 이미지의 생산과 가공, 유통에 이르는 과정 전반이 컴퓨터 프로그래밍으로 처리될 수 있는 오늘날 영화는 '동영상'(moving image)의 일부로 정의돼가고 있다. 즉 우리가 가장 '영화적'인 이미지로 믿고 있는 실사(live action) 이미지는 이미지 프로세싱에서 그래픽과 컴퓨터 애니메이션과 동등하게 취급된다. "디지털 영화란 실사 녹화분을 구성의 일부분으로 사용하는 애니메이션의 일종이다"라는 레프 마노비치의 언급은 바로 이런 현상을 가리킨다(서정신 옮김, 2004 : 381). 하지만 이는 디지털과 아날로그의 근본적인 단절만을 뜻하는 것이 아니다. 긍정적 창조의 측면에서 볼 때 디지털 영화는 애니메이션과 실사 영화가 동등하게 경쟁했던 영화사 초기로의 회귀로 볼 수도 있다.

된 수치의 표준화된 계열로 바꾸면서 어떤 미디어도 서로 번역 가능해진다. …… 디지털적 토대 위의 총체적인 미디어 연결은 미디어라는 개념 그것을 지울 것이다"(Kittler, 1999 : 2)라는 프리드리히 키틀러의 분석을 영화에 적용시킨다면, 디지털 이미지의 공간 지향성은 영화의 매체적인 자율성을 흡수해버린다는 추론을 얻을 수 있다.

그렇기 때문에 이미지의 변동은 프레임과 스크린의 변동을 수반한다. 프레임은 집합과 전체의 관계에 대한 베르그송적인 주석으로 번역되면서 운동-이미지와 시간-이미지의 내재적 차이를 산출한다. 화면 안의 공간과 화면 밖 공간의 끊임없는 교환은 총체성에 대한 이념(운동-이미지의 몽타주 체제와 감각-운동적 도식), 그리고 열린 전체로서의 지속(시간-이미지에서의 무리수적 절단과 환원 불가능한 틈새)을 환기시킨다. 화면 밖 공간의 절대적 차이와 직면할 때 우리는 시간의 직접적 현시와 만나고 사유되지 않은 것에 충격을 받는다. 반면 전자매체 이후의 스크린은 안과 밖의 긴장과는 무관하다. 프레임을 중심으로 한 온/오프의 교환 대신 신호의 온/오프가 디지털 이미지의 구현 원리다. 스크린은 일종의 창이지만 이것은 세계를 향한 창이 아닌 말 그대로 윈도우(window)다. 컴퓨터의 윈도우(인터넷 검색엔진의 창, 윈도우 미디어 플레이어, 탐색기 등의 개별적인 창)에서 우리는 원하는 시각적 정보를 보고 가공하고 저장할 수 있다. 하지만 해당되는 창을 벗어나면 그 외부에는 아무 것도 없다(화면을 벗어난다는 것은 곧 해당

---

16) "이상적으로 우리의 문화는 미디어들을 증가시키는 바로 그 행위 속에서 미디어를 지우기를 원한다."(Bolter and Grusin, 2000 : 5) 볼터와 그루신은 뉴 미디어가 이전의 미디어를 동화함으로써 두 미디어 사이의 차이를 최소화하는 데 성공하지만 이전의 미디어가 완전히 사라지는 것은 아니라고 덧붙인다. 그렇기 때문에 뉴 미디어에는 매개의 흔적을 없앰으로써 재현적인 리얼리즘이나 투명한 메시지의 이상에 도달하고자 하는 직접성(immediacy)의 경향과 뉴 미디어가 통합한 매체들의 자율적 다양성을 보존하는 과매체성(hypermediacy)의 경향이 모두 있다. 다만 오늘날 지배적인 동영상 체제(기존의 필름 영화에서 디지털 테크놀로지를 선택적으로 적용한 영화를 포함)에서 직접성의 경향이 우세하다는 것은 분명해 보인다.

창〔프로그램〕을 종료한다는 것, 또는 현재 처리중인 정보를 벗어난 다른 정보가 담겨진 또 다른 창으로 이동한다는 것을 뜻한다).

들뢰즈는 더 이상 잠재적 바깥을 가지지 않는 폐쇄적인 단자로서의 화면을 '정보판'(table d'information)이라고 부른다(TI, 265/347). 정보판 위에서는 얼마나 많은 시각적 데이터들이 동시에 전시되는가, 그리고 이 데이터들을 통해 얼마나 현실을 제어할 수 있는가가 중요하다. 그렇기 때문에 화면에는 이제 안과 밖은 물론 상하좌우의 위계도 중요하지 않다. 화면은 정보 배열의 효율성과 데이터의 집적을 위해 전-방향(omni-direction)을 포괄해야 한다. 모든 이미지 질료를 화소(pixel) 단위로 취급하는 윈도우로서의 스크린은 인간의 관찰에 준거한 수직-수평의 방향을 띠지 않는다. 위치와 앵글을 픽셀의 배치에 따라 자동적으로 무한히 변환할 수 있는 컴퓨터 스크린은 방향과 심도에 대한 고전적 개념 대신 좌표(x, y, z)의 개념을 채용한다.

정보와 정보의 소통으로 변질된 이미지, 공간화의 논리, 정보판=스크린이라는 새로운 이미지 체제의 양상들은 물상적인 수준에 머무르지 않고 인간과 세계의 관계, 그리고 인간의 사유에도 영향을 미친다. "정보가 자연을 대체한 뇌-도시"(TI, 265/347)가 편재한 가운데 우리는 세계를 박탈당한다. 세계의 박탈은 새로운 '심리적 자동기계'의 출현과 동시에 이루어지는데, 이 자동기계는 통제사회의 전파를 작동시키는 것이다. 통제사회는 정보의 끊임없는 소통과 무한한 업데이트를 통해 시공간을 원거리에서(즉 직접적으로 물리적인 공간 이동을 하면서 시간적 지연을 겪지 않고도) 제어할 수 있는 사회다. 이러한 사회는 디지털 이미지 체제의 기술적 기반인 자동화된 시각 기계(vision machine)의 전지성, 이로 인한 인간 지각의 자동화를 조건으로 생성된다. 윈도우로서의 스크린은 텔레비전과 비디오 이후의 스크린, 특히 컴퓨터 스크린에서 탁월하게 구현된다. 이러한 스크린은 인간의 육안적인 개입이 없어도 외부 세계를 파악할 수 있고 시각적인 장을 해석할 수 있다는 점에서 '시력 없는 시각'(sightless vision)을 가지고 있다(Virilio, 1994 : 59).

이러한 시각은 스스로 시각적 장을 스캐닝하고 그에 따른 시각적 정보를 업데이트하며, 데이터의 가상적 흐름과 프로그램의 가공으로 만들어진 합성적(synthetic) 이미지를 산출한다. 합성적 이미지는 시각의 산업적 자동화에 따른 논리적·역사적 귀결이지만 사진과 영화의 이미지와는 동일하지 않다. 사진과 영화의 시대에서 이미지는 지시대상이 부재함에도 불구하고 지표적인 질을 통해 지시대상과 관계하는 일종의 '변증법적 논리'를 따른다. 하지만 텔레커뮤니케이션 이후의 시각적 경험은 가상적 이미지에 의해 지시대상을 파악하고 지시대상의 변화를 관할하는 '역설적 논리'를 따른다(63). 역설적 논리가 시각을 접수하기 위해서는 가상적 이미지가 실제 세계의 변화를 추월해야 한다. 이를 위해 이미지-정보 순환의 차원에서는 광속(light speed)이, 스크린의 차원에서는 실시간(realtime)이 실현된다. 결국 정보로 무장한 디지털 시각 기계의 목표는 모든 이미지를 현재, 정확히 말하면 미디어와 접속한 현재로 탈바꿈시키는 것이다.

디지털 시각 기계에도 간격은 있지만 이 간격은 이미지와 이미지 사이의 간격도 아니고 지시체와 이미지 사이의 시간적 간극도 아니다. 유일한 간격은 극한의 광속으로 전송되는 정보의 빛에 의한 간격이다. 이러한 간격은 궁극적으로 공간의 경험적 국면인 연장(extension)과 시간의 국면인 지속을 파괴하고(Virilio, 1997 : 12～13), 잠재적인 강렬함을 미디어 접촉에 따른 광학적-신경적 강렬함으로 대체한다. 공간과 지속의 파괴 속에서 외부 세계는 실시간 이미지의 노출로 파악되고, 지각기관으로서의 몸은 단말기의 에너지 속으로 함몰된다. 19세기 수송혁명의 공간정복 계획으로부터 출발하여 시간의 정복을 완수한 통제사회의 심리적 자동기계는, 실시간적 정보와 인공적인 컴퓨터 지각을 무기로 순간적·즉각적 반응을 유도한다. 연장과 지속의 파괴는 곧 사유의 파괴에 대한 우려를 낳는다.

'제3의 자동기계'에 대한 들뢰즈의 우려는 영화의 운명을 넘어 사유와 세계의 운명에 대한 우려를 나타낸다. 『시네마』의 궁극적 주장이 영화와 세계와의 동등성이기 때문에 이 점은 당연한 귀결이다. 그렇다면 디지털 이미지와 미디어의 이질성 속에서 정보의 과잉('과부화상태의 두뇌')을 극복할 수 있는 시간-이미지의 출현이 가능한가? 그렇다면 이러한 출현을 가능케 하는 영화는 무엇인가? 시간-이미지의 생성은 모던 영화의 유산을 폐쇄적으로 고수할 때만이 가능한가?

얼핏 보면 들뢰즈는 시간-이미지가 운동-이미지를 대체한 원인인 '예술을 향한 의지'(volonté d'art)를 제일의 조건으로 여기는 듯하다(TI, 266/347). 예술은 자본주의적 정보화의 목표인 일상생활의 천편일률성과 소비 대상들의 가속적 재생산에 대항하여 창조적 실험을 통해 "내면적 역량을 통해 반복들을 반복하고"(김상환 옮김, 2004 : 612), 초월론적 카오스의 양태인 정서와 지각(percept)을 뇌와 신경계에 전달하기 때문이다.[17] 들뢰즈는 이 새로운 유형의 이미지 체제가 새로운 예술에의 의지에서 비롯되기를 바라는데 여기에는 낙관과 비관, 기대와 멜랑콜리가 동시에 배어 있다. 자동기계의 발생과 변화는 테크놀로지 이전에 미학에 의존했으며, 새로운 자동기계가 발생시키는 이미지-음향의 이질적인 결합은 이미 특정한 모던 영화에서 시도되었다는 것이다.

이러한 관점은 모던 영화와 일렉트로닉/디지털 이미지에서 나타나는 시청각적 이미지의 관계, 즉 '이미지와 기호의 실천'을 비교하면 어느 정도

---

17) 이것은 『철학이란 무엇인가』의 후반부에서 논의된 예술의 정의와 역할이기도 하다(Raichman, 2000 : 134.).

설득력을 얻는다. 일렉트로닉/디지털 자동기계는 합성과 배치 과정에서 하나의 스크린에 이질적 질료의 이미지를 공존시킨다. 여기서 이미지와 텍스트, 음향과 시각의 위계적인 구별은 사라지고(비록 디지털화에 의해 질료와 기능이 변형되더라도) 각자의 트랙(일종의 계열)은 유지된다. 그런데 이미지와 텍스트 사이의 환원 불가능한 차이, 시각적인 것과 음향적인 것의 공약 불가능성은 뒤라스, 지버베르크, 스트로브와 위예, 고다르가 시도했던 것들이다. 이들의 영화에서 시각적인 것과 음향적인 것의 이접은 가시적 이미지 너머의 잠재적인 과거, 발화행위로서 온전히 재연할 수 없는 과거의 지층을 가리킨다(뒤라스, 스트로브와 위예). 혹은 현대적인 삶에 만연한 정보의 생성과 범주화를 내재적으로 비판하기도 한다(지버베르크, 고다르). 이들의 영화에서 시각적인 것과 음향적인 것의 이접은 영화가 단일한 매체에 근거한 매체가 아니라 시청각적 구성성분으로 이루어진 다양체임을 입증한다. '이미지와 기호의 실천'은 곧 가시적인 것과 언표 가능한 것의 '기계적 배치물'(지도제작으로서의 다이어그램)이기도 한 것이다. 영화의 내세(來世, Afterlife)가 '정보와의 내적 투쟁'에 달려 있다는 들뢰즈의 언급은 바로 이런 배경에서 전략적 거점을 찾을 수 있다.

그러나 '정보와의 내적 투쟁'이라는 언급은 모던 영화로의 회귀나 예술가 개인의 창조적 개입에만 국한되지는 않는다. 일렉트로닉/디지털 시대에 영화의 운명은 테크놀로지의 차이 속으로 진입할 것을, 테크놀로지의 변화에 따른 이미지의 변동을 파악할 것을 함께 요구한다. 이것은 시각적인 것-음향적인 것의 이접이 시간-이미지와 실리콘-이미지(들뢰즈가 디지털 이미지를 지칭하는 용어)에서 서로 다른 양상으로, 정확히는 후자가 전자의 이접적인 이질성을 전유한 모습으로 나타나기 때문이다. 가시적인 것과 언표적인 것의 공약 불가능성에 근거한 이미지 체제를 로도윅은 장 프랑수아 리오타르의 용어를 빌려 '형상적인 것'(the figural)이라고 부른다.

형상적인 것은 공간적 배치에 의해 구체화되기 때문에 조형적·합성적 시청각 예술과 매체에 적합한 개념으로 특히 공간화 지향적인 일렉트로닉/디지털 매체에 더욱 잘 적용된다. 문제는 일렉트로닉/디지털 매체가 형상적인 것을 활용하는 방식이다. 시청각 사이의 틈새가 제시하는 잠재적 차이의 역량은 일렉트로닉/디지털 매체에서 봉쇄된다. 간단한 예로 시청각의 불일치, 시각적 자료와 텍스트의 각기자율성은 광고와 MTV, 웹 사이트에서 쉽게 목격할 수 있는 현상인데 이것들이 모던 영화의 시청각적 이접과 어떻게 다른가를 생각해볼 수 있다. 텔레비전 이후의 상업적 미디어에서 범람하는 이미지들은 공간의 분할, 시간의 질서, 시공간의 구성에서 고도의 통제를 받는다. 시간은 운동의 코드에 따라 합리화되고(텔레비전에서 '시청시간'과 동일시되는 시간적 흐름, 인터넷에서 '접속시간' 및 '데이터 흐름'과 동일시되는 시간), 공간은 정보의 소통 효율성에 적합하게 집중되거나 산포된다. 이러한 시공간 구성은 궁극적으로 주체의 문제와 연결된다(Rodowick, 2001 : 71~73). 모던 영화에서 시청각적 이접이 소수적인 언표행위의 전략이었다면 일렉트로닉/디지털 이미지에서의 형상적인 것은 불특정 다수의 시청자 혹은 사용자를 주체로 가정한다. 후자의 주체는 소수적인 주체 대신 '대중 이미지'의 가상적 반영이다. 비록 매체의 차이는 있지만 방송과 인터넷 모두 대중을 추상적·통계적인 단위로 추출함으로써 소수적인 주체의 생성에 필요한 몸의 실재성을 박탈한다. 데이터의 연속체와 단말기의 네트워크 속에서 하나로 엮였지만 실제적으로는 원자적으로 분포된 주체, 이것이 통제사회가 생산하는 주체화의 결정적 국면이다.

형상적인 것의 지배는 일렉트로닉/디지털 테크놀로지 내에서도 이미지와 기호의 새로운 실천이 필요하다는 것을 일깨운다. 이러한 실천은 특정한 양태를 지배적으로 요구하는 것은 아니다. 통제사회의 생성과 지각의 자동화를 조명하기 위해 시네마 이후의 새로운 미디어를 활용하여 형상적인 것을 생성하는 권력의 다이어그램을 그릴 수도 있다(하룬 파로키의 1990년대 이후 비디오 및 설치작품). 이미지가 기억을 보존하는 방식과 과거의 지층을 탐사하는 과정을 확장하기 위해 영화에서 비디오로, 그리고 갤러리와 디지털 저장매체로 여행할 수도 있다(크리스 마르케의 1990년대 이후 비디오/설치작품/CD-ROM 작업들). 새로운 스크린과 인터페이스에서 영화적 이미지가 저장되고 생명력을 얻는 과정에 매혹될 수도 있다(히치콕의 「사이코」(*Psycho*, 1960) 중 유명한 장면을 멀티스크린 인터페이스에서 감속하고 해체한 더글러스 고든의 작업들, 또는 '갤러리 멜로드라마'라는 독특한 장르를 개척한 에이자-리자 아틸라 등).

정보 테크놀로지 이후의 가능 세계와 삶의 모델, 사유의 흐름을 그리기 위해 영화의 기술적인 범주를 파괴하는 확장영화(expanded cinema)는 실험영화의 유산을 넘어 미래의 영화로 각광받고 있다(멀티스크린/프로젝션 영화, 데이터베이스의 배치와 검색으로 작동하는 영화, 복수적 서사와 상호작용적 인터페이스를 가동하는 영화, 사이버공간과 가상현실 등의 가상공간을 탐사하는 영화, 스크린 이외의 몰입적인 환경을 구축한 영화, 그리고 스크린이 사라진 사운드나 자기-조직적 데이터만의 영화). 물론 이러한 새로운 시도들 사이에는 영화적 이미지가 보존될 수 있는 가능성을 보여주고, 여기서 나타나는 이미지가 가시적인 현실뿐 아니라 순수 사건을 생성할 수도 있다는 믿음을 유지시키는 감독들(레네, 스트로브, 압바스 키아로스타미, 다르덴 형제, 후 샤오시엔 등)도 있다. 이런 감독들 중 일부는 필름 영화에서 실천한 자신의 방법론을 멀티스크린과 멀티채널 사운드트랙으로 확장시키기도 한다(병렬적 서사와 시공간적 이접을 확장한 샹탈 아케르만의 「동쪽」(*D'est*, 1993)의 갤러리 버전).

무엇보다도 고다르의 「영화사(들)」(*Historie[s] du Cinéma*, 1989~1998)은 이러한 시도의 맨 앞에 놓일 만하다. 이 작품은 영화 이미지의 보존이지만 연대기적 아카이브나 기념비 식의 보존이 아니다. 여기서 고다르는 영화적 **이념** 일반(또는 영화사)이 개별 영화들의 다양체로 이루어졌다는 것, 그리고 영화의 스타일은 영화적인 개념들의 구체적 배치물이라는 것을 일깨운다. 이를 위해 고다르는 전통적인 필름매체 대신 비디오 테크놀로지를 전유하여 이를 자신의 '정신적 자동기계' 처럼 활용한다. 영화와 세계의 동일성을 믿는 고다르에게 비디오 테크놀로지의 합성적 기능은, 영화 이미지의 흐름이 어떻게 자신을 사유하게끔 했고 사유의 메커니즘을 조직했는가를 현실화하기 위한 수단을 제공한다.[18] 이 작품에서 비디오 스크린은 상이한 시대의 영화 클럽들과 자료화면들이 다층적으로 중첩하고 진동하는 '정보판' 이고, 이것들은 공간적으로 배치된다. 그러나 이를 배치하는 방식은 선형적 연대기를 따르지 않고 배치의 결과도 영화에 대한 정보로 환원되지 않는다. 두드러지는 것은 비디오에 포함된 이미지들 사이의 틈새다. '시간의 순수한 텅 빈 형식' 을 출현시키는 이 틈새는 상이한 지속을 가진 영화들 사이의 도약을 이끈다. 이러한 도약은 개별 이미지들을 명시적으로 제시하는 데 그치지 않고, 상이한 이미지들 사이에 교환되는 변용적인 역량들을 환기한다. 이러한 역량들을 통해 영화가 세계의 재현이 아니라 세계의 운동, 세계의 시선이었음이 드러난다.

「영화사(들)」은 철학적 개념과 영화적 개념이 영화 이후의 미디어에서 절대적으로 접촉할 수 있다는 점, 그리고 이는 역설적으로 영화의 과거와 미래를 개방한다는 점을 깨우친다. 이러한 접촉은 형이상학과 기술적 장인과의 만남이 아니다. 이러한 접촉이 추구하는 것은 "단 하나의, 그러나 일식처럼 사라지는 삶" 이고 그러한 삶이 지향하는 것은 "다른 것, 기억하려는

---

18) 이에 대한 흥미로운 분석은 Pasi Väliaho, "An Audiovisual Brain : Towards a Digital Image of Thought in Jean-Luc Godard's Historie(s) du Cinéma", www.hum.utu.fi/mediatutkimus/ affective/valiaho.pdf에서 찾을 수 있다.

것이 아닌 생성하는 것"(「영화사[들]」중에서 인용)이다. 철학자의 눈과 영화감독의 손이 만날 때 어떤 뇌를 고안할 수 있다. 그 뇌는 우리가 아직 알지 못한 스크린(미래의 영화), 혹은 망각의 심연에 빠져버린 스크린(과거의 영화, 혹은 영화 이전의 영화인 19세기의 시각 테크놀로지) 모두다. 보존된 영화들과 아직 도래하지 않은 영화들 사이에서 이미지, 곧 세계가 흐른다. 이 세계를 연결시키는 것, 그것은 영화와 철학 모두에게 '아름다운 근심'의 대상이자 참된 문제다.

이 책을 매뉴얼 삼아 『시네마』라는 거대한 시간 기계를 여행하는 과정은 진전과 회귀, 유예와 불확실성의 연속이었다. 『시네마』의 개념들은 번역 과정에서 풀어내고 해결해야 할 문제들의 다양체였다. 운동과 시간의 모험에 진정으로 동참하기 위해서는 들뢰즈의 철학적 체계와 『시네마』에 언급된 개별 영화들을 함께 만나야 했다(그리고 아직 어떤 영화들은 충분히 삶으로 현전하지 못했다!). 이때의 만남은 각개적인 대면이 아닌 관계의 주선이 중요했다. 또한 행간에 잠재적으로 존속하는 사유와 이미지의 자취들을 현상하는 것이 필요했다. 『시네마』를 축으로 들뢰즈와 영화라는 가깝고도 먼 영토를 서로 만나게 하고 안과 밖, 중심과 주변의 구분을 지워나가야 했다. 기억의 회로와 지속의 흐름으로 도약하려는 시도는 현실의 경험적 시간 속으로 흡수되기 십상이었다.

21세기 초에 시작된 여행에 중대한 방향전환은 『시네마』의 인용부분을 검토할 무렵 이루어졌다. 저자가 참조한 영역판 텍스트와 불어 원본 사이에는 미세한 틈새와 단절이 있었다. 원본과 영역본 사이의 시간적 간극과 공간적 굴절을 더듬으면서 예기치 못한 분기점들과 긴장들을 발견했다. 방향상실을 바로잡고 원본/영역본 사이의 관계를 재정립하는 것이 들뢰즈는 물론 저자의 노고에도 값하는 것이라 여겨졌다. 이 책의 지난한 작업 기간 중 상당 부분은 『시네마』의 원전을 재점검하고 이를 번역으로 구체화하는 작업에 할애되었다.

『시네마』와 들뢰즈 철학의 연관성을 파헤치는 작업은 지연에 대한 또 다른 변명이다. 이 책은 『시네마』를 꼼꼼히 해석하면서 『시네마』가 들뢰즈의 철학에 차지하는 중요한 기여를 조명하고 있다. 그럼에도 불구하고 이 책이 『시네마』의 모든 개념을 총체적으로 조회한 것은 아니다. 커다란 개념적 도식들과 이론적 내러티브 속에서 잔여적인 개념들, 충분히 논의되지 못한 사유들이 존재했다. 어떤 개념들과 논점들은 저자가 직접적으로 들뢰즈의 화법과 태도를 빌려 서술하고 있기 때문에 들뢰즈의 사유에 초심적인 독자들을 미궁에 빠뜨릴 수도 있었다. 이런 점들은 역으로 철학의 입장에서 이 책과 『시네마』에 접근하는 독자들에게도 마찬가지였다. 화면 공간과 내러티브, 기호의 존재에 대한 논의들은 현대 영화이론에 대한 일정한 지식을 가정했다. 철학과 영화 각자의 시점에서 불투명한 부분을 명료하게 하고 맹점을 초점 안으로 끌어들어야 했다. 『시네마』에 대한 이차 문헌임에도 불구하고 제법 많이 주석으로 개입한 이유는 바로 이 때문이다. 이것은 국내에서 철학과 영화, 『시네마』와 여타 들뢰즈 저작 사이에 가로놓인 그늘과 심연을 봉합하려는 시도이기도 했다.

원전과 들뢰즈의 저작들, 개별 작품들을 오가는 여행 속에서 몸의 무기력과 뇌의 혼미함은 피할 수 없는 대가였지만 이것이 작업의 지연에 대한 변명거리는 못된다. 철학자도 아니고 들뢰즈에 해박한 주석가는 더욱 아닌, 그저 영화이론과 미디어이론을 공부하는 이로서 이 책이 『시네마』를 영화이론과 들뢰즈 철학에서 온전히 조명하는 데, 나아가 영화-사유-삶의 관계에 대한 성찰을 고무하는 데 조금이나마 기여하기를 바랄 뿐이다.

무리지어 공부하는 체질이 아니기 때문에 번역은 특별한 공동체의 도움이나 외부의 간섭 없이 이루어졌다. 그럼에도 불구하고 번역은 분명 독백이 아닌 대화이며, 번역자의 파괴와 상처의 복구를 수반하는 일련의 과정이다. 그 점을 뼈저리게 가르쳐준 몇몇 선배들과 동기에게 이 미력한 성과물을 내놓게 되었다. 모호한 개념들을 친절히 해설해주고 들뢰즈의 끝없는 정원을 탐사하는 데 지도를 마련해준 철학자 김재인 선배, 그리고 나의 작업보다 훨씬 복잡하고 내재적인 『시간-이미지』의 평면으로 여행하면서도 시간을 내어 중요한 역어들을 바로잡아 주고 토론해준 이정하 선배에게 특히 감사한다. 비록 완전히 동일하진 않겠지만 이 책의 역어들은 국내에 드디어 선보일 『시간-이미지』와의 통일을 기했다. 하나의 개념어를 두고 벌어지는 불필요한 혼란을 줄이고 『시네마』에 대한 이해를 갱신하기 위한 시도에 이분들의 존재는 커다란 힘이 되었다. 그리고 영화의 사유와 글쓰기에서 충실한 중재자이자 조언자이면서 부록 「창조 행위란 무엇인가?」의 번역을 함께 한 평생의 친구 정승훈에게는 내가 그를 안 이후 '최초의' (?) 격식 있는 감사를 보낸다. 직접적으로 대면하지는 못했지만, 들뢰즈의 개념적 고원을 주파하는 데' 중요한 포스트를 마련해준 선행 연구자들에게도 마땅히 감사의 말을 전하면서, 그분들의 '사려 깊고도 냉정하고도 잔인한' 질책을 함께 바란다. 선행 연구자 중 가장 감사를 받아야 할 이는, 이 책의 번역 소식을 전했을 때 '용기 있는 시도'라고 격려하면서 이 책의 출간을 기대해마지 않았고 사소한 문의에도 친절하게 답을 해주신 저자 데이비드 로도윅 선생님이다. 여기서는 구구절절 다 밝힐 수 없는 '출간 지연의 아픔'을 다독이면서 (자칫하면 세상의 빛을 보지 못할 수도 있었던) 원고의 출판을 흔쾌히 수락해주신 김현경 주간님, 바쁜 출판 일정 가운데서도 전체적인 일정을 조율하고 원고를 세심하게 신경 써주신 이재원 편집장님, 졸고를 꼼꼼히 교정·교열해주신 주승일 씨에게도 각별한 감사를 전한다.

만 서른 살에 번역이든 저작이든 어떤 자취를 남기고자 했다. 그런 욕망의 대상이기도 했던 이 작업은 이론과 저널리즘의 갈림길에서 '선택'의 문제를 제기했고 궁극적으로 선택의 결과를 이끌었다. 그로 인해 지금도 애정 어린 근심의 눈길을 보내는 나의 어머니, 선택 이후의 삶에서 어느새 잠재적 지층에 보존된 (그래서 불현듯이 취한 말들처럼 귀환하는) 이름들에게 이 '뒤늦게 지켜진 약속'으로 감사를 보낸다. 어쩌면 이 모든 것들과의 내밀한 마주침을 위해 나는 보고 듣는 자가 되기로 했고, 영화와의 대화를 선택했는지도 모른다. 영화와의 마주침은 형언하기 힘든 희열과 두려움과 떨림이었고, 영화는 삶 속에서 내가 말하지 못했던 것을 말해주었다. 영화와 함께 했던 시간들, 그리고 나를 있게끔 했던 시간들을 영화가 지켜 주었다고 믿었기에 나는 영화와의 대화를, 영화와 연계된 사유와의 대화를 꿈꾸기로 했다. 영화에 압도되고 삶의 더께에 눌렸을 때 절감하는 암흑의 실어증과 백치의 침묵에서 솟아나는 더듬거림으로. 이 작업은 그 더듬거림으로 이어나갈 '무한의 대화'의 시작이다.

2005년 5월

옮긴이 김지훈

::용어 해설

간격 interval(écart, intervalle)

들뢰즈의 '간격' 개념은 『물질과 기억』에서 베르그송이 뇌를 "수용된 자극과 행동 사이의 간격"이라 정의한 부분과 베르토프의 간격 이론이 혼용되어 재구성된 것이다. 특히 베르토프의 간격 이론은 들뢰즈가 운동-이미지를 규정하고 분류하는 데 중요한 전거가 된다. 실제로 '간격 이론'은 운동-이미지를 논의하는 데 가장 중요한 이념적 기초인 소비에트 몽타주 학파에서 일반적인 것이기도 하다. 에이젠슈테인은 「영화 형식의 변증법적 접근」에서 간격을 이미지의 운동역학적 속성에 대한 새로운 개념으로 규정하는데, 이러한 규정은 현대음악과의 만남을 통해 이루어졌다. "간격의 양은 긴장(tension)의 압력을 규정한다(예를 들어 음악에서의 간격의 개념을 보자. 두 음 사이의 분리가 단절, 즉 동질적 예술 개념의 붕괴로 이어질 정도로 넓은 경우가 있다). 이러한 운동역학의 공간적 형식은 표현이다. 긴장으로 이루어진 악구(樂句)들은 리듬이 된다. 이것은 모든 예술 형식, 실제로는 모든 표현 형식에 적용된다."(Eisenstein, 1949 : 47)

    베르토프의 간격 이론은 운동의 발생보다는 오히려 물체들(쇼트들)의 작용-반작용, 동력의 주고받음을 통한 상태의 변화를 포괄한다는 점에서 에이젠슈테인보다 넓은 외연을 갖는다. "간격, 즉 한 운동에서 다른 운동으로의 이전은 물질이 아니다. 다시 말해, 그것은 운동의 예술을 이루는 요소들이지 운동 자체가 결코 아니다. 운동을 운동학적인 분해로 이끄는 것은 바로 간격이다. 운동의 조직은 그것을 이루는 요소들인 간격을 악구로 조직하는 것이다. 각각의 악구마다 운동의 상승과 정점과 하강이 있게 된다."(Vertov, 1984 : 8~9)

감각-운동(적) sensorimotor(sensorimoteur)

감각-운동은 물질(이미지)과 몸체의 작용-반작용에 관여하는 감각-운동 도식에 대한 설명 중 그레고리 플랙스먼의 다음 언급이 명쾌하다. "이미지는 몸의 운동을 발생시키고, 기억에 각인되는 행위를 발생시킨다. …… 다시 말해 우리를 변용시키는 이미지 감각의 시공간을 우리는 기호라고 부른다. 우리가 주체성 자체를 연역할 수는 없을지라도, 우리를 장악하는 습관적 반응들의 체계는 이미 연역해내고 있다. 베르그송은 이와 같은 습관적 반응의 체계를 감각-운동 도식이라고 부른다. 이는 몸을 다양한 이미지에 적응시키는, 숙고된 메커니즘이다. 기호들을 숙고해서 그것들에게 규칙성, '공통감각'을 확보해주는 것이다."(플랙스먼, 2003 : 145)

감정(변용)/정서(변용태) affection/affect

스피노자의 용어 사용에서, 'affection'은 'affection'에, 'affect'는 'affectus'에 해당한다. 여기서 후자를 '정서'라 번역한 까닭은 들뢰즈가 『스피노자의 철학』에서 'affects ou sentiment'이란 표현을 쓰고 있기 때문이다. 일단 이 두 단어는 모두 몸체에 관련된다. 특히 『스피노자와 표현의 문제』의 14장 「몸체는 무엇을 할 수 있는가」(이진경 옮김, 2003 : 293~316)를 참조하라. 변용(감정)과 변용태(정서)을 구분하기 위해서는 먼저 변용부터 살펴봐야 한다. 일단 변용은 "양태들 자체다. 양태들은 실체 혹은 그 속성들의 변용들이다"(박기순 옮김, 1999 : 76). 이것이 첫번째 단계의 변용인 신의 변용이다. 그 다음에는 신의 변용들인 '양태들' 자체의 변용, 말하자면 '변용들의 변용'이 있다. 이때 양태들은 두 몸체의 접촉을 가정한다. 이럴 경우 변용이란 한 몸체가 다른 몸체에게 미치는 효과 혹은 한 몸체가 다른 몸체에게 야기하는 결과다. 그리고 이것이 (두번째 단계에서) 양태의 변화기도 한데, 여기에는 두 가지 특징이 있다. 하나는 수동적이라는 점, 즉 어떤 몸체가 우리의 몸체에 미친 효과라는 점이다. 다른 하나는 변용을 촉발하는 외부 신체의 본성이 아니라 "어떤 시기에 우리의 변용 능력이 실현된 방식을 나타낸다"(이진경 옮김, 2003 : 296)는 점이다. 그렇다면 우리는 이 결과를 어떻게 파악하는가? 가령 태양이라는 몸체에 의해 우리가 태양의 열을 지각할 때 우리는 이를 '찌는 듯한', '끈적거리는'과 같은 몸의 이미지로 나타낸다. 즉 "변용들은 무엇보다도 몸체의 이미지들 혹은 흔적들이다"(박기순 옮김, 1999 : 76). 이런 맥락에서 들뢰즈는 변용에 대해 '변용(감정)-이미지'라는 표현을 쓰며 이를 '관념'이라 말한다. "관념은 사유의 양태로서 다른 사유 양태들과 구별되는 사유의 첫번째 양태다. 〔사랑은〕 사랑받는 사물에 대한 관념을 전제한다."(117)

변용-이미지 혹은 관념은 상태를 나타낸다. 그런데 이러한 상태는 다른 몸체가 변용을 가하기 이전의 상태에서 현재 상태로의 이행을 함축한다. 즉 변용-이미지(관념)는 한 상태에서 다른 상태로의 이행을 전제한다. 이런 이행을 고려할 때, 관념과 동일하지 않으며 관념에 의해서도 설명되지 않는 몸체의 활동 능력이 발견된다. 사랑의 느낌 자체는 사랑하는 대상의 관념을 가져야 하지만 그 느낌 자체는 관념으로 표상할 수 없는 상태들의 변이와 관련된다. 바로 이러한 변이가 변용태(affect)라 불린다. 말하자면 변용태는 몸체의 활동과 역량의 잠재적인 증가-감소를 통해 정의되며, 그러므로 변용시키는 다른 몸체의 변이마저도 자연스럽게 포함하게 된다. 사랑의 정서가 그것을 느끼는 자아뿐 아니라 이를 촉발한 자아의 상태가 변화하는 흐름과도 관련되는 것처럼 말이다.

변용 전체는 변용-이미지와 정서 두 가지 차원에서 고려해야 한다. "양태의 주어진 변용들에는 두 종류가 있다. 몸체의 상태들 혹은 그 상태들을 지시하는 관념들, 몸체의 변이들 혹은 그 변이들을 감싸는(내포/함축하는) 관념들. 두번째 것들은 첫번째 것들과 연쇄되며 그것들과 동시에 변한다."(이진경 옮김, 2003 : 298) 이는 다음과 같이 부연된다. "변용은 변용되는 몸체의 한 상태에 관련이 있고, 따라서 변용시키는 몸체의 현존을 함축하고 있는 반면, 정서는 한 상태에서 다른 상태로의 이행, 그에 상응하는 변용시키는 몸체의 변이에 대한 고려에 연관이 있다."(박기순 옮김, 1999 : 77~78) 몸체의 변용에서 이미지가 탄생하며, 정서가 이미지나 관념을 전제한다. 그러나 정서는 이미지나 관념들로 환원되지는 않는다. 정서는 존재 양태를 가리키며, "한 존재 양태는 특정한 변용 능력에 의해 정의된다"(79). 즉 정서를 결정짓는 요소는 변용 능력, 그리고 그런 능력과 연관된 행위 능력이다. 스피노자는 행위 능력의 증가를 기쁨의 정서로, 이의 감소를 슬픔의 정서로 정의한다. 이 상이한 정서는 변용하는 몸체의 본성은 물론, 몸체가 마주치는 존재 양태들과의 차이에 의해 설명된다. 능동적인 몸체와 수동적인 몸체는 바로 이러한 차이를 바탕으로 성립된다. 따라서 스피노자에게 정신과 몸체는 사실상 분리된 것이 아니라 평행적 관계로 엮여 있다. "몸체는 연장의 양태이고, 정신은 사유의 양태다. …… 따라서 정신은 상응하는 몸체에 대한 관념이다. …… 모든 사물은 동시에 몸체이고 정신이며, 사물이고 관념이다. 이런 의미에서 모든 개체들은 영혼을 갖고 있다."(103)

그렇다면 『운동-이미지』와 『시간-이미지』에서 이 복잡한 변용(감정)-변용태(정서) 개념은 어떻게 응용되는 것인가. 『운동-이미지』의 감정-이미지에 주목해보자면, 베르그송적인 맥락과 스피노자적인 맥락을 혼용한 것으로 보인다. 두 철학자 모두 정서를 한 몸체와 다른 몸체의 작용-반작용의 견지에서, 그리고 이에 따른 어떤 몸체의 표현 능력의 견지에서 파악하고 있기 때문이다. 우선 들뢰즈는 정서를 '감각 신경상의 운동 경향'과 연계한다. 이는 정서를 지각과 행동 사이에 간격을 점령하는 중개자로 정의하는 베르그송의 입장을 따른 것이다. "정서는 …… 주체가 스스로를 지각하는, 차라리 스스로를 경험하거나 스스로를 '안으로부터' 느끼는 방법이다."(MI, 66/96) 정서는 지각에서 운동으로 이어지는 이행 과정을 지연하고, 운동하는 몸체의 특성(질, 형용사)을 발현시킨다. 이러한 특성이 발현될 때 한 상태에서 다른 상태로의 변화 또한 발생한다는 점에서, 베르그송적인 의미에서의 정서는 스피노자적인 의미에서의 정서와도 유사하다. "정서에 대한 베르그송적인 정의는 …… 감각 신경상의 운동 경향성이다. 다른 말로 하자면 그것은 움직이지 않는 신경판 위에서의 미시-운동들의 한 연속이다."(MI, 66/96) 이에 따르면 클로즈업이나 임의의 공간과 같은 감정-이미지 또한 스피노자적인 정의에 상당히 부합된다. 그것들은 관념이라 일컬어질 수 있으며, 이 관념은 한 몸체가 다른 몸체에 영향을 미침으로써 발생한 느낌이나 상태기도 하기 때문이다. 그런데 앞서 보았듯이 변용은 관념으로 표상할 수 없는 '상태들의 변이'와 관련된다. 결국 감정-이미지가 표현하는 것은 정서다.

스피노자에 의하면, 정서는 다른 몸체가 변용시킴으로써 일어나는 한 신체의 능력 증감, 하나의 질에서 다른 질로의 이행을 따른다. 이러한 능력은 표상 이전의 미시적, 잠재적, 강도적 차원이다. 그런 점에서 들뢰즈는 정서가 "실체, 역량 또는 질"이라고 말한다. 혹은 역동적인 상태의 변화나 한 상태에서 다른 상태로의 낙차를 나타낸다는 점에서 "용해점, 비등점, 응축점, 응고점들"과 같다고도 말한다. 그것들은 '가능태'의 영역이다. 예를 들어 한 여자가 칼을 든 남자를 보고 겁에 질린 표정을 짓는다고 했을 때, 칼은 겁의 원인이 될 수 있지만 그 겁으로 인해 얼굴에 만들어지는 표정을 설명할 수는 없다. 여기서 칼날의 빛은 '겁'이라는 상태에 연관되지만 그것들로 환원될 수 없는('겁'의 가능성인) 순수하고 특이한 질/역량에 속한다. 들뢰즈는 스피노자를 따라 이러한 질/역량을 '표현된 것'이라 부른다. 그렇다면 이 예에서 '표현'(expression)에 해당되는 것은 얼굴이 될 것이다. '정서-얼굴=실체-표현'이라는 등식은 다음과 같은 분석에서 확인된다. 첫째로 얼굴은 단일한 윤곽의 통일된 구성물로 이루어진 움직이지 않는 실체다. 즉 얼굴은 신체의 다른 부분에 비해 스스로 가동성을 희생시켰으며 대신 외부 신체의 변용들을 수용하고 투영하는 반사 표면이며, 이것이 얼굴화(visagéification)다. 둘째로 얼굴의 표면은 입술의 떨림, 시선의 광채, 경이의 표정, 놀라움의 탄성, 고개의 돌림 등 강도적인 미시-운동들을 통과시키며, 이것이 얼굴성(visagéité)이다. 이 두 가지 국면의 총합을 들뢰즈는 '얼굴=정서'라 일컬으며 한편으로 도상(Icon)이라 명명한다.

경로적/전-경로적 공간 hodological/pre-hodological space

들뢰즈는 이 용어를 독일의 게슈탈트 심리학자 쿠르트 르윈에게서 차용했다. 르윈은 심리적 사건들이 외부의 물리적·사회적 세계와 연관하여 발생하는 과정을 도식화하기 위해 '경로적 공간'이라는 아이디어를 창안한다. 르윈은 행동의 지각 가능한 물리적 변화가 아닌 각 행동마다 연결된 서로 다른 의미 분포를 추적할 때 개인의 행동에 대한 참된 분석이 가능하다고 보았다. 이런 관점에서 르윈은 행동의 변화에 상응하는 태도들을 방향으로 나타내고 이를 비유클리드 기하학으로 나타내는 방법을 제시했다. 경로적인 공간은 유클리드의 기하학처럼 점들로 이루어진 연속체가 아닌, 경계들을 서로 맞대고 있는 산포적 지역들로 표시된다. 이 지역들의 전체를 르윈은 '삶-공간'(life-space)이라고 부른다. 개인의 행동 변화는 한 지역에서 다른 지역으로 가는 것으로 그려질 수 있다. 이 지역의 이동을 도식화함으로써 개인의 심리 변화를 추적할 수 있고 그에 따라 다양한 다이어그램이 그려질 수 있다는 것이 르윈의 생각이다. 여기에 르윈은 한 지역에서 다른 지역으로 갈 때의 경계를 중요시한다. 경계에는 다양한 사회적·심리적 장애물들이 놓일 수 있다. 르윈은 이를 일종의 힘(force)으로 본다. 행동의 방향은 이러한 힘과의 관계에 따라 변화될 수 있다. 르윈은 이러한 힘과 방향과의 관계를 수학적으로 계산함으로써 행동에 대한 다이어그램을 체계화하고자 했다.

들뢰즈는 르윈이 인간의 상호작용과 심리적 실재를 작용과 반작용의 역학관계로 보았다는 점을 받아들이면서도 이를 가시적인 경로로 나타내고 계산할 수 있다는 점에 의문을 품는 듯하다. 경로는 공간과 행동의 인과적인 상응관계로 해명될 수 없다. 이것은 들뢰즈의 감각-운동적인 도식에 대한 의문에서 명백하게 드러난다. 그런 점에서 들뢰즈는 행동-이미지에 따른 영화를 '경로적 공간'과 연결하고 몸의 영화를 '전-경로적 공간'과 연결한다(이것이 르윈과 들뢰즈의 차이다. 르윈 스스로는 자신의 공간을 비유클리드 기하학에 가깝다고 생각했지만 들뢰즈는 오히려 그것이 유클리드 기하학에 가깝다고 여긴다). "행동-이미지는 목표들과 장애물들, 수단들과 종속들, 원리들과 부차적인 것들, 탁월함과 혐오가 분배되는 공간을 상정한다. 이는 '경로적'이라 부를 수 있는 공간 전체다. 그러나 몸은 우선적으로 이와는 완전히 다른 공간에 놓여 있는데, 이 공간에서는 산포적 집합들이 감각-운동적 도식에 따라 스스로를 조직할 수 없고, 서로 중첩되고 서로에게 맞선다."(TI, 203/264)

이 구절은 "우리는 몸체가 무엇을 할 수 있는지 알지 못한다"는 스피노자의 경구에 대한 들뢰즈의 창조적인 해석과 연결된다. 스피노자에게서 몸은 외부의 관계들과 질서정연하게 놓여 있으며 그 관계들에게서 영향을 받는다. 들뢰즈의 용어를 빌리자면 몸은 끊임없는 변용(변용함-변용됨) 속에 놓여 있으며 변용을 촉발하는 것은 물체들과의 '마주침'이다. 이 마주침은 몸에 다양한 역량들을 가한다. 크게 보면 나의 본성에 적합한 관계들은 나와 합성되는 관계들을 가진 어떤 물체와 마주칠 때 일어난다. 이 '좋은' 변용은 존재에게 기쁨의 정념을 산출한다. 이 정서는 우리의 활동 역량을 증가시키거나 증가되도록 돕는다. 한편으로 나의 관계와 합성되지 않는 관계를 가진 몸체와 마주칠 수 있다. 이 '나쁜' 변용은 나의 본성에 반하는 수동적인 변용을 낳는다. 여기서 나는 슬픔의 정념을 느낀다. 이 두 가지 마주침은 "외부 원인에 의해서 증가되거나 도움 받은 한에서 우리의 활동 역량"(이진경 옮김, 2003 : 323)이기 때문에 수동적이다. 들뢰즈는 스피노자의 철학적 기획이 이러한 수동적인 변용들에서 능동적인 변용들로 나아가는 과정, 그럼으로써 존재의 역량을 증대시키는 길을 발견하는 과정을 탐구했다고 본다. "모든 정념을 제거하는 것이 아니라, 기쁜 정념을 이용하여 정념들이 우리 자신의 가장 작은 부분만을 차지하게 만들고, 또 우리의 변용 능력이 최대치의 능동적 변용들에 의해 충족되도록 만드는 것이다."(385) 이 능동적 변용이란 곧 외부의 원인이 아닌 '자기 원인'으로서의 존 재로 나아가는 것이다. 이처럼 들뢰즈는 스피노자의 철학 체계에서 "몸체의 역동적 본성에 대한, 몸체의 내부적인 역동의 지속적인 흐름에 대한 명제"(하트, 1996 : 190)를 발견하고 있다. 그러면서 들뢰즈는 "내부적인 구조 및 외부적인 한계들이 개방되어 있으며 끊임없이 변화하도록 되어 있는 역동적인 관계" 속에 몸체의 변용 을 놓고 있다. 이 역동성과 우연성의 차이들, 그리고 그에 따른 몸체의 다채로운 역 량들과 몸체들 사이의 부단한 합성은 미리 예측될 수 있는 경로를 따르지 않는다. 몸체의 역량은 잠재적인 층위에 있기 때문이다. 즉 '전-경로적인 공간'이란 몸체의 역량의 변화를 가리키는 다양한 장애물들과의 마주침, 그 속에서 발생하는 다양한 정념들의 양상에 대한 잠재성, 즉 행동-이전의 양태들을 나타내는 다이어그램이 다. 행동-이전의 양태들이란 르윈의 이상과는 달리, 외부의 장애물에 따라 행동의 변화를 인과적으로 예측하고 결정할 수 없다는 것을 뜻한다. 장애물은 "'세계 속에 현시된 존재 양식들의 복수성' 속에 분산되어"(TI, 203/264) 있기 때문이다. 『시간-이미지』에서 들뢰즈는 이러한 공간의 예로 자크 드와이옹의 영화들과 영화 속 인물 들의 정신적인 선택의 다양성(주저함, 망설임, 불가능, 역전)을 들고 있다.

경험 명제 contingent proposition

이는 라이프니츠의 '논리적 우발/필연'과 연결되지만 영어와 불어의 가정법이라는 의미에도 일정 부분 해당한다. 'contingent'에는 '조건적인'이란 뜻이 있는데 이는 곧 '불확정적인'이란 뜻이며 '우연적인'(accidental)이란 뜻으로 파생된다. '논리적 우발/필연'의 문제를 명제로 나타내면 '경험 명제/필연적 명제'(분석 명제)가 된다. 후자는 논리적으로 필연적인 것들을 나타내는 명제를 말하며, 논리적 필연이 수학 에 해당된다면 필연적 명제의 가장 쉬운 예는 수학에서의 각종 등식들과 정리들이 될 것이다. 이것들은 "A는 참이다"라는 식으로 하나의 명제가 분석을 통해 모순을 포함하고 있는지를 필연적으로 밝힐 수 있다. 그러나 "흑석동에는 중앙대학교가 있다"라는 명제는 사실의 경험적 확인을 통해서만 진위를 판별할 수 있다. 이를 뒤집어 말하면 흑석동에는 중앙대학교가 있을 수도 있고 그렇지 않을 수도 있다는 이야기가 된다. 그런 점에서 우발적인 명제는 사실상 명제의 종류에서 널리 통용되는 개념인 '경험 명제'로 옮길 수 있다.

라이프니츠의 철학 체계에서 중요한 것은 이 경험 명제를 지배하는 원리다. 그 원리로서 제시되는 개념이 "모든 일에는 다 이유가 있다"라는 의미의 충족이유율이다. 라이프니츠의 체계에 이를 적용시켜 보면 "하나의 모나드가 펼치는 모든 속성들은 그 모나드 안에 함축되어 있다"라는 이야기가 된다. 명제로 바꾸어 이야기하면 "모든 술어는 주어 안에 내속해 있다"라는 뜻이다. 사건의 영역은 잠재적이다. 경험 명제를 구성하는 이유의 영역은 잠재성의 표현이며, 이러한 잠재성은 라이프니츠의 체계에서 신의 유일한 역량에 귀속된다. "라이프니츠는 필연적 명제나 본질적인 진리의 경우(2 더하기 2는 4다) 술어가 개념 안에 명시적으로 포섭되는 반면, 우발적인 실존들(카이사르는 루비콘 강을 건너다)의 경우 포섭은 오직 함축적 또는 잠재적이라고 말하는 것처럼 보인다."(FLB, 42)

고전 영화/모던 영화 classic cinema/modern cinema

얼핏 보면 들뢰즈가 『운동-이미지』와 『시간-이미지』을 나누는 시기적 분기점은 앙드레 바쟁이 규정한 일반적인 고전 영화와 현대 영화의 분기점과 대략적으로 일치한다. 고전 영화가 이미지의 유기적 구성을 통해 상황에서 행동으로의 이행, 환경과 개인의 인과관계를 전체로서 제시하는 영화인 반면, 모던 영화는 이를 가능케 하는 감각-운동적 도식이 느슨해지면서 생성된다. 행동-이미지의 근본적 위기와 새로운 이미지의 출현으로 특징지을 수 있는 이 구분은 통상적인 영화사에서 '고전 영화'와 '현대 영화'를 구분하는 시기인 2차대전 전후로 보아도 무방하다. 실제로 들뢰즈는 영화사에서 '현대 영화'를 형성했던 중요한 역사적 계기들과 국가적 현상들, 이를테면 1948년 전후의 이탈리아, 1958년 무렵의 프랑스, 1968년경의 독일 등을 커다란 수정 없이 수용하고 있다.

한편 들뢰즈는 운동-이미지의 체계와 유형을 분류할 때, 영화사에서 '고전 영화'를 대표하는 것으로 통칭되는 '고전 할리우드 영화'(1917~160)의 범주를 채택하지 않고 소비에트 몽타주 학파와 독일 표현주의, 프랑스 인상주의와 할리우드 영화를 포괄적으로 끌어들이고 있다. '고전 할리우드 영화'라는 척도를 받아들이면 프랑스 누벨바그와 뉴 아메리칸 시네마의 출현을 현대 영화로의 이행으로 간주할 수 있을 것이다. 이렇게 볼 때 우리는 '현대 영화'가 제2차 세계대전 이후의 새로운 영화적 재현 양태들을 통칭하는 용어로 광범위하게 수용되지만 이를 규정하는 기준이 엄격하게 통일되어 있지는 않음을 알 수 있다. 예를 들어 존 오르는 『영화와 모더니티』(김경욱 옮김, 2001)에서 1945년을 기점으로 고전 영화와 모던 영화를 나누고 누벨바그 이후에서 1970년대까지의 모더니즘적인 움직임들을 '네오-모던'으로 분류하고 있으며, '고전 할리우드 영화'라는 이론적 구성물을 제안한 데이비드 보드웰은 이에 반대되는 경향들을 지칭하기 위해 '모더니즘 영화', 또는 '예술 영화'라는 범주를 사용한다(이에 대해서는 그의 『극영화에서의 서사작용』, pp.206~233을 참조하라). 이처럼 혼재된 정의와 구분하면서 시간-이미지의 특이성을 분명히 하기 위해 이 책에서는 '모던 영화'라는 역어를 사용했다. 즉 '모던 영화'는 일반적으로 규정되는 역사적 구분 틀로서의 현대 영화와는 다른 들뢰즈적 패러다임을 강조하기 위한 역어다.

골상 physiognomy

벨라 발라즈의 골상은 영화 이미지의 존재론에 대한 논의에서 파생된다. 발라즈에게 있어 이미지는 인간의 가장 주관적인 표현 형태지만 언어처럼 엄밀한 규칙을 따르지는 않는다. 이미지는 언어처럼 체계화된 기호가 아니고, 사물이나 형상의 감각적 인상을 통해 관객에게 말을 건다. 이미지의 감각적 자료에 담긴 정서적 정감의 자질을 발라즈는 골상이라 부른다. 영화의 탁월한 구성 요소인 몽타주 또한 이미지에 담긴 골상을 전제로 한다. 즉 몽타주는 이미지에 담긴 골상을 실현시키는 것이다. 이런 점에서 발라즈는 "영화의 생산적 요인에 의해 출현하기보다는 원래의 대상 즉 피사체 자체가 가지고 있는 표현주의적 성격을 보여주는 것에 힘입은 바가 크다"(박성수, 1998 : 201)라고 말한다. 발라즈는 골상을 객관적 차원과 주관적 차원으로 구분하는데, 전자는 보는 이와는 무관하게 대상이나 이미지 자체에 존재하는 것이며 후자는 관객의 시점에 의해 규정되는 것이다. 영화는 이 두 가지 골상을 종합하는 동시에 편집과 몽타주, 시점의 변화와 촬영기법의 다양성을 통해 이를 더 생산적이고 역동적인 방식으로 극대화할 수 있다. 발라즈의 골상은 들뢰즈가 감정-이미지를 구체화하는 이론적 근거로 도입된다.

규정/결정 determination(détermination)

'determination'은 존재의 실존 또는 존재가 실존하는 다른 존재자를 인식적·논리적으로 한정(측정)하거나 형식을 부여하는 것을 말한다. 반면 '결정'(decision)은 '의사결정'의 의미를 함축한다. 즉, 주체의 의지에 의해 어떤 문제를 판단하거나 행동의 방향을 결심하는 것을 일컫는다. 'determination'은 베르그송의 맥락에서는 물질과 이미지의 세계를 설명하기 때문에 '결정'으로, 철학사 일반에서 의식과 세계의 관계에 해당될 때는 '규정'으로 구분할 수 있다. 이 개념은 철학적 문맥에서 중요하다. 왜냐하면 근대 철학의 궤적은 "규정되지 않은 것을 무엇이 규정하는가?"에 대한 질문과 이에 대한 답으로 이루어지기 때문이다. 예를 들어 데카르트는 "나는 생각한다"(코기토)를 규정의 근거로 내세웠으며, 칸트는 코기토가 규정되지 않은 것("나는 존재한다")을 충분히 규정할 수 없다면서 데카르트의 견해를 비판하고 '시간의 형식'을 규정소(determinant)로 내세운다. 여기서 들뢰즈는 자아의 실존을 능동적이고 자발적으로 규정하는 데카르트의 견해를 비판하고 "나(I)는 시간 안에서 나타나는 수동적 자아(self)의 상관항이다. 내 안의 틈이나 균열, 자아 안의 수동성, 바로 여기에 시간이 의미하는 것이 있다"(DR, 86/117)라고 말한다.

그램분자적인 것/분자적인 것 molar/molecular(molar/moléculeur)

들뢰즈와 가타리에게 '그램분자적인 것'은 개체들을 거대하고 통계학적인 단일체로 귀속시키는 경우를 가리키고, '분자적인 것'은 그램분자적인 단일성으로 환원되지 않는 개체들의 질과 움직임과 흐름들을 가리킨다. 『천 개의 고원』에서는 이러한 구분이 정치철학적 성찰로 이어진다. 9장 「미시 정치와 절편성」에서는 다음과 같은 구분이 이루어진다. "모든 사회와 모든 개인들은 두 절편성에 의해, 즉 그램분자적인 절편성과 분자적인 절편성에 의해 가로질러진다."(김재인 옮김, 2001 : 406) 들뢰즈와 가타리는 이 두 절편성이 서로 다른 본성을 가지고 있으며 상호간에 의존적이라는 점을 밝힌다. "성이나 계급 같은 거대한 이항적 집합들을 검토해보면, 이것들이 서로 다른 본성을 가진 분자적 배치물들로 옮겨가고 상호 간에 이중적으로 의존하고 있다는 것을 알 수 있을 것이다. 남녀 양성은 한 분자적인 조합들을 이루며, 여기에 여자 안의 남자나 남자 안의 여자뿐만 아니라 남녀 각각이 상대방의 성 내부에서 동물이나 식물 등과 맺는 관계도 포함되기 때문이다."(406) 들뢰즈와 가타리는 전통적인 정치철학(거시정치학)이 성과 계급과 같은 단위들을 군중(mass)이라는 단위와 구별하고, 후자를 전자에 귀속함으로써 한계에 부딪힌다고 지적한다. "군중이라는 개념이라는 것. 따라서 군중이라는 개념은 계급이라는 그램분자적 절편성으로 환원될 수 없는 절편화 작용의 유형을 통해 나아간다."(417) 이를 바탕으로 들뢰즈와 가타리는 사회주의의 프롤레타리아 혁명의 이념과 1968년 혁명의 실패가 군중의 유동적인 욕망과 활동의 흐름들에서 출발하는 데 실패했기 때문이라는 점을 지적한다. 『시간-이미지』의 정치 영화 논의도 이러한 인식에 기대고 있다.

기표작용/의미작용 signification

기호학에서는 'signification'을 대개 '의미작용'으로 번역하며, 특히 소쉬르의 기호학에 영향을 받은 영화이론의 맥락에서도 이 번역어가 활용된다. 이를테면 영화 기호학은 영화를 '의미작용적 실천'(signifying practice)으로 본다. 그러나 여기서는 구조주의 기호학에 대한 들뢰즈의 비판적 입장을 살려야 할 때는 '기표작용'으로, 언어적 기호학과 영화기호학의 맥락에서는 '의미작용'으로 나누어 번역했다. 후자의 경우 예술 일반을 "현실에 반응하는 것이 아니라 다른 담론들에 반응하는 약호화되고 구성된 하나의 담론"으로 간주하며, 영화를 "일련의 의미들로 구성된 체계이자 분절"로 인정한다. 전자의 경우는 『천 개의 고원』의 번역어를 따른 것이다. 기호에 대한 설명은 이 책 3장을 참조하라.

내재성의 평면 plane of immanence(plan d'immanence)

들뢰즈의 저작에서 '내재성의 평면'은 두 가지 의미로 사용된다. 첫째는, 하나의 체계와 다른 체계를 연결하고 가로지르는 단일 무한집합, 즉 움직이는 집합이다. 이 평면은 오직 일원론의 세계를 가정하는데, 그 세계는 "하나이고 보편적이고 비인격적이며 유일한 '시간'의 일원론"이 지배하는 세계다. 이 세계에서 사물들은 다양한 양태와 지속으로 세계에 참여하지만 궁극적으로 하나의 전체와 합류하며, 그 전체는 우주를 조건짓는 하나의 시간, 유일한 지속을 가진다. 따라서 베르그송의 세계관은 '제한된 다원론'(다양한 존재들이 하나의 우주에 참가한다)에서 출발하여 '일원론'을 긍정하는 논증 과정을 거친다(『베르그송주의』의 4장 참조). 둘째 의미는 좀더 추상적·일반적인 의미로 개념들이 생산되는 시공간적 조건인 '사유의 이미지'(『철학이란 무엇인가』의 경우), 또는 '다양한 개체들의 조성과 강렬함의 운동을 가능하게 하는 세계의 초월적 원리, 혹은 세계 자체'(『천 개의 고원』의 경우)를 함축한다. 『운동-이미지』의 다음 구절에서 보듯 이 두 가지 의미는 서로 긴밀하게 연결되어 있다. "[이미지는] 그 속에서 고체 상태의 물체들을 구별하기에는 너무 뜨거운 물질의 상태다. 그것은 보편적 변이, 보편적 파동, 보편적 물결의 세계다. 거기에는 축들도, 중심도, 왼쪽도, 오른쪽도, 높낮이도 존재하지 않는다."(MI, 58/86)

내적 발화 inner speech

'내적 발화' 또는 '내적 독백'은 "언어에 내포된 생각의 맥동(pulse)을 통해 관객의 마음 안에서 발생하는 것"(로버트 스탬 외, 2003 : 124)이다. 여기서 '맥동'이란 특정 기호에 담긴 언어적 논리성 이전의 감각적·심리적 신호를 가리킨다. 내적 담화는 무엇보다도 그 같은 신호를 통해 청자/독자의 내면에서 촉발되고 생성되는 것이다. 따라서 이를 영화에 적용할 경우 내적 담화는 이미지와 사운드라는 기호의 물질적 속성들, 그리고 이로 인해 고양되는 관객의 심리적 기제들이라는 두 가지 국면을 가진다. 1970년대 영화기호학은 에이젠슈테인의 영화 작품 및 이론에 나타나는 '내적 발화'의 두 가지 국면에 대해 논의했다. 이에 대한 간단한 개괄로는 『어휘로 풀어 읽는 영상기호학』의 p.125를 참조하라.

다질성 heterogeneity(hétérogénéité)

이 말은 통상 '이질성'으로 옮기지만 여기서는 『베르그송주의』와 『천 개의 고원』의 번역어를 따라 '다질성'을 채택했다. 베르그송과 들뢰즈에게 이 말은 '다양성/다양체 내부'(물론 이것은 잠재적 일자의 일의성에 대한 표현이다)에 발생하고 존재하는 여러 질들을 가리킨다. 이는 베르그송에게서 공간과 지속을 구별하는 중요한 준거다. "공간은 그것과 순수 지속 사이의 혼합물의 외재적인 구별의 형식 또는 그것의 '절단들'이 나타내는 등질성(homogénéité)과 불연속성의 형식을 도입하는 반면, 지속은 혼합물의 다질적이고 연속적인 내적 이어짐(연속성)을 가져온다."(김재인 옮김, 1996 : 47) 즉, 등질성이 자신의 존재조건을 외부로부터 빌려오는 반면 다질성은 내재성의 수준에서 작용한다.

단면 section(coupe)

'section'은 '단면', '단편', '절(節)' 등의 의미이나, 원어인 불어 'coupe'에는 '절단', '자르기', '윤곽', '모양'(=forme, contour)의 의미가 덧붙여진다. 특히 이 단어의 동사형인 'couper'(절단하다, 끊다)와 수동형 명사인 'coupure'(절단된 것, 커트, 단층)는 베르그송과 들뢰즈의 맥락에서 아주 중요한 위치를 차지한다.

베르그송의 의미에서 'couper'는 지각과 사실상 동의어다. 즉 그것은 이미지로서의 사물로부터 우리의 관심을 끌지 않는 모든 것을 빼내는 작용이다. 그런데 이러한 절단은 지속을 불연속적으로 단절시키는 것이 결코 아니다. 왜냐하면 지속은 잠재적인 동시에 일의적이며, 나눌 수 없는 전체이기 때문이다. 따라서 '절단'의 개념은 '단절'이 아니라 사실상 '연장'이나 '수축' 작용을 품고 있다. 이러한 작용은 지속의 연속성(실체)에 대한 양태상의 표현이다. "물질 그 자체는 무한히 팽창되고 이완된 과거와도 같다. 이완 또는 연장이라는 관념은 …… 비연장과 연장의 이원성을 뛰어넘을 것이다. …… 왜냐하면 감각(지각)이 수축시킨 것이 바로 연장된 것이고 이완된 것인 이상 지각 자체는 넓이를 가진 것이고 감각은 연장적인 것일 터이니 말이다."(김재인 옮김, 1996 : 101~102) 나아가 지각은 곧 선택된 이미지에 대한 존재의 반응을 준비하는 단계다. 그런데 이는 '잠재적 지속에서의 미세한 진동'인 운동이 아니라 그것들을 현재의 습관적 행동이나 회상을 위해 선택-추출하는 과정에서 순간으로서 파악된 운동을 말한다. 이러한 선택-추출을 통해 우리는 현행적인 모든 것, 즉 사물들의 상태와 체험된 것을 식별하게 된다. 이렇게 순간으로서 파악된 운동이 곧 '절단'이다. "운동이라는 용어는 지속하는 운동의 방식으로 이해해서는 안 되며, 그와는 반대로 '순간적인 절단'의 방식으로 이해되어야 한다."(71) 바로 이 절단의 기관이 뇌다. 앞으로 보겠지만 뇌는 물질(=이미지)에서 수용된 운동과 수행되는 운동 사이의 간격(écart)이자 지속의 불안정적 카오스를 관심과 필요에 따라 안정화하는 교환 기구인 막(écran)이다. 여기서 불안정성이란 '비결정성'(지속은 결정되지 않은 것이다)이며 안정화란 '결정'을 말한다. 정리하면 이러한 연관관계를 통해 우리는 'coupe', 'écart', 'écran'을 하나로 엮게 되며, 여기서 "뇌는 스크린이다"라는 베르그송의 유명한 테제에 담긴 속뜻을 파악할 수 있다.

'coupe'에서 '절단'이라는 어근은 데쿠파주(découpage), 음미(recoupage, 다시 마주침)와 연결된다. 『운동-이미지』에서 데쿠파주는 집합(쇼트)을 구성하는 대상에 따라 전체(지속)의 운동을 분할하고 재분할함으로써 운동을 재구성하는 것을 말한다. 여기서 분할과 재분할은 곧 '절단'을 뜻하며, '절단'이 불안정에서 안정적인 것의 추출이라는 점을 감안할 때 이는 곧 '결정'과 연결된다. "데쿠파주는 쇼트의 결정이고, 쇼트는 닫힌 체계 안에서, 쇼트의 요소들 또는 부분들 사이에서 확립되는 운동의 결정이다."(MI, 18/32) 한편 『베르그송주의』에서는 "실재가 본성상의 차이들에 따라 윤곽이 드러나는 것(se découper)과 이상적이거나 잠재적인 동일 지점으로 수렴되는 길을 따라 실재와 다시 마주치는 것(se recouper)"(34)의 의미로 쓰이며 이 둘은 분화(différenciation)의 한 쌍을 이룬다.

도상 약호 iconic code

에코는 「영화 약호의 분절들」에서 새로운 영화기호학을 모색한다. 여기서 에코는 이미지의 언어를 '도상 약호'라 명명하고 이를 분석하는 단위로 삼중 분절을 제안한다. 삼중 분절을 처음으로 구성하는 것은 의미소(semes)다. 의미소는 "음성 언어에서의 단어에 상응하지는 않지만 여전히 하나의 언표인 어떤 것"이다. 예를 들어 말(馬)의 이미지는 '말'이라는 단어를 의미하지 않지만 "여기 하얀 말 한 마리가 있다"는 의미 단위들을 갖고 있다. 그리고 이는 더 작은 단위인 도상 기호(iconic sign)로 나눌 수 있다. "여기 하얀 말 한 마리가 있다"는 "털이 하얗다", "다리가 길다", "잔디밭에 있다" 등으로 세분화될 수 있다. 그리고 이러한 도상 기호는 지각의 체계, 즉 도상 기호를 명확한 기호로 나타나게 함으로써 인식과 의사소통을 가능케 하는 체계로 다시 분리된다. 에코는 이 세번째 분절을 형상(figure)이라 명명하면서 그 예로 이미지에서의 주체-객체 관계, 조명 대조, 기하학적 가치 등을 들고 있다. 파졸리니의 영화기호학이 영화언어의 가장 작은 단위를 프레임을 구성하는 다양한 실제 대상이라 하고 이를 영화소(cinemes)라 명명함으로써 이중 분절을 성립시킨 것 —— 이는 '영화→프레임(일차 분절)→영화소(이차 분절)'로 도식화된다 —— 과 비교할 때, 에코의 영화기호학은 '영화→프레임(도상적 의미소＝일차 분절)→도상 기호(이차 분절)→형상(이미지 약호의 소통을 결정하는 통시적-공시적 체계＝삼차 분절)'이라는 도식을 상정한다.

문제 problem(problème)

『차이와 반복』에서, '문제'는 '잠재성＝미분＝사건'의 영역이다. 예를 들어 $X^2-1=0$'이라는 방정식을 하나의 '문제'라고 한다면 여기에는 $X=1$, $X=-1$이라는 해가 '잠재적으로' 존재한다. 이것이 'X는 0보다 크다'라는 특정한 조건과 만났을 때 $X=1$로 '현실화'된다. 말하자면 문제는 현실화-분화를 포함하는 잠재성-미분들의 구조다. 그러나 이 둘은 본성상 같지 않다. 미분 곡선은 어떤 궤적을 그린다. 하지만 미분을 현실화함으로써 해를 도출하는 적분 곡선의 궤적은 미분 곡선과는 본성상 다르다. "문제라는 심급과 해라는 심급은 비물체적인 사건과 그 시공간적 현실화의 경우가 그렇듯이 본성상 다르다."(이정우 옮김, 2000 : 126) 또한 "문제는 그 해답들 밖에서는 존재하지 않는다. 〔문제는〕 그것을 은폐하는 해답들 속에서 내속하고 지속한다. 문제는 해결되는 것과 동시에 규정된다. 그러나 문제에 대한 규정과 해답을 혼동해서는 안 된다. 이 두 요소는 본성상 다르다"(DR, 163/212).

들뢰즈의 철학적 체계는 잠재성과 잠재적 지속을 현실성과 공간적인 연장보다 더 중요하게 취급한다. 그렇다면 문제-해의 관계에서 보았을 때 '문제'를 우선적으로 취급하게 된다는 점도 추론할 수 있다. 이는 전통적인 형이상학에서 '문제' 범주를 취급하는 방식에 대한 비판이다. 전통적인 형이상학에서는 문제를 "해답이 획득되면 폐기해야 할 것"으로 취급하거나 "미리 상정된 진리를 가정해놓고 이를 질문을 통해 규명하는 과정"과 동일시한다. 특히 후자의 경우는 『차이와 반복』에서 전통적인 사유의 이미지를 비판하는 한 가지 근거가 된다. 보통 우리는 의미를 얻기 위해 물음을 제기한다. 그러나 실제로 물음은 그것을 듣는 사람들의 경험적 의식, 관점, 사전 정보 등을 앞서 전제하고 제기된다. 즉 질문은 '상식'과 '양식'을 미리 가정한다. 이 둘의 비호 아래 이루어지는 물음은 무에서 유를 창조하기 위해 만들어진 것이 아니다. 물음은 있을 법한 대답들, 주어질 법한 대답들을 바탕으로 만들어진다. 그 대답들이 바로 '명제'다. 예를 들어 고전적인 형이상학에서 물음은 아리스토텔레스가 제기한 것처럼 "두 발로 걸어 다니는 동물은 인간의 정의이다. 그렇지 않은가?"처럼 "그렇다"/"아니다"라는 명제를 선재한다. 그러나 들뢰즈는 다음과 같이 말한다. "보편적인 것은 단지 이념밖에 없고 문제밖에 없다. 문제가 해답을 통해 일반성을 띠게 되는 것이 아니라 오히려 문제를 통해 해답이 일반성을 띠게 되는 것이다."(DR, 162/211) 이러한 비판을 연장하면 해답 또는 해 자체에 대한 비판으로 옮아간다. 문제는 나름대로의 개연적·잠재적·발생적인 질서를 내포한다. 그런 점에서 문제는 존재론적으로 이념과 동등하다. 그럼에도 전통적인 형이상학에서 사유의 이미지는 문제를 "해답을 도출하기 위해 경유해야 하는 부정적인 것, 부차적인 것"으로 취급된다. 이 '해답'이 수학에서는 정리(theorem)라는 이름으로 통용된 명제들이다. "기하학적이고 종합적인 관점에서 문제들은 정리라고 불리는 특정한 유형의 명제들로부터 도출된다."(DR, 160/208) 예를 들어 유클리드 기하학은 어떤 정리들("삼각형의 내각의 합은 180도다")을 가정해놓고 이를 증명하기 위해 문제들을 한정시키며 문제들을 정리 자체에 종속시킨다. 이에 따라 간접적인 논증이나 부정적인 논증(예를 들어 "A면 B이다"가 참임을 입증하기 위해 "B가 아니라면 A가 아니다"를 규명하는 경우)을 자주 등장시킨다. 들뢰즈는 이러한 고전 기하학이 명제들의 수준에 안주함으로써 문제가 제기하는 사유에서의 미분적 요소와 발생적 역량을 간과한다고 비판한다. 이를 벗어나려면 리만 기하학처럼, 해답을 위해 문제를 끌어내는 것이 아니라 해결 가능성의 토대를 문제의 조건에 위치시켜야 한다.

『시간-이미지』에서, '문제'는 영화가 사유의 이미지, 사유의 위상에 던져준 중요한 국면을 이룬다. 왜냐하면 문제는 곧 '바깥'이기 때문이다. 여기서 문제가 정리와 맺는 관계가 『차이와 반복』에 이어 다시 한번 제기된다. "문제는 심지어 정리가 자신의 역량을 제거할 때마저도 정리 속에서 살고 정리에 삶을 부여한다. 문제제기적인 것은 정리적인 것과 구별된다. 정리가 원리부터 결과에 이르는 내적 관계를 펼치는 반면, 문제는 바깥으로부터 생략, 절제(切除), 덧붙임 등의 사건을 도입한다."

(TI, 174/227) 말하자면 문제는 곧 바깥에 의해 규정된다. 이는 들뢰즈가 화면 밖 영역과 화면 내 영역과의 관계에서 전자의 탈영토적인 역량에 비중을 두는 것과 호응한다. 결국 우리는 '바깥'이 '문제'라는 범주로 구체화되고 있음을 알 수 있다.

들뢰즈는 파졸리니의 영화 두 편(「살로, 소돔의 120일」[Salo o le 120 giornate di Sodoma, 1975]과 「테오레마」[Theorema, 1968])이 '문제'와 '정리'의 관계를 잘 보여준다고 말한다. 「살로」의 기하학적 화면구성은 화면 밖 영역을 철저히 배제한다. 이러한 화면구성은 사유(파시즘)의 법칙, 원리와 결과로 이루어진 완벽한 답안을 구체화한다. 이런 점에서 「살로」는 정리만을 극단적으로 보여주는 영화다. 화면 밖 영역을 배제하는 것은 문제의 배제와 연결된다. 영화에서 파시즘이 소년 소녀들을 외딴 저택에 감금시키고 자신의 테크놀로지를 작동시키는 것처럼 말이다. 그러나 여기서 구현되는 '순수 정리'(문제를 배제한다는 의미에서)는 곧 죽음에 대한 정리다. 이는 곧 정리 자체의 죽음과도 연결된다. 말하자면 문제의 개입을 차단하는 정리는 억압적·일차원적·폭력적인 죽음뿐이다. 반면 「테오레마」는 '살아 있는 문제'를 보여준다. 영화에서 문제는 안락한 부르주아 가정에 손님으로 초대되는 외국인이다. 유동적인 섹슈얼리티를 구현하는 이 익명의 외국인은 가정의 모든 구성원(실업가인 아버지, 귀부인 어머니, 아들과 딸, 마침내 하녀까지)과 접촉하여 그들의 도착적 욕망을 끌어낸다. 외국인은 설명 불가능한 '바깥'처럼 부르주아 가정 내부에 침입한다. 이 바깥으로 인해 가정의 동일성은 붕괴되고 가정의 모든 구성원은 욕망의 유체적인 흐름 속으로 수렴된다. 이외에도 들뢰즈는 '문제=바깥'이라는 범주를 시퀀스 쇼트 일반으로 확대하는데, 여기에는 드레이어, 구로사와 아키라가 구체화한 충만의 차원과 웰스, 미조구치 겐지 등이 보여주는 심도의 차원이 포함된다.

미분/분화 differentiation(différentiation/différenciation)

영역판에서는 일괄적으로 'differentiation'을 사용하나, 프랑스어 원본에서는 서로 구분되는 두 개념을 지칭한다. 이 두 항은 들뢰즈가 『차이와 반복』에서 채택하고 있는 핵심적인 개념 쌍이다. 미분이란 어떤 항들, 요소들, 부분들 간의 차이를 통해 규정되는 관계로서 상징적이며 잠재적인 측면을 갖고 있다. 따라서 'différentiel'은 '미분적인(차이나는)'으로 옮길 수 있다. 한편 분화는 미분에 내재된 차이를 현실화하는 작용으로서 일종의 적분이다. "적분(integration)은 분화라는 근원적인 한 과정을 형성한다. …… 현실화하다, 분화하다, 적분하다, 문제를 해결하다, 이 네 개의 어휘들은 동의어를 형성한다." 다만 미분이 수학적 함의를 띤 단어라면 분화는 생물학적인 맥락에서 파악되어야 할 단어다. 『차이와 반복』의 4장은 바로 이 문제를 다루고 있다. "미분이 이념의 잠재적인 내용을 문제로서 규정한다면, 분화는 (국지적인 적분들을 통해) 바로 이 잠재태의 현실화와 문제의 해결들을 표현하기 때문이다. …… 따라서 우리가 대상의 전체 또는 전부를 가리키기 위해서는 미분/분화(différent/ciaion)라는 복잡한 개념을 구성해야 한다. 여기서 *t/c*는 차이 자체의 변별적인 선 또는 음운학적인 관계를 나타낸다. 이러한 의미에서 모든 대상은 자신의 두 절반들이 서로 유사함이 없이 이중적이다. 왜냐하면 그것의 절반은 잠재적 이미지인 반면 다른 절반은 현행적 이미지이기 때문이다."(DR, 209~210/270~271)

다만 『운동-이미지』와 『시간-이미지』에서 '미분' 개념은 드물게 쓰이고 '분화'가 중점적으로 논의되는데, 이는 대략 세 가지 차원에서다(①에이젠슈테인 몽타주의 변증법적 조직원리의 두 국면을 나타내는 분화-통합 ②분화-특수화 ③시간-이미지에서 과거의 잠재적 연속체들이 현재로 수축되며 현실화하는 과정을 가리키는 분화). 특히 ③의 맥락에서 보면, 들뢰즈는 영화에서 시간과 이미지의 관계를 생물학적 종의 발생과 개체화라는 관점에서 파악하고 있음을 추측할 수 있다.

바탕/바탕없음 fond

프랑스어에서 '정초'(foundation), '근거'(fondement), '근거와해'(éffondement)는 모두 'fond'를 어근으로 한다. 'fond'는 바탕, 바닥, 토대, 근거 등의 뜻을 갖는 다의적 단어다. 들뢰즈에게 이 단어는 철학에서 세계와 대상의 인식이 '규정'되는 과정에 대해 역설적 의미를 지닌다. 먼저 이 단어는 무너뜨리는 '차이 그 자체'의 역량을 가리킨다. 차이는 사유의 자기동일성에 대한 혼돈적 폭력이라는 의미에서 죽음을 환기한다. 그래서 'fond'는 타나토스와 연결된다. 타나토스가 로고스를 혼란에 빠뜨리듯 'fond'는 조화롭고 유기적인 인식에 관한 규정들을 붕괴시킨다. 이런 의미에서 'fond'는 '바탕'으로 번역될 수 있다. 들뢰즈는 『차이와 반복』의 1장 도입부에서 '바탕'의 잠재성을 회화의 형상과 배경 관계에 비유한다. 재현적인 회화에서 형상은 배경으로부터 스스로를 구별한다. 그러나 고야 이후의 회화는 배경을 형상 쪽으로 침투시킴으로써 형상을 와해시킨다. 19세기의 상징주의는 명암대비법과 추상적인 선을 강조함으로써 형상의 조형적인 재현보다는 배경의 생명력을 부각시켰다. 이러한 회화에서 배경은 형상 쪽으로 밀고 올라오는 것과 같다. 그래서 '바탕'은 표면으로 올라오는 것에 비유된다. "바탕이 표면으로 올라올 때, 인간의 얼굴은 분해한다. 미규정자가 보통의 규정들과 마찬가지로 단 하나의 규정(차이를 '만드는' 유일한 규정) 안으로 혼용되어가는 그런 거울 속에서 분해하는 것이다." (DR, 28/44)

결국 철학적 사유가 질서, 조화, 명석함을 정립하기 위해서는, 차이가 태어나고 개체화가 이루어지는 '바탕'의 상승을 막아야 한다. 이때 바탕은 점진적으로 일종의 규정 가능성이 된다. 그럼으로써 차이의 난폭하고 잔혹한 카오스는 봉쇄된다. 이것이 외재적인 차이를 '만드는' 과정으로, 이때 차이는 내재적·내생적인 차이인 '차이 그 자체'와는 다르다. "규정은 미규정자에 대해 어떤 일방향적이고 정확한 관계를 유지함에 따라 단일한 규정이 된다. 사유는 차이를 만든다. 하지만 차이는 괴물이다."(DR, 29/45) 그래서 바탕은 역설적으로 '바탕 없음'(sans fond)이다. 왜냐하면 바탕은 유기적인 의미에서의 바탕이 되기를 중지하고 규정을 벗어나 가라앉기 때문이다. 말하자면 바탕은 그 자체로 '바탕을 무너뜨리는 것'이 된다. "정초는 결코 그것이 정초해주는 것을 닮을 수 없다."(이정우 옮김, 2000 : 188)

'바탕=바탕 없음'이라는 역설적 관계를 파악하기 위해서는 'fond'의 또 다른 의미를 살펴봐야 한다. 'fond'는 대상과 세계의 인식을 가능케 하는 기초와 관계된다. 그렇다면 'fond'는 또 다른 역설을 내재한다. 철학적 사유의 체계성과 조화는 차이의 난폭한 생명력을 내재한 '바탕'의 위협을 받으면서도 이 바탕을 필요로 한다. 왜냐하면 바탕이 없으면 형상 또한 없기 때문이다. 즉 바탕은 설립을 파괴하는 동시에 설립하는 것이다. 후자의 의미에서 보면 'fond'는 규정을 이루는 근본, 기조에 해당한다. 이의 파생어인 'fondement'이 이러한 의미를 직접적으로 산출한다. 이 단어는 '토대', '근거', '이유', '원리'의 뜻을 모두 갖는다. 요는 '바탕을 만드는 것'이 곧 '근거를 세우는 것'이며 인식론적인 차원에서는 '규정하는 것'임을 알 수 있다. "근거를 세우는 것, 그것은 규정하는 것이다."(DR, 272/349)

철학적 규정이라는 면에서 보면 근거(바탕)는 이유나 로고스와 연결된다. 『차이와 반복』에서는 이를 세 가지 의미로 정리한다. 첫째는 '같은 것'(the Same) 또는 '동일한 것'(the Identical)이다. 전통적인 철학은 이데아를 선험적으로 동일하게 가정하고 이데아에 속하는 것을 근거로 마련함으로써 이루어진다. 이데아는 정신 자체이자, 참된 정신이 소유한 진리로 정의된다. 근거는 이데아 자체가 되며 대상에 대해 이데아에 대한 유사성의 위계를 만듦으로써 인식의 질서를 수립한다. 유사성의 위계란 곧 차이를 유사성의 체계에 종속시키는 것을 뜻한다. 따라서 근거는 재현과 관계된다. "제대로 근거가 잡힌 각각의 이미지나 요구는 재-현(icône)이라 불린다."(DR, 272/349) 둘째로 근거는 이렇게 성립된 표상(재-현)과 유사성의 체계를 무한에게로 향하게 한다. 일단 이데아에 따라 유사성의 위계가 마련되면, 근거는 정복되지 않은 바깥을 향해 시선을 돌리게 된다. 이에 따라 중심과 주변, 큰 것과 작은 것, 가까운 것과 먼 것의 질서가 마련되는데 이는 궁극적으로 무한을 향하게 된다. 왜냐하면 이데아와 진리에의 의지는 무한(절대적이며 궁극적인)에로 수렴하려는 의지이기 때문이다. **"근거를 세운다는 것은 재현을 창시하고 가능하게 만드는 것을 의미하는 것이 아니라 오히려 재현을 무한하게 만드는 것을 의미한다."**(DR, 273/350, 강조는 원저자) 마지막으로 근거는 즉자적인 자기동일성의 원리와 공간적인 무한성의 원리를 포괄하는 시간적인 토대를 마련한다. 이데아와 진리를 향한 의지를 사랑하는 '사유하는 나'는 그가 살아가는 현재에 동화되어야 한다. 따라서 앞서 거론된 두 가지 근거는 현재를 중심으로 모여들게 된다. 이 현재를 기점으로 지나간 과거와 다가올 미래가 상정되고 이에 따라 대상과 그에 대한 인식이 분배된다. "세번째 의미에서 근거를 세운다는 것은 현재를 재현하는 것, 다시 말해 현재를 (유한 또는 무한한) 재현 안에 도래하고 지나가게 하는 것이다."(DR, 273/351)

그런데 들뢰즈는 근거의 세 가지 의미가 세번째 의미인 현재의 재현에서부터 붕괴한다고 말한다. 왜냐하면 현재는 "순수 과거, 결코 현재 그 자체였던 적이 없는 과거, 따라서 현재를 지나가게 하는 과거"(DR, 274/351)에 의해 침식되기 때문이다. 여기서 순수 과거는 근거를 가능케 하는 것이자 사실상 '근거 자체'가 된다. 왜냐하면 이런 과거가 전제되지 않으면 시간의 경과와 연속성을 파악할 수 없기 때문이다. 하지만 순수 과거는 '사유하는 나'가 궁극적으로 규정할 수 없는 공허함이자 절대적인 차이, 혹은 '사유하는 나'의 명석 판명함을 훼손하는 무(無)와도 같다. 그런 점에서 근거는 근거를 세울 수 없는 것, 근거를 붕괴시키는 것을 토대로 성립한다. 전자가 후자를 규정하는 것을 벗어나 후자가 전자를 전제하고 있다는 것(현재가 과거에 형식을 부여하는 것이 아니라 순수 과거가 현재를 규정하게 한다는 것)이다. "근거는 근거가 세워지는 것 속으로 추락하기도 하고, 바탕 없음 속으로 삼켜지기도 하면서 그 사이에서 동요한다."(DR, 274/351) 즉, 근거는 재현을 향하면서도 다른 한편 그 재현을 붕괴시키는 시간의 역량을 향해 열려 있다. 따라서 근거가 규정이라면 사실상 그것은 규정되지 않은 것과 대면하고 있다. "근거는 기이하게 굽어져 있다. 한쪽에서 근거는 자신이 근거를 세우는 것을 향해, 재현의 형식들을 향해 기울어져 있다. 그러나 다른 한쪽에서 근거는 모든 형식들에 저항하고 재현을 허용하지 않는 무-바탕, 근거 저편의 무-바탕 안으로 비스듬히 빠져든다."(DR, 274~275/352)

들뢰즈에게 이러한 근거의 역설은 양방향의 평가를 가능케 한다. 근거를 통해 사실상 근거와해를 시키는 차이(그리고 이러한 차이를 도입하는 시간의 텅 빈 형식)에 대한 사유를 철학은 봉쇄해왔다. 바닥없는 심연은 '사유하는 나'에 의존하는 의식 주체의 능동성을 무력하게 만든다. 규정되지 않은 것은 규정을 해체시킨다. 그러나 다른 한편으로 근거와해는 전자의 사유를 불가능하게 하지만 후자의 사유를 가능케 하는 것이다. 들뢰즈가 하이데거를 인용하여 "우리를 가장 많이 사유하게 하는 것은 우리가 아직 사유하지 않았다는 점이다"라고 말하는 까닭은 이 때문이다.

배아, 환경, 지층 seed(germe), milieu(milieu), strata(strate)

배아는 시공간적 환경을 생성하는 잠재태를, 환경은 배아로부터 배태된 현행적인 시공간적 형상을 말한다. 이 둘은 잠재성과 현실성의 회로에 접속된 채 각자의 상태를 부단하게 교환하고 굴절시킨다. 이에 대해 들뢰즈는 다음과 같이 말한다. "배아는 한편으로는 현행적으로 부정형의 환경을 결정화할 잠재적 이미지다. 그러나 다른 한편으로 환경은 배아가 현행적인 이미지의 역할을 맡는 관계 속에서 잠재적으로 결정화될 수 있는 구조를 가져야 한다."(TI, 74/100)

배아와 환경은 시간-이미지의 발생기호적인 측면에 대한 형상임을 덧붙일 수 있다. 발생기호의 상호작용과 변별 불가능성을 강조함으로써 들뢰즈는 무생물과 생물, 정신과 물질, 유기체와 비유기체와의 서열을 부정하고 있다. 이러한 구별은 곧 무생물과 생물을 내부와 외부의 위계로 설정하는 분류학적 관점이나 생물체의 선형적 진화론이 상정하는 유기체 중심주의에 대한 부정이기도 하다. 배아-환경이라는 쌍의 밑바탕에는 이러한 독특한 관점이 깔려있는데 그 관점은 이미 『천 개의 고원』에서 '지층'(strate)의 개념과 더불어 전개된 바 있다. "내용과 표현의 이중 분절"(김재인 옮김, 2001 : 142)로 정의되는 다양체로서의 지층은 내용과 표현이 각각 서로를 전제하고 있으며, 서로 뒤섞이는 가운데 변화와 변이를 일으킨다. 지층에서 지층으로의 이행은 단순히 한 상태에서 다른 상태로의 변화가 아니라 관련된 지층들 모두의 변화를 초래한다. 예를 들어 한 동물이 초식동물이라는 지층에서 육식동물이라는 지층으로의 변형을 겪을 때 그것을 이루는 입과 혀는 물론 소화기관의 상태도 변화되어야 한다. 이때 입의 변화는 혀의 변용을 낳고 혀의 변용은 다시 소화기관의 변용을 낳는다. 들뢰즈는 이러한 관계를 '내부환경'이라고 말한다. 그러나 하나의 지층은 내부환경에만 머물러 있지 않고 그 자신의 내부환경을 변화시키는 잠재성을 품고 있다. 이런 지층의 영토화/탈영토화와 관련하여 외부와 내부의 분명한 구분선은 존재하지 않는다. "지층들의 체계는 기표-기의, 하부구조-상부구조, 물질-정신과 아무런 상관도 없다."(141) 『천 개의 고원』은 지층들의 잠재태-현행태 회로와 다양한 중첩-분화를 여러 가지 합성어들——밑지층(substrate), 겉지층(épistrate), 사이층(interstrate), 곁지층(parastrate)——로 분류함으로써 환경의 다양한 결합 양태와 작동방식을 규명한다. 특히 지질학적 지층, 물리-화학적 지층과 더불어 제시되는 '결정체 지층'은 결정체-이미지와 직접적으로 결부된다는 점에서 중요하다. "결정체 지층을 보자. 결정체가 만들어지기 직전까지도 비결정의 환경은 배아의 외부에 있다. 하지만 결정체는 부정형의 재료 덩어리를 내부로 끌어들여 일체화하지 않으면 만들어지지 않는다. 역으로 결정체 씨앗의 내부는 시스템의 외부성으로 옮겨가야 한다. 이 시스템 속에서 부정형의 환경이 결정화될 수 있는 것이다. …… 한마디로 외부와 내부는 똑같이 지층에 내재해 있는 것이다."(103)

이런 사정에 비추어볼 때 지층에서 모든 개체는 배아-환경의 상호작용 속에서 끊임없는 생성을 겪게 됨을 알 수 있다. 여기서 'milieu'라는 단어에 담긴 중의적 의미가 중요해진다. 불어에서 'milieu'는 '환경'이라는 뜻 외에도 '매질', '계'(界),

'(시공간의) 중간'이란 뜻을 갖고 있다. 이 책에서는 '환경'이라는 번역어를 썼지만 들뢰즈는 이러한 뜻 모두를 결합해서 표현하고 있음을 알아둘 필요가 있다.

변양/양태 modification

'양태'는 세계에서 발생하는 존재자들의 존재 유형과 사건의 모습인 '태'(態)의 변이(현실성, 가능성, 필연성, 잠재성)로서, 고대부터 철학에서 중요한 문제를 이루어왔다. 전통적인 철학에서 양태의 변화는 '현실화' 유무에 따라 평가됐고 가능태는 현실화를 통해 그 존재가 정당화될 수 있었다. 그러나 들뢰즈는 양태에서 현실화/가능성의 이분법을 넘어서 다양한 가능성과 특이성의 성격을 읽어내려 한다. 들뢰즈가 세계와 존재의 사유 과정에서 양태를 끌어들이는 맥락은 두 가지인데 이는 모두 실체와 일정한 관계를 이룬다.

베르그송의 맥락에서, 양태는 시간과 공간, 지속과 물질 사이의 근본적인 차이에 포함된다. 시간은 본성상의 차이를 내포한 단일하고 일의적이며 보편적인 통일성인 반면 공간은 정도의 차이와 양적인 변이만을 지닌다. 전자가 실체의 질적 다양체를 이룬다면 후자는 양태의 변화만을 발생한다. 즉, 변양은 공간적인 좌표상에서의 변화만을 갖는다. 반면 『차이와 반복』과 스피노자의 맥락에서는 실체-양태의 구분이 좀더 들뢰즈의 일의적 사유에 본질적인 방향으로 이루어진다. 유일한 존재(신)인 실체는 양태들의 세계 안에 절대적으로 내재한다. 이러한 관계 속에서 양태들은 유일한 '실체의 변용들'로서 "실체의 본질을 구성하는 동일하게 같은 속성들 안에서 생산된다"(박기순 옮김, 1999 : 131~132). 양태들은 신적인 실체에 세계가 참여하는 다양한 모습들, 세계 안에서 신적인 실체의 표현들을 나타낸다. 이러한 양태들은 곧 변용(라틴어 affectus)들이다. "변용들은 양태들 자체다. 양태들은 실체 혹은 그 속성들의 변용이다."(76)

"'모든 사물들의 원인'이 자기 원인과 동일한 의미로 말해지는 한에서, 실체에 의해 무한히 많은 양태들의 생산이 이루어진다."(135) 신의 피조물이 신에게 귀속된 질들의 일부를 이루긴 하지만 신과 동일할 수 없듯이, 실체와 양태는 본질상으로는 서로 다르다. 그러나 실체가 양태들에 내재적이며 모든 존재자들이 필연적이라는 점은 부정되지 않는다. 이를 자연에 적용시키자면 '능산적 자연'과 '소산적 자연'의 상호 내재적 연관성을 파악할 수 있다. 자연은 신의 본질을 구성하는 능산적 차원과 양태들의 본질들을 함유하는 소산적 차원이라는 이원론으로 존재한다. 그러나 실체가 양태들에 내재적이듯 능산적 자연 또한 소산적 자연에 내재적이며 소산적 자연의 원인을 이룬다. 신으로서의 능산적 자연은 오로지 절대적이고 재귀적인 자기 원인만을 갖는다. 따라서 실체-양태의 이원론과 존재(일자)-다양체의 일원론은 스피노자의 체계에서 부정되지 않는다.

들뢰즈는 『베르그송주의』에서 스피노자의 실체-양태론을 지속에 대한 베르그송의 사유와 연결시키는데 이는 『운동-이미지』와 『시간-이미지』에서 이미지 존재론의 기저를 이룬다. 베르그송의 존재론에서 지속은 질적인 차이이자 본성적인 차이를 포함하는 유일한 존재이며 이는 곧 단일한 시간을 이루게 된다. 반면 물질들과 공간의 세계는 지속에 대한 정도상의 차이만을 나타낸다. 물질들과 공간은 지속의 어떤 단계를 표현하며 지속은 물질들과 공간에 내재적이지만, 본성상의 차이를 담지 못한다는 점에서 지속과 동일시될 수 없다. "모든 정도들은 동일한 본성(자연) 속에 공존하는데, 그 본성(자연)은 한편으로는 본성상의 차이들 속에서 표현되고 다른 한편으로는 정도상의 차이들 속에서 표현되는 것이다. 이런 것이 일원론의 계기이다. 모든 정도들은 단일한 '시간' 속에서 공존한다는 것, 그것이 자연 그 자체인 것이다."(김재인 옮김, 1996 : 129) 『운동-이미지』가 운동하는 물질의 변이와 공간의 다양성을 다룬다는 점에서 양태들의 분류학을 모색한다면, 『시간-이미지』는 현실화에 내재적으로 존재하는 잠재적 실체인 일의적 시간을 탐구한다.

변조/주형 modulation/mould

이 양극은 들뢰즈의 저작에서 광범위하게 등장한다. 『시간-이미지』에서는 기호론에서의 규정과 기호학에서의 이미지와 기호에 대한 규정을 대조할 목적으로 사용되며, 『천 개의 고원』에서는 유목민들의 전쟁 기계 중 야금술을 분석하는 과정에서 핵심적으로 등장한다. 이를 볼 때 이 양극은 결정화(結晶化)의 두 극을 이룬다.

변조/주형은 아리스토텔레스가 제시한 형상-질료 모델에 기원을 두고 있다. 어떤 사람이 진흙을 가지고 거푸집으로 벽돌을 제작할 경우 찰흙이 질료에 해당한다면 거푸집은 형상에 해당한다. 전통적인 철학-미학적 견해는 형상을 우위에 두고 고정적인 것으로 취급하고, 질료를 형상에 의해 가공되는 안정적이고 등질적인 것으로 취급해왔다. 이는 진흙과 거푸집을 각각 질료와 형상으로 보는 이분법을 갖고 있다. 이러한 이분법은 생물학에서 개체와 환경, 생물과 무생물, 종의 형성과 개체화에 대한 이분법과 기호학에서의 기표-기의의 쌍을 내재하고 있다. 그러나 들뢰즈는 이를 극복하기 위해 시몽동의 『개체와 그 물리—생물학적 발생』에서 개체화 과정에 대한 논의를 끌어들인다. 시몽동은 질료를 형상에 구속되는 정태적인 대상이 아니라 "강렬한 가변적인 변용태"(김재인 옮김, 2001 : 784), 즉 잠재적인 에너지(potential)들이 불규칙하게 분포된 상태로 본다. 이러한 상태는 일정한 구조적 안정성을 갖고 있지만 언제든지 상태(무게, 색채, 시공간적 좌표) 변화를 야기할 수 있는 잠재력을 갖고 있다는 점에서 준-안정적이다. 질료의 잠재적 에너지는 그 자체로 머물지 않고 형상의 형성에 참여한다. 말하자면, "진흙의 성질은 그 형태의 원천이며, 주형은 단지 진흙이 주형을 채울 때 그것의 분자적인 조직화가 팽창해서 생기는 형태에 어떤 제한을 가할 뿐이다"(보그, 1995 : 104). 여기서 주형은 질료를 둘러싸는 외부의 환경으로 개입하여, 질료의 불규칙적인 에너지 분포에 안정성을 부여한다. 벽돌의 거푸집이 진흙에 일정한 형태를 부여하여 그것을 벽돌로 사출해내는 것처럼 말이다. 시몽동은 형상-질료 모델이 전자를 후자에 외부적으로 부과한다는 점에서 부적절하다고 지적하면서 형상과 질료의 상호작용적인 이행에 주목한다. 생물학에서 개체들의 결정화는 외부환경(주형)에 대한 배아(씨앗)의 적응 과정으로 볼 수 없다. 배아에는 무형적이고 준-안정적인 공명들이 그 내부를 통과하고 있다. 개체화는 한 배아의 잠재적 에너지들이 외부 환경과 다른 배아와 상호작용하는 가운데 이루어진다. 이를 통해 배아는 결정체가 되고 결정체는 배아가 속한 종의 특징과 분포들을 결정한다. 따라서 "개체화는 개체를 앞선다. 우리는 또한 결정체 속에서 종과 개체가 동시에 결정되는 것을 볼 수 있다"(105).

시몽동은 주형과 질료를 개별적인 항으로 간주하면 형상과 질료의 상호적인 결정화 과정을 간과하게 된다고 하면서 이를 피하기 위해 '변조'라는 개념을 제안한다. "변조란 연속적으로 변주되도록 거푸집을 바꾸는 것이다."(김재인 옮김, 2001 : 785) 주조(moulding)의 모델에서는 주형이 선험적으로 전제된 외부적인 구조로서 주어지는 반면(이때 주형은 질료를 구속하는 법칙이 된다) 변조의 모델은 질료의 "변용태적인 질이나 표현의 특질(경도, 무게, 색깔)"(779) 등에 따라 주형 또한 나름대로 변화하는 것을 전제로 한다. 변조를 통해 우리는 형상과 질료가 서로를 가로지르는 매개적인 항이라고 간주할 수 있다. 그 매개적인 지대는 "특이성과 표현의 특질들을 가지면서 운동하고 흐르는 변화하는 물질"(779)의 지대다. 이 물질은 개체화할 수 있는 잠재적 에너지인 '강렬함'을 갖는다. 강렬함은 "부정형적이며 비-물질적인 에너지를 지닌 코스모스의 힘들", "무차원적인 깊이"라는 질을 생성한다. 주조-변조는 『시간-이미지』 2장에서 기호론/기호학의 대비로 연장된다. 전자가 주조를 기호 발생의 기본 원리로 삼는다면 후자는 기호적인 질료의 변조를 취급한다. "변조는 완전히 다른 것이다. 그것은 조작의 각 국면에서 이루어지는 주형의 변형, 주형의 변이다."(TI, 27/42)

분기점 bifurcation point

분기점에 대한 설명은 『혼돈으로부터의 질서』 5장 「열역학의 세 단계들」의 6절(신국조 옮김, 1993 : 225~237)에 나와 있다. 분기점은 열역학 제2법칙인 엔트로피 법칙과 밀접한 관계가 있다. 고전 열역학은 어떤 계의 평형상태를 가정하지만 엔트로피는 계의 평형을 벗어나는 불안정성과 요동의 상태를 안내한다. 계가 엔트로피의 증가에 따라 평형상태에서 점점 멀어질 때 그것은 안정성과 불안정성의 문턱에 도달한다. 이 문턱이 바로 분기점이다.

　　분기점에 이르렀을 경우 계가 평형상태와 비평형상태 중 어디를 선택할지는 거시적인 방정식과 미시적인 기술방법 어떤 것으로도 완벽하게 설명할 수 없다. 즉 분기점은 우리에게 "주사위를 굴리는 것과 같은 매우 유사한 우연적인 사건들에 접해 있음"(228)을 가르쳐준다. 분기점은 계를 이루는 엔트로피의 변화나 외부 환경의 변화에 따라 일정한 함수로 나타난다. 이 함수의 그래프에서 한 상태는 불안정하지만 다른 분기점을 찾아 안정을 띤다. 이런 식의 불안정과 안정의 가지치기는 계속될 수 있다. 생물학적 계에서는 이러한 현상이 어떤 유기체가 주위 환경에 대해 자발적으로 이루는 적응, 즉 '자생적 조직화'로 나타난다. 들뢰즈는 『시간-이미지』에서 이러한 분기점 이론을 베르그송의 두번째 테제를 설명하는 과정에서 '지나가는 현재에서 과거와 미래의 분기'로 응용하고 있다.

분신/이중화하다 double/redouble

'double'은 '이중'이라는 의미 외에 '주름짓다', '접다', '쪼개다' 등의 의미를 갖는다. 또한 'redouble'은 'double'의 의미를 포함하면서도 그와 약간 다르다. 후자는 '겹치다', '두 겹으로 하다', '대역을 하다'의 뜻인데 비해 전자는 이 뜻들을 아우르면서도 '둘로 나누(뉘)다', '이중인격을 가지다' 등의 뜻을 더 가진다. 따라서 'redouble'보다는 'double'이 자아와 타자의 비동일성, 내 안의 타자와 '나'의 비대칭성을 한층 분명하게 드러낸다. 'double/redouble'은 들뢰즈의 주체 형성 개념에서 핵심인 바깥의 내면화, 즉 주름(fold)의 개념을 내포하고 있다. 이것이 바깥과 안의 위계적 구분(유클리드 기하학이 수립한 바깥과 안의 엄밀한 구별)을 무화한다는 점을 유의할 필요가 있다. "바깥과 안, 다시 말해 가장 먼 곳과 가장 깊은 곳 사이의 접촉을 확립하는 '위상학적' 공간에 의해 극복되어야 하는 것이다."(FLB, 168)

분할 가능한/분할체 dividual(dividuel)

여기서 분할가능체라는 것은 개체(individual)와 대비된 말인데, 다른 것에 독립된 폐쇄체가 아니라, 부분들로 분할되는 경우 질적 변형이 일어나는 것을 의미한다. 영화의 프레임은 그 내부 이미지들의 다양한 요소들(조명, 배경, 인물구도)을 가지는데 이것들은 완전히 개별적으로 부분화할 수 없다. 첫째, 프레임이 내부적으로 다양한 관계들과 미시적인 유동성을 내포하기 때문이며, 둘째, 프레임이 전체의 어떤 특성을 부분적으로 표현하기 때문이다. 그러면서도 프레임 내부의 변화는 전체의 질적 변화를 내포한다. 이런 점에서 프레임 내의 요소들을 비롯한 부분집합들(개별 쇼트, 혹은 쇼트들의 묶음)은 부분-포괄적 전체의 관계로 소급되지 않는 유동적이고 불분명한 상태를 가진다. 즉 '분할 가능'이라는 말은 각 부분들의 개별화와 전체의 질적 변화가 동시적으로 발생함을 나타낸다.

비결정의 중심 center of indetermination(centre d'indétermination)

이 용어는 난해해 보이지만 사실 베르그송이 채택하는 '상식에 의거한 분석'에 속한다. 테이블 위에 있는 당구공의 운동은 우리에게 나타난 대로의 이미지에 속한다. 이러한 이미지는 베르그송의 용어로 '자연의 법칙'에 따라 예견 가능한 방향으로 작용-반작용한다. 즉 대부분의 이미지(=물질)는 자연의 법칙에 따라 운동의 방향과 정도가 결정되어 있다. 그러나 어떤 이미지들은 작용-반작용이 즉시적·직접적으로 발생하지 않고 반작용의 방향 또한 예측할 수 없다. 당구공 중에서도 자연의 법칙에 따라 선험적으로 결정할 수 없는 어떤 공들이 있다. 작용과 반작용 사이에 일어나는 망설임과 지체를 가진 이미지, 이것이 곧 살아 있는 몸체다. 비결정의 중심은 곧 살아 있는 몸체를 가리킨다.

비물체적(인 것) incorporeal

로널드 보그는 『들뢰즈와 가타리』에서 스토아학파와 관련하여 가독기호와 '비물체적인 것'의 관계를 잘 설명하고 있다. "스토아학파에게 각각의 물체는 자신의 원인이며 모든 원인은 우주라는 하나의 단일한 물체 안에서 조화를 이룬다. 그럼에도 불구하고 스토아학파는 어떤 효과들의, 또는 '비물체적인 것들'(asomata)의 '내속' 내지 '존속'을 발견한다. 이들은 물체들의 표면에서 나타나며, 최소한의 의미에서 존재하기는 하지만 참된 실체를 지니고 있지는 않은, 원인들의 단순한 결과들이다."(보그, 1995 : 112) 이는 "장미꽃이 '붉다'"가 아니라 "장미꽃이 '붉게 됨'"의 영역(英譯)이다. 명제로 보자면 '분사'나 '부정사'의 영역에 속한다. 들뢰즈는 『의미의 논리』에서 '비물체적인 것들'을 사물들의 상태가 아닌 사건이자 잠재적인 존재 방식으로 본다. 곧 물체들과 원인들로 이루어진 세계 외에도 비물체적인 것들과 표면 효과들로 이루어진 또 다른 세계가 있다. 후자에 해당하는 것들은 "논리학적인 또는 변증법적인 속성들이다. 이들은 사물들이나 사태들이 아니라 사건들이다. 우리는 이들이 실존한다고 말할 수 없으며 차라리 존속/내속한다고 말해야 한다"(이정우 옮김, 2000 : 49~50).

스토아학파는 시간을 비물체적인 것들의 범주에 포함시키는 데 기여했다. 스토아학파는 물체의 가변적인 현재인 크로노스와 비물체적인 것들의 무제한적인 과거와 미래인 아이온을 구별한다. 크로노스의 시간에서 각각의 현재는 그보다 더 큰 현재에 포함되어 있다. 반면 아이온에서 과거와 미래는 사실상 실존하지 않지만 존속한다는 점에서 잠재적인 연속체를 이룬다. 이러한 연속체가 없으면 현재도 있을 수 없다. 곧 아이온은 크로노스가 나타나는 배경을 이룬다. 아이온은 "하나의 직선처럼, 양방향으로 무한히 연장된다. 언제나 이미 과거이며 영원히 아직 오지 않는 아이온은 시간의 영원한 진리다. 즉 그것은 시간의 순수하고 텅 빈 형식이다." 물체적인 것/비물체적인 것, 크로노스/아이온의 구별은 운동-이미지/시간-이미지의 구별과 비교해볼 만하다. 이와 관련하여 보그는 다음과 같이 말한다. "들뢰즈의 전략은 이 체계(스토아학파의 체계)의 신학적 내용을 제거하고 하나의 새로운 체계(또는 반체계)를 구축하는 것이다. 이는 비물체적인 것을 문제들, 강도들, 시뮬라크르들과 동일시함으로써 수행된다."(보그, 1995 : 115) 강도는 준-안정적 상태에서 안정적 상태로의 이행, 잠재태에서 현행태로의 이행을 나타낸다. 문제들은 이러한 강도들을 안으로 접은 잠재적인 장이라는 점에서 시간-이미지와 연결된다.

비물체적인 것과의 시간-이미지와의 직접적인 연관관계는 두 가지다. 하나는 묘사가 외부 대상의 독립성을 가정하지도, 외부의 대상에 대해 이차적으로 존재하지도 않는다는 점이다. 묘사는 이제 외재적인 대상과는 독립적으로 존재하는 영역을 발견한다. 고다르가 빨간 색을 보여주면서 "이것은 피가 아니라 붉은 색이다"라고 말하는 것은 영화-이미지에 비물체적인 것의 내재성이 있음을 말한다. 둘째는 비물체적인 것이 나타내는 아이온으로서의 시간성이 시간-이미지가 현시하는 시간의 잠재성이기도 하다는 점이다. 들뢰즈는 비물체성을 강조하기 위해서 유령 (fantôme)이라는 비유를 쓰기도 한다. "직접적 시간-이미지는 항상 영화를 위협해온 유령이다. 그러나 모던 영화는 이 유령에 몸체를 준다. 이러한 이미지는 운동-이미지의 현실성과는 대립되는 잠재성이다."(TI, 42/59) 아이온과 마찬가지로 시간-이미지에서, 지나가는 현재는 과거 일반과 동시적으로 공존하며 매 순간 과거로 향해 팽창하고 미래로 수축된다. 크로노스가 경험적이고 등질적인 현재를 나타낸다면 아이온은 무한히 쪼개지는 선험적인 시간 형식을 표현한다. 기억은 이 선험적인 장에 대한 탐구다. 선험적이라는 점에서 기억은 회상이나 꿈보다 앞서 존재하며, 회상과 꿈을 상정하지만 그것들을 넘어선다.

속성 attribute

들뢰즈가 스피노자와 라이프니츠에게서 빌려온 이 용어는 '실체의 본질을 표현하는 것'을 의미한다. 실체는 유일하며 개별자들은 이 실체에 대한 속성을 가진다. 속성은 실체가 지닌 특정한 본질을 표현하는데, 이 속성들은 무한하지만 "한 속성의 다른 속성에 대한 어떤 우월성이나 우위도 존재하지 않는다"(박기순 옮김, 1999 : 82~83). 왜냐하면 이런 것들이 존재할 경우, 한 개별자의 속성에 포함된 유일한 실체(스피노자의 신)의 절대성과 무한성은 다른 어떤 속성을 필요로 하여 구별되기 때문이다. 이러한 구별은 신의 절대성과 무한성과 모순을 일으킨다. 이러한 관계를 스피노자의 '자연'에 적용하면 다음과 같다. 세계의 모든 개별자들(스피노자의 의미에서 '몸체들')에 대한 하나의 유일한 자연(능산적 자연)이 있다. 그러면서도 무한히 많은 방식으로 변화하는 자연(소산적 자연)이 있다. 이때 유일한 자연이 실체라면 '무한한 방식으로의 변화'는 개별자들(몸체들, 정신들)이 표현하는 속성이다.

들뢰즈는 스피노자의 실체와 속성의 관계를 '내재성의 평면'과 '양태'로 번역한다. 무한하면서도 하나의 개별자인 자연은 "모든 몸체들, 모든 정신들, 모든 개별자들이 그 안에 들어 있는 '내재성의 공통 평면'"(181)이다. 이 자연의 무한한 변화는 다양한 개별자들을 낳는다는 점에서 양태이기도 하다. 곧 내재성의 평면은 '양태적인 평면'(181)이다. 들뢰즈는 이를 다음과 같이 부연하며 연장한다. "일자(실체)는 모든 다양체(양태들)에 대해 유일하고 동일한 의미로 말해진다. …… 우리는 여기서 실체의 단일체에 대해 말하고 있는 것이 아니라 삶의 유일하고도 동일한 평면 위에서 서로 부분을 이루는 변양들(modifications)에 대해 말하고 있는 것이다." (김재인 옮김, 2001 : 183) 들뢰즈에게 이 '삶의 유일하고도 동일한 평면'은 시간의 선험적 평면이며, '변양들'이란 그러한 평면에서 생성하는 존재자의 다양한 존재 상태들이다. 이러한 전제를 따른다면 존재자의 관념과 기억은 인격적·자발적인 의식에 속하는 것이 아니다. 곧 내재성의 선험적 평면에 준거한 양태로서의 존재, 이것이 '탈인격적'이라는 말이 지닌 함의다.

이러한 함의는 '내재성의 평면'과 '속성'의 관계를 시간과 서사의 문제에 적용시켜 보았을 때 더욱 분명해진다. 거짓을 만들어내는 서사, 결정체적인 서사는 내재성의 평면으로서의 순수 과거를 선험적인 장으로 삼는다. 각각의 인물은 과거의 시트들이 다양한 수준으로 공존하고 있음을 나타내며, 이에 따라 상이한 양태의 현행적인 현재가 있을 수 있음을 현시한다. 그러나 이러한 서사는 인물의 능동적인 회상을 무너뜨리며, 궁극적으로 인물을 전지적인 서술자로서 확립시키는 것을 불가능하게 한다. 인물들은 잠재적인 과거들의 공약 불가능성과 현행적인 현재의 다양성에 대한 '수동적인' 표현으로 볼 수 있다. 이런 점에서 인물은 주어라기보다는 일종의 '술어', 곧 속성으로서 존재한다. 그리고 그 상이한 속성들이 표현하는 일의적인 존재는 순수 과거, 곧 내재성의 평면이라 할 수 있다.

속성은 스토아학파의 견지에서 보면 '비물체적인 것', '표면 효과', 곧 물체의 영역과는 다른 본성을 지닌 '사건'의 영역에 속한다. 이러한 표면 효과(=사건)를 논리학적으로 보면 한 주어(물체)에 붙는 '술어'가 된다. 누군가의 얼굴이 찰나적으로 변한다고 했을 때 그때 나타난 어떤 표정은 하나의 '비물체적인 것'이며 "그는 어떠한 표정을 지었다"라는 언표에서 술어의 자리를 차지한다. 그런데 스토아학파에 의하면 '비물체적인 것'은 물체가 실존하는(지나가는) 현재와는 달리 과거의 미래로 무한히 나뉘는 시간을 표현한다.

알려지는 것의 형식 form of being known

칸트에게 시간과 공간은, 물자체에서 내용을 수용하는 감성 능력을 규정하는 '감성의 선험적 형식'이다. 사유 속에 주어지는 대상은 공간과 시간을 통해 배열된 상태로 구별된다. 칸트는 "선험적으로 이성이 인식하는 것은 현상에만 관계하지 사물 그 자체에 관계하지 않는다. 사물 그 자체는 우리에게 인식되지 않는다. 그것은 다만 우리의 인식과 독립하여 자체적으로 존재한다"(김석수 옮김, 2003 : 41)라고 말한다. 시간과 공간은 우리에게 현상을 인식하게 해준다. 그런데 이 둘은 경험적인 인식보다 먼저 주어져 있고 인식이 먼저 전제하는 것이 된다. 경험적으로 존재하는 것은 이미 시간과 공간을 가지게 되며, 따라서 공간과 시간은 경험적 실재성을 지닌다. 물론 이와 같은 감성 형식들이 물자체에 적용될 수는 없다. 왜냐하면 공간과 시간은 경험적으로는 실재적이지만 초월적으로는 관념적이기 때문이다. 이같이 정리한 후 칸트는 공간과 시간의 차이를 '외감의 형식'과 '내감의 형식'으로 구분한다. 전자는 우리의 외부에 있는 대상을 표상하도록 하며, 후자는 우리의 내적 상태를 직관할 수 있게 한다. 시간이 내적 감관에 관계한다는 말은, 내적 정신상태가 공간에서 지각되는 것이 아니라 시간 내에서 계기적으로 동시에 지각됨을 의미한다. 그런데 선험적 이성의 인식이라는 차원에서 보면 시간은 공간보다 더욱 상위에서 공간에 관여한다. "내 안에서 발견될 수 있는 나의 모든 현존을 규정하는 모든 근거는 표상들이며, 그것들이 표상인 한 그것들과 구별되는 지속체가 필요하기 때문이다. 바로 이 지속체에 기초해서 표상이 교체되는 것을 규정할 수 있으며, 따라서 표상들이 교체되는 곳에서 시간 속 나의 현존도 규정할 수 있다."(182, 재판 서문) 이 말은 외적 감관이 내적 경험과 밀접하게 결합되어 있으며, 외적 감관에 의해서 얻게 되는 표상도 내적 감관을 선험적으로 규정하는 시간의 지배를 받게 됨을 말해준다. '알려지는 것'이라는 말은 물자체에 대해 경험적인 인식을 통해 표상을 얻는 내적 활동을 말하는데, 이런 관점에서 볼 때 시간은 '알려지는 것의 형식'이 된다.

그렇다면 시간은 어떻게 알려지게 되는가. 칸트에게 시간 일반은 물자체처럼 우리에게 인식되지 않는다. 이러한 시간 일반은 순수하고도 텅 빈 불변성, 계기, 동시존재라는 세 가지 원칙을 가진다. 이 세 가지는 우리의 감성능력을 제어하는 초월적인 형식이다. 그러나 우리는 시간에 대한 표상을 가질 수 있다. 예를 들어 시간의 선후관계는, 상호인과성 개념에 따라 두 사건이 서로 원인이면서 결과가 되는 관계로 규정됨으로써 객관적 경험이 되고, 우리에게 알려진다. 이렇게 개념적으로 규정된 시간은 아직 내용이 아니라 형식이기 때문에, 그 자체로는 지각되지 않는다. 그것은 단지 그 형식에 따라 수용된, 구체적인 감각재료로 채워진 경험을 통해서만 인지될 수 있다. 그 때문에 실질적으로 인식될 수 있는 시간은 구체적인 내용으로 채워진 특정한 경험의 개별적 시간이다. 그러나 이 시간이 존재자들마다 개별적으로 파악될 수는 없기 때문에 순수하고 텅 빈 시간의 선험적 규정성이 정초되어야 한다. 이러한 순수 시간은 시간에 대한 우리의 내감을 촉발한다. 그런 점에서 시간에 대한 내감 또한 수동적이다. 이는 우리의 감성이 물자체를 통해 내감을 갖게 되는 것과 마찬가지다. 순수 시간을 존재론적으로 인식할 수는 없지만 인식의 선험적 근거를 알기 위해서는 경험 이상의 능력이 필요하다. 칸트는 이러한 능력을 상상력에서 찾는다. 경험과 상상력의 종합이 없이는 시간에 대한 표상도 불가능하다.

언표/언표행위 enounce/enunciation(énoncé/énunciation)

언표는 '말해진 것, 진술된 것'을 뜻하며 언표행위는 '언표를 포함하는 행위 일반' (음성언어의 발화뿐 아니라 글쓰기를 포함한 모든 담론적인 의미작용들)을 뜻한다. 언표는 기표 및 랑그와 유사하게 쓰이지만 엄밀하게는 이 둘과 다르다. 예를 들어 "나는 너를 사랑해"와 "I love you"는 기호학적 단위인 음소와 형태소, 기표의 측면에서는 서로 다르지만 동일한 언표로 볼 수 있다. 만약 랑그의 틀에서 보자면 이 둘은 전혀 다른 언어지만, 언표활동의 측면에서 보면 특정한 상황 및 활동과 결부되어 있다. 들뢰즈와 가타리는 『천 개의 고원』에서 기표와 랑그 등의 기호학적 단위들보다 언표라는 단위를 부각시킨다. 이는 들뢰즈와 가타리가 언어에서 랑그라는 선험적 규약보다는 주체들의 화행적인(performative) 장을 중시함을 의미한다.

따라서 언표 및 언표행위와 결부된 '언표 주체'와 '언표행위의 주체'라는 개념이 중요해진다. 전자가 진술된 문장의 주어라면 후자는 진술하는 주체를 의미한다. 예를 들어 X가 'Y는 유죄다'라고 말할 때 언표 주체가 Y라면 언표행위의 주체는 X다. 기호학에서는 이 둘을 엄밀히 구분하지만 화용론의 차원에서는 이 둘이 엄밀하게 구분되지 않는 경우가 많다. 따라서 화행론은 이 둘의 다양한 결합관계를 다루며 이 과정에서 언표보다 언표행위를 우위에 두는데, 들뢰즈는 랑그 체계 지향적인 기존 기호학을 비판하기 위해 화행론을 적극적으로 취하고 있다. "화행론(상황, 사건, 행위들)은 오랫동안 언어학의 '분뇨 처리장'으로 인식되어 왔지만 이제는 나날이 중요해지고 있다. 언어를 행위로 전환함으로써 언어의 단위들 혹은 추상적 계수들은 덜 중요한 것이 되었다."(김종호 옮김, 1993 : 59) 화행론을 발굴함으로써 랑그는 언어활동 주체들을 초월해서 존재하는 약호 체계나 독립적인 언어학 단위들의 집합으로 취급될 수 없게 된다. 즉 화행론은 다음과 같은 사실을 가르쳐준다. "랑그-파롤의 구분을 유지하는 것은 불가능하다. 이제 파롤은 단순히 1차적 기표작용(랑그)의 외부에서 개인이 랑그를 사용한 결과도 아니고 이미 존재하는 통사법을 다양하게 적용한 결과도 아니다. 오히려 랑그의 의미와 통사법은 랑그가 전제하고 있는 파롤의 행위와 무관하게 정의될 수 없게 되었다."(김재인 옮김, 2001 : 152)

들뢰즈는 언표를 언어활동의 기초단위로 보고 이를 '집합적 배치'로 간주한다. 즉 어떤 집단이 어떤 상황에서 어떤 언표를 배치하는가가 기표라는 추상적인 단위보다 훨씬 중요해진다. 이러한 언표행위를 살펴보기 위해서는 언표와 다른 언표, 혹은 사물의 항과 다른 사물의 항이 이루는 다양한 관계망들을 분석해야 한다. 이러한 관계망들은 계열(series)이라 불린다. 예컨대 시계라는 언표는 세계 표준시나 기록경기의 순위결정방식, 음악의 비트 등과 계열을 이룬다. '집합적 배치'란 계열을 이루는 항들이 다양하게 접속하여 일정한 사회적 작용을 하고 욕망을 작동시키는 것을 말한다. 『운동-이미지』와 『시간-이미지』에서 들뢰즈는 사회체제가 행하는 다양한 '언표행위의 배치'를 구체적으로 다루지는 않지만, 대신 이러한 문제를 소수 집단의 입장에서 '소수적 영화'의 가능성으로 사유하고자 한다. 이 과정에서 고전 영화의 대중성과 모던 영화가 추구하는 민중의 생성 과정에 대한 모색이 각기 서로 다른 '언표행위의 배치'를 중심으로 대비된다.

얼굴성 faciality(visagéité)

'변용을 구성하는 것은 반영적인, 움직이지 않는 통일성과 내포적인 표현적 운동들의 조합이다. 그러나 이것은 얼굴 그 자체와 똑같은 것이 아닌가?'(박기순 옮김, 1999 : 104) 즉 '얼굴성'이 나타내는 얼굴은 인간의 얼굴만이 아니다. 얼굴은 존재와 실체의 의미를 규정하는 것 외의 의식과 열정, 특질들을 전개하는 표면, 혹은 음영의 대조로 파악될 수 있다. "얼굴은 그 자체로 잉여다. 얼굴은 공명이나 주체성의 잉여들은 물론이고 의미생성이나 빈도의 잉여들을 갖고 자신을 잉여로 만든다."(김재인 옮김, 2001 : 322) 내포적인 미시-운동과 그 운동이 반사되는 표면을 갖는 모든 것은 얼굴로 취급될 수 있다. 따라서 임의의 공간이 감정-이미지로 취급될 수 있는 것이다. 얼굴은 실체가 아니라 속성의 표현이며(실체는 정서에 속한다), 단순히 인격의 외연화로 환원될 수 없다. 운동이 표현하는 것은 질 또는 역량의 표현인 표정이다. 이러한 질은 현실화하지 않은 잠재성이다. 그것은 외부 운동의 좌표 공간이나 구체적인 사물에서 나타나지 않은 것, 차라리 시공간적 좌표로부터 추상화된 것이다. 얼굴이 나타내는 것은 몸체의 부분들, 조각난 유기체들, 지엽적 대상들을 통과하는 미세한 특징들과 변이들이다. 즉 얼굴은 강렬함이 확산되는 평면으로, 몸체나 유기체의 전체 또는 대상의 윤곽들로 확산되어 상이한 결합과 접속 형태들을 낳는다. 얼굴이 존재의 일부이기 때문에 존재의 인격과 속성이 얼굴에 새겨지는 것이 아니다. 얼굴의 특징이 존재가 품는 관념과 존재와 작용하는 대상에 대한 반응을 규정하는 것이다. "우리는 얼굴을 소유한다기보다는 얼굴 안에서 흐른다."(339) 들뢰즈는 에이젠슈테인과 그리피스의 상이한 클로즈업 사용을 설명하면서도 얼굴성과 클로즈업의 독창적 관계를 제시한다. 클로즈업은 부분적 대상으로서의 얼굴을 이루는 기본 작용이다. 그러한 클로즈업은 정서를 추출하는데, 이러한 정서는 다른 사물과 주체와의 연관 하에 존재한다기보다는 그 자체로 존재한다. "클로즈업은 자신의 대상을 모든 공간-시간적 좌표로부터 추상화한다."(MI, 96/136) 추상화되었다는 것은 곧 현실화 대신 가능성의 영역에 머물러 있으며, 사물들의 모든 개체화된 상태와도 구별된다는 점을 뜻한다. 만약 사물들의 상태 속에서 현실화된다면 이는 행동-이미지의 영역인 이차성에 속하게 된다. 이 시공간적 추상화라는 점은 신체를 운동 경향성으로부터, 공간을 환경과의 상호작용으로부터 이탈시킨다는 점을 뜻한다. 전자의 경우 신체는 움직이지 않는 표면이 되고, 후자의 경우 공간은 특정한 역할과 인격과 대상에서 떼어짐으로써 특이성을 띠게 된다. 부동성과 특이성은 잠재적인 질의 미시적인 운동을 활성화하는 요소가 된다. 결국 얼굴을 담지 않더라도 클로즈업은 얼굴의 두 가지 국면인 '얼굴화'(운동성을 상실한 수용 표면)와 '얼굴성'(강렬한 미시-운동들과 질적인 변이들)의 요소를 모두 갖고 있다. 들뢰즈가 '클로즈업=얼굴'이라고 말하는 까닭은 이 때문이다.

역량 power(puissance)

스피노자적 의미에서 역량은 "모든 사물들의 원인이자 자기 자신의 원인, 본질에 함축되어 있는 자신의 존재 원인이 된다"(Spinoza, 『윤리학』, 1부 명제 34; 박기순 옮김, 1999 : 148에서 재인용). 푸코의 철학에서는 '권력'으로 번역되지만 들뢰즈는 푸코보다 넓은 의미에서, 특히 스피노자적 의미에서 이 개념을 쓰고 있다. 들뢰즈에게 역량은 첫째, 일자에 고유한 힘이다(들뢰즈의 존재론은 스피노자의 영향으로 일원론을 쓴다는 점에서 플라톤과 헤겔을 경유하는 이원론과 대립된다). 둘째, 그것은 일자 이외의 힘(가령 변증법에서 부정에 대립시켜 표현되는 힘, 또는 니체가 일컬은 '부정적인 힘')에 의해 규정되지 않은 내재적인 힘, 즉 '자기 원인적인 힘'이다. 셋째, 역량은 현실화된 힘과는 다른 잠재성의 영역에 속한 힘이다. 잠재성의 층위에서는 허구적인 것과 실재적인 것의 구별은 존재하지 않으며, 잠재성 그 자체가 실재적인 층위에 있다. 허구적인 것과 실재적인 것을 구별하는 작용은 현실성의 층위지만, 잠재성을 띤 것은 자신의 현실화된 양태들과 구별되지 않는다. 따라서 잠재성으로서의 역량은 현실화된 양태를 감싸고 있으며, 스스로 분화될 수 있는 가능성을 내포하고 있다. 이렇게 역량이 잠재적이기 때문에 그것은 거짓과 참의 분별 불가능성을 발산한다. 이로 인해 역량은 동일성과 유사성에 따라 지탱되는 진리의 관념과는 다른 이념을 생산한다. 그 이념은 곧 잠재적인 하나의 이념이다. 한편 현실성 외에 일반적인 힘이나 잠재적 역량이 실현된 결과로서의 힘은 '힘'(force)이라는 말로 쓰인다.

『운동-이미지』와 『시간-이미지』에서의 역량 개념은 『시간-이미지』의 「거짓을 만들 수 있는 역량」 장에서 가장 잘 드러난다. 여기서 역량이란 현재-과거-미래의 순차적 구분, 그리고 이러한 구분을 상정하는 진리와 허구 사이의 분별을 무효화하는 순수 과거의 힘을 가리킨다. 매 순간마다 현재와 과거로 쪼개지고 미래와 과거를 향해 분기하는 순수 과거로서의 시간은, 다른 시간으로 환원될 수 없는 단 하나의 범주라는 점에서 스피노자의 일원론을 따른다. 또한 '거짓을 만들 수 있는 역량'은 행동과 직접적으로 관련되지 않는 시간의 차원이라는 점에서 ——다시 말해 지각에서 행동으로 이어지는 도식에 포섭되지 않는다는 점에서 —— 잠재적이다. 들뢰즈는 '거짓을 만들 수 있는 역량'이 상정하는 '진리의 부재'를 적극적으로 긍정해야 한다고 말한다. 들뢰즈는 이러한 역량의 사례를 웰스의 결정체적 이미지, 레네의 영화, 다이렉트 시네마에서 찾는다.

영화의 4차원 filmic fourth dimension

1929년 에이젠슈테인은 「영화의 4차원」이란 논문에서 영화의 몽타주가 3차원적 공간의 구성을 넘어서는 또 다른 차원을 지향할 수 있다고 말한다. 여기서의 '4차원'은 쇼트가 담고 있는 명시적 의미나 이야기의 차원이 아닌 '시간'의 차원을 말한다. 에이젠슈테인은 몽타주가 시간의 차원으로 관객을 도약시키기 위해서는 쇼트와 쇼트 간의 연결 이전의 차원인 쇼트 내의 정서적 자극(stimulus)들을 결합해야 한다고 말한다. 에이젠슈테인은 이를 드뷔시 이후의 현대음악과 가부키 연극과 연결시킨다. 이러한 예술형식들은 고전음악이나 전통적 무대극과는 달리, 가락이나 스토리의 차원이 아닌 음조(tone)의 변화를 통해 청자나 관객에게 생리적 변화(또는 '신경활동')를 촉진한다. 특히 에이젠슈테인은 현대음악에 자주 쓰이는 배음의 예를 들어 이 새로운 몽타주를 '배음적 몽타주'(overtone montage)라 부른다. 흥미로운 점

은 에이젠슈테인이 배음적 몽타주의 예를 음악의 사용이 아닌 시각적 요소의 조합
이나 리듬의 변화로 언급했다는 점이다. 정서적인 충격을 위해 고안된 배음적 몽타
주는 들뢰즈가 『운동-이미지』와 『시간-이미지』에서 거듭하여 분석하고 있는 에이
젠슈테인의 중요한 개념인 '어트랙션의 몽타주'(montage of attraction)와 더불어
파토스의 고양을 위한 몽타주의 한 예다(Eisenstein, 1949 : 64~71 참조).

우발성/필연성 contingency/necessity

우발성과 필연성은 과학적인 것이 아니라 논리적인 것으로 라이프니츠의 용법에
따른 것이다. 논리적인 필연이란 분석을 통해 더 이상 분석할 수 없는 정의들이나
법칙들로서 세계를 설명하는 것을 말한다. 라이프니츠는 필연적 진리의 예로 수학
을 들고 있는데 수학은 일정한 분석을 통해 사물들을 기본적인 단위들로 쪼개거나
사물을 명료한 공간적 요소들로 환원시켜 정리들과 공리들을 도출한다. 이것이 곧
추론의 과정이다. 반면 우발적인 것은 논리적인 필연과 대비되는 '사건'의 차원을
말한다. 여기서 주의할 것은 우발성이 논리적인 층위라는 점이다. 그렇기 때문에 우
발성은 "사과는 빨갛다"와 같은 물질적인 변화나 "카이사르가 루비콘 강을 건넜
다", "아담이 원죄를 지었다"라는 사실을 뜻하지 않는다. "사과는 빨갛다"에서 우발
성의 층위는 사과를 빨갛게 결정해주는 요소들과 그 요소들이 일으키는 '차이들'이
고, "카이사르가 루비콘 강을 건넜다"에서는 '카이사르가 루비콘 강을 건너기까지
를 결정해주는 비가시적 세계들'을 가리킨다. 이러한 차이들이나 세계들은 명제적
인 논리성을 통해 규정되는 것으로서, 라이프니츠의 맥락과 들뢰즈의 용법에서는
'질'로 일컬어지며, 명제에서는 '술어'(predicate)에 해당한다. 물질적인 변화는 이
러한 요소들이 물질(사과 또는 카이사르의 몸체)에 구체화됨으로써 이루어지며, 따
라서 우발성의 층위는 스토아학파에서 일컫는 '비물체적인 것'에 해당한다.

들뢰즈는 이런 점에서 우발성에 대한 라이프니츠의 관념을 『의미의 논리』에서
의 '사건'의 비물체적 성격과 연결시킨다. "사건은 …… 순수 잠재성과 가능성, 스
토아적인 비물체적인 것이라는 의미에서의 세계, 순수 술어다."(FLB, 105~106) 이
것은 곧 실현(realization)의 차원이다. 그러나 우발적인 것들은 실현과는 다른 층위
에서 내재적인 질들의 다양성들을 포함한다. 그 다양성이 교환되는 지점이 '잠재

태-현형태 회로'다. 잠재성은 발현될 수 있는 다양한 질적 차이들을 내포하고 있으며, 현실성은 잠재태가 내포한 질이 나타남으로써 구현된다.

유리수적/무리수적 rational/irrational(rationnel/irrationnel)

이 두 개념은 운동-이미지의 '간격'과 시간-이미지의 '틈새'를 설명하는 핵심적인 개념이지만, 주로 『시간-이미지』의 7장 「사유와 영화」와 '결론'에서 다루어진다. '유리수적'과 '무리수적'은 수와 양, 대수학과 위상 기하학의 두 가지 의미를 모두 포괄하는 중의적 개념임을 염두에 두어야 한다. 대수적으로 볼 때 유리수는 나누어 떨어지는 수, 무리수는 나누어 떨어지지 않는 수지만 이 개념은 이런 협의적 차원에 한정되지 않는다. 그 구분은 고전 수학이 상정한 '양'과 '수'의 근본적 대립에 기초하기 때문이다. 고전 수학은 '양'을 물질적이고 연속적인 것으로, '수'를 실재에 대한 정신적 표상이자 불연속적인 것으로 보는 이원론을 상정한다. 일례로 자연수에서 1과 2는 불연속적이며 그 사이의 연속성을 수적으로 한정하기 위해서는 소수를 동원해야 한다. 현대 수학에서는 이러한 이원론을 극복하기 위해 수를 일종의 '절단'(cut) 개념으로 다시 정의한다. 데데킨트는 실수가 직선 위의 점과 일대일대응을 이룰 때 유리수와 무리수가 틈새 없는 연속체를 이룰 수 있다는 가설을 증명하기 위해 '절단'이라는 방법을 사용했다. 절단이란 작은 수부터 순서를 매긴 유리수 전체를 어느 선에서 나누어 직선상에 배열하는 것을 말한다. 편의상 이를 집합 R1, R2라 하자. 절단의 방법은 두 가지를 만족시키는데, 하나는 R1, R2에 최소한 하나의 유리수가 있다는 것(즉 R1, R2는 공집합이 아니라는 것), 또 하나는 R1의 어떤 수도 R2보다 작다는 것이다. 이때 세 가지 경우가 나올 수 있다.

① R1에 최대수가 없고 R2에 최소수가 있다.

② R1에 최대수가 있고 R2에 최소수가 없다.

③ R1에 최대수가 없고 R2에 최소수가 없다.

R1   절단 R2

R1에 최대수(a)가 있고 R2에 최소수(b)가 있다는 가정은 성립되지 않는다. 왜냐하면 이럴 경우 a와 b 사이에는 (a+b)/2와 같은 수많은 유리수가 존재할 수 있

으며 이는 '절단'이라는 가정과 모순되기 때문이다. 그리고 ③의 경우 위의 직선에서 절단 부위가 바로 무리수에 해당한다. 무리수는 R1과 R2 어디에도 속하지 않는다(최대수가 없고 최소수가 없다는 말은 이를 가리킨다). 왜냐하면 무리수는 R1과 R2에 해당하는 정확한 값을 할당받을 수 없기 때문이다. 이처럼 무리수는 유리수와 연속을 이루어 실수체계를 이루면서도 유리수의 집합에 속하지 않는 또 다른 무한집합의 존재를 시사한다.

들뢰즈는 영화의 요소인 프레임, 쇼트, 몽타주를 일종의 집합으로 간주하고 그 집합을 나누는 '데쿠파주'를 절단으로 정의한다. 이런 점에서 『운동-이미지』와 『시간-이미지』는 수학적인 방법론을 적용한다. 그러나 그 방법론은 유클리드에 기원한 고전수학이 아닌 집합수학과 위상수학이다──들뢰즈는 그 근거로 『시간-이미지』의 7장 「사유와 이미지」에서 '무리수적 절단'을 설명하며 데데킨트의 방법론을 확장한 수학자 알베르 슈피어의 설명을 주석으로 덧붙인다(TI, 313/236). 여기서 운동-이미지는 일종의 유리수적 체계가 된다. 유리수만 있다고 가정된다면 ①과 ②의 연속체만이 존재한다. 고전 영화의 연속편집 체계 또한 시간적 계기와 공간적 연속성에 준거했다는 점에서 ③의 경우를 가정하지 않는 '유리수만으로 이루어진 직선'과 닮아 있다. 이 경우 절단은 사실상 ①과 ② 모두에 속한다는 점에서 연속성을 위반하지 않는다. 그러나 영화에서 ③으로 가정할 수 있는 어떤 데쿠파주가 있다면, 그것은 앞서 언급한 어떤 프레임-쇼트 연속체에도 속하지 않은 채 두 집합 간의 새로운 연쇄를 만들어낼 것이다. 이는 절단 자체의 독자적 의미를 회복한다. 무리수가 유리수에 속하지 않은 채 나름대로의 무한성과 연속성을 상정하듯이 말이다.

이 용어는 흔히 '유리수적', '무리수적'이라는 역어로 통용되어 왔고 여기서도 이 역어를 채택했지만 고전적인 수학으로 환원될 수 없는 복잡한 개념적 유래를 가졌음을 염두에 둘 필요가 있다. 사실 이처럼 복잡한 논의 과정은 들뢰즈가 수의 개념에 대한 베르그송의 사유를 전제로 하기 때문으로 보인다. 베르그송은 수가 단일성으로 고립시킬 수 있는 추상적인 단위라는 개념에 반대한다. 베르그송은 전통적인 수 관념이 수를 셈이나 순서의 단위로만 취급함으로써, 그것이 실제로 적용되는 물리적인 공간의 다양성과 연관하는 데 실패한다고 여긴다. 따라서 베르그송은 수가 "단위들의 종합인 한에서 단일한 것(unité)"이며, "그러한 단일성은 전체의 단일성이므로 다양체를 내포하고 있다"(최화 옮김, 2001 : 103)라고 말한다. 이를 증명하는 과정에서 베르그송은 앞서 설명한 집합수학적인 방법론과 유사한 과정을 거친다. "산술에서 숫자를 형성하는 단위들은 잠정적인 단위들이고, 무한히 쪼개질 수 있으며, 그들 각각이 상상하고 싶은 만큼의 적거나 많은 수의 분수적인 양들의 합계를 이룬다는 것을 지적하는 것으로 충분할 것이다."(104) 이처럼 수는 잠재적 하나(무한한 연속체)에 대한 다양체적 현실화(개체화, 개별 단위)라고 할 수 있다.

이념 Idea(Idée)

들뢰즈는 '이념'이라는 말을 두 가지 의미로 사용한다. 하나는 보편적인 의미의 용법으로서, 『운동-이미지』에서 몽타주의 상이한 체계들이 가리키는 이념의 범주(프랑스의 기하학적 몽타주, 독일 표현주의의 동력학적 숭고의 몽타주, 소비에트 몽타주 등)가 여기에 속한다. 다른 하나는 '미분', '잠재태', '다양체' 등의 속성을 포괄한 이념으로 이는 『차이와 반복』 4장에서 집중적으로 분석된다. "이념들은 다양체들이다. …… 다양체는 하나와 여럿의 조합이 아니라 오히려 반대로 여럿 그 자체에 고유한 조직화를 지칭해야 한다. …… 모든 것은 다양체이고, 심지어 하나도 여럿도 다양체다. …… 이념은 n차원을 띤, 정의되어 있고 연속적인 다양체다."(DR, 182/236) 말하자면 이념은 일의적 다양체의 또 다른 표현이자 그러한 다양체 자체다. 이런 점에서 이념은 베르그송의 존재론에 대한 들뢰즈의 적극적 해석과 맞닿는다. 베르그송의 '지속의 존재론'에서도 각각의 사물은 이념을 구현하는 한에서 어떤 다양체고, 이러한 다양체에서는 오직 차이만이 있으며, 이 차이가 '하나'와 '여럿'의 공존을 가능케 한다. 하나로서의 지속(순수 과거)과 여러 개의 지속(상이한 수준의 과거들)이 베르그송에게서 공존하는 것처럼 말이다. 이러한 다양체에 대해서 들뢰즈는 세 가지 조건을 정의한다. ①다양체의 요소들은 현행적으로 실존하는 것도 아니고, 다만 어떤 포텐셜이나 잠재성과 분리될 수 없을 뿐이다. ②이 요소들은 다른 것과의 동일성이나 외부적인 규정(예를 들어 "나는 생각한다")이 아니라 상호적인 관계나 비율들에 의해 규정된다. ③"이념적인 다양체의 연관, 미분적인 비율관계는 상이한 시공간적인 관계들 속에서 현실화되어야 하고, 동시에 그 미분적인 관계의 요소들은 항들과 변이된 형식들 속에서 현행적으로 구현되어야 한다. 그래서 이념은 구조로 정의된다."(DR, 183/237) 『운동-이미지』와 『시간-이미지』에서는 첫번째 의미의 '이념'에 비해 이 두번째 의미의 '이념'이 명시적으로 설명되지는 않지만 『시간-이미지』 후반부에서는 암묵적으로 전제되고 있다.

이야기 꾸미기 fabulation(fabulation)

『도덕과 종교의 두 가지 원천』에서 베르그송은 이야기 꾸미기의 기원과 속성을 미신에서 찾는다. 미신은 지성적 존재인 개인을 지배하는 가상적인 믿음이지만, 집단적·사회적인 힘으로 인간의 심리에 개입한다. 이야기 꾸미기는 이러한 미신을 낳는 기능을 총칭한다. 미신은 이성이 부여된 존재인 인간의 판단을 흐린다는 점에서 환상적이다. "미신을 낳는 표상들은 그 공통적인 성격이 환상적이라는 점에 있다. …… 그러므로 환상적인 표상들을 별도로 떼어놓는 데 합의하고, 이들을 나타나게 하는 작용을 '이야기 꾸미기' 또는 '허구화'라고 부르자."(송영진 옮김, 1998 : 121) 베르그송은 이야기 꾸미기를 원시적인 열등성에 구속하지 않고 원시문화로부터 현대에 이르는 종교라는 큰 틀에서 바라보며, 나아가 소설과 같은 예술적 창조의 영역을 아우르고자 한다. "진실로 시와 모든 종류의 환상은, 정신이 우화를 만들 줄 안다는 점에 힘입어 이 기능 위에 덧붙여져 왔으며, 종교는 우화 기능의 존재 이유였다는 점이다. 즉 종교와의 관계에서 이 기능은 결과이지 원인이 아닐 것이다."(122) 베르그송은 이야기 꾸미기를 지탱하는 종교가 문명적인 지성과는 다른 지점에서 인간의 진화에 기여한다고 본다. 후자에 비해 전자는 개인과 집단의 잠재적 본능을 일깨움으로써 생명의 도약에 접근하게 해준다. 본능의 차원에서 이야기 꾸미기를 발생시키는 종교는 "지성의 해체적인 능력에 대한 자연의 방어적인 반응"을 통해 개인의 가변적인 행위를 규정하고 사회적인 통일성을 마련한다.

『시간-이미지』에서 들뢰즈가 이야기 꾸미기를 발전시키는 부분은 베르그송보다는 좀더 긍정적이다. "베르그송은 이야기 꾸미기와는 별도로 창조적 예술 혹은 정서적 예술을 상위에 놓는데 거기에는 음악이 속한다."(김재인 옮김, 1996 : 56). 들뢰즈는 베르그송이 이야기 꾸미기의 중요성을 개인의 상상력이나 언어적 능력에 귀속시키지 않고 "개인과 사회의 생존에 없어서는 안 되는 …… 생의 근본적 요구라고 발견했던 것들"(송영진 옮김, 1998 : 211)이라 말한 데서 이 개념을 빌려온 것으로 보인다. 다음과 같은 인용문이 이 점을 확실하게 해준다(이는 '중재자로서의 작가'와 잘 연결된다). "우리 스스로에게 자신의 역사를 이야기하는 인물들을 창조하는 만들기를 고찰해보자. 이야기 꾸미기는 소설가나 극작가에게서 특별한 생명의 강도를 갖는다. 이러한 작가들 중에는 진정 자신의 주인공에 사로잡혀버린 사람들이 있다. 그들이 그 주인공을 이끌어간다기보다는 그 주인공에 의해 그들이 이끌려 간다. …… 이들이 반드시 가장 높은 가치를 갖는 작품의 저자는 아니다. 그러나 다른 사람들보다는 훌륭한 그들은 우리로 하여금, 적어도 우리들 가운데 어떤 사람에게는 자유로운 환상의 특별한 능력이 있음을 손으로 만져보게 한다."(210)

이전/변형 transition

'transition'은 이미지의 "한 상태에서 다른 상태로의 질적, 공간적 변화"라는 뜻으로 쓰이기도 하지만, 시간-이미지를 다루는 부분에서는 약간 다른 의미에서 '이전'(移轉)이란 단어를 새겨둘 필요가 있다. 베르그송에 의하면, 이전은 기억이 현재 상태에 응답하는 과정에서 작용하는 운동을 가리킨다. "이전에 의해 통합적 기억은 경험 앞에 전적으로 나아가게 되며, 그런 식으로 그 기억은 나누어지지 않은 채 행동의 관점에서 다소 수축된다."(김재인 옮김, 1996 : 86)

이전은 집합들과 전체의 관계에 적용되는 중요한 개념이다.『운동-이미지』의 2장과 3장에 비추어 영화에 이를 적용시키면 집합과 전체의 관계는 다음과 같다. 프레임과 그 안에 현존하는 모든 물체들의 관계, 프레임과 쇼트와의 관계, 또한 몽타주 쇼트가 이루는 관계가 여기에 포함된다. 프레임은 닫힌 체계지만 화면 밖 공간을 통해 하위 집합으로 재분할되거나 더 큰 집합(쇼트, 쇼트들의 연결)으로 연결되는 양극성을 갖는다. 따라서 프레임의 수준에서부터 닫힘은 결코 완성되지 않는다. "모든 닫힌 체계는 소통한다. …… 닫힌 체계는 결코 절대적으로 닫히지 않는다." 이 양극성은 쇼트와 몽타주에서도 마찬가지다. 이는 기본적으로 운동의 양면성 때문이다. 운동은 한편으로 변화하는 전체, 즉 지속과 관련되는데 그것은 집합의 부분들이 갖는 각각의 위치들을 변경하며, 또 다른 한편으로 전체의 움직이는 단면으로서 변화를 표현한다. 이렇게 운동이 열림 혹은 지속으로서의 전체를 표현함으로써 움직이지 않는 단면과 움직이는 단면이 연결되게 된다.

엄격하게 이야기하면, '이전'은 공간 안에서 몸체(물체)들의 자리바꿈을 말하며 이는 닫힌 집합에 속한다. 그러나 운동은 이전을 변화하지 않는 물체의 공간적인 이동으로 얽어매지 않는다. 만약 운동을 공간 안에서의 등질적인 이동으로, 시간을 계량화된 추상적인 단위로 취급한다면 닫힌 집합(포토그램과 프레임)은 운동의 환영을 제공할 뿐 지속으로서의 운동을 표현하지 못할 것이다. 이것이 시네마토그래프적 환영, 제논의 역설에 대한 베르그송의 비판이다. 그러나 운동은 어떤 집합 내에서 물체들의 이전을 물체들이 이루는 관계들의 질적인 변화인 '변형'(transformation)이 되게 한다. 이러한 변형은 '움직이는 단면'의 표현이다. 즉 '움직이지 않는 단면-이전', '움직이는 단면-변형'이라는 두 가지 항이 만들어질 수 있다. 따라서 영화에서 움직이지 않는 단면과 움직이는 단면은 서로 연결되며, 이 둘은 완전히 닫히지 않은 채 더 큰 전체를 향해 열리는 무-중심적인 경향을 띠게 된다. 이를 다음과 같이 정리할 수 있다. "우리는 물체들의 '이전'이 전체의 변형이기도 하다는 것을, 물체들의 운동이 현실적으로 우주의 진동하는 유체에 대한 특이하고도 국지적인 표명, 즉 지속의 부분이라는 것을 알고 있다."(Bogue, 2003 : 26)

이접 disjunction(disjonction)

이접, 접속(connextion), 접합접속(conjonction)에 대한 구분은 『의미의 논리』와 『안티-오이디푸스』, 『천 개의 고원』에 나타난다. 논리학적으로 보면, 이접은 '이것이든 저것이든'을 나타내는 포함적인(선언적인) 이접과, 이것이냐 저것이냐를 나타내는 배타적인 이접으로 구분된다. 그러나 『시간-이미지』에서는 논리학적 의미보다는 이질적인 시간 관계, 그리고 언표 가능한 것과 가시적인 것 사이의 환원 불가능성을 나타내는 측면이 더욱 강하다. 이 점은 『푸코』에서 다시 한번 나타나는데 여기에서 언표와 가시성 사이의 균열에 대한 언급은 『시간-이미지』에서 뒤라스와 스트로브와 위예를 두고 벌어지는 논의들을 반복한다. "고문서와 시청각적인 것은 이접적이다. 따라서 보는 것과 말하는 것의 이접에 대한 가장 완벽한 예를 영화에서 발견하게 되는 것은 놀라운 일이 아니다. …… 공백이 유일한 이음이고 틈새다. 이둘 사이에는 무리수적인 절단이 부단하게 존재한다."(권영숙·조형근 옮김, 1996 : 104~105. 번역 일부 수정)

임의의 공간들 any-space-whatevers(escape quelconque)

'임의의 공간'은 본래 인류학자 마르크 오제가 쓴 개념으로 비-장소(non-place)라는 말로도 통한다. 오제는 현대 도시 공간에서 개인이 만남이나 횡단을 위해 방문하는 '익명의 공간들'을 비-장소라 일컫는다(Bensmaïa, 1997 : 142). 여기에는 사람과 재화의 순환을 촉진하는 데 필요한 시설들(공항, 환전소, 고속철도), 수송의 매개 지점(환승역, 환승 공항), 대규모 상업지구나 물류센터, 호텔의 대기소와 객실, ATM(현금지급기) 등의 기계 등이 포함된다. 이러한 공간들은 거주나 체재를 위한 공간이 아니라는 점에서 '장소'(거주나 체재를 위한)와는 대비된다. 또한 이것들은 개별적으로 존재하면서도 다른 곳들과 비슷하다는 점에서 장소적인 특수성을 상실한 공간이다. 오제는 임의의 공간에 대한 세 가지 특성을 밝히는데, 그것은 ① 시간의 과잉과 사건들의 과잉 속에서 영원한 실망과 기다림을 주는 공간, ② 세계의 다양성을 동질화하고 인구의 집중과 전송을 촉진하는 공간의 과잉, ③ 연결이 끊어진 공간의 증대와 사건들의 가속화에 따른 자아(ego)의 과잉, 즉 개인의 익명화 과정에서 배제된 자아에게로 주의를 돌리는 경향이다(142~143). 오제의 개념이 이처럼 현대화의 중앙 집중성과 인간의 구체성 상실과 관련된 반면, 들뢰즈는 오제의 개념을 좀더 탈영토적인 방향으로 전유한다. 즉 오제의 개념이 장소적인 특이성의 상실을 지적하는 반면 들뢰즈는 임의의 공간을 장소와의 실재적인 연결이 끊어짐으로써 형성된, 잠재적 특이성들의 분출 지점으로 파악한다. "익명의 공간은 모든 시대, 모든 장소에 존재하는 추상적 보편이 아니다. 그것은 완벽한 특이성의 공간으로서, …… 무한히 많은 방식의 연결들이 만들어질 수 있는 그러한 공간이다. 그것은 가능한 것의 순수 장소로서 파악되는 잠재적 접합접속의 공간이다."(MI, 109/155) 예를 들어 브레송의 「소매치기」(*Pickpocket*, 1959)에 등장하는 리옹역 시퀀스는 군중들의 주머니/의복과 도둑 미셸의 손으로 이루어진 일련의 파편적인 쇼트들을 제시한다. 이것은 영화의 공간과 관객의 눈이 맺는 상호적인 접속을 지나치면서 눈과 공간을 직접적으로 접촉케 한다. "「소매치기」에서의 롱상과 리옹역은 도둑의 정서에 상응하는 리드미컬한 연속 쇼트들에 의해 변형된, 광대하게 파편화된 공간들이다. …… 공간 자체는 자기 자신들의 좌표들과 자신의 측량적인 관계들을 뒤에 남기고 떠나버렸다. 그것은 촉각적 공간이다."(MI, 109/155)

이처럼 임의의 공간은 시-공간적 좌표로부터 이탈함으로써 잠재적 정서의 들끓음을 표현하는데, 이러한 잠재성은 특정한 사물이나 환경과 만나면서 현실화된다. 이를 클로즈업과 비교하면, 클로즈업이 얼굴을 맥락에서 떼어내어 정서를 추출하는 반면, 임의의 공간은 공간 자체를 맥락에서 떼어내어 정서를 추출한다고 할 수 있다. 즉 임의의 공간은 정서가 반드시 클로즈업에 의해서만 표현될 필요가 없으며, 공간 자체가 정서를 표현할 경우 클로즈업에 동화될 필요가 없음을 나타낸다.

임의의 순간들 any-instance-whatever(instant quelconque)

'임의의 순간들'은 '특권화된 순간들' 또는 '이상적 포즈들'과 대비하여 이해할 수 있다. '특권화된 순간들'이란 고대철학이 존재자와 사물의 운동을 인식하기 위해 파악해야 하는 국면들을 말한다. 예를 들어 '한 인간의 성장'이라는 운동은 아동기, 청소년기, 성인기 등으로 파악할 수 있는데, 이때 각 단계에 해당하는 것이 '특권화된 순간들'이다. 고대철학에서 어떤 몸체(물체)의 변화 과정을 아는 일은 바로 이러한 순간들을 포착하는 것이었다. 반면 '임의의 순간들'은 이러한 '특권화된 순간들'을 기각하는 것을 말한다. 가령 갈릴레이가 물체의 낙하를 연구하면서 낙하 시간의 경과를 특정한 순간과는 무관한, 동등하고 상호 가역적인 순간들로 가정하는 것이 바로 '임의의 순간들'에 해당된다.

잠재성/현실성 virtuality/actuality

베르그송의 맥락에서 잠재성/현실성은 두 종류의 다양성, 즉 공간의 외재적·양적·불연속적 다양성과 지속의 내포적·질적·연속적 다양성에 상응하는 개념이다. 후자의 질적 다양성이 운동=생성=차이(=이념=문제)와 연결된다. 이 두 종류의 다양성은 직관과 연관하여 세 가지 층위로 구분된다(이는 이후 들뢰즈 철학의 핵심이 되어 잠재성/현실성 쌍과 연결된다).

첫째는 '문제의 제기와 창조'다. 전통적인 철학에서는 참과 거짓이 해답과 관련되어 있다고 가정하는 반면 베르그송은 문제를 낳게 하거나 문제가 설정될 수 있는 항을 창조하는 것이 더욱 중요하다고 말한다. 왜냐하면 "문제는 항상 문제가 제기되는 방식에 따라, 문제가 문제로서 결정되는 조건에 따라 상응하는 해답"(김재인 옮김, 1996 : 14)을 갖기 때문이다. 들뢰즈는 베르그송에게 직관이 세 가지 역할을 한다고 해석한다. 먼저 직관은 참된 문제를 제기하고 거짓 문제를 제거하도록 한다. 다음으로 직관은 정도상의 차이 밑에 있는 본성상의 차이를 발견하게 해준다. 그리고 베르그송은 본성상 차이로서의 문제가 생명의 도약에 뿌리를 내리고 있다고 덧붙인다. "유기체의 성립은 문제제기인 동시에 답이다."(14) 그렇다면 본성상의 차이가 무엇이며 어디에 있는가가 중요해진다. 그것은 지속에 있다. 지속은 질적인 변화의 능력을 갖고 있지만, 공간은 양적인 등질성을 가지고 있기 때문에 정도상의 차이밖에는 보이지 않는 것이다. 따라서 마지막 세번째 국면이 자연스럽게 제기된다. "공간보다는 시간의 견지에서 문제를 제기하고 풀어라."(36) 사물과 세계는 항상 복합물로 주어지는데 하나의 경향은 공간에서 양적으로 차이가 날 수 있을 뿐이며(증대나 감소), 다른 하나는 시간 속에서 "다른 사물들과 그리고 자기 자신과 본성상에 있어서 차이가 난다"(38). 공간은 나눌 수 있고 셀 수 있는 반면 시간 속에서의 본성상 차이는 나눌 수도 양화할 수도 없다. 바로 이러한 차이를 생각하기 위해 필요한 것이 '지속'이다.

그렇다면 공간과 시간(지속)의 관계는 어떠한가? 공간은 임의적으로 나눌 수 있으며 양적으로 측정 가능하지만 지속은 그렇게 할 수 없다. 정확히 말하면 지속은 "본성상의 변화 속에서만 나누어지는 것, 나눔의 각 단계에서 오직 측정의 원리를 변화시키면서 측정할 수 있는 것이다". 그런데 이 둘은 모두 경험을 통해서 체감할 수 있다. 지속은 심리적 경험으로 기술될 수 있지만 그 경험에 주어지는 것은 언제나 공간과 지속의 복합물이다. 복합물이란 말은 공간과 지속이 서로 구분되면서도 보충적인 관계에 있음을 뜻한다. 이 복합물을 분해하는 과정에서 두 종류의 다양성이 드러난다. 하나는 "외부성의, 동시성의, 병치의, 질서의, …… 정도상의 차이의 다양성이며, 불연속적이고 현행적인 수적 다양성이다. 또 하나는 순수 지속 속에서 나타난다. 그것은 내적인, 연속의, 융합의, 유기체(조직)의, …… 본성상의 차이의 다양성이며, …… 잠재적이고 연속적인 다양성이다"(48).

여기서 지속에 해당하는 후자의 다양성, 즉 잠재적인 다양성이 중요하다. 이러한 다양성은 의식 상태들의 다양함을 가정하지만 그것들을 다시 묶는 통일성이 있다. "지속은 이 통일성과 다양성의 종합일 것이다."(60) 그렇기 때문에 지속은 본성상의 변화와 함께 나누어지며, "나눔의 각 단계마다 '나누어질 수 없는 것'에 대해 말할 수가 있는 것이다"(55).

잠재성이란 개념은 가능성과 분명히 구분된다. 가능성은 실재와 반대되는 것으로 실재를 가지고 재구성해낸 것이다. 그렇기에 흔히 실재는 가능성과 닮았으며 가능성이 실현된 것으로 상정된다. 그러나 사실은 가능성이 실재를 닮은 것이다(그래서 베르그송은 가능성이 실재와의 유사성을 근거로 제기된 일종의 '거짓 문제'임을 밝힌다). 말하자면 베르그송의 존재론에서 모든 것은 실재한다. 따라서 "잠재태가 가능한 것과 혼동될 수 있는 것이 유일한 위험"(DR, 211/272)이다. 그렇다면 '잠재성'은 무엇인가? 그것은 현행적이지 않으면서 실재적인 것이다. 그것은 '실현'(realize)되지 않고 '현실화'(actualize)된다. 그렇다면 잠재태와 현행태는 대립되는가? 그렇지 않다. 베르그송의 존재론에서 세계는 실재적이고, 실재적인 것은 잠재태와 현행태의 합이다. 따라서 잠재태=실재적인 것이다. "잠재태는 실재적인 것과 대립되지 않으며 현행태에 대립된다. 잠재태는 그것이 잠재적인 한 충분히 실재적이다."(DR, 208/269) 여기서 '대립'이라는 말은 본성상의 차이가 있다는 것이지 변별적이거나 상반된다는 의미가 아니다. "〔지속은〕 현실화되는 한에서 잠재적인 것이며, 현실화되면서 그 현실화의 운동과 분리될 수 없다."(김재인 옮김, 1996 : 56)

잠재태-현행태는 시간을 포함한 다양한 수준에서 다루어진다. 질적 다양성으로서의 지속은 순수 과거에 해당한다. 그런데 그 과거는 무수한 차이의 층들로 쪼개진다. 따라서 우리는 여러 개의 지속을 갖게 된다. 여기서 지속들은 과거 일반에서 상이하게 나뉜 것이다. 곧 과거 일반은 지속이며, "하나이고 보편적이고 비인격적이고 유일한 '시간'"(108)이다. 이러한 시간과 우리가 경험하는 지나가는 현재 속에서 다양한 정도의 잠재적인 과거들의 공존이 있다. 그리고 이 공존의 영역이 곧 질적인 차이다. 따라서 "모든 수준들은 유일한 '시간' 안에서 공존하며 총체성을 형성한다"(130). 이 질적인 차이는 경험 속에서 지각에 상응하고, 그 지각은 운동으로 연장되는데 이것이 곧 현실화다. 시간의 층위에서 이 현실화를 말하자면 회상이다. 회상은 '과거 일반→지나가는 현재'로 내려가는 수축의 차원과 지나가는 현재에서 과거의 층들을 탐색하는 팽창의 차원인 두 운동으로 구성된다. 곧 수축과 팽창은 현실화의 두 운동이다. 이 수축과 팽창을 통해 이어지는 잠재태-현행태의 공존이 곧

'잠재태-현행태 회로'다. 이 회로가 곧 시간-이미지에서 결정체-이미지에 해당한다. 사실상 모든 대상은 "두 개의 절반이 하나는 잠재적인 이미지이며 다른 하나는 현행적인 이미지인, 서로를 닮는 경우가 없는 이중체다"(DR, 209/270~271).

잠재태/현행태는 미분/분화(différentiation/différenciation)의 쌍과 연결된다. 미분/분화는 다시 들뢰즈의 철학적 탐사에서 발생하는 핵심적인 개념들을 쌍으로 얽어맨다. "미분/분화는 문제들과 해들, 질문들과 대답들, 잠재적인 이념-구조와 그것의 현실화를 가리킨다."(Boundas, 1996 : 91) 미분은 잠재태의 실재인 구조로서, 이 구조는 즉자적인 차이, 즉 자기 자신과 차이나는 것들로 이루어진다. 분화는 이러한 잠재태가 선행된 가운데 잠재태를 현실화하는 과정이다. 여러 가지 예가 있지만『운동-이미지』와『시간-이미지』의 맥락에서 유의할 구절은 다음과 같다. "예술작품이 잠재성 안에 몰입되어 있다고 주장될 때, 여기서 환기되는 것은 …… 그것의 발생적인 미분적인(차이나는) 요소들, 그것의 '잠재적' 혹은 '배아적인' 요소들이 형성하는 완전하게 결정된 구조다."(DR, 209/270)

잠재태/현행태를 기억과 생명의 문제와 연결하면 다음과 같다. "우리가 보기에 '지속'은 본질적으로 잠재적 다양성(본성상 차이나는 것)을 정의한다. 그 다음에 '기억'은 이 다양성, 이 잠재성 안에서 모든 차이의 정도들의 공존인 것처럼 보인다. 끝으로 '생명의 도약'은 그 정도들과 상응하는 분화의 계열들에 따른 …… 잠재성의 현실화를 가리킨다."(김재인 옮김, 1996 : 160) 이 구절에서 우리는 '기억'과 '생명의 도약'이 결국 '지속'의 어떤 상태에 대한 표현들이라는 것을 알 수 있다. 지속은 다양성의 두 유형 중 한 쪽인 잠재적 다양성인데, 기억은 그 잠재적 다양성 안에서 모든 차이들의 정도가 공존하는 것을 가리키며, 생명의 도약이란 각 차이의 정도들에 따라 잠재성이 현실화하는 것을 가리킨다. 다르게 말하면 지속은 동일한 '본성'(자연)을 말하며, 그것은 한편으로 본성상의 차이들(기억) 속에서 표현되고 다른 한편으로는 정도상의 차이(생명의 도약, 종적인 개체의 발생)에서 표현된다. 이 동일한 '본성'(자연)이 지속이라는 점은 곧 '본성'(자연)이 단일한 시간임을 가리킨다. 이 단일한 시간은 팽창과 수축에 의한 '여럿의'(다양한) 평면들을 잠재적으로 가진다. "이 '전체', 이 '하나'는 순수 잠재성이다. 이 '전체'는 부분들을 가지며 이 '하나'는 수를 갖지만 다만 잠재태로서만 그럴 뿐이다."(130) 생명의 발생도 잠재태/현행태, 미분/분화의 쌍에서 해명된다. 생명체와 물질은 모두 잠재적인 지속(전체) 속에서 공존한다. 이 공존 속에서 잠재적인 문제들이 발생한다.

예를 들어 물질을 통과하는 빛은 생명체에게 시각적 지각에 대한 '문제'를 던진다. 지속에는 빛이라는 '문제'에 대한 잠재적 구조가 내재되어 있다. 환경 속에서 이 빛이라는 문제를 해결하는 과정에서 생명체에는 눈이라는 기관의 '분화'가 발생한다. 이 현실화의 정도에 따라 상이한 종류의 생명체적인 진화가 나타난다. 여기서 중요한 한 가지를 지적해야 한다. 눈이 빛이 야기하는 문제와 닮지 않은 것처럼, 현실화는 잠재적인 다양성과 결코 '유사성'의 관계를 맺지 않는다는 점이다. "잠재태는 수행되는 과제나 해결되는 문제의 실재를 소유한다. 해(解)들을 정향시키고, 조건 짓고, 활성화하는 것은 문제지만, 해결들은 문제의 조건들과 닮지 않는다. 베르그송이 분화의 관점으로부터 진화의 발산적인 선을 따라 출현하는 유사성들마저도 …… 우선 생산 메커니즘 내의 다질성과 관련되어야 한다고 말했던 것은 옳다." (DR, 212/274) 이것은 『베르그송주의』pp.143~145에서 설명했던 것이다.

재인 recognition

'재인'(再認)이란 말 그대로 '다시'(re) + '인식하다'(cognition)의 의미다. 베르그송의 맥락에서 이 개념은 몸체가 이미지(물질)와의 작용-반작용을 통해 선택한 현재의 이미지를 과거의 기억 속에서 돌이키는(회상) 인식을 가리킨다. 다시 말해 재인은 지각된 것을 다시 인식하는 것이다(따라서 베르그송은 지각을 '순수 인식'이라 한다). 이는 기계적 운동과 독립적 회상이라는 두 가지 형식을 띤다. 『물질과 기억』의 2장에서 베르그송은 이를 분석함으로써 기억의 두 가지 유형, 즉 현재 속에서 과거를 재-포착하는 구체적인 행위로서의 재인과 운동 경향성의 양태를 분석한다.

정신적 자동기계 spiritual automata(automate spirituel)

정신적 자동기계는 스피노자 철학이 주장하는 '존재의 일의성'에서 파생된다. 일의적 존재(신-하나)의 속성들은 자율적이고 동등한 표현들(다양)이다. 이러한 속성들의 자율성은 몸체와 정신의 대립을 극복하는 계기를 마련한다. 스피노자는 정신을 몸체보다 우선시하고 몸체를 정신의 지배 하에 두려는 데카르트적인 개념화를 거부한다. 이에 따른 대안으로 스피노자는 정신과 몸체의 '평행론'을 제시한다. '정신적 자동기계'는 바로 이 평행론에서 나온 개념이다.

평행론이란 정신과 몸체와의 대응관계를 말한다. 대응관계는 정신과 몸체의 자율성을 먼저 개념화한다. 스피노자에 따르면 "몸체는 연장의 양태이고, 정신은 사유의 양태다"(박기순 옮김, 1999 : 103). 정신의 속성과 몸체의 속성 간에는 실재적인 분리가 존재한다. 말하자면 정신은 오직 사유의 법칙만을 따르지 몸의 법칙을 따르지는 않는다. 이것은 몸체에 대해서도 마찬가지이다. "몸체와 정신은 상이한 두 속성에 의존해 있는데, 각 속성은 스스로에 의해서 사유되기 때문이다. 따라서 정신과 몸체, 즉 전자에서 일어나는 것과 후자에서 일어나는 것은 각기 자율적이다."(104) 여기서 정신은 '사유의 법칙을 따른다'고 해서 '정신적 자동기계'라는 이름을 얻으며, 몸체는 '물체적인 기계론'이라 불린다. 정신적 자동기계는 사유의 법칙에 따라 관념의 적실성과 참됨을 결정한다. "사유할 때 우리는 …… 우리로 하여금 관념들을 그 자체의 원인들에 따라서, 그리고 우리 자신의 역량에 따라서 연쇄시키는 법칙인 사유의 법칙만을 따른다."(이진경 옮김, 2003 : 193)

그렇다면 '정신적 자동기계'가 따르는 '법칙'은 어디에 있는가? 이런 경우 도대체 의식은 어떤 입장에 놓이는가? 들뢰즈는 스피노자의 평행론에서 '법칙'이 몸체와 정신을 벗어나는 지평에 있다고 말한다. "스피노자가 몸체를 모델로 간주할 것을 우리에게 요청할 때 …… 그것은 몸체가 우리가 그것에 대해서 갖는 인식을 뛰어넘는다는 것, 사유 또한 우리가 그것에 갖는 의식을 뛰어넘는 것을 보여주는 것이다."(박기순 옮김, 1999 : 33) 들뢰즈는 이 '뛰어넘는 것'을 '무의식'이라 말하고 스피노자의 중요성이 "몸체의 미지(未知)에 못지않게 근원적인 사유의 무의식의 발견"(33)에 있다고 평가한다.

무의식은 두 가지 함의를 갖는다. 첫째, 무의식은 사유가 의식을 뛰어넘는 초월론적인 장, 말하자면 '내재성의 평면'이다. 정신은 이러한 장에서 현실화되는 양태다. 정신은 초월론적이지만 내재성의 평면이라는 면에서는 내재적이다. 즉 정신을 규정할 수 있는 상위의 초월적인 영역은 내재성의 평면 외에는 없다. 내재성의 평면에서 양태(말하자면 '양태적인 평면')는 몸체와 정신이기도 하다. 나아가 양태는 "빠름과 느림의 복잡한 관계이며 몸체와 사유 속에서 몸체가 혹은 사유가 갖는 변용시키고 변용될 수 있는 능력"(184)이다. 정신은 이러한 사유에 따라 움직인다. 둘째, '무의식'이란 말에서 알 수 있듯 의식은 사유의 변용을 주재하는 질서를 알지 못한다. "이것은 의식이 가상(illusion)의 장소이기 때문이다."(33) 스피노자의 체계에서 정신(그리고 몸체)은 내재성의 평면에서의 변용을 통해 존재하며 이러한 변용의 능력은 사유의 법칙을 따른다. 반면 의식은 이러한 평면 안에서 일어나는 일들의 결과들만을 받아들인다. "몸체와 정신에서 일어나는 …… 살아 있는 부분들의 전체는 복잡한 법칙들에 따라 결합하거나 해체된다. 따라서 원인들의 질서는 끊임없이 자연 전체를 변용시키는 관계들의 결합과 해체의 질서다. 그러나 의식적 존재들인 우리는 이러한 구성과 해체들의 결과들만을 받아들인다."(34) 의식이 사유하는 것이 아니라 사유가 의식에 선행한다. 의식은 사유가 자신을 대상으로 할 때 발생하는 이차적인 것이다.

마지막 문제는 각자의 상이한 속성, 각자의 '기계'를 가진 정신과 몸체가 어떻게 평행적인 질서를 이루는가에 대한 것이다. 스피노자는 그 해답을 역시 일의적 존재인 신에서 찾는다. 신은 모든 속성들을 갖고 있는 유일한 실체이기 때문에, 하나의 동일한 질서에 따라 각각의 속성을 갖고 이에 따라 몸체와 정신을 낳는다. "신, 즉 절대적 무한자는 동등한 두 역량을 소유한다. 실존 및 활동 역량과 사유 및 인식 역량이 그것이다. 베르그송의 공식을 사용할 수 있다면 절대자는 두 '측면'과 두 절반을 갖는다. 만일 절대자가 그런 식으로 두 역량을 소유한다면, 이는 그 역량들을 자신의 근원적인 통일성 속에서 감싸면서 자체 내에서, 자신에 의해서 그렇게 한다."(이진경 옮김, 2003 : 161) 이를 통해서 스피노자는, 정신과 몸체를 원리상 다르다고 규정하면서도 몸체를 정신에 종속시키고자 했던 데카르트의 입장을 거부한다. 그렇기 때문에 "몸체 속에서 능동인 것은 영혼 속에서도 모두 능동이고, 영혼 속에서 수동인 모든 것은 몸체 속에서도 수동이다"(박기순 옮김, 1999 : 105~106). 이처럼 스피노자에게 몸체와 사유는 일의적 존재의 동일한 목소리에서 나온, 존재의 동등한 표현이다.

몸체에 대해 알게 될 때, 연장적인 속성에 대해 알게 될 때 우리는 정신의 능력과 사유의 속성에 대해서도 질문해보아야 한다. 바로 이 질문은 『시간-이미지』의 후반부에서 몸의 변화를 통해 사유의 변화를 추적하는 과정과 연관된다. 미라, 실어증, 마비상태, 자동인형의 영화들(드레이어의 「뱀파이어」〔*Vampyr*, 1932〕), 배우들을 의식이 배제된 수동적인 자동장치처럼 연기시킴으로써 창조된 브레송의 '모델'들이 이를 말해준다. 이들 작품에서 등장하는 '의식이 강탈당한 듯한 몸체들의 움직임'은 '무의식'의 영역에 사유가 직면하고 있음을 현시한다. 무의식의 영역은 의식이 도달할 수 없으면서 의식의 동일성을 파열시키는 영역이다. 예를 들어 드레이어의 후기 영화들은 직접적으로 흡혈귀를 등장시키지 않더라도 정신적 자동기계의 탁월한 사례들을 보여준다. 「오데트」(*Ordet*, 1954)에서 젊어서 의식불명 상태에 빠진 잉게르는 의식의 마비를 통해 사유의 존재를 일깨운다. 스스로를 예수라고 믿으면서 설교를 하는 아버지 요하네스는 사유의 존재를 생명으로서 회복시킨다. 「게르트루드」에서 일상의 부박함과 권태와 사랑의 결핍을 참을 수 없었던 게르트루드는 맥이 풀려버린 듯한 무기력(말하자면 감각-운동적인 상황의 정지) 속에서 자신을 괴롭혔던 문제(젊음, 아름다움, 사랑, 삶을 누렸던 적이 있었는지)을 사유한다. "여주인공의 화석화, '미라 되기'(momification)를 통해 믿음은 사유될 수 없는 것에 대한 사유로 여겨지게 된다."(TI, 171/222)

주체화 subjectivation

사유에 있어 자동기계론을 도입하는 들뢰즈의 관점은 푸코의 주체 개념과 상응한다. 왜냐하면 푸코 또한 주체가 자족적으로 형성되는 것이 아니라 외부의 다른 힘들에 대한 관계 속에서 형성된다고 말하기 때문이다. 푸코가 『성의 역사』(앎에의 의지, 자기에의 배려)에서 발견하는 주체는, 외부의 힘들에 따라 삶을 조직하는 기술을 발휘하는 주체다. 이런 관점에서 사유의 투명성이나 존재의 고정성, 도덕적 일원성을 유지하는 주체가 아닌 역사적으로 다양한 주체의 존재 방식, 주체가 스스로를 개인으로 표명하고 제도와 권력과의 과정에서 개인으로 언명되는 다양한 방식이 존재한다. 가령 고대 그리스인들은 운동경기, 공공장소에서의 자유 토론, 웅변 등의 기술을 통해 자유로운 개인이라는 개체를 이루었다. 중세 기독교와 종교개혁 이후의 휴머니즘의 등장 등에도 다양한 방향으로 뻗어나가는 주체화 과정을 말할 수 있다. 들뢰즈는 이 점을 다음과 같이 요약한다. "주체란 없다. 주체성의 산출이 있을 뿐이다. …… 바로 주체란 없기 때문이다. 정체성 없는 주체다. 과정으로서의 주체화란,

하나 혹은 다수를 향한 개인적·집단적 개체화다."(김종호 옮김, 1993 : 115·117) 이런 과정에서 주체는 다양한 힘들을 인식하고, 그런 힘들과 자기와의 관계를 정립함으로써 존재 방식을 창조한다. 이 힘들의 유동성은 시간과도 긴밀히 관련된다. 왜냐하면 시간은 주체성의 본질적 구조를 형성하기 때문이다. 즉 시간은 끊임없이 망각되고 재구성됨으로써 주체의 기억을 지속적으로 갱신하고, 스스로 절대적 기억을 보존한다. 주체는 결코 나를 스스로 표명하는 것이 아니다. 주체는 시간이 발산하는 바깥, '내가 아닌 것'을 내면에 위치시킨다. 바로 이러한 운동이 '이중화'의 운동, 뒤틀림, 주름 등의 용어로 표현되는 운동이자 생성의 이중 운동이다.

질료/내용-표현 material/content-expression

들뢰즈에게 '질료'는 다름 아닌 운동-이미지, 즉 운동 안에 포착된 사물 자체, 대상 그 자체의 변조다. 사실상 이는 베르그송적 의미의 물질이다. 그것은 "형식을 부여받지 않았고 (유기적으로) 조직되지 않았으며 지층화되지 않은, 또는 탈지층화된 몸체 …… 또한 그 몸체 위를 흘러가는 모든 것, 다시 말해 분자나 원자 이하의 입자들, 순수한 강렬함들이다"(김재인 옮김, 2001 : 92). 형식을 부여받았다는 것은 언표 가능하게 되었다는 것을 뜻한다. 따라서 질료는 곧 '언표 가능한 것', 언표를 가능케 하는 전-언어적 조건이다. 그러나 형식을 부여받기 이전의 질료는 언어라 말할 수 없는 유동적인 흐름이다. 따라서 그것은 전-언어적인 동시에 비-언어적이다. 질료가 의미를 나타내기 위해서는 형식이 되어야 한다. 그래서 다음과 같은 설명이 수반된다. "내용이라고 불리는 것은 형식을 부여받은 질료이며, 따라서 이제 (내용의) 실체와 (내용의) 형식이라는 두 가지 관점에서 그것을 고려해야 한다."(92)

이를 영화에 적용해보자. 운동-이미지가 곧 물질이라면 그것은 질료에 해당한다. 그러나 그것은 몸체(뇌)라는 특권적 이미지를 만나는데 여기서 다양한 운동-이미지가 연역된다. 이때 '특권적 이미지'는 형식을 부여하며, 그에 따라 연역된 운동-이미지의 변종들은 실체에 해당한다. 이렇게 실체와 형식의 국면을 동시적으로 가짐으로써 영화 이미지의 내용적인 평면(영화소)이 구성된다. 그러나 내용만으로 모든 것이 이루어지는 것은 아니다. 내용은 일정한 '기능적 구조'를 가져야 하는데 이것이 곧 표현이다. 그런데 이런 표현 또한 질료와 내용의 관계와 마찬가지 관점에서 고려될 수 있다──"그러한 구조가 갖는 고유한 형식의 조직화(표현의 형식)라는 관점에서, 그리고 이에 의해 여러 합성물이 형성되는 한에서는 실체(표현의 실체)라는 관점에서"(93). 운동-이미지의 변종들은 그 자체로는 기호가 될 수 없다. 그것들은 그 자체의 고유한 형식(쇼트)과, 그것들을 결합하거나 구성하는 작용(몽타주)이 수반되어야 한다. 바로 이런 이중적인 과정을 통해 구성된 기호들을 만나면서, 우리는 영화 이미지를 '운동 속의 물질'로 받아들인다.

문제는 내용과 표현의 연관관계다. 구조주의 기호학에서는 기표와 기의의 임의적인 관계를 인정하면서도, 표현적 층위인 형식이 곧 내용을 표현한다는 점에서 내용으로 환원될 수 있다고 생각했다. 그러나 옐름슬레브는 이러한 견해를 받아들이지 않고 내용과 표현이 고유한 실체와 형식을 가지며 어느 하나가 다른 하나로 환원될 수 없다고 말한다. 음악을 예로 들면, 다양한 종류의 코드체계와 음계(표현)가 있다 하더라도 그것이 음을 이루는 사운드의 내용 자체를 바꾸지는 못한다. 둘은 나름대로의 독자적인 체계를 가지면서 서로 만나고 연결된다(옐름슬레브, 2000). 들뢰즈에게 옐름슬레브의 견해는 내레이션에 대한 그의 입장에서 분명하게 나타난다. 내레이션은 표현의 형식적인 단위에 해당한다. 그러나 이는 이미지 자체에는 주어진 것이 아니다. 이미지는 비-언어적인 질료, 형식을 통한 질료의 실체화라는 서로 다른 질서를 따른다. 언어학적인 랑그가 비-언어적인 질료에 대한 반응으로서 형식화되는 것처럼, 내레이션 또한 운동-이미지(비-언어적-질료)에 대한 반응으로 생긴 것이지 운동-이미지보다 선행하거나 운동-이미지를 완전히 규정하는 것이 아니다. "이것이 발화와 내레이션이 시각적 이미지에 주어진 것이 아니라, 그에 대한 반응에서 유도되는 결과인 까닭이다."(TI, 29/45)

초월론적/초월적 transcendental/transcendent(transcendantal/transcendant)

칸트에게 있어 '초월적'이란 경험과 지성의 범위를 넘어선 실체를 가리키는 반면 '초월론적'이란 "'대상들 일반'에 관한 우리의 선험적 개념들을 다루는 모든 인식"을 일컫는다. 들뢰즈와 칸트의 맥락에서는 '초월론적 경험론'이란 말이 중요하다. 여기서 '초월론적'은 감각적인 대상을 발생시키는 선험적인 근거를 뜻하며, '경험론'이라 함은 그 근거에 대한 탐구가 감성적인 것 속에서 발견될 수 있음을 뜻한다.

칸트는 초월론적 경험론에서 대상의 경험이 지성의 사유 영역 바깥에 있음을 발견했다. 감성에 내재하는 대상은 지성이 산출하는 개념으로는 그 차이를 구별할 수 없기 때문이다. 칸트의 초월론적 경험론은 감성과 지성이라는 두 능력의 통일로서 상상력을 탐구하는 반면, 들뢰즈는 상상력이 맺어주는 능력의 일치가 임의적인 것이며 경험 가능성의 주관적 조건을 명시하는 데 그쳤다는 점에서 실패했다고 말한다. 다시 말해 초월론적임을 내세웠음에도 칸트의 상상력은 지성의 하위 능력으로 한정되기 때문에 선험적인 것의 지위를 설명할 수 없었다는 것이다.

들뢰즈의 '초월론적 경험론'은 칸트의 한계를 넘어서기 위해 '선험적인 근거' 자체를 중요시한다. 선험적인 근거가 진정으로 초월론적이라는 점은, 그것이 능력들의 종합이 가정하는 의식의 차원이 아니라 의식-이전의 장에서 발견되어야 함을 뜻한다. 따라서 초월론적인 장은 의식으로 규정될 수도 없고, 단순히 경험과 지성을 넘어선 실체로 간주될 수도 없다. 이를 '탈인격적' 또는 '선(先)인격적'이라 말할 수 있다. 칸트의 한계는 초월론적인 장을 여전히 의식적 자아의 동일성 속에서 규정하려 한 데 있다. 들뢰즈는 이를 극복하기 위해 경험론을 통해 '선험적인 근거'의 지위를 해명하고자 한다. 그 근거가 곧 '내재성의 평면'이다. 내재성의 평면은 다양한 양태들의 변용이 이루어지는 영역이자, 모든 신체와 정신들이 그 안에 들어 있는 영역이다. 의식적 자아는 그러한 변용들의 결과만을 알 뿐 그 원인에 대해서는 알지 못한다. 이는 정신의 영역이다. 이 영역은 하나(일자)로서의 실체를 표현한다. 내재성이란 실체가 양태들에 독립적이거나 초월적인 위치를 차지하지 않고 양태들 자체에 의해서만 표현될 수 있음을 뜻한다. 이것이 초월론적인 까닭은 의식의 입장에서는 알 수 없는 것, 의식의 입장에서는 경험되지 않는 것이기 때문이다. 초월론적 경험론에서 '경험'은 의식에 주어진 감각 요소가 아니라 양태와 양태들이 어울리는 변용들을 가리킨다.

들뢰즈는 프루스트에 대한 연구와 『운동-이미지』와 『시간-이미지』에서 이 변용들(즉 양태에 의한 양태들의 변이)이 곧 기호임을 발견한다. 영화가 '물질=이미지'인 내재성의 평면에서 일어나는 양태적인 변용들의 국면이라면, 들뢰즈에게 영화 이미지의 분석과 해독은 내재성 안에서의 변용들(즉 사건들, 분자운동들, 흐름들, 들끓음)에 대한 초월론적 경험론의 수행이라고 추측할 수 있다.

탈프레임화 deframing(décadrage)

이 용어는 들뢰즈가 보니체르에게서 차용한 것이다. 보니체르는 프레임과 마스킹(masking; 불어로는 'cache')에 대한 바쟁의 구별을 재평가함으로써 영화와 회화에서 프레임의 기능을 새롭게 정립하고자 한다. 바쟁은 회화의 프레임에서는 그림 안쪽의 공간으로만 열리는 구심적인 힘이 작용하며 프레임으로 인해 회화 내부의 공간과 외부의 공간이 대립하는 반면, 영화의 스크린은 현실 세계의 일부를 가리는 마스킹처럼 작용한다고 말한다. 이러한 마스킹 효과는 영화에서 카메라의 가동성을 통해 극복된다. 카메라가 움직이면 스크린에 보이던 이미지는 다시 프레임 밖의 현실로 들어가고 스크린 밖에 가려진 현실은 다시 스크린 안으로 들어오게 된다. 이런 점에서 바쟁은 "프레임은 구심적이요, 스크린은 원심적이다"(박상규 옮김, 1998 : 244~245)라고 말한다. 반면 보니체르는 프레임화가 현실 영역의 부분적인 절단이라는 점에 동의하면서도 영화와 회화를 구분하는 바쟁의 입장을 수정하고자 한다. 그는 프레임의 기능이 비가시적인 영역과 지배받지 않은 공간에 대한 정복의 의지와 관련된다고 말한다. 그는 고전 회화와 달리 현대 회화가 형상의 절단과 왜곡된 공간을 통해 가시성의 게임을 복잡하게 심화하는 것을 예로 든다.

탈프레임화는 이러한 현대 회화의 경향을 영화 프레임의 구성논리로 연장시킴으로써 회화와 영화의 대립을 극복하려는 개념이다. 영화에서 다양한 앵글과 시점의 변화와 클로즈업은 비가시적 영역을 지배하려는 응시의 욕망을 좌절시킨다. 그러나 영화는 반응 쇼트와 패닝 등의 재프레임화를 통해 응시의 빈틈과 공간의 공백을 메우려는 경향도 띤다. 영화의 프레임은 발생 초기부터 이 두 역할을 동시에 해왔는데 모던 영화(특히 고다르, 브레송, 스트로브와 위예)는 빈틈과 공백에 집착함으로써 탈프레임화 자체의 내재적인 본성을 탐구한다. 보니체르는 이러한 탈프레임화가 "영화와 회화, 그리고 사진의 기능에 아이러니컬한 접촉을 더하는 도착으로, 이 모든 형식은 시선의 권리를 실행하는 기능을 한다"(홍지화 옮김, 2003 : 200)고 말한다. 이러한 아이러니의 요체는 몸체나 물체를 프레임 바깥으로 쫓아내는 강력한 탈-중심화의 힘인데, 이 힘은 "화면구성이 불모상태인 죽은 텅 빈 지대에 주목할 때 …… 가학적인 힘이 된다"(200). 보니체르는 탈프레임화의 아이러니와 가학성이 프레임의 절단을 통해 냉정한 죽음-충동을 환기시킨다고 말하면서 이를 들뢰즈의 사디즘/마조히즘에 대한 대립과 연결시킨다. 이러한 견해를 『운동-이미지』에서 프레임이 행사하는 이미지의 탈영토화에 대한 논의와 비교하는 것은 흥미롭다. 들뢰즈는 보니체르의 논의를 빌려 '공간적인 집합으로의 닫힘'이라는 경향과 '시간적인 전체로의 열림'이라는 경향의 동시성을 중점적으로 설명한다.

틈새 interstice(interstice)

들뢰즈는 시간-이미지에서 틈새의 생성과 역할을 두 가지로 요약한다. 먼저 그것은 간격이 상정하는 공간적 안정성을 소멸시킨다. "틈새는 사건이 이미지의 공간에서 특정한 '장소'의 안정성을 더 이상 부여받지 못하게 되는 연속체 속으로 간격이 사라져버린 상태를 말한다."(톰 콘리, 2003 : 469. 번역 일부 수정) 틈새는 가시적인 빈 공간이나 공백만을 가리키는 것이 아니다. 공간적 안정성의 소멸은 이미지와 그것이 나타내는 감각-운동적인 대상과의 필연적인 연결성이 끊어졌다는 의미다. 공간적 안정성은 시간을 계기적인 것과 인과적인 것으로 재현하나, 이에 기여하는 간격이 소멸됨으로써 이미지들 또한 부유하게 된다. 두번째로 틈새는 이렇게 부유하는 이미지 사이에서 "사유 바깥에 있는 것, 환기될 수 없는 것, 설명 불가능한 것, 결정 불가능한 것, 공약 불가능한 것"(TI, 214/280)을 출현시킨다. 이것들은 모두 시간의 직접적 현시, 사유가 도달할 수 없는 바깥, 사유를 무력화하는 카오스에 해당한다. 바깥으로서의 카오스는 조화로운 사유의 가능성을 깨뜨린다.

영화로 이를 옮기면 고전 영화는 시각적인 표현과 청각적인 표현을 연결시킴으로써 인물-세계-관객의 통일을 보일 수 있었다. 이때 쇼트는 세계를 나타내는 형상, 이념을 함축하는 메타포가 될 수 있었다. 그리고 이 쇼트와 쇼트, 시각과 청각을 연결시키는 논리는 내적 독백이었다. 그러나 모던 영화에서는 간격이 틈새로 전환함으로써 내적 독백을 증발시킨다. 그 결과 부분들을 아우를 수 있는 완전한 조화는 불가능하다. 부분들은 이제 자율적인 분위기와 톤을 갖게 된다.

파악 prehension

'파악'은 들뢰즈가 화이트헤드에게서 빌려 쓴 용어다. 화이트헤드는 현실적인 존재자가 다른 존재자에게 나타날 때 전자가 후자를 지각하고 포용하는 자기 창조적인 과정에 이 말을 썼다── 한 존재자는 이런 파악을 통해 다른 존재자와 현행적으로 공존하게 되는데 화이트헤드는 이를 합생(coalescence)이라 말한다. 화이트헤드는 파악을 설명하면서 존재자에게 '운동', '생성', '과정'이라는 특성들을 부여한다. 파악은 이러한 특성들을 존재자의 안으로 끌어들이는 과정, 즉 규정되지 않은 것에서 규정으로 변이하는 데 필요한 작용을 가리킨다. 이와 같은 맥락들은 들뢰즈의 일의적 존재론과 내재성의 평면에 대한 베르그송적 사유에 잘 들어맞는다. 실제로 들뢰즈는 화이트헤드의 세계관과 파악 개념을 『주름: 라이프니츠와 바로크』(FLB, 76~82)에서 다시 논한다. 이 책에서 화이트헤드의 세계관은 '단일한 지속'과 '사건의 철학'으로 다시 기술된다. 세계는 무한히 단일한 평면이며 사건은 그러한 평면에서 발생하는 "청각적인 파동, 빛의 파동과 같은 …… 무한한 화성을 가진 진동이다"(77). 파악은 개체가 이러한 사건 속에서 존재하게 되는 과정, 말하자면 일의적인 세계의 잠재성을 현실화하는 작용을 가리킨다. "우리는 개체가 요소들의 합생이라 말할 수 있다. 이것은 접속이나 연결접속 이외의 그 무엇이다. 그것은 파악이다. …… 모든 것은 자신의 선행자와 부수자(部首者)를 파악하고, 점차로 세계를 파악한다. 눈은 빛의 파악이다. 생명체는 물과 흙, 탄소와 소금의 파악이다." 세계의 진동인 사건이 무한하다면 파악의 과정 또한 무한하다. "파악은 자연스럽게 열림, 세계를 향한 열림이다."(81)

포토그램 photogram

들뢰즈는 『운동-이미지』의 '용어 풀이'에서 포토그램을 "사진과 혼동해서는 안 된다"고 강조한다. 『운동-이미지』에서 포토그램은 '이미지를 구성하는 하나의 단위', 그리고 '탈-중심적인 운동과 지각의 기본 단위'라는 두 가지 의미로 모두 사용된다. 전자의 경우 포토그램은 초당 24프레임을 구성하는 요소들, 즉 '움직이지 않는 단면'에 해당된다. 이를 베르그송의 말로 다시 설명하면, 포토그램은 초당 24프레임이라는 '집합'을 구성하는 부분들에 해당된다. 이 경우 운동은 포토그램에 부가되는 것으로 이해되기 쉽다(『창조적 진화』에서 베르그송의 영화에 대한 부정적 평가는 바로 여기서 비롯된다). 그러나 들뢰즈는 포토그램으로 구성된 영화가 '움직이는 단면'을 준다고 말한다. 포토그램은 프레임이 되고 프레임은 쇼트가 되고 쇼트의 연결은 몽타주가 된다. 그 가운데서 움직이는 사물들은 하나의 전체 속으로 재통합되고 전체는 계속해서 나뉜다. 이런 과정을 통해 포토그램은 정적인 구성요소를 넘어서 운동으로 연장된다. 후자의 경우 포토그램은 『운동-이미지』의 5장 「지각-이미지」에 예시된 지가 베르토프의 기체적 지각(gaseous perception)을 가리키는 기호다. 베르토프에게 프레임은 단순히 사진의 집합과 연결로 이루어진 것이 아니다. 프레임을 생산하는 카메라는 하나의 눈(영화-눈)이 되는데 그것은 인간의 눈이나 유기체의 눈이 아니라 비인간적인 눈, 물질 속의 눈이다. 이렇게 물질적인 우주를 지각하는 눈은 물질과 지각을 분리하는 것이 아니라 물질과 지각의 통일성을 상정한다. 이러한 지각작용에서 모든 물질적 우주는 서로 작용-반작용한다. 포토그램은 이 작용-반작용의 운동과 밀접한 관련을 지닌다. 그것은 작용-반작용의 운동에서 교환되고 확산되는 물질의 입자나 에너지(정확히는 고정된 물질이 아니라 물질을 이루는 부동성, 진동, 깜박거림, 반복, 가속, 감속 등)를 나타낸다. 이러한 에너지와 입자는 인간적인 지각의 관점에서 볼 때는 감지되거나 관련될 수 없다. 그런 점에서 인간적인 지각을 고체적인 지각이라 일컫는다면, 물질의 입자나 에너지는 그것보다 유동적이고 탈-중심적인 지각, 즉 기체적인 지각이라 말할 수 있다.

포토그램은 기체적 지각에서의 운동을 구성하는 요소이자 그러한 운동을 발생시키고 미분하는 요소인 물질의 분자적 상태를 추출한다. 포토그램을 이렇게 가정할 경우 운동은 "한 포토그램에서 다른 포토그램으로의 변화가 아니라 포토그램 내부에서의 변화"를 나타낸다. 가령 베르토프의 「카메라를 든 사나이」에서 움직이는 프레임은 물론 정지 프레임의 경우도 이중인화나 저속 또는 고속 화면을 통해 물질들의 보편적 변이와 상호작용을 보여준다. 이러한 변이와 상호작용은 운동의 조건을 나타내기 때문에 중요하다. 즉 포토그램은 "모든 지각의 발생적 요소"이자 "스스로 변화하는 동시에 지각을 변화시키는 지점"(MI, 83/120)이 된다. 따라서 포토그램은 사물 안의 보편적 지각을 나타내는 '그램'(gramme), '엔그램'(engramme, 기억의 흔적을 나타내는 기본 단위)과 한데 묶여 발생적 기호로 분류된다. 이러한 기호들에 대한 설명은 이 책의 3장을, 베르토프의 '영화-눈'에서의 포토그램과 베르그송과의 유사성에 관해서는 프랑수아 주라비슈빌리의 「몽타주의 눈: 지가 베르토프와 베르그송적 유물론」(박성수 옮김, 2003: 210~224)을 참조하라. 포토그램, 그램,

엔그램은 모두 소(-éme)라는 어미를 가지는데, 이는 물질과 그것의 흐름을 절단하고 분절하는 최소 형식 또는 기본 단위를 가리킨다. 그렇다고 해서 이것이 기호학에서 음운론과 의미론에 따른 분절의 단위들을 가리키는 것은 아니며, 정확히 말하면 실체(substance)에 가깝다.

　　본래 포토그램은 사진 테크놀로지와 그것을 활용한 예술작품이다. 작품으로서의 포토그램은 감광재료 위에 불투명·반투명 또는 투명한 평면, 또는 입체적인 물체를 직접 놓거나 띄워서 배치하고 위에서 빛을 쬐어 물체의 윤곽·그림자·반영상 등이 그 물질의 투명도 또는 반사 정도에 따라 복잡한 흑백의 톤을 그리면서 실루엣을 만들도록 한다. 즉, 이것은 카메라 메커니즘을 쓰지 않는 사진의 일종이며 사진의 재현 기능을 창조 기능으로 전환시킨 사진적인 조형이다.

표상/재현 representation

'representation'를 표상과 재현 중 어느 하나로 통일하기는 어렵다. '표상'은 독일어 'vorstellen'의 의미에 충실할 경우, 즉 '자기(vor-) 앞에 세운다(stellen)'는 뜻을 강조할 때 쓰인다. 이는 근대적 주체의 형성 과정에서 세계가 주체의 '대상'으로서만 존재한다는 것과 주체가 존재자와의 관계를 스스로 설립할 수 있다는 것을 가정한다. 한편 '재현'은 're-presentation'의 의미를 강조할 때 쓰인다. 이 경우 두 가지 의미가 덧붙는데, 하나는 의식에 나타난 것을 매개하여 대상으로서 있게 하는 의식의 활동, 즉 '다시'(re-)의 차원이며, 또 하나는 그렇게 매개된 대상을 '지금' 존재하는 의식의 대상으로 존속시키는 '현재화'(presentation)의 차원이다.

　　이렇듯 '표상'과 '재현'은 긴밀하게 얽혀 있기 때문에 어느 하나가 다른 하나에 대해 결여된 관계이거나 상호 변별적인 관계는 아니다. 다만 베르그송과 들뢰즈의 맥락에서는 차이와 다양한 항들 전체를 '다시', '간접적으로' 매개하여 동일성 아래 복속시키는 유기적인 통일성이라는 점에서, 또한 의식보다 초월적으로 존재하는 실체(이 책의 2장에 언급되는 '내재성의 평면' 또는 '잠재성', 곧 '물질로서의 이미지')를 의식하는 몸체가 지각을 통해 '다시' 얻는 상(像)이라는 점을 감안하여 주로 '재현'으로 옮겼다. 베르그송은 『물질과 기억』에서 현시/재현의 차이를 구분한다. "하나의 이미지가 지각되지 않으면서 존재하지 않을 수 있다는 사실은 옳다. 그것은 재현(represent)되지 않으면서도 현시(present)할 수 있다. 현시함/재현됨이라는 두 용어상의 거리는 바로 물질 자체와 우리가 이에 관하여 지니는 의식적인 지각 사이의 거리를 측정하는 듯하다."(MM, 35) 일부를 제외하면 포괄적인 의미에서도 대체로 '재현'으로 옮겼는데 이 맥락에서 영화 이미지는 기표로 취급되며 스토리와 인물 등의 내용적인 요소는 기표가 유발하는 정신적인 개념인 기의로 해석된다. 들뢰즈는 영화 이미지가 이러한 재현의 질서를 통해 현실성을 획득하는 것이 아니라 그 자체로 실재성을 지닌 것임을 거듭하여 지적하는데, 이미지에 대한 이러한 비재현적 견해는 『감각의 논리』에서 '형상'(figure)과 '재현'의 대비를 통해 더욱 분명해진다. "구상적인 것 또는 재현이란 한 이미지가 보여준다고 여기는 대상과 그 이미지 사이의 관계를 내포한다."(하태환 옮김, 1995 : 7) "형상들에는 더 이상 재현하거나 서사화할 것이 없다. …… 이제 형상들이 할 일이란 천상적, 지옥적, 혹은 지상적 '감각들' 만을 그리는 것이다."(20)

:: 참고문헌

국내문헌

그레고리 플랙스먼, 「영화 영년」, 박성수 옮김, 『뇌는 스크린이다』, 이소, 2003.

그레그 램버트, 「영화의 외부」, 박성수 옮김, 『뇌는 스크린이다』, 이소, 2003.

레프 마노비치, 서정신 옮김, 『뉴 미디어의 언어』, 생각의나무, 2004.

로버트 스탬 외, 문재철 외 옮김, 『어휘로 풀어 읽는 영상기호학』, 시각과언어, 2003.

루이 옐름슬레브, 김용숙·김혜련 옮김, 『랑가쥬 이론 서설』, 동문선, 2000.

마이클 하임, 여명숙 옮김, 『가상현실의 철학적 의미』, 책세상, 1997.

박성수, 「벨라 발라즈―이데올로기와 형식」, 『들뢰즈와 영화』, 문화과학사, 1998.

서동욱, 『들뢰즈의 철학―사상과 그 원천』, 민음사, 2002.

쉬잔 엠 드 라코트, 이지영 옮김, 『들뢰즈 : 철학과 영화』, 열화당, 2004.

알랭 로브-그리예, 김치수 편역, 『누보로망을 위하여』, 문학과지성사, 1992.

이정우, 『접힘과 펼쳐짐』, 거름, 2001.

이지영, 「영화 프레임에 대한 연구―들뢰즈의 *Cinéma 1,2*를 중심으로」, 영화진흥위원회 편, 『우수논문공모 선정논문집』, pp.63~111.

임마누엘 칸트, 김석수 옮김, 『순수이성 비판 서문』, 책세상, 2003.

존 오르, 김경욱 옮김, 『영화와 모더니티』, 민음사, 1999.

질 들뢰즈, 박기순 옮김, 『스피노자의 철학』, 민음사, 1999.

프랑수아 주라비슈빌리, 「몽타주의 눈 : 지가 베르토프와 베르그송적 유물론」, 박성수 옮김, 『뇌는 스크린이다』, 이소, 2003.

외국문헌

Aumont, Jacque(1987). *Montage Eisenstein*. Trans. Lee Hildreth et al. Bloomington : Indiana University Press.

Balázs, Béla(1970). *Theory of the Film : Character and Growth of a New Art*. Trans. Edith Bone. New York : Dover Publications. Originally published as *Schriften zum Film*. Munich :Carl Hanser Verlag. 1984. [이형식 옮김, 『영화의 이론』, 동문선, 2003.]

Barrow, John D.(1988). *The World within the World*. Oxford : Oxford University Press.

Bazin, André(1967). *What Is Cinema?* Trans. Hugh Gray. Berkeley : University of California Press. [박상규 옮김, 『영화란 무엇인가』, 시각과언어, 1998.]

Bellour, Raymond(1990). *L'Entre-images*, Photo, Cinéma, Vidéo, Paris : La Différence.

_____(1999). "Penser, raconter : Le cinéma de Gilles Deleuze." *Der Film bei Deleuze/Le Cinéma selon Deleuze*. eds. Oliver Fahle and Lorenz Engell. Verlag der Bauhaus— Universität Weimar/Presses de la Sorbonne Nouvelle.

Benjamin, Walter(1973). *Illumination*. Ed. Hannah Arendt. Trans. Harry Zohn. Glasgow : Fontana/Collins.

_____(1980). "A Short History of Photography." Trans. P. Patton. *Classic Essays on Photography*. Ed. Alan Trachtenberg. New Haven : Leet's Island Books. pp.199~216.

Bensmaïa, Réda(1997). "Les transformateurs : Deleuze ou le cinéma comme automate spirituel." *Deleuze, Pensare il Cinema*. Rome : Quaderni di Cinema/Studio.

_____(1993). "'L' espace quelconque' comme 'personnage conceptuel.'" *Iris* 23.

_____(1998). "Du photogramme au pictogramme." *Iris* 8. pp.8~31.

Bergson, Henri(1920). *Mind-Energy : Lectures and Essays*. Trans. H. Wildon Carr. London : Macmillan.

_____(1950), *Time and Free Will : An Essay on the Immediate Date of Consciousness*. Trans. F. L. Pogson. New York : Macmillan. Originally published as *Essai sur les données immédiates de la conscience*. In *Oeuvres*. Éditions du Centenaire. Paris : Presses Universitaires de France. 1959. [최화 옮김, 『의식에 직접 주어진 것들에 관한 시론』, 아카넷, 2001.]

_____(1956). *The Two Sources of Morality and Religion*. Trans. R. Ashley Audra, Claudesley Shovell, Henry Brereton, and William Horsfall Carter. New York : Doubleday. [송영진 옮김, 『도덕과 종교의 두 원천』, 서광사, 1998.]

_____(1959). *Oeuvres*. Éditions du Centenaire. Paris : Presses Universitaires de France.

_____(1983). *Creative Evolution*. Trans. Arthur Mitchell. Lanham : University Presses of America. [황수영 옮김, 『창조적 진화』, 아카넷, 2005.]

_____(1991). *Matter and Memory*. Trans. Nancy Margaret Paul and W. Scott Palmer. New York : Zone Books.

_____(1992). *The Creative Mind : An Introduction to Metaphysics*. Trans. Mabelle L.

Andison. New York : Carol Publishing Group.

Blanchot, Maurice(1959). *Le livre à venir*. Paris : Gallimard.

_____(1969). *L'entretien infini*. Paris : Gallimard.

Bloch, Ernst(1988). *The Utopian Function of Art and Literature : Selected Essays*. Trans. Jack Zipes & Frank Meklenburg. Cambridge : MIT Press.

Bogue, Ronald(1989). *Deleuze and Guattari*. New York : Routledge. [이정우 옮김, 『들 뢰즈와 가타리』, 새길, 1995.]

Bolter, Jay David, and Richard Grusin(2000). *Remediation : Understanding New Media*, MIT Press.

_____(2003). *Deleuze and Cinema*. New York : Routledge.

Bonitzer, Pascal(1978). "Décadrage." *Cahiers du cinéma* 284. [*Cahiers du Cinma Vol. 4 1973~1978 : History, Ideology, Cultural Struggle*. ed. Jim Hiller et al. London and New York : Routledge. 2000. pp.19~203.]

_____(1987). *Décadrage : Peintre et Cinéma*. Cahiers du Cinéma. Editions de l'Etoile. [홍지화 옮김, 『영화와 회화 : 탈배치』, 동문선, 2003.]

Bordwell, David(1985). *Narration and the Fiction Film*. Madison : University of Wisconsin Press.

_____(1989). *Making Meaning : Inference and Meaning in the Interpretation of Cinema*. Cambridge : Havard University Press.

_____(1993). *The cinema of Eisenstein*. Cambridge : Havard University Press.

Borges, J. L.(1970). *Labyrinths*. Trans. Donald A. Yates. Harmondsworth : Penguin. [황병하 옮김, 『픽션들』, 민음사, 1994.]

Boundas Constantin V.(1996). "Deleuze-Bergson : An Ontology of the Virtual." *Deleuze : A Critical Reader*. Blackwell.

Briggs, John and David F. Peat(1989). *The Turbulent Mirror*. New York : Harper & Row.

Buck-Morss, Susan(1994). "The Cinema Screen as Prosthesis of Perception : A Historical Account." in *The Senses Still : Perception and Memory as Material Culture in Modernity*. ed. C. Nadia Seremetakis. Westview Press. pp.45~62.

_____(1998). "Aesthetics and Anaesthetics : Walter Benjamin's Artwork Essay Reconsidered." in *October : The Second Decade, 1986-1996*. eds. Rosalind Krauss et al. MIT Press.

Burch, Noël(1973). ed. *Marcel l'Herbier*. Paris : Seghers.

_____(1979). *To the Distant Observer*. Berkeley : University of California Press.

_____(1981). *Theory of Film Practice*. Trans. Helen R. Lane. Princeton : Princeton

University Press.

Butler, Samuel(1872). *Erewhon : or Over the Range*. London : Trübner.

Conley, Tom(1997). "L'evénement-cinéma." *Iris* 23. 〔박성수 옮김, 「영화-사건 : 간격에서
틈새로」, 『뇌는 스크린이다』, 이소, 2003.〕

Deleuze, Gilles(1972). *Proust and Signs*. Trans. Richard Howard. New York : George
Braziller. 〔서동욱 · 이충민 옮김, 『프루스트와 기호들』, 민음사, 1997.〕

_____(1981). *Francis Bacon : Logique de la sensation*. Paris : Édition de la Différence.
〔하태환 옮김, 『감각의 논리』, 민음사, 1995.〕

_____(1983). *Nietzsche and Philosophy*. Trans. Hugh Tomlinson. New York : Columbia
University Press. Originally published as *Nietzsche et la Philosophie*. Paris : Presses
Universitaires de France. 1962. 〔이경신 옮김, 『니체와 철학』, 민음사, 1998.〕

_____(1984). *Kant's Critical Philosophy*. Trans. Hugh Tomlinson and Barbara Habber-
jam. Minneapolis : University of Minnesota Press. 〔서동욱 옮김, 『칸트의 비판철학』,
민음사, 1995.〕

_____(1985). "Nomad Thought." In *The New Nietzsche*. ed. David B. Allison Cam-
bridge : MIT Press. pp.142~149.

_____(1986). *Cinema 1 : The Movement-Image*. Trans. Hugh Tomlinson and Barbara
Habberjam. Minneapolis : University of Minnesota Press. Originally published as
Cinéma 1 : L'image- mouvement. Paris : Édition de Minuit. 1983. 〔유진상 옮김, 『시
네마 1 : 운동-이미지』, 시각과 언어, 2002.〕

_____(1986). "'L'Image-Temps' de Gilles Deleuze/Le cerveau, c'est l'écran : entretien
avec Gilles Deleuze." *Cahiers du Cinéma*. issue 30. 〔임세은 옮김, 「뇌는 스크린이
다―질 들뢰즈와의 대담」, 『세계의 문학』 95호, 2000년 봄.〕

_____(1987). *Qu'est-ce que l'acte de creation?* Videocassette. Paris : FEMIS.

_____(1988). *Foucault*. Trans. Sean Hand. Minneapolis : University of Minnesota Press.
Originally published as *Foucault*. Paris : Édition de Minuit. 1986. 〔허경 옮김, 『푸
코』, 동문선, 2003.〕

_____(1989). "On the 'Crystalline Regime'." Trans. D. N. Rodowick. *Art and Text* 34.

_____(1989). *Cinema 2 : The Time-Image*. Trans. Hugh Tomlinson and Robert Galeta.
Minneapolis : University of Minnesota Press. Originally published as *Cinéma
2 : L'image- temps*. Paris : Édition de Minuit. 1985.

_____(1990). *The Logic of Sense*. Trans. Mark Lester with Charles Stivale. Ed. Constantin
Boundas. New York : Columbia University Press. Originally published as *Logique
du sens*. Paris : Éditions de Minuit. 1969. 〔이정우 옮김, 『의미의 논리』, 한길사, 2000.〕

_____(1990). "Avoir une idée en cinéma." *Jean-Marie Straub, Danièle Huillet*. Ed. Charles Tesson. Paris : Éditions Antigone. pp.63~77.

_____(1991). *Bergsonism*. Trans. Hugh Tomlinson and Robert Galeta. New York : Zone Books. [김재인 옮김, 『베르그송주의』, 문학과지성사, 1996.]

_____(1992). *Expressionism in Philosophy : Spinoza*. Trans. Martin Joughin. New York : Zone Books. [이진경·권순모 옮김, 『스피노자와 표현의 문제』, 인간사랑, 2003.]

_____(1992). "'On Sur et Sous la Communication'—Three Questions About ⟨Six Fois Deux⟩." in *Jean-Luc Godard, Son+Image 1974~1991*. eds. Raymond Bellour & Mary Lea Bandy. The Museum of Modern Art. New York.

_____(1993). *The Fold : Leibniz and the Baroque*. Trans. Tom Conley. Minneapolis : University of Minnesota Press. [이찬웅 옮김, 『주름 : 라이프니츠와 바로크』, 문학과지성사, 2004.]

_____(1994). "He Stuttered." In *Gilles Deleuze and the Theatre of Philosophy*, ed. Constantin V. Boundas & Dorothea Olkowski. New York : Routledge. pp.23~29.

_____(1994). *Difference and Repetition*. Trans. Paul Patton. New York : Columbia University Press. [김상환 옮김, 『차이와 반복』, 민음사, 2004.]

_____(1995). *Negotiation : 1972~1990*. Trans. Martin Joughin. New York : Columbia University Press. Originally published as *Pourparles*. Paris : Édition de Minuit. 1990. [김종호 옮김, 『대담 1972~1990』, 솔, 1993.]

_____(2004). "The Method of Dramatization." *Desert Islands and Other Texts : 1953~1974*. trans. Michael Taormina. ed. David Lapoujade. MIT : Semiotext.

Deleuze, Gilles, and Félix Guattari(1983). *Anti-Oedipus*. Trans. Robert Hurley et al. Minneapolis : University of Minnesota Press. [최명관 옮김, 『앙띠 오이디푸스』, 민음사, 2000.]

_____(1986). *Kafka : Toward a Minor Literature*. Trans. Dana Polan. Minneapolis : University of Minnesota Press. [이진경 옮김, 『카프카 : 소수적인 문학을 위하여』, 동문선, 2001.]

_____(1987). *A Thousand Plateaus*. Trans. Brian Masumi. Minneapolis : University of Minnesota Press. [김재인 옮김, 『천 개의 고원』, 새물결, 2001.]

_____(1994). *What Is Philosophy?* Trans. Hugh Tomlinson and Graham Burchell. New York : Columbia University Press. [이정임·윤정임 옮김, 『철학이란 무엇인가』, 현대미학사, 1995.]

Deleuze, Gilles, and Claire Parnet(1987). *Dialogues*. New York : Columbia University Press.

Eco, Umberto(1976). *A Theory of Semiotics*. Bloomington : Indiana University Press. [서우석 옮김, 『기호학이론』, 문학과지성사, 1985.]

_____(1990). "Articulations of the Cinematic Code." In *Movies and Methods*. ed. Bill Nichols. Berkeley : University of California Press. pp.590~607.

_____(1985). "On the Contribution of Film to Semiotics." In *Film Theory and Criticism*. ed. Gerald Mast and Marshall Cohen. 3d ed. Oxford : Oxford University Press. pp.194~208.

Eisenstein, Sergei(1949). "A Dialectic Approach to Film Form."; "Filmic Fourth Dimension."; "Film Form : New Problems." In *Film Form : Essays in Film Theory*. ed. and trans. Jay Leyda. New York : Harcourt, Brace.

_____(1987). *Nonindifferent Nature : Film and the Structure of Things*. Trans. Herbert Marshall. Cambridge : Cambridge University Press.

Elsaesser, Thomas(1990). ed. *Early Cinema : Space, Frame, Narrative*. London : British Film Institute.

Epstein, Jean(1974). *Écrits sur le cinéma, 1921~1953 : Édition chronologique en deux volumes*. Paris : Seghers.

Faure, Elie(1976). *Fonction du cinéma*. Paris : Éditions Gonthier/Médiations.

Foucault, Michel(1973). *The Order of Things : An Archaeology of the Human Sciences*. Trans. Alan Sheridan. New York : Vintage.

Foucault, Michel, and Maurice Blanchot(1990). *Foucault/Blanchot*. Trans. Brian Masumi and Jeffrey Mehlman. New York : Zone Books.

Hardt, Michel(1993). *Gilles Deleuze : An Apprenticeship in Philosophy*. Minneapolis : University of Minnesota Press. [이성민 외 옮김, 『들뢰즈의 철학사상』, 갈무리, 1996.]

Heath, Stephen(1976). "Narrative Space." *Screen* 17·3. pp.68~112. [김소연 옮김, 『영화에 관한 질문들』, 율력, 2003, pp.41~126.]

Heidegger, Martin(1990). *Kant and the Problem of Metaphysics*. Trans. Richard Taft. Bloomington : Indiana University Press. [이선일 옮김, 『칸트와 형이상학의 문제』, 한길사, 2001.]

_____(1993). *Basic Writing : From Being and Time(1927) to The Task of Thinking (1964)*. Ed. David Farrell Krell. Rev. and exp. San Francisco : HaperSanFrancisco.

Johnston, John(1999). "Machinic Vision." *Critical Inquiry* Vol.26. University of Chicago Press.

Kafka, Franz(1948). *Letters to Friends, Family and Editors*. Trans. Richard and Clara Winston. New York : Schochen Books.

_____(1949). *Diaries*. Trans. Martin Greenberg. New York : Schochen Books.

Kant, Immanuel(1933). *Critique of Pure Reason*. Trans. Norman Kemp Smith. London : Macmillan.

Kittler, Friedrich(1999). *Gramophone, Film, Typewriter*. trans. G. Winthrop-Young and M. Wutz. Stanford University Press.

Klee, Paul(1966). *On Modern Art*. Trans. Paul Findlay. London : Faber.

Kracauer, Siegfried(1947). *From Caligari to Hitler : A Psychological History of German Film*. Princeton : Princeton University Press.

Leibniz, G. Wilhelm(1990). *Theodicy*. Trans. E. M. Huggard. La Salle : Open Court.

Malkmus, Lizbeth, and Roy Armes(1991). *Arab and African Filmmaking*. London : Zed Books.

Marks, Laura U.(1994). "Deterritorialized Filmmaking : A Deleuzian Politics of Hybrid Cinema." *Screen* 35 · 3. pp.244~264.

_____(2000). *The Skin of the Film : Intercultural Cinema, Embodiment and the Senses*. Durham : Duke University Press.

Masumi, Brian(1992). *A User's Guide to Capitalism and Schizophrenia : Deviations from Deleuze and Guttari*. Cambridge : Swerve Editions/MIT Press.

Merleau-Ponty, Maurice(1964). *Sense and Non-sense*. Trans. Hubert L. Dreyfus and Patricia Allen Dreyfus. Evanston : Northwestern University Press. [권혁민 옮김, 『의미와 무의미』, 서광사, 1988.]

Metz, Christian(1974). *Language and Cinema*. Trans. Donna Jean Umiker-Sebeok. The Hague : Mouton.

_____(1981). "Current Problems of Film Theory." ; "Le cinéma : langue ou langage." *Screen Reader 2 : Cinema and Semiotics*. London : Society for Education in Film and Television.

_____(1991). *Film Language : A Semiotics of the Cinema*. Trans. Michael Taylor. Chicago : University of Chicago Press.

Mitry, Jean(1965). *Ésthéthique et psychologie du cinéma, II*. Paris : Éditions Universitaires.

Monaco, James(1978). *Alain Resnais*. New York : Oxford University Press.

Münsterberg, Hugo(1970). *The Film : A Psychological Study*. New York : Dover.

Nancy, Jean-Luc(1996). "The Deleuzian Fold of Thought", in *Deleuze : A Critical Reader*, ed. Paul Patton. London : Blackwell Publishers. p.110.

Narboni, Jaen(1995). "······ une aile de papillon." *Cahiers du cinéma* 497 December.

pp.23~25.

Nietzsche, Friedrich(1967). *On the Geneaology of Morals*. Trans. Walter Kaufmann and R. J. Hollingdale. New York : Random House. 〔김정현 옮김, 『도덕의 계보』, 책세상, 2002.〕

_____(1968). *The Will to Power*. Ed. Walter Kaufmann Trans. W. Kaufmann and R. J. Hollingdale. New York : Vintage. Originally published as *Der Wille zur Mocht II*. In *Friedrich Nietzches Werke*. Vol. 10. Leibzig : Naumann, 1906.

_____(1968). *Thus Spoke Zarathustra*. Trans. R. J. Hollingdale. Harmondsworth : Penguin. 〔정동호 옮김, 『차라투스트라는 이렇게 말했다』, 책세상, 2003.〕

Ngùgì wa Thiong'o(1986). *Decolonising the Mind : The Politics of Language in African Literature*. London : James Currey/Heinemann.

Pasolini, Pier Paolo(1988). *Heretical Empiricism*. Ed. Louise K. Barnett. Trans. Ben Lawton and L. K. Barnett. Bloomington : Indiana University Press.

_____(1990). "The Cinema of Poetry." In *Movies and Methods*. ed. Bill Nichols. Berkeley : University of California Press.

Peirce, Charles Sanders(1903). "A Syllabus of Certain Topics of Logic." *The Essential Peirce 2*.

_____(1978). *Écrits sur le signe*. Ed. Gérard Deledalle. Paris : Éditions du Seuil.

_____(1991). "One, Two, Three : Fundamental Categories." ; "A Guess at the Riddle." ; "Questions concerning Certain Faculties Claimed for Man." ; "Some Consequences of Four Incapacities." *Peirce on Signs*. Ed. James Hoopes. Chapel Hill : University of North Carolina Press.

Prigogine, Ilya, and Isabelle Stengers(1984). *Order out of Chaos : Man's New Dialogue with Nature*. Toronto : Bantam. 〔신국조 옮김, 『혼돈으로부터의 질서』, 고려원, 1993.〕

Rabinow, Paul(1984). ed. *The Foucault Reader*. New York : Pantheon.

Raichman, John(2000). *The Deleuze Connection*. Cambridge : MIT Press.

Rancière, Jacques(2001). *La Fable Cinématographique*, Paris : Seuil.

Rodowick, D. N.(1987). "The Last Things before the Last : Kracauer and History." *New German Critique* 41. pp.109~139.

_____(1991). *The Difficulty of Difference : Psychoanalysis, Sexual Difference, and Film Theory*. New York : Routledge.

_____(1991). "Reading the Figural." *Camera Obscura* 24. pp.11~44. Also http://www.rochester.edu/College/FS/Publishcations/AVCulture

_____(1991). "Seminar with Claude Lanzmann." *Yale French Studies* 79. pp.82~102.

_____(1994). *The Crisis of Political Modernism : Criticism and Ideology in Contemporary Film Theory*. 2d ed. Berkeley : University of California Press.

_____(1995). "Audiovisual Culture and Interdisciplinary Knoeledge." New Literary History 26. pp.111~121. Also http://www.rochester.edu/College/FS/Publishcations/AVCulture

_____(2001). *Reading the Figural, or Philosophy After the New Media*. Durham : Duke University Press.

Ropas-Wuilleumier, Marie-Claire(1994). "The Cinema, Reader of Gilles Deleuze." ; "Le Tout Contre la Partie:Une fêlure à Réparer." Trans. Dana Polan. in *Gilles Deleuze and the Theater of Philosophy*. ed. Constantin V. Boundas and Dorothea Olkowski. New York : Routledge.

Rotty, Richard(1979). *Philosophy and the Mirror of Nature*. Princeton : Princeton University Press. [박지수 옮김, 『철학 그리고 자연의 거울』, 까치, 1998.]

Sartre, Jean-Paul(1962). *The Imagination : A Psychological Critique*. Trans. Forrest Williams. Ann Arbor : University of Michigan Press.

Schefer, Jean-Louis(1980). *L'homme ordinaire du cinéma*. Paris : Cahiers du cinéma/ Gallimard.

Schuhl, P. M.(1960). *Le dominateur et les possibles*. Paris : Presses Universitaires de France.

Shohat, Ella, and Robert Stam(1994). *Unthinking Eurocentrism : Multicul-turalism and the Media*. New York : Routledge.

Simondon, Gilbert(1964). *L'individu et sa genèse phsycho-biologique*. Paris : Presses Universitaires de France.

Spielmann, Yvonne(1999). "Aesthetic Features in Digital Imaging : Collage and Morph." ; "Digitalisation : Image-temps et Image-espace." in eds. Fahle and Lorenz Engell. *Wide Angle* 21.1.

Vertov, Dziga(1984). *Kino-eye : The Writings of Dziga Vertov*. Ed. Annette Michelson. Trans. Kevin O'Brien. Berkeley : University of California Press.

Virilio, Paul(1989). *War and Cinema : Logistics of Perception*. Trans. Patrick Camiller. London : Verso. [권혜원 옮김, 『전쟁과 영화―지각의 병참학』, 한나래, 2004.]

_____(1994). *Vision Machine*. trans. Julie Rose. BFI Publishing.

_____(1997). *Open Sky*. trans. Julie Rose. London : Verso.

Vološinov, V. N.(1973). *Marxism and the Philosophy of Language*. Trans. Ladislav Matjeka and I. R. Titunik. New York : Seminar Press.

Vuillemin, Jules(1984). *Nécessité ou contingence : L'aporie de Diodore et les systèmes philosophiques*. Paris : Éditions de Minuit.

Wöfflin, Heinrich(1932). *Principles of Art History*. Trans. M. D. Hottinger. New York : Dover Publications. Originally published as *Kunstgeschichtliche Grundberiffe : Das Problem der Stilentwicklung in der neueren Kunst*. Basel : Schwabe, 1963. [박지형 옮김, 『미술사의 기초 개념』, 시공사, 1994.]

Worringer, Wilhelm(1953). *Abstraction and Empathy*. Trans. Michael Bullock. New York : International Universities Press.

＿＿＿(1964). *Form in Gothic*. Ed. Herbert Read. New York : Schocken Books.

∷ 용어 대조표

용어 대조표는 하나의 용어에 둘 이상의 번역어가 가능하므로 원문인 영어를 먼저 표기하는 것을 원칙으로 삼았다. 또한 『운동-이미지』와 『시간-이미지』 등 들뢰즈 저작의 주요 개념 중 필요하다고 판단한 용어에는 불어를 병기했으며, 찾아보기가 가능하도록 쪽수를 표시했다.

dividual(dividuel) 분할체(분할 가능한) 105, 111

double 분신(이중화하다) 145, 367, 381

double articulation 이중 분절 94, 98, 99, 225, 226

double movement 이중(적) 운동 176, 227

dream-image(image-rêve) 꿈-이미지 141, 174, 226, 227, 250, 251

duration(durée) 지속 35, 39~41, 44, 48, 51, 52, 58~64, 67~71, 80~83, 91, 98~101, 107~113, 116~120, 123, 124, 147, 154, 166~169, 194~196, 200, 201, 204, 206, 211, 214, 247, 248, 254, 282, 351, 354, 390

effondement 탈정초 262, 298, 382

emotion(emotion) 감동(정서) 56, 132, 135, 138

enchaînment 연쇄 40, 45, 50, 94, 143, 172, 174, 201, 283, 293, 297, 302, 304, 384

engramme 엔그램 125~127, 130, 133

enounce(énoncé) 언표 36, 94, 95, 127, 129, 298, 313, 316, 320, 357, 373~375

enunciation(énunciation) 언표행위 98, 126, 127, 129, 160, 161, 298, 307, 315, 316, 320

eternal return 영원회귀 12, 158, 186, 240, 245, 254, 262~266, 273, 274, 276, 279, 295, 330, 337, 338, 355, 367, 370, 374, 380, 388

event(événement) 사건 13, 48, 51, 52, 55, 62, 76, 105, 110, 150, 154, 167, 173, 176, 182, 190~194, 204, 210, 212, 215, 221, 234, 252, 261, 262, 267, 277, 281, 291, 294, 297, 332, 339, 341~345, 361, 372, 375, 383~385, 390~392

exteriority 외재성 75, 108, 153, 154, 237, 291, 297, 311, 355, 372, 375, 377

fabulation(fabulation) 이야기 꾸미기 160, 276, 291, 296, 297, 306~318, 392

faciality(visagéité) 얼굴성 136

falsifying narration(narration falsifiant) 거짓을 만들어내는 서사 164, 165, 182, 194, 233, 247, 256, 272, 273, 280

filmic fourth dimension 영화의 4차원 70

flux 흐름 49, 51, 53, 76, 78, 81, 83, 85, 130, 174, 213, 223, 226, 247, 250, 264, 281, 327, 330, 360, 369, 395

fond 바탕(바탕없음) 43, 130, 238, 308, 362, 366, 372

force(force) 힘 25, 26, 39, 55, 75, 78, 95, 99, 116, 131, 137~140, 146, 160, 163, 187, 202~205, 211, 221, 243~249, 259~262, 266~273, 276~281, 283, 284, 291, 296, 298~305, 309, 314, 319, 320~325, 328, 340~344, 346, 347, 352, 354, 355, 357, 359~363, 369~377, 380~391

form of being known 알려지는 것의 형식 195, 196, 245, 247, 249

fork(bifurquer) 분기하다 49, 176, 187, 192, 196, 252, 264

foundation(fondement, fondation) 토대, 정초(정초지점) 108, 161, 186, 218, 254~258, 264

framing(cadrage) 프레임화 44, 45, 50, 70, 80, 83~88, 102, 103, 105, 106, 108, 109, 111, 114~117, 123, 129, 130, 145, 248, 284, 286

free indirect discourse 자유 간접 화법 36, 127~129, 285, 288, 354

free indirect relation 자유 간접적 관계 289, 294, 296, 307, 312, 316, 322, 323

gap(trouée) 구멍(간극) 31, 84, 126, 283

genesign(génésigne) 발생기호 160, 174, 279, 296

given(donnée) 주어진 것(소여) 64, 67, 96, 140, 348

good sense(bon sens) 양식 34, 35, 63, 119, 206, 269, 270, 309, 386~388

hacceity(haccéité) 이것임 119

heautonomous(héautonomous) 각기자율적 285, 286, 292, 296

heterogeneity(hétérogénéité) 다질성 133

hodological space 경로적 공간 326

homogeneity(homogénéité) 등질성(동질성) 133

hyalosign(hyalosigne) 결정체기호 174

Idea(Idée) 이념 10, 11, 38, 46, 47, 60, 112~115, 222, 277, 305, 306, 308, 327, 329, 335, 340, 342, 345, 364, 371, 378, 392, 399~411, 415

illusion 환영(가상) 45, 58, 60, 62, 65, 66, 67, 76, 77, 99, 150, 160, 177, 179, 180, 246, 253, 267, 269, 285, 316, 382

image of thought(image de la pensée) 사유의 이미지 11, 35, 38, 42, 46, 49, 52~56, 72, 164, 244~246, 261, 269, 270, 274, 279, 330, 332, 337~340, 342, 353, 360, 374~ 376, 386, 387

immobile section(le coupe immobile) 움직이지 않는 단면 61~63, 65~68, 78, 91, 100, 105

impower(impouvoir) (사유의) 무능력 340, 346, 360~363

impulse-image(image-pulsion) 충동-이미지 121

incommensurable 공약 불가능한 31, 33, 50~55, 126, 164, 180, 194, 199, 222, 252, 254, 260, 266, 279, 281, 285~291, 295, 296, 306, 319, 320, 324, 338, 342~344, 354, 356, 359, 363, 371, 373, 375, 378, 385, 387

incompossible 함께 가능하지 않은 165, 184~187, 190, 192, 196, 197, 200, 201, 271, 273, 275, 343, 367, 385

incorporeal 비물체적(인 것) 385

index(indice) 지표 40, 99, 139~141, 150, 201, 371

inner speech 내적 발화 316, 347, 348, 350, 360

intensity(intensité) 강렬함(강도) 37, 97, 105, 168

interiority 내면성 75, 153, 202, 211, 219, 244, 252, 254, 255, 257, 258, 288, 291, 297,

pure optical and sound situation(situations optique et sonore pure) 순수 시지각적-음향적
상황 145, 149, 227

pure perception 순수 지각 84, 87, 99, 119, 120, 125, 167~169

pure recollection(souvenir pur) 순수 회상 250, 253, 395, 396

pure speech-act(acte de parole pure) 순수 발화행위 286, 288~293, 297

qualisign(qualisigne) 질(質)기호 122, 131~134, 148

rational cut(coupure rationnelle) 유리수적 절단 31, 44, 45, 47, 172

recognition 재인 64, 170~176, 379, 342

recollection-image(image-souvenir) 회상-이미지 170~174, 188, 250, 251, 395, 396

relation-image(image-relation) 관계-이미지 12, 71, 121, 123, 146

relink(réenchaînment) 재연쇄 50, 174, 291, 323, 342, 345, 351, 355, 384, 385

representation 표상(재현) 36, 40, 80, 99, 108, 127, 141, 169, 171, 178, 180, 181, 188~
190, 243, 246, 250, 259, 333, 337, 341, 343, 357, 358, 386

reume 유상체 127, 130

second pure semiotic 이차 순수 기호체계 25, 38, 91, 147~155, 161, 174, 247, 260

seed(germe) 배아 175, 177, 180, 326

segment 절편 40~42, 51, 52, 94, 96, 101, 107, 114, 116, 139, 155, 157, 203, 371, 384

semblance 상사(相似) 99, 396

semiotic(sémiotique) 기호학(기호체계) 25, 38, 57, 91, 147, 149, 153~156, 161, 174, 247,
260, 262, 353

sensorimotor schema 감각-운동적 도식 88, 141, 147~149, 153, 249, 297

series(série) 계열 25, 33, 46, 49, 51~55, 61, 136~138, 143~148, 159, 168, 174, 182,
191, 192, 199, 206, 210, 213, 271, 276~281, 283~285, 294~298, 302, 303, 307,
311~316, 321, 327, 341, 342, 356, 365, 372, 374, 383~385, 403

sheet of past(nappe de passé) 과거의 시트 169, 189, 190, 228, 230, 379, 395

signaletic material(matière signalétique) 기호적 질료 37, 42, 97~99, 120, 161, 225, 338,
349

signification 기표작용(의미작용) 35, 88, 95, 96, 142, 148

simulacra 허상 58, 245~247, 267, 285, 303, 342, 360, 366, 370, 373, 374, 378, 381~
387, 390, 393

simulation 모사(模寫) 303, 304, 315, 383

singularity(singularité) 특이성 61, 97, 115, 119, 133, 134, 142, 148, 266, 277, 306, 311,
334, 349, 372, 384

sonsign(sonsigne) 음향기호 149, 151, 155, 170, 262

specification(spécification) 특수화 43, 98, 99, 106, 118, 123, 124, 133, 153, 345

:: 찾아보기

ㅎ